허공의 몸을 찾아서

인간의 완성

허공의 몸을 찾아서 **인간의 완성**

초판	1쇄 발행 2019년 9월 30일
지은이	석지명
펴낸이	이규만
디자인	B&D
펴낸곳	불교시대사
출판등록	1991년 3월 20일 제1-1188호
주소	(우)03149 서울시 종로구 인사동 7길 12 백상빌딩 1305호
전화	02 – 730 – 2500
팩스	02 – 723 – 5961
이메일	kyoon1003@hanmail.net

ⓒ 석지명 2019
ISBN 978-89-8002-158-1 03220

한 권으로
읽는 불교

허공의 몸을 찾아서

인간의 완성

석지명

불교시대사

1% 나눔의 기쁨

책이 나온 인연

필자는 범어사 강원에서 공부하면서 불경에 나오는 많은 보살·천왕·용·야차·귀신 등에 대해서 의문을 가졌다. 현실에서 볼 수 없는 이들이 불경의 등장인물로 나오기 때문에, 불경 자체의 내용에 대해서도 현실감이 들지 않고 나와는 관계없는 먼 나라의 이야기처럼 느껴지곤 했다. 그래서 강사이던 강고봉스님께 보살에 대해서 여쭈어 보았다. 그러자 강사스님은 문수보살은 지혜의 상징이고, 보현보살은 수행과 서원의 상징이며, 관세음보살·지장보살 등은 각기 다른 상징적 의미를 가지고 등장한다고 가르쳐 주셨다. 그 이후로 필자는 불경 속에 담긴 지혜를 퍼내어 쓰는 것에 대해서 많은 관심을 가져 왔다.

불교는 다경전(多經典) 다방편(多方便)의 종교이다. 불경의 종류도 많고 중생을 깨우치게 하는 방편도 많다. 이 경전에는 이 말이 쓰여 있고, 저 경전에는 저 말이 쓰여 있다. 이 스님은 염불을 하라고 하고, 저 스님은 참선을 하라고 한다. 초심자는 혼란을 일으키기 십상이다. 그러나 불경을 자세히 보면 모든 경전 간에 서로 통하는 맥이 있다.

각 불경마다 서로 다른 가르침을 펴는 듯이 보이지만 사실은 다른 경전에서 빠뜨린 것이나 설명이 부족한 것을 서로 보충하고 있다.

왜 불경의 종류가 많고 불도를 닦는 방편도 많으냐고 묻는 이도 있을 것이다. 이 질문을 하려면 왜 세상 사람들이 다 다르냐고 먼저 물어야 한다. 사람마다 취미와 수준이 다르다. 그것을 불교에서는 근기(根機)라는 말로 나타낸다. 사람들의 근기가 다르기 때문에 그 근기에 상응하는 많은 종류의 불경들이 있게 된다.

십 수 년 전에 강원도 신흥사 조실 조오현(1932~2018) 선사께서 필자에게 불교입문서를 만들어 보라고 권하였다. 같이 불경을 읽으면서 불경의 요점처를 찾고, 그 내용을 추려내서 현대적으로 풀이하면 많은 종류의 불경을 다 읽을 수 없는 사람들이 불경의 내용을 조망하는 데 크게 도움이 되리라는 것이었다. 그 후 직접 만나거나 여러 차례 전화로 통화하면서 주요 불경들의 요점처를 찾는데 필요한 갖가지 귀중한 자료와 아이디어를 주었다.

그런데 필자가 갑자기 불교방송의 교리강좌 시간을 맡게 되었다. 나는 교리강좌를 준비하는 데 오현스님이 넘겨준 자료와 아이디어를 많이 활용했다. 그리고 필요할 때마다 오현스님의 가르침을 빌려 썼다. 시인인 오현스님의 직관에서 나오는 착상은 내가 불경의 요점처를 찾아내고 그것을 풀이하는 데 큰 도움이 되었다. 그리고 보니 나는 교리강좌를 진행하면서 음성을 제공했고 오현스님은 지혜를 제공한 셈이다.

여기에는 《아함경》을 제외한 중요한 불경들이 대부분 다루어졌다. 물론 중요하다는 기준점은 불교를 전문으로 연구하는 사람들이 아니라, 신앙적으로나 상식적으로 불교를 공부하려는 초심자들에게 있다. 한국의 일반인들이 보통 접하게 되는 불경들이 다 취급되었다는 말이다. 일반인들이 쉽게 접하지 않는 불경이라고 하더라도 불교교리를 이해하는 데 중요한 불경은 간단하게나마 그 내용을 소개하였다.

이 책은 불교입문서이다. 그래서 불경을 인용하더라도 초보자가 이해할 수 없는 어려운 말들은 피해가려고 노력했다. 그래서 경전을 인용할 때에는 복합적인 교리가 담긴 것을 그대로 옮기지 않고, 일반인들이 이해할 수 있고 필요하다고 생각되는 부분만 간추리고 조립하는 방법을 썼다.

불경들을 다루는 순서에는 필자 나름대로 원칙이 있었다. 불교사상의 발달과 흐름을 따르고자 한 것이다. 그러나 처음부터 차례대로 읽어야 할 필요는 없다. 여기저기 뒤적거리면서 눈길이 멈추는 곳부터 읽어도 상관없다.

이 책은 불교방송 교리강좌 시간에 공부한 것 중에서 불경들의 핵심부분을 다룬 내용만 모은 것이다. 《아함경》을 중심으로 한 기초교리, 불교의 술어들, 밀교, 선에 관한 내용은 별도의 책으로 엮어질 것이다. 중복을 피하고 책의 부피를 줄이기 위해서 여기에서는 불교용어에 대한 기초적인 설명을 넣지 않았다. 그러나 불교의 전문용어들을 완전히 이해하지 못하더라도 불경의 내용을 짐작할 수 있게 되어 있다. 문맥 속에 용어의 뜻이 나타나기 때문이다. 당장 용어의 뜻을 알고 싶은 분은 불교사전을 한 가지 구해서 찾아보면 된다. 사전을 보는 습관은 아주 중요하다. 일상생활에서 쓰는 말들도 뜻이 분명하지 않은 경우가 있기 때문에 우리는 국어사전을 이용한다. 하물며 불경의 내용을 공부하면서 모든 말들이 사전의 도움 없이 그 뜻이 다 들어오기를 기대하는 것은 무리이다.

여기의 불경풀이는 무량 백천만억 가지의 해석 가운데 하나일 뿐이다. 그것도 아주 조잡하고 낮은 수준의 것이다. 얼마든지 더 높은 수준의 풀이가 있을 수 있다. 필자에게 깨우침을 주는 선지식이 많이 있기를 빈다.

이 책이 나오기까지는 많은 사람들의 도움이 있었다. 불교방송국 관계자들과 인연 있는 여러 어른들이 필자의 등을 밀어 주었다. 특히 원고를 정리하는 데 안인숙 · 한순화 · 조용조 · 정홍자 · 홍영숙 · 조옥희 · 강연희 · 안대순 · 최현순 님 등의 신세를 많이 졌다. 이 분들이 책 내는 일을 하느라고 집안일을 소홀히 했기 때문에 그분들의 가족들에게까지도 은혜를 입은 것이다. 모두에게 감사드린다.

2019년 가을에
과천 안면암포교당 에서

석 지 명 합장

목차

다섯째 마당 · 연꽃과 연밥

여섯째 마당 · 불성과 여래장의 세계

아홉째 마당 · 우리 곁에 오신 메시아

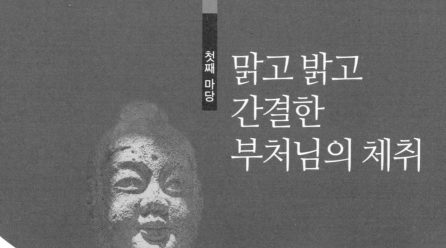

첫째 마당
맑고 밝고
간결한
부처님의 체취

내가 모든 이를 이롭게 할 마음을 내는
일은 어머니도 할 수 없고 아버지도 할 수 없다
그 어떤 친지도 할 수 없다
오직 바르게 인도하는 나만이 할 수 있다
《법구경》

자녀가 있는 이는 자녀로 인해 근심하고
소를 가진 이는 소 때문에 걱정한다
사람들이 집착하는 것은 마침내 근심이 된다
집착할 것이 없는 사람은 근심할 것도 없다
《숫타니파타》

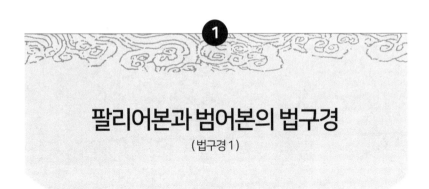

팔리어본과 범어본의 법구경
(법구경 1)

법구경은 단순히 편안해지는 마음가짐이나 행동거지를 갖게 함으로써

모든 이론을 떠나 실천하게 만든다.

원시경전을 보면 팔리어 한문번역본과 범어 한문번역본의 차이에 대한 문제가 생기므로 팔리어와 범어에 대해서 살펴보자.

그리고 《법구경(法句經)》에 대한 정보를 알아보고 《법구경》의 예문도 보도록 하자. 《법구경》 자체에 대한 지식을 얻는 데 있어서 경 이름의 뜻, 경의 종류, 경의 원본, 경의 대체적 내용을 간추리고 교리적으로는 어떤 의미가 있는지도 알아야 하겠다.

어느 경이고 중요하지 않은 것이 없지만 이 글에서 세우는 체제의 교리와 관계되는 경에 대해서는 자세하게 다루고 그렇지 않을 경우에는 간단하게 살펴보도록 하겠다.

　　지금 원시경전의 하나인 《법구경》에 대해서 처음 살펴야 하는데 원시경전을 보면 팔리어본 경전과 범어본 경전이 나온다. 그래서 팔리어와 범어, 이 두 언어와 불경과의 관계에 대해 간략히 생각해 보고 넘어가도록 하겠다.

　　현재의 팔리어가 남방불교의 성전용어가 되기까지 2천여 년의 세월을 거치면서 많은 발전단계를 거쳤으리라고 추측된다.

　　팔리(Pāli)라는 말은 본래 선(線)이나 규정의 뜻이었지만 성전(聖典)이라는 뜻으로 변했다. 팔리어의 원형을 따지는 문제는 부처님 열반 후, 제1회 결집 당시에 어떤 언어를 사용했느냐의 문제와 관계가 있다.

　　제1회 결집 당시에는 마가다국이 강국이었으므로 마가다국의 방언을 팔리어 원형으로 생각할 수 있다. 그 결집 당시보다 약 100년 전에 세력이 있었던 코살라국의 방언도 팔리어 원형으로 생각할 수 있다. 인도의 어떤 방언에서 유래되었든 상관없이 팔리어가 처음부터 현재의 형태로 다듬어진 것은 아니고 많은 단계의 변화와 발전을 겪어 왔다.

　　인도방언 중의 하나가 불교성전어로 된 이 팔리어는 범어에 비하여 음조가 적고 문법도 간단하다.

　　범어는 고대인도의 표준 문장어이다. 범어도 높은 언어와 속스러운 언어로 나뉘는데 높은 언어는 삼스크리타(saṃskṛta)이고 속어는 프라크리타(prakṛtā)이다. 인도유럽의 대부분 언어들이 이 범어에 뿌리를 두고 있다. 범어라고 하는 것은 인도의 조물신(造物神)인 범천이 만든 말이라는 데서 생긴 것이다. 한 비범한 시인이 이 범어를 사용하여 기록한 것이 베다이다. 기원전 4세기경에 범어 문법학자인 파니니(Pānini)가 당시 지식계급의 언어를 기초로 문법책을 만들었다. 파니니에 의해서 범어의 문법이 자리를 굳힘에 따라 이 범어가 종교 · 철학 · 문학의 용어로 사용되어 왔다. 범어라고 하더라도 문법이 체계화되기 이전의 베다어와 문법이 체계화된 이후의 산스크리트어로 구분된다.

한편, 인도의 민간인들 사이에 속어였던 프라크리타(prakṛtā)어로부터 여러 종류의 방언들이 나왔는데 팔리어도 그 중에 하나이다. 현재의 힌두어도 프라크리타어에 그 기원을 두고 있다. 불교경전도 처음에는 인도의 각 지방에서 사용되던 방언에 의해 기록되었다.

팔리어도 처음에는 방언 중의 하나였으나 차츰 불경을 기록하는데 주로 쓰여 졌다. 범어로 불경이 쓰여 진 것은 부파불교시대부터였고 설일체유부(說一切有部)에서 경전을 범어로 쓰기 시작한 것이다.

인도의 방언들로 기록되어 있던 경전들도 인도의 표준어로 간주되는 범어로 옮겨지게 되었다.

그런데 이 범어에 삼스크리타(saṃskṛtā)라는 순수한 범어와 프라크리타(prakṛtā)라는 일반인 사용의 범어로 나누어지기 때문에 대승불교 경전 가운데 어떤 것은 순수한 고전 범어로 기록되고 어떤 것은 대중이 사용하는 혼합 속어인 범어로 기록되었다.

대체로 초기의 경전은 고전 범어로, 시대가 뒤로 가면서 일반인
들이 사용하는 범어로 쓰여 졌다.

《법구경》의 팔리어 이름은 담마파다(dhammapada)이다. '담마'는
진리를 뜻하고, '파다'는 길을 나타낸다. 합하면 '진리의 길', '진리로 가
는 길'이 되겠다. 진리를 '법'이라는 말로, '길'을 구절이라는 말로 번역
해서 《법구경》이 되었다.

《법구경》에는 크게 두 가지의 계통이 있는데 그것은 팔리어본과
범어본이다.

첫째, 팔리어본은 남방 5부 아함 중에서 소부의 15개 경 중에 있
는 하나이다. 이 팔리어본 《법구경》은 다시 두 가지가 있다.

《법구경》과 《법구비유경》이다. 《법구경》은 423개의 짧은 게송으
로만 되어 있고, 《법구비유경》은 그 게송(偈頌)에 인연비유담을 주석적
으로 첨가한 것이다. 게송으로만 되어 있는 《법구경》은 제1회 결집 당
시의 원형이 보다 많이 보존된 것으로 여겨지고, 《법구비유경》은 후세
에 이루어진 것으로 짐작된다.

이 팔리어본의 《법구경》과 《법구비유경》은 한문으로 번역되어 있
다. 단지 팔리어본과 한문본이 일치하지는 않는다. 팔리어본에 없는
것이 한문본에 첨가된 것도 있고 또 위치가 옮겨진 것도 있다.

둘째, 범어 계통의 것으로는 〈우다나바르가(Udānavarga) 즉 〈우다
나품〉이 있다. 이것은 부파불교의 설일체유부 계통에서 사용하던 것

인데《법구경》과 같은 내용이다. 이것은 티벳어로도 번역되었고 한문으로는《법집요송경(法集要頌經)》으로 번역되어 있다.

팔리어의 '담마파다'를 범어로 표현하면 '우다나(Udāna)'가 된다. 한문으로는 '출요(出曜)'이다. 직역을 하면 '나감을 비추는 것'이 되겠는데 의역을 해본다면 '윤회의 세계로부터 벗어나는 길을 비추는 것' 쯤이 될 것이다. 팔리어본《법구경》과 마찬가지로 범어본도 게송으로만 된 것은《법집요송경》으로 불리고 인연비유담이 붙은 것은《출요경(出曜經)》이 되었다. 한문으로 된《출요경》에 해당되는 것이 티벳어본에도 있는 것으로 보아 같은 범어 원본에서 한문본과 티벳어본이 생긴 것으로 짐작된다.

이《법구경》은 세계 각국의 현대 언어로 번역된 중요한 경전 중의 하나이다. 한글을 비롯해서 영어 · 불어 · 독일어 · 이태리어 · 러시아어 · 일본어 등으로 여러 차례 번역되었다. 한글로 번역된 것 가운데는 한문《법구경》에서 번역된 것, 일어판에서 이중 번역된 것, 영어판에서 이중 번역된 것, 팔리어로부터 번역된 것이 있다.

이 가운데 가장 최근에 번역된《법구경》으로는 한국에서 참선공부를 하다가 남방에 가서 10여 년 수행하며 팔리어를 익힌 거해스님이 편역한 것이다. 이《법구경》은 부피가 큰 두 권으로 되어 있다. 거해스님은 그 책의 제목을《법구경》이라고 했지만 그 책에는 게송만 담겨 있는 것이 아니고 인연비유담까지 삽입되어 있다.

그래서 정확히 표현하자면《법구비유경》을 펴낸 셈이 된다.

이 인연비유담들은 법구들을 감동적으로 받아들이게 하는 데 큰 효력을 나타낸다. 그리고 이 책이 팔리어로부터 직접 한글로 옮겨진 것이라는 데 큰 의미가 있다. 지금까지 많은 번역의 과정을 거치면서 의미가 굴절된 위험을 안고 있는 《법구경》을 보았다. 마가다어 또는 다른 인도방언에서 팔리어로, 팔리어에서 범어로, 범어에서 한문으로, 한문에서 한글로 번역된 것을 읽어 보았기 때문이다.

《법구경》은 석가모니부처님 재세시의 환경과 경우에 따라서 또 출가한 제자들의 근기에 따라서 설한 것이다. 그 내용은 극히 간결하고 청초하면서도 종교적이고 도덕적인 향취를 물씬 풍기고 있다.

불교인으로서의 구도자세와 정신을 함양하는 데 기본적 경전인 것이다. 사성제 · 삼법인 · 십이인연이 수학의 공식이라고 한다면 이 《법구경》에 나오는 내용은 공식을 표면에 내세우지 않고 그 공식이 목표하는 바에 이르게 하는 것이다. 어떤 이론을 내세워서 고통이 일어나는 원인을 밝히는 것이 아니라 단순히 편안해지는 마음가짐이나 행동거지를 갖게 함으로써 모든 이론을 쉬면서도 실천하게 만드는 것이다.

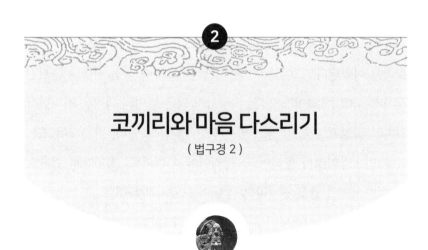

코끼리와 마음 다스리기

(법구경 2)

발정한 코끼리는 누구인가. 우리가 아니겠는가.

어찌 꼭 발정을 음양의 관계로만 해석해야겠는가.

돈과 명예를 향한 흥분도 일종의 발정이 아니겠는가.

《법구경》 예문의 내용을 보고자 필자는 거해스님이 번역한 팔리어본 《법구비유경》을 책상 앞에 놓고 있다. 게송 326부터는 코끼리를 중심으로 몇 개의 가르침이 나오고 부처님은 자기 절제와 내면적 자유를 강조한다.

먼저 인연비유담에 이어서 게송이 읊어진다.

한 소년이 부처님 말씀이 담긴 게송을 아주 유창하게 외웠다. 그리고는 그 공덕을 다겁생래(多劫生來)의 부모님들에게 회향한다고 말했다. 이때 그 소년의 전생 어머니는 저승에서 그 말을 듣고 기뻐했다. 소년의 회향공덕 때문에 다른 귀신들로부터 존경을 받았는데 소년이 출가해서 비구가 되기를 결심해야 할 순간 소년의 마음이 변했다. 소년은 때 묻고 헤진 옷을 입고 금생의 어머니에게 가서 출가하고 싶지 않다고 말했다.

소년의 결심을 안 금생의 어머니는 소년이 하고 싶은 대로 내버려둘 작정이었으나, 전생의 어머니는 소년이 출가하지 않으면 다른 귀신들 사이에서 체면이 크게 깎일 처지였다. 그래서 소년의 몸에 들어가 소년이 발작을 일으키며 정신을 잃게 만들었다. 사람들이 소년의 발작을 보기 위해 모였다. 전생의 어머니 귀신은 소년이 정신없는 상태에서 이렇게 외우게 했다.

"저는 어리석은 생각으로 승가대중을 떠나 세속인이 되려하고 있습니다. 만약 제가 이처럼 행동한다면 저는 고통으로부터 벗어나지 못할 것입니다."

얼마 후, 정신을 차려 부끄러워하는 소년에게 금생의 어머니는 지금까지 발작해서 정신을 잃은 가운데 일어난 일을 모두 말해 주었다. 어머니로부터 엄청난 이야기를 들은 소년은 출가하여 비구가 되었다. 그리고는 부처님 앞에 나아가 사정을 말씀드리고 한동안의 어리석음을 참회했다. 이때 부처님은 소년에게 게송으로 가르침을 주셨다.

지난 과거 네 마음은 정처없이 방황하며

좋은 것을 따라가 그것을 즐겼었다.

자, 이제는 네 마음을 현명하게 다스려라.

마치 조련사가 발정한 코끼리를

뾰족한 쇠끝으로 다스리듯이.

부처님의 설법을 들은 소년은 열심히 수도하여 마침내 고집멸도 (苦集滅道) 사성제를 깨닫고 아라한과를 증득하였다.

《법구경》의 말씀은 아주 이해하기 쉽다. 게송 앞의 인연비유담에서 소년이 부처님의 성스러운 게송을 외운 공덕을 자신에게 돌리는 것을 보고 기뻐하던 전생의 어머니가 소년의 몸에 들어가 소년을 발작하게 하는 장면과 그로 인해 소년이 새로운 결심을 하는 것이 두드러지게 보인다. 이어서 자신을 다스리기를 조련사가 발정한 코끼리를 쇠끝으로 다스리듯 하라는 게송이 나온다.

여기서 소년이 발작한 것은 자기가 고의로 한 것이 아니었다. 전생의 어머니 귀신이 소년을 발작하게 만들었으므로 소년에게 발작의 책임이 없다. 그러나 부처님은 귀신이 자기에게 들어와서 일을 만들고 나갔더라도 그 책임은 소년에게 있다고 한다. 꼭 출가해야 할 소년이 마음에 바람이 들어 출가할 마음을 바꿈으로써 마음에 귀신이 들어올 틈을 주었기 때문이다. 소년은 자신을 조절하지 못하고 발작한 것에 대한 책임을 져야 한다는 것이다.

또 게송이 전해 주는 비유가 인상적이다. 세속으로 돌아갈까 하고 망심(妄心)을 품었던 소년에게 흔들리는 자기 자신의 통제를 마치 코끼리 조련사가 발정한 코끼리를 쇠꼬챙이로 다루듯 하라고 부처님은 설한다. 필자는 코끼리가 발정하면 얼마나 날뛰는지 또 조련사가 어떻게 쇠꼬챙이로 코끼리의 흥분을 가라앉게 하는지 보지 못했다. 아마도 발정한 코끼리는 무서울 정도로 날뛸 것이고 조련사는 무자비하게 쇠꼬챙이를 쓸 것으로 짐작된다. 발정한 코끼리는 누구인가. 우리가 아니겠는가. 어찌 꼭 발정을 음양의 관계로만 해석해야겠는가. 돈과 명예를 향한 흥분도 일종의 발정이 아니겠는가. 남과 비교하고 남을 시샘하고 남을 원망하는 것도 일종의 발정이 아니겠는가. 부처님은 쇠끝으로 달아오르는 흥분을 찌르라고 설한다.

계속해서 다음 코끼리 이야기가 나온다.

젊었을 때 힘이 세고 강했던 늙은 코끼리가 물을 마시려고 늪에 들어갔다가 그곳에 빠졌다. 상황을 살펴본 조련사는 사람의 힘으로는 도저히 코끼리를 끌어올릴 수 없다는 것을 알고 꾀를 내어 군악대를 불렀다. 군악대로 하여금 힘차고 씩씩한 군악을 연주하게 했다. 그 음악을 들으면서 늪에 빠진 코끼리는 자신이 전쟁에 나가는 듯한 기분을 일으키며 힘을 모아 몸을 늪으로부터 솟구쳐서 언덕으로 올라왔다.

그 광경을 목격한 비구들이 그 사실을 부처님께 사뢰자 부처님은 게송을 읊으셨다.

마음을 집중해서 힘차게 수행하여
자기 마음을 잘 다스려라.

**늪 속의 코끼리가 자기 힘으로 늪을 빠져 나오듯
너희도 번뇌의 늪에서 스스로 빠져 나오라.**

우리는 목마른 늙은 코끼리이다. 물을 얻기 위해서는 늪 가까이 가야 한다. 다겁생래의 무거운 업의 무게는 우리를 자칫 늪에 빠지게 하며 우리가 쌓아온 업의 무게를 들 수 있는 것은 아무것도 없다. 공사장에서 일하는 큰 크레인은 코끼리를 들 수 있을지 모르나 아무리 큰 크레인이라고 하더라도 우리가 억겁으로 쌓아온 번뇌의 업을 들지는 못 한다. 늪에 빠진 우리를 아무도 건질 수 없다. 코끼리 자신이 일어나야 하듯 우리 자신이 일어나야 한다. 인간 조련사인 부처님은 우리에게 소리 없는 소리로 고요의 음악을 들려주신다.

그러나 폭포를 거슬러 올라가는 물고기의 용맹심을 내는 것은 우리 자신이어야 한다. 우리가 뼈를 깎는 집중적인 수행으로 조련사 부처님의 묵언 소리에 응답해야 한다.

코끼리 이야기가 계속된다. 한때에 비구들이 두 파로 갈라져 다투었다. 한 파는 계율을 가르치는 스승을 따랐고 다른 한 파는 경을 가르치는 스승을 따랐다. 부처님이 화해를 권했지만 두 파의 비구들은 싸움을 그치지 않았다.

부처님은 그들을 떠나 다른 숲속에 가서 시중드는 이 없이 코끼리와 함께 3개월 동안의 우기안거를 보냈다. 비구들이 부처님을 찾아가 참회하고 3개월 동안 시중도 없이 얼마나 고생이 많으셨냐고 여쭙자 부처님은 말씀하신다.

비구들아, 그런 말하지 말라. 저 코끼리가 여래를 잘 보살펴 주었기 때문에 여래는 그 동안 아무런 불편 없이 고요히 지낼 수 있었느니라. 너희가 만일 저 코끼리와 같이 좋은 벗이 있다면 그와 함께 행동하도록 하여라. 착한 벗을 가질 수 없거든 홀로 살아감이 훨씬 좋으니라.

연이어 세 개의 게송을 읊으셨다.

만일 총명하고 품행이 바르고
슬기롭고 진실한 벗을 얻을 수 있거든
그와 함께 기쁘고 안락하게 살아가라.
그러면 생사의 위험에서 벗어나게 되리니.

그러나 총명하고 품행이 바르고
슬기롭고 진실한 벗을 얻을 수 없거든
자신의 승리로 세운 나라를 버리고 홀로 지내는 왕과 같이
코끼리가 홀로 숲속에 사는 것과 같이
기쁘고 안락하게 홀로 살아가라.

차라리 홀로 살아가라.

어리석은 자와는 벗할 수 없는 것.
저 코끼리가 숲속에서 홀로 살아가듯
홀로 살며 악을 행하지 않고
집착 없이 살아가라.

이 비유담에서 우리는 부처님이 자신의 말을 듣지 않고 다투기를 계속하는 비구들을 포용하고 살았다는 것을 알 수 있다. 부처님은 자신이 세운 교단에서조차 하나의 권고자였을 뿐 강제력을 행사하는 분이 아니었다. 총명한 이가 있으면 같이 살고 그렇지 못하면 혼자 살아가라고 한다. 어떤 이가 군대를 일으켜 전쟁에 승리해서 나라를 세웠더라도 어리석은 신하들을 피해 홀로 지내듯이 선지식이 없거든 홀로 살라고 권한다. 숲속에서 코끼리가 혼자 살 듯 아무런 집착과 악행이 없이 홀로 살라고 한다.

《법구경》의 이야기는 인도 상황이고 현재의 우리는 아무리 어리석은 이와 같이 살고 있다고 하더라도 이 인연의 사슬을 끊고 혼자 떠날 수는 없다. 부득이 현재 있는 그 자리에서 혼자가 되어야 한다면 우리는 도시 속의 고독자가 되는 외에 다른 방법이 없다. 그러나 진정한 고독은 주위를 버리는 것이 아니라 편안하게 해주는 데 있다.

분노를 다스리는 마부
(법구경 3)

분노의 근원은 자만심이다.
자신을 완전히 낮출 때 그 뿌리가 뽑힌다.

계송 221번째부터는 분노를 다스리는 지혜가 설해진다.

한 공주가 문둥병에 걸려 바깥출입을 피하고 있었는데 공주의 오라버니는 출가한 비구였다. 공주에게 인과에 관한 법문을 해주어 금생의 일이 반드시 전생과 연결되니 복을 짓기 위해서는 선방에 식당을 희사하라고 권했다. 공주는 금 · 은 · 보석 등 패물을 팔아 식당을 짓기로 했다. 공주의 오라버니 비구는 모든 친지들에게 공주의 치료를 위한 불사에 동참하라고 권했다. 공사가 진행되는 동안 공주는 스님의 변소 · 욕실 · 쓰레기장 등 험한 곳을 찾아다니며 청소를 했다.

그러던 어느 날인가부터 공주의 병세는 좋아지기 시작했다. 식당이 완성되고 준공식을 하는 날 공주는 부처님과 많은 스님들을 초청하여 공양을 올렸다. 공양 후에 부처님은 시주자가 얼굴을 내보이지 않자 공주를 불러 금생에 문둥병이 걸린 이유가 전생에 있다는 이야기를 해주었다.

공주는 전생에 왕비였는데 왕이 총애하던 상궁에게 심한 질투를 느꼈다. 왕비는 상궁의 얼굴에 독한 약을 뿌려 얼굴을 상하게 했다. 그렇게 마음의 분노를 표시한 과보로 금생에 문둥병을 앓게 되었다는 것이었다. 부처님은 이야기를 마치자 게송을 읊으셨다.

분노를 포기하라.

자만심을 버려라.

모든 집착으로부터 벗어나라.

몸과 마음에 집착이 없는 자는

고통의 불행에 떨어지지 않는다.

공주는 부처님의 가르침을 듣고 더욱 열심히 공덕을 닦아 마침내 병을 고치게 되었다. 이 인연비유담에는 불자로서 모범적인 수행 자세가 보인다. 공주는 변소·욕실·쓰레기장 등 험한 곳만 골라 청소하면서 자신의 전생 업장을 녹였다. 우리 주변의 불자들도 공주처럼 수행하는 경우가 많아 참 좋아 보인다. 절에 와서 팔을 걷어붙이고 구정물 통에 손을 담그며 설거지를 하는 보살수행자들의 모습은 아름답다. 또 마음의 분노는 근원적으로는 자만심에서 나오는 것이기 때문에 자신을 완전히 낮추어야 분노가 없어진다는 것이다. 공주가 전생에 왕비였는데 왕이 다른 여자를 가까이하면 왕비의 마음에 분노가 이는 것은 당연한 일이다.

분노가 일어날 일은 왕실에서만 벌어지는 것이 아니라 현재 우리 주변에서도 많이 있다. 나의 파트너에게 특별한 행위가 있으면 그것으로 인해 배신감과 분노가 생긴다. 아무 일도 없으면 무료하고 심심해서 허송세월하는 것이 억울하게 느껴진다. 어느 쪽이나 강약의 차이는 있을지언정 분노는 생기게 마련이다. 나는 상대에게 잘해준다고 했는데 상대가 불만을 느낀다면 이쪽에서도 분노를 느낀다. 이쪽의 분노는 불길과 같아서 상대에게 옮겨 붙는다. 두 개의 장작이 불길을 만들 듯 화력과 화력은 서로 힘을 합해서 이 고해(苦海)를 불태운다고 부처님은 가르치신다. 분노의 뿌리는 자신을 높이고 집착하는 데서 온다고 한다. 집착과 자존심을 버리면 분노를 쉴 수가 있고 분노를 쉬어야만 고통의 불행에 떨어지지 않는다고 한다.

분노를 삭이는 이야기는 계속된다. 한 비구가 선방을 짓기 위해서 나무를 자르려고 했을 때 그 나무에 거주하던 나무귀신이 비구에게 말했다.

"이 나무를 자르면 저는 가족들과 갈 곳이 없으니 어떻게 하면 좋습니까?"

그러나 비구는 그 나무를 잘라야만 선방을 지을 수 있기 때문에 계속해서 나무를 자르려고 했다. 나무귀신은 아들을 나무에 올려놓으면 비구가 차마 나무를 자르지 못할 것이라고 생각했다. 그러나 비구의 도끼는 이미 높이 올라가 내려오는 순간에 있었다. 나무가 넘어지면서 아들귀신의 팔이 부러졌다. 화가 난 나무귀신은 비구를 죽이려고 팔을 치켜 든 순간 생각했다.

'내가 계율을 잘 지키는 이 비구를 죽이면 지옥에 떨어져서 오랫동안 과보를 받을 것이다. 그리고 내가 한 번 선례를 보이면 다른 나무귀신들도 비구들을 함부로 상하게 할 것이다.'

이런 생각이 떠오르자 나무귀신은 분노를 억누르면서 부처님을 찾아가 사뢰었다. 이야기를 다 들은 부처님은 나무귀신에게 아들이 다친 것을 위로하고 분노를 삭인 데 대해서 칭찬하시고 게송을 읊으셨다.

마치 달리는 마차의 속도를
솜씨 있게 조절하는 마부처럼
진심이 일어났을 때 그것을 잘 다스리는 사람을
나는 진실한 마부라고 부른다.
다른 마부는 단지 고삐만 쥐고 있을 뿐이다.

여기서 나무귀신은 비구를 죽이려다 말고 두 가지 생각을 한다. 일을 저지르면 지옥에 가서 고생할 것이 두렵다는 생각과 비구를 해치면 그것이 선례가 되어 다른 이들도 자신을 본받게 되리라는 생각이다. 나무귀신이 인과를 생각해서 비구를 죽이지 않은 것도 고마운 일이지만 더욱 고마운 것은 계행이 청정한 비구를 걱정하는 태도이다.

계행이 나무귀신의 마음을 돌릴 수 있을 만큼 중요하기는 한데 현대 산업사회의 환경 속에서 스님들의 계행 지키기가 옛날만큼 쉽지 않다. 그래서 큰스님들은 설하기를 이 말세에 청정한 계율을 지키는 것은 시장바닥에서 범이 사는 것과 같다. 그러니 설사 계율이 충분치 못한 스님이 있다 하더라도 달이 뜨기 전에는 등불을 의지해야 하고 마니주가 없는 곳에서는 금 · 은이라도 보배로 삼아야 하듯이 스님들을 의지하고 따라야 한다고 가르친다. 또 수행자가 깨달음과 계행이 부족하더라도 염불 · 참선 · 독경을 하거든 무조건 보호하라고 한다. 주머니가 더럽다고 해서 황금을 버릴 수는 없고 시궁창을 피하고서는 연꽃을 얻을 수 없기 때문이라는 것이다.

나무귀신이 선례를 걱정하는 것도 훌륭한 자세이다. 김구 선생이 쓴 글 중에서 이런 내용을 읽은 적이 있다.

'깊은 밤에 눈이 덮인 산길을 걸어가더라도 함부로 아무렇게나 걸어가지 말고 발자국 표시를 분명히 하면서 또박또박 걸어가라.'

뒤에 오는 사람은 앞서 지나간 사람의 발자국을 따를 것이기 때문이다. 앞에 걸어간 사람이 산의 눈길을 흩어 놓으면 뒤에 오는 사람은 혼란을 일으키게 된다. 인생도 마찬가지가 아니겠는가. 발자국마다 바르게 표시를 내는 것이 중요하다. 나라의 부패개혁 작업에 있어서 발자국을 분명하게 찍지 않은 이들은 걱정해야 하고 분명한 걸음을 걸어온 이는 편안하다. 언제나 바른걸음은 편안할 것이다. 아울러 뒤에 따라오는 이에게 바른길을 제시해 주는 이중의 공덕을 쌓게 된다.

나무귀신이 분노를 참고 부처님께 고했을 때 부처님은 진심(瞋心)이 일어났을 경우 그것을 잘 다스리는 사람이 진실한 마부이고 다른 이는 단지 고삐만 쥐고 있는 상태라고 한다. 그렇다. 우리 중에는 고삐만 쥐고 있는 사람들이 많다. 즐거운 마음이 들면 거기에 끌리고 성내는 마음이 들면 거기에 끌린다. 나를 움직이는 것은 내가 아니라 환경의 상황이다. 우리는 그저 우리 마음의 고삐를 잡고 있는 척만 할 뿐 우리 마음을 제대로 이끌어 가지 못한다. 그래서 부처님은 진짜 마부는 분노가 일어났을 때 그 마음을 자신이 쥐고 있는 고삐로 잘 조절하는 사람이라고 한다.

분노를 다스리는 이야기와 게송은 계속된다. 비구들에게 공양하기를 좋아하던 한 처녀가 결혼을 했다. 그러나 남편은 신심이 없어 스님들에게 공양을 올릴 수 없게 되자 친정의 도움을 받아서 기생 한 명에게 급료를 주고 남편을 시중하게 했다. 부인은 스님들을 초청하여 공양을 대접하기 위해서 준비에 열중이었다. 남편은 부인이 데리고 온 기생의 용모가 아름다웠으므로 그대로 받아들이기로 했다. 신심이 없는 남편은 부인이 스님의 공양을 준비하는 것을 보고 생각했다.

'참으로 어리석은 부인이로구나. 아무 이익도 없이 무엇 때문에 비구들에게 공양을 대접하겠다고 저 고생을 하는가.'

이런 생각을 하며 피식 웃었다. 남편이 자기 본부인을 사랑해서 웃는 것으로 착각한 기생은 강한 질투심이 생겼다. 본부인의 머리에 뜨거운 기름을 부으려고 하자 본부인은 기생의 악심을 알아차렸다. 그러나 그 기생이 얼마 동안 남편의 여자가 되어서 자신이 스님들께 공양을 올릴 수 있었던 것을 고맙게 생각해서 기생에 대한 자비심으로 태연하게 행동했다. 갑자기 기생이 본부인에게 기름을 퍼붓는 것을 보고 사람들은 기생을 두들겨 팼다. 본부인은 자신의 아픔을 돌보지 않고 사람들을 말려 기생을 구해냈다. 기생은 뉘우치고 부처님께 잘못을 빌었다. 사정을 들은 부처님은 본부인을 칭찬하며 게송을 읊으셨다.

> 분노를 정복하는 것은 겸손과 자비
> 사악을 정복하는 것은 선과 지혜
> 인색을 정복하는 것은 관용과 베품
> 거짓말을 정복하는 것은 진실을 말하는 것이다.

여기서 본부인의 신심이 돋보인다. 기생을 자신의 자리에 앉혀 놓고 스님을 공양할 정도라면 그 마음은 중생의 마음이 아니고 이미 보살의 마음이다. 여기서 육바라밀이라는 말은 보이지 않는다. 그러나 보시 · 지계 · 인욕 · 정진 · 선정 · 지혜라는 말은 없어도 스님들께 공양하는 마음, 자신을 청정하게 간수하는 마음, 기생의 공격도 인욕하는 마음이 있다. 본부인은 끊임없이 노력하고 마음을 집중하며 일을 지혜롭게 처리한다. 그 행동 속에 육바라밀은 그대로 나타난다. 부처님은 분노 · 사악 · 인색 등을 정복하는 것이 겸손 · 자비 · 선 · 지혜 · 관용 · 베품이라고 말한다. 이해하기 쉬우면서도 행하기는 어려운 가르침이다.

보시와 선행

(법구경 4)

가난은 언제나 사실적인 가난이 아니라 상대적 빈곤감이다.
상대적인 가난의 병은 치료할 수도 없다.

게송 116 앞에 죄악을 짓는 문제에 관한 인연비유담이 시작
된다.

어떤 사람이 있었는데 그는 너무 가난해서 한 벌의 옷을 가지고
부인과 교대로 입어야 할 정도였다. 어느 날 부처님의 법문을 듣고 환
희심에 찬 나머지 한 벌의 옷을 보시할까 생각하다가 보시해 버리면
부부가 외출할 옷이 없는 것을 생각하고 참았다. 두 번째에도 보시를
생각하다가 또 참았다. 세 번째에는 옷을 벗어서 부처님께 보시하고
말았다. 그리고 큰 소리로 "내가 나를 이겼다."고 외쳤다. 부처님의 설

법 장소에는 왕도 참석했는데 누가 무슨 이유로 소리를 지르는지 알아보라고 했다. 사정을 들은 왕은 그에게 큰 상을 내렸다.

비구들이 이 이야기를 부처님께 사뢰자 부처님은 비구들에게 말씀하신다.

만약 그 사람이 보시하겠다고 생각한 처음에 바로 보시를 했다면 더 좋았을 것이다. 누구든지 공양을 하려면 처음 일어난 마음 그대로 해야 하느니라. 다른 착한 일을 할 때도 마찬가지니라. 너무 선행을 미루면 마침내 생각했던 것을 못하고 마는 수가 많으니라. 왜냐하면 사람의 마음에는 착한 일보다는 악한 일에서 쾌락을 느끼기가 쉽기 때문이니라.

부처님은 이렇게 말씀하신 후 게송을 읊으셨다.

착한 행위는 급히 서두르고
나쁜 행위는 억제하라.
착한 행위에 느린 마음을 가지면
나쁜 행위에 즐거움을 느끼기 쉽나니.

한 벌의 옷을 가지고 부부가 외출할 때마다 교대로 입는 가난한 형편에 보시할 마음을 내기도 어려운데 그 사람은 망설이다가 보시를 했다. 그 보살의 공덕으로 그는 왕으로부터 상을 받아 모든 경제적인 어려움을 면하게 되었다. 그러나 부처님은 그의 가난한 형편을 다 알면서도 처음 마음이 일어났을 때 보시하면 더욱 좋았을 것이라며 안타까워한다. 그 사람에 비하면 우리 모두는 입을 옷을 걱정하지 않아도 되고 걱정이 있다면 얼마나 비싼 옷을 입고 뽐내느냐에 있지, 옷이 없어서 춥다거나 속살이 보이는 것을 염려할 필요는 없다.

이 《법구경》에 나오는 사람에 비하면 지금 우리는 갑부인 셈이다. 그럼에도 불구하고 우리의 마음은 항상 가난하다. 더 많이 가져도 그것으로 만족하지 못하며 더 많이 가진 다른 사람과 비교하여 나는 아직도 가난하기 때문이라는 생각에서 일 터이다.

그래서 우리의 가난은 사실적인 가난이 아니라 상대와 비교한 상대적인 가난이다. 이 상대적인 가난에 들린 병은 치료할 수도 없다. 아무리 많이 가지더라도 더 많이 가진 사람과 끊임없이 자기를 비교할 것이기 때문이다.

인간은 가지고 싶으면서도 주고 싶어 하는 본능이 있다. 사람이 많이 가지고자 하는 것은 그것을 쓰기 위해서이다. 물질을 쓴다는 말은 그것을 남에게 준다는 말이 된다.

우리는 호텔에서 팁을 주고 싶고, 부모님께 효도하고 싶고, 어려운 이를 돕고 싶고, 불사에 보시도 하고 싶어 한다. 우리는 인색해야만 하도록 태어난 사람은 아니다. 분명히 보시할 마음이 일어날 때가 있다. 내가 지금까지 귀하게 여기던 것을 누구에게 주고 싶을 때도 있다. 보람 있는 일을 하고 싶은 때가 있다. 보시하고 싶은 마음이 일어났을 때는 빨리 그것을 실행해야 한다. 망설이지 않아야 한다. 보시뿐만이 아니라 모든 선행도 그러하다. 보시와 선행의 이야기는 계속된다.

황금 5천 5백만 냥을 들여서 기원정사를 부처님께 보시한 부호가 있었다. 그는 가난한 이들에게 베푸는 것을 좋아했고 부처님과 비구들에게 공양 올리는 것 또한 좋아했다. 부호는 한 번도 빈손으로 부처님께 가본 적이 없다.

그런데 그는 계속해서 보시와 공양을 많이 했기 때문에 마침내 가난해지고 말았다. 보시할 물건이 없는 그는 수도원에 갈 때 흙을 들고 갔다. 수도원의 나무에 흙을 쏟아 놓기 위해서이다. 그 부호의 집을 지키는 신장은 안타까운 나머지 부호에게 권했다.

"당신의 장래를 생각해서 보시를 중지하고 다시 절약해서 부자가 되세요."그 말을 들은 보호는 신장(神將)을 혼내고 쫓아 버렸다. 쫓겨난 신장은 제석천왕(帝釋天王)에게 가서 그 이야기를 했다. 제석천왕은 그 부호가 다시 재산을 많이 가지게 할 수 있는 방법을 신장에게 일러주었다. 부호가 남에게 빌려주고 받지 못한 돈을 되찾아오고 부호의 아버지가 땅 속에 묻어둔 많은 돈을 꺼내는 일이었다. 신장은 그대로 했다. 다시 재산을 많이 갖게 된 부호는 고마운 신장을 부처님께 데리고 가서 그간의 사정을 말씀드렸다. 이야기를 들으신 부처님은 게송을 읊으신다.

설사 악한 자라 하더라도

아직 악행의 과보가 나타나지 않아

행복을 누리고 있을 수도 있다.

그러나 악업의 결과가 나타날 때

그는 엄청난 고통을 당하리라.

비록 착한 사람이라 하더라도

아직 선행의 과보가 나타나지 않아

고통을 당하고 있을 수도 있다.

그러나 선업의 결과가 나타날 때

그는 크나큰 이익을 즐기리라.

이 말씀을 듣고 그 신장은 큰 깨달음을 얻었다. 여기서 부처님은 현실적으로 나쁜 일을 하는 사람이 잘사는 수가 있고 좋은 일을 하는 사람이 잘 못사는 수가 있는 이유를 설명하고 있다.

선행과 악행의 과보를 받는 시기는 세 가지로 정해져 있다. 금생에 짓고 금생에 받는 과보, 전생에 짓고 그 다음 생에 받는 과보, 언젠가 짓고 어느 때 갑자기 받는 과보이다.

우리의 현실에서 나쁜 일을 많이 하는 사람이 행복하게 살고 있다면 그는 지금의 악행에 대한 과보는 뒷날 받겠지만 전생 언젠가의 선행공덕으로 지금 잘살고 있는 것이 된다.

그러나 모든 악행은 바로 과보를 부른다고 한다. 나쁜 일을 하는 사람들이 겉으로는 행복한 것처럼 보이지만 속은 썩어 있는 경우가 많다. 외면적 부유가 내면적 행복과 일치하지는 않는다. 또 똑같은 내면적인 행복이라 하더라도 진정한 행복과 약물중독의 환각상태와는 그 가치면에서 큰 차이가 있다. 꼭 마약에 의한 환각이 아니라고 하더라도 인생의 진정한 가치와 어긋나는 데서 행복을 찾았을 때 그것은 환각과 다를 바 없다. 아무런 가치가 없다.

어떤 이가 "무엇 때문에 가치를 따질 필요가 있느냐? 그냥 좋기만 하면 되는 것이 아니냐?"고 말한다면 그러한 회의론자, 무정부주의자, 순간적 쾌락제일주의자와는 더 이상 삶의 진정한 가치를 논할 필요가 없다. 우리는 지금 참다운 행복, 하늘이나 땅이나 동쪽이나 서쪽이나 저승이나 이승이나 똑같이 참다운 것으로 인정되는 행복을 이야기하고 있는 중이다.

현재 악을 짓고 있는 사람이 설사 행복하다 하더라도 그는 필경에 악의 과보를 받을 것이요, 또 악을 짓고 있는 상태에서 동시에 행복할 수는 없다는 것이다. 반면에 지금 선을 베풀고 있는 사람이 불행한 것처럼 보일 수 있지만 필경에 좋은 과보를 받을 것이요, 또 선을 짓는 상태에서는 불행할 수 없다는 것이다. 물질적 · 형상적인 면에서는 악과 선의 열매가 익을 시간이 필요할 것이고 무형적 · 심리적인 면에서는 악을 짓는 그 자리에서 그는 불행하고 선을 짓는 그 자리에서 그는 행복할 것이다.

다음 게송이 이어진다.

이것이 내게 무슨 영향을 미치랴하여
작은 공덕 짓는 것을 가벼이 말라.
지혜로운 사람은 그것을 조금씩 쌓아 큰 공덕을 만든다.
마치 한 방울씩 떨어진 물이 큰 독을 채우듯이.

큰일을 하려는 사람은 작은 일부터 잘해야 한다. 큰 선을 쌓으려는 사람은 작은 선부터 시작해야 한다.

우리 중에는 신문과 방송에 날 만한 큰 선행을 꿈꾸면서도 실제 생활에서는 선행과 거리가 먼 생활을 하는 사람들이 많다. 그러나 작은 물방울이 모여서 큰물을 만들 듯, 작은 물방울이 끊임없이 바위를 치면 바위에는 구멍이 뚫린다.

작은 선행이 모여서 큰 선행을 만들고 작은 선행이 지속되면 필경에는 인간이 상상할 수 없는 큰일을 이루게 된다.

게송을 하나만 더 들어 보자.

손에 상처가 없으면 독약을 다룰 수 있다.
독약은 상처 없는 사람에게 해를 끼치지 못하기 때문에
그와 같이 나쁜 행위를 하려는 생각이 없는 사람에게
악행은 붙을 수 없다.

의미심장한 비유의 법문이다. 두 사람이 똑같이 독약을 다룰 경우에도 상처 없는 사람은 아무렇지 않고 상처가 있는 사람은 상처를 통해서 독기를 받게 된다.

　마음에 악을 품지 않은 사람은 돈을 만지더라도 돈독이 묻지 않는다. 그러나 악을 품은 사람이 돈을 만지게 되면 돈독이 오르고 일을 저지르게 된다. 사람도 버리고 돈도 버린다. 이 고해의 세계에 있는 한 가지 한 가지들이 상처를 가지고 있는 이에게는 일종의 독이 될 수도 있다. 상처 없는 사람이 되어야 한다. 아니면 손에 고무장갑이라도 끼고 다녀야 한다. 세상의 독이 몸에 스며들지 않도록 말이다. 그래서 좌선문(坐禪文)은 '욕심경계에 살되 욕심을 초월하고 티끌경계에 살되 티끌세상을 초월하라.'고 가르치고 있다.

뱀의 허물과 무소의 뿔

〈숫타니파타 1〉

댐을 막아서 물을 고이게 하는 식의 사랑이 아니라

물을 퍼내면 퍼낼수록

더욱 힘차게 솟아오르는 지하수 같은 사랑을….

《숫타니파타》의 뜻은 '경들의 모음' 즉 '경집(經集)'이다. 《숫타니파타》는 1,000여 개의 게송이 5품 70경으로 되어 있다. 《숫타니파타》전체가 한문으로 번역되지는 않았고 오직 제 4품만 《의족경(義足經)》이라는 이름으로 한역되었다. 《불설의족경》은 2권으로 되어 있다. 인도 재가불자인 지겸이 중국에 와서 기원후 223년과 225년 사이에 번역했다. 팔리어본은 팔리대장경 속에 있거니와 이 《의족경》의 직접적인 범어 원본은 현재 발견되지 않고 있다. 단지 한역본과 일치하지 않는 범어 본 《숫타니파타》의 파편이 나타났는데 많은 불경과 논장에서 이

《숫타니파타》가 중국어로 음역된 범어 이름으로 인용되고 있다.

《숫타니파타》도 한글을 비롯해서 영어 · 독어 · 일어 등의 현대어로 수차례 번역되었다. 한글로 번역된 것은 필자에게 두 가지가 있다. 민족사에서 일본어본을 번역한 것과 법정스님이 번역한 것이다. 《숫타니파타》는 부처님의 직접적인 가르침을 간결하고 소박하게 담고 있다. 부처님의 입김과 숨결이 풍겨 오는듯 한 원음으로 담겨 있다. 여기에는 아무런 현학적인 교리가 없다. 해탈의 피안으로 향해 구도자가 가야할 길에 대해서 간단명료하게 설해져 있어 부처님이 멀리 있는 분으로 느껴지지 않는다.

《숫타니파타》의 말씀들은 인간이 봉착하는 문제들을 통달한 선생님이 제자들에게 말해 주는 것처럼 가깝게 느껴진다. 인생의 고뇌로부터 해탈한 사람의 생활 등에 대해서 간결하게 기록되어 있다.

《숫타니파타》는 가장 오래된 불경 중의 하나로 근본불교 사상을 이해하는 데 꼭 필요한 경전이다.

이 경이 처음부터 지금과 같은 형태로 모아져 있지는 않았고 각 품의 경들이 따로 떠돌아 다니다가 뒷날 모아졌기 때문에 경전의 앞뒤가 하나의 맥락으로 연결되어 있지는 않다.

그래서 각 품의 각 경을 떼어서 읽어도 된다. 이 경의 내용을 조금 읽어 보고 우리가 어떻게 받아들여 유익하게 소화해야 할지 생각해 보자.

먼저 뱀이 허물 벗는 비유부터 시작하다.

넘쳐흐르는 애착의 물줄기를 남김없이 말려 버린 수행자는

이 세상도 저 세상도 다 버린다.

뱀이 묵은 허물을 벗어 버리듯이.

잡념을 남김없이 불살라 없애고 마음이 잘 다듬어진 수행자는

이 세상도 저 세상도 다 버린다.

뱀이 묵은 허물을 벗어 버리듯이.

나쁜 버릇이 조금도 없고 악의 뿌리를 뽑아 버린 수행자는

이 세상도 저 세상도 다 버린다.

뱀이 묵은 허물을 벗어 버리듯이.

　세 개의 게송을 읽었다. 뱀이 묵은 허물을 벗어버린다는 비유를 반복한 것은 모든 집착을 다 여읜다는 뜻을 나타낸다. '애착의 물줄기를 말려 버린다.'든지 '잡념을 남김없이 불살라 버린다.'든지 '악의 뿌리를 뽑아 버린다.'는 표현 외에 다른 해석이 필요치 않다.

　모든 집착을 여의는 것에 대해서는 모든 불경들이 한결같이 강조하기 때문에 이 가르침은 수행자를 위주로 부처님이 설한 것이다. 그렇다면 재가불자들은 이 부처님의 말씀을 어떻게 받아들여야 할지가 문제이다.

　가정생활을 하는 이들은 부모형제와 처자권속이 있다. 그 사람

은 애착의 물줄기를 끊지 않아야 하고 애착의 잡념을 불살라 버리지 않아야 할까? 이 말씀이 결혼하려고 하는 신랑이나 신부에게는 필요가 없을까?

진정한 큰 사랑을 위해서는 출가수행자는 물론이거니와 재가불자도 자기중심의 애착을 끊어야 한다. 보통 사람이 가진 애정이라는 것은 욕망의 충족이거나 보답이거나 의무다. 아울러 그 애정의 밑바닥에는 자기중심적인 생각이 깔려 있다.

혼자 자는 사람이 인형이나 베개를 껴안고 자면 든든하다. 혼자 있는 사람의 마음은 외로움을 느끼기 마련이다. 외로움을 채워줄 사람이 필요하다. 사람들이 다 그런 식으로 사랑하니까 허물이 되지는 않지만 인간이 짊어지고 나온 욕망이라는 짐을 채운다는 점은 부정할 수가 없다. 부모님에 대한 사랑도 내가 은혜를 입은 것을 생각하며 보답하는 것은 조건적인 사랑이다. 그 조건 밑에는 자기중심이 깔려 있다.

남편이 아내를, 아내가 남편을 사랑하는 데 있어서는 의무의 마음이 깔려 있다. 결혼할 때의 감정이 평생 갈 수는 없다. 그것은 어떤 사람이 특별히 변덕이 있어서가 아니라 인간 구조 자체가 그렇게 되어 있다. 인간은 권태를 느끼게 되어 있어 변화를 추구한다. 한 가지 냄새를 계속 맡으면 나중에 그 냄새를 느끼지 못하게 되어 있다. 한 사람과 계속 살다보면 그 사람에 대한 사랑이라는 것이 무덤덤하게 되어 있다. 그때부터의 사랑은 의무적인 사랑이 된다. 보통 사람의 사랑은 이기적인 본능을 기본으로 해서 본능 충족적이거나 보답적이거나 의무적이 될 수밖에 없다.

부처님은 큰 사랑을 요구한다. 젊음과 늙음에 관계없는 사랑을 말하고자 한다. 상대가 중풍으로 10년을 누워있어도 교통사고에 의한 뇌사상태로 50년을 누워있어도 의식적으로나 무의식적으로 조금도 덜하거나 흔들림이 없는 사랑을 펴고자 한다. 억지로 댐을 막아서 물을 고이게 하는 식의 사랑이 아니라 물을 퍼내면 퍼낼수록 더욱 힘차게 솟아오르는 지하수 같은 사랑을 가르치고자 한다. 자기를 완전히 지운 것을 전제로 해서 아이에게 젖을 먹이거나 짜내지 않으면 유방이 불어서 아프게 되는 그런 숭고한 사랑을 알리고자 한다.

다음에 볼 '무소의 뿔처럼 혼자서 가라.'는 내용을 보면 부처님의 사랑이 어떤 것인가를 한층 더 분명히 알 수가 있다.

서로 사귀고 있는 사람들 사이에는 사랑과 그리움이 생긴다.
사랑과 그리움에는 괴로움이 따르는 법.
연정에서 근심 · 걱정이 생기는 줄 알고
무소의 뿔처럼 혼자서 가라.

물속의 고기가 그물을 찢듯이
한번 불타 버린 곳에는 다시 불이 붙지 않듯이
모든 번뇌의 매듭을 끊어버리고

무소의 뿔처럼 혼자서 가라.

자비와 고요와 동정과 해탈과 기쁨을
적당한 때를 따라 익히고
모든 세상을 져버림이 없이
무소의 뿔처럼 혼자서 가라.

계속해서 반복되는 '무소의 뿔처럼 혼자서 가라.' 중에서 몇 개만
보았다. 여기에 있는 내용만 보아도 그 의미가 서로 상충되는 것처럼
보이는 것이 있다.

한편으로 그리움은 괴로움을 만들게 되니까 사랑과 연정을 피하
라고 한다. 불타 버린 곳에 다시 불이 붙지 않는 법이니까 사랑의 연
료를 다 태워버려서 다시는 애착의 불이 붙지 않게 하라고 한다. 다른
한편으로는 '세상을 저버림이 없이 무소의 뿔처럼 혼자서 가라.'고 한
다. 겉으로 보기에는 앞뒤가 어긋난다.

그러나 어긋날 것이 없다. '무소의 뿔처럼 혼자서 가라.'는 말을
혼자 도치해 버리라는 말로 해석하지 말고 상대적인 사랑을 하지 말
고 절대적인 사랑을 하라는 말로 해석하면 문제는 풀리게 된다. 상대
에 따라서 상대의 변화에 따라서 또는 상대에 대한 자신 쪽 감정의 변
화에 따라서 반응을 보이는 사랑은 상대적인 사랑이다.

그 사랑은 환경과 조건에 따라서 얼마든지 줄어들거나 없어질 수

있다. 그러나 상대가 어떻게 변하든지 상관없이 무소의 뿔처럼 혼자
서 돌진해, 혼자서 사랑을 해버리면 그것은 절대적인 것이 된다.

'무소의 뿔처럼 혼자서 가라.'를 상대적인, 비교적인 사랑으로 이
해하지 말고 절대적인, 그리고 주기만 하는 사랑을 하라는 뜻으로 이
해하게 되면 우리는 상대를 의식한 사랑이 아니라 나 스스로 좋아하
는 사랑을 하게 된다. 여기에는 권태도 질투도 있을 수 없다. 지침도
있을 수 없다. 집착과 미움도 있을 수 없다. 만남이나 이별이 그의 사
랑을 변하게 할 수 없기 때문이다. 괴로움을 여의는 사랑이 된다.

무소의 뿔처럼 혼자서 가는 사랑은 부모자식이나 남녀 간의 사
랑에서만 머무는 것이 아니라 모든 인간관계의 사랑으로 확산될 수가
있다. 중생의 사랑이 아니라 보살의 사랑이 되는 것이다. 여기에는 이
기적·욕망적·보답적·의무적인 사랑이 있을 수가 없다.

부처님은 사랑을 하려면 좀 제대로 하라는 것이다. 무소의 뿔처
럼 혼자서 나아가라는 말이다.

비가 오나 눈이 오나
(숫타니파타 2)

무상한 세월의 변화가 내가 가진 것을 다 앗아가더라도

가지고 있을 때와 다름없이

평화롭고 든든하게 살 수 있어야 한다.

《숫타니파타》에는 소치는 사람과 부처님이 교대로 만족에 대해
이야기하는 장면이 나온다.

소치는 사람은 처자를 거느린 사람으로 현실에 만족하고 있고 부
처님은 처자가 없이 모든 속세를 초탈한 스승으로 평화로워하고 있
다. 그래서 소치는 사람과 부처님이 현재의 흡족한 상태를 이야기하
고는 '그러니 하늘이여, 비를 뿌리려거든 비를 뿌리소서.'라는 구절을
반복해서 붙인다. '궂은일에 대한 만반의 준비가 되어 있으니 비가 오
든 눈이 오든 아무런 걱정이 없다.'는 뜻이다.

'비를 뿌리려거든 비를 뿌리소서.'라는 구절이 계속 나오므로 듣기에 따라서 지루할 수도 있지만 필자는 '무소의 뿔처럼 혼자서 가라.'는 말과 함께 이 구절을 좋아한다. 여러분도 좋아하게 될 것이다.

소치는 사람이 말한다.

나는 이미 밥도 지었고 우유도 짜 놓았습니다.
마히 강변에서 처자와 함께 살고 있습니다.
내 움막은 이엉이 덮이고 방에는 불이 켜졌습니다.
그러니 하늘이여, 비를 뿌리려거든 비를 뿌리소서.

이의 대구로 부처님이 말씀하신다.

나는 성냄과 미혹을 벗어 버렸다.
마히 강변에서 하룻밤을 쉬리라.
내 몸은 하늘을 지붕 삼고 탐욕의 불은 꺼져 버렸다.
그러니 하늘이여, 비를 뿌리려거든 비를 부리소서.

마히 강변에 처자와 함께 사는 소치는 사람은 밥과 우유·등불이 준비되어 있어서 아무런 걱정이 없다.

반면에 마히 강변을 건넌 부처님은 탐진치(貪瞋癡) 삼독의 불은 완전히 꺼지고 마히 강을 곁에 하고 하늘을 지붕 삼아 하룻밤을 쉬기 위해서 자리를 잡았다. 아무런 걱정이 없다.

다시 소치는 사람이 말한다.

내 아내는 온순하고 음란하지 않습니다.

오래 함께 살아도 항상 내 마음에 흡족합니다.

그녀에게 나쁜 점이 있다는 말도 듣지 못했습니다.

그러니 하늘이여, 비를 뿌리려거든 비를 뿌리소서.

이의 대구로 부처님이 말씀하신다.

내 마음은 내게 순종하고 해탈(解脫)해 있다.

오랜 수양으로 잘 다스려졌다.

내게는 그 어떤 나쁜 것도 있지 않다.

그러니 하늘이여, 비를 뿌리려거든 비를 뿌리소서.

소치는 사람은 아내가 음란하지 않고 어떤 나쁜 점도 없는데 만족해한다. 이에 비해 부처님은 오랜 수행을 통해서 해탈한 마음이 아무런 나쁜 점도 없이 순종하게 된 것을 만족해한다. 아내의 순종과 마음의 순종과의 대비이다.

만약에 어떤 사람이 "내 처자와 내 아랫사람들이 나에게 순종하지 않는다."고 불평한다면 부처님은 그에게 "그들을 순종시킬 생각을

하지 말고 먼저 자기 마음이 자기에게 순종하도록 하세요."라고 말할
것이다. 내 마음의 순종 · 평화를 얻는 데 중요한 첫걸음이다.

　다시 소치는 사람이 말한다.

　나는 놀지 않고 내 힘으로 살아가고 있습니다.
　내 아이들은 모두 다 건강합니다.
　그들에게 그 어떤 나쁜 점이 있다는 말도 듣지 못했습니다.
　그러니 하늘이여, 비를 뿌리려거든 비를 뿌리소서.

　이의 대구로 부처님이 말씀하신다.

　나는 누구에 의해서도 고용된 사람이 아니다.
　스스로 얻은 것에 의해 온 세상을 거니노라.
　남에게 고용될 이유가 없다.
　그러니 하늘이여, 비를 뿌리려거든 비를 뿌리소서.

　소치는 사람은 놀지 않고 일함으로써 자기 힘으로 살아가는 점을
말하고 부처님은 모든 소유를 버림으로써 어느 것에 의해서도 버림받
지 않는 자유를 말한다.

　이 세상에 살면서 무슨 일을 하려면 누군가의 도움을 받아야 되
고 도움을 받다 보면 보답해야 된다. 상대방이 일부러 나를 고용하려

하고 부리려 해서가 아니라 인간관계의 구조가 서로 고용하고 고용당하도록 되어 있기 때문이다. 소치는 사람은 속세에 사는 우리처럼 일하는 데서 독자의 힘을 생각하지만 부처님은 버리는데서 독자의 힘을 찾는다. 인간은 아무리 버린다고 해도 자기 몸이나 마음, 심지어는 깨달음이나 깨달음의 포교에까지도 얽매이게 되어 있다.

부처님은 무조건 버리는 것이 능사라는 것을 뜻하지는 않을 것이다. 무한정 버리는 것이 불가능한 한계상황의 인간이 어떻게 버리지 않으면서도 다른 것에 의해 고용되지 않는 자유를 누릴 수가 있는가. 그리고 버리지 않으면서도 어떻게 버리는 것과 같이 살 수 있는가의 문제에 대해서는 소치는 사람과 부처님의 이야기를 생각해보자.

다시 소치는 사람이 말한다.

아직 길들지 않은 송아지도 있고 젖을 먹는 어린 소도 있습니다.
새끼 밴 어미 소도 있고 암내 낸 암소도 있습니다.
그리고 암소의 짝인 황소도 있습니다.
그러니 하늘이여, 비를 뿌리려거든 비를 뿌리소서.

이의 대구로 부처님이 말씀하신다.

아직 길들이지 않은 어린 소도 없고 젖을 먹는 송아지도 없다.

새끼 밴 어미 소도 없으며 암내 낸 암소도 없다.

그리고 암소의 짝인 황소도 없다.

그러니 하늘이여, 비를 뿌리려거든 비를 뿌리소서.

소치는 사람은 행복해 보이는 정경을 말한다. 송아지 · 어린 소 · 어미 소 · 황소 등이 평화롭게 있다. 그 소치는 사람에게는 이제 어떤 일이 있어도 무서울 것이 없다. 그는 소유에 의해서 안심을 느낀다. 이에 비해서 부처님은 아무 것도 가진 것이 없음을 강조한다. 가진 것이 없음에 의해서 걸림이 없음과 자유를 느낀다. 걱정해야 할 것이 아무 것도 없다. 이때 갑자기 하늘에 검은 구름이 덮이고 사방이 어두워지더니 억수같은 비가 내렸다. 곧바로 골짜기와 언덕에 물이 넘치고 송아지와 움막이 떠내려갔다. 그러자 소치는 사람이 부처님께 엎드려서 말했다.

우리는 거룩한 스승을 만나 배운 바가 참으로 큽니다. 아내와 함께 귀의해서 해가 뜨는 날이나 비오는 날이나 관계없이 행복 속에 있는 스승 곁에서 마음을 항복받고 순종시키면서 살겠습니다.

소치는 사람이 부처님에게 귀의하자 이를 샘낸 악마가 말했다.

자녀가 있는 이는 자녀로 인해 기뻐하고, 소를 가진 이는 소로 인해 기뻐한다. 사람들은 집착으로 기쁨을 삼아 집착할 데가 없는 사람은 기뻐할 건더기도 없으리라.

이 악마의 말에 대해서 부처님은 응답하신다.

　자녀가 있는 이는 자녀로 인해 근심하고 소를 가진 이는 소 때문에 걱정한다. 사람들이 집착하는 것은 마침내 근심이 된다. 집착할 것이 없는 사람은 근심할 것도 없다.

악마는 소유와 집착이 가져다주는 작은 기쁨을 말하고 부처님은 소유와 집착이 결과적으로 가져올 근심과 실망을 말한다.

출가수행자들은 무소유의 가르침에 대해서 아무런 해석이 필요 없이 그대로 실천해야 할 것이다. 출가수행자가 여기에 해석을 붙이면 무소유를 범하는 데 대한 자기합리화가 될 수 있기 때문이다.

그러나 속세에서 직장을 가지고 생활하는 사람들은 어떻게 무소유의 생활을 해야 하느냐가 문제이다. 이 문제는 앞에서 살펴본 대로 현대의 우리가 국가·사회·가정이라는 조직 속에 살면서 남을 돕고 남의 도움을 받으면서도 어떻게 하면 누구에 의해서도 고용되지 않는 자유인이 될 수 있느냐와 관계가 있다.

소유와 집착으로부터의 자유가 가지고 있는 것을 모두 내다버리라는 뜻은 아닐 것이다. 일도 않고 놀면서 소비만 하라는 뜻도 아닐 것이다. 소유하기는 하되 거기에 집착하지 말고 나보다 더 필요한 이에게 줄 수도 있어야 한다는 뜻일 것이다. 또 무상한 세월의 변화가 내가 가진 것을 다 앗아간다고 하더라도 지금 가지고 있는 것이 없어도 가지고 있을 때와 다름없이 평화롭고 든든하게 살 수 있어야 한다는 의미일 것이다.

내가 가진 것은 본래 내 것이 아니었고 머지않아 나에게서 떠날 것이라고 확실하게 깨닫는 이가 있다면 그에게는 소유와 무소유가 아무런 차이가 없을 것이다. 열심히 일해서 재물을 모아야 하지만 그것을 남에게 줄 수도 있고 그것 없이도 잘 살수 있다는 각오가 필요한 것이다. 내가 가진 금덩이를 아들이 가진다고 해서 크게 억울할 일이 아니다. 아들이 가진 금덩이를 아들의 부인 즉 며느리가 가진다고 해도 좋다. 며느리가 가진 금덩이를 며느리의 남동생이나 며느리 남동생의 부인이나 며느리 남동생 부인의 이모부, 또는 그 이무부의 사돈의 팔촌이 가진다고 해도 속상하지 않을 수 있어야 한다.

부처님은 지금 금덩이가 누구의 품에 있느냐에 관심이 있는 것이 아니라 우리 인간이 어떻게 소유를 해야만 재물의 소유 · 무소유에 상관없이 평화와 행복을 얻을 수 있느냐에 관심이 있는 것이다. 소유와 무소유에 자유로우면 세간의 소유와 관계 속에서도 고용의 얽매임과 집착의 근심을 여읠 수 있다.

그는 집에 있으면서도 마히 강변에서 모든 탐욕의 불을 끄고 별빛을 등불로 삼아 하룻밤을 편히 쉬는 부처님과 같이 될 수가 있다.

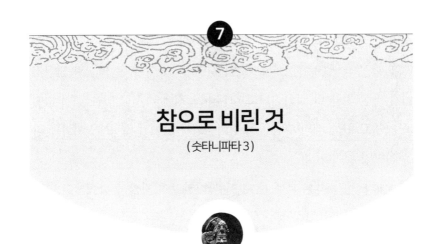

참으로 비린 것
(숫타니파타 3)

> 비린 것 벗어나는 길은 육류를 먹지 않는 것도
> 단식과 고행을 하는 것도 아니다.
> 오직 나고 죽는 법에 대한 의혹을 넘는 것뿐이다.

기본적으로 '비린 것'이란 비린내 나는 음식 즉 육식을 말한다. 그러나 여기에서 더 발전하여 바르지 않은 음식이나 행동 또는 사람으로도 풀이된다.

여기에는 두 명의 바라문이 비린 것에 관해서 이야기한다. 바라문이란 인도의 사성계급(四姓階級) 중에서 최상의 계급인 승려학자의 사제계급이다.

인도 카스트제도의 사성계급이란 승려학자로 이루어진 바라문계급, 왕족과 무사 등 지배계급, 농공상의 평민계급, 불가촉천민의 노예계급이다. 여기에 나오는 두 바라문 중 한 명은 인도의 다른 종교를 믿는 사람이요, 다른 한 명은 과거 부처님인 가섭불이 전생에 구도자로서 수행할 시절에 바라문으로 태어났던 사람이다.

외도 바라문이 가섭부처님에게 비린 것에 대한 정의를 내리고 가섭부처님이 먹는 음식이 비린 것이 아니냐고 힐문한다.

성인은 수수·콩·감자·야채·과일 등을 선한 사람한테서 바르게 얻어먹으면서 욕심 부리지 않고 거짓말을 안 합니다. 맛있게 지어진 밥을 얻어서 입맛을 다시며 먹는 사람은 비린 것을 먹는 것입니다. 당신은 잘 요리된 새고기와 함께 쌀밥을 맛있게 먹으면서도'나는 비린 것을 허락하지 않는다.'고 합니다. 나는 당신에게 묻습니다. 당신이 말한 비린 것이란 어떤 것입니까?

외도 바라문은 불도수행자라면 초근목피로 어렵게 생활해야 할 터인데 새고기 요리와 쌀밥을 먹으면 비린 것을 먹는 것이 되지 않느냐 라고 묻는다. 요즘의 우리 주변에서도 육식의 문제를 제기하는 사람들이 있다.

출가수행자들은 아주 험한 음식을 먹어야 하거나 설사 좋은 음식을 먹더라도 채소만 먹어야 할 것이라고 생각한다. 이 비린 것에 대한 외도 바라문의 질문은 수행시절의 가섭부처님에게 물은 질문이기도 하고 아울러 현재의 승단에 묻는 질문이기도 하다.

가섭부처님은 대답하신다.

**산 것을 죽이는 일, 때리고 자르고 묶는 일, 훔치고 거짓말하는 일, 사기
와 속이는 일, 그릇된 것을 배우는 일, 남의 아내를 빼앗는 일, 이것이 바로
비린 것이지 육식이 비린 것이 아니다.**

가섭부처님은 계율을 파하는 일이 비린 것이지 육식이 비린 것
은 아니라고 말한다. 남방불교에서는 현재 육식을 하고 있다. 물론 육
식을 하더라도 직접 산 것을 죽여서 먹는 일은 없고 탁발할 때 얻어진
음식 속에 육류가 있으면 그것을 먹는 것이다. 육식을 하고 싶어서 육
식을 한다기보다는 탁발에서 얻어진 음식은 마음에 들고 안 들고 상
관없이 공양 시주자가 주는 대로 먹어야 한다는 원칙에 따르기 위해
서이다.

육류라고 하더라도 청정한 것과 그렇지 못한 것이 있다.

청정육은 비구가 먹어도 되지만 그렇지 않은 부정육은 먹으면 범
계가 된다. 청정육을 세 가지로 나눈 것을 삼정육(三淨肉)이라고 하고
다섯 가지로 나눈 것을 오정육(五淨肉)이라고 한다.

오정육은 첫째 먹는 사람이 자신을 위해서 죽이는 것을 직접 보
지 않은 고기이다. 소나 돼지를 또는 다른 짐승을 자신이 먹기 위해서
죽이게 하고 자신이 직접 죽이는 것을 보면 그렇게 죽은 짐승의 시체
는 부정한 고기가 되고 그것을 먹으면 부정육을 먹지 말라는 계를 범

하는 것이 된다. 둘째, 다른 사람으로부터 먹을 사람 자신을 위해서 죽였다는 말을 듣지 않은 고기이다. 죽었다는 말을 들은 고기는 먹을 사람에게 있어서 부정육이 된다. 셋째, 먹는 사람이 자신을 위해서 살생했을 것이라는 의심이 가지 않는 고기이다. 만약 의심이 가면 그것은 부정육이 된다. 넷째, 자연사한 짐승의 고기이고, 다섯째는 맹수가 먹다 남긴 고기이다.

이 오정육 중에서 앞의 세 가지 즉, 먹는 사람을 위해서 죽이는 것을 보지 않고 듣지 않고 자기를 위해 죽였다고 의심가지 않는 것 세 가지는 삼정육이라고 한다. 자연사한 고기와 맹수가 먹다 남긴 고기는 얻기가 어려우므로 보통 삼정육만 따지고 있다.

현재 한국불교에서는 공식적으로 육식을 허용하는 종단도 있고 육식 여부를 스님들의 선택에 맡기는 종단도 있다. 또 육식을 삼가는 것을 원칙으로 하고 몸이 약하거나 병든 수행자가 약으로 육식하는 것을 허용하는 종단도 있다.

당뇨병을 심하게 앓고 있는 한 큰스님이 탄수화물을 삼가고 단백질을 섭취해야 하기 때문에 무정란을 계속적으로 드는 것을 보았다.

그런데 그 큰스님께서는 계란을 드실 때마다 무정란임을 강조하곤 하셨다. 지금까지의 일반적 통념에서 승려가 육식하는 것을 어색하게 의식한 듯 싶다. 사실 무정란이나 앞에 말한 오정육은 먹어도 되는 종단이 있지만 일반인들은 승려라면 당연히 채식만 해야 하는 것으로 생각하고 있다. 가섭부처님은 육식을 하고 안하고가 중요한 것이 아니라 음식을 먹고 얼마나 바른 수행을 하느냐가 중요하다고 말하고 있다.

그리고 참으로 비린 것은 육식이 아니라 정신적 · 육체적으로 추한 행동이라고 한다.

가섭부처님은 계속해서 참으로 비린 것에 대해서 설명하신다.

난폭하고 잔혹하며 험담을 하고 친구를 배신하고 무자비하며 몹시 오만하고 인색해서 아무 것도 남에게 주지 않는 사람들, 이것이 비린 것이지 육식이 비린 것이 아니다. 성질이 나쁘고 빚을 갚지 않고 밀고를 하고 재판정에서는 위증을 하며 정의를 가장하는 몹쓸 사람들, 이것이 비린 것이지 육식이 비린 것이 아니다.

인색한 사람, 남의 말을 나쁘게 하는 사람, 거만하고 무자비한 사람, 밀고하거나 위증하고 항상 유리한 측으로 달라붙기 위해서 자리를 정하지 않으면서도 정의를 가장하는 사람이 비린 것이라고 한다. 이 중에서도 남의 말을 나쁘게 하고, 밀고하고, 위증하면서 빚을 갚지 않는 사람은 비리다 못해 구역질을 일으키게 한다. 음식에는 비록 안 비린 것이 관계되지 않는다고 한다.

가섭부처님의 말을 더 들어 보자.

이 세상에서 마음대로 살생을 하고 남의 것을 빼앗으면서 도리어 그들을

해치려 하고 성미가 나빠 욕심 부리며 난폭하고 무례한 사람들, 이것이 비린 것이지 육식이 비린 것은 아니다. 정의로운 동지를 배반하고 부당한 행동을 하며 항상 나쁜 짓을 하는 자는 죽어서 암흑에 이르며 지옥에 떨어진다. 이 같은 사람들이 비린 것이지 육식이 비린 것은 아니다.

육식이 비린 것이 아니라 살생이 비린 것이다. 육체적으로 피를 흘리게 하는 살생도 있지만 남의 마음을 상하게 해서 심장이 멈추게 하는 살생도 있다. 비린 것은 이와 같은 살생이라는 것이다. 무례한 행동이 풍기는 비린내도 대단히 험하다. 배반이 풍기는 비린내는 더욱 심하다. 필자가 날마다 목격하는 비린 것 중의 하나는 자동차를 운전하는 분들이 담배꽁초나 휴지를 길바닥에 마구 버리는 것이다.

윤달에 사찰 순례를 한 적이 있다. 열 대가 넘는 버스의 운전기사님들은 한결같이 담배꽁초와 휴지를 창밖으로 버렸다. 그것을 지적하면 혹시 기사님들의 기분이 나빠져 운전을 잘못하지 않을까 걱정되어 말씀을 드리지 못하고 돌아왔다. 이와같은 사정은 외국에도 마찬가지이다. 하와이에 가보니 관광지 주변에서 껌을 살 수가 없었다. 후에 사유를 알아보니 관광객들이 껌을 씹고 나서 아무 곳에나 함부로 뱉어버리기 때문에 아예 껌을 팔지 않기로 했다는 것이다. 가섭부처님은 비린 것을 벗어나는 길에 대해 말씀하신다.

육류를 먹지 않는 것도, 단식하거나 고행하는 것도, 나고 죽는 법에 대

한 의혹을 넘어서지 않으면 그 사람을 청정하게 할 수 없다. 감각기관을 지키고 욕망을 억제하라. 솔직한 것을 즐기고 집착을 떠나 모든 고통을 여 읜 이는 먹고 보고 듣는 것으로 더럽혀지지 않는다.

참으로 비린 것을 여의는 길은 불도를 이루는 것뿐이다. 알게 모 르게 짓는 일체의 악업으로부터 벗어나는 것이다. 특히 감각기관을 잘 간수하라고 가섭부처님은 당부하신다.

죽음의 극복

(숫타니파타 4)

사람은 얼마나 사는지 아무도 모른다.
고뇌로 엉켜있다. 태어난 것은 죽음을 피할 길이 없다.
살아있는 자는 반드시 죽음을 기약하고 있다.

여기에서는 원시불교나 대승불교의 복잡한 교리를 이해하는 데 직접적으로 도움이 되지는 않는다.

그러나 부처님의 원음에 가장 가까운 것을 읽으면서 부처님의 인간적인 숨결을 느낄 수 있고 아울러 불교교리의 방향도 짐작할 수가 있다.

이번에는 죽음을 주제로 다룬 부분을 읽어 보자. 《숫타니파타》의 〈대품〉중에 있는 이 경의 제목은 화살이지만 부처님은 죽음에 대해서 이야기하고 있다.

이 세상에서 사람의 명은 정해 있지 않아 얼마나 사는지 아무도 모른다. 애처롭고 짧아 고뇌로 엉켜 있다. 태어난 것은 죽음을 피할 길이 없다. 살아있는 자는 반드시 죽음을 기약하고 있다. 익은 과일은 빨리 떨어질 위험이 있다.

그와 같이 태어난 자는 죽지 않으면 안 된다. 젊은이도, 장년도, 어리석은 이도, 지혜로운 이도 모두 죽음에 굴복하지 않을 수 없다. 그들은 죽음에 붙잡혀 저 세상으로 가지만 아비도 그 자식을 구하지 못하고 친척도 그 친척을 구하지 못한다. 그들에게는 항상 죽음의 두려움이 있다.

부처님은 인간이 꼭 죽어야 할 처지에 있다는 것과 인간에게는 죽음에 대한 두려움이 있다는 것을 말한다. 부처님이 출가한 동기 중에 가장 중요한 것이 죽음의 해결이었다. 인간들이 종교를 가지는 것이나 우리가 불교교리를 공부하는 것도 죽음에 대한 두려움이나 죽음을 바로 맞아들이려는 의도가 강하게 깔려있다.

어머니가 돌아가신 후에 절을 찾은 사람을 만난 적이 있다. 그분이 불교를 믿으려는 이유는 죽음을 두려워하지 않기 위해서라고 했다. 그분의 어머님이 돌아가시기 전에 너무도 죽음을 무서워해서 안타깝기도 하고 추하게까지 느꼈다는 것이다. 불교에는 분명히 죽음을 무서워하지 않고 맞아들일 수 있는 힘을 가르쳐 주리라는 기대에서 불교를 찾았다는 것이다.

죽음을 두려워하는 사람을 필자는 직접 본 적도 있다. 불법공부를 잘하던 노보살님이 있었다. 그분은 불법을 철저하게 닦고 싶은 생각에서 육식은 물론 파·마늘까지도 먹지 않았다. 열심히 수행하다가 어느 날 죽음이 가까워졌음을 느꼈는지 아들과 딸들을 불러놓고 "나는 내일 사시에 떠날 것이니 그런 줄 알아라."고 유언을 남겼다. 오전 9시부터 11시 사이를 사시라고 한다.

다음날 사시에 그 노보살님이 쓰러졌다. 자손들은 노보살님을 병원으로 모시고 갔다. 온갖 약을 써서 돌아가시지 못하게 하기는 했지만 의식만 있을 뿐, 몸을 쓰지 못하게 되었다. 처음에는 자손들보고 "죽게 내버려 두지 병원에 와서 이 고생을 하게 하느냐."고 나무랐다.

그러나 얼마되지 않아서 그 노보살님은 죽음을 두려워하게 되었다. 의사들을 붙잡고 살려달라고 매달리며 육식이 몸을 건강하게 만들 것으로 생각했는지 고기음식을 먹으려고 했다. 그 노보살님은 병석에 누운 지 2년 후에 돌아가셨다. 자손들은 자신의 어머님이 죽음을 그토록 두려워하는 것을 보고 어찌할 줄 몰라 했다.

이런 이야기를 알고 있는지 모르지만 송광사의 방장으로 계시던 구산(九山) 큰스님께서 열반(涅槃)에 들기 전에 유언을 남기셨다. 그 유언 중의 하나는 의외의 것이었다.

"내 육신에서 온기와 숨결이 떠나려고 할 때 절대로 나를 병원으로 데려가지 말아라."

구산 큰스님은 앉아서 열반에 드셨다.

또 한 가지 감동적인 죽음의 모습은 오대산 상원사에 계시던 한암 큰스님의 열반장면이다. 큰스님께서는 법상에 앉아서 법문을 하다가 깊은 생각에 잠긴 듯이 말씀을 멈추셨다. 법상에 앉아서 입정(入定) 중에 열반에 드셨다. 기자가 앉아서 열반에 드신 모습을 사진기에 담았다. 그 사진을 지금도 볼 수가 있다.

《숫타니파타》에서 부처님은 젊은이나 늙은이나 어리석은 이나 지혜로운 이나 다 같이 죽을 날짜를 받아놓고 있다고 말한다.

두려움 중에서 죽음에 대한 두려움이 가장 크다고 한다. 그 두려움은 인간이면 누구나가 필연적으로 만나야 하는 것이다. 불법의 모든 교리는 이 죽음에 대한 두려움을 여의는 공부이다.

사성제는 죽음의 현실과 죽음의 원인과 죽음을 여읜 열반과 죽음에 여의는 길을 설명하려고 한다. 무상과 무아의 가르침은 죽음을 있는 그대로 받아들이라고 한다. 십이인연은 죽음이 오는 도리와 죽음을 여의는 도리를 동시에 설명하고 있다.

공사상(空思想)은 목숨을 지움으로써 죽음을 지우고 성구사상(性具思想)은 목숨과 죽음을 한꺼번에 삶의 전체 모습으로 취급하려고 한다. 선종에서는 대사(大死) 즉 큰 죽음을 가르친다.

이 목숨을 크게 죽여 버림으로써 크게 살리려고 하는 시도이다. 큰 죽음 뒤에만 큰 의심이 나오고 큰 의심이 나온 뒤에야 큰 깨달음이 있을 수 있다.

부처님은 계속해서 말씀하신다.

가령 사람이 백 년을 살거나 그 이상을 산다 할지라도 친족들을 떠나 이 세상의 생명을 버리게 되리라.

불법은 100년 미만을 살 수 있는 우리의 목숨을 200년이나 300년으로 늘리려는 것이 아니다. 받아들여야 할 죽음을 연장하려고 하지 않는다. 짜내야 할 고름이 살이 되기를 기대하지 않는다.

타 종교에서는 육신의 부활을 이야기한다. 불교에서도 부활과 비슷한 이야기가 있다. 선종의 삼처전심(三處傳心) 가운데, 가섭존자가 열반에 든 부처님의 관 앞에 나타나자 관 속의 부처님이 관 밖으로 두 발을 내보였다는 이야기가 있다.

그러나 이것도 이심전심(以心傳心)을 말하기 위해서이지 부처님이 육신을 죽이지 않고 살려둠으로써 죽지 않았다는 것을 알리고자 하는 것이 아니다. 불교에서는 이 육신의 목숨을 길게 만들고자 하는 것이 아니라 이 목숨을 지움으로써 영원한 목숨을 보려고 하는 것이다. 목숨이 있는 것과 없는 것, 감각기관으로 느끼는 것과 느끼지 않는 것을 같이 만듦으로써 세상의 전체 목숨과 나의 목숨을 같은 것으로 만들려고 한다.

한국 사람과 외국 사람이 방송을 듣는다고 할 때, 한국 사람은 한국말을 알아들을 수 있지만 외국 사람은 알아들을 수가 없다. 외국인이 한국말을 모른다고 해서 사람이 아니라고 생각할 수는 없다. 그는 분명히 사람이다. 외국인은 한국인의 통역에 의해서 알아들을 수가 있다.

　마찬가지로 인간의 의식을 가지고 인간의 언어를 사용하는 사람과 인간의 의식이나 인간의 언어를 사용하지 않는 사람이 있을 경우, 인간의 말을 쓰는 사람만 목숨으로써 가치가 있다. 인간의 말을 쓰지는 않지만 뜻으로 이해할 수 있는 사람은 목숨으로써 가치가 없는 것이 아니다. 인간의 사고와 언어를 쓰지 않는 사람은 인간이 통역해 주는 말을 듣기만 해도 되거니와 인간의 통역이 없이도 그대로 존재의 가치가 있다.

　우리가 죽음을 극복하는 길은 제한된 인간의 사고와 언어를 초월하는 것이다. 인간의 사고는 있음과 없음, 죽음과 죽지 않음 같은 식으로 양자택일을 강요한다. 그러나 부처님의 사고는 죽음과 죽지 않음, 있음과 없음의 제한된 사고를 벗어나는 것이다.

　죽음과 삶, 있음과 없음이 전혀 걸림 없이 동시에 존재할 수 있는 경지가 있다. 그 경지가 바로 열반이고 해탈이다. 그 경지의 터득이 깨달음이다. 우리는 그 경지를 얻고자 한다. 그 경지가 인간의 입장에서 보면 외국인, 외지인, 또는 산하대지일 수도 있다. 그러나 외국인이나 산하대지라고 해서 존재가치가 줄어드는 것은 아니다. 인간이 사용하는 가치 기준을 벗어나는 것이기 때문에 인간의 사고로 측정할 수가 없다. 단지 죽음과 삶을 통합함으로써 죽음을 벗어나는 사람을 말이 다른 외국인이나 사고방식이 다른 별나라에서 온 외지인으로 비유해서 각기 나름대로 존재의 의미를 갖는다고 말할 뿐이다.

100년이나 500년으로 목숨을 연장하는 사고방식이 아니라 생각을 크게 바꾸어서 내가 산이나 들이나 바람이나 바위 등으로 되고 다른 이가 인간의 목숨과 의식을 가지고 그것을 감상한다고 하더라도 주관 · 객관이 완전히 바뀐 그 상황을 나의 목숨으로 받아들일 수도 있다는 것이다.

부처님은 죽음을 지운 자, 죽음을 두려워하지 않는 사람을 다음과 같이 묘사한다.

번뇌와 공포의 화살을 뽑아버리고 거리낌 없이 죽음을 받아들인다면 죽음에 대한 모든 두려움을 초월하여 근심 없는 자, 평안에 돌아간 자가 될 것이다.

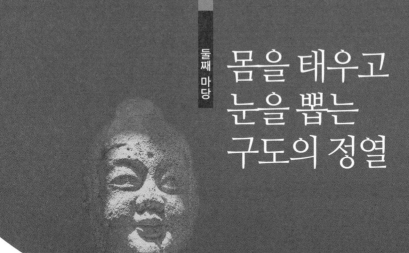

둘째 마당

몸을 태우고 눈을 뽑는 구도의 정열

석가보살의 화신인 토끼는 식사 때가 되면
풀을 뜯어 먹으면 된다고 생각하고,
자기의 처소에 누워서 생각했다.

'나에게 온 걸식승에게 풀을 대접할 수는 없다.
만일 걸식승이 온다면
내 몸을 내주어야겠다.'고 다짐했다.
《본생경》

오로지 너 자신과 진리만을 의지하라.
《소승열반경》

다양한 추파의 눈짓이 안구에 의해서 드러납니다.
자, 이 눈을 통째로 드릴테니 아주 가지십시오.
《숫타니파타》

석가보살의 용맹심
(본생경 1)

용맹정진의 마음으로 궁극의 깨침을 위해서
달려들지 않으면 도를 보는 것이 아니라
도가 우리의 형편없는 기백을 구경하게 될 것이다.

《본생경(本生經)》은 팔리어 경의 다섯 번째인 소부에 속한 경이다. 팔리어로는 《자타카(Jātaka)》라고 한다. 《본생경》은 《생경》 《백연경》 《현우경》 《잡보장경》 등의 이름을 가지고 한문으로 번역되었다.

부처님의 전생이야기는 《육도집경》 《보살본연경》 《보살본행경》 《보살본생만론》 등 한문경전에도 실려 있다. 팔리어본 《본생경》에는 550편의 부처님 전생이야기가 있고 한문으로 번역된 경들 20여 권에는 700여 편의 부처님 전생이야기가 있다.

부처님은 너무도 위대하고 부처님의 깨달음과 가르침은 너무도 엄청나다. 부처님 제자들은 석가모니부처님이 이 세상에 태어난 이후의 6년 고행만으로는 이처럼 장엄한 만고불변의 진리를 깨달을 수 없다고 생각했다. 무수한 과거생에 보살로서 닦아온 결과라고 믿었다. 그래서 부처님의 전생, 즉 석가보살 이야기는 상상할 수 있는 모든 세계에 무한히 확대되었다. 석가보살은 무량억겁 동안 수행하면서 사람으로만 태어난 것이 아니라 토끼 · 말 같은 동물이나 신 등으로도 태어난다. 사람도 꼭 수도승으로만 태어나는 것이 아니라 장사꾼을 비롯해서 온갖 직업과 직책을 가진 사람으로 등장한다.

《본생경》의 이야기는 부처님이 현재 성불이라는 큰 과보를 얻게 된 전생원인을 설명하는 외에도 사람들이 누리는 현재의 좋거나 나쁜 결과가 모두 전생의 업 때문이라고 알려 준다.

《본생경》의 이야기들은 서론 · 본론 · 결론으로 되어 있다. 서론에서는 부처님이 전생이야기를 설한 경우와 장소를 밝혀 준다. 본론에서는 석가보살의 전생이야기가 자세히 나온다. 이야기의 내용은 상구보리 하화중생(上求菩提 下化衆生) 즉, 위로 불도를 구하고 아래로 중생을 제도하는 보살도의 이야기와 선인선과(禪因善果) 악인악과(惡因惡果) 권선징악(勸善懲惡)의 교훈이 담겨 있다. 결론 부분에서는 이 전생이야기에 나타난 인물이 누구인지를 밝힌다. 여기 배역에 나타나는 주인공들은 삼계육도(三界六道)의 모든 중생 누구나가 될 수 있다.

그러면 석가보살이 훌륭한 말로 화신하여 보살행을 한 이야기를 살펴보자. 이 이야기는 부처님이 제타바나에 계셨을 때 비구들에게 용맹정진을 가르치기 위해서 설한 것이라고 서론은 밝히고 있다.

옛날 바라나시에 한 왕이 있었는데 석가보살은 한 마리의 명마로서 왕궁에서 지냈다. 그런데 주변국 왕들이 바라나국을 탐내고 전쟁을 걸어왔다. 일곱 명의 왕들이 한꺼번에 군사들을 몰고 온 것이다. 왕은 장수들을 불러서 이 전쟁에 대한 대처방안을 상의했다. 그중 한 용감한 기사가 석가보살의 화신인 명마를 데리고 전쟁에 나간다면 일곱 왕과 그들의 군사들을 무찌르는 것은 쉬운 일이라고 말했다. 그 용감한 기사는 그 보살명마를 타고 번개불의 속도로 달려가서 첫 번째 진영을 쳐부수고 왕을 생포해서 끌고 와서는 성안의 군대에게 넘겨주었다. 그 기사와 보살명마는 첫 번째와 마찬가지로 반복해서 다섯 명의 왕들을 모두 생포해 왔다. 여섯 번째의 왕을 쳐부수었을 때 그 보살명마는 부상을 입게 되었다. 몸과 발에서는 많은 양의 피가 흘러내렸고 이루 말할 수 없는 아픔이 보살명마를 괴롭혔다. 보살명마는 몸을 길게 늘이고 누워 헐떡거리면서 눈을 껌벅였다. 그러는 중에도 생각에 잠겼다.

이 기사가 용감하기는 하지만 내가 아닌 다른 말을 데리고 나가서는 일곱 번째 나라의 군대를 쳐부수고 왕을 사로잡아 오지 못할 것이다. 그렇게 되면 내가 한 일은 헛수고가 되고 저 용감한 기사마저 목숨을 잃게 될지도 모른다. 바라나국 왕도 적에게 항복하고 말 것이다. 일곱 번째 왕을 무찌를 수 있는 말은 나 밖에 없다.

보살명마는 부상한 나머지 천근만근으로 느껴지는 몸을 일으켰다. 그 용감한 기사를 태우고 일곱 번째 진영을 쳐 부셨다. 사람들은 보살명마를 왕궁으로 데리고 왔다.

보살명마는 왕에게 말했다.

대왕이시여! 일곱 명의 왕을 죽이지 말고 다시 전쟁을 걸어오지 않겠다고 맹세하게 한 후 풀어주십시오. 그리고 공을 세운 저 용감한 기사도 잘 보상해 주십시오. 왕께서도 보시를 행하고 도덕을 지키십시오. 또 공정하고 평등하게 왕국을 다스려 주십시오.

이 말을 마치고 보살명마는 숨을 거두었다. 보살명마의 부탁대로 왕은 공정하고 평등하게 왕국을 잘 다스렸다. 모든 백성들이 행복해했다. 그 왕은 목숨을 마칠 때에 자신의 업보에 따라 세상을 떠났다.

부처님은 이 이야기를 마치고 비구들에게 말씀하신다.

비구들아, 과거의 구도자들은 절망의 상태에 놓일 경우에도 용맹정진을 실천하였다. 나의 전생 몸인 저 보살명마는 심한 부상을 입으면서도 체념한 적이 없었다. 그런데 그대들은 생사를 여의기 위해서 출가했으면서도 어찌하여 용맹정진 할 마음을 내지 않느냐?

이어서 부처님은 사성제를 설하신다. 그리고 부처님은 이야기의 끝을 맺기 위해서 수행시절의 전생과 현재를 관련지어 설명하셨다.

"그때 국왕은 지금의 아난이었다. 그때의 용감한 기사는 사리불이었고 보살명마는 바로 지금의 나였느니라."

보살의 전생이야기 중에서 중요한 역할을 하는 세 명, 즉 보살명마, 용감한 기사, 국왕은 부처님 설법시의 중요한 인물 세 명과 관련된다.

이 《본생경》의 이야기에서 석가보살이 화신으로 몸을 받은 명마는 용맹정진력을 투철하게 실천한다. 한 왕국을 일곱 나라의 왕이 침략해 왔음에도 불구하고 명마인 석가보살이 전광석화와 같이 달려가서 왕을 잡아오곤 한다.

말이라는 이미지 자체가 힘찬 인상, 즉 용맹심을 보여주는데 번갯불처럼 달려가서 적국의 왕을 채어 가지고 돌아오는 구도 또한 용맹심을 상상하게 만든다.

그런데 이 이야기 중에서 용맹심의 극치는 여섯 번째 왕을 잡아들이면서 석가보살인 명마가 부상을 입고 숨을 몰아쉬며 누워서 눈을 껌벅이며 생각하는 장면이다. 다른 말이 나서가지고는 일곱 번째의 왕을 칠 수도 없거니와 오히려 용감한 기사만 죽게 되고 결과적으로 바라나국의 왕도 항복하게 된다는 것을 그려본 후, 부상당한 몸을 이끌고 마지막 용맹심을 발휘한다.

전쟁을 승리로 이끈 다음에 왕에게 하는 말도 또한 인상적이다. 일곱 나라 왕에게 전쟁을 다시는 일으키지 않겠다고 다짐은 받아 두

되 죽이지는 말고 살려 보내라는 것이다. 보시와 덕을 베풀라고 한다. 그리고는 석가보살인 명마가 죽는 장면이 연출된다.

이 이야기에서 전쟁을 치루기는 하지만 무자비하게 죽이는 장면이 표면적으로 나타나 있지 않다. 침략해 오는 군대를 쳐부수었다는 표현만 사용될 뿐, 누구의 목을 쳐서 피를 흘리게 했다는 말은 볼 수가 없다. 일곱 명의 왕들도 어린아이를 안아 오듯이 데려왔다가는 전쟁이 끝난 후에 다시 돌려보낸다. 살생을 그리지 않으려고 노력하는 흔적이 엿보인다.

여기서 유일하게 목숨을 버리는 것은 용맹정진을 닦는 석가보살 자신뿐이다. 부처님은 이 전생이야기를 마치고 명마는 자신이요, 바라나국의 왕은 아난존자요, 용감한 기사는 사리불존자라고 과거생과 금생을 연결시킨다.

이 본생담에서 석가보살인 명마는 용맹정진의 수행정신을 확실하게 실천했다. 인간의 머릿속에는 진리와 바로 통신되고 우주의 기와 연결되는 슬기가 쌓이지 않고 사소한 정보들만 쓰레기처럼 쌓여 나약해지고 용맹심이 없어진다.

우리가 일반주택에서 살다가 아파트로 이사하게 되면 짐이 너무도 많다는 것을 알게 된다. 열심히 모은 것들이 전부 버릴 것이 된다. 그것들이 필요 없는 것이었다는 것을 이사할 때나 알게 된다.

마찬가지로 어떤 위기를 당했을 때 우리가 돌파력이 없고 무기력한 것은 진리의 힘, 우주의 기운을 받지는 아니하고 그것들과는 상관없는 사소한 정보들만 모아왔기 때문이다. 그 정보들은 인간을 용맹정진하게 만들기는커녕 인간을 패배주의자·회색주의자·기회주의자·도피주의자로 만든다. 도를 얻는 불도공부를 할 때, '용맹스럽게 매달리면 마침내 성취된다.'는 생각으로 불법의 핵심에 대해서는 좀처럼 파보려 생각하지 않는다. 도를 닦는 어려운 고비를 만나면 그것을 회피할 궁리만 한다.

팔정도에서 용맹정진은 계정혜 삼학의 기본을 이룬다. 저 석가보살 명마처럼 전쟁에 나가서 죽을 필요는 없다. 그러나 그와 같은 각오와 그와 같은 용맹정진의 마음으로 궁극의 깨침을 위해서 달려들지 않으면 우리가 도를 보는 것이 아니라 도가 우리의 형편없는 기백을 구경하게 될 것이다.

마치 텔레비전을 보던 사람이 졸게 되면 사람이 텔레비전을 보는 것이 아니라 오히려 텔레비전이 사람의 얼굴을 보듯이 말이다.

소의 험담
(본생경 2)

사람은 참으로 약한 존재이다.
함부로 말할 때는 강해 보이지만 험한 말을 들으면
강하던 사람도 의외로 마음에 상처를 입는다.

《본생경》에는 남에게 나쁜 말을 하지 말고 즐겁고 듣기 좋은 말을 하라는 교훈을 위해 부처님이 전하는 전생이야기가 있다.

부처님이 제타바나에 계셨을 때 였다. 수행이 부족한 한 비구가 함부로 남을 매도하는가 하면 욕설도 서슴지 않았다. 어진 비구들은 이 사실을 부처님께 사뢰었고 부처님은 대중들에게 그것이 사실인지 다시한번 확인했다. 그리고는 그 비구를 호되게 꾸짖었다.

"잔혹한 말이란 동물들조차도 꺼리는 말이다. 나의 전생 수행시절에도 한 동물이 자기에게 험한 말을 퍼붓는 주인에게 천금이나 손실을 입힌 일이 있다."

이렇게 말씀하시고 나서 전생이야기를 설했다.

옛날 석가보살이 수행할 시절에 어느 장자 집의 송아지로 태어났다. 주인은 그 송아지를 친자식처럼 잘 먹여주고 보살펴 주었다. 그 송아지는 자란 다음에 생각했다.

'이 장자는 고행하며 나를 길러 주었다. 이 세상에서 나처럼 힘이 센 소는 없다. 내 힘을 보여주어 이 장자의 은혜를 갚아야 하리라.'

어느 날, 소가 주인에게 말했다.

"주인이시여, 돈 많고 욕심 많은 고을 유지에게 가서 '내 소는 100대의 수레를 동시에 끌 수 있다.'고 말하고 천금의 내기를 거십시오."

장자는 돈 많은 이에게 가서 자신이 가진 소는 100대의 수레를 동시에 끌 수 있다고 자랑했다. 돈 많은 이는 장자가 허풍을 떤다고 생각하며 말도 안 되는 소리를 하지 말라고 핀잔을 주었다. 장자가 계속 우기자 돈 많은 이는 내기를 하자고 했다. 장자의 소가 수레 100대를 끌면 돈 많은 이가 장자에게 천금을 주어야 하고 끌지 못하면 장자가 돈 많은 이에게 천금을 주기로 한 것이다. 장자는 백 대의 수레를 일렬로 세워서 서로 연결시킨 후에 수레마다 돌을 가득 실었다. 그리고 맨 앞의 수레에 석가보살인 소를 매었다. 그리고 장자는 보살인 소를 채찍으로 두들기며 소리를 질렀다.

"가자, 이 허풍쟁이야. 끌다가 죽을지라도 너의 허풍에 대한 책임을 져."

석가보살인 소는 '이 사람은 허풍도 떨지 않은 나를 허풍쟁이라고 부르고 있다.'고 생각하며 꼼짝도 하지 않고 그대로 서 있었다. 그날의 시합에서 장자는 졌고 천금을 돈 많은 이에게 주어야 했다. 천금을 날려버린 장자는 억울함과 속상함을 가누지 못해 그만 자리에 눕고 말았다. 소는 장자 주인에게 다가가서 어찌하여 누워있느냐고 물었다. 장자는 천금을 잃은 것이 속상해서 그렇다고 말했다. 그러자 소가 장자에게 말했다.

"주인이시여, 내가 이 집에 온 순간부터 지금까지 무슨 물건이든 하나라도 부순 적이 있습니까? 혹은 무엇이든 마구 짓밟고 다닌 일이 있습니까? 아니면 함부로 아무 곳에다가 오줌이나 똥을 눈 적이 있습니까?"

장자는 그런 일이 없었다고 답했다. 소는 장자에게 힐문했다.

"그렇다면 어째서 나를 허풍쟁이라고 불렀습니까? 그것은 주인의 잘못입니다. 이제 2천 금의 내기를 거십시오. 그러나 말을 조심하십시오. 함부로 허풍쟁이라고 부르는 일이 없도록 하십시오."

장자는 소가 말하는 대로 돈 많은 이에게 가서 이번에는 2천 금을 걸었다. 이번에는 소를 쓰다듬으며 공손하게 말했다.

"가자, 슬기로운 자야. 끌어라. 현명한 자야."

석가보살인 소는 백 대의 수레를 힘도 안 들이고 끌었고 장자는 2천금을 받아서 돌아왔다. 이렇게 해서 장자는 석가보살인 소로 인해 엄청난 재산을 손에 넣었다.

이야기를 끝내고 부처님은 남에게 즐거운 말을 하고 불쾌한 말을 하지 말라고 다시한번 당부했다. 그리고는 "그때의 장자는 지금의 아난이고 그때의 소는 바로 지금의 나이다."라고 말하면서 전생과 금생을 관련지었다.

불쾌한 말을 해서 남의 기분을 상하게 하는 사람을 경계하기 위해서 부처님은 이 소의 이야기를 설한다. 소도 허풍쟁이라고 말하자 반발심이 생겨서 장자에게 천금을 손해 보게 만드는데 하물며 사람이라면 더 손해 보게 만들 수도 있지 않겠느냐는 의미가 담겨 있다.

사람은 참 약한 존재이다. 다른 사람에게 함부로 말할 때는 강한 것처럼 보이지만 그 사람 자신이 다른 사람으로부터 험한 말을 들으면 그렇게 강하던 사람도 의외로 마음에 상처를 입는다.

사람은 자신의 약점을 잘 보지 못한다. 자신이 생각할 때는 자신이 잘못하는 것은 다 이유가 있다고 생각한다. 이유가 있어서 부득이 잘못을 저지르니 그것은 결과적으로 잘못이 아니라고 생각하기 쉽다. 그러다가 잘못을 남으로부터 지적받으면 당황해 하고 억울해 한다.

잘못을 지적할 때도 애정 어린 설득과 비난조의 공격에는 큰 차이가 있다. 상대가 애정 어린 표정이나 말씨로 어떤 이의 잘못을 꺼내면서 자신을 돌아보게 할 때에 그는 태도를 바꾸려고 노력한다. 그러나 공격적으로 비난하면 반발한다. 그리고 비난하는 사람의 자격을 생각한다. 비난하는 사람도 생각해 보면 허물이 많은 데 무슨 자격으로 남의 사정도 자세히 알지 못하면서 비난하느냐고 원망하게 된다.

직접적으로 남의 허물을 이야기해 주는 것은 그래도 신사적이다.

참으로 좋지 않은 것은 뒤에서 남의 말을 나쁘게 하는 것이다. 뒤에서 남의 말을 나쁘게 하는 것도 장점은 있다. 남의 말을 부담 없이 말함으로써 자신에게 쌓인 스트레스를 풀 수가 있다. 또 남을 비판하다 보면 경우를 따지게 되고 경우를 따지다 보면 혹시 나에게는 그와 같은 잘못은 없는지 반성할 수 있다. 그렇지만 자신의 스트레스를 푼다거나 비판력을 기르는 장점이 있다고 하더라도 등 뒤에서 비판을 받는 주인공에게 오는 상처는 너무도 크다. 상대가 직접적으로 자신의 잘못을 이야기해 주는 것보다 남을 통해서 자신에 대해 수군거리는 눈치를 알게 되면 당사자는 몇 배의 강한 충격을 받게 된다.

　필자가 알고 있는 많은 불자들은 남의 나쁜 점을 이야기하는 것을 삼간다. 본인이 없는 데서는 물론이거니와 본인이 앞에 있을 때도 공개적으로 비판하는 분위기가 되더라도 부득이한 경우가 아니고는 남의 잘못을 이야기하지 않는다. 남을 뒤에서 흉보지 않기는 쉬운 일이 아니다. 본인이 있는 데서 나쁜 말을 함부로 하지 않기도 어렵다. 필자는 남에 대해 나쁘게 말하지 않는 분들과 인연이 있는 것을 큰 복으로 생각하고 있다.

　일본 사람을 상대해 보신 분들은 그들이 얼마나 남의 말 나쁘게 하는 것에 대해서 조심하는가를 잘 알 것이다. 필자의 경험에 의하면 전부는 아니라고 하더라도 많은 일본 사람들은 드러내 놓고 남에 대한 비평을 하지 않는다. 기껏해야 아쉬움을 표현할 정도이다. 물론 거기에도 문제는 있다. 일본 사람들이 인격적으로 훌륭하기만 해서 남의 말을 함부로 하지 않는 것이 아니라 그들의 문화 자체에 자기의 속을 남에게 드러내 보이지 않는 특성이 있다. 철저히 자신의 마음을 숨긴다. 자신을 내보이지 않기 때문에 상대의 진정한 마음을 파악하기가 쉽지 않다. 그래서 마음과 마음으로 접근하기가 어렵다.

솔직담백하게 자신을 보이는 면에 있어서는 우리 한국인들이 훨씬 좋다. 한국인들은 오랫동안 위장하면서 살지 못하는 성미를 가졌기 때문이다. 한국인의 솔직함을 장점으로 인정한다고 하더라도 남의 말을 나쁘게 하는 것은 고쳐야 한다.

부처님은 소 같은 가축도 나쁜 말을 직접 들으면 기분이 상한다고 한다. 그 짐승들이 누군가가 자신들을 뒤에서 흉보는 것을 알면 더욱 불쾌하게 생각할 것이다. 소로 태어난 석가보살도 함부로 말하는 주인에게 천금의 손해를 보게 만들었다. 뒤에서 흉보는 일이 있었다면 더 많은 손해를 보게 했을 것이다.

우리가 부처님의 전생수행담을 듣고 직접적으로 남의 기분을 상하게 하는 나쁜 말을 하지 않을 수만 있다면, 본인이 없는데서 남을 흉보지 않을 수만 있다면, 더 나아가 앞에서나 뒤에서 남의 장점만을 드러내서 이야기할 수 있다면 우리의 불도수행은 더욱 성숙해질 것이다. 백화점에 가서 비싼 옷을 사 입지 않고도 우리는 고상하고 멋있는 인격자가 될 것이다. 이것을 실천한다면 자신의 마음이 편안하고 남도 편안케 해줄 것이다. 불법을 입으로 선전하지 않고도 자신의 인격으로 불법의 위대함을 알리게 될 것이다.

토끼의 소신공양
(본생경 3)

탐욕을 다스리는 길은 보시를 실천하는 길밖에 없다.
한 곳에 물이 고여 썩지 않고 계속 흐르게 하는 데 있다.

《본생경》에는 부처님 인행시의 석가보살이 토끼로 태어나서 자신의 몸을 구워 탁발승에게 보시하려 한다는 내용이 있다.

부처님이 제타바나에 계실 때, 한 장자가 부처님과 스님을 초청해서 세상에서 가장 으뜸가는 맛을 골고루 갖춘 공양을 7일간이나 올렸다. 공양뿐만 아니라 500명 비구스님의 생활용품도 보시하였다. 공양을 받은 마지막 날, 부처님은 그 장자의 공양공덕을 찬탄하고 비구들의 청에 의해서 다음과 같은 전생담을 설하셨다.

석가보살이 한때 삼림 속의 토끼로 태어났다. 그 토끼는 수달·

원숭이·들개 등과 같이 살았다. 토끼는 그 친구들에게 계율과 포살(布薩)과 보시의 공덕에 대해서 가르쳐 주었다. 포살은 범어 우포사다(uposadha)를 중국말로 음역한 것이다. 뜻은 재(齋)를 올리는 것, 계(戒)를 설하는 것 등이다.

같은 지역 내의 수행자들이 보름날과 그믐날에 모여서 지난 보름간의 행위를 반성하고 잘못이 있으면 그것을 고백하고 참회하는 행사이다. 이때 불교교단의 계율조목인 바라제목차(波羅提木叉)를 외운다. 어느 날, 토끼는 하늘을 바라보고 보름이 다가온 것을 알았다. 그래서 친구들에게 말했다.

내일은 포살하는 날이다. 너희들 세 마리도 계를 받고 포살회에 참가하거라. 계를 굳게 지키고 보시를 행하면 좋은 과보가 있을 것이다. 그러므로 걸식하는 비구스님이 찾아오면 그대들의 음식을 꺼내어 공양 올리도록 하여라.

그 세 마리는 그렇게 하겠다고 답하고 각자의 거주지로 돌아갔다.

다음날 새벽, 수달은 먹이를 찾아 강가로 갔다. 어부가 모래 속에 숨겨둔 물고기를 찾아냈다. 그리고는 "이것의 주인이 있습니까?"하고 세 번을 소리쳤다. 주인이 나타나지 않으므로 수달은 물고기를 자기가 사는 곳으로 가지고 돌아왔다. 식사 시간에 먹기 위해서 숲속에 감추어 두고 자신의 행위가 계에 어긋났는지를 반성한 다음 잠이 들었다.

들개도 먹이를 찾아서 농가의 마을로 내려갔다. 농부의 오두막에서 고깃덩어리와 우유를 찾아냈다. "이것의 주인이 있습니까?"하고 세 번 외쳐도 주인이 나타나지 않자 들개는 먹을 것을 가지고 자기의 처소로 돌아왔다. 식사 시간에 먹기 위해서 먹을 것은 숲속에 감추어 두고 자신의 행동이 계에 어긋났는지를 반성한 후 잠이 들었다.

원숭이는 망고 먹이로 열매를 주워 가지고 자신의 처소로 돌아왔다. 식사 시간에 먹기 위해서 망고를 숲속에 감추어 둔 후 계에 대해서 반성하고 잠이 들었다. 한편 석가보살의 화신인 토끼는 식사 때가 되면 풀을 뜯어먹으면 된다고 생각하고 자기 처소에 누워서 다짐했다.

'나에게 온 걸식승에게 풀을 대접할 수는 없다. 만일 걸식승이 온다면 내 몸을 내주어야겠다.'

그때, 자재천신(自在天神)이 걸식 탁발승으로 변장하여 네 마리 짐승들의 보시정신을 시험하고자 하였다. 변장한 탁발승은 먼저 수달에게 가서 먹을 것을 부탁했다. 수달은 자신의 식사로 감추어 둔 물고기를 선뜻 내놓으면서 먹으라고 권했다. 자재천신인 탁발승은 다시 들개에게 가서 공양할 음식을 부탁했다. 들개도 선뜻 자신의 식사로 준비해 둔 고기와 우유를 내놓으려고 했다. 탁발승으로 변신한 자재천신은 다시 원숭이에게 가서 공양할 음식을 부탁했다. 원숭이도 선뜻 자신의 식사로 준비해 둔 망고를 내어주었다. 탁발승으로 변장한 자재천신은 토끼에게로 갔다. 토끼는 탁발승의 방문을 받고 기뻐했다.

스님, 잘 오셨습니다. 오늘은 제가 지금까지 내놓은 일이 없던 음식을 보시하려고 합니다. 그러나 스님은 살생을 하지 않을 것이니 불이 지펴진 후에 제가 불 속으로 뛰어들어 충분히 구워지면 고기를 드시고 출가인의 도를 실천해 주십시오.

탁발승으로 변장한 자재천신은 그 말을 듣고 활활 타오르는 장작불을 만들었다. 그러자 석가보살인 토끼는 불속으로 뛰어들었다. 그 불은 자재천신이 토끼의 보살정신을 시험하기 위해서 만든 것이므로 토끼의 털끝 하나도 태우지 않았다. 자재천신은 토끼의 희생적인 보시정신을 기념하기 위해서 달 속에다가 토끼의 그림을 넣었다.

수달·들개·원숭이·토끼는 서로 의좋게 지내다가 각자의 업에 따라 전생(轉生)하였다.

이 법문을 듣고 7일 동안 스님들께 공양올린 장자는 크게 기뻐하고 큰 깨달음을 얻었다. 부처님은 "그때의 수달은 지금의 아난이요, 들개는 지금의 목련이요, 원숭이는 지금의 사리불이며 토끼는 지금의 나다."라고 말했다.

이 이야기 중에서 수달과 들개가 계를 지키고 계를 반성하는 행위가 흥미롭다. 수달은 어부가 감추어 둔 물고기를 찾아냈고 들개는 농부의 집에 가서 고깃덩어리와 우유를 찾아냈다. 훔치러 간 형편에 "이것의 주인이 있습니까?"하고 세 번 소리친 다음에도 주인이 나타나지 않는 것을 확인하고 찾아낸 물건을 자기 처소로 가져온다. 그리고 잠이 들기 전에 자기가 계를 잘 지켰는지 잘못 지켰는지 반성하고 나서 잠든다.

이 이야기의 줄거리로 보아서 수달과 들개는 "이것의 주인이 있습니까?"하고 세 번 물었으므로 훔쳤다는 생각이 전혀 들지 않았고 또 이 이야기를 전하는 부처님도 그 점에 대해서 전혀 이상스럽게 생각하지 않는다.

그러나 다른 한편으로 생각하면 우리 인간들이 양심을 지키고 정의를 찾는 행위도 저 수달과 들개가 "이것의 주인이 있습니까?"하고 세 번 외친 후, 남의 것을 훔쳤으면서도 떳떳하게 생각하는 것과 비슷한 점이 많이 있는 것 같다.

우리는 인간들의 전쟁을 본다. 전쟁을 하는 사람들에게는 옳고 그름이 없다. 오직 힘의 우월만으로 옳고 그름을 뒷받침한다. 전쟁에 이기면 옳고, 지면 그르다. 이긴 자는 전혀 낯을 붉히지도 않고 의기양양하게 정의를 주장한다. 신문과 방송은 이긴 자를 찬양한다.

국가 간의 전쟁뿐만 아니라 이 사회 내에서의 생존경쟁에서도 마찬가지이다. 후진국에서 한때는 군인들이 총칼로 정권을 잡고 국민들을 윽박지르면서 국민의식이 썩었다고 호령했다. 부패로 가득 차 있다고 나무랐다. 많은 사람에게 핀잔을 주고 많은 사람을 가두었다. 그 군인들이 나라를 훔치고 정의를 주장하는 행위가 "이것의 주인이 없습니까?"하고 세 번 외치는 저 수달이나 들개와 무엇이 다르겠는가.

어떤 사람이 다른 이들로부터 경제적인 후원을 받아 국회의원에 당선되었다. 부패를 척결하기 위해서 여기저기 잘못된 곳을 찔러 보았다. 잘못된 곳에서는 돈이 관련되어 있기 마련인데 그 돈 줄기를 계속 따라가 보았더니 그 돈이 바로 명함을 내놓고 큰소리치는 사람들에게 흘러가는 것이었다. 수달이나 들개의 계율 지키는 방식의 삶은 어리석은 우리 마음, 우리의 생활 곳곳에도 스며들어 있을 것이다.

수달의 이야기를 하다 보니 글의 주제인 토끼보살의 보시이야기로부터 너무 멀리 떨어져 나왔다. 자재천신이 탁발하는 스님으로 변장을 하고 숲속의 네 짐승들을 찾았다. 수달·들개·원숭이가 한결같이 자신들의 식사 몫을 탁발하는 스님에게 드리겠다고 제의했으나 석가보살의 화신인 토끼는 아무것도 가진 것이 없었다. 그에게는 풀만 있으면 되었기 때문이었다.

그러나 스님의 공양으로 풀을 내놓을 수는 없어 토끼는 자기의 몸을 불에 구워 대접하려고 했다. 보통의 신심으로는 상상할 수 없는 보시정신이다.

보시가 좋다는 것은 불가사의한 공덕을 말하지 않고도 여러 가지 교리적인 이유가 있다. 현실의 집착과 미혹과 고통의 원인은 탐욕에 있다. 그 탐욕을 다스리는 길은 탐욕의 반대인 보시를 실천하는 길밖에 없다.

또 불교의 근본은 정신적인 깨달음이든지, 물질적인 것이든지 무엇이든 베푸는 데 있다. 한 곳에 물이 고여서 썩지 않도록 계속 흐르게 하는 데 있다. 해탈의 최대 장애물인 탐심을 제거하는 이유로 보나, 베푸는 원칙을 실천하는 것으로 보나, 보시는 불도를 구하는데 있어서 대단히 중요한 일이다. 그러나 무엇보다도 중요한 것은 모든 세상 사람의 믿음을 얻으려면 저 토끼처럼 남을 위해서 자기의 몸을 버릴 수 있는 사람이 되어야 한다는 것이다.

　부처님이 모든 사람들로부터 믿음을 받는 것은 단순히 머리로만 깨달음을 얻은 것이 아니라 무량겁을 거치면서 자신의 몸을 던져 보시하는 수행을 지침 없이 계속해 왔기 때문이기도 하다.

곳곳마다 있는 기회
(본생경 4)

좋은 사람으로 행동하던 시간과 나쁜 사람으로
행동하던 시간 사이의 간격은 좁지만 이 시간을 길게 확대하면
우리의 변덕과 큰 차이가 없다.

《본생경》의 두 편 이야기 중에서 한 전생이야기는 변덕을 부리는 사람에 관한 것이고, 다른 이야기는 모든 기회가 공평하다는 교훈을 주는 것이다.

사리불존자가 한 비구를 지도하게 되었다. 그 비구는 평소에 온순하고 말이 없으며 사리불존자의 지시를 잘 따랐다. 사리불존자는 비구를 데리고 멀리 탁발을 떠났다. 그런데 탁발하는 곳에 도착하자마자 비구는 갑자기 사리불존자의 말을 듣지 않았다. 그 비구는 사리불존자의 모든 말에 대해서 반발했다.

다시 부처님이 계신 수도원으로 돌아온 다음에 그 비구의 태도는 다시 일변해서 예전처럼 온순하게 되었다. 사리불존자는 그 비구를 이해할 수 없었다. 한 순간에는 아주 온순하고 다음 순간에는 고집스레 말을 듣지 않는 이유에 대해 알 수가 없어 사리불존자는 그 사실을 부처님께 사뢰었다. 부처님은 그 비구의 전생에 관하여 설명하셨다.

옛날에 석가보살은 한 부호로 태어났다. 이 부호에게는 돈이 많은 장자 친구가 있었다. 그 장자가 나이가 많은 데 비해 그의 아내는 젊었다. 연로한 장자와 젊은 부인 사이에는 한 아들이 있었다. 장자는 자신이 죽은 다음을 걱정했다.

재산을 그대로 두고 죽으면 젊은 부인이 그 재산을 다 차지한 다음 다른 사람과 결혼할 것이라고 생각했다. 그래서 장자는 한 하인을 숲속으로 데리고 가서 자신의 재산문서와 보배들을 다 파묻고 하인에게 말했다.

"내가 죽은 다음에 내 아들이 크면 이 재산을 그에게 알려주기 바란다."

얼마 되지 않아서 그 장자는 죽었다. 아들이 성장한 다음, 그의 어머니는 아들에게 말했다.

"너의 아버지가 하인과 함께 집안의 모든 재산을 땅속 어디엔가 묻어 버렸으니 하인과 같이 가서 그 재산을 찾아 다시 집안을 일으키도록 해라."

아들은 하인에게 재산에 관해서 물었다. 하인은 재산이 그대로 묻혀있다고 말하고 땅을 팔 연장을 들고 재산이 묻힌 숲으로 아들을 안내했다. 그 하인은 재산이 있는 곳에 이르자마자 갑자기 거만한 마음이 생겼다. 그래서 주인집 아들에게 욕설을 퍼부었다.

"이 멍청한 녀석아, 이런 곳에 무슨 재산이 있겠느냐?"

아들은 하인을 데리고 집으로 돌아왔다. 집에 돌아온 하인은 다시 전과 같이 온순해졌다. 그리고는 다시 재산 있는 곳으로 안내하겠다고 말하며 그 자리에 가기만 하면 재산을 파낼 생각은 아니하고 욕설하는 일을 반복하곤 했다.

그런 일이 열 번쯤 있은 후, 아들은 아버지의 친구였던 석가보살 부호를 찾아가서 사정을 아뢰었다. 부호는 그 아들에게 하인이 욕하는 것에 관심 갖지 말고 욕하면서 서 있는 그 자리를 파면 그곳에 재산이 있을 것이라고 일러주었다. 아들은 보살 부호가 시키는 대로 해서 재산을 찾고 집안을 다시 일으켰다. 그리고 보살 부호의 가르침을 따라 덕행을 쌓았다.

이 이야기를 마친 후, 부처님은 "그때의 장자 아들은 사리불이요, 하인은 지금의 변덕스런 비구이며 부호는 바로 나이니라."하고 전생과 금생을 연결시켰다.

이 이야기에는 재미있는 요소가 있다. 주인님, 주인님 하고 따르던 사람이 다음 순간에는 갑자기 벌떡 일어나서 "이놈아! 내가 너를 존경해서 따르는 줄로 아느냐? 이 멍청한 놈아."라고 말한다면 당하는 사람은 대단히 당황스럽겠지만 옆에서 보기에는 아주 우스울 것이다. 그러나 이 전생이야기는 우리의 변덕을 극단적으로 과장해서 나타내고 있다. 여기서는 좋은 사람으로 행동하던 시간과 나쁜 사람으로 행동하던 시간 사이의 간격은 좁지만 이 시간을 좀 길게 확대하면 우리의 변덕과 큰 차이가 없다.

　텔레비전 드라마를 녹화해서 본 경험이 있는 분은 자기의 변덕이 얼마나 심한가를 알 수 있다. 자기가 좋아하는 주말연속극을 방영하는 시간에 다른 일을 해야 하기 때문에 그것을 녹화했다고 하자. 녹화한 한 시간짜리 드라마 비디오를 열심히 본다.

　아무리 좋아하던 것이라 하더라도 한번 관람한 것을 또 보라고 하면 별로 다시 보고 싶은 마음이 생기지 않을 것이다. 한 시간 전과 한 시간 후, 보기 전과 본 후가 확연히 달라진다.

　인간관계도 마찬가지이다. 좋아하고 싫어하는 변화가 많다. 인간관계는 이미 본 드라마를 다시 보는 것과 같이 재미없음이 바로 분명하게 드러나지 않을 뿐이다. 그리고 자기보다 강한 사람, 자기에게 필요한 사람, 자기가 좋아하는 사람에게는 싹싹하고 친절하고 온순하던 사람이 자기보다 약한 사람, 자기에게 불필요한 사람, 자기가 싫어하는 사람에게는 억압적이고 거만하고 불친절한 경우도 많다.

　밖에 나가서는 호인인 사람이 집 안에 들어오면 폭군으로 행세하는 경우도 있고 자기의 친지에게 예절 바르고 겸손한 사람이 자신이 알려지지 않았다고 생각되는 공공장소에 가서는 무례하고 불손하게 행동하는 수도 많다. 이것이 인간의 변덕이 아니고 무엇이겠는가.

부처님은 우리 인간에게 숨어있는 변덕의 성질을 전생의 이야기를 통해서 확대하여 보여준다.

다음은 모든 일에 있어서 기회는 공평하다는 교훈을 주는 부처님 전생이야기를 한편 더 보기로 하자.

석가보살이 500대의 수레를 가진 상인으로 태어났다. 지방마다 남는 물건과 부족한 물건을 조사해서 부족한 물건들을 수레로 이동시키면서 돈을 벌었다. 그런데 보살과 라이벌 관계에 있는 상인이 있었다. 한때, 보살 상인이 고가품의 물건을 500대 분을 사들여서 다른 지역으로 이동하려고 하자 그 소문을 들은 라이벌 상인도 500대 분의 똑같은 물건을 사서 같은 날 떠나려고 하였다. 그래서 보살 상인은 라이벌 상인을 만났다.

"만약에 500대와 500대가 합한 1,000대의 수레가 한꺼번에 길을 지나간다면 길은 견디지 못할 것이오. 또 식수, 연료, 소를 위한 풀도 얻지 못할 것이니 우리가 시간 간격을 두고 떠나는 것이 좋을 것이오. 먼저 갈 것인지, 뒤에 갈 것인지 선택하시오."

라이벌 상인은 생각했다.

'내가 먼저 간다면 수레바퀴의 자국이 없는 길을 갈 것이며 소는 아무도 먹지 않은 풀을 먹게 될 것이다. 그리고 흙탕물을 일으키기 전이므로 식수도 깨끗할 것이다. 또 먼저 도착했으므로 물건을 비싼 값으로 넘길 수 있을 것이다.'

이렇게 계산하고 먼저 가겠다고 말했다.

라이벌 상인이 보살 상인이 떠나기로 한 날짜보다 먼저 떠나겠다고 말하자 보살 상인은 여행계획을 수정했지만 섭섭해 하지 않았다. 그리고 이런 이점을 생각했다.

'먼저 간 수레들은 울퉁불퉁한 길을 평평하게 만들 것이다. 앞에 간 소들은 뻣뻣한 풀을 먹겠지만 뒤에 가는 소들은 새순을 먹게 될 것이다. 앞에 간 사람들은 물을 얻기 위해 땅을 파야 되겠지만 뒤에 간 사람들은 이미 파놓은 우물물을 먹을 수 있을 것이다.

앞에 간 이들은 값을 결정하는데 신경을 써야 되지만 뒤에 가면 이미 결정한 값으로 물건을 넘기기만 하면 될 것이다.'

보살 상인이 예측한 대로 먼저 간 상인은 여행 중에 고생만 하고 중간에 산적들을 만나서 모든 물건을 뺏기게 되었다. 반면에 늦게 출발한 보살 상인은 앞의 실패를 경험삼아 더욱 꼼꼼하게 준비해서 여행을 안전하게 할 수 있었다.

이 부처님의 전생 수행이야기는 성공의 기회가 한 곳에만 몰려있는 것이 아니라 모든 곳에 다 있다는 것을 가르치고자 한다.

이 이야기에서는 석가보살이 상대에게 양보하고 수레여행을 뒤에 했기 때문에 성공한 것으로 되어 있지만 석가보살이 앞서 갔다고 해도 결과는 마찬가지로 성공했을 것이다. 모든 시기에 똑같은 비율의 기회가 있는데 그것을 어떻게 포착하고 살리느냐에 성공의 관건이 달려있지 시기 자체에는 좋고 나쁨이 없다는 것이다.

이 이야기는 공사상이나 성구사상을 말하지 않고 《법화경》의 일체의 사사물물(事事物物)의 제법(諸法)의 실상(實相)이 그대로 나타나 있다는 사상을 전해 준다. 모든 시기에 성공의 기회가 균등하다는 생각은 모든 사람, 모든 장소, 모든 선택의 기회가 균등하다는 말이 된다. 처처안락국(處處安樂國)이라는 말의 뜻과도 통한다.

자등명 법등명

(소승열반경 1)

자신을 의지하듯 진리를 의지하는 방법으로
몸과 마음을 잘 관찰해서 욕망의 번뇌가 침입하지 못하게 하고
바른 지혜를 닦아야 한다.

《열반경(涅槃經)》에는 《대승열반경》과 《소승열반경》이 있다. 《대승열반경》은 주로 모든 중생이 불성을 가지고 있다는 것, 부처님의 몸이 항상 이 세계에 머문다는 것, 상락아정(常樂我淨)이라는 열반의 네 가지 덕 등 주로 열반의 교리적 의미를 밝히고 있다. 반면에 《소승열반경》은 부처님이 발병하시고, 춘다의 마지막 공양을 받고, 쿠시나가라 사라쌍수 아래에서 열반에 들고, 화장을 하고, 사리를 여덟 나라에 분배하기에 이르기까지의 사실적 과정을 기술하고 있다.

《소승열반경》과 《대승열반경》이 한문 이름으로 확연하게 구별

되지는 않는다. 왜냐하면 대소승 두 가지에 공통적으로 《대승열반경》이나 《반니원경》이라는 제목이 쓰여지기 때문이다.

《대승열반경》과 《소승열반경》이 다 같이 《대반열반경》이라는 제목을 달고 있다는 말이다. 그래서 번역 원본·번역자·권수 그리고 내용으로 구분해야 한다. 《소승열반경》의 한문번역본에는 《불반니원경》2권, 《대반열반경》3권, 《불유교경》1권, 장아함부 경전 중의 2번째인 《유행경》등이 있다.

여러 곳을 다니시며 교화하던 부처님은 우기의 안거, 즉 비가 오는 시기의 수행기간 동안에 병을 얻으셨다. 병이나 통증의 종류는 구체적으로 나타나 있지 않지만 심한 고통을 겪은 것으로 보아서 중병인 듯싶다.

그러나 정진의 힘으로 병을 극복한다. 이때에 부처님은 유명한 '자등명 법등명(自燈明 法燈明)'의 유훈을 내린다. 부처님이 열반에 든 다음에는 자기를 의지하고 진리를 의지해서 살라는 뜻이다. 자기를 의지하고 진리를 의지하는 방법으로 몸과 마음을 잘 관찰해서 욕망의 번뇌가 침입하지 못하게 하고 바른 지혜를 닦아야 한다고 가르친다.

《소승열반경》에서 교리적인 의미는 이 유훈의 말씀이 핵심을 이룬다. '자기를 의지하고 진리를 의지하라.'는 말씀 중에서 진리를 의지하는 것은 당연하고 이해하기 쉽다. 진리를 의지하기가 쉽다는 뜻은 진리를 알기가 쉽다는 것이 아니라 마땅히 그래야 할 것으로 여겨진다는 것이다. 그러나 자기 자신을 의지하라는 말을 이해하기는 쉽지 않다. 불교에서는 지금의 나를 업 덩어리의 '나'라고 하고 실체가 있는 '나'는 없다고 가르친다.

그러면 어떤 종류의 자신을 의지하라는 말인지 분명하지가 않다. 물론 실체가 있는 '나'가 아니라 일반적·상식적 의미에 있어서의 '나'는 불교에서도 인정하고 있지만 업을 이끄는 주체, 또는 윤회의 주체로서의 상식적인 '나' 자신은 번뇌 망상에 뒤덮인 거짓의 '나', 임시의 '나'인데 부처님이 그 '나'를 의지해서 살라고 하는 뜻은 아닐 것이다.

'나'라고 하는 것에는 작은 '나'와 큰 '나'가 있다. 한문으로는 작은 '나'를 소아라고 부르고 큰 '나'를 대아라고 부른다. 작은 '나'는 현재 우리가 '나'라고 하고 있는 이 개인적인 '나'를 말하고 큰 '나'는 개인적인 '나'를 지워버리고, '나'와 우주가 하나가 된 그러한 '나'이다. 이것은 우주아 또는 전체라고도 할 수 있다. 그러나 이렇게 말해도 이 큰 '나'는 아리송하다. 왜냐하면 개인을 지운 '나'라고 하는 것이 어떤 경지인지 확실하게 감이 잡히지 않기 때문이다.

그래서 우선 이 큰 '나'를 무아의 '나'로 생각해 보자. '나'를 여실히 관찰하면 '나'라고 하는 고정적인 실체가 없다는 것을 알게 된다. '나'라고 하는 것도 알고 보면 욕망이라는 아편에 질질 끌려 다니는 욕망 아편쟁이에 불과하다는 것을 알게 된다. 돈도 아편이요, 명예도 아편이다. '누구나 다 얻으려고 하니 그것이야말로 정말 좋은 것인가 보다.'라고 생각하면서 죽자 살자 정신없이 오욕락(五欲樂)의 아편을 쫓아간다. '얻고 싶은 것을 다 얻으면 그 너머에 대단한 무엇이 있겠지.'하고 기대한다. 작은 '나'를 지운 이는 인간의 그와 같은 실상을 여실히 관찰한다. 인간은 자신의 내부로부터 본능적으로 솟아오르는 욕구를 다 채우기 전에 지치고 말 것이며 설사 원하는 대로 성취된다고 하더라도 그곳에는 별다른 것이 아무것도 없다는 것을 여실히 알게 된다.

역사의 현실이라는 무대를 떠난다는 것이 아니라 이 세상은 멋있는 연극을 하는 무대일 뿐이므로 맡은 배역을 충실히 이행하는데 의미가 있다는 것을 터득하게 된다. 연극 중에 내가 맡은 배역이 왕자냐 거지냐가 중요한 것이 아니며, 내가 무엇을 이루는 사람이 되느냐 실패하는 사람이 되느냐가 중요한 것이 아니라는 것을 이해하게 된다.

'나'라고 하는 것이 아무것도 아닌 것을 확실히 알 때, 나의 윤회의 업을 향한 욕망과 그것의 성취가 얼마나 부질없는가를 확연히 깨닫는다. 개인적인 '나'가 지워지고 우주 전체가 '나'로 떠오를 때 그곳에 큰 '나'가 나타난다. 큰 '나'는 우주의 크기만큼 크다는 뜻이 아니고, 작은 '나'가 자기를 포함한 모든 존재의 있는 모습을 여실히 체득하고 가장 참되고 가장 가치 있고 가장 아름다운 세계를 향해 실천하는 것을 가리킨다.

부처님이 "자신을 의지하고 남을 의지하지 말며 진리를 의지하고 다른 것에 의지하지 말라."고 할 때, 그 문구 안에 그 '자기'라는 뜻이 포함되어 있다. 그 자기란 뒤에 나오는 진리이다. 부처님은 자기라는 말을 먼저 쓰고 그 자기를 확실히 밝히기 위해서 진리라는 말을 다시 쓴 것이다. 앞에서 보았듯이 '자기를 의지하고 다른 이를 의지하지 않으며 진리를 의지하고 다른 것을 의지하지 않는' 방법을 자신의 여실한 관찰과 욕망의 침입으로부터 자신을 보호하는 것이라고 부처님이 설명하는 데서도 나타난다.

우리가 궁극적으로 의지할 '나'는 바로 진리인데 그 진리는 이 문제 덩어리의 '나'를 여실히 관찰하는 데서 나온다는 것이다. 작은 '나'를 여실히 보는 수행과 지혜를 진리라고 부르기도 하고 큰 '나'라고 부르기도 한다.

불교에서 큰 '나'와 작은 '나'를 구별하지 않고 똑같이 '나'라고 표현하기 때문에 진리로서의 '나'와, 지워야 할 망령된 집착으로서의 '나'가 혼동된다.

부처님이 탄생하자마자 외쳤다고 하는 '천상천하 유아독존(天上天下唯我獨尊)'이라고 할 때의 '나'는 우리가 의지해야 할 진리의 '나'고, 우리가 지금 '나'라고 여기는 '나'는 가짜의 '나'이다.

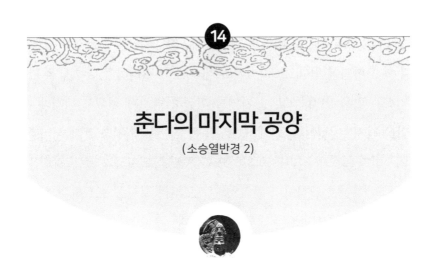

춘다의 마지막 공양
(소승열반경 2)

열반에 들게 되었는데도 부처님의 가장 우선적인 걱정은
'좋은 뜻으로 공양을 올린 춘다의 마음이 다치지 않을까.'하는 것이다

먼저 자등명 법등명을 보충하는 말로서 부처님의 가르침인지 아
닌지를 판단하는 기준이 어디에 있는지 부처님의 말씀을 들어보자.
부처님이 춘다로부터 공양을 받고 열반에 들 정도의 배탈과 설사병이
발병했는데, 공양의 과정은 어떠했으며 제자들과 함께 부처님이 드신
공양은 무엇이었으며 여럿이 공양했는데 왜 부처님만 병을 얻었는지
그리고 춘다의 공양을 받고 열반에 들게 된 부처님이 춘다를 어떻게
대했는지에 대해서 알아볼 필요가 있다.

부처님은 대장장이 춘다가 살고 있는 마을로 가기 전에 부처님의

가르침에 대한 기준으로 중요한 것을 말씀하셨다.

여기에 박식하고 성전에 능통하며 계율도 잘 지키는 모범적인 장로 비구가 있다고 치자. 그 훌륭한 비구가 "이것이 법(法)이요, 이것이 율(律)이다."라고 직접적으로 말하더라도 그 말을 무비판적으로 기쁘게 받아들이거나 싫어하면서 거부하지 말라. 다만 오로지 그 말의 자구(字句)를 파악하여 그 문구를 경에서 찾고 율과 대조해 보아라. 그리고 만약 경에서 찾고 율과 대조해 본 결과 아무 곳에서도 찾을 수 없으면 '이것은 확실히 부처님의 말씀이 아니다. 이 비구는 틀리다.'라고 최종적으로 판단하여 그 비구의 말을 버리도록 하여라. 반대로 아무리 못난 비구의 말이라도 경에서 찾을 수 있고 율에서 찾을 수 있다면 그것은 올바르다고 판단하여 따르도록 하라.

이 가르침은 자등명 법등명, 즉 자신을 따르고 진리를 따르라는 말씀의 보충설명이기도 하다.

부처님 열반 후에 최종적으로 의지해야 할 것은 자기인데 그 자기는 욕망 속에서 변덕을 부리는 범부중생(凡夫衆生)으로서의 '나'가 아니라 진리를 닦고 체득하는 법으로서의 '나'다. 그 법이 부처님의 가르침인지 아닌지를 가르는 기준도 부처님이 생전에 설한 경과 율을 대조해서 그것과 일치하면 참다운 법이요, 그렇지 못하면 참다운 법이 아니라는 뜻이다.

이 같은 진리의 기준을 설한 부처님은 제자들과 같이 대장장이 춘다가 있는 곳으로 가신다. 춘다는 부처님과 비구들을 초대해서 공양을 올리게 된다. 공양을 올리는 장면을 보자.

대장장이 춘다는 자신의 집에 딱딱하고 부드러운 갖가지 맛있는 음식을 준비하였다. 그 가운데는 스카라맛다바라는 요리도 섞여 있었다. 준비가 완료되자 대장장이 춘다는 사람을 보내서 세존께 고하게 했다. 그러자 세존께서는 그날 정오 전에 하의를 입으시고 발우와 상의를 손에 지니시고 비구들과 함께 대장장이 춘다의 집으로 향하셨다.

그리고 도착하시어 마련된 자리에 앉으셨다. 자리에 앉으신 세존께서는 준비한 음식 가운데에 스카라맛다바가 있는 것을 아시고 대장장이 춘다에게 말씀하셨다.

"이 스카라맛다바는 모두 내 앞으로 가져오도록 하고 비구들에게 다른 것을 올리도록 하여라."

춘다는 스카라맛다바는 모두 세존께 드리고 비구들에게는 다른 갖가지 음식을 올렸다. 공양이 끝나자 춘다에게 말씀하셨다.

"이 스카라맛다바는 구덩이를 파 그곳에 모두 묻어라. 악마 · 범천 · 신들 · 인간들을 막론하고 아무도 이것을 소화할 수 없느니라. 오직 여래만이 이것을 소화할 수 있느니라."

이렇게 대장장이 춘다로부터 공양을 받으신 세존께 심한 병이 엄습하였다. 피가 섞인 설사를 계속하는 고통을 겪었다. 그러나 그런 고통 중에

서도 세존은 바르게 의식을 보전하면서 아난을 비롯한 제자들을 데리고 쿠시나가라로 향하셨다.

여기에 의하면 춘다는 스카라맛다바라는 음식을 부처님과 비구들을 위한 공양으로 올렸다. 부처님은 그것을 맛보시고 다른 비구들이 먹지 못하게 했다. 부처님만 그 스카라맛다바를 드시고 다른 비구들은 먹지 않았기 때문에 부처님에게만 배탈과 피 섞인 설사가 생긴 것이다.

이 스카라맛다바는 남방불교에서는 나름대로의 어떤 음식을 의미하는 것으로 생각하고 있지만 북방 대승불교권에서는 한문으로 '전단수이(栴檀樹耳)' 즉 전단나무에서 자라는 버섯이라고 번역했다.

중국인들의 정서로 보아서 그 스카라맛다바를 직역하는 것이 바람직하지 않다고 생각되어 버섯으로 의역한 듯싶다. 여하튼 그 전단나무 버섯은 그 시대에 가장 귀하고 맛있는 요리로 짐작된다.

부처님의 연세가 80이니 특별한 병이 없더라도 열반에 드실 수 있는 나이다. 단지 춘다의 버섯공양이 결정적인 발병의 계기가 되었을 뿐이다.

배탈 설사의 고통을 겪으면서도 부처님은 자신의 몸을 걱정하는 것이 아니라 자기에게 공양을 제공한 춘다에게 쏟아질지도 모를 비난을 걱정하신다. 아난존자에게 춘다를 보호하고 위로하는 말씀을 남기신다.

아난아, 장차 저 대장장이 춘다에게 "그의 공양으로 인해 여래가 입멸했다."라는 비난이 퍼부어질지도 모른다. 그리고 사람들은 "춘다는 마침내 여래를 열반에 들게 한 나쁜 과보를 받게 될 것이다."라고 악담할지도 모른다. 그 말을 들은 춘다는 여래에게 공양 올린 일을 후회할 수도 있다. 그러니 아난아, 춘다를 다음과 같은 말로 위로하여라.

"그대 춘다여, 조금도 후회할 것 없소. 여래께서 당신이 올린 최후의 공양을 드시고서 입멸하셨다는 것은 당신에게는 참으로 경사스럽고 좋은 일이오. 이렇게 말하는 것은 생전에 세존께서 여래에게 음식을 공양한 공덕이 무량하다고 누차 강조했기 때문이오. 올린 음식을 공양하고 여래가 정각을 이루었을 때, 그 공덕이 얼마나 크겠소. 하물며 여래가 그 음식을 들고 무여열반에 드셨을 때 그 공덕은 한량이 없을 것이오. 그대는 세존께 최후의 공양을 올린 공덕으로 장수를 누리고 다음 생에는 좋은 몸을 받게 될 것이오."

부처님은 아난존자에게 춘다를 위로하는 구체적인 방법과 논리까지 가르쳐 준다. 부처님은 참으로 큰 어른이시다. 춘다의 공양을 받고 열반에 들게 되었는데도 가장 우선적인 걱정은 '좋은 뜻으로 공양을 올린 춘다의 마음이 다치지 않을까.'하는 것이다.

보통 우리 범부들은 잘된 일은 자기 탓으로 돌리고 잘못된 일을 조상 탓으로 돌리곤 한다. 부부간에 집을 사고 팔 때에도 남을 원망하는 마음은 작용된다.

　　어떤 부부가 대전에서 서울로 이사 왔는데 대전 집을 먼저 팔고 서울 집을 산 것이 아니라 서울의 아파트를 사기로 계약한 후에 대전 집을 복덕방에 팔아 달라고 부탁했다. 그런데 중도금을 치를 날짜가 가까워 오는데 대전 집이 잘 팔리지 않는 것이었다. 잘못하면 서울 집의 계약금을 잃게 될 처지였다. 그래서 좀 낮은 가격으로 대전 집을 팔았는데 중도금을 치를 때가 되자 서울의 아파트 값이 올라가는 것이었다. 잔금을 치를 때가 되니 더욱 집값이 높아졌다.

　　그 부부는 대전 집을 헐값에 팔음으로써 5천만 원을 손해 보았고 서울 집을 비싸게 구입함으로써 또다시 5천만 원을 손해 보았다. 1억 원을 모으려면 매월 130만 원 월급 중에서 30만으로 생활하고 100만 원씩을 저축한다고 하더라도 10년이 걸리는 거금이었다. 이렇게 손해 보는 과정에서 부부는 서로 상대를 원망하는 것이었다. 서로 상대가 못나고 잘못 판단해서 그런 손해를 보았다고 생각했다.

　　우리 범부들은 이와 같이 경제적인 손해에도 남편과 부인이 서로 원망을 주고받는다. 그러나 부처님은 춘다의 공양으로 인해 자신이 중병에 걸렸는데도 자신의 몸에 대한 걱정은 조금도 없고 공양에 대한 원망도 전혀 없다. 원망하는 표현이 있다면 "그 버섯들을 모아서 땅 속에 묻으라. 이것들은 여래 외에는 악마나 천신들도 소화하지 못하리라."는 것뿐이었다. 즉 독기 있는 음식이 춘다가 준비한 공양 속에 있다는 뜻만 나타냈을 뿐이다.

　　서양종교의 성인에게는 배신자가 있다. 가령, 기독교의 경우 예수님을 붙잡혀 돌아가시게 한 배신자는 예수님의 제자 중에 있었다. 그러나 불경은 배신자를 만들지 않는다. 춘다는 배신자로 묘사되지 않았다. 오히려 부처님께 공양을 올려서 무여열반(無餘涅槃)에 들게 하는 대단한 공덕을 지은 것으로 위로된다.

부처님이 춘다의 공양을 받고 중병에 걸렸다는 말을 들은 어떤 분은 '생사를 해탈한 성인이 독버섯을 드셨다고 해서 어떻게 병에 걸릴 수가 있느냐.'는 이런 의심을 가질 수도 있다. 이 물음은 우선 두 가지 방면에서 답할 수 있다.

첫째, 부처님이 중병에 걸렸다는 것은 중생들의 표현일 뿐이다. 부처님은 아난존자를 불러서 춘다를 변호하고 위로하라고 말하는 것이다. 춘다는 여래를 무여열반에 들게 하는 최후의 공양을 올린 것으로 찬탄된다. 열반은 죽음이 아니다. 적멸의 고요일 뿐이다.

《소승열반경》은 남방 팔리어성전이다. 북방불교 입장에서 보면 소승불교이다. 그래서 대승불교는 부처님 열반의 의미를 교리적으로 설명하는 《대승열반경》을 가지고 있다. 《대승열반경》에서는 부처님이 이 세상에 항상 우리와 같이 계신다.

둘째, 중생이나 부처님도 외형적인 의미에 있어서의 생로병사를 면할 수는 없다. 단지 부처님이나 도인 스님들도 중생들처럼 늙기도 하고 아프기도 하지만 거기에 얽매이지를 않을 뿐이다.

고통 속의 고요, 진흙 속에 연꽃과 같고 생사 속에 있으면서도 열반을 사는 것이다.

눈을 뽑아 물리친 유혹

(장로니게 1)

불도의 길은 인간의 허점인 고독을 들먹이며
그것을 환희로 채워 줄 수 있다고 자신하는
유혹들의 숲을 헤치고 나아가는 것이다.

《장로니게》는 비구니스님들이 읊은 시들을 모은 경우로 팔리어 5
부성전 중 제 5부의 15가지 경 가운데 포함된 것으로 팔리어 경 이름
은《테리가타(Therigātā)》이다.

이 《장로니게》는 522개의 시구로 이루어져 있는데 여승들의 출
가와 수행, 부처님에 대한 청정하고 진실한 흠모, 진리와 깨달음을 향
하는 간절한 마음, 그리고 자신의 과거를 회상하는 내용들이 시적으
로 읊어져 있다. 이 시들에서는 부처님의 가르침을 따라 수행하면서
욕망의 번민과 깨달음의 법열(法悅)에 순간순간 교차되고 얽히는 여성

수행자의 모습이 생생하게 나타나 있다.

본래 부처님은 남성들에게만 출가를 허용했다. 그러나 부처님의 이모이면서 동시에 양모이기도 한 여인의 간절한 청을 받아들여서 비구니가 생겨난다.

그러나 그 내용을 보면 청정하게 산 여인들만 출가한 것이 아니라 세속의 온갖 욕망에 빠져 육신을 팔다시피 한 여인들까지 출가해서 과거를 적나라하게 고백하고 그 위에 깨끗하고 귀중한 해탈의 삶, 진리의 삶을 대치시켜 놓았다.

이 비구니스님들의 고백은 여성의 이야기이기 때문에 내적 · 심리적 묘사가 풍부하다.

한 미모의 비구니스님이 미남이고 건강하며 정열적이고 부귀를 가지고 있는 한 청년의 유혹을 물리치는 이야기를 읽어 보자.

한 여승이 아름다운 망고나무 숲을 지나가고 있는데 한 청년이 여승을 가로막았다. 그러자 여승은 그 청년에게 말했다.

당신은 내가 가는 길을 가로막고 서 있는데 남자가 여승을 가까이하는 것은 합당한 일이 아닙니다. 저희 스승님의 엄중한 가르침 가운데는 행복한 사람, 부처님이 가르쳐 준 귀중한 가르침들이 있습니다. 저는 그 가르침으로 청정한 경지에 이르렀습니다.

청년이 말했다.

그대는 젊고 아름답습니다. 그대가 출가한들 무슨 소용이 있겠습니까? 자, 가사를 던져버리고 꽃이 만발한 숲속에서 함께 즐깁시다. 높이 치솟은 나무들이 꽃가루를 흩날리는, 사방에 달콤한 꽃이 만발한 숲속에서 함께 즐깁시다. 맹수가 출몰하고 수코끼리에 대한 연모의 정으로 암코끼리가 요란하게 울부짖는 인적도 없는 쓸쓸한 숲속으로 그대는 동행도 없이 혼자 들어가려는 겁니까? 그대는 번쩍번쩍 빛나는 황금 인형같이 아름다운 동산의 천사같이 거닐고 있습니다. 화려한 옷을 걸친다면 더욱 눈부시게 아름다울 것입니다. 혹시 그대가 동산의 숲에서 살기를 원한다면 나는 그대의 뜻을 따르겠습니다. 자, 세속의 삶을 누리십시오. 바람 한 점 없는 고요한 궁전에 살며 그대는 시녀들의 보살핌을 받으십시오. 꽃장식과 향료도 바르십시오. 황금·보석·진주·금강석 같은 수많은 장신구를 그대를 위해 마련하겠습니다. 전단향나무로 만든 아름답고 값비싼 침상 위에 잠드십시오. 그대의 눈은 산속의 암사슴 혹은 요정의 눈처럼 요염하고 신비합니다. 그대의 눈을 바라보면 애욕을 즐기고 싶다는 제 생각이 더욱 불타오릅니다. 설령 그대가 아무리 멀리 떠나더라도 나는 그대를 사모할 것입니다. 긴 눈썹의 여인이여, 청초한 눈빛의 여인이여, 나에게는 그대의 눈보다 아름다운 것은 다시 없을 것입니다. 부드러운 눈의 여인이여!

다시 여승이 말했다.

시체가 가득한 묘자리만 늘려주며 죽어가는 성질을 가진 육신 가운데

118

에서 당신은 무엇을 본질이라고 생각합니까? 거짓 본질에 넋이 나가 당신은 나를 뚫어져라 보고 있지만 내가 지금 욕심 부릴 만한 대상은 아무 것도 없습니다. 또한 나는 탐욕이 어떤 것인지조차 모릅니다. 그것은 부처님의 가르침에 의해 뿌리 뽑혔습니다. 그것은 작열하는 석탄불의 치솟는 불꽃처럼 자취 없이 흩어졌습니다. 세상에는 아직 진리를 깨닫지 못했거나 혹은 부처님을 섬겨 본 적이 없는 여인도 있으니 당신은 그런 여인이나 유혹하십시오. 노란색 물감의 벽화를 볼 때와 같이 당신은 이 육신에 대해 전도된 생각을 가지고 있습니다. 세속적인 지혜는 무익한 것입니다. 어리석은 사람이여, 눈앞에서 요술로 만들어 낸 형상과 같이, 꿈자리 끝에 본 황금 나무와 같이, 사람들이 즐기는 그림자놀이와 같이, 허망한 것을 향해서 당신은 달려가고 있습니다. 당신은 내 눈의 애교를 원합니까? 이 눈은 빈 공간에 위치한 작은 알맹이입니다. 그 중앙에는 거품 같은 것이 있습니다. 그 눈에 눈물도 흐르고 눈곱도 낍니다. 다양한 추파의 눈짓이 안구에 의해서 드러납니다. 자, 이 눈을 통째로 드릴테니 아주 가지세요.

자태가 아름답고 마음에 집착을 여읜 여승은 아무 거리낌 없이 눈알을 뽑아냈다. "자, 이 눈을 가지고 가십시오."라고 말하고 눈알을 청년에게 건네주었다. 청년의 애욕은 흔적도 없이 싸늘하게 식어 버렸다. 그는 여승에게 용서를 빌었다.

"타오르는 불길을 끌어안은 것처럼 나는 그러한 사람을 해치려 하였습니다. 나는 말하자면 독사를 거머쥔 셈입니다. 부디 나를 용서

하십시오."

그 여승은 청년으로부터 벗어나 신묘하신 부처님 곁으로 갔다. 부처님의 거룩한 모습을 보고 여승의 눈은 본래의 모습으로 돌아왔다.

여승이 청년의 유혹을 물리치는 장면이 생생하게 묘사되어 있다. 청년의 유혹도 만만치 않다. 청년은 먼저 흩날리는 꽃가루와 내뿜는 향기를 상기시키며 분위기로 사람의 마음을 흔들려고 한다.

그리고 혼자 가는 수행길의 고독과 고난을 말한다. 갖가지 보석과 좋은 환경, 좋은 조건을 내세우며 여성의 허영심을 부추긴다. 눈을 들먹이며 타오르는 애욕을 훈김으로 내보인다.

그러나 여승의 마음은 확고하다. 부정한 것에는 일체 오염되지 않았다. 부처님 법을 모르는 좀 멍청한 여인들도 많을 것이라고 말해 준다. 자신은 꿈자리에서 본 황금나무나 그림자놀이에 나타나는 헛된 것이라고 타이른다. 눈의 아름다움과 애욕을 관련시키자 여승은 눈알을 뽑아서 청년에게 주어 버린다.

필자가 이 이야기를 택한 것은 눈알을 갑자기 뽑아버리는 충격적인 지혜와 신심과 용맹심에 감동을 느꼈기 때문이다. 이 여승의 이야기 첫 부분을 보면서 유혹의 시와 그것을 뿌리치는 응답이 아름답게 느껴지기만 했다. 여승이 그 청년의 유혹을 뿌리칠 줄은 짐작했지만 자신의 눈을 뽑아 내줄 것은 전혀 상상하지 못했다.

이 세상의 수행자들이 어떤 유혹이 있을 때에 이 여승처럼 눈을

뽑아서 주거나, 팔을 잘라서 주거나, 혀나 입술을 잘라 준다면, 아니
그럴 정도의 견고한 신심과 의지라면 어떠한 욕망도 싸늘하게 식히고
말 것이다.

사람들은 처음 발심해서 수행을 시작한다. 그러나 인간의 마음은
한번 결심한 생각이 계속되도록 되어 있지 않다. 마음에 흔들림이 없
이 항상 여일하도록 되어 있지 않다. 마음은 내적 · 외적 상황에 따라
흔들리게 되어 있다.

수행자는 한번 발심으로 끝나지 않고 끊임없이 재발심을 해야 한
다. 초발심(初發心)이 바로 정각(正覺)을 이루게 한다는 말도 있지만 그
초발심은 숫자상으로서의 하나를 말하는 것이 아니라 초심이 흔들리
거나 변질되지 않는 한결같은 자세를 뜻한다. 초심을 끊임없이 상기
하는, 끝없는 초심의 재발심에 의해서 정각을 이룰 수가 있다.

한 비구니스님이 청년의 유혹을 극복한 이야기이지만 유혹을 극
복하는 이 이야기는 출가자에게 뿐만 아니라 모든 구도자에게 똑같이
필요하다.

청년과 여승은 애욕을 기본적인 것으로 드러내 놓고 이야기하고
있다. 이것은 우리 인간이 가진 뿌리를 찾을 수 없는 허전함과 고독
그리고 무엇인가를 잡기 위한 허우적거림을 이해하기 쉽게 상징적으
로 나타낸 것이 아니겠는가.

밖에서 나를 유혹하는 사람이 없다면 안으로부터 유혹을 꾸며낸
다. 사람은 스스로 유혹하고 스스로 유혹을 당한다. 불도의 길을 가는

것은 인간의 허점인 빈 마음의 고독을 들먹이며 그것을 환희로 채워 줄 수 있다고 자신하는 유혹들의 숲을 헤치고 나아가는 것이다.

온갖 종류의 유혹들이 우리들의 표면의식 또는 심층의식 속에 항상 자리하고 있다. 우리는 그 유혹들을 완전히 지울 수가 없다. 그것들은 인간존재 그 자체이기 때문이다. 파도를 다 퍼내고 나면 남는 물이 없기 때문이다.

문제는 이 이야기의 여승이 눈을 뽑아 버림으로써 자신의 내면에 폭발물처럼 숨어있는 업력과 상대의 애욕을 동시에 식히듯이, 우리도 그런 정진의 마음과 불퇴전의 원력을 가지고 있느냐는 것이다.

물 빠진 가죽자루
(장로니게 2)

여승은 무상을 보면서 영원히 시들지 않는
아름다움을 얻는 길은 불도뿐이라고 생각한다.

《장로니게》에는 출가해서 모든 세속적 욕망을 쉬고 과거를 회상
하며 부처님의 가르침을 확인하는 한 여승의 독백이 들어 있다.

늙은 여승은 먼저 검은 머리가 파뿌리처럼 흰 색깔이 된 것을 확
인하며 부처님의 말씀대로 '틀림없이 인생은 무상하다.'는 것을 되풀
이해서 말한다.

옛날 저의 머리카락은 옻칠처럼 새까만 꿀벌 빛깔과 같았고, 머리끝은
곱슬곱슬했습니다. 지금은 늙어서 머리카락은 삼나무껍질같이 되었습니

다. 옛날 저의 머리는 향기를 머금은 상자처럼 냄새가 좋았으며 온통 꽃으로 단장되어 있었습니다. 그러나 지금은 늙어서 토끼털 같은 냄새가 납니다. 잘 옮겨 심어 무성하게 우거진 숲과 같이 저의 머리는 빗과 핀으로 아름답게 다듬어져 있었지만 지금은 늙어서 드문드문 쥐가 파먹은 형상입니다. 금붙이로 장식한 부드러운 향기의 흑발은 꼼꼼하게 땋아내려 아름다웠지만 지금은 늙어서 몽땅 벗겨졌습니다. 진리를 가르치신 부처님의 말씀에는 거짓이 없습니다.

검은 머리가 흰 머리로 된 것, 향기가 나던 머리에서 토끼털 냄새가 나는 것, 머리가 빠지는 것에 대해서 이야기한다. 여승 자신이 젊어서 젊음을 뽐냈을 때 부처님은 '그것은 얼마 있지 않아 변하게 된다.'고 말씀하시곤 했는데 정말로 부처님의 말씀대로 늙어버린 것을 회상하고 있다.

불자들과 설악산 봉점암을 참배한 적이 있다. 높은 산에 오르니 뽑혀진 나무뿌리들이 하얀 색깔로 변해 있었다. 그래서 한 중년의 불자를 불러 "보살님의 흰머리가 저기에 있네."라고 농담을 했다. 그런데 그 불자는 갑자기 심각해지는 것이었다. 나는 속으로 걱정했다. 공연히 흰머리를 상기시켜서 늙음을 생각하게 했다고 후회했다.

나는 머리를 자주 깎기 때문에 흰머리를 볼 기회가 별로 없지만 조금 머리가 길어지면 보는 사람마다 "요즘에 많이 늙었어."라고 인사한다. 그렇다. 늙었다. 세수하고 머리를 감을 때마다 많은 머리카락이 빠진다. 전에는 음식 속에 섞인 머리카락을 보고 좋지 않게 생각했는데 요즘에는 그런 머리카락을 보면 '공양주 보살님도 이제 머리가 빠지는구나.'하고 되뇌이곤 한다. 머리를 아무리 감아도 근지럽기에 병원을 찾은 적이 있다. 의사선생님께 "예전에는 1주일 이상을 감지 않아도 가렵지 않았는데 요즘에는 날마다 머리를 감는데도 비듬 같은 것이 생기는 것은 웬 까닭인가요?"하고 물었다. 의사선생님은 "노화현상입니다. 늙은 몸은 젊었을 때와 다릅니다."라고 대답했다.

　여승은 늙음을 보면서 부처님의 말씀이 틀림없다고 생각한다. 여승의 회상은 계속된다.

　옛날 저의 눈은 화가가 그려낸 그림처럼 아름다웠지만 지금은 늙어서 주름도 지고 아래로 축 처졌습니다. 저의 눈은 보석과 같이 윤기 도는 검은 감청색으로 맑고 길쭉했지만 지금은 늙어서 희멀거니 빛이 바래 흉하기만 합니다. 청춘시절 저의 코는 유연한 봉우리같이 아름다웠지만 지금은 늙어서 말라 비틀어졌습니다. 옛날 저의 귓불은 잘 만들어진 팔찌와 같이 아름다웠지만 지금은 늙어서 쭈글쭈글하고 축 늘어졌습니다. 저의 이는 마치 갓 돋아난 파초 빛깔처럼 아름다웠지만 지금은 늙어서 부스러지고 더러는 보릿대같이 누렇게 변했습니다. 진리를 가르치신 부처님의 말씀에는 거짓이 없습니다.

　청춘의 회상이 머리로부터 눈썹 · 눈 · 코 · 귓불 · 이의 순서로 내

려온다. 여승의 눈썹은 그림처럼 아름다웠고 눈은 보석과 같이 윤기
가 돌고 맑았다. 코는 부드러운 산봉우리 같았고 귓불은 팔찌처럼 아
름다웠다. 그리고 이는 갓 돋아난 파초와 같았다. 그러나 이제는 모두
시들어져 버려 추함만 남았다. 무상하다고 하신 부처님의 가르침이
틀림없다. 여승은 이 무상을 보면서 영원히 시들지 않는 아름다움을
얻는 길은 불도뿐이라고 생각한다.

　여승이 회상하는 몸을 따라 더 아래로 내려가 보자.

　　우거진 숲속을 나는 새처럼 저는 달콤한 목소리를 가지고 있었지만 이
제는 늙어서 가래소리를 내고 더듬거립니다. 옛날 저의 목은 잘 갈고 닦은
소라고둥처럼 아름다웠지만 지금은 늙어서 구부정합니다. 옛날 저의 손
은 매끄럽고 부드러웠지만 지금은 늙어서 무뿌리와 양파뿌리처럼 오그라
들었습니다. 옛날 저의 가슴은 풍만하고 균형이 잡혀 위로 봉긋했었습니
다. 그러나 이제는 늙어 물이 빠진 가죽자루처럼 축 늘어져 있습니다. 진
리를 가르친 부처님의 말씀에는 거짓이 없습니다.

　옛날에 여승의 목소리는 새소리와 같았고 은방울을 굴리는 듯했
다. 목은 학처럼 길었고 소라고둥처럼 아름다웠다. 손은 뜨겁고 매끄
러워서 손가락 끝만 스쳐도 사람들을 감전시키듯이 떨게 만들었다.
풍만한 가슴의 봉우리는 위를 향해 꼿꼿이 있었다. 여승 자신이 자신
의 아름다움에 도취한 적이 한두 번이 아니었다. 사막에 있는 가는 모

래와 바람결을 따라 능선과 계곡을 이루는 경치가 바로 이 몸, 이 가슴에 있다고 생각했다. 그러나 이제는 모두 다 시들어버려 모든 것이 물 빠진 가죽자루와 같이 축 늘어졌다. 여승은 부처님의 무상법문이 틀림없음을 확인한다.

여승의 회상을 계속 쫓아가 보자.

옛날 저의 몸은 잘 다듬어진 황금막대처럼 아름다웠지만 지금은 주름살로 전신이 꺼칠꺼칠합니다. 옛날 저의 두 다리는 코끼리의 코와 같이 탄탄했지만 지금은 늙어서 대꼬챙이처럼 야위었습니다. 옛날 저의 두 발목은 반들거리는 발찌를 차고 금붙이로 단장하여 아름다웠지만 지금은 늙어서 참깨줄기같이 말라붙었습니다. 옛날 저의 두 발은 솜버선처럼 희고 탱탱했지만 지금은 늙어서 트고 갈라져 쪼글쪼글합니다. 이와 같이 여러 요소가 한데 어우러져 이루어진 몸뚱어리는 늙고 찌들어서 온갖 괴로움만 가득합니다. 그것은 칠이 벗겨진 황폐한 집입니다. 진리를 가르치신 부처님의 말씀에는 거짓이 없습니다.

몸과 발로 내려올수록 야위고 탄력이 없는 것을 한탄한다.

요즘의 우리 한국 실정에는 살이 많이 쪄서 걱정이지만 옛날 인도의 상황에서는 바짝 마르고 주름진 것을 보고 무상을 느낀다.

건강하게 살려고 하는 노인은 살이 없어야 한다고 한다. 필자가 알고 있는 88세의 노보살님 한 분은 젊었을 때 뚱뚱했었다. 나이가 많아질수록 숨이 차고 신장이 나빠져서 체중을 줄였는데 살쪘던 곳에 살이 빠지니 가죽만 축 늘어져서 마치 코트를 별도로 한 벌 걸친 것처럼 보였다.

이 글 속의 여승도 늙은 나이로 젊었을 때의 자기를 회상하고 있다. 설사 지금의 한국에 산다고 하더라도 메마르고, 주름지고, 탄력 없는 피부를 한탄했을 것이 분명하다. 몸과 다리, 발목과 두 발이 바짝 말라붙었다. 여러분 모두의 몸뚱이도 약 50년만 지나게 되면 이 여승의 몸과 다를 바 없을 것이다. 땅·물·불·바람기운의 사대(四大)와, 정신적인 요소가 결합해서 만들어진 이 몸뚱이는 차츰차츰 낡아가는 수레와 같고 칠이 벗겨지는 집과 같다. 젊은 시절 옛날의 이야기가 되어 버렸다.

이 여승의 회상을 들으면서 아직도 피부가 탄탄한 젊은 분은 '그래 늙으면 그만이야. 젊었을 때 젊음을 마음껏 즐겨야 해.'하고 생각할지도 모른다. 그러나 몸이 늙음과 같이 그 즐김 또한 늙어버릴 것이라면 거기에 무슨 의미가 있겠는가. 내 몸의 젊음과 내가 즐긴 젊음이 내 것이 아니고 나에게서 멀어져 갈 것이라면 나라고 하는 것도 궁극적으로 없다면 그 젊음이라는 것은 무슨 뜻이 있겠는가.

어떤 분은 '나에게 저 여승의 것과 같은 젊음과 아름다움이 다시 주어진다면 무엇을 할까?'하고 생각해 보겠지만 똑같은 젊음은 반복되지 않을 것이기 때문에 무의미한 가정으로 더 이상 이야기를 진행할 필요도 없다. 설사 젊음이 주어진다고 하더라도 그것은 바로 시들어 버릴 것이다. 물 빠진 가죽자루가 될 것이다.

　지금 이 시점에서 우리의 질문은 '우리가 저 연로한 여승이라고 할 때 우리는 무엇부터 시작할 것인가?'를 물어야 할 것이다. 답은 간단하다. 여승이 반복해서 말하는 것처럼 부처님의 말씀에는 거짓이 없다. 부처님의 가르침을 따라 해탈의 길, 열반의 길을 닦는 것이다. 더욱 늙어지고 더욱 쪼그라들고 마침내는 흙이 될 장래의 나를 관하는 것이다. 자신을 여실히 관하는 것이 해탈을 향한 출발점이고 아울러 도착점이기도 하다.

무상
(장로니게 3)

죽음은 내 아들에게만 찾아온 것이 아니라
모든 이를 공평하게 방문한다는 것을 깨달았고
순간적으로 평화를 얻었다.

《장로니게》에서는 여러 부류의 여인들이 번뇌에 휩싸였던 어리석음의 세월을 뒤로 하고 부처님을 만나 새로운 환희의 세계를 찾아 출가한다. 4명의 여인이 부처님을 만나고 출가하여 새로운 삶을 얻는 이야기들이다.

아들을 먼저 저승으로 보내고 미친 듯이 헤매며 살다가 부처님을 만나는 여승의 이야기부터 읽어 보자. 여승이 고백한다.

아들의 죽음으로 마음이 흩어지고 갈피를 잡을 수 없어 맨몸으로 머리

를 산발한 채 저는 이곳저곳을 떠돌았습니다. 번화한 거리와 쓰레기장, 시체를 내다버리는 곳과 큰 길을 저는 3년 동안 굶주림과 갈증으로 시달리며 헤맸습니다. 어느 날, 저는 훌륭한 나그네 즉 부처님께서 오시는 것을 보았습니다. 그분은 길들여지지 않은 것을 길들이는 사람, 바르게 깨달은 사람, 아무것도 두려워하지 않는 사람이었습니다. 저는 몸가짐을 바로 하여 예배를 올리고 자리에 앉았습니다. 부처님은 자비를 베푸시어 저에게 진리의 가르침을 설해 주셨습니다. 부처님이 설해 주신 진리의 가르침을 듣고 저는 출가하여 집 없는 생활을 시작하였습니다. 스승의 가르침대로 부지런히 노력하여 환희로운 경지를 얻었습니다. 아들을 잃은 일은 이제 까마득한 옛이야기가 되었습니다. 모든 슬픔은 끊어지고 사라졌습니다. 슬픔이 시작되는 근원을 알아냈기 때문입니다. 그 뿌리는 어리석음과 집착이었습니다.

사람을 뼈에 사무치도록 슬프고 고통스럽게 만드는 것 중의 하나는 자식을 앞서 보내는 것이다. 더욱이 외아들을 잃은 어머니의 슬픔은 더욱 크다. 한 여인이 아들을 잃고 실성을 해서 동서남북을 헤매었다. 아들을 찾기 위해서 시장의 쓰레기장과 시체를 버리는 곳을 찾아가 보았다. 이 시체가 내 아들인가. 저 시체가 내 아들인가. 그 여인은 굶주림도 잊어버리고 쏘다녔다.

그러던 어느 날, 훌륭한 나그네인 부처님을 만나 법문을 듣는다. 여기에는 부처님의 법문 내용이 나오지 않는다. 다른 이야기에서 나

오기 때문에 반복을 피하기 위해서 싣지 않은 것 같다. 그 여인은 출
가하여 비구니가 되었다. 슬픔의 근원을 보고 슬픔을 여읜 것이다.

　그러면 이제는 아들을 잃고 그 아들을 불러대는 여인을 향한 부
처님의 법문을 들어 보자.

　여인이여, 그대는 아들의 이름을 외치며 숲속에서 울고 있구나. 여인이
여, 그대 자신을 알라. 그대의 아들과 똑같은 이름의 사내아이들이 8만 4
천 명이나 이 화장터에서 다비되었다. 그중에 누구의 죽음을 그대는 서러
워하는가.

아들 이름을 부르며 울던 여인이 부처님께 아뢴다.

　아아, 당신은 제 가슴에 박혀 잘 보이지 않던 화살을 뽑아 주셨습니다.
당신은 비탄에 잠겨 있는 저를 위해 아들의 죽음에 대한 애통함을 제거해
주었습니다. 저는 지금 화살을 뽑아내고 굶주림으로부터 벗어나 온전한
평화를 얻었습니다. 저는 거룩하신 부처님과 진리의 가르침과 출가한 스
님께 귀의합니다.

　죽은 아들을 화장하고 나서 울부짖으며 아들의 이름을 불러대는
여인에게 부처님은 똑같은 이름의 사내아이들 8만4천 명 가운데 어떤
사내아이를 찾느냐고 묻는다. 그 질문을 받고 여인은 깨닫는다.

죽음은 자기의 아들에게만 찾아온 것이 아니라 모든 이에게 공평하게 죽음이 방문한다는 것을 깨달았다. 순간적으로 평화를 얻었다. 그 여인의 가슴에 박혀 있던 집착의 화살이 뽑혔다. 완전한 평화를 얻은 그녀는 불·법·승 삼보에 귀의한다.

다음에는 기생이었던 한 여인이 번뇌를 이기지 못해 목매어 자살하려다가 문득 해탈을 얻었다는 이야기이다.

제 자신의 용모와 자태 그리고 행운과 명성에 도취하여 또 젊다는 기분에 우쭐하여 다른 여자들을 깔보았습니다. 어리석은 사내들이 눈독들이던 이 육신을 아주 보기 좋게 단장하고 그물을 던져 놓은 사냥꾼처럼 저는 유곽의 문 앞에 서 있었습니다. 은밀하게 드러내 놓고 요란한 몸단장을 과시하면서 많은 사람들을 희롱하고 갖가지 야릇한 짓을 행했습니다. 그러나 이상스럽게도 쾌락에 잠기면 잠길수록 마음에서 괴로움이 고개를 쳐들고 일어났습니다. 바르게 생각하지 못했기에 저는 욕정으로 괴로워하고 지금까지 계속 들떠 있어 마음을 다잡을 수가 없습니다. 번뇌에 사로잡혀 쾌락적인 생각만 쫓고 욕망으로부터 벗어나지 못한 저는 마음의 평안을 얻을 수 없었습니다. 바짝 야위고 파리하니 흉한 몰골로 저는 7년을 헤맸습니다. 엄청난 고통으로 안락을 얻기란 불가능했습니다. 그래서 저는 새끼줄을 구해 들고 숲속으로 들어갔습니다. 비참하게 살기보다는 죽는 것이 낫다고 생각했기 때문입니다. 새끼줄을 단단하게 매듭지어 나뭇가지에 매고 저는 그것을 목에 걸었습니다. 그때, 저는 건너편에서 부처님이 걸어오시는 것을 보았습니다. 그 순간 저의 마음은 해탈했습니다. 그래서 부처님을 따라 출가했습니다.

처음에는 자신의 몸을 덫으로 놓아 사내들을 희롱하던 기생이 나중에는 갈등을 겪게 된다. 쾌락을 추구하는 욕정과 이래서는 안 되겠다는 양심의 소리가 내부에서 싸움을 일으킨 것이다.

갈등의 상태에 있는 그녀에게는 쾌락은 반드시 불안의 갈등을 동반했다. 마음에 일어나는 고통의 도는 점점 심해져서 마침내 그녀는 자살하기로 결심한다.

새끼줄을 들고 산으로 들어갔다. 새끼줄로 단단한 매듭을 만든 다음 그것을 나뭇가지에 매고 그 매듭 안에 목을 집어넣는 순간, 그녀는 부처님을 본다. 순간적으로 새끼줄에 매인 죽음이 길이 아니라 부처님을 따르는 삶의 길을 생각한다. 모든 욕정과 갈등은 사라지고 부처님을 따라 출가한다.

부처님을 만나고 출가한 또 한 여인의 고백을 들어 보겠다.

저는 몸을 단장하고 아름다운 옷을 입고 꽃을 꽂고 전단향 가루를 발라 전신을 치장한 채 시녀들의 시중을 받고 있었습니다. 언젠가 저는 갖가지 맛있는 음식을 가지고 집을 나서서 놀이터를 찾았습니다. 그곳에서 놀이를 마치고 집으로 돌아오는 도중 저는 부처님과 스님들이 계신 수도원을 보았습니다. 저는 수도원 안으로 들어갔습니다. 그곳에서 세간의 등불이

신 부처님을 뵙고 예배를 드렸습니다. 지혜의 눈을 갖추신 부처님께서 자비를 베푸시어 저에게 진리의 말씀을 설해 주셨습니다. 고통의 현실과 고통이 일어나는 원인과 고통의 소멸과 고통을 소멸하는 길인 사성제에 관한 법문이었습니다. 실로 저는 위대하신 현인의 말씀을 듣고 그 자리에서 발심을 했습니다. 바로 집을 여의고 출가해서 영원히 흔들리지 않는 고요를 얻었습니다.

이 여인의 출가는 우여곡절 없이 단순하다. 유복한 집안에서 태어나 행복하게 살다가 우연히 부처님이 계신 수도원에 들어가 출가한다는 이야기이다.

출가에는 여러 가지 사연이 있을 수 있다. 그러나 모든 출가의 사연이 다 극적인 것은 아니다.

몇 년 전에 한 영화사가 비구니스님의 출가를 그린 영화를 제작한 적이 있다. 단순한 출가의 이야기가 아니라 멜로물과 출가가 얽혀지는 내용이었다. 옷을 벗는 장면과 회색 옷을 입는 장면이 교차되는 내용이었다. 그 영화의 상영을 반대하기 위해서 전국의 비구니스님들이 조계사에 모여서 시위한 적이 있다. 그 덕분에 비구니스님의 과거를 흥미 위주로 꾸며서 만든 영화는 상영되지 않았다.

그러나 '수덕사의 여승'이라는 노래는 여승들의 과거에 대한 청산과 수도의 길을 청승맞게 그렸음에도 불구하고 비구니스님들의 반대 없이 히트를 쳤다.

스님들이 출가하는 사연은 갖가지이다. 수명이 짧기 때문에, 명을 잇기 위해, 사주상 집을 떠나야 좋기 때문에, 부모나 친지의 죽음을 보고 무상을 느껴서, 꼭 죽음을 보지 않더라도 세속의 일이 부질없다는 것을 깨닫고 영원한 생명을 얻기 위해서 또는 부처님이 얻은 깨달음을 이루기 위해서 등의 이유가 우선 생각난다.

그 외에도 많은 출가의 이유와 사연들이 있을 것이다. 옛날에는 어린아이로 출가하는 경우가 많았지만 현재는 일정한 학력을 요구하고 있기 때문에 18세 이전의 출가가 적은 편이다.

누구든지 부처님을 보거나 부처님의 말씀을 들으면 모든 번뇌(煩惱)가 끊어지고 마음의 평화를 얻는다. 아들을 잃고 시체 버리는 곳을 헤매던 여인도 번뇌의 화살을 뽑아 버렸고, 화장터에서 아들 이름을 부르며 울부짖던 여인도 모든 사람에게 공평하게 찾아오는 죽음에 대한 가르침을 듣고 안온을 얻는다.

새끼줄로 목을 매고 자살하려던 기생도 부처님을 만나고 새로운 삶을 시작한다. 또 아무런 근심 걱정이 없던 여인도 부처님을 만나서 법문을 듣고 출가한다.

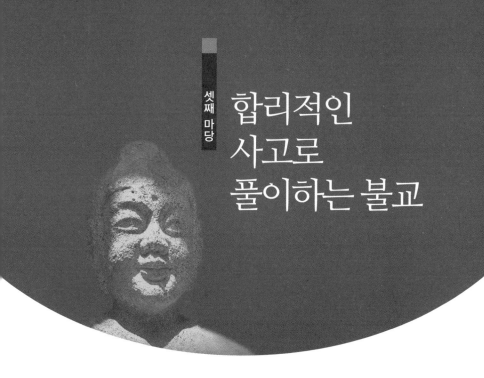

셋째 마당
합리적인 사고로 풀이하는 불교

석대왕이여, 상처가 났을 때 상처에
연고를 바르고 붕대로 감는 것은 상처가
소중해서가 아니라, 상처를 치료하기 위해서입니다.
마찬가지로 출가수행자에게
육신은 소중한 것이 아닙니다..
《밀린다판하》

눈·귀·코·혀·몸의 감각기관은
말과 같아서 잘 붙잡아 매지 않으면 어떤 일을
저지를는지 알 수 없느니라. 그 말들이 날뛰어서
너희를 구렁텅이에 빠지게 할 수도 있느니라.
《불소행찬》

명칭과 내용

(밀린다판하 1)

여러 부분이 모여 수레라는 말이 생기듯이
오온이 존재할 때 중생이라는 이름이 생긴다.

《밀린다판하(Milindapañhā)》는 한문번역으로는 《미란왕문경(彌蘭王問經)》 또는 《나선비구경(那先比丘經)》이라고 한다.

기원전 2세기 후반에 서북인도를 침입해서 통치하던 밀란다(Milinda) 또는 메난드로스(Menandros)왕과 불교의 수행자요 학자인 나가세나(Nāgasena) 비구가 불교에 대해서 토론한 내용을 담은 경전이다. 한문번역본에서는 경으로 이름 붙였지만 이 경은 엄밀히 말해서 왕과 스님과의 질의응답·토론이므로 팔리어 성전에서는 경으로 취급하지는 않는다. 이 경의 남방 팔리어본으로는 세 가지가 있다.

이 경은 한문으로 번역된 것이 두 편 있지만 번역자는 밝혀지지 않고 있다. 이《밀린다판하》는 영어·불어·독일어·일어·한글 등으로 전체 또는 부분이 번역되었다.

밀린다 왕은 서북인도에 침입하여 불교에 흥미를 가지게 되었다. 경에서는 나가세나 비구와의 토론 끝에 불교에 귀의했다고 한다. 사실여부는 알 수 없지만 밀린다 왕이 불교를 깊이 이해하고 있었음에는 틀림없다. 앞으로 읽어 보면 알겠지만 불교에 대한 질문이 날카로울 뿐만 아니라 핵심을 찌르고 있다. 나가세나 비구는 인도의 베다를 공부하다가 회의를 느껴서 출가했다고 한다. 범어로는 나가세나이지만 한문으로는 나가서나(那伽犀那)·나선(那先)·용군(龍軍) 등으로 번역된다.

현대인의 사고는 서양의 논리적 합리주의 사고가 강하다. 서양의 논리적 합리주의 사고는 그리스의 사유체계에서 영향을 받은 바가 크다. 밀린다 왕은 그리스 사람이었다. 그래서 그의 질문에 깔린 사고에는 현대인의 사고와 유사점이 많다.

이 경은 부파불교 말기, 대승불교의 초기에 만들어졌음에도 불구하고 부파불교의 아비달마적인 복잡함이 없다. 소승불교는 마음의 문제에 너무 사변적으로 깊이 빠져 들어갔지만 이 경은 종전의 사고방식에 얽매이지 않고 자유롭게 불교에 대해서 물음을 던진다. 현대인이 불교에 대해서 묻고 싶은 질문들을 불교를 잘 모르기 때문에 물을 수 없었던 질문들을 밀린다 왕이 대신 시원하게 물어 준다.

먼저 '나'라는 명칭과 실체의 내용에 대한 물음을 생각해 보자.

불교에서는 '무아(無我)'라고 한다. '나'가 없다는 말이다. 그럼에도 불구하고 '나'는 온갖 행동을 다한다. 불교의 무아사상과 '나'라는 명칭 사이에 어떤 관계가 있는지에 대해서 밀린다 왕이 묻고 나가세나 비구가 대답한다.

"존자는 어떻게 하여 세상에 알려졌으며 또 그대의 이름은 무엇이라고 합니까?"

"나는 나가세나라고 알려져 있습니다. 그러나 이 나가세나라는 이름은 호칭에 지나지 않습니다. 이 호칭에는 영원불멸의 인격적 개체는 없습니다."

비구는 이름이 있다고 해서 그 이름에 영원불멸의 실체가 포함된 것은 아니라고 말한다. 그러자 왕은 어이없다는 듯이 반문한다.

"만일 인격적 개체를 인정할 수 없다고 한다면 불도를 닦기 위해 힘쓰는 자는 누구이며 수도에 의해 열반에 이르는 자는 누구입니까? 세속적인 욕망으로 인해 바르지 못한 행위를 하는 자는 누구이며 무간지옥에 떨어질 반역죄를 짓는 자는 누구입니까? 그런 논법이라면 누가 그대를 죽이더라도 거기에 살생의 죄는 없을 것입니다. 사람들은 그대를 나가세나라고 부르는데 그것이 그대의 머리털입니까? 팔·다리·몸체·입술·창자 또는 늑막입니까? 아니면 이들 전부가 나가세나입니까?"

왕의 생각에는 '나'라는 이름이 있으면 거기에는 반드시 그 이름

의 개체적인 내용이 있어야 한다는 것이다. 그래서 몸의 한 부분 또
는 전체가 나가세나가 되느냐고 묻는다. 비구는 그 어느 것도 나가세
나가 아니라고 답한다. 그러자 왕은 정신적인 작용들이 나가세나냐고
묻는다. 비구는 아니라고 한다. 왕은 정신과 육체의 모든 요소를 통합
한 것이 나가세나냐고 다시 묻는다. 비구는 또 부정한다. 그러자 왕은
말한다.

"나는 물을 수 있는 데까지 물었으나 나가세나를 찾을 수가 없었
습니다. 나가세나란 빈말에 지나지 않는다는 결론이 나옵니다. 그렇
다면 이 앞에 있는 나가세나는 어떤 자입니까?"

비구는 왕의 물음에 답하지 않고 오히려 왕에게 반문한다.

"대왕은 여기에 오실 때 수레를 타고 왔습니다. 그렇다면 무엇이
수레인가를 제게 설명해 주십시오. 바퀴가 수레입니까? 멍에 · 밧줄
· 바퀴살 · 채찍이 수레입니까? 아니면 이 수레의 부품들을 합친 것
이 수레입니까?"

왕은 이것들 모두가 수레가 아니라고 답했다. 비구는 다시 왕을
몰아 부친다.

"그렇다면, 이 수레의 부품들 각각과 부품들 전체를 합한 것을 제
외하고 따로 수레라는 것이 있습니까?"

왕은 계속해서 아니라고 답한다. 그러자 비구가 말한다.

"그렇다면 대왕이 타고 왔다는 수레는 도대체 무엇입니까? 대왕
은 수레가 존재하지 않는다고 거짓말을 한 셈이 됩니다. 전 인도에서

제일가는 대왕께서 무엇이 두려워서 거짓말을 하십니까?"

그러자 왕은 비구에게 말했다.

"나는 거짓말을 한 것이 아닙니다. 수레는 이 모든 것 즉 수레채
·굴대·바퀴·차체·차틀·밧줄·멍에·바퀴살·채찍 따위를 가
지고 있으므로 그것들을 나타내기 위해 수레라는 호칭이 생긴 것입니
다."

그러자 비구가 왕의 수레에 대한 설명을 받아, '나'라는 이름이 있
으면서도 '나'라는 실체가 없는 이유를 설명한다.

그렇습니다. 대왕께서는 수레라는 이름을 바로 파악하셨습니다.
마찬가지로 대왕이 나에게 물은 것, 인체의 구성부분과 색·수·상
·행·식의 오온, 즉 다섯 가지 물질적·정신적 구성요소를 나타내기
위하여 나가세나라는 명칭이 생기는 것입니다. 마치 여러 부분이 모
여 수레라는 말이 생기듯이 오온이 존재할 때 중생이라는 이름이 생
깁니다.

수레의 부품들을 떼어서 생각하거나 수레의 부품들 전체를 통합
해서 수레라고 부르는 것이 아니라 그 부품들이 전체적으로 연결되
어서 물건을 실어 나르는 수레 역할을 할 때, 그 기능을 수레라는 이
름으로 부르듯이 지수화풍(地水火風) 사대(四大)와 수상행식(受想行識)
의 정신적인 요소들을 따로 떼어서 생각하거나 전체를 통합해서 사람

이라고 부르는 것이 아니라 그 요소들이 연결되어 사람으로서 역할을
할 때, 그 기능을 사람이라는 이름으로 부른다는 것이다.

　이름과 그 내용에 대한 질문과 응답은 불교에 있어서 기본적인
질문 중의 하나이다. 불교에서는 인과응보를 말하면서도 동시에 '나'
가 없다고 한다. 인과응보를 말하려면 어떤 형태로든지 그 인과응보
의 주체가 있어야 한다. 짓는 사람과 받는 사람이 없는 인과응보는 무
의미하다. 아무나 업을 짓고 아무나 그 과보를 받는다면 그것은 인과
응보가 아니다. 그러나 어떤 주체를 세우면 그것은 무아사상과 배치
되는 것처럼 보인다. 하지만 오늘의 대화에 의하면 인과응보의 주체
가 어떤 고정적인 것을 말하는 것이 아니라 업을 짓고 받는 기능을 임
시적으로 이름붙인 것일 뿐이요, 그 이름에 실체적인 고정물이 있는
것은 아니기 때문에 인과응보의 업 사상과 나라는 고정적 실체가 없
다는 무아사상과는 배치되지 않는다는 것이다. 윤회사상과 무아사상
도 같은 맥락에서 풀이될 수 있다. 윤회의 주체인 나를 임시적으로 이
름붙인 것으로 생각하면 무아와 배치될 것이 없다. '나'라는 개념과 공
사상도 마찬가지이다. '나'라고 하는 것이 임시적으로 붙인 이름일진
대 그 내용이 공한 상태에 있다고 하는 것이 이상할 것이 없다.

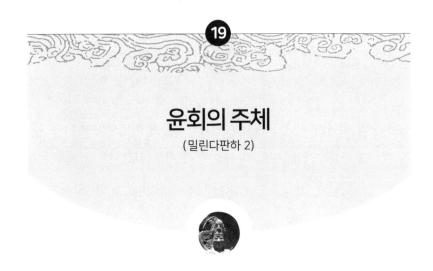

윤회의 주체
(밀린다판하 2)

앞의 불과 뒤의 불이 다르기는 하지만
앞의 불이 없으면 뒤의 불이 나올 수가 없다.

명칭에 고정적인 개체가 있지 않다고 했는데 그렇다면 우리가 업을 짓고 윤회를 하게 되는 그 윤회의 주체는 도대체 어떤 것인지 의문이 간다.

왕의 물음과 비구의 대답이 계속 이어진다.

"사람이 죽은 후, 다음 세상에 태어날 때 현재의 육체와 정신이 새로 태어납니까?"

"아닙니다. 현재의 몸과 마음에 의해 선업이나 악업이 지어지면 그 업에 따라 새로운 정신과 육체가 새로 태어납니다."

"만약 현재의 몸과 마음이 그대로 다음 세상에 태어나지 않는다면 인간은 악업으로부터 벗어날 수 있지 않겠습니까?"

현재의 '나'와 내생의 '나'가 다르니까 악업에 따라 새로운 것이 태어난다고 하더라도 현재의 '나'와는 관계가 없지 않느냐는 물음이다. 비구는 비유를 들어 자신의 업은 자신이 받아야 한다는 것을 설명한다.

"어떤 이가 남의 수박밭에 가서 수박 한 통을 훔쳤다고 합시다. 그 밭주인이 그 사람을 붙잡아 왕에게 처벌해 달라고 했을 때 그 도적이 말하기를 '대왕이여, 저는 저 사람의 수박을 훔치지 않았습니다. 저 사람이 심은 수박씨와 제가 따온 수박과는 같은 것이 아닙니다.'라고 말한다면 왕께서는 그 사람을 그냥 방면해 주시겠습니까?"

수박도적은 기괴한 논리를 세운다. 밭주인이 심은 수박씨와 자기가 따온 수박이 다르기 때문에 아무런 죄가 되지 않는다는 괴변이다. 이 말은 사람이 '나'라는 명칭만 있을 뿐, 실체적인 '나'가 없고 현재의 '나'와 다음 순간의 '나'는 끊임없이 다르기 때문에 앞 순간의 '나'가 뒷 순간의 '나'에 대해서 책임질 것이 없고 뒷 순간의 '나'가 앞 순간의 '나'에 대해서 책임질 필요가 없다는 단절의 논리이다. 즉 무아이기 때문에 그 과보를 받을 필요가 없다는 주장이다. 수박도둑의 주장에 대해서 왕은 다음과 같은 이유로 처벌해야 한다고 대답한다.

"그 수박도둑이 무슨 말을 하더라도 처음의 수박씨는 현재 보이지 않지만 마지막 수박을 훔친 것에 대해서 죄가 있기 때문입니다."

비구가 말한다.

"마찬가지로 인간은 현재의 육체와 정신에 의해 선악의 행위가 있고 그 행위에 따라 새로운 육체와 정신으로 다른 세계에 태어나는 것입니다. 그래서 다시 태어난 인간은 그의 업으로부터 벗어날 수 없는 것입니다."

심을 때의 수박과 훔칠 때의 수박이 전혀 다른 것이라고 하더라도 수박을 훔친 행위는 분명하듯이 현재 악업을 짓고 있는 주체자로서의 '나'와 그 악업이 다르다고 하더라도 '나'의 그 악업을 짓고 있는 행위는 분명하다는 것이다. 그래서 수박을 훔친 죄로 벌을 받아야 하고 악업을 지은 죄에 대해서 과보(果報)를 받아야 한다는 것이다. 왕은 다른 비유를 들어서 다시한번 업을 짓고 그 과보를 받는 윤회의 주체에 대해서 설명해 달라고 부탁한다.

비구는 다른 비유를 들어 준다.

어떤 사람이 쌀이나 고구마를 훔쳤다고 하는 경우에도 수박의 경우와 같다고 할 수 있습니다. 또 어떤 사람이 추울 때 불을 피워 몸을 녹이고 나서 불을 끄지 않고 집으로 돌아가 버렸는데 불이 번져서 남의 산을 태웠다고 합시다.

산 주인이 그 불낸 사람을 왕 앞에 데리고 와서 처벌해 달라고 했을 때, 산을 태운 사람이 말하기를 '대왕이여, 저는 이 사람의 산을 태우지 않았습니다. 제가 끄지 않은 불과 이 사람의 산을 태운 불은 동일하지 않습니다. 그러므로 저는 죄가 없습니다.'라고 말한다면 대왕은 그 사나이에게 죄가 있다고 하겠습니까?

대왕이 "그가 무슨 말을 할지라도 처음의 불을 원인으로 해서 일어난 다음의 불에 의해 죄가 있기 때문에 죄가 있습니다."라고 대답하자, 비구가 왕의 답을 받아서 설명한다.

"마찬가지로 인간은 현재의 육체와 정신에 의해서 선악의 행을 짓고 그 행위에 따라서 또 하나의 새로운 육체와 정신으로 저 세상에 태어나는 것입니다. 그러므로 새로 태어난 인간은 그의 업으로부터 벗어나지 못하는 것입니다."

연료가 다르면 불도 달라진다. 불이 타고 있는 한 항상 새로운 연료를 태운다. 새로운 연료를 태우고 있는 한 항상 새로운 불이 될 수밖에 없다. 순간순간 한 불길이 다른 연료로 옮겨 붙어서 새로운 불길을 만든다.

앞의 불과 뒤의 불이 다르기는 하지만 앞의 불이 없으면 뒤의 불이 나올 수가 없다. 불길이 계속적으로 다르다는 것은 동일한 '나', 동일하고 고정적인 주체가 없이 계속 달라지는 임시의 주체가 생긴다는 뜻이고, 불길이 다름에도 불구하고 앞의 불이 없으면 다음의 불이 생기지 않는다는 것은 무아임에도 불구하고 업의 힘이 옮겨져서 새로운 육체와 정신을 만든다는 뜻이다. '불길이 다르지만 연결된다.'는 말은 '무아이지만 업과 윤회가 있다.'는 말이 된다.

왕은 또 다른 비유를 들어서 무아의 업과 윤회를 설명해 달라고 부탁한다.

어떤 사나이가 한 소녀에게 구혼하여 값을 치루었습니다. 그 소녀가 자라서 처녀가 되었을 때, 다른 사나이가 값을 치르고 결혼했다고 하자 먼저 사나이가 와서 '당신은 왜 남의 아내를 데리고 갔소.'라고 따졌습니다. 그러자 나중 사나이가 '나는 당신의 아내를 데려간 것이 아닙니다. 당신이 구혼하여 값을 치룬 어린 소녀와 내가 구혼하여 값을 치룬 신부와는 동일한 여성이 아닙니다.'라고 답했다고 합시다. 그들이 입씨름을 하다가 대왕 앞에 나가 재판을 요구한다면 어느 쪽을 옳다고 하겠습니까?

물론 왕은 먼저 돈을 치룬 사나이가 옳다고 말한다.
"나중 사나이가 무슨 말을 해도 장성한 처녀는 어린 소녀로부터 성장했기 때문입니다."
그러자 비구가 말을 받는다.

그와 같습니다. 죽음으로 끝나는 현재의 이 육신과 정신이 저 세상에 태어날 것과 다르기는 하지만 저 세상 것은 이 세상 것으로 인해서 생겨나기 때문에 자기가 지은 악업으로부터 벗어날 수가 없습니다.

이 대화가 있을 당시의 결혼풍습은 남자 쪽에서 신부 집에 돈을 치루었던 것 같다. 먼저 사나이가 돈을 치룰 때의 소녀와 나중 사나이가 다시 돈을 치룰 때의 처녀가 분명히 다르기는 하지만 소녀로 인해 처녀가 나왔기 때문에 소녀에게 돈을 지불한 처음 사나이가 그 처녀와 같이 살 권리가 있다는 말이다.

　우리 몸은 순간순간 변하고 자라거나 늙어간다. 기본적인 골격의 뼈나 살은 유지되는 것처럼 보이지만 그럼에도 불구하고 미세하게 새로운 것으로 대체된다고 한다. 한 번 먹은 음식을 두 번 먹을 수는 없다. 한 번 숨을 쉬어서 태워버린 공기를 두 번 다시 태울 수는 없다. 새로운 음식을 먹고 새로운 공기를 숨 쉬며 산다는 것은 육체적으로 앞의 것과 뒤의 것이 동일하지 않다는 것을 나타낸다.

　앞의 것과 뒤의 것이 동일하지는 않지만 그럼에도 불구하고 앞의 것으로 인해 뒤의 것이 생겨나기 때문에 앞의 것이 지은 업의 결과를 뒤의 것이 받아야 한다는 것이다. 소녀와 처녀가 다르다는 것은 '고정적인 실체로서의 '나'가 없다.'는 무아를 나타내기 위한 것이고 소녀가 없이는 처녀가 나올 수가 없다는 것은 '무아이기는 하지만 앞의 원인으로 인해 뒤의 결과가 생기는 윤회가 있다.'는 무아의 윤회를 나타내기 위한 것이다.

출가의 목적
(밀린다판하 3)

아무리 처음 출가의 계기가 다르다고 하더라도
일단 출가를 하게 되면 모든 출가자들은 해탈열반이라는
똑같은 목적을 위해서 수행하게 된다.

밀린다 왕은 우리를 대신해서 출가의 목적에 대해서 나가세나 비구에게 물었다.

밀린다 왕은 나가세나 비구를 궁중으로 초청했고 나가세나 비구는 많은 비구대중과 함께 공양을 받았다. 왕은 비구들에게 맛있는 공양을 대접했을 뿐만 아니라 모든 비구들에게 옷 한 벌씩을 선사했다. 대접하는 일이 끝난 다음에 왕이 나가세나 비구에게 물었다.

"스님이 출가한 목적은 무엇입니까? 또 스님의 궁극적인 목적은 무엇입니까?"

비구가 대답했다.

"우리가 출가한 목적은 괴로움을 없애고 다시 괴로움이 일어나지 않도록 하는데 있습니다. 세속에 대한 집착이 없이 완전히 해탈하는 것이 최고의 목적입니다."

출가의 목적에 대해서 비구는 원칙적인 답변을 한다. 괴로움을 여의고 괴로움이 일어나지 않게 하는 것이다. 요즘의 불교적인 술어로 말하면 이고득락(離苦得樂)이다. 이고득락은 세간의 괴로움을 여의고 열반의 즐거움을 얻는다는 뜻이다. 고통을 여의는 것이 출가의 목적이 되고 열반의 고요와 해탈의 자유를 얻는 것이 수행의 최후 목적이 된다.

이 출가의 목적은 불법을 공부하고 닦는 목적도 된다. 현재 한국 불교에 있어서 불교신자들에게 불교를 믿는 목적을 말하라면 사람에 따라서 다르게 대답할 것이다. 어떤 이는 가장 기본적으로 종교가 필요한 이유를 댈 것이다. 무엇인가 성스러운 것에 의지하고 싶고 또 불가사의한 힘을 얻고 싶은 이유 등을 댈 것이다. 또 다른 이는 남편을 위해서, 아들을 위해서 절에 다닌다고 할 것이다. 어떤 이는 아들을 위해서 공을 많이 들여주라고 했기 때문이라고 말하기도 할 것이다.

불교학생회나 청년회에 다니면서 불교를 좀 공부한 이에게 왜 불교를 믿느냐고 묻는다면 이고득락을 말하거나 상구보리 하화중생(上求菩提 下化衆生)이라는 전문 구절을 대기도 할 것이다. 상구보리 하화중생이라는 말은 위로 보리 즉 깨달음의 지혜를 구하고 아래로 중생을 구제한다는 뜻이다.

이 말을 보통 수행하는 스님들이 수행의 목적으로 삼고 있지만 일반 신자들이 사용해도 무방한 것이다. 단지 상용구절만 외울 것이 아니라 마음가짐이 그 구절과 같이 되는 일이 중요하다. 일반 불자들에게 불법을 닦는 목적에 대해서 묻는다면 나가세나비구가 말하는 것처럼 '고통을 여의고 고통이 일어나지 않게 하기 위해서'라고 답해도 좋겠다. 구체적으로 고통이 일어나지 않고 고통을 여의는 방법에 들어가서는 사성제·팔정도·육바라밀 등 불교의 모든 교리와 수행방법을 동원하면 된다.

불자들은 인사할 때 '성불하십시오.'라는 말을 많이 한다. 상대방의 궁극 목표는 성불이 목적일 터이니까 그 목표를 성취하라는 인사이다. 아주 좋은 뜻이다. 그런데 인사하는 사람이나 인사 받는 사람의 마음속에 성불을 목표로 하는 생각이 없으면 그 인사는 서로에게 무의미한 것이 된다.

그래서 우리 불자들은 성불을 목표로 삼아야 한다. 위로 부처님의 지혜를 구하는 것이 바로 성불하는 것이다. 아래로 중생을 제도하는 것도 성불하는 것이다.

성불하는 목적은 내가 좋기 위해서가 아니라 다른 이를 좋게 해 주기 위해서이다. 다른 이를 좋게 하는 것이 나를 좋게 하는 것이다. 성불의 목적은 보살행(菩薩行)이다. 부처님은 우리처럼 작은 마음이 아니라 큰마음을 가졌다. 우리도 그 큰마음을 가지고자 한다. 부처님은 밖으로 얻어지는 재물·이성·명예·음식·안락에 의해서 행복해지려고 하지 않는다. 남에게 무엇인가를 얻어서 행복해지려고 하지 않는다. 부처님은 안으로부터 행복의 샘물을 파내려고 한다. 남에게 무엇인가를 줌으로써 행복해지려고 한다. 성불하겠다는 마음을 낼 때 참다운 불도에 들어가게 된다. '나는 부처가 될 마음도 없고 될 필요도 없고 될 수도 없다.'고 생각하면 아직 진정한 불심이 아니다.

밀린다 왕은 나가세나 비구의 출가목적에 대한 원칙적인 답을 듣고 더욱 추궁해 들어간다. 왕이 묻는다.

"출가의 목적이 고통을 여의고 고통의 뿌리를 뽑아서 해탈을 이룩하는 것이라면 비구들은 모두 그와 같은 고상한 이유로 출가했나요?"

왕은 중요한 질문을 한다. 나가세나 비구가 출가의 목적을 이고득락이라고 했는데 비구들이 모두 그러한 목적으로 출가했느냐는 질문이다. 이 질문은 우리에게 '불교의 목적은 이고득락이고 해탈이고 성불이라고 하는데 너희 불교신자들은 모두 그 목적으로 불교를 믿느냐?'고 묻는 말이기도 하다.

"모든 비구들이 다 나가세나 비구가 말하는 원칙적인 목적으로 출가했느냐?"라는 왕의 질문에 대한 나가세나 비구의 대답이 중요하다.

> "대왕이여, 모든 사람들이 다 열반과 해탈을 위해서 출가한 것은 아닙니다. 어떤 사람은 성불할 목적으로 출가했지만 또 다른 사람은 폭군 임금에 대한 공포 때문에, 또 어떤 사람은 도적들의 공격을 피하기 위해서, 또 어떤 사람은 생활수단으로 출가했습니다."

많은 사람이 원칙적인 출가의 목적대로 이고득락을 위해서, 해탈을 위해서 출가했지만 다 그러한 것은 아니라고 말한다.

어떤 사람은 폭군 독재자에게 시달리는 것을 피해서 출가한 사람도 있다고 한다. 우리나라의 경우 요즘에는 민주화운동을 하다가 압박을 받아서 출가하는 사람이 없지만 한참 군사독재가 심할 때는 정치적인 이유로 출가하는 사람도 있었다.

어떤 이는 범죄조직과 관련된 사업을 하다가 그들의 압력에 못이겨 모든 것을 버리고 출가한 사람도 있다. 나가세나 비구의 예(例)에 의하면 도적들의 공격을 피하기 위해서 출가한 것이다. 나가세나 비구는 생활을 위해서 출가한 사람도 있을 수 있다고 말한다. 그러나 아무리 처음 출가의 계기가 다르다고 하더라도 일단 출가를 하게되면 모든 출가자들은 해탈열반이라는 똑같은 목적을 위해서 수행하게 된다.

당초의 출가목적이 개인적인 사소한 이유였다고 하더라도 나중에는 출가자가 당연히 가져야 할 목적을 가진다는 것이다. 이 말을 듣고 왕은 다시 묻는다.

"그러면 스님, 스님께서는 무슨 목적으로 출가했습니까?"
비구가 대답한다.

사실 저는 어려서 출가했습니다. 그러므로 그때 나는 궁극적인 목적이 무엇인지도 몰랐습니다. 단지 '이 비구스님들은 현인이다. 그들은 나를 공부시켜 줄 것이다.'라고만 생각했습니다. 그리고 나는 그분들에게 배워서 지금은 출가하는 목적과 욕망을 자재하는 이익이 무엇인지에 대해서 자세히 알았습니다.

나가세나 비구는 처음 출가할 때 출가의 목적을 자세히 몰랐다고 한다. 단지 승단에서 배울 것이 있으리라고만 기대하고 출가해서 이제는 출가의 목적을 확실하게 알았다는 대답이다. 너무도 솔직한 대답에 왕은 "그렇습니까? 잘 알았습니다."라고 인사한다.

나가세나 비구처럼 처음에 출가가 무엇인지, 참선이 무엇인지, 견성성불이 무엇인지도 확실히 모르고 출가하는 사람들이 지금까지도 많이 있어 왔고 현재에도 많이 있으며 앞으로도 많이 있을 것이다.

스님들이 처음 출가의 목적을 잘 몰랐다고 하더라도 후에 궁극의 목적을 깨닫고 그것을 향해서 수행하게 된다.

불자들도 마찬가지이다. 처음에는 타종교를 믿는 이들도 불교를 믿고 싶은 생각은 없고 오직 천도재(薦度齋)만을 모시기 위해서 절을 찾았다가 천도재도 잘 모실 뿐만 아니라 훌륭한 불자가 되는 사람들이 많다. 절을 관상사주 보는 곳으로 잘못 알고 절에 들렀다가 절에 다니면서 차츰 불자의 바른길을 터득한 사람들도 있다. 불교에 대해서는 알고 싶지 않고 오직 부모 · 형제 · 자녀 · 남편이나 부인만을 위해서 공이나 드리고 싶다고 생각하던 사람들도 차츰 불법을 알면서 열심히 치성을 드릴 뿐만 아니라 불도를 닦는 바른 목적을 세우는 사람들도 있다.

육신이 중요한 이유
(밀린다판하 4)

상처가 났을 때 상처에 연고를 바르고 붕대로 감는 것은
상처가 소중해서가 아니라 상처를 치료하기 위해서이다.

《밀린다판하》의 내용 속에서, 밀린다 왕이 불교에 대해서 의심나는 것에 대한 질문과 그 답변을 들어 보자.

불법을 공부하는 사람에게 궁극 목적인 열반과 해탈을 얻는 일 외에 육신이나 복덕에 대해서 어떻게 생각해야 하는가 하는 문제를 풀어 보자. 그리고 해탈한 사람이 괴로움을 받아들이는 문제에 대해서도 생각해 보자.

밀린다 왕이 나가세나 비구에게 묻는다.

"스님, 출가한 수도승에게도 육신은 소중합니까?"

"아닙니다. 출가한 수도승은 육신을 사랑하지 않습니다."

왕이 또 묻는다.

"그렇다면 어째서 비구들은 육신을 아끼고 사랑합니까?"

비구는 질문에 답하지 않고 바로 되묻는다.

"대왕이여, 그대는 싸움터에 나가 화살을 맞은 일이 있습니까?"

그러자 왕은 화살 맞은 경험이 있다고 말한다. 그러자 비구가 날카롭게 묻는다.

"그렇다면 그 상처에 고약이나 연고를 바르고 붕대를 감는 것은 그 상처가 소중해서였습니까?"

그러자 왕은 그렇지 않다고 말한다. 상처에 연고를 바르고 붕대로 감는 것은 상처가 부풀어 오르기 때문이라고 말한다. 그러자 비구가 왕의 처음 질문에 답을 한다.

대왕이여, 상처가 났을 때 상처에 연고를 바르고 붕대로 감는 것은 상처가 소중해서가 아니라 상처를 치료하기 위해서입니다. 마찬가지로 출가수행자에게 있어서 육신은 소중한 것이 아닙니다.

출가수행자는 육신에 집착하는 것이 아니라 맑고 깨끗한 수행을 위해서 육신을 유지할 뿐입니다. 세존이 가르치셨듯이 육신은 상처와 같은 것입니다.

나가세나 비구의 비유는 정말 천재적이다. 수행자들이 육신을 소중히 하는 것은 육신이 소중해서가 아니라 육신이 문제를 일으키면 수행을 계속할 수 없기 때문이라고 한다. 화살에 맞아 부상을 입었을 때 화살촉을 빼고 상처 난 부위를 소독하며 연고를 바르고 붕대로 조심스럽게 감싸는 것은 그 상처가 소중해서가 아니라 그 상처를 잘 치료하지 않으면 목숨을 잃게 되는 이유와 같은 것이다.

밀린다 왕은 여기서 수행승의 육체 문제를 물었지만 이와 같은 의미의 질문은 재가불자에게도 던질 수가 있다. 재가불자는 어차피 육신을 소중히 해야 하니까 수행승에 대해서 묻는 질문을 다시 물을 필요는 없겠고 세속적 복덕에 대해서 물을 수가 있다.

부처님은 무상(無常)와 무아(無我)와 공(空)을 말씀하고 또 무소유(無所有)의 자유를 찬탄한다. 불제자라고 하면 무상 · 무아 · 공 · 무소유에 대해서 한번쯤은 듣고 생각해 보게 된다. 밀린다 왕은 이렇게 물을 수도 있다.

"당신네 불교도들은 복덕을 소중히 여기지 않는다고 말하면서 실제로 복덕을 소중히 여기는 이유가 어디에 있습니까?"

기복이 주류를 이루고 있는 한국불교에서 이 질문은 대단히 중요하다. 우리는 무소유의 해탈을 주장하는 부처님의 가르침을 따르고자 하면서 실제로는 복덕을 중요시하고 있기 때문이다.

나가세나 비구의 논법이라면 우리 기복 불교신자들은 이렇게 말할 수 있다. 상처가 중요해서 상처를 잘 모시는 것이 아니라 상처를 치료하기 위해서 상처를 잘 감싸듯이 복덕이 소중해서 복덕을 구하고 복덕을 귀히 여기는 것이 아니라 중생세간에 살면서 복덕이 없으면 남에게 폐만 끼치고 아무 일도 할 수 없기 때문에 상처를 감싸듯이 복덕을 감싸는 것이라는 논리이다. 복을 구하고 돈을 모으는 것은 나쁜 일이 아니다. 좋은 일이다.

그 마음가짐에 있어서 재물·명예·권력 등을 어떤 상처처럼 생각해야 한다. 상처처럼 재물을 생각할 경우 그것을 귀히 여기고 조심스럽게 다루면서도 한편으로는 그것을 초월해서 궁극의 안심입명(安心立命)을 찾으려고 노력할 것이다.

우리들은 우선 당장 급한 일을 위해서 불공을 올린다. 시험·승진·매매·사업·병환 등을 위한 기원이 우선이다. 그러나 우리는 축원을 하더라도 그 순서를 약간 바꾸어야 한다. 예를 들면 다음과 같은 발원 형식이다.

부처님, 우리의 궁극 목표는 다겁생래의 업장을 소멸하고 견고한 신심으로 불법을 닦아서 필경에 성불하고 광도중생하는 것입니다.

그 길을 가는 과정에 있어서 우리의 앞길에 장애가 많으면 우리 힘에 너무 벅찹니다. 아무쪼록 큰 장애가 없이 일이 뜻대로 잘되어서 그 무장무애와 복덕이 불도를 닦는 길로 이어지게 해주십시오.

우리가 복을 짓고 그 공덕으로 재물을 풍족히 얻는 일은 좋지만 그 복을 종점의 목표로 생각해서는 안 된다. 언젠가는 뛰어넘어야 할 언덕으로 언젠가는 치료해야 할 상처로 여겨야 한다는 것이다.

　나가세나 비구는 수행승이 육신을 귀하게 여기는 것을 부상당한 사람이 상처를 귀히 여기는 것과 같다고 비유하고 부처님의 말씀을 인용한다.

　육신은 끈적끈적한 살갗에 덮인 아홉 개의 구멍이 있는 큰 종기와 같다. 부정하고 악취 나는 것이 여기저기서 흘러나온다.

　필자는 지금까지 우리 몸에 아홉 개의 구멍이 있는 줄을 알지 못했다. 보통 눈 · 귀 · 코 · 혀 · 몸의 다섯 가지 감각 기관만을 알고 있었다. 이 다섯 가지 감각기관에 마음을 합치면 여섯 가지가 될 뿐이다. 그런데 부처님은 우리의 몸이 아홉 개의 구멍이 뚫린 종기와 같다고 한다. 우리 몸에 있는 구멍들을 세어보면, 눈구멍 2개, 귓구멍 2개, 콧구멍 2개, 입구멍 1개, 소변구멍 1개, 대변구멍 1개, 총 아홉 개가 된다. 이 아홉 개의 구멍에서 악취나는 것이 흘러나온다고 한다.

　이 몸은 전체가 상처로 되어 있으므로 상처를 다루듯이 조심스럽게 치료해야 한다는 뜻이다. 수행하는 사람들은 그 몸을 그리고 재가 불자들은 우리가 가진 재물과 명예와 안락 등을 9개의 구멍 난 종기를 다루듯, 오물이 나오는 상처투성이의 구멍을 다루듯 해야 한다는 의미이다.

　또 왕은 비구에게 해탈한 사람도 고통을 느끼느냐고 묻는다. 비구는 육체적인 고통은 느끼지만 정신적인 고통은 느끼지 않는다고 말한다. 왕이 이유를 묻자 비구가 대답한다.

"대왕이여, 해탈한 사람에게 있어서 육체적인 인연은 계속되지만 정신적인 고통의 인연은 끝나기 때문에 육체적인 고통은 느끼고 정신적인 고통은 느끼지 않습니다."

해탈한 사람은 육체적인 고통은 느끼면서도 정신적인 고통은 느끼지 않는다는 말은 선종에 있어서 '불매인과(不昧因果)'즉 '인과를 받으면서도 인과에 미혹하지 않는다.'는 것과 같은 이야기이다.

한 수행승이 조실스님에게 "깨달으면 자기가 지은 업을 자기가 받습니까, 안 받습니까?"하고 물었다. 그러자 조실스님은 "깨달은 이는 인과에 떨어지지 않느니라."라고 대답했다. 악업을 지은 사람이 견성했거나 해탈했을 경우 그 사람이 자기가 지은 악업의 과보를 받느냐 안 받느냐는 질문에 조실스님은 받지 않는다고 대답했다. 그 대답을 잘못한 벌로 그 조실스님은 500생 동안 여우의 몸을 받았다고 한다.

바른 대답은 '악업을 지은 사람이 해탈을 했을 경우 그 사람은 자기가 지은 악업의 과보를 받지 않는 것이 아니라 단지 그 악업의 과보에 괴로워하거나 흔들리지 않는다'가 되어야 한다. 나쁜 일을 하면 그 과보로 고통을 당하게 되지만 존재의 실상을 깨쳐서 여실히 관찰하기 때문에 육체적인 괴로움을 당한다고 해서 정신까지 괴로워지지는 않는다는 말이다.

　　인간이 정신적으로 괴로운 것은 앞뒤를 알 수 없을 때이다. 기차가 갑자기 터널을 통과하게 될 때 철로 사정을 모르는 사람이나 아는 사람이 다 같이 어둠을 겪게 된다. 그러나 모르는 사람은 언제 터널을 완전히 통과할지 모르기 때문에 당황하고 두려워하게 되지만 철로 사정을 잘 아는 사람은 얼마 지나지 않아서 어둠이 걷힐 것을 알고 있기 때문에 아무런 괴로움을 느낄 것이 없다. 사업하는 사람이 자금에 쪼들릴 때 조그만 성패에도 마음이 오그라들고 고통을 겪는다. 그러나 어떤 실패의 과정 뒤에 반드시 오게 될 성공을 아는 사람은 과정의 실패를 무서워하거나 괴로워하지 않는다. 기쁘게 받아들일 수 있다. 이런 상태에서 실패라는 과정은 육체적 · 물질적으로 괴로운 일이지만 마음은 전혀 딴판으로 편안할 수가 있다.

시간의 끝
(밀린다판하 5)

창조자를 누가 창조했느냐고 계속 질문해 들어가면,
결국 같은 답의 무한반복으로 이어지게 된다.
무(無)자가 나온다는 말이다.

《밀란다판하》에서 불교는 시간의 시초 또는 우주의 시초에 대해
서 어떻게 생각하고 있는지, 시간은 실제로 존재하는 것인지 또는 아
닌지 그리고 해탈한 이는 시간 속에 있는지 아니면 밖에 있는지에 대
해서 말하고 있다.

밀린다 왕은 나가세나 비구에게 우주 최초 시간의 출발점에 대해
서 묻는다. 우주가 있어서 시간이 있을 수 있고, 시간이 있어야 우주
가 있을 수 있기 때문에 시간의 출발점을 따지면 자연히 우주의 처음
에 대해서 문제를 삼게 된다.

밀린다 왕의 최초 시간에 관한 질문에 대해서 나가세나 비구는 다음과 같이 대답한다.

"최초 시간의 근거는 미혹무명(迷惑無明)이다. 미혹무명으로 인해 업이 있고 업으로 인해 인식이 있고…."

이런 식으로 십이연기를 이야기한다. 왕은 시간의 시초를 물었는데 나가세나 비구는 엉뚱하게도 십이연기를 그 근거로 댄다.

미혹무명으로부터 시작한다는 말은 결국 '시간의 최초는 우리가 미혹해서 짐작할 수 없다.'는 뜻이기도 하고 또는 '사람들이 미혹해서 마음대로 시간을 정할 뿐이니 그 물음 자체에 시간이 실제로 있다는 전제가 숨어 있다.'는 뜻이기도 하다.

흔히 '우주는 처음에 어떻게 시작되었을까?'하고 의심을 가진 적이 있을 것이다. 어떤 타종교에서는 우주의 최초가 어떻게 태어났는가에 대해서 유식한 것처럼 이야기한다. 조물주 신이 있어서 이 우주를 창조했다는 것이다. 그리고 불교인들에게 핀잔을 준다. 불교에서는 멍청하게도 우주의 시작도 모른다는 것이다. 불교에서는 '만동자가 부처님에게 우주의 시작에 대해서 질문하니 부처님이 침묵했다.'는 이야기가 전해지고 있다.

어떤 타종교인들은 그 말을 이용해서 '부처님은 인간이니까 우주의 시초를 모를 수밖에 없다. 우리 종교의 교주는 신이어서 우주의 시작을 알 뿐만 아니라 바로 자신이 우주를 창조했다.'고 주장한다. 타종교인들이 이런 말을 하면 많은 불교인들은 할 말을 찾지 못하고 '정말 그런가?'하고 멍하니 있다.

그러나 타종교인들이 창조를 말하면서, 우주의 시초를 안다고 하는 것에는 큰 허점이 있다. 우주의 창조를 말하는 것은 좋은 일이다. 그러나 창조를 말하는 사람들은 창조에 대해서 끝까지 말해야 한다. 즉, '우주를 창조한 신은 누가 창조했느냐?'는 질문에 답해야 한다. 그들은 그것도 신이 창조했다고 말할지 모른다.

그렇다면 계속해서 그 이전의 창조자에 대해서 묻게 될 것이고 그들은 끊임없이 그 앞의 창조자가 창조했다고 말할 것이다. 결국 무한으로 이어지게 된다.

무(無)자가 나온다는 말이다. 끝까지 물어도 답할 것이 없기 때문에 무한으로 올라가는 것은 '모른다'는 말과 같게 된다. 어쩌면 그들은 이렇게 둘러댈 수도 있다. '창조자는 신이기 때문에 우리 인간으로서는 알 수가 없다.'고 말이다. 이 말은 '우리는 우주의 창조에 대해서 또는 시간의 시초에 대해서 모른다.'는 말과 같다. 그들이 아무리 별 말을 꾸며대 보아도 공연히 자기가 알 수 없는 가공인물을 내세워 '나는 모르는데 그는 안다더라.'고 미루는 것과 조금도 다를 바 없다.

물론 자기 종교 내에서 자기들이 그렇게 믿는 것은 우리가 관여할 일이 아니다. 그것은 그들의 신앙문제이기 때문이다. 그들이 불교인들에게 시간의 시초나 우주의 시초에 대해서 아는 척하고 불교를 비방할 수는 없다는 말이다.

도교의 노자는 없을 무(無)자가 무에서 있을 유(有)자 유가 나오고, 유로부터 하나가, 하나로부터 둘이, 둘로부터 셋이, 셋으로부터 만물이 나왔다고 한다. 이 구도는 유를 말하고 숫자를 말하니까 우주의 최초에 대해 무슨 설명이 된 것 같아 보이지만 사실은 시간의 끝에 대해서 아무런 설명이 된 것이 없다. 왜냐하면 인간이 알 수 없는 없을 무자로부터 시작했기 때문이다. 없을 무자로 시작한다는 것은 '모른다'는 말과 같다.

최초의 창조주를 무한히 추궁해 나가는 것도 결국 무한할 무 또는 없을 무자로 끝나고 만다. 이 무자는 노자가 우주의 최초라고 하는 무자와 다를 바 없다. 시간의 최초에 대해서 모르겠다는 것이다.

그러면 다시 왕과 비구의 대화로 돌아가서 나가세나 비구의 설명을 들어 보자. 왕은 시간의 최초는 알 수 없다는 비구의 말을 듣고 비유로 설명해 달라고 부탁한다. 비구는 이렇게 말한다.

어떤 사람이 조그마한 씨앗 하나를 땅에 심는다고 합시다. 그 씨앗은 싹이 터서 점차로 성장하고 무성하여 열매를 맺을 것입니다. 그 사람이 씨앗을 받아 다시 땅에 심으면 또 열매를 맺을 것입니다. 그 개체적 씨앗의 연속은 끝이 없습니다. 마찬가지로 시간의 최초는 끝이 없습니다.

씨앗과 싹과 열매가 계속적으로 반복되는 것에서 그 최초를 말하는 것은 무의미하듯이 시간의 끝을 잡고자 하는 것도 무의미할 수밖에 없다는 것이다.

이 말에 흡족하지 않은 왕은 다른 비유를 들어 달라고 부탁한다. 비구는 다시 이런 비유를 들어 설명한다.

닭이 알을 낳고 그 알에서 닭이 생기고 또 그 닭에서 알이 생깁니다. 이러한 과정의 반복이 끝이 없습니다. 시간도 무한한 반복입니다. 그 끝을 말하는 것이 얼마나 무의미합니까.

닭이 먼저냐 달걀이 먼저냐를 따지는 것이 무의미하다는 사실은 누구나 다 안다. 달걀의 최초는 닭이요, 닭의 최초는 달걀이므로 그 최초는 계속적인 돌림뱅이가 될 뿐이다. 달걀이라고 하면 닭이 그 앞에 있고 닭이라고 하면 달걀이 그 앞에 있기 때문이다.

아직 미심쩍어하고 있는 왕을 보고 나가세나 비구는 땅에다가 원을 하나 그어 놓고 왕에게 "이 원의 둘레는 끝이 있습니까?"라고 묻는다. 왕은 물론 원둘레의 끝은 없다고 답한다. 비구는 왕의 말을 받아서 "원과 같이 시간은 시작도 끝도 잡을 수 없습니다."라고 말한다.

불교에서는 우주의 최초 또는 시간의 끝에 대해서 말하라고 하면 여러 가지로 답할 수 있을 것이다.

첫째는 부처님이 택한 방법으로 침묵하는 것이다. 이 침묵에는 여러 가지 의미가 들어있다. 그중의 하나는 오직 수행과 중생구제만 생각하는 실용주의 태도이다. 형이상학적인 질문은 생사를 해탈하는 데 도움이 되지 않으므로 부처님은 최초의 시간에 대해서 답변할 아무런 필요나 가치를 느끼지 못한다는 것이다.

둘째로 나가세나 비구의 대답방법이다. 시간은 둥근 원둘레의 반복적 순환과 같고 닭과 달걀의 반복적 순환과 같아서 그 끝을 잡을 수 없다는 것이다. 나가세나 비구는 우주의 시간과 사물은 무시무종(無始無終)으로 순환하는 상태에 있다고 답하는 것이 된다.

셋째는 용수보살의 답변방법이다. 용수보살은 먼저 질문의 전제 문제에 대해서 말을 시작할 것이다. 시간의 시작을 묻는 것은 시간이 실체적으로 있다는 것을 전제하고 있다. 그러나 불교에서는 시간이 실체적으로 있다고 생각하지 않는다. 무상·무아·공사상의 원칙은 시간에도 적용되기 때문이다. 용수보살은 그의 네 가지 부정방법을 쓸 것이다. 시간이 있다면 시간의 없음도 있을 것이니 '시간과 무시간은 같으냐 다르냐, 같지도 않고 다르지도 않으냐, 또는 같기도 하고 다르기도 하느냐.' 같은 형식이 될 것이다.

누가 우리에게 최초의 시간에 대해서 물어 왔을 때, 용수보살식의 답변방법을 쓰자면 상당한 논리가 필요하고 또 복잡하다. 부처님의 침묵방법을 쓰면 상대는 우리가 시간에 대해서 몰라서 그러는 줄 잘못 알고 계속 추근대며 귀찮게 굴 것이다.

그러므로 가장 좋은 방법은 나가세나 비구의 방법이다. 무시무종으로 순환하기 때문에 그 시작과 끝을 잡을 수 없다고 답하는 것이다. 상대가 창조를 내세우면 그 창조자는 누가 창조했느냐고 묻는다. 그러면 결국 닭과 달걀의 이야기가 되고 만다.

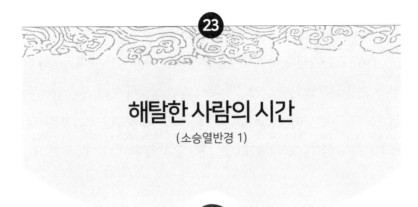

해탈한 사람의 시간
(소승열반경 1)

시간의 줄을 타고 시간의 줄 위에서
영원을 얻으려고 하지 않고 한 순간의 일념에서
영원을 찾으려고 한다.

해탈한 사람에게는 시간이 어떻게 존재할까? 밀린다 왕이 나가세나 비구에게 시간이 존재하느냐고 묻는다. 비구는 "존재하는 시간도 있고 존재하지 않는 시간도 있습니다."라고 대답한다. 그러자 다시 왕은 "어떤 시간은 존재하고 어떤 시간은 존재하지 않느냐?"고 묻는다.

비구는 존재하는 시간과 존재하지 않는 시간에 대해서 설명한다.

지나가 버렸거나 없어져 버린 과거에 대해서 시간은 존재하지 않습니다. 그러나 시간은 결과를 낳거나 결과를 낳을 가능성을 갖거나 딴 곳에 다시 태어날 것에 대해서는 존재합니다. 죽어서 딴 곳에 다시 태어나게 될 사람에게는 시간이 존재하며 죽어서 다시 딴 곳에 태어나지 않을 사람에게는 시간이 존재하지 않습니다. 완전히 자유롭게 해탈한 이, 완전한 열반에 이른 사람에게는 시간은 존재하지 않습니다. 해탈과 열반을 얻은 이들은 시간을 벗어났기 때문입니다.

나가세나 비구는 시간이 있기도 하고 없기도 하다고 한다. 어떤 사람에게는 시간이 있고 어떤 사람에게는 시간이 없다는 말이다. 시간이 있는 사람은 '결과를 낳거나 결과를 낳을 가능성이 있는 사람'이라고 한다. 즉 업을 지어서 그 업에 따라 과보를 받을 사람을 말한다. 업에 따른 과보를 금생에만 받는 그런 사람뿐만 아니라 금생에 업을 짓고 죽어 다음 생에 자기가 지은 업을 받을 사람에게도 분명히 시간은 있다. 그러나 업을 짓지 않고 수행을 하는 사람, 수행해서 윤회로부터 해탈하고 열반을 얻은 사람에게는 시간이 없다고 한다. 해탈한 사람은 시간의 구속과 시간의 범주로부터 벗어났다는 것이다.

밀린다 왕이 나가세나 비구에게 시간의 근거를 물었을 때 비구는 십이연기를 외웠다. '무명으로부터 업을 짓고 업을 지음으로써 개념적 분별이 생기고 개념적 분별로부터 정신과 육체가 생기고 등등'으로 이어지는 내용이다. 우주의 최초 문제, 시간의 기점 문제를 이야기하다 보니 이 십이연기에 나오는 미혹무명의 뜻에 따라서 시간은 순환적이므로 우주 최초라든지 시간 기점은 정할 수가 없다는 관점에서 시간의 시작과 끝을 알 수 없는 것으로 해석했다. 그러나 시간이 있느냐 없느냐를 생각하게 되면 시간과 관련한 십이연기의 해석이 달라져야 한다. 이때에는 무명·행·식·명색 등의 윤회적 연기로 인해 시간이 있게 된다고 보아야 한다. 십이연기를 혹(惑)·업(業)·고(苦) 삼도로 줄 인다면 미혹과 악업과 고통이 있기 때문에 시간이 있다는 것이다. 이 혹 업 고 삼도를 뒤집으면 법신(法身)과 반야지혜(般若智慧)와 해탈수행(解 脫修行)의 삼덕이 된다. 이 삼덕에서는 시간이 없어진다. 미혹의 세계에 시간이 있는 것이지 깨달음의 세계에서는 시간이 없어진다.

미혹의 세계에 시간이 있다고 해도 그 시간이 실체적으로 있는 것이 아니라 인간의 마음에 따라서 있다. 이 시간의 주관성을 생각해 보기 위해서 강원도 속초 낙산사에 계시던 조신(調信)대사의 수행시절 이야기를 끌어와야 하겠다.

조신이라는 동자승이 17살 때 1,000일 관음기도를 하게 되었다. 100일 기도가 두 번쯤 지났을 때 강릉목사의 사모님이 딸을 데리고 낙 산사에 와서 3일 기도를 했다. 동자승은 여자아이와 한 번도 직접 대 면하거나 이야기할 기회가 없었다. 다만 먼발치에서 지나가는 것을 몇 번 보았을 뿐이다. 그런데 강릉목사의 딸이 절을 다녀간 다음부터 동자승은 갑자기 입맛이 떨어졌다. 세상이 다 빈 것 같았다. 빈 세상 에 어떻게 살아야 할지 막연했다. 여자아이를 생각하면 숨이 막혔다. 몇 번 본 여자아이를 혼자서 무작정 그리워하던 동자승은 어느 날 자 신에게 악마의 장애가 찾아왔다고 생각했다. 왜냐하면 입으로 아무리 관세음보살을 불러도 떠오르는 것은 관세음보살이 아니라 그 여자아이였기 때문이다.

여자아이가 생각나면 날수록 동자승은 더 마음을 집중해서 기도했다. 관세음보살도 더 크게 불렀다. 그런데 더 열심히 기도하면 할수록 그 여자아이가 더욱 선명하게 떠오르는 것이었다. 그러면 동자승은 자신의 업력을 한탄하며 자신의 몸과 목청이 부서져 가루가 되어도 좋다는 듯 기도를 했다.

어느 날 밤늦게까지 열심히 기도하면서 그 여자아이 생각을 물리려고 노력하고 있는데 그 여자아이가 법당 문을 열고 기도하는 동자승에게 다가왔다. 동자승은 꿈인지 생시인지 정신이 없었다. 여자아이는 선녀처럼 동자승에게 다가와서 동자승의 손을 끌었다. 여자아이가 끄는 대로 계속 달렸다.

여자아이는 아내가 되고 동자승은 남편이 되었다. 아이들을 다섯 낳았다. 세월은 빨리 흘렀다. 이제는 세상이 무덤덤해졌다. 아내가 사랑스럽지 않다고 생각해 본적은 한 번도 없으나 이제는 있어도 그만 없어도 그만일 정도가 되었다. 아이들을 키우기 위해서는 힘들게 일해야 했다.

어느 날, 건장한 사람이 이 동자승이 사는 마을에 왔다. 그 남자는 칼을 품고 왔다. 자기 약혼녀를 데리고 도망친 사람을 찾아서 죽여야겠다는 것이다. 동자승은 떨었다. 건장한 사내는 동자승이 자기가 찾던 사람임을 알고 칼을 들이대었다. 칼을 맞으며 '이제 죽었구나.'하고 모든 것을 포기하는 순간 대종소리가 울리고 있었다.

동자승은 꿈에서 깨어났다. 새벽 3시 예불 중, 대종이 울리는 짧은 시간에 동자승은 절을 하기 위해 엎드렸다가 잠깐 꿈을 꾼 것이었다. 동자승은 약 1분여 사이에 일생을 산 것이다. 동자승은 이제 그 여자아이로부터 자유롭게 되었다. 동자승은 나중에 훌륭하고 유명한 고승 조신대사가 되었다.

우리가 여기서 조신대사 꿈 이야기를 하는 것은 꿈 속의 1분에서 수십 년의 세월을 살았다는 것을 말하기 위해서이다. 사람에게 있어서 시간의 길이는 정해진 것이 아니라 사람이 시간을 정해서 쓴다는 것이다. 그런데 미혹한 중생은 자신이 시간을 정하고 그 시간의 감옥에 자기가 갇히고 만다. 해탈한 사람은 시간이 있거나 말거나 시간을 자유롭게 부리기 때문에 시간이 있어도 없는 것과 같고 시간이 없어도 시간 속에 자유롭게 드나들 수 있다. 의상대사의 〈법성게(法性偈)〉에 의하면 일념의 순간이 무량겁이라는 헤아릴 수 없는 긴 시간이 될 수 있다고 한다.

과학자들은 시간의 주관성과 인간의 먹고 자고 생활하는 주기를 시험하고자 했다. 그래서 수십 명의 사람들을 동굴 속의 각 방에 들게 하고 햇빛이 없는 상태에서 6개월을 살게 했다. 밤낮을 알 수 없게 하기 위해서이다. 호롱불은 자유롭게 끄고 켤 수 있지만 밖에서 해가 뜨는지 지는지는 알 수 없다. 물론 시계도 달력도 주지 않았다. 다른 사람과 접촉하지도 못하게 했다. 만약 접촉하게 되면 서로 상의해서 같은 주기를 택할 수도 있기 때문이었다. 굴속의 각 방에 있는 사람들은 날짜 가는 줄을 알 수가 없었다. 그들은 자신의 몸이 나타내는 주기로 하루하루를 계산했다. 가령 하루 세끼를 먹고 밤에 잘 경우, 아침식사부터 다음 아침식사 전까지를 한 주기로 계산했다. 해가 뜨고 지는 생활 속에서는 하루 24시간이 한 주기로 정해져 있지만 굴속에서는 사람에 다라 주기의 시간이 늘기도 하고 줄기도 하는 것이었다. 주기가 짧은 사람의 하루는 16시간인 반면 주기가 긴 사람의 하루는 75시간이 되기도 했다. 이 실험을 통해서 인간의 생활주기가 얼마든지 달라질 수 있다는 것도 발견했지만 시간은 주관적이라는 것도 실증적으로 증명할 수 있었다.

　불교의 모든 중요 교리나 사상에서는 실체적인 시간이 없는 것으로 생각한다. 실체를 부정하는 공사상이나, 모든 것을 주관적으로 지어서 본 바일뿐이라고 하는 일체유심조 사상에서도 다 같이 시간의 존재를 인정하지 않는다. 시간은 우매한 범부중생이 '나'라고 하는 것이나 '내 것'이라고 하는 것에 집착함으로써 생긴다고 보는 것이다. 자기중심적 생각이 없는 바위에게는 천년만년 동안 세월의 풍화작용을 겪으면서 형태가 변하더라도 특별히 붙잡거나 그리워해야 할 시간이 없다. 또 설시 시간이 있다고 하더리도 불교에서는 그 시간의 줄을 타고 시간의 줄 위에서 영원을 얻으려고 하거나 모든 시간을 다 밟아서 영원을 찾으려고 하지 않는다. 한 순간의 일념에서 영원을 찾으려고 한다. 마치 한 모금의 바닷물에서 모든 바닷물의 맛을 다 보듯이 말이다.

해탈은 불교의 이상이므로 불교에서는 궁극적으로 시간의 존재를 인정하느냐 마느냐는 질문이기도 하다. 나가세나 비구는 어떤 사람에게는 시간이 있고 업을 짓지 않고 수행해서 해탈한 사람에게는 시간이 없다고 말한다. 업을 짓는 사람의 시간은 실제로 존재하는 것이 아니고 미혹과 집착에서 스스로 지어보는 것일 뿐이다.

불교의 이상은 시간을 지우는 것이다. 시간을 지우기 위해서는 나와 내 것이라는 자기중심적 집착에서 벗어나야 한다. 그러면 바위에게 시간이 없듯이 우리에게도 시간이 없어진다. 불교의 이상은 무량겁을 살아서 영원을 얻는 것이 아니다. 한 모금의 바닷물에서 이 세계 모든 바닷물의 짠 맛을 알듯이 한 순간의 일념에서 무량겁의 시간을 살고자 하는 것이다.

알고 짓는 죄

(밀린다판하 7)

화로가 뜨거운 줄 아는 사람은 설사 그것을 들더라도 빨리 놓아버린다.
그러므로 앉아서 계를 받고 서서 계를 피하더라도 계를 받는 편이 더 좋다.

불자들을 만나게 되면 먼저 불명을 묻게 된다. 가끔 불명이 있음
직한 분들이 불명을 일부러 받지 않았다고 말하는 것을 듣게 된다. 오
랫동안 불심을 가지고 신앙생활을 해왔고 또 신심이 있음에도 불구하
고 불명이 없는 것이다. 그런 분들의 지론을 보면 이렇다.

"불명을 받으려면 계를 받아야 하고 계를 받으면 지켜야 하는데
아직까지 내 자신은 계율을 지킬 자세가 되어 있지 않다."

윤달이 든 해에는 여러 곳에서 보살계를 설한다. 그런데 불자로
서의 충분한 자격을 갖추었는데도 계를 받지 않는 분들이 있다. 필자

의 경험에 의하면 깨끗하게 살고 양심적으로 살고자 하는 결벽증이 있는 분들, 양심에 가책을 받지 않고 좀 편하게 불교를 믿고 싶어 하는 분들, 실천적으로 불교를 믿는 것은 연기한 채 지식적으로 불교를 알고 싶어 하는 분들이 주로 수계식에 동참하기를 피하는 것 같았다. 일부러 계를 받지 않는 분들의 마음속에는 '알고 죄를 지으면 그 죄가 더 크니까 죄를 지을 바에야 모르고 짓는 것이 좋겠다.'고 하는 생각이 깔려 있다.

밀린다 왕도 비슷한 생각을 가졌던 모양이다. 그래서 나가세나 비구에게 묻는다.

"스님, 알면서 악행을 짓는 사람과 모르면서 악행을 짓는 사람과는 누가 더 큰 과보를 받습니까?"

"모르면서 악행을 짓는 사람이 그 악행의 과보로 받는 화가 더 큽니다."

왕은 다시 묻는다.

"그렇다면 우리 왕자나 대신들이 모르고 잘못을 범한다면 그들에게 보통 사람 갑절의 벌을 내려야겠군요."

왕의 이 말에 대답하지 않고 비구는 왕에게 반문한다.

"대왕께서는 어떻게 생각하십니까? 뜨거운 화로를 한 사람은 모르고 잡았고 다른 한 사람은 알고 잡았다면 어느 쪽이 더 심하게 화상을 입겠습니까?"

"그야 물론 화로가 뜨거운 줄 모르고 잡은 사람이 더 심한 화상을 입겠지요."

"그렇습니다. 마찬가지로 악행이 나쁜 줄을 모르고 범하는 사람에게 그
악업에 대한 과보의 화가 더 큰 것입니다."

화로가 뜨거운 줄 아는 사람은 설사 그것을 들더라도 빨리 놓아
버린다. 아무리 술을 좋아하는 사람도 자기가 간경화증에 걸려 있는
줄을 알면 술을 끊게 된다. 사냥이나 낚시를 취미로 가진 사람도 살생
이 나쁜 것을 알게 되면 마음속에서 살생하는 자신의 행위와 살생하
지 않아야 한다는 양심의 소리가 서로 대치하게 된다.

그래서 짐승들을 죽이더라도 덜 잔인하게 죽일 것이다. 양심의
가책을 받게 되면 사냥하거나 낚시하는 횟수가 줄어들 수도 있다.
어느 날 갑자기 죽이는 일을 그만둘 수도 있다. 훔치는 일도 마찬가
지이다.

계를 받으면 그것을 철저하게 지키지 못하더라도 몇 가지라도
지켜보려고 시도할 수 있다. 받은 계를 한 가지도 지키지 못하더라도
지켜보려는 마음이라도 낼 수 있다. 계를 지켜보겠다는 마음조차 떠
오르지 않으면 계라는 말을 한번쯤 생각할 수 있는 기회라도 가질 수
있다.

그래서 계를 설하는 스님들께서는 계를 받는 것이 좋다는 것을
강조하기 위해서 '앉아서 계를 받고 서서 계를 파하더라도 계를 받는
편이 더 좋다.'고 가르친다. 앉아서 받고 일어서면서 그 계를 잊어버

릴지라도 받는 동안에 계에 대해서 생각한 공덕과 영향이 있기 때문이다. 음성을 녹음하면 녹음이 되고, 녹음하지 않고 귀를 통해서 듣기만 하더라도 그것이 항상 기억되는 것은 아니지만 아주 없어지는 것이 아니고 언젠가는 떠오를 때가 있다. 계에 대해서 지나가는 소리로 한번 듣더라도 그것은 우리의 마음에 한 알의 씨앗을 심는 셈이 된다는 것이다. 그 씨앗이 싹을 틔우고 자라서 열매를 맺는 것은 시간의 길고 짧음이 있을 뿐이다. 동쪽으로 기운 나무는 언젠가 동쪽으로 넘어진다고 했다. 계의 방향으로 기운 마음은 언젠가 계를 의지하게 될 것이다.

좋은 방향으로 마음을 내는 것이 계의 문제에만 관계되는 것은 아니다. 불법을 배우고 불법을 닦는 것도 마찬가지이다. 미혹을 반야지혜로 돌리는 일도 마찬가지이다.

참다운 삶에 대해서 생각하는 것이 골치 아프게 여겨질 수도 있다. 인생에 대해서 깊이 생각하다 보면 내가 지금 살고 있는 삶이 너무 무의미하게 여겨진다. 자기 인생의 무의미함을 정면으로 바라보는 것이 두려워서 참다운 인생에 대해서 생각하기를 피할 수도 있다. 참다운 삶의 길을 알아보려고도 하지 않는 것 보다는 설사 올바른 길을 따르지 못하더라도 알아두는 편이 더 좋다. 사람들의 전생 업에 따라서 또는 사람들의 근기에 따라서 불도를 구하고 닦는 것에 열심히 하거나 소홀히 하는 차이가 있을 수 있다. 그렇지만 참다운 삶의 길로 방향을 잡으면 언젠가 그쪽에 이르게 된다.

밀린다 왕과 나가세나 비구는 알면서 악행을 하는 것과 모르면서 악행하는 것의 차이를 말했지만 이 논법을 선행 쪽으로 옮기면 그 이익이 더욱 분명하게 드러난다. 곰의 쓸개가 입에 쓰다고 할지라도 그것이 몸에 이로운 줄을 알면 사람들은 그 쓴 맛을 좋아하지 않더라도 그것을 조금이라도 더 많이 먹으려고 할 것이다. 적절한 운동을 하는 것이 몸에 좋은 줄을 알면 걷는 것이나 일하는 것을 좀 더 좋아할 수 있다. 인내하는 것이 힘들지만 그 결과가 보람 있다는 것을 알면 사람들은 좀 더 인내하려고 노력할 것이다.

선행이 좋다는 것을 알면 그 선행을 제대로 실행치 못할지라도 선행이 좋은 점을 전혀 모를 때보다는 선행을 좀 더 긍정적으로 받아들일 것이다.

우리는 악이 악인 줄을 알고 행하면 모르고 행하는 것보다 그 과보의 화가 덜하고 선이 좋은 줄을 알고 행하면 모르고 행하는 것보다 그 과보의 이익이 더욱 많다는 것을 이야기했다.

밀린다 왕은 약간 각도를 달리해서 "선행의 과보로 얻는 공덕과 악행의 과보로서 받게 되는 죄과는 어느 쪽이 더 크냐?"고 묻는다. 어떤 이가 어려운 사람에게 빵을 한 조각 주는 선행을 베풀었다. 동시에 다른 사람으로부터는 빵 한 쪽을 빼앗는 악행도 지었다. 선행과 악행 중 어느 쪽의 효력이 더 크냐는 물음이다. 나가세나 비구는 "선행을 하는 쪽의 복이 더 큽니다."라고 대답한다. 왕은 이유를 묻고 비구는 대답한다.

대왕이여, 죄를 짓는 사람은 자기의 악행을 알아차리고 후회하게 됩니다. 그러므로 악행을 한 죄과는 줄어들게 됩니다. 그러나 선행을 한 공덕을 지은 사람은 절대로 그 선행에 대해서 후회하는 일이 없습니다. 오히려 그 선행으로 인해 자기에게 기쁨과 환희가 생겨 몸이 편안해지고 안락함을 가집니다. 선행의 공덕은 계속 증대됩니다. 예를 들면, 손발이 잘릴 정도의 중죄를 지은 사람이라 할지라도 부처님께 꽃을 바치게 되면 91겁 동안 지옥에 떨어지지 않는다고 합니다.

똑같은 정도의 선행도 짓고 악행도 지었을 경우 선행의 공덕은 더욱 커지고 악행의 죄과는 더욱 줄어드는데 그 이유는 선행은 좋은 일이기 때문에 사람들이 후회하지 않아서 점점 더 선행의 방향으로 나아갈 것이고 악행을 지은 다음에는 후회하게 되니까 점점 더 악행을 멈추려고 노력하기 때문이라는 것이다.

그래서 악행은 많이 하고 선행은 적게 했다고 하더라도 선행의 공덕이 악행의 공덕을 억누르게 된다. 손발이 잘릴 정도의 벌을 받으려면 어떤 정도로 나쁜 일을 해야 하는지 모르겠지만 설사 사형을 당할 정도의 죄를 저지를 사람이라 하더라도 부처님께 꽃을 올리는 공덕을 지으면 91겁 동안 지옥에 떨어지지 않는 것이 보장된다는 것이다. 왜냐하면 공덕은 계속적으로 더욱더 커지고 악행의 죄업은 점점 더 줄어들기 때문이라는 것이다.

고통을 맞을 준비
(밀린다판하 8)

사랑을 받을 때도 있지만 고무로 된 인형만을 받을 수도 있다.

마음이 빠져 버린 육체만을 앞에 놓고 있을 수도 있다.

이때를 위해서….

'왜 지금 바로 불법을 닦아야 되느냐?'는 문제에 대해서 생각해 보자. 불교가 고통의 뿌리를 뽑기 위한 것이라든지 생사에서 벗어나기 위한 것이라든지 영원한 목숨을 얻기 위한 것이라든지 또는 보살행을 하기 위한 것이라고 할 때 지금 이 순간에 고통을 느끼거나 죽음이 두렵거나 자비심이 일어나지도 않는데 왜 지금 불법을 닦아야 하는가의 문제가 생긴다. 또 고통에 대비하는 방법도 문제가 된다. 밀린다 왕이 나가세나 비구에게 묻는다.

스님, 불법을 닦는 사람들은 고통의 뿌리를 뽑아 버리고자 한다는데 과거의 괴로움을 버리기 위한 것입니까? 미래의 괴로움을 버리기 위한 것입니까? 아니면 현재의 괴로움을 버리기 위한 것입니까?

나가세나 비구는 불법을 닦는 것이 과거나 현재나 미래의 고통을 없애기 위한 것이 아니라고 대답한다. 그러자 왕이 다시 묻는다.

"만일 불도를 닦는 이들이 과거나 현재나 미래의 괴로움을 버리기 위한 것이 아니라면 무엇 때문에 그토록 노력할 필요가 있습니까?"

"괴로움의 뿌리를 뽑기 위해서입니다."

이에 대해, 왕은 현재에 미래의 괴로움이 있느냐고 묻고 비구는 없다고 대답한다. 그러자 왕은 "스님, 현재 있지도 않은 괴로움을 버리기 위해서 불도를 닦는다는 것은 너무 앞서서 걱정하는 것이 아닙니까?"하고 묻는다. 그러나 비구는 왕의 질문에 답하지 않고 왕에게 다시 묻는다.

대왕이여, 어떤 적국의 왕이 원수나 대항자로서 군대를 몰고 침략해 올 때, 그들과 맞서서 싸운 일이 있을 것입니다. 왕께서는 적군이 침략해 올 때에 이르러서야 참호를 파고 보루를 쌓고 성문을 달고 망탑을 세우고 군대의 식량을 준비하지는 않을 것입니다. 미리 준비할 것입니다. 전차술·궁술·검술 따위도 미리 훈련시킬 것입니다. 이렇게 준비하는 것은 준비할 당시에 전쟁발발의 위험이 있어서가 아니라 미리 준비하는 것입니다. 지금 존재하지도 않는 미래의 위험에 대비하기 위해서 침략을 방어할 준비를 하듯이 지금 존재하지는 않지만 앞으로 닥쳐올 고통에 대비하기 위해서 불법을 닦는 것입니다.

나가세나 비구는 전쟁이 일어난 다음에 전쟁을 준비하면 이미 늦기 때문에 미리 전쟁에 대비해서 준비하듯이 현재에 고통이 없다고 하더라도 앞으로 일어날 고통에 대해서 미리 준비하기 위하여 불법을 닦는다고 설명한다. 이 설명을 듣고 왕은 다시 다른 비유로 설명해 달라고 부탁한다. 비구가 말한다.

우리는 목이 마를 때에 이르러서야 우물을 파고 저수지를 만들려고 하지 않습니다. 미리 우물을 팝니다. 또 배가 고플 때에 이르러서야 무엇인가 먹고 싶다고 생각하여 밭에 씨앗을 뿌리지 않습니다. 미리미리 곡식을 준비해 둡니다. 고통에 대해서 준비하는 것도 마찬가지입니다. 언제 닥칠지 모를 어려움에 대해서 준비하는 것도 마찬가지입니다.

목마를 때에 당해서 우물을 파려고 하거나 배고플 때에 이르러서야 논밭에 씨앗을 뿌린다면 이미 늦는다는 것은 너무도 쉽게 알 수 있다. 여기에 구태여 사족의 설명을 붙일 필요가 없다. 마찬가지로 지금 당장 고통이 있는 것은 아니지만 고통과 어려움은 예고를 하고 찾아오는 것이 아니기 때문에 항상 그것들을 맞을 마음의 준비를 해야 한다는 것이다.

밀리다 왕과 나가세나 비구는 현실에서 우리가 당하는 고통의 내용을 구체적으로 말하지 않고 막연하게 말하고 있다. 또 고통을 극복하는 방법도 설명되지 않고 있다. 그 고통에는 모든 것이 다 포함된다. 경제적인 손실·실연·배반·이별·죽음·사업의 실패·정치적인 패배 등 많은 종류의 고통이 있을 수 있다. 고통 극복의 방법은 고통으로부터 도망치는 안이한 방법이 아니라 적극적으로 고통과 대치함으로써 고통을 초월하는 것이라고 여겨진다.

요즘은 황금만능주의 시대라고 해서 경제적인 것을 중요하게 여기니까 물질의 고통에 대해서 먼저 생각해 보자. 지금 한국에 사는 사람들은 당장 먹을 것, 입을 것, 머무를 곳이 없어서 걱정하지는 않는다. 나름대로 의식주를 해결하고 있다. 고통을 극복한다는 것은 불만족과 불편을 고통이 아닌 기쁨으로 생각하는 것이 아니고 오히려 사소한 불편에도 고통을 느끼되 그 고통을 예의 주시하는 것이다. 고통의 시작과 끝을 보는 것이다.

현재는 물질 문제로 인해서 고통을 느끼지 않지만 지금의 살림 상태가 보다 더 악화될 수도 있다. 고통을 예의 주시하라는 것은 지금 가지고 있는 것을 잃게 되어서 물질이 아쉬울 때 물질적으로 저축을 해서 닥쳐올지도 모를 고통을 예방하라는 것이 아니다. 가족 중에 한 사람이 갑자기 중병을 얻어서 그 병원비를 마련하기 위해 전셋돈을 빼내어 써야만 할 처지가 되었을 때, 그 경제적인 어려움 때문에 고통을 느끼지 않을 수 있어야 한다는 것이 아니다. 결혼하기로 한 상대로부터 이쪽에서 돈이 없다는 이유로 결혼을 취소당했을 때, 고통을 느끼지 않을 수 있어야 한다는 것이 아니다. 고통에의 대비는 고통으로부터의 도주가 아니다. 고통으로부터의 회피도 아니다. 고통을 정면으로 맞는 것이다. 고통의 얼굴을 정면으로 보는 것이다. 고통을 철저하게 느끼는 것이다. 그러나 고통에 취하지 않고 빠지지 않고 집착하지 않아야 한다. 고통의 얼굴을 여실히 보아야 한다. 그것이 고통에 대한 대비이다.

사업을 하다보면 잘될 때도 있고 잘못될 때도 있다. 앞으로 있을지도 모를 고통에 대비해서 미리 불도를 닦는다는 것은 사업이 항상 잘되도록 기도만 하는 것도 아니고 사업이 잘못되는 경우에 부딪혀 그때 사업의 실패를 인생의 실패로 받아들이지 않을 수 있어야 한다는 것도 아니다. 사업의 실패로 인해서 행복하던 삶이 갑자기 불행한 삶으로 바뀌지 않을 수 있어야 한다는 것도 아니다. 사업을 실패하고도 억지로 웃으면서 손을 털고 일어나라는 것 역시 아니다. 고통에의 대비는 고통을 느끼지 말라는 말이 아니다. 조잡하고 어설프게 고통을 아는 척하지 말고 참으로 철저하게 고통의 바닥을 보라는 말이다. 단지 고통에 빠지지 않아야 한다. 고통을 철저히 느끼면서도 고통에 빠지지 않는 것이 고통에의 대비이다.

사랑을 받을 때도 있지만 사랑 대신에 고무로 된 인형만을 받을 수도 있다. 마음이 빠져 버린 육체만을 앞에 놓고 있을 수도 있다. 또 사랑 대신에 이별을 받을 수도 있다. 이별의 이유야 여러 가지가 있을 수 있다. 나가세나 비구가 의미하는 고통에의 대비는 고통을 느끼지 않는 것이 아니다. 슬퍼하지 않는 것이 아니다. 철저하게 슬퍼하고 철저하게 고통을 맛보는 것이다. 단지 그 고통에 빠지지 않는 것이다. 고통에 취하지 않는 것이다. 고통을 여실히 보는 것이다.

건강하던 몸에 병이 들 수가 있다. 젊었던 몸이 늙게 된다. 숨 쉬던 몸에서 숨이 끊어지고 육체를 땅에 묻어야 할 때가 올 수도 있다. 고통에 대한 준비는 이때에 고통을 느끼지 말고 행복감을 느끼라는 것이 아니다. 장자처럼 아내가 죽었을 때, 고통을 느끼지 않는 것을 나타내기 위해서 춤추는 것도 아니다. 고통에 대한 준비는 고통에 대한 불감증이 아니라 뼈저리게 음미하는 것이다. 단지 그것에 취하지 않는 것이다. 고통을 느끼지 않는 것이 아니라 그것에 놀림당하지 않는 것이다. 그것에 홀리지 않는 것이다.

불공을 하는 이유

(밀린다판하 9)

**대지가 농부의 요청에 응하듯이 열반에 드신 부처님도
공양을 올리며 발원하는 중생들의 요청에 응할 뿐이다.
공양은 중생 쪽의 문제이다.**

한국에서는 부처님의 열반과 공양 올리는 것을 직접적으로 관련시켜서 문제를 제기하는 분은 보지 못했다. 그렇지만 49재를 올리고 영가(靈駕)를 천도하고 난 다음에 다시 천도재를 여러 번 올리는 문제에 대해서 의문을 가지는 것을 본 적이 있다. 즉, 아버님이 돌아가신 후 49재를 잘 모셔서 완전히 천도를 했다고 생각하는데 다시 그 아버님을 불러서 공양을 올릴 필요가 있겠느냐는 의문이다. 49재를 통해서 천도가 되었다면 다시 천도재를 모실 필요 없을 것이요, 그 전에 천도재를 모셨을 때 천도가 안 되었다면 이번에 다시 천도재를 별도로 모신다고 해서 천도 안 된 분이 어떻게 새로이 천도될 수 있느냐는 것이다. 이러한 물음들은 백일 지장기도를 위해 영가위패를 모시거나 백중 우란분재일(盂蘭盆齋日)에 천도식을 거행할 때도 제기된다. 물론 노보살님들은 마음속으로 질문이 있다고 하더라도 참거나 천도가 되었다고 하더라도 살아있는 사람의 성의로 여러 번 모시면 더 좋겠지 하는 정도의 생각을 가지고 영가천도에 매년 동참할 것이다.

그러나 젊은 사람들은 오래된 영가의 위패를 모시면서 속으로 또는 겉으로 의문을 갖는 경우를 종종 본다. 밀린다 왕과 나가세나 비구의 대화는 영가의 천도 문제가 아니라 열반에 드신 부처님께 공양을 올린들 무슨 소용이 있는가라는 문제를 가지고 대화한다. 하지만 이 질문을 응용하면 영가천도 문제에 대해서도 어렴풋이 해답을 얻을 수 있을 것이다.

밀린다 왕이 나가세나 배구에게 묻는다.

스님, 만일 부처님께서 사람들이 올리는 공양을 받는다면 부처님은 완전히 열반에 들었다고 할 수가 없을 것입니다. 공양을 받는 부처님은 아직 세상 안에 있고 세상에 묶여 있으면서 세상일을 하고 있는 셈이 됩니다. 그러므로 부처님께 공양을 올리는 일은 헛된 일이며 결과도 없을 것입니다. 다른 한편으로 만일 부처님이 완전한 열반에 들어서 완전히 중생세간을 떠나셨다면 부처님은 공양을 받지 않을 것입니다. 완전히 열반에 든 사람은 공양을 받지 않을 터인데 공양을 받지 않는 사람에게 공양을 올리는 것은 쓸모없고 결과도 없을 것입니다. 스님은 이 질문에 어떻게 대답하시겠습니까?

이 질문은 밀린다 왕이 아직 《대승열반경》과 접촉하지 않았다는 것을 나타내 준다. 《대승열반경》에서는 석가모니부처님이라는 특정한 역사적 인물의 열반을 통해서 일반적인 많은 부처님들이 세상에 머무는 것을 가르친다. 즉, 부처님의 몸이 이 세상에 우리와 함께 항상 하신다는 것이다. 《법화경(法華經)》〈여래수량품〉에서 미친 아이들의 아버지가 아이들에게 자극을 주어 약을 먹고 병을 치료하도록 짐짓 죽었다고 소문을 내지만 실제로는 죽지 않은 것과 비슷한 이치이다.

밀린다 왕은 열반에 드신 부처님이 공양을 받아도 문제요, 받지 않아도 문제이니 부처님께 공양을 올릴 필요기 없지 않느냐고 묻는다. 만약 열반에 드신 부처님이 공양을 받는다면 아직 완전한 열반에 들지 못했으니 일반 귀신과 다를 바 없어서 공양을 올린 효력이 없을 것이고, 완전한 열반에 들어서 공양을 받지 않는다면 공양을 받지 않기 때문에 공양을 올리는 일이 무의미할 것이라는 말이다.

이 질문을 받은 나가세나 비구는 부처님이 완전히 열반에 들어서 공양을 받지 않음에도 불구하고 공양을 올리는 것은 일을 성취시키는 공덕이 된다고 설명한다.

부처님의 열반은 큰불이 꺼진 것과 같습니다. 불이 꺼졌을 때 거기에

는 아무것도 남은 것이 없습니다. 부처님은 완전한 고요의 바다에 드셨습니다. 그래서 부처님은 공양을 받을 필요도 없고 공양을 받고자 하시지도 않습니다. 그러나 불이 꺼졌다고 해서 불이 없는 것은 아닙니다. 사람들이 필요에 의해서 연료를 모아놓고 마찰을 시켜서 불을 일으키면 불은 언제든지 다시 살아납니다. 마찬가지로 사람들이 부처님께 공양을 올리는 일은 부처님의 완전한 열반에 관계없이 결과를 성취하는 공덕이 될 수 있습니다.

나가세나 비구는 부처님의 열반을 꺼진 불에 비유해서 문제를 풀어간다. 부처님의 열반은 불의 소멸과 같다는 것이다. 불이 완전히 꺼졌다는 것은 완전한 열반에 들었다는 것을 뜻하고 다시 연료를 준비하고 불을 피울 때 다시 불이 살아나는 것은 열반에 드신 부처님이 자신의 필요에 의해서가 아니라 중생들의 요청에 감응해서 다시 일어나는 것을 뜻한다. 그러므로 완전히 열반에 드는 것과 공양을 받는 것 사이에 상충될 것이 없어진다.

불의 소멸과 다시 켜지는 원리, 부처님의 의사가 아니라 중생의 필요에 의해서 불이 꺼진 상태와 켜진 상태로 바뀌어 진다는 설명에 만족하지 못한 밀린다 왕은 다른 비유로 설명해 달라고 부탁한다. 그러나 나가세나 비구는 다시 모든 곡식을 키우는 대지에 비유하여 열반을 설명한다.

대왕이여, 이 세상에 땅이 있습니다. 우리는 그 땅 전체를 대지라고 부릅니다. 사람들은 대지에 종자를 뿌리고 농사를 짓습니다. 그렇다면 대왕이여, 저 대지가 모든 농부들을 보고 자기 몸 안에 씨앗을 뿌려서 자라게 해달라고 부탁한 적이 있습니까? 모든 농부들은 대지의 필요나 뜻에 의해서가 아니라 농부들 자신의 필요에 의해서 대지에 씨앗을 뿌리고 농사를 짓습니다. 열반에 드신 부처님은 대지와 같습니다.

부처님은 아무것도 바라지 않습니다. 아무것도 필요하지 않습니다. 부처님에게 공양을 올리는 것은 중생들이 하는 것입니다. 중생들의 필요에 의해서 공양을 올리고 부처님에게 소원을 사뢸 뿐입니다. 부처님은 단지 자비심으로 중생의 요청에 대해 감응할 뿐입니다.

나가세나 비구가 여기서 부처님의 열반을 다시한번 쉽게 풀이한다. 열반에 든 부처님을 대지에 비유하고 공양물을 씨앗에 비유하고 공양 올리는 사람들을 농부에 비유한다. 열반에 든 부처님의 고요는 대지의 정적과 같다. 대지는 있는 그대로 편안하다. 대지에 농사를 짓는 것은 농부들이다. 농부들의 필요에 의해서 씨앗은 대지의 몸속으로 뿌리를 내린다. 부처님은 그것들을 받아줄 뿐이다.

대지가 농부의 요청에 응하듯이 열반에 드신 부처님도 공양을 올리면서 발원하는 중생들의 요청에 응한다. 중생의 공덕은 좋은 결과를 가져온다고 한다.

밀린다 왕은 다시 비유를 들어 설명해 달라고 부탁한다. 나가세나 비구는 북소리의 비유를 든다.

대왕이여, 어떤 사람이 큰북을 쳐서 소리를 낸다고 합시다. 북소리는 즉시 사라질 것입니다. 그러면 그 다음, 전에 울렸던 북소리가 다시 울리겠습니까? 이미 사라진 북소리는 다시 울리지 않을 것이고 다시 울릴 생각이나 필요도 없을 것입니다. 큰북은 소리를 울리기 위한 도구요, 수단입니다. 그러므로 누구든지 자기가 필요로 할 때, 자신의 노력으로 큰 북을 쳐서 소리를 울립니다.

열반에 드신 부처님도 소리를 내는 북과 같습니다. 부처님은 북소리가 이미 끊어졌지만 중생이 그 북을 두들기면 중생의 필요에 의해서 부처님은 감응하여 소리를 낼 뿐입니다. 그러므로 부처님께 공양을 올리는 것은 무용한 것이 아니며 반드시 성취의 씨앗이 되는 공덕이 됩니다.

부처님이 소리를 내다가 소리를 쉬어 버린 북으로 비유된다. 소리를 쉼으로써 완전한 열반에 들었지만 중생이 필요에 의해서 공양을 올리고 소원을 빌면 언제라도 북소리를 낼 수 있다는 것이다. 따라서 공양을 올리는 것은 틀림없이 공덕이 된다는 설명이다.

무심과 자비

(밀린다판하 10)

부처님의 자비는 기계적으로 베풀어지는 것이 아니라
중생의 근기에 응해서 중생에게 가장 이익이 되는
조치를 내리는 방편의 자비이다.

　부처님은 일체의 좋아함과 싫어함을 떠난다. 기분이 좋다고 해서
복을 주거나 기분이 나쁘다고 해서 벌을 주는 일은 없다. 그런데 어느
날 부처님께서 사리불존자와 목건련존자를 설법장에서 여러 대중들
과 함께 퇴장시킨 일이 있다고 전해진다.

　밀린다 왕이 의문을 기질 것은 당연한 일이다. 성냄을 완전히 여
의었다고 하는 부처님이 화를 내고 제자들을 법회장에서 쫓아낸 것으
로 알려져 있기 때문이다.

　불교에서는 기분에 따라서 변덕을 부리는 인격신을 인정하지 않

는다. 불교에서도 인간세계를 초월하는 인격체를 인정하기는 하지만
그 인격체는 사람의 감정을 가지고 누구를 좋아하거나 싫어하는 것이
아니라 단지 우주질서 그 자체일 뿐이다. 어떤 이에게 좋은 일이 생겼
거나 나쁜 일이 생겼을 경우 그것은 그 사람이 우주질서에 합당하게
행동했는지 여부의 문제이지 부처님의 기분 문제는 아니라는 입장이
다. 불교의 원칙은 인격적 변덕을 떠난 무심의 자비이다. 밀린다 왕이
나가세나 비구에게 묻는다.

　　스님, 여래는 역정이 나서 제자들을 퇴장시킨 것입니까? 혹은 기분이
　　좋은 상태에서 제자들을 퇴장시켰습니까? 무엇 때문에 그렇게 하셨는지
　　그 이유를 말씀해 주시기 바랍니다. 스님, 만일 부처님이 화가 나서 제자
　　들을 퇴장시켰다면 그것은 여래가 아직도 노여움을 끊지 못하고 있는 것
　　을 나타냅니다. 반면에 기분이 좋은 상태에서 만족해서 제자들을 퇴장시
　　켰다면 부처님은 근거 없는 사실에 대하여 확실히 알지도 못하고 사람을
　　퇴장시키는 경거망동을 한 셈입니다.

왕의 물음에 나가세나 비구는 대답한다.

　　부처님이 사리불존자와 목건련존자를 설법하는 장소에서 퇴장시킨 일
　　이 있었지만 부처님이 역정이 나셔서 그렇게 하신 것은 아닙니다. 대왕이
　　여, 어떤 남자가 길을 걷다가 나무뿌리나 돌멩이에 발이 걸려서 넘어졌을

때 그 대지가 노해서 그 남자를 넘어뜨렸다고 생각할 수는 없습니다. 대지는 노여움도 기쁨도 없고 사랑하고 미워할 것도 없습니다. 남자가 자신의 부주의로 넘어졌을 뿐입니다. 마찬가지로 여래에게는 노여움도 기쁨도 없습니다. 사리불존자와 목건련존자는 자신의 무제로 퇴장당한 것입니다.

나가세나 비구는 부처님을 대지에 비유한다. 대지를 걷다가 돌멩이에 걸려서 넘어진 이가 있다면 그는 자신의 문제로 넘어진 것이다. 길을 가다가 넘어지는 일을 땅이 책임질 이유는 없다. 사리불존자나 목건련존자가 잘못한 일이 있어서 설법장에서 퇴장 당했다면 그것은 그들의 허물 문제이지 부처님의 감정 문제가 아니라는 것이다. 또 대지와 같은 부처님은 무심 그 자체이기 때문에 특정한 일, 특정한 사람으로 인해서 기분이 좋아지거나 나빠지는 일도 없고 자신의 기분에 의해서 복을 내리거나 벌을 내리는 일도 없다는 것이다.

이 말을 들은 밀린다 왕은 다른 비유로 설명해 달라고 한다. 나가세나 비구는 바다의 비유를 들어 준다.

대왕이여, 큰 바다는 죽은 시체와 공존하는 일이 없습니다. 바다 가운데 시체가 있으면 반드시 그 시체를 밀어내어 바닷가에 옮겨 놓습니다. 바다가 노해서 시체를 바다로 밀어내는 것이 아닙니다. 바다는 싫어하고 좋아할 것이 아무것도 없습니다. 마찬가지로 사리불존자와 목건련 존자

도 자신의 문제로 퇴장당한 것입니다. 부처님의 노여움이 아니었습니다.

아주 쉬운 비유로 부처님의 입장을 설명해 준다. 바다가 시체와 같이 있지 못하는 것은 바다의 특성이다. 시체가 생기면 바다는 그 시체를 바닷가로 밀어낼 뿐이다. 바다에서 헤엄치지 못하고 죽어서 시체가 되는 것은 바다의 책임이 아니다. 바다가 어떤 시체는 밖으로 밀어내고 어떤 시체는 밖으로 밀어내지 않는 것 같은 차별적인 선택을 하지 않기 때문에 바다에서 밀려나는 것은 사람의 문제이다. 시체가 된 사람의 문제라는 말이다.

부처님에 의해서 사리불존자와 목건련존자가 설법장에서 퇴장당한 사실은 선생님에 의해서 말썽을 피운 학생들이 교실 밖에 나가 손을 들고 있는 정도의 벌과 같다. 어떻게 보면 사소한 일이지만 밀린다왕에게는 이상하게 생각되었다.

이 글을 읽는 분 중에도 '부처님에게도 그런 일도 있었나?'하고 의아하게 생각하는 분이 있을 것이다. 부처님은 항상 고요한 얼굴과 마음을 가지시고 자비로만 중생을 대하는 것으로 생각되기 때문이다. 그러나 부처님의 자비는 기계적으로 베풀어지는 것이 아니라 중생의 근기에 응해서 중생에게 가장 이익이 되는 조치를 내리는 방편의 자비이다. 그 방편의 자비는 보통 자비의 형태로 나타내기도 하지만 때에 따라서는 위엄의 형태로 나타나기도 한다. 절집에서는 이 교화방편이 '혹자혹위(或慈或威)'라는 전문적인 술어로 표현된다.

여러분은 이 이야기를 알고 있을 것이다. 한 제자가 있었는데 너무도 머리가 나빠서 자기 이름자도 제대로 기억할 수 없었다. 성을 외우면 이름을 잊어버리고 이름을 외우면 성을 잊어버리는 것이었다. 부처님은 그처럼 멍청하고 답답한 제자를 혼내는 일이 없었다. 아무리 어리석은 일을 해도 내버려 두었다.

어느 날, 부처님은 그 머리 나쁜 제자에게 일체의 다른 일을 그만두고 오직 마당을 쓰는 일만 하도록 지시하였다. 그 제자는 매일 마당을 쓰는 가운데 차츰 정신이 맑아졌다. 마침내는 열심히 수행해서 아라한과를 얻게 되었다. 근기가 약한 제자에 대해서도 부처님은 무한한 인내심과 이해심과 방편력이 있었다.

하지만 사리불존자는 지혜제일이요, 목건련존자는 신통제일인 제자이다. 모두 부처님이 아끼는 수제자들인 것이다. 부처님은 근기가 수승한 제자들을 지도하는 데 보다 높은 기준을 쓰시는 것이다. 위엄의 방편을 보일 필요가 있다고 생각하신 것이다. 그래서 부처님이 어떤 기회에 두 수제자를 설법장에서 퇴장시킨 일이 있었던 것이다. 그것은 부처님 자비의 표현이었다.

부처님이 어떠한 자비의 교화방편을 쓴다고 하더라도 그 내용이 불교의 기본원칙을 벗어날 수는 없다. 부처님이 기분 내키는대로 상을 주거나 벌을 주는 일은 없다는 것이다. 어떤 경우에 상을 주거나 벌을 주는 일이 있다면 그것은 대지가 하는 일과 같고 바다가 하는 일과 같다고 할 것이다. 대지는 특별히 좋아하는 씨앗과 싫어하는 씨앗이 없다. 자신의 몸에 뿌려지는 씨앗은 씨앗의 성질 그대로 싹을 틔우게 할 뿐이다. 대지를 걷는 사람이 자신의 힘에 의해서 달려갈 수도 있고 천천히 걸어갈 수도 있다. 또 돌에 걸려서 넘어질 수도 있다.

그것은 순전히 사람의 문제이지 대지의 문제가 아니다. 부처님도 마찬가지이다. 부처님이 사람에 따라서 차별적으로 규율을 적용하는 것이 아니라 우주질서의 원칙은 항상 그대로 있고 사람이 그것에 순응하느냐 어긋나느냐의 차이만 있을 뿐이다.

부처님은 하나의 거울로서 웃는 얼굴이 오면 웃는 얼굴을 비춰주고, 찡그린 얼굴이 오면 찡그린 그 표정 그대로 비춰줄 뿐이다. 그러면서도 중생을 향한 자비심과 선교방편(善巧方便)이 항상 베풀어지고 있는 것이다.

일념 속의 극락

(밀린다판하 11)

어떤 순간에 마음의 혁명을 일으켜서
선업을 짓는다면 과거의 악업은 돌과 같은 것이 되고
최후 순간의 선업은 배와 같은 것이 된다.

　　우리는 이 세상에 살고 있다. 인간이란 움직이는 동물이므로 세상을 산다는 것은 움직임을 뜻한다. 행동하는 것이다. 이 행동에는 신체적인 것도 있겠고 정신적인 것도 있다. 또 언어로 짓는 행위도 있다. 이 세 가지 행위를 불교에서는 몸(身)·입(口)·뜻(意)의 삼업이라고 한다.

　　우리는 이 삼업에 의해서 살아가는데 어떻게 이 세 가지 행위 또는 업을 다스려야 하느냐가 불교의 근본명제이다. 생사를 벗어난다는 것은 이 업에서 벗어나는 것을 말한다. 업에 의해 끌려가지 않고 오히려 업을 이끌어 가는 것을 말한다.

그런데 이 업이 순전히 나의 내면의 원인으로부터만 지어지는 것이 아니라 외면적인 원인으로부터 지어질 수도 있다. 상대적으로 업을 짓는 상황을 그려보기 위해서 세상에서 흔히 말하는 고부간의 갈등을 생각해 보자.

아주 성질이 나쁘고 남편이나 시어머니를 공경스럽게 생각하지도 않고 도덕적으로도 타락한 며느리가 있다고 하자. 이 며느리가 나쁜 것이 시어머니의 주관적인 판단에서 나온 것이 아니라 누가 보아도 며느리가 그르다고 판단되는 그런 상황을 가정하자는 것이다.

이 글을 잃는 여러분이 당사자라고 가정하면 그처럼 고약한 며느리를 둔 상황에서 여러분은 그 며느리에 대해서 나쁜 생각을 할 수 밖에 없을 것이다. 마음으로 업을 지을 수밖에 없을 것이다. 나쁜 말, 나쁜 표정을 지을 수밖에 없다. 이러할 경우 '나의 업은 어떻게 중단해야 하며 또 어떻게 업을 수행으로 돌릴 수 있는가?'가 문제로 떠오른다.

밀린다 왕도 업을 짓고 업을 수행으로 바꾸는 문제에 대해서 의문을 가지고 나가세나 비구에게 묻는다.

스님, 수행자들은 흔히 이런 말을 합니다. "백 년 동안 악행을 했더라도 죽을 때 한번만 부처님을 생각한다면 그 사람은 극락세계에 태어날 수 있다."라고 말입니다. 그러나 그것이 믿어지지 않습니다.

또 수행자들은 "단 한번 살생을 했더라도 지옥에 태어날 것이다."라고

말합니다. 그것도 믿어지지 않습니다.

밀린다 왕은 100년 동안 죄를 지었으면 그 죄업을 다 녹이기 위해서는 업을 짓는 기간과 같은 100년이 걸려야 할 터인데 어떻게 한번 부처님을 마음속으로 생각했다고 해서, 100년 동안 지은 죄업이 다 소멸되느냐는 의문이다. 또 100년 동안 좋은 일을 했더라도 지금 이 순간에 살생을 한다면 그 한 번의 살생으로 지옥에 떨어진다고 하는데 밀린다 왕은 그것도 납득이 안 간다. 좋은 일 한 것과 나쁜 일 한 것이 상쇄되고 그 나머지로 극락과 지옥이 결정되어야 한다는 수학적 계산인 것이다. 이 질문에 대해서 나가세나 비구가 대답한다.

대왕이여, 조그마한 돌이라도 배에 싣지 않고는 물에 뜰 수 없습니다. 백 개의 수레에 실을 만한 큰 바위라도 배에 싣는다면 물 위에 뜰 수 있습니다. 마찬가지로 어떤 일을 실천할 당시 순간의 선행이나 악행은 과거의 모든 업을 한꺼번에 싣는 배와 같습니다.

우리가 평상시에 짓는 업을 무거운 바위로 비유한다. 그리고 극락과 지옥을 결정하는 시점의 선행이나 악행을 배에 비유한다. 과거에 아무리 악업을 많이 지었더라도 어떤 순간에 마음에 혁명을 일으켜서 선업을 짓는다면 과거의 악업은 돌과 같은 것이 되고 최후 순간의 선업은 배와 같은 것이 된다.

　　과거에 좋은 일을 많이 하고 최후의 순간에 나쁜 일을 했다면 그 반대가 될 것이다. 과거에 좋은 일을 한 것은 돌이 되고, 최후에 나쁜 일을 한 것이 배가 된다. 아무리 무거운 돌도 배에 실으면 뜰 수 있다. 아무리 오랜 기간 동안의 악행도 최후의 선행만 가지고 극락과 지옥의 향방을 결정할 수 있다. 그래서 과거에 아무리 업을 많이 지은 사람도 죽기 전에 부처님을 마음과 입으로 부르면 극락세계에 태어나게 되고 아무리 선행을 많이 지은 사람도 최후에 마음을 잘못 먹으면 지옥에 태어나게 된다.

　　여기서 우리는 의문을 가지게 된다. 과거의 선행과 최후의 선행을 구별하는 기준이 문제이다. 어떤 이가 "지금은 악행을 지어도 아무런 상관이 없다. 나는 죽기 전에 부처님을 생각할 것이다. 그러면 그 최후에 마음을 바꾼 공덕으로 극락세계에 태어날 것이다."라고 말하면서 아무렇게나 막된 행동을 한다면 안 될 것이기 때문이다. 최후의 순간이란 극락과 지옥을 생각하는 현재의 순간이 된다.

　　현재에 악을 짓고 미래에 선을 짓겠다고 하면 지금 현재가 기준이므로 그 사람은 악의 과보를 받는다. 현재에 선을 행하고 미래에 악을 짓겠다고 하면 현재의 순간에 선을 행한다고 하더라도 미래에 악을 짓겠다고 계획을 세운 것은 현재이기 때문에 그 또한 현재의 기준에 의해서 악의 과보를 받게 된다. 지금 이 순간에 선과 악 중에 어느 쪽을 택했느냐에 따라서 그 과보가 결정된다. 현재의 일념이 부처님을 생각하면 과거의 악업에 관계없이 왕생극락하는 것이다.

서두에서 고부간의 갈등을 꾸미고 우리 자신을 악한 며느리를 둔 시어머니로 가정해 보자고 했다. 객관적으로 보거나 내용적으로 보아서 시어머니의 잘못은 없고 며느리의 잘못만 있다고 하더라도 시어머니인 우리는 주인의식을 가지고 그 상황을 돌파하려고 노력해야 한다. 아무리 나쁜 사람도 자신이 가진 나쁜 마음을 일으키는 것이 상대에 따라 달라진다.

우리가 상대의 잘못을 여실히 보면서도 그것에 대해 상대에게 감정이나 적대의식을 가지지 않고 완전히 빈 마음으로 며느리를 상대한다면 우리의 마음에서 며느리에 대한 불만과 증오심이 사라질 수 있다. 그렇게 되면 우리의 마음이 편안해진다.

어떤 이는 이런 질문을 할 수도 있다. 상대가 잘못하면 교정해서 다 같이 밝은 사회를 만들어야지 왜 며느리를 영원히 나쁜 사람으로서 낙오시키느냐는 것이다. 그러나 그렇지 않다.

내가 마음을 바꾸고 상대의 잘못까지도 내가 좋지 않은 자극을 주었기 때문에 일어난 것이라고 생각하면 나의 마음과 행동과 말이 달라진다. 모든 잘못된 상황의 결과를 모두 내 책임으로 돌리면 나 자신의 마음속에 아무런 흔들림이 없게 된다.

내가 나에게 씌운 원칙의 굴레로부터 벗어나게 된다. 그러면 내면적으로나 외면적으로 상대가 없어진다. 내게 아무런 적대적 상대가 없을 때, 거기서 불가사의한 기적이 일어난다.

며느리라는 상대도 이쪽에 따라서 변화를 보이게 된다. 한 마음을 돌릴 때 그 한 마음이 과거의 모든 선업과 악업을 다 같이 현재의 마음이라는 배에 실어서 선업으로 만든다.

과거에 많은 악업을 지었던 사람이 최후에 한 마음을 돌려서 모든 것이 다 나의 업, 나의 잘못에서 비롯되었다고 뉘우치고 부처님의 가르침을 따르고 실천하겠다고 다짐할 때 그것은 억만년 어둠 속에 묻혀 있던 동굴을 비추는 광명과 같다. 아무리 오랫동안 캄캄한 상태에 있던 동굴이라 하더라도 순간의 광명에 억만년의 어둠은 모조리 사라진다.

꿈속에서 억만년 동안 잘못을 저지르다가 무서운 호랑이에게 쫓겨 잠이 깨었을 때 억만년의 죄업은 간곳없이 사라진다. 한 순간의 무서운 호랑이는 바로 부처님을 생각하고 이제부터 선업을 짓겠다고 다짐하는 현재의 일념이다.

진리와 교단
(밀린다판하 12)

불교를 찬탄하는 데 동요하지 말고 다른 한편으로
불교의 가치를 드러내고 널리 펴라.

큰스님들이 법상에 오르셔서 법문을 할 때마다 스님을 공경하고 봉양예배(奉養禮拜)하는 공덕은 무량하다고 설하신다. 부처님께 삼배를 하는 것은 물론이거니와 스님에게 삼배를 올리는 것도 삼보를 공경하는 뜻과 아울러 하심(下心)공부를 한데 의미가 있다고 한다. 그렇다면 부처님께서는 부처님 자신의 공경에 대해서 어떻게 말씀하셨는지 궁금하다.

밀린다 왕은 나가세나 비구에게 부처님이 "비구들아, 다른 사람이 여래나 여래의 가르침이나 혹은 불교교단을 찬양하는 말을 하더라도 너희들은 그에 대해서 즐거워하며 만족하여서는 안 되느니라."라고 말씀하셨다고 말한다.

　　그러나 다른 한편으로 한 제자가 부처님 앞에 나아가 부처님과 부처님의 가르침과 불교교단에 대해서 찬탄했을 때 부처님은 기뻐하고 즐거워하는 마음으로 크게 만족하시면서 "나는 법의 왕이니라. 위 없이 높은 진리의 왕이니라."하고 말씀하시면서 다시 한번 여래의 훌륭함을 읊었다고 한다.

　　부처님은 제자들에게 다른 사람들이 불·법·승 삼보를 찬양하더라도 그 칭찬에 덩달아서 우쭐하거나 좋아해서는 안 된다고 말씀하면서 다른 한편으로는 제자가 부처님 앞에서 삼보를 찬탄했을 때 부처님은 그 제자의 찬탄으로부터 한걸음 더 나아가서 스스로 가장 높은 진리의 왕임을 자부하며 자기찬탄을 한 것이다.

　　이에 대해서 밀린다 왕은 부처님의 이중성을 지적한다. 부처님은 제자들에게는 찬탄에 흔들리지 말라 하고 자신은 찬탄을 받고 만족해하는 표정을 보이는 이중성이 있다는 것이다.

　　밀린다 왕의 지적에 대해서 나가세나 비구는 그것은 부처님의 이중성이 아니라고 해명한다. 부처님은 한편으로 제자들에게 칭찬과 비방에 흔들림이 없는 부동심을 가르치기 위해서 칭찬을 좋아하지 말라고 했고, 다른 한편으로는 부처님과 부처님의 가르침은 실제로 더없이 높고 귀하기 때문에 진리의 높은 가치를 있는 그대로 드러내 보이기 위해서 부처님에 대한 찬탄을 허용하였다는 것이다.

비구의 이야기를 읽어보면 다음과 같다.

> **부처님이 부처님 자신을 법의 왕이요, 가장 높은 진리의 왕이라고 말씀**
> **하신 것은 부처님 자신의 이익이나 명성이나 불교도들을 위해서가 아닙**
> **니다. 제자들이 진리를 바르게 관찰할 수 있게 하기 위해서이고 또한 중생**
> **들이 부처님 법을 공경해서 이익을 얻도록 중생들을 위해서 부처님 자신**
> **을 높인 것입니다.**

부처님이 자신의 이익이나 명예를 위해서 자신을 높여 말하지 않
았음을 밝히는 내용이다.

불교를 찬탄하는 데 동요하지 말라는 것은 제자들 교육용이고 부
처님과 부처님의 가르침을 찬탄해야 한다는 것이 부처님의 입장이다.
또 불교를 찬탄하는 것은 진리를 있는 그대로 말하는 것이지 거짓을
사실로 꾸며낸 것이 아니라는 것이다.

그렇다면 우리는 부처님과 부처님의 가르침을 찬탄해야 하고 타
종교의 공격으로부터 불교를 보호해야 한다. 서양 강대국들의 정치적
·군사적·문화적 힘과 함께 이 땅에 들어온 서양종교를 믿는 일부
사람들은 그들의 포교전략 제1조를 불교에 대한 비방으로 삼고, 불교
를 우상숭배 또는 미신이라고 비방해 왔다.

자기의 교주는 신이요, 부처님은 인간이라는 논리를 펴기도 했
다. 또 불교는 철학이요 종교가 아니며, 종교라 하더라도 너무 어려워

서 알 수 없으니 불교를 믿지 말라고 말해 왔다.

그들은 천년 묵은 문화재 마애불상 위에 페인트칠을 하고 제사 등을 우상숭배나 미신이라는 이름으로 몰아붙이면서 한국의 전통적 미풍양속과 문화와 문화재를 파괴해 왔다.

요즘에 향린교회에서는 과거의 문화파괴적 전도행태를 반성하고 조상에 대한 제사를 한국의 문화로 인정해야 한다고 주장함으로써 이 나라에 만연되어 있는 서양종교의 문화파괴적 만행에 대한 자체반성을 보인 일도 있다. 만시지탄(晚時之歎)이 있으나 반가운 일이다.

부처님은 불교를 찬탄하고 전하라고 하지만 현재의 불교도는 타종교의 공격을 방어하기에도 힘이 부치는 형편이다. 그런데 문제는 서양종교가 배타적이고 공격적이라고 해서 불교도 따라서 공격적이고 배타적일 수는 없다는 것이다.

서양종교는 유목민들의 종교로 공격하고 싸우고 빼앗지 않으면 생존할 수 없는 풍토에서 일어났다. 그러나 불교는 농경 정착민들의 평화적인 풍토에서 일어난 종교이다. 불교가 서양종교를 따라서 공격적이 되면 불교의 독특한 맛을 잃어버리게 된다. 서양종교의 공격성을 모방해서 타종교와 대립해서 싸우는 불교는 바람직하지 않다.

부처님은 악한 이가 공격해오면 묵빈대처(默擯對處)가 최상책이라고 했다. 상대의 공격에 대해서 반응을 보이지 않는 방법이다. 중요한 것은 불자들이 부처님의 말씀을 듣고 그 뜻을 이해하는 것이다. 불교 교리를 제대로 알게 돼서 서양종교의 공격에 흔들리지 않는 것이다.

칼을 잘 쓰는 사람이 자신에게 검법을 전해 준 스승의 은혜를 갚는 길은 자신의 대를 이을 제자에게 그 검술이 끊어지지 않도록 전해 주는 일이다. 불제자가 부처님의 은혜를 갚는 길은 불도를 자신이 잘 배우고 실천하고 남에게 전해 주는 일이다. 불도를 전하려면 자신의 신앙생활이 다른 이의 눈에 비칠 때에 아름답고 참답고 남에게 이익이 되어야 한다.

서양종교인 중에 잘못된 신앙을 가진 사람들은 극히 일부이다. 바르게 하나님을 이해하고 실천하는 진실한 신앙인들이 훨씬 더 많다. 내 종교를 중히 여기듯이 남의 종교도 존중하는 사람들이 대부분이다. 극소수의 서양종교인만이 불교인들의 눈에 부정적으로 비치는 광신자이다. 서양종교는 불교의 입장에서 보면 인천교의 수준에 해당하는 종교이다. 인천교는 죽어서 좋은 세계에 태어나는 것을 기본으로 하고 있다. 또 좋은 일을 해서 좋은 과보를 얻으라고 가르친다. 서양종교는 불교의 여러 단체 중에서 가장 낮은 단계의 신앙행태에 속하기는 하지만 우리의 기준에 상관없이 그 서양종교를 선택하는 사람들도 많이 있다. 여러 종교가 공존하는 다종교사회에서 우리는 타종교의 가치도 인정해야 한다. 타종교와 불교가 다 같이 인류를 위해서 공헌하도록 해야 한다. 불교를 공격으로부터 보호하기는 해야 하지만 타종교와 같이 손을 잡고 인류평화를 위해서 노력하는 일에도 소홀히 해서는 안 된다.

마명이 그린 부처님의 일생

(불소행찬)

애욕이 일어나면 호랑이의 입과
미친 사내의 칼날을 생각하라. 뜨거운 쇠창으로
두 눈을 찌를지언정 애욕을 일으키지 말라.

마명보살의 저작으로 부처님의 일대기를 그린 《불소행찬(佛所行讚)》 즉 《붓다차리타(Buddhacarita)》에 대해서 알아보자.

마명보살의 범어 이름은 아쉬바고샤(Aśvaghoṣa)이다.

기원 후, 약 100년과 150년 사이에 생존했었다고 추정된다. 인도에서 불교작품들이 인도 산스크리트 문학의 주류에 들지 못했는데 마명보살이 부처님의 일대기를 궁정 서사시체로 씀으로써 인도문학의 주류에 들게 되었다. 그래서 마명보살은 인도에서 최초의 산스크리트 불교시인이요, 인도 최초의 드라마 작가이기도 하다. 마명보살은 너무도 위대해서 보살이라는 존칭이 붙여져 오고 있다.

　마명보살이 말들이 있는 곳에서 시를 읽었을 때 말들이 그 시에 대해서 감동을 하고 울었다는 데서 마명(馬鳴)이라는 이름이 생겼다고 한다.

　전설(傳說)에 의하면 마명보살은 처음 외도(外道)로서 활동하다가 후에 대승불교 선전자가 되었다고 한다. 전통적으로는 대승불교를 선전한 사람으로 알려져 있지만 현재 마명보살의 저작에는 대승적인 사상이 없고 소승적인 사상이 주류를 이루고 있다.

　우리나라에서 마명보살은 《대승기신론》의 저자로 더 유명하게 알려져 있다. 그러나 이 《불소행찬》의 저자인 마명보살의 작품에 대승사상이 없으므로 동일한 이름의 다른 마명보살이 《대승기신론》을 저술했거나 아니면 다른 이가 《대승기신론》을 저술해서 마명보살의 저술로 유통시켰으리라고 짐작된다.

　확실하게 마명보살의 저작으로 인정되는 것들은 《불소행찬》《단정한 난다(Saundarananda)》 그리고 《사리푸트라푸라카라나(Sariputr-prakaraṇa)》즉, 사리불에 관한 극(劇)이다. 《불소행찬》과 《단정한 난다》는 고전 범어의 궁정 서사시이다. 《석마하연론(釋摩訶衍論)》은 여섯 명의 다른 동명이인(同名異人)의 마명이 있다고 전한다. 현재 《불소행찬》의 저자인 마명보살의 이름으로 된 저술은 범어본 12가지, 한문번역본 9가지 그리고 티벳번역본 16가지이다.

　《불소행찬》의 의미는 '부처님의 생애'이다. 마명보살은 부처님의

214

생애를 서사시로 쓴 것이다. 부처님의 생애를 그린 다른 저작들이 무미건조한 데 반해서 이《불소행찬》은 부처님의 숭고한 인격 · 수행 · 가르침 등을 문학적으로 혼합해서 동시에 나타내고 있다. 사실적 자료에 기초하면서도 부처님을 적당히 이상화시켰다. 부처님의 생애와 가르침을 시적으로 표현하고 부처님의 인격을 찬탄함으로써 읽는 이로 하여금 부처님의 인격에 대해서 감화를 받게 해준다.《불소행찬》의 내용은 부처님의 탄생으로부터 시작해서 열반에 든 후, 사리분배에 이르기까지의 부처님 일생을 담고 있다.

　이《불소행찬》은 현재 범어 원본의 일부분이 전해지고 있다. 한문본도 있고 한문본의 내용과 일치하는 티벳번역본도 있다.《불소행찬》은 영어 · 일어로도 번역되었고 또 한글로도 번역되어 있다. 범어원본은 전체가 전하지 않기 때문에 한역본을 번역한 것이다.《불소행찬》의 한글번역본은 쉽게 구할 수 있다. 그 내용도 쉽고 문학적이고 또 재미있다. 아직까지도 이 책을 읽지 않은 분이 읽는다면 절대로 후회하는 일은 없을 것이다.

　싯달타 태자가 성도하기 전에 보리수 아래 앉으면서 정각을 얻을 때까지 일어나지 않으리라고 다짐한다. 파순이라는 마왕은 그것을 보고 싯달타 태자가 도를 얻으면 중생들에게 바른길을 비춰 줄 것이기 때문에 마왕인 자신의 영향력이 줄어들 것을 걱정하여 싯달타 태자의 마음을 흔들려고 계획을 세운다. 마왕은 다섯 개의 화살과 절세미인인 딸 셋을 데리고 싯달타 태자에게 가서 유혹한다.

다섯 개의 화살은 다섯 가지 감각기관의 오욕락을 상징하고 세 명의 미녀들은 애욕을 상징한다. 악마는 다섯 개의 화살을 싯달타 태자에게 쏘고 미녀들을 보냈지만 싯달타 태자는 요지부동이었다. 그러자 마왕은 사납고 포악한 짐승들과 귀신들을 보내서 태자를 움직이게 하려고 하지만 그것 또한 실패한다. 마왕은 인간이 기본적으로 가지고 있는 '공포심'을 건드려서 태자를 움직이려 했지만 그것도 실패하고 만다.

그러면 부처님이 마왕의 공격과 유혹을 물리치고 성도한 후에 여색을 멀리하라는 경책에 대해서 마명보살의 묘사를 직접 보도록 하자.

부처님은 멀리서 여인이 오는 것을 보고 여러 비구들에게 말씀하셨다. 저 여자는 지극히 아름다우면서도 교양이 있고 단정하여 수행자의 마음을 흔들리게 할 수도 있다. 너희들은 마땅히 바른 생각과 슬기로써 그 마음을 진정시켜라. 차라리 사나운 호랑이 입이나 미친 사내가 휘두르는 칼 아래에 있을지언정 여자를 보고 그것에 대하여 애욕을 일으키지 말라.

차라리 뜨거운 쇠창으로 두 눈을 찌를지언정 애욕을 가진 마음으로 여자의 색을 보지 말라. 좋은 건강은 병으로 무너지고 젊음은 늙음으로 변하게 되며 목숨은 죽음으로 바뀌지만 수행자의 법만은 침노할 수 없느니라.

애욕이 일어나면 호랑이 입과 미친 사내의 칼날을 생각하라고 한

다. 또 뜨거운 쇠창으로 두 눈을 찌를지언정 애욕을 일으키지 말라고
한다.

마명보살은 부처님의 가르침을 드러내는 데 더 이상의 사족을 붙
여서 설명할 필요가 없게끔 다양한 비유와 표현을 사용한다.

부처님은 성도 후에 제자들에게 애욕을 멀리하라고 경계하지만
마왕 파순이 세 명의 딸을 부처님에게 보냈다는 것으로 보아서 자신
이 여자 문제를 극복했던 경험의 말씀이기도 하다.

마명보살은 부처님을 위대하게 그리기 위해서 싯달타 태자에게
집요하게 따라붙는 애욕을 마왕에게 항복받을 때에 넣지 않고 부처님
성도 후에 제자들을 가르치는 말씀 속에 넣는다.

다음은 다섯 가지 감각기관과 두려움을 이기는 내용의 묘사가 있
다. 부처님의 말씀으로 나온다.

눈·귀·코·혀·몸의 감각기관은 말과 같아서 잘 붙잡아 매지 않으면 어떤
일을 저지를지 알 수 없느니라. 그 말들이 날뛰어서 너희를 구렁텅이에 빠
지게 할 수도 있느니라. 그래서 지혜로운 이는 감각기관의 고삐를 조금도
느슨하게 놓아주지 않느니라. 모든 감각기관의 말초신경 뿌리는 매우 사
납고 악하다. 중생은 이 뿌리를 사랑함으로써 해침을 입느니라.

말초신경 뿌리를 놓아서 뜻대로 하게 하면 마침내 고요함을 얻지 못하
게 되느니라. 감각기관이 꾸미는 번뇌는 온갖 원수의 집으로서 빈틈을 타
서 나를 해치느니라. 밤이 마치도록 깊은 잠에 빠지어 몸과 목숨 헛되이

지니지 말게 하라. 시간의 불은 언제나 이 몸을 태우고 있는데 어떻게 잠만 자고 있겠느냐.

여기서 마명보살은 감각기관을 제어하게 하면서 이것을 육바라밀 중에 계율로 삼게 한다. 인욕(忍辱)의 말씀도 있다.

혹 어떤 사람이 날카로운 칼로써 마디마디 그 몸을 해치더라도 원망의 마음을 내지 말라. 오직 인욕하는 것만이 항복받기 어려운 견고한 힘이 되느니라.

보시의 내용도 있다. 그러나 부처님이 출가 승단에게 말씀하는 형식으로 되어 있기 때문에 보시는 욕심을 지우는 것으로 되어 있다.

아끼는 이는 많이 구하는 것을 두려워하나니 그 재물을 손해 볼까 걱정하기 때문이다. 보시 좋아하는 이도 또한 두려워하나니 재물이 모자랄까 부끄러워하기 때문이다. 그러므로 마땅히 욕심을 적게 하여 그의 보시에 두려움이 없게 하라.

정진(精進)을 보자.

산골짜기에 흐르는 실개울 물도 늘 흐르기 때문에 돌을 뚫으며 불을 문질러도 정진하지 않으면 한갓 수고로울 뿐 얻지 못하리라.

선정(禪定)과 지혜도 있다.

　바른 선정은 깨닫는 마음 살피어 세간의 나고 멸함 관찰하나니, 그러므로 마땅히 수행하는 사람은 고요의 삼매(三昧)를 익혀야 한다. 지혜는 번뇌의 어둠을 없애는 불빛이다. 모든 사물을 여실히 보게 하나니 선정을 통해서 지혜를 닦으라.

텅 빔에
의한
지혜의 완성

보살은 보시를 할 때, 그 보시가 지혜를 얻는 데
회향하고, 몸과 입과 생각을 단정하고 인자하게
가다듬는다. 보시를 할 때 받는 이가 성내고
욕하더라도, 이때 보살은 인욕하며 성내지 않는다.
《대품반야경》

관자재보살이 깊은 반야바라밀을 행할 때에
육체와 정신의 구성요소인 오온이 다 공함을
비춰보고 모든 고통과 액난을 제도한다.
《반야심경》

머무는 바 없이 마음을 낼지니라.
《금강경》

일체중생이 병들었기에 나에게도 병이 생겼습니다.
그러므로 일체중생이 병이 없게 되면,
나의 병도 없어질 것입니다.
《유마경》

반야부 경전들과 그 중요성
(반야부 일반 1)

반야경을 이해하지 않고는 다른 대승경전을 이해할 수 없다.
그래서 반야경을 보통 부처님의 어머니 경(佛母經)이라고 부른다.

《밀린다판하》를 살펴보면서 그리스의 서양식 사고방법이 불교에
대해서 던지는 질문과 답변을 들어 보았다.

이제 우리는 대승경전에 들어가려고 한다.

대승경전의 처음은 반야부 경전이다. 반야부는 공사상으로 대승
의 지혜를 깨우치려고 한다. 이 공사상을 통과하기는 대단히 어렵다.
이 반야부를 통과하려면 상당한 신심과 노력이 필요하리라고 생각된
다. 《금강반야경》을 한문으로 읽을 때, 뜻을 모르면서도 공덕을 쌓기
위해서 읽는 것처럼 이 반야부 경전에 대해서 공부할 때에도, 업장을

녹이고 공덕을 쌓는 마음가짐으로 달려들어야 한다. 반야사상은 모든 대승사상의 어머니이기 때문이다. 불교 교리발달에 있어서 《반야경》의 공사상이 차지하는 위치와 중요성, 그리고 《반야경》의 종류에 대해서 알아보자.

　교리적으로 기본 골격을 볼 때, 《아함경(阿含經)》은 반야부 경전으로 이어지고 반야부는 《법화경》으로 이어진다. 다른 한편으로 반야부의 공사상에서 여래장(如來藏)·불성사상(佛性思想)을 가르치는 경전과 유식사상(唯識思想)을 가르치는 경전으로 이어진다.

　여래장사상을 가르치는 경전은 《여래장경》《승만경》《열반경》등이 있다. 유식사상을 가르치는 경전으로는 기본적으로 《해심밀경》이 있다. 여래장사상과 유식사상을 통합하는 경전으로는 《능가경》이 있고 논장으로는 《대승기신론》이 있다.

　《화엄경》은 여래장사상과 유식사상의 기본을 다 통합해서 나타내려고 하는 입장이다. 그래서 크게 본다면 《아함경》에서 《반야경》으로, 《반야경》에서 《법화경》과 《화엄경》으로 갈라지는 셈이다.

　《아함경》의 기본은 연기법(緣起法)이다. 물론 《아함경》에 공사상·법화사상·화엄사상·불성사상 등이 다 들어 있지만 기본적으로 연기사상을 강조한다는 뜻이다. 이 연기법은 반야부 경전에서 공사상을 나타내는 것으로 발전된다.

　일체사물이 인연법에 의해서 존재하기 때문에 상호의존(相互依存)과 상호버팀의 상태에 있고, 상호의존의 상태에 있으므로 독자성이 없고 독자성이 없기 때문에 공하다는 것이다. 불교에 있어서는 이 공 사상을 터득하는 것이 바로 지혜가 된다. 그러나 공사상은 다 부정하는 것이기 때문에 이것을 긍정적으로 나타낼 필요를 느끼게 된다. 공사상을 뒤집어서 일체만물이 서로 차 있다는, 서로 포함하고 있다는 것을 나타내려는 시도가 바로 법화사상이다. 다른 한편으로《반야경》 공사상의 시각에서 사물을 보면 깨달음의 가능성에 대한 설명과 왜 현상세계의 미혹이 일어나는가에 대한 설명이 부족함을 느끼게 된다.

그래서《반야경》의 공사상을 보충하고 깨달음의 가능성을 알리려는 의도로 여래장사상·불성사상의 경전이 있고 현상의 미혹세계가 어떻게 벌어지는가를 설명하기 위해서 유식사상의 경전이 있게 된다.《반야경》으로부터 법화사상과 여래장·유식사상이 이어지므로《반야경》의 공사상은 모든 대승사상과 대승경전을 이루는 초석이 된다. 이《반야경》을 이해하지 않고는 다른 대승경전을 이해할 수 없다. 그래서 반야경을 보통 불모(佛母)의 경, 즉 부처님을 낳는 어머니와 같은 경이라고 부르고 있다.

《반야경》은 한 가지만 있는 것이 아니라 많은 종류, 많은 이름의 경들이 모여 반야경전의 무리를 이루고 있다. 그래서 반야부 경전이라고 한다. 불교경전 중에서 가장 분량이 많은 경전이 바로 반야부 경전이다. 전체 중요한 대승경전의 3분의 1을 차지하고 있다. 반야부 경전의 양이 많은 것은 중복이 많기 때문이다.

예를 들면《소품반야경》이《대반야경》에도 포함되어 있고 또《소

품반야경》과 거의 비슷한 내용을 가지고 있음에도 불구하고 독자적인
이름을 가지고 행세하는 경들이 있기 때문이다.

반야부 경전들은 범어본·티벳어본 그리고 한문번역본이 있다.
범어본, 즉 산스크리트어본은 10종 이상이 되고 티벳어본은 12종 이
상이 된다. 그리고 한문으로 번역된 것은 42종 이상이 된다. 이 반야
부 경전은 편집된 순서로 짐작해서 크게《소품반야경》계열,《대품반
야경》계열,《십만송반야경》계열,《금강반야경》계열,《반야심경》계열,
《대반야경》계열 등이 있다.

《소품반야바라밀다경》은《도행반야경》《소품반야경》《팔천송반
야경》《불모출생삼장반야경》《대반야경》제4회·제5회 등의 각기 다
른 이름으로 번역되어 지칭되고 있다. 이《소품반야경》은 여러 사람이
여러 가지 이름으로 한문번역을 했다. 보통《소품반야경》이라고 하면
구마라집이 10권으로 번역한 것이 가장 유명하다.

《대품반야바라밀다경》은《방광반야경》《광찬반야경》《대품반야
경》《이만오천송반야경》《대반야경》제2회·제3회 등이 있다. 보통
《대품반야경》이라고 하면 구마라집이 번역한《대품반야바라밀경》27
권 본을 의미한다.

《십만송반야바라밀다경》은《대반야경》제1회에 해당된다. 범어
원문을 정확히 말하면 13만 2천 6백 개의 게송으로 되어 있다고 한다.
이《십만송반야경》은 현장법사가 번역한《대반야경》600권 중에서 1
권에서부터 400권에 이르고 있어서 반야부 경전 중 가장 양이 많다.

반야부 경전에서 가장 양이 많다는 것은 모든 경전 중에서 가장 양이 많다는 뜻이 된다.

《금강반야바라밀다경》은 우리 한국불교인들에게 아주 친숙한 반야부 경전이다. 보통 《금강반야경》또는 《금강경》으로 불리고 있다. 이 《금강경》은 《대반야경》의 제9회 〈능단금강분〉에 해당된다. 구마라집ㆍ보리류지ㆍ진제삼장ㆍ달마급다ㆍ현장법사 등이 번역했지만 한국불교에서는 구마라집이 번역한 《금강반야바라밀경》을 주로 표본으로 애용하고 있다.

《반야심경》도 우리에게 친숙하다. 구마라집ㆍ현장ㆍ보리류지ㆍ실차난타ㆍ반야ㆍ시호 등에 의해서 번역되었다. 이름도 갖가지이다. 마하반야바라밀다대명주경ㆍ반야바라밀다심경ㆍ반야바라밀다나경ㆍ마하반야수심경ㆍ불설성불모반야바라밀다경ㆍ불설요의반야바라밀다경ㆍ불설오십송반야바라밀경ㆍ불설제석반야바라밀다심경ㆍ불설관상불모반야바라밀다보살경 등이 있다.

우리나라에서는 주로 현장법사가 번역한 《반야바라밀다심경》을 쓰고 있다. 현장법사가 번역한 《반야심경》의 이름은 반야바라밀다심경인데도 절에서 상단예불을 마치고 신중단에 《반야심경》을 외울 때는 여기에 '마하'라는 말을 붙여서 '마하반야바라밀다심경'이라고 외우고 있다.

현장법사가 번역한 이 경을 우리는 보통 《반야심경》또는 《심경》이라고 부르고 있다.

《대반야바라밀다경》은 현장법사가 번역한 것으로 600권이나 된
다. 이 600권의《대반야경》은 4처 16회로 되어 있다. 이 경이 네 군데
의 장소에서 16회에 걸쳐서 설해졌다는 뜻이다. 제1회는《십만송반야
경》400권으로 되어 있다. 600권 중에 3분의 2가 1회에 속하는 셈이
다. 제2회·제3회에는 구마라집이 번역한《대품반야경》의 내용이 주
류를 이루고 있다. 제4회·제5회에는 구마라집이 번역한《소품반야
경》의 내용이 주류를 이루고 있다. 1회에서 제5회까지의 분량이 전체
600권 중에서 565권을 차지하고 있으므로 전체《대품반야경》의 90%
이상을 이루고 있다.

제6회부터 제16회까지는 나머지 35권이 배당된 것이다. 제6회는
《승천왕반야경》, 제7회는《문수반야경》, 제8회는《유수반야경》, 제9
회는《금강반야경》, 제10회는《이취반야경》이다. 제11회부터 제16회까
지는 각 회에 육바라밀의 하나하나를 배당했다. 즉, 제11회는《보시반
야바라밀다경》이고, 제12회는《지계반야경》이 되는 식이다.

《대반야경》이 제1회부터 제16회까지 있지만 제1회와 제11회에서
제16회까지만 현장법사가 새롭게 번역했고 제2회부터 제9회까지에
속하는 반야부 경전들은 이미 번역되어서 유행되는 것들을 다시 번역
하고 정리해서 이《대반야경》에 포함시켰을 뿐이다.

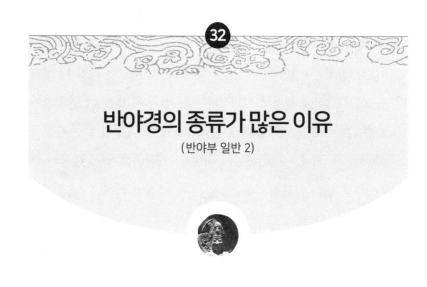

반야경의 종류가 많은 이유
(반야부 일반 2)

먼저 핵심적인 사상이 생기고 그것이 기본적 경의 모습을 갖추고,
다시 전해지고, 수정되면서 현재 형태의 반야부 경전들이 생겼으리라.

반야부 경전들은 짧은 것은 260자의 《반야심경》같은 것이 있는
가 하면 긴 것은 600권의 《대반야경》같은 것도 있다. 《금강경》같은 길
이의 것도 있다. 또 같은 내용이 중복되는 경우가 많다. 그렇다면 반
야부에서 왜 이와 같이 다양한 경전들이 생겼는지에 대해서 의문이
간다. 왜 어떤 것은 길고 어떤 것은 짧은지에 대해서도 의문이 간다.

어떤 지역에서 긴 세월 동안 대승의 사상을 가진 수행자들이 부
처님의 말씀을 전해 듣고 생각하고 실천에 옮기면서 나름대로 부처님
의 본래적 취지를 그리고 있었다고 가정해 보자.

똑같은 말도 사람에 따라서, 시대 환경이나 개인의 주관에 따라서 나름대로 독특하게 듣고 기억할 수가 있다. 불경을 편집할 때, 부처님 말씀과 상관없이 불도 수행자들이 마음대로 편집했다고 하면 문제가 생긴다.

입과 입으로 또는 마음과 마음으로 석가모니부처님의 말씀을 전해들을 수도 있었을 것이고 또 부처님의 말씀을 그 시대나 환경의 요청에 의해서 해석할 수도 있을 것이다. 또 수행자들이 부처님 말씀에 의해서 수행을 하다 보니 깨달음을 얻어서 부처님의 경지에 이른 경우를 생각할 수도 있다. 그러나 한 세계에는 한 부처님만 그 세계의 교주가 될 수 있다는 원칙이 있다.

사바세계에는 석가모니부처님이 이미 교주로 계신다. 그래서 설사 어떤 수행자가 깨달음을 얻었다고 하더라도 자신이 독자적으로 부처님 행세를 할 수가 없다. 그래서 자신의 깨달음을 석가모니부처님의 이름으로 돌리게 된다.

실제로 우주의 진리는 같기 때문에 누가 깨달았다고 하더라도 그 기본적 내용은 마찬가지이다. 그래서 새로운 깨달음도 석가모니부처님이 이미 깨달은 내용과 다를 바가 없다. 그런데 그 기본적인 내용은 같다고 하더라도 그 내용의 표현은 시대와 사람에 따라 얼마든지 달라질 수 있다.

대승의 사상을 가진 수행자들은 석가모니부처님의 가르침을 대승적인 견지에서 전해 듣고 지니고 실천하게 된다. 그들이 어떤 시대의 일정한 기간 동안 축적된 반야를 중심으로 한 불법의 아이디어를 책으로 엮게 된다.

이 경우 먼저 핵심적인 사상이 생기고 그 핵심이 기본적 경의 모습을 갖추고 다시 그것이 전해지고 수정되면서 현재의 모습을 가진 반야부 경전의 한 종류가 되었다고 추측할 수 있다.

대승경전이 부처님으로부터 직접 가르침을 받은 제자들에 의해서 편집되지 않았다고 해서 대승경전을 부처님 말씀이 아니라고 생각하는 이가 있다면 그것은 큰 업을 짓는 것이 된다.

부처님의 원력과 위신력을 중생의 소견으로 상상할 수 없다. 우리의 좁은 소견으로 생각할 때 시간을 말하고 편집자를 말하지만, 우리의 두뇌로는 도저히 상상할 수 없는 힘과 방법으로 부처님은 자신의 깨달음을 중생들의 세계에 나타나게 할 수 있기 때문이다. 또 부처님께서 직접 쓰시거나 부처님이 구술하시고 제자들로 하여금 목전에서 기록하게 했다고 하더라도 그렇게 만들어진 대승경전과 현재 우리가 가지고 있는 내용과 형태의 대승경전과는 다를 바 없을 것이다.

우리는 단지 반야부 경전들이 기본적인 내용에 큰 차이가 없이 여러 형태로 편집된 이유를 짐작해 보느라고 중생의 입장에서 경전편집의 절차를 추리해 볼 뿐이다. 어떤 시대, 어떤 환경에서든 대승불교도들이 자신들에게 축적된 부처님 말씀을 편집했을 때 그것이 반야부 경전의 한 형태가 되는 것이다.

그러나 이미 편집된 반야부의 한 경전에 다른 종류의 아이디어나

보다 높고 색다른 수준의 깨달음이나 표현들이 추가되면서 그 경전의 양이 늘어날 수가 있다. 이 경전은 앞의 기본 경전에 비해서 그 내용과 질적인 면이나 양적인 면에서 발전된 형태의 경전이 되는 것이다.

경전은 어떤 한 사람에 의해서만 만들어진 것이 아니고 신앙공동체의 산물이기 때문에 번잡하고 똑같은 내용이 반복적으로 나올 수가 있다. 또 전체적으로 완전한 체제가 갖추어지지 않을 수도 있다. 세월이 가면서 경의 체제가 정비되고 간략화되며 축소된 경전이 되는 것이다.

또 기존의 경을 어떤 목적의식을 가지고 체제를 바꾸는 일도 생각할 수 있다. 이때는 주로 어떤 용어를 집중적으로 사용한다거나 아니면 다른 용어를 의식적으로 사용하지 않을 수가 있다. 또 목표하는 바를 유도하기 위해서 경의 구성을 바꿀 수도 있다.

그래서 현재 다양한 형태의 반야부 경전들이 생기기까지는 반야부의 한 경전이 편집되거나, 그 경전에 새로운 사상이나 표현이 추가·삭제되어 확장되거나 축약되거나, 일정한 목적을 가지고 기존의 경의 형태나 표현을 고치는 등의 과정이 있었다는 것이다. 앞에서《소품반야경》《대품반야경》《십만송반야경》《금강경》《반야심경》등이 있다는 것을 정리했다. 이 중에서《소품반야경》《대품반야경》그리고《십만송반야경》중에 어떤 것이 보다 먼저 생긴 원형이냐가 문제가 된다.

학자에 따라서《십만송반야경》으로부터《대품반야경》, 다시《소품반야경》으로 축소되었다고 주장하기도 하고《소품반야경》에서《대품반야경》과 《십반송반야경》으로 확장되었다고 보기도 한다.

어느 쪽으로도 가능성이 있지만 단순한 형태의 《소품반야경》으로부터 《대품반야경》을 거쳐 《십만송반야경》으로 확장되었으리라고 보는 주장이 더 강한 설득력을 갖는 것 같다.

한편 반야부 경전 연구학자들은 《금강경》을 큰 것으로부터 작은 것으로 축소된 모형으로 잡고 있다. 범어본 《금강경》에는 '대승(大乘)'이라는 말이 등장하지 않고 범어본·한역본을 막론하고 공이라는 말이 나타나지 않는다.

《금강경》의 내용은 간소하면서도 반야부의 모든 경전들에 공통적인 부정적·역설적 수사법은 극치에 달해 있다. 이런 점으로 미루어 보아서 《반야경》에 정통하고 원숙한 편집인이 《십만송반야경》으로부터 《대품반야경》을 거쳐 《소품반야경》으로 축소된 것을 새롭게 구성해서 《금강경》을 탄생시켰으리라고 짐작하는 것이다.

반야부 경전 축소의 극단적인 형태는 《반야심경》에서 보여진다. 《반야심경》은 대본과 소본이 있다. 대본은 다른 긴 경전들과 마찬가지로 여시아문(如是我聞)으로부터 시작하지만 소본은 '이와 같이 내가 들었다.'는 서두를 빼고 '관자재보살 행심반야바라밀다시'로부터 시작하고 있다.

《반야심경》의 내용을 보면 불교교리의 핵심을 찌르고 있다. 인간이 경험할 수 있는 것만을 존재로 인정하는 불교에서 일체법이라고 정한 색 수 상 행 식(色受想行識)의 오온과 감각기관과 그 대상인 12

처와 그리고 12처에 따른 인식이 나타나 있다. 온(蘊) · 처(處) · 계(界) 삼과가 있다는 말이다.

인연법의 구체적 표현인 십이인연의 순관과 역관이 있는가 하면 불교의 기본입장인 사성제도 있다. 언어가 경제적으로 절약되면서도 '무소득공'이라는 반야사상의 핵심을 관통하고 있다. 또 이 《반야심경》이 일곱 번이나 한문으로 번역되었다는 것도 이 경이 의도적으로 축소된 반야부의 꽃이라는 것을 암시하고 있다.

현장법사가 번역한 600권의 《대반야바라밀다경》이 가장 뒤늦게 편집되었으리라는 것은 쉽게 짐작할 수 있다.

이미 각기 유포된 경전들이 한울타리로 모아지고 그 위에 육바라밀이 질서정연하게 추가된 것이 분명하게 드러나기 때문이다.

《대반야경》16회 중에서 《십만송반야경》이 1회에, 《대품반야경》이 2 · 3회에, 《소품반야경》이 4 · 5회에 나타나고 거기에 반야부의 대부분 경전들을 집어넣었기 때문이다.

33

바라밀의 반야

(대품반야경 1)

반야는 단순한 지혜가 아니라
순간순간의 실천 속에서 항상 새롭게 터득되는 지혜이기 때문에,
반야바라밀 즉 지혜의 완성을 의미한다.

반야부 경전의 내용 중 반야사상의 핵심이 《금강경》이나 《반야심경》에 압축되어 있다면 우리는 복잡하게 현장법사의 《대반야경》이나 구마라집의 《대품반야경》을 뒤적거릴 것이 아니라 《금강경》과 《반야심경》을 통해서 반야사상을 엿보려고 할 것이다. 그러나 《대품반야경》의 내용에 대해서 궁금하게 생각하는 분들도 계실 것이다. 《금강경》이나 《반야심경》에 대해서는 접촉할 기회가 많지만 보다 큰 반야경전에 접근할 기회는 드물기 때문이다.

《소품반야경》과 《십만송반야경》의 중간이 구마라집의 《대품반야경》을 여기저기 뒤적이다가《금강경》으로 넘어가려고 생각하고 있다. 구마라집의《대품반야경》은 한글로 번역되어서《마하반야바라밀경》이라는 원래 이름을 달고 서점에 나와 있다.

당장의 흥미나 지식을 얻기 위해서 그《대품반야경》의 번역본을 읽는다면 읽기가 쉽지 않기 때문에 실망하게 될 것이고 신심으로 반야경전을 모시는 자세로 구해서 읽는다면《금강경》이나《반야심경》을 읽고 이해하는 데도 도움을 받게 될 것이다. 왜냐하면《금강경》《반야심경》의 원형 같은 것이 전체의 문맥 가운데에 그대로 나타나 있기 때문이다.

《금강경》이나《반야심경》을 한글로 번역하고 주석한 책들은 시중에 너무 많이 나와 있다. 한글로 번역한 사람들의 주석뿐만 아니라 조사스님들의 주석까지도 같이 번역하고 해석한 책들이 여러 가지가 있다. 그러나 그 목적이 반야경전의 교리적 핵심을 파악하는 데 있으므로 여기서《금강경오가해설의》같은 것을 가지고 깊이 파고 들어갈 수는 없다.《금강경》과《반야심경》의 원문 가운데에 반야사상의 핵심을 나타내는 부분만 알면 된다. 그래서 우리는 한문본이 아닌 범어본《금강경》과《반야심경》을 보기로 한다.

에드워드 콘즈 라는 학자는 범어본 즉 산스크리트어본《반야경》을 연구하는 데 일생을 다 바쳤다. 그 에드워드 콘즈는《금강경》과《반야심경》을 영어로 번역했다. 그런데 그 영어번역본이 한글로 번역되어서 현재 시중 서점에 나와 있다. 제목은『불교, 지혜의 원천, 금강경, 반야심경 뜻과 풀이』로 되어 있다. 요즈음 서양식 사고에 익숙한 분들은 이 책을 보시면 반야사상을 이해하는 데 큰 도움을 받을 것이다. 그러나 신식사고에 익숙하지 않은 분들은 이 책의 설명을 어렵게 생각할 수도 있다. 그런 경우에는 시중에서 얻기 쉬운 《금강경》과 《반야심경》 한글번역본을 한 가지 구해서 읽으면 되겠다.

먼저 《마하반야바라밀경》의 제목 뜻을 알아보고 부처님께서 왜 반야바라밀을 닦아야 하며 어떻게 닦으라고 했는지에 대해 알아보기로 하자.

《마하반야바라밀경》에는 세 가지의 산스크리트어가 합해져 있다. 마하와 반야와 바라밀이 그것이다.

마하(Mahā)는 범어의 음을 따서 그대로 한문으로 옮긴 것으로 '크다' '위대하다'의 뜻이다. 마하에 야나가 붙어서 마하야나(Mahāyāna)라고 하면 '대승' 즉 '큰 수레'의 뜻이 된다. 반야도 범어 프라즈냐(prajñā)를 번역하지 않고 한문 음으로 적은 것이다. 총체적이고 종합적인 지혜의 뜻이 되겠다. 보통 '깨달음의 지혜'로 번역되고 있으나 지혜라고 번역하면 단편적 지식과 혼동될 것을 두려워해서 번역하지 않고 반야라는 말을 그대로 쓰고 있다.

이 반야의 지혜는 부분적인 정보가 아니라 인생 전체를 조망해서 보는 총체적 깨달음의 지혜이기 때문에 그 뜻을 다 옮기려고 하면 말이 너무 길어질 것이다. 그 다음 바라밀은 범어 파라미타(pāramitā)를 번역하지 않고 음으로만 옮긴 것이다. 뜻은 '완성하다' '궁극의 경지 또는 열반의 피안에 도달하다'이다. 반야와 바라밀을 합하면 반야의 지혜를 실천한다는 뜻이 된다.

반야는 단순한 지혜가 아니라 순간순간의 실천 속에서 항상 새롭게 터득되는 지혜이기 때문에 반야는 그 말만으로도 반야바라밀 즉 지혜의 완성 또는 지혜를 닦아서 피안의 세계에 이르는 것을 의미한다.

현장법사 이전에는 《반야경》에 이름을 붙일 때 바라밀다를 바라밀로 줄여서 불렀지만 현장법사부터는 바라밀다의 '다'음을 넣기 시작했다. 그래서 구마라집의 《대품반야경》은 《마하반야바라밀경》이고 현장법사의 《대반야경》은 《대반야바라밀다경》이다.

반야바라밀다는 지혜의 완성이라는 뜻이지만 이 지혜는 육바라밀 전체를 포함한 육바라밀을 동시에 실천함으로써 얻어지고 행해지는 포괄적인 지혜를 의미한다.

지혜를 실천한다는 말은 바로 보시·인욕·선정 등을 실천한다는 말이 되고 지계를 실천한다는 말은 지혜와 선정 등을 실천한다는 뜻이 된다는 것이다. 육바라밀 중의 하나를 들면 다른 다섯 가지가 동시에 포함되어 나오는 식이다.

《대품반야경》의 서두에서 부처님은 첫마디를 '보살마하살이 존재의 실상을 여실히 보는 지혜를 얻어 일체 사물의 진면목을 알려고 하면 반야바라밀을 닦아야 한다.'는 것으로 시작한다.

육바라밀을 실천하려면, 부처님의 복전에 씨앗을 뿌리려면, 모든 부처님으로부터 칭찬받으려면, 부처님의 눈이나 법의 눈 등을 얻고자 하면, 무슨 일이든지 좋은 결과를 얻고자 하면, 반드시 반야바라밀을 닦아야 한다고 설한다. 그리고 하루만이라도 반야바라밀을 닦으면 소승법을 완성한 것보다도 훨씬 더 뛰어나다고 한다.

여기에 우리는 의문이 따른다. 반야바라밀을 닦는 것이 좋은 줄은 알겠는데 어떻게 닦아야 하느냐가 문제이다. 우리의 마음을 대신해서 사리불이 "세존이시여, 보살마하살이 어떻게 반야바라밀을 닦아야 합니까?"라고 묻는다. 그러자 부처님은 "일체의 육체적 · 정신적인 것을 공이라고 관(觀)하면 그것이 반야바라밀을 닦는 것이다."라고 대답한다.

우리는 이미 인연법을 공부했다. 이것이 있음으로써 저것이 있고, 이것이 일어나기 때문에 일체의 사물은 상호의지 · 상호버팀의 관계에 있게 되어 독자적인 실체가 없다는 것을 살펴본 바 있다. 모든 사물이 상대 의지관계에 있으므로 독자적이고 실체적이며 영구적인 성품과 독자성이 없으므로 실체성이 비었다. 즉, 공하다는 것이다.

그러나 《반야경》에서의 부처님은 그렇게 친절하게 설명하지 않는다. 그저 일체의 사물이 공하다고 말씀하실 뿐이다. 여기서 부처님은 왜 공한가를 설명하지 않은 채로 모든 존재의 요소 · 감각기관 · 감각기관의 대상 · 인식 등이 공하다고 말씀하신다.

일체의 사물을 공이라고 이해하고 공이라고 관하고 공의 정신을 실천하는 것이 반야바라밀이라는 점은 알 것 같다. 인연법의 필연적인 결론은 모든 사물이 공하다는 것이기 때문이다.

부처님은 여기서 한걸음 더 나아간다. 한걸음뿐만 아니라 부정의 부정, 무한부정으로 나아간다. 사물의 공함만 말하는 것이 아니라 부처님의 가르침까지도 공하다고 한다. 고집멸도(苦集滅道) 사성제도 공하고, 십이인연의 순관(順觀)이나 역관(逆觀)도 공하다고 한다. 반야바라밀을 닦는 자체도 공하다고 한다. 반야바라밀을 닦아서 어떤 소득을 얻겠다고 하는 것도 공하다고 한다. 일체가 다 공하다고 깨닫는 것이 반야바라밀을 닦는 방법이라고 한다.

이 공에 대해서 무아를 살펴본 적도 있고, 앞으로 공이 계속 나올 것이기 때문에 공에 대해서는 별도로 더욱 깊이 들어가기로 하고 지금은 《대품반야경》에 어떤 내용이 있는가를 알아보자.

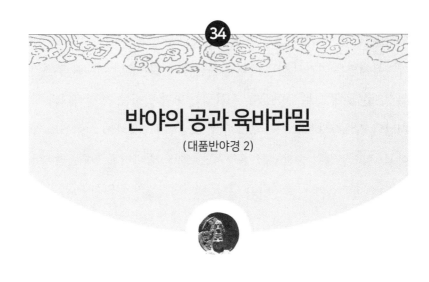

반야의 공과 육바라밀
(대품반야경 2)

멋있는 사람은 육바라밀의 연기에서 탄생할 수 있다.

바라밀의 연기를 잘하려면

공사상에 입각한 반야의 지혜가 있어야 한다.

공사상과 반야바라밀 그리고 육바라밀의 실천에 대하여 부처님은 반야바라밀을 실천하는 것이 공사상을 터득하는 것이라고 했다. 그렇다면 공사상과 반야바라밀, 공사상과 육바라밀의 관계는 어떻게 되는지에 대해서 의문이 간다.

먼저 포괄적인 반야바라밀로서의 육바라밀을 실천하는 데 공사상의 활용을 보도록 하자.

부처님이 말씀하신다.

사리불아, 보살이 반야바라밀을 행할 때에 보시바라밀을 행하면서 지혜를 맑히니, 완전한 비움에서 아끼는 마음을 내지 않기 때문이다. 사리불아, 보살이 반야바라밀을 행할 때에 계율을 지키는 바라밀을 행하면서 지혜를 맑히니, 완전한 비움에서 죄와 죄 아님에 집착하지 않기 때문이다. 사리불아, 보살이 반야바라밀을 행할 때에 인욕바라밀을 행하면서 지혜를 맑히니, 완전한 비움에서 성내지 않기 때문이다. 사리불아, 보살이 반야바라밀을 행할 때에 정진 바라밀을 행하면서 지혜를 맑히니, 완전한 비움에서 심신의 정진에 게으르지 않기 때문이다. 사리불아, 보살이 반야바라밀을 행할 때에 선정바라밀을 행하면서 지혜를 맑히니, 완전한 비움에서 산란하지도 고요하지도 않기 때문이다. 사리불아, 보살이 반야바라밀을 행할 때에 반야바라밀을 행하면서 지혜를 맑히니, 완전한 비움에서 어리석은 마음을 내지 않기 때문이다. 이때 보살은 보시와 간탐, 지계와 파계, 인욕과 성냄, 정진과 게으름, 고요와 산란, 지혜와 어리석음을 구별하지 않고, 비방과 해침과 업신여김과 공경함을 분별하지 않는다. 왜냐하면 원래 불생불멸의 공한 법 가운데, 비방하는 이와 비방받는 이, 공경하는 이와 공경받는 이가 있을 수 없기 때문이다.

여기서 반야바라밀이 육바라밀과 완전히 결합되고, 공사상에 의해서 보다 철저하게 실천되는 방법이 구체적으로 나타난다. 반야바라밀을 행함에 있어서 보시 · 지계 · 인욕 · 정진 · 선정 · 지혜의 육바라밀을 실천하는데 완전히 마음을 비우고, 일체의 집착을 여의니까 육바라밀이 진정으로 실천될 수 있고, 그런 가운데 사물의 모습이 있는 그대로 보인다는 것이다. 반야바라밀의 수행과 공사상 · 육바라밀이 뒤엉켜 있지만 반야바라밀은 바로 공사상의 실천이므로 공사상에 의해서 육바라밀을 닦는다는 말과 같다. 그래서 공사상은 진정한 반야에 이르는 방법이기도 하고 반야의 지혜로 보니 일체의 사물이 완전히 공하다는 결론이도 하다.

어떤 독자는 '사물을 있는 그대로 보는 지혜를 얻는 일과 육바라밀을 실천하는 일이 무엇이 그리 중요하다고 그토록 신경을 써야 하느냐'는 생각을 할 수도 있다. 《반야경》은 그런 회의는 전혀 예상하지 않고 있다. 어떤 일이든지 좋은 일이 생기려면 반야바라밀을 닦아서 사물을 여실히 보는 지혜를 얻어야 하고 지혜를 얻는 방법은 공사상에 의해 일체의 자기중심적 집착을 지움으로써 육바라밀을 실천하는 것이라고 한다. 그런데 '지혜도 얻을 필요가 있느냐?' '육바라밀을 왜 실천할 필요가 있느냐?'는 생각을 하게 되면 그것은 '좋은 일이 왜 필요가 있느냐?'는 원초적인 물음으로 돌아간다.

우리는 이 세상의 무대에 올라와 있는 배우들이다. 책을 읽고 계신 분들이 20세 이상이라 치고 약 80년 후가 되면 우리 모두는 이 무대를 후손들에게 물려주고 무대 아래로 내려오게 될 것이다.

부처님은 우리가 무대에서 연극을 잘하고 박수를 많이 받지 않으면 안 된다고 말하지 않는다. 우리는 업에 의해 밀려나왔지만 불법을 닦으면서 타성적 · 반복적인 업을 뛰어넘어 원력에 의해서 이 세상에 살기로 정한 것은 우리의 선택이다. 우리는 누구나 멋있는 삶을 살아 보겠다고 하는 사람들이다. 그 멋있는 사람은 육바라밀의 연기를 잘하는 사람들이 모이는 곳에서 탄생할 수 있다. 또 육바라밀의 연기를 진정으로 잘하려면 공사상에 입각한 반야의 지혜가 있어야 한다. 그래야만 우리가 무대에서 연기할 대본을 진실하고 좋고 아름답게 쓸 수 있기 때문이다. 목숨이 귀한 것인 줄을 알면서도 육바라밀의 연기를 위해서 자신의 목숨을 혼연히 버릴 수 있는 구도를 잡을 수도 있다.

그 지혜의 대본에서만 내가 남을 위해 죽는 배역을 담당하기도 하고 남이 나를 위해 죽어주는 연기가 나올 수 있다. 내가 다른 이에게 매달리기도 하고 남이 나에게 매달리기도 하는 연기가 나올 수 있다.

이쪽 마음을 전혀 알아주지 않는 이에게 500생을 바쳐서 일방적으로 마음을 쏟는, 보통 인간의 마음 특히 요즘 젊은이들의 문화로는 도저히 이해할 수도 용서할 수도 없는 그런 대본과 연기가 나올 수 있다. 그런 대본과 연기 속에서 인생의 진진(津津)한 맛이 우러나온다. 그러면 반야지혜의 빈 마음과 육바라밀의 연기 속에서는 걸림도 없고 얽음도 없다. 부족할 것이 없으므로 남는 것도 없고, 이익 될 것이 별도로 없으므로 손해될 것도 없다.

이러한 경지에서 《반야심경》의 소득 없음과 공포 없음이 이해된다. 《반야심경》은 오온·십이처·십팔계·십이인연·사성제를 다 부정한다. 진정한 공사상의 반야에 이르면 가르치는 도구들이 이제 소용이 없기 때문이다.

강을 건넌 다음에는 뗏목이 필요 없다. 공사상의 지혜를 얻은 다음에는 그것을 전해 주는 방편도구인 교리조차도 놓아야 한다. 그 교리는 그 자체를 마침내 놓아 버릴 것으로 가르치고 있기 때문이다. 다 놓으니 걸림도, 무서움도, 얻음도 없다.

《반야심경》은 그 경지가 바로 구경(究竟)의 열반이라고 한다.

춘원 이광수 선생은 육바라밀을 실천하는 대상에 지극한 마음으로 사랑하는 애인을 가정해서 '님이 가르쳐 준 육바라밀'이라는 시를 만들었다. 반야의 공사상과 이 공사상에 입각한 육바라밀의 실천정신에서 볼 때 춘원선생의 육바라밀 시는 턱없이 못 미친다. 그러나 남녀간의 애정을 출발점으로 삼고 또는 우리가 현실적으로 쉽게 목격하고 그릴 수 있는 자기 버림, 자기 비움, 자기 바침의 모형으로 삼을 수 있다는 뜻에서 소개하고자 한다. 이미 절집에선 흔히 전해져 있다. 그러나 자기를 완전히 지워버린 정열, 즉 공의 지혜에 얼마나 접근했는가에 주의를 기울이며 들어보면 새로운 맛이 날 수도 있다.

님에게는 아까운 것 없이 무엇이나 바치고 싶은 이 마음,

거기서 나는 보시를 배웠노라.

님에게 보이고자 애써 단장하는 이 마음,

거기서 나는 지계를 배웠노라.

님이 주시는 것이라면 때림이나 꾸지람이나 기쁘게 받는 이 마음,

거기서 나는 인욕을 배웠노라.

자나 깨나 쉴 새 없이 님을 그리워하고 님 곁으로 오는 이 마음,

거기서 나는 정진을 배웠노라.

천하의 많은 사람 중에 오직 님만을 사모하는 이 마음,

거기서 나는 선정을 배웠노라.

내가 님의 품에 안길 때, 기쁨도 슬픔도 님과 내가 있음도 잊을 때,

거기서 나는 지혜를 배웠노라.

이제 알았노라.

님은 이 몸에 깨끗한 마음을 가르치려고 화현한 부처님이시라고.

여기서는 육바라밀의 실천대상이 자신의 님으로 한정되어 있기 때문에 공사상으로 반야바라밀을 닦기 위해서 행하는 육바라밀과 무한부정과는 비교가 안 된다.

이 님을 모든 인류와 환경으로 확산해도 똑같은 자기 비움의 정열이 있다면 우리 중생이 그릴 수 있는 육바라밀 실천의 한 모형이 될 수가 있다.

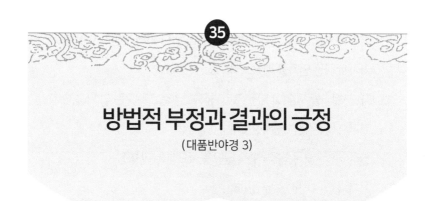

방법적 부정과 결과의 긍정
(대품반야경 3)

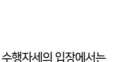

수행자세의 입장에서는
무소득(無所得) 공이고 수행이 만드는 결과 면에서 볼 때는
유소득(有所得)의 복덕이나 공덕이 된다.

《반야경》에 나타나는 부정과 긍정에 대해서 살펴보자. 부처님은 무한부정을 통해서 반야바라밀 자체까지도 공함을 강조하지만 다른 한편으로는 반야바라밀을 닦음으로써 원하는 이상세계에 태어날 수 있다고 말씀하신다. 그렇다면 부처님이 공하다고 하는 것을 우리가 부정적인 것으로 보지 않거나 좋은 곳에 태어난다는 긍정적인 표현을 그대로 받아들이지 말고 그 뒤의 복선(伏線)을 찾거나 양자택일을 해야 할 처지에 이른다.

먼저 무한부정을 통해서 아무것도 얻을 것이 없다는 무소득에 대한 강조를 보자.

부처님은 말씀하신다.

사리불아, 모든 것은 공한 상태에 있어서 나지도 않고 멸하지도 않는
다. 더러울 것도 깨끗할 것도, 늘 것도, 줄 것도 없다. 오온 · 십이처 · 십팔
계도 없고 무명이나 무명의 소멸도 없다. 사성제도 없고 지혜도 없고 얻을
것도 없다. 부처님도 없고 부처님을 얻는 길도 없다. 과거의 것도 현재의
것도 미래의 것도 없다.

이 정도의 부정만 가지고도 《반야경》에 있어서 무한부정의 분위
기는 충분히 느낄 수 있을 것이다. 이 내용은 《반야심경》에서 부정하
는 내용과 흡사하다. 《반야심경》에서의 부정은 보다 간결하게 되어 있
지만 여기 《대품반야경》에서는 좀 더 범위가 넓혀져 있는 것만 차이가
있을 뿐이다.

다른 한편으로 긍정의 목표를 말하는 부분을 보자.

선남자 선여인은 육바라밀을 행할 때에 이렇게 생각해야 한다. 내가 만
약 보시를 하지 않으면 반드시 빈궁한 집안에 태어나게 되고 중생을 제도
하여 해탈시키지 못할 것이다. 내가 만약 계를 지키지 못하면 삼악도에 떨
어지고 사람의 몸도 얻지 못할 것이다. 하물며 일체종지(一切種智)를 얻
는 일은 상상할 수도 없다. 이와 같이 선남자 선여인이 반야바라밀을 받아

지니고 가까이하며 독송하고 타인을 위하여 설하면 금생과 후생에 공덕을 얻는다. 또 타인을 위해 반야바라밀의 뜻을 쉽게 풀이해주고 반야바라밀 닦기를 권하는 이가 있다면 이 사람의 복덕(福德)은 무량하다.

여기서 '보시를 하지 않으면 빈궁한 집안에 태어날 것이다.'라고 생각해야 한다고 하는 말은 '보시를 하면 부자 집안에 태어난다.'라는 말을 뒤집어서 표현한 것이다. '보시를 해서 부자 집안에 태어나라.'는 권유이기도 하다.

물론 《반야경》에서의 궁극적인 이상은 빈궁을 피하거나 부자 집안에 태어나는 것이 아니라 일체종지나 아뇩다라삼먁삼보리 즉 최고의 깨달음을 얻는 것이다. 그러나 부처님의 이 말씀은 불도나 반야바라밀을 닦으면 공덕이 있다는 것을 분명하게 나타내고 있다. 또 '계를 지키지 못하면 삼악도에 떨어진다.'는 말은 '계를 지켜야만 천상이나 인간세계에 태어난다.'는 말을 뒤집어서 나타낸 것이기도 하다.

《반야경》을 독송하고 전해주고 풀이해 주면 복덕이 무량하다고 한다. 반야바라밀을 닦아서 소득이 없는 것이 아니라 소득이 있다는 말이다. 불교의 이상인 깨달음을 얻는 것은 물론이거니와 세속적인 소망을 이루는 데도 도움이 된다는 뜻이다.

그렇다면 《반야경》에서의 부처님은 한편으로는 무한의 부정을 통해서 '반야바라밀을 닦는 것은 필경에 아무것도 얻을 바가 없음을 깨닫는 것이다.'라고 말씀하시고 다른 한편으로는 '반야바라밀을 닦으면 빈궁한 집안에 태어나지 않고 삼악도를 면한다.'고 가르치신다.

　　반야바라밀을 닦아야만 일체종지와 아뇩다라삼먁삼보리 즉 궁극적인 지혜를 얻는다고 한다. 그렇다면 얻을 바가 있다는 긍정과 아무것도 얻을 바가 없다는 부정이 동시에 설해질 때 우리는 이 두 가지를 어떻게 소화해야 하느냐가 문제가 된다.

　　문제의식을 가지고 생각하도록 유도하기 위해서 무소득과 유소득, 또는 얻을 바가 없음과 얻을 바가 있음이 상충되는 것처럼 이야기를 꾸몄지만 이 두 가지는 전혀 상충되지 않는다. 왜냐하면 반야바라밀을 닦는 자세 면에서 볼 때에 이것을 닦아서 어떤 이익을 얻겠다고 생각하면 안 된다는 것을 무소득으로 표현한 것이다.

　　반야바라밀을 닦은 결과 면에서 볼 때에 반야바라밀을 닦은 결과는 당연히 세속적인 복덕뿐만 아니라 출세간적인 지혜로 나타난다는 것을 표현하는 것이다. 소득이 없음에 관한 것은 반야바라밀 수행과정의 이야기이고, 소득이 있음에 관한 것은 반야바라밀 수행결과의 이야기이다.

　　《반야심경》에서도 모든 것을 부정한 후에 '철저한 무소득에 의해서, 보살이 마음에 걸림이 없고 걸림이 없으므로 공포가 없어서 구경열반(究竟涅槃)에 이른다.'고 하는 부분은 반야바라밀을 닦는 자세를 깨우치는 말이고 《반야심경》의 시작과 끝에 '모든 고통을 다 제거한다.'고 하는 부분은 반야바라밀을 닦은 결과를 알려주는 말이다.

　　우리가 어떤 일을 할 때 좋아해서 하는 일과 꼭 해야만 하기 때문에 하는 것 사이에는 큰 차이가 있다. 군대생활에서 사병들 마음의 흐름을 보면 사람들이 좋아서 하는 일과 꼭 해야 하기 때문에 하는 일의 차이를 쉽게 알 수 있다. 한편은 의무적으로 등산하면서 놀아야 하고 다른 한편은 자신이 좋아하는 일을 선택해서 그 일을 해야 한다는 양자택일의 조건을 만들어 놓고 사병들에게 선택을 하라고 하면 많은 사병들이 일하는 쪽을 선택한다. 물론 애국충성의 문제는 별도이다. 좋은 것과 의무적인 것을 구별하면 그렇다는 뜻이다.

의무적으로 노는 것은 일종의 노동이 되지만 자기가 좋아하는 일을 하는 것은 일종의 휴식이 된다. 자기가 하고 싶은 일을 하는 것은 그대로 행복이 된다. 피로도 모른다. 능률도 오른다.

정당한 일을 좋아서 할 경우 일하는 자체가 즐겁기 때문에 그 일의 결과에 대해서 관심을 가질 필요가 없다. 일만 열심히 하면 일의 성과를 계산하거나 말거나 일한 만큼 성과는 자연히 따를 것이기 때문이다.

반야바라밀을 닦는 것도 마찬가지이다. 반야바라밀을 닦는 것이 최고의 깨달음을 얻는 확실한 길이라면 그것을 닦아서 얻는 결과를 계산할 필요가 없다. 수행에 공덕이 있다면 수행자가 수행의 결과를 계산하거나 말거나 수행의 결과는 있을 것이다.

더욱이 반야바라밀은 공사상을 실천하는 것이다. 공을 실천하려면 모든 것에 대한 집착을 지워야 한다. 마음을 비워야 한다. 사물을 실체로 착각하는 습관의 업을 고쳐야 한다. '있다' '없다'의 양자택일로

만 선택하던 방식을 버리고, 있음과 없음의 구별이 지워진 차원에서
사물을 있는 그대로 보아야 한다. 그러한 경지에 이르는 최초의 걸림
돌이 지금까지 생각하던 '있다'의 관념이다.

　　우리는 눈에 보이는 것도 있다고 생각하지만 보이지 않는 것도
있다고 생각한다. 가령 죽음이 있다고 생각하고 소멸이 있다고 생각
하며 허공이 있다고 생각한다. '없다'는 사실마저도 실제로 있다고 생
각해서 문제가 생긴다.

　　공의 눈으로 보면 있고 없음이 없다. 반야바라밀을 닦는 것은 사
물을 여실히 보는 지혜를 닦는 것이다. 있다는 관념의 벽을 뚫지 않고
는 사물을 여실히 볼 수가 없기 때문에 반야바라밀을 닦는 방법으로
는 모든 것을 부정하는 것이다. 반야바라밀 즉 완성된 지혜로 세상을
보면 일체의 것이 다 공하다는 것을 알려 주는 것이다. 사물의 공함을
보는 특수한 안경을 끼고 세상을 보게 하는 것이다. 결과의 얻음을 생
각하면 공이라는 특수안경을 벗는 셈이 되기 때문에 처음부터 끝까지
얻을 바 없음이 강조된다.

　　그래서 반야바라밀은 결과를 얻겠다는 마음으로 닦아서는 안 되
고 아무런 결과에 대한 기대 없이 닦아야 한다. 반야바라밀을 닦지 않
으면 안 되기 때문에 반야바라밀을 닦는 것이 아니라 그 수행 자체가
좋기 때문에 닦는 것이다. 결과는 염두에 두지 않고 오직 수행 자체가
목적이 된다. 내가 수행의 결과를 생각지 않더라도 이 세상의 진리는
우리가 닦은 수행에 반드시 좋은 결과를 얻게 한다. 그 결과가 바로

우리가 누릴 복덕이나 공덕이 된다.

　과정의 부정과 결과의 긍정 사이에는 아무런 어긋남이 없다.

　《대품반야경》의 부정과 긍정에 대해서 부처님은 한편으로는 무한의 부정을 통해서 '반야바라밀을 닦는 것은 필경에 아무것도 얻을 바가 없음을 깨닫는 것이다.'라고 말씀하시고, 다른 한편으로는 '반야바라밀을 닦으면 빈궁한 집안에 태어나지 않고 삼악도(三惡道)를 면한다.'고 가르치신다. 언뜻 생각하면 두 가지가 상충되는 것 같지만 그렇지가 않다. 반야바라밀을 닦는 자세 면에서 볼 때에는 이것을 닦아서 어떤 이익을 얻겠다고 생각하면 안 된다는 것을 무소득으로 표현한 것이고 반야바라밀을 닦은 결과 면에서 볼 때에 반야바라밀을 닦은 결과는 당연히 세속적인 복덕뿐만 아니라 출세간적인 지혜로 나타난다는 것을 표현하는 것이다.

　소득이 없음에 관한 것은 반야바라밀 수행과정의 이야기이고 소득이 있음에 관한 것은 반야바라밀 수행결과의 이야기이다. 수행자세의 입장에서는 무소득의 공이고 수행이 만드는 결과를 볼 때는 유소득의 복덕이나 공덕이 된다.

회향

(대품반야경 4)

선행은 악업을 소멸하는데 쓰여지지만

악업이 선행으로 돌려질 수는 없다.

또 자신의 악업이 다른 이의 선업을 탕감할 수도 없다.

《대품반야경》에는 회향이라는 말이 나온다. 회향이란 회전취향 (廻轉趣向)의 뜻이다. 즉 자신이 닦은 선근이나 수행의 공덕이 다른 중생이나 자신의 깨달음으로 돌려지는 것을 말한다.

이 회향은 보통 세 가지의 측면에서 생각할 수 있다. 첫째는 자신의 선근공덕을 다른 이의 이익에 돌리는 것이다. 살아있거나 죽은 이를 위해서 자신이 공덕을 짓고 그 공덕을 그들에게 돌리는 것이 여기에 속한다. 둘째는 자신의 선근공덕을 부처님이 되는 지혜를 얻는데 돌리는 것이다. 셋째는 자신의 선근공덕을 해탈열반을 얻게 하는 방편에 돌리는 것이다. 해탈열반을 얻게 하는 대상은 자신과 중생이 다 포함된다. 그런데 공덕을 돌리는 것은 세 가지이지만 궁극적으로 보면 세 가지가 다 부처님의 지혜를 얻는 데 돌리는 것이 된다.

왜냐하면 돌아가신 분을 위해서 내가 공덕을 짓고 그 공덕을 그에게 돌린다 하더라도 그 공덕이 회향된 결과는 그 공덕을 받은 이의 깨달음으로 이어지기 때문이다. 물론 여기 《대품반야경》에서의 회향의 뜻은 반야바라밀을 닦은 공덕이 최고의 깨달음을 얻는 데 이바지하는 것을 뜻한다.

갑이라는 사람이 선근공덕을 지었고 을이라는 사람은 악행을 지었다고 가정해 보자. 또 갑이라는 사람 자신도 한때는 좋은 일을 하기도 했지만 다른 때는 나쁜 일을 행하기도 했다고 하자. 여기에 회향의 의미를 적용한다면 을이 지은 악행의 과보를 갑이 지은 선근공덕으로 탕감해 준다는 뜻이고 또 갑 자신이 지은 악행의 과보를 자신이 지은 선행의 공덕으로 탕감하거나 면제할 수 있다는 것이다.

여기서 우리는 의문을 가지게 된다. 불교에서는 자업자득(自業自得)을 가르친다. 어떤 선행을 지었으면 그 결과로 좋은 과보를 받는다. 악행을 지었으면 나쁜 과보를 받는다. 자업자득 원칙에 의해서 지은 과보를 면할 수가 없다. 자기가 지은 업에 대한 과보는 반드시 자기가 받아야 한다. 그런데 갑이라는 사람이 지은 선행공덕이 어떻게 을이라는 사람이 지은 악행의 과보를 면하게 해 줄 수 있겠느냐는 것이다. 이 회향의 뜻은 자업자득의 원칙에 위배되는 것이 아니냐는 물음이 나온다.

먼저 《대품반야경》에 나오는 회향에 대한 부처님의 말씀을 들어 보자. 아난이 부처님께 여쭌다.

"세존이시여, 어떻게 하면 보시가 세상을 여실히 보는 지혜에 회향되어 보시바라밀이 되고 또 반야바라밀이 되옵니까?"

"상대를 여읜 법으로써 보시하고 지혜에 회향하면 이것을 보시바라밀 이라고 하고 무소득으로 지혜에 회향하면 이것을 반야바라밀이라고 하느니라."

여기서 부처님은 상대를 여읜 보시를 말씀하는데 이것은 무소득 과 같은 내용이다. 상대란 보시를 베푸는 사람, 받는 사람, 베푸는 물 건, 얻어지는 공덕 등이 상대적으로 있는 것을 말한다.

나와 네가 있기 때문에 상대요, 선행공덕과 그에 따른 소득을 염 두에 두기 때문에 소득이 된다. 상대와 소득을 여의고 보시하면 절대 적 무소득의 보시가 된다. 절대 무소득의 정신으로 보시하거나 계를 지키거나 인욕 등을 행하면서 육바라밀의 행을 짓되, 육바라밀의 행 이 이루는 공덕을 지혜를 얻는 과보에 돌리면 그것이 진정한 반야바 라밀을 닦는 것이 된다는 말이다.

육바라밀의 선행공덕을 반야바라밀 즉 최고 지혜의 완성으로 돌리는 것이 바로 반야바라밀이라는 것이다. 《반야경》의 많은 곳에서 살 바야라는 지혜나 아뇩다라삼먁삼보리라는 무상(無相), 정등(正等), 정 각(正覺)으로의 회향이 강조되고 있다.

선근공덕을 보리지혜로 회향한다고 할 때 선행이 자신이나 타인 의 업장의 과보를 소멸하고 깨달음을 얻는 방향으로 돌려진다면 악행 도 선행으로 돌려질 것이라고 생각할 수 있지만 그렇지는 않다.

선행은 악업을 소멸하는 데 쓰여지지만 악업이 선행으로 돌려질 수는 없는 것이다. 또 자신의 악업이 자신의 선행을 탕감할 수는 있지 만 다른 이의 선업을 탕감할 수는 없다. 그래서 《반야경》에는 선근공 덕이 지혜로 회향된다는 말만 있지 악행이 회향된다는 말을 찾아 볼 수가 없다. 순전히 논리적으로 생각한다면 나의 공덕이 다른 이의 악 업과 업보를 감해 줄 수 있으니까, 다른 이와 입장을 바꾸어서 말할 때 내가 다른 이의 공덕을 나의 악업과보를 탕감하는 데 쓸 수 있어야 한다.

그러나 이것은 안 된다는 것이다. 선행을 쌓은 주체만 능동적으 로 회향할 수 있는 특권을 가지고 있지 악행을 한 사람은 그 특권이 없다. 악업자는 선행자의 처분을 수동적으로 받을 뿐이다.

불교에서 선행의 회향만 있고 악행의 회향이 없는 것은 깨달음을 구하고 깨달음을 전하는 상구보리 하화중생(上求菩提 下化衆生)의 입장 에 있기 때문이다.

《반야경》에는 회향이라는 말만 나와 있을 뿐, 어떻게 회향의 원리가 자업자득의 기본원칙에 우선해서 발휘될 수 있느냐에 대해서는 설명이 없다. 그래서 우리는 이 회향의 원리를 두 가지 면에서 생각해 볼 수 있다.

첫째, 지혜와 무명미혹 그리고 선과 악이 각기 상대적이지만 지혜와 선행에는 무명과 악행에 우선하는 힘이 있다는 것이다. 지혜와 선행을 빛이라고 하고 무명과 악행을 어둠이라고 할 경우 빛과 어둠이 상대적이어서 빛이 어둠을 무너뜨릴 수는 있지만 어둠이 빛을 무너뜨릴 수는 없다.

가령 천년 동안 어둠 속에 있던 동굴에 빛이 비칠 경우, 어둠의 축적기간이 천년이었기 때문에 천년 동안 빛을 비추어야 어둠이 없어지는 것이 아니라 빛이 있는 순간에 어둠은 없어진다.

동굴 안이 어둡고 밝은 것은 빛이 있느냐 없느냐의 문제이지, 어둠이 있느냐 없느냐의 문제가 아니라는 것이다. 이런 의미에서 지혜와 선행공덕을 자업자득이라는 원칙이 엄연히 있음에도 불구하고 무명과 악업을 소멸하는 쪽으로 회향될 수 있는 것이다.

둘째, 《반야경》이 말하는 공사상에 의거한 회향이다. 어떤 이가 꿈을 꾸고 있을 때, 무서운 호랑이가 나타나서 잠자는 사람을 깨울 수가 있다. 그런데 그 잠자던 사람이 호랑이를 만나기 전에 갖가지 악업을 많이 지었다고 해도 잠을 깨고 나면 꿈속의 악업은 간 곳이 없다. 물론 꿈속의 호랑이도 가짜이다.

지혜를 꿈을 깬 상태라고 하고 무명미혹을 꿈을 꾸는 상태라고 가정할 수 있다. 꿈을 꾸는 가운데 선행과 악행은 다 같이 실체가 없다. 꿈속에서의 호랑이도 실체가 없는 가짜이다. 그러나 꿈속의 호랑이가 실체가 없다고 하더라도 잠자는 사람을 꿈으로부터 깨어나게 할수 있다. 선행공덕이 꿈속의 것처럼 실체가 없다고 하더라도 꿈속의 호랑이처럼 잠자는 사람으로 하여금 꿈을 깨게 할 수는 있다.

사람이 꿈에서 깨어날 경우 꿈속의 나도 없고 호랑이도 없다. 꿈속의 악업도 없고 선행도 없다. 꿈이 분명히 있기는 했지만 그것은 하나의 허깨비로 있었다. 미혹도 분명히 있었지만 그것은 허깨비였다. 그것은 착각의 현상이었다. 이 공사상의 원리, 반야지혜의 원리에서 선근공덕은 자업자득의 원칙을 뛰어넘어 깨달음으로 돌려질 수 있다. 지혜바라밀, 즉 지혜가 완성된 상태에서는 있는 것은 오직 깨어남의 지혜일뿐이다. 그러나 공사상은 지혜가 있다는 표현도 어떤 실체 사상을 유발할 염려가 있다고 해서 경계한다.

지혜는 그저 밝을 뿐이다. 있고 없을 것이 없다. 있고 없음의 이야기는 꿈속 경계의 이야기이다. 선근 공덕이라는 꿈속의 호랑이는 잠자는 사람을 꿈에서 깨어나게 했다.

꿈에서 깨어나 회향된 마당에 꿈속의 것이 있거나 없거나를 따지고 꿈속의 논리로 지혜가 있고 없음을 따지는 것은 무의미한 일이다.

허공의 공
(대품반야경 5)

아무것도 가지지 않음으로써 모든 것을 다 가지는 허공,

가졌다는 생각도 없으므로 잃을 것도 없는 저 허공이 부럽지 않은가.

우리는 지금 《대품반야경》의 여기저기를 산책하는 중이다. 공사상을 허공의 비유에 의해서 살펴보자.

부처님은 반야바라밀을 허공의 비어 있는 상태, 또는 아무것도 없는 청정한 상태에 비유하고 있다. 반야바라밀은 바로 공의 완성이므로 공을 허공에 비유한다. 《반야경》의 공사상과 허공의 특징 가운데는 어떤 유사점이 있는지 궁금하다.

부처님과 조사스님들은 허공의 비유를 많이 쓰고 있다. 공사상을 말할 때도 허공의 비유를 쓰지만 마음을 나타낼 때도 허공의 비유를 쓴다. 불자들이 허공의 비유를 쓰지 않더라도 허공은 좋다. 아무것도 가지지 않음으로써 모든 것을 다 가지는 허공, 가졌다는 생각도 없으므로 잃을 것도 없는 저 허공이 부럽지 않은가?

먼저 부처님의 말씀을 들어 보자.

> 수보리야, 허공이 청정한 까닭에 반야바라밀이 청정하느니라. 허공은 생기지도 않고 없어지지 않는 까닭에 청정하느니라. 반야바라밀도 마찬가지이다. 허공은 취할 수 없는 까닭에 청정하고 반야바라밀도 마찬가지로 청정하느니라. 허공은 붙잡을 수 없고 모양이 없고 더럽지도 깨끗하지도 않은 까닭에 청정하느니라. 반야바라밀도 허공과 마찬가지로 청정하느니라.

허공의 청정한 특징은 반야바라밀의 특징이라고 한다. 즉 완성된 공의 지혜로 볼 때, 모든 존재가 불생불멸(不生不滅)이다. 완전히 비어서 아무것도 없고 그래서 그 허공을 통해서 무엇이든지 볼 수 있다. 완전히 마음을 비우고 완전히 집착을 쉴 때 사물이 있는 그대로 보인다. 앞의 모양도 보이고 뒤의 모양도 보인다. 술도 보이고 술이 변해 버린 식초도 보인다. 우유도 보이고 우유가 변해진 요구르트도 보인다. 완전히 비어서 붙잡을 것도 모양도 없다. 특정한 모양이 없기 때문에 무한한 모양으로 변화할 수 있다. 모양이 없으면서 동시에 헤아릴 수 없이 많은 모양을 잠재적으로 가지고 있어서, 항상 비어 있고 항상 차 있다. 공의 상태가 바로 이와 같다는 것이다.

반야바라밀은 이와 같은 공의 지혜를 체득하고 공의 지혜로 사물을 보는 것이다.

공사상의 전문가인 용수보살이 저술했다고 하는 《석마하연론(釋摩訶衍論)》에는 허공에서 열 가지 특징을 끌어내고 있다.

천태종에 입문해서 뒤에 선종의 대가가 된 영명연수선사도 그의 저술인 《종경록(宗鏡錄)》에서 허공의 열 가지 비유에 주의를 기울이고 있다. 그러면 용수보살이 말하는 허공의 열 가지 뜻을 살펴보자.

첫째로는 걸림이 없다는 무장애의 뜻이 있다. 허공은 이 형상의 세계에서 장애될 만한 것이 아무것도 없으므로 아무런 걸림이 없다. 형상을 가진 우리의 몸은 걸림이 있을 수밖에 없다. 그러나 우리의 마음은 걸림이 없이 쓸 수 있다. 공의 정신으로 모든 집착을 지워서 반야바라밀을 닦고 성취할 수 있다면 우리는 걸림이 없음을 성취하는 것이다.

둘째는 모든 곳에 있다는 주편(周遍)의 뜻이 있다. 허공은 이 세상 어느 곳이나 이르지 않음이 없이 두루 있다. 정신이나 물질을 막론하고 멀고 가까움, 크고 작음, 밝고 어두움에 상관없이 허공은 어느 곳에나 있다. 우리는 우리에게 주어진 인간가치의 기능을 다 발휘하지도 못하고 그 아름다움을 다 음미하지도 못하고 살고 있다. 정의에 집착한 사람, 평등에 집착한 사람, 제도개혁에 집착한 사람, 의식개혁에 집착한 사람, 불평불만에 집착한 사람들이 인생이라는 넓은 바다 가운데 편협한 부분만을 보고 작은 것만을 누리고 있다. 공의 지혜를 닦는 것은 어둠이나 밝음이나 선이나 악이나 모든 것을 있는 그대로 보고 누리는 것이다. 여기에서는 악조차도 하나의 예술이 된다.

셋째는 평등하다는 뜻이 있다. 허공은 아무런 친소와 차별이 없이 평등하다. 깨끗함과 더러움, 귀함과 천함, 선과 악, 진실과 거짓, 범부와 성인에 아무런 차별이 없다. 완성된 공의 지혜에서 모든 것이 있는 그대로의 의미를 가지고 있다. 각기 독특성을 가지고 있다. 편협되게 한쪽으로 기울지 않으므로 어느 것이나 나름대로의 독특한 가치를 인정받을 수 있다.

넷째는 광대하다는 뜻이 있다. 허공은 광대해서 조잡함이 없다. 안이나 밖이 없이 전체이다. 공간적·시간적으로 전체이므로 끊어지고 갈라짐이 없다. 그래서 허공은 영원하다. 끝남이 없다. 반야바라밀로 보니, 모든 인연이 항상 나에게 있다. 눈에 보이든 보이지 않든지, 어떤 처지로 갈라져 있어도 언제나 연결되어 있다. 만날 가능성은 언제나 있다.

다섯째로 형상이 없다는 무상(無相)의 뜻이 있다. 허공은 형상이 끊어졌다. 공간적 형상도 없고 시간적·심리적 모양도 없다.

여섯째는 청정하다는 뜻이 있다. 허공은 청정해서 더러움이 없다. 허공에 아무런 붙을 것이 없으므로 쌓일 것도 없고 따라서 깨끗하다.

일곱째는 변할 것이 없다는 부동(不動)의 뜻이 있다. 허공은 변할 것이 없어서 이루어짐과 부서짐이 없다. 시작도 없고 끝도 없어서 불생불멸이다. 반야바라밀을 닦아서 공의 지혜로 세상을 살면 형상이나 추함이나 흔들림이 없다. 허공의 마음은 그것들을 모두 감싸 버린다. 튀어나오는 모양은 그대로 보아 둔다. 빈 마음은 무조건 있는 모양을 없애는 것이 아니라 그대로 인정하는 것이다. 마음을 비우는 것이다.

여덟째는 한량이 없고 여유가 있다는 유공(有空)의 뜻이 있다. 허공은 한량이 없다. 무한한 여유가 있다. 답답하지 않다. 허공은 비어 있으므로 어떤 가치기준을 댈 수가 없다. 부족할 것도 없다. 헤아릴 수가 없고 무한하다. 반야바라밀의 마음, 공을 실천하는 지혜의 마음은 풍족하면서도 넘칠 것도 없다. 끊임없이 비우기 때문이다.

아홉째는 아무것에도 의지함이 없고 심지어 허공 자체에도 의지하지 않는다는 공공(空空)의 뜻이 있다. 허공은 아무것에도 의지하지 않고 스스로 있다. 의지해서 신세질 것이 없으므로 보답해야 할 것도 없다. 우리는 무슨 일을 하든지 남의 도움을 받아야 한다. 부모·형제자매·부부·친지·사업상의 동업자·고객 등 모두 나에게 도움을 주는 사람들이다. 도움 받는 일도 좋은 일이다. 그러나 도움에 얽매이지 않으므로 도움을 주는 사람들에게 아무런 부담을 주지 않는다. 도움을 받는 것은 좋은 일이지만 의무적인 신세가 아니기 때문에 의무적인 보답이 필요 없다. 스스로 좋아서 도우면 된다. 그 도움이 보답이라는 이름으로 불릴 수도 있지만 그것은 오히려 부담스럽다. 도움을 주고받을지언정 기뻐서 주고 기뻐서 받는 것이다. 그래서 얽매임이 없다. 반야바라밀의 공은 이래서 좋다.

열째는 자유롭고 걸림이 없다는 무득(無得)의 뜻이 있다. 허공은 집착할 것이 없으므로 걸림이 없고 걸림이 없으므로 자유롭다. 아무런 얻을 것도 없고 얻고자 하는 것도 없다. 그래서 대자유이다. 해방이다. 반야바라밀은 이 해방, 이 해탈, 이 자유를 전하고자 하는 것이다.

선사스님들의 허공에 비유한 가르침도 하나 들어 보자.

　마음은 허공과 같으니, 그 끝을 헤아릴 수가 없느니라. 모든 허공계가 본래 나의 일심체이니라. 허공을 여의고 무슨 일을 할 수 있겠는가. 법신은 허공이요, 허공은 법신이니 이 둘은 다르지 않느니라. 천지는 허공을 통하여 덕을 베풀고, 사람은 빈 마음을 통하여 덕을 베푸니, 참선은 마음의 허공을 알리며, 마음의 허공을 이용하는 법을 가르치느니라.

또 있다.

　그대들은 허공이 되라. 허공은 비움으로써 삼라만유를 소유하나니 큰 사람이 되려면 마음이 허공과 같아야 하느니라.

마음의 허공을 성취하는 반야바라밀, 너무도 멋있고 귀하고 시원한 것이다. 이 허공의 마음들이 있는 곳이라면 삼악도(三惡道)라고 하더라도 살 만할 것이다.

공의 보시
(대품반야경 6)

보시를 하는 사람이 보시에 마음이 있으면
즉, 보시에 매달리는 상이 있으면 그러한 보시는
이미 진정한 보시의 의미를 상실한다.

출세간의 보시바라밀 또는 무주상보시를 닦음으로써 무소득의 반야바라밀을 실천하고 집중적으로 무소득의 반야바라밀을 닦음으로써 무량공덕을 얻는 것에 주된 관심을 갖고 《대품반야경》을 보자.

육바라밀 중에서 보시바라밀을 진정한 무주상의 자세로 할 수 있다면 다른 나머지 바라밀에 의한 반야바라밀도 보시바라밀과 같이 무주상 · 무소득의 자세로 실천하면 될 것이다.

《대품반야경》에서 사리불존자와 수보리존자가 대화하면서 진정한 보시바라밀에 대해서 묻고 대답한다.

사리불존자가 수보리존자에게 "세속적인 보시바라밀과 탈속한 보시바라밀은 어떻게 다릅니까?"하고 묻는다. 수보리존자가 대답한다.

어떤 보살은 시주가 되어 승려나 걸인에게 음식이나 옷가지 또는 갖가지 필요한 것을 베풀어 준다. 그는 보시하면서 마음속으로 이런 생각을 한다.

'나는 베풀고 저들은 받거니와 나는 결코 아끼고 탐내지 않으며, 나는 시주가 되고 일체를 버린다. 나는 부처님의 가르침을 따라서 보시바라밀을 행한다.'

이렇게 보시한 공덕을 자신과 중생들의 지혜를 얻는 데 회향하면서 이렇게 생각한다.

'이 보시의 인연으로 중생들이 금생에는 즐거움을 얻고, 다음 생에는 해탈열반에 이르게 하라.'

이 사람의 보시에는 세 가지 걸림이 있다. 나라고 하는 생각, 남이라고 하는 생각, 베푼다는 생각이다. 이 세 가지 관념에 걸리는 보시이기 때문에 이것을 세속적인 보시바라밀이라고 한다.

세속적인 집착에서 아직 벗어나지 못했기 때문이다. 출세간적인 보시 또는 탈속한 보시는 세 가지 청정함을 갖추어야 한다. 보시하는 이와 받는 이, 보시하는 물건, 그리고 보시의 결과에 대해서 아무런 매달림이 없어야 한다. 보살은 일체중생에게 베풀고 최고의 지혜에 회향하지만, 아무런 뽐냄이나 자부심이 없음은 물론이거니와 베푼다는 마음까지도 없다. 보시바라밀 이외의 다섯 가지 바라밀도 보시바라밀과 같다.

여기서 사리불존자가 묻고 수보리존자가 대답하는 형식으로 경이 펼쳐지지만 이 대화의 내용을 부처님이 증명하고 인정하기 때문에 부처님의 말씀과 다름이 없다.

보시바라밀에 약간의 상(相)만 있어도 그 보시는 깨달음으로 이어지는 진정한 바라밀행이 되지 못한다고 한다. 특히 주는 사람과 받는 사람을 구별하는 것, 준다는 생각, 그리고 보시의 결과로 얻어지는 공덕에 대한 기대심리가 문제가 된다. 아무런 기대가 없이 무심으로 보시바라밀을 실천할 때 그 보시가 진정한 보시라는 것이다.

이 무소득을 나타내기 위해서 부처님은 아주 멋있는 비유를 든다. 이 비유는 나는 새를 이용한 것인데 음미할수록 맛이 있다.

수보리야, 비유컨대 날개가 있는 새는 허공을 날아오르되 떨어지지 않고, 비록 공중에 있다고 하더라도 또한 공중에 머물지 않음과 같다.

이 말씀, 참으로 멋있는 비유 아닌가. 완성된 공의 지혜를 허공에 비유했듯이 새가 땅을 떠나 허공으로 가지만 그 새는 허공에 머물지 않는다는 것이다. 만약에 새가 허공에 머물면 새는 허공에서 땅으로 떨어져 죽게 될 것이다. 마찬가지로 보시를 하는 사람이 보시에 머물면 즉 보시에 매달리는 상이 있으면 그러한 보시는 이미 진정한 보시의 의미를 상실한다는 것이다.

우리는 이와 비슷한 비유를 다른 데서도 찾을 수 있다. 달리는 자전거가 서게 되면 넘어지게 된다. 돌아가는 팽이도 마찬가지이다.

우리는 《반야경》의 부처님 말씀 중에서 혹시 상충점이 있지 않은지 의아해 하면서 반야바라밀을 닦는 수행에 대한 과보가 있다는 말과 없다는 말에 대해서 알아본 바 있다. 그때, 우리는 무소득은 수행자세의 입장에서 말하는 것이요, 반야바라밀을 닦은 사람이 원하든 원하지 않든 상관없이 반드시 좋은 과보가 따른다고 하는 것은 수행결과의 입장에서 보았을 때 그렇다고 풀이했었다.

보시바라밀을 행할 때 우리의 자세는 아무것도 바라지 않는 무소득의 무심으로 임해야 한다는 것을 알아들을 수 있겠지만 그렇다 하더라도 '무소득의 마음가짐이 필요한 보다 깊은 이유는 무엇일까?' 하는 물음이 아직도 남아 있다.

우리는 옛날이야기를 많이 들어왔다. 그런데 대부분 우리가 접한 옛날이야기의 내용은 권선징악의 스토리를 주로 해서 '선인선과 악인악과(善因善果 惡因惡果)'로 끝난다. 물론 주인공은 선인선과의 사람, 즉 좋은 일을 하고 좋은 결과를 얻어서 행복하게 잘살더라는 내용이다. 우리가 읽은 부처님의 전생이야기 즉 《본생경》의 내용도 마찬가지로 권선징악의 내용이다.

　그러나 《반야경》에서의 부처님은 그런 이야기를 좋아하지 않는다. 좋은 결과를 얻어서 행복하게 잘살더라는 이야기는 좋은 결과가 있는 부분에서 이야기를 끝맺은 것이므로 인간존재의 실상을 있는 그대로 드러낸 것이 아니라는 것이다. 이야기가 길거나 짧거나에 상관없이 인생의 바른 모습을 보여 주어야 한다는 것이다.

　요즘의 영화는 좋은 결과로 끝나지 않는 것도 많이 있다. 이야기를 꾸미기 위해서 주인공이 우리가 살고 있는 세계의 법을 어기는 역할을 맡게 한다. 그 주인공은 법은 위반하지만 비도덕적인 일을 저지르지는 않는다. 그러나 법을 어기는 사람이 아무런 탈이 없이 잘사는 줄거리로 영화를 만들면 그 영화를 보는 사람들에게 미칠 나쁜 영향을 고려해서 최후에 주인공의 몰락을 그리기도 한다.

　그러나 그렇지 않은 경우에도 주인공이 관객으로부터 사랑받게끔 꾸며진 영화에서는 주인공이 어이없게 죽어가는 장면으로 끝나는 예도 많이 있다. 영화뿐만 아니라 현실에서도 그러하다.

　인생행로에 있어서 좋은 일과 나쁜 일은 끊임없이 교차되므로 주인공의 불행이나 행복 어느 쪽을 이야기의 끝으로 장식해도 상관이 없다. 그러나 모든 인간의 앞에는 죽음이라는 것이 있다.

　죽음을 맞이하는 범부중생들에게는 필연적으로 닥쳐올 죽음을 여실히 보여주는 것이 삶의 참모습을 보여주는 것이 된다. 얻는 것, 남는 것이 있는 이야기의 끝은 중간이 끊어진 이야기이다. 주인공이 아무 소득없이 사라지는 이야기만이 끝까지 바로 이야기한 것이 된다.

우리는 지금 무소득의 보시바라밀 등 육바라밀 즉 반야바라밀을 닦는 이야기를 하고 있는 중이다. 그래서 삶의 실상 면에서 보나, 공을 닦는 수행자를 위해서나, 최후에 아무것도 남는 것 없는 장면이 끝이 되어야 한다는 것이다.

《반야경》에서의 부처님도 반야바라밀을 닦음으로 인해서 어떤 지혜나 얻을 것이 없음을 끊임없이 강조하고 계신다. 이야기의 끝을 무소득으로 그리라는 것이다. 최후에 주인공에게 어떤 좋은 결과가 얻어지는 내용으로 끝나는 영화가 아니라 최후에 주인공이 어이없이 죽어야만 되는 그래서 아무것도 남은 것이 없는 장면으로 끝나는 영화여야 한다는 것이다.

그러나 무소득의 공에 입각한 보시바라밀, 또는 무소득에 입각한 육바라밀 하나하나를 닦아야 한다는 것은 수행의 자세 문제이다. 그 수행의 결과라는 관점에서 볼 때에는 반드시 무한한 공덕이 따른다. 부처님은 다른 것에는 일체 눈길을 보내지 않고 오직 반야바라밀에 집중해서 공덕을 얻는 것을 비유를 들어 설명하신다.

수보리야, 항상 무소득의 반야바라밀만을 생각하고 아뇩다라삼먁삼보리에 생각이 집중하는 것은 비유컨대 음욕이 많은 사람이 정결한 여인과 결혼할 기약을 하는 것과 같느니라. 그런데 약혼한 여인이 제때에 남자에게 오지 않는다면 그 사람의 생각 생각은 항상 그 여인에게 맴돌 것이니

라. 그 남자는 '그 여인이 오면 함께 더불어 앉고 누우며 즐기리라.'고 마음속으로 다짐하고 또 다짐할 것이니라.

　보살이 반야바라밀을 생각하고 행하는 것도 이와 같이 해야 하느니라. 항하의 모래알같이 많은 삼천대천세계 가운데 가득 찬 분량의 공덕이 있다고 하더라도 그것으로는 보살이 무소득의 반야바라밀을 닦아서 얻는 선근공덕의 천분, 만분, 무량억천만분의 일도 미치지 못하느니라. 또 반야바라밀 외에 다른 선근공덕을 무량억겁 동안 닦았다고 하더라도 반야바라밀을 하룻동안 열심히 닦은 공덕에도 미치지 못하느니라.

　여기서 부처님은 집중적으로 무소득의 반야바라밀을 닦으라고 권하고는 그 공덕이 엄청나다고 말씀하신다. 부처님은 약혼녀를 기다리는 시내의 마음을 비유로 들어서 집중하는 마음가짐을 설명하신다. 일체가 다 공하다는 관찰과 깨달음에서 주는 이, 받는 이, 주는 물건, 보시 공덕을 생각하지 않고 오직 바라밀에만 온 마음을 다 쏟으면 그 기간이 단 하루라고 하더라도 무량억겁 동안에 걸쳐 지은 다른 공덕보다 더 수승하다고 한다.

한 바라밀 속의 육바라밀
(대품반야경 7)

우리가 굶을 수 있고 참을 수 있고 꿈을 노래하며
육바라밀을 동시에 실천한다면 우리는 바로 대자유인이요,
대해탈인이요, 대평화인이다.

《대품반야경》의 〈섭오품〉중 '섭오'라는 말은 육바라밀의 한 가지 한 가지가 다른 다섯 가지를 포함한다는 것을 뜻한다.

보시바라밀을 행하면서 지계 · 인욕 · 정진 · 선정 · 지혜의 나머지 바라밀도 동시에 실천하는 것이다. 육바라밀의 다른 한 가지 한 가지를 행할 때도 마찬가지로 다른 다섯 가지를 겸해서 실천하는 것이다. 《대품반야경》은 이와 같이 한 바라밀의 실천 속에서 육바라밀 전체를 실천하는 것을 가르치기 위해서 별도로 한 품을 만들었다.

《대품반야경》에서 가장 많이 나타나는 말은 물론 반야바라밀 ·

육바라밀 · 공 · 지혜 · 아뇩다라삼먁삼보리 등이지만 한 바라밀 속에 다른 바라밀을 실천한다는 생각은 모든 곳에 기본적으로 깔려 있다.

우리가 육바라밀 · 공사상 · 반야바라밀을 엮어서 공부할 때 공사상에 의해서 육바라밀 하나하나를 닦으면 완전히 집착을 비운 마음으로 닦기 때문에 육바라밀이 제대로 실천되고 그것이 바로 반야바라밀이라는 것이었다.

여기에는 공을 닦는 것이 보시바라밀을 닦는 것이요, 보시바라밀을 닦는 것이 바로 육바라밀 전체를 닦는 것이요, 육바라밀 전체를 닦는 것이 바로 반야바라밀을 닦는 것이라는 전제가 들어 있었다.

하나가 다섯을 포함한다는 생각은 교리적으로 대단히 중요한 것이다. 부처님이 가르치는 인연법은 세상의 모든 사물이 서로 의존상태에 있다는 것이다. 이 의존상태는 주관과 객관의 상대관계를 비롯해서 '크다' '작다'와 같은 개념들의 상대적인 관계, 그리고 공간적 · 시간적 상관관계를 말한다. 인연법에 의한 모든 존재의 상호의존 관계는 모든 것에 독자성 · 영구성 · 실체성이 없다는 것을 뜻한다.

이것을 한 마디로 표현한 것이 바로 공사상이다. 그런데 다른 한편으로는 모든 사물의 인연관계를 상호포함의 관계로 말할 수 있다. 내가 상대에게 의지해 있으므로 독자성이 없다는 것을 뒤집어서 말하면, 상대가 나에게 포함되었다는 말이 되기 때문이다.

육바라밀의 하나하나는 그 자체로서 완전하게 실천할 수가 없다. 예를 들면 탐심을 버리지 않고 성내는 마음을 없앨 수 없으며, 어리석음을 지우지 않고 탐심을 여읠 수 없다. 한 가지를 치료하자면 문제의 원인이 되는 다른 것을 치료해야 한다. 한 가지 좋은 일을 하자면 그 좋은 일을 보다 확실하게 하기 위해서 그 일의 근원이 되는 다른 좋은 일도 해야 한다. 그래서 보시를 완전하게 실천하려면 다른 다섯 가지를 실천해야 한다. 다른 한 가지 하나하나를 실천하는 것도 마찬가지이다.

그러면 《대품반야경》〈섭오품〉을 읽어 보자. 수보리가 부처님께 여쭌다.

"세존이시여, 보살이 보시바라밀을 행하면서 어떻게 지계·인욕·정진·선정·지혜바라밀을 행할 수 있습니까?"

부처님이 수보리에게 이르신다.

보살이 보시를 행할 때 그 보시를 지혜를 얻는 데 회향하고 몸과 입과 생각을 단정하고 인자하게 가다듬어야 하느니라. 보시를 할 때는 받는 이가 성내고 욕하더라도 이때 보살은 인욕하며 성내지 않느니라. 보시할 때 받는 이가 성내고 욕하더라도 보살은 움츠러들지 않고 이렇게 생각하느니라. '나는 응당히 베풀고 아끼는 것이 있어서는 안 되느니라.' 이때 몸과 마음의 정진이 생기는 것이니라. 보시를 행하면서 오직 세상을 여실히 보는 지혜를 생각할 뿐이니라. 이것이 보시를 행하면서 선정바라밀을 실천

하는 것이니라. 보살은 보시를 할 때 보시는 공하여 환상과 같은 것이라고 마음에 새기느니라. 보시한 결과로 이익이 있고 없음을 생각하지 않느니라. 이것이 보시를 행하면서 반야바라밀을 실천하는 것이니라.

보시하면서 육바라밀을 동시에 실천하는 내용이다. 보시하면서 몸과 입과 뜻을 단정히 하여 계를 지키고, 상대의 비방과 욕설을 인욕하고, 어려움을 당해도 분발하여 정진하고, 보시하면서도 오직 공의 지혜만을 생각하고, 보시의 공덕을 반야바라밀에 회향하여 지혜를 실천한다는 것이다. 지계·인욕·정진·선정·지혜바라밀을 실천할 때도 마찬가지로 다른 다섯 가지를 동시에 실천하는 것이다.

육바라밀 하나하나는 다 조복(調伏)시키거나 없애고자 하는 문제점들을 진제하고 있다. 바로 긴탐심·과욕심·성내는 마음·해태심·어지러운 마음·어리석음의 미혹이다. 보시는 간탐심을 대처하기 위해서이다. 계율을 지키는 것은 다섯 가지 감각기관의 발동을 다스리기 위해서이다.

인욕은 성내는 마음을 가라앉히기 위해서이고, 정진은 게으른 마음을 재촉하기 위해서이다. 선정은 어지러운 마음을 집중하기 위해서이고 지혜는 어리석음을 물리치기 위해서이다. 육바라밀을 동시에 닦으면 좋은 줄은 알지만 육바라밀 쪽에서 보면 왜 꼭 동시에 닦아야 하는가가 분명하게 이해되지 않을 수도 있다.

그러나 육바라밀이 바로잡고자 하는 여섯 방향의 문제점을 보면 왜 육바라밀이 동시적으로 행해져야 하는가가 확실하게 드러난다.

간탐심(慳貪心)·욕망심(欲望心)·진에심(瞋恚心)·해태심(懈怠心)·착잡심(錯雜心)·우치심(愚痴心)의 여섯 가지가 있다고 한다. 그런데 이 여섯 가지 문제점이 인간에게서 나타날 때 한 가지씩 차례차례 일어나지 않는다. 동시에 일어날 수도 있고, 한 가지 문제점은 반드시 다른 문제점에 뿌리를 두고 있다.

성내는 마음은 자기 욕구가 충족되지 못할 때 일어난다. 즉 간탐심에 뿌리를 두고 있다. 또 터무니없이 욕심을 내는 간탐심은 어리석음에 뿌리를 두고 있다. 어리석음은 흐트러진 생각으로부터 일어난다. 흐트러진 생각은 다시 게으름이나 감각기관의 욕망으로부터 일어난다. 이렇게 여섯 가지 문제점이 서로서로 연결되어 있다.

한 가지 문제점을 제거하려면 다른 다섯 가지의 문제점을 동시에 다스려야하기 때문에 한 가지 바라밀을 행할 때 다른 다섯 가지 바라밀을 같이 닦아야 한다. 육바라밀의 대상인 간탐심·욕망심·진에심·해태심·착잡심·우치심이 상호의존 관계 속에 있고 서로 상대를 자체에 포함하고 있다.

그래서 이것들을 대치하는 육바라밀도 상호의존 관계 속에 있고 서로 상대를 자체에 포함하고 있다. 《대품반야경》의 〈섭오품〉즉 육바라밀의 한 가지 한 가지가 다른 다섯 가지를 포섭하고 있다는 것을 밝히는 품은 이 같은 상호의지·상호포함 관계를 밝히려고 한다.

우리는 춘원 이광수 선생의 육바라밀 시를 읽은 적이 있다. 춘원

선생님을 상징하고 님에게 향하는 마음을 육바라밀로 표현했다. 필자는 이 육바라밀의 상호포함을 나타내기 위해서 어떻게 하면 육바라밀을 한데 같이 뭉쳐서 번역할 수 있을까를 궁리한 적이 있다.

육바라밀을 두 개씩 뭉쳐서 번역하기로 했다. 먼저 보시와 지계를 '줄을 수 있다.'로 번역하고, 인욕과 정진을 '참을 수 있다.'로 번역했다. 그리고 선정과 지혜를 '꿈을 노래할 수 있다.'로 번역했다. 육바라밀을 줄을 수 있고, 참을 수 있고, 꿈을 노래할 수 있는 것으로 번역한 것이다. 육바라밀을 이와 같이 번역한 것은 육바라밀 자체의 뜻 보다는 《금강경》《반야심경》《대품반야경》같은 반야부 경전들의 근본적인 가르침을 정하고 그것을 참작하여 그와 같이 번역한 것이다.

필자는 반야부 경전들의 대의를 '무소득의 정신을 철저히 실천하되 역사라는 무대를 꾸미는 데 육바리밀의 행으로 최선을 다히라.'는 구절로 압축하곤 한다. 물론 다른 요소도 많이 있지만 공사상과 무집착사상, 무소득의 긍정사상 등이 《반야경》의 주요점이라고 생각하기 때문이다.

공사상의 무집착이 무조건 버리는 것을 뜻하지는 않는다. 지금 가지고 있는 것을 소유해도 좋으나 언제든지 버릴 수 있어야 하고 줄을 수 있어야 한다. 이것이 바로 보시와 지계이다. 시시한 어려움에 흔들리거나 좌절하지 말고 끊임없는 인욕의 정진심을 가져야 한다. 지금의 편안을 일부러 불편으로 만들려고 노력할 필요는 없지만, 불편하게 살아야 할 경우가 오더라도 굴욕을 받아야 할 경우가 오더라도 아무리 엄청난 좌절이 오더라도 참으면서 일어설 수 있어야 한다. 이것이 바로 인욕과 정진이다. 굶을 수 있고 참을 수 있는 것만으로는 부족하다. 이 역사 위에 참답고 좋은 아름다운 무대를 꾸며야 한다. 이것이 바로 사랑의 감정을 정리하는 선정과, 허공의 마음을 알리고 허공의 마음을 이용하는 지혜이다.

우리가 만약 굶을 수 있고 참을 수 있고 꿈을 노래하면서 육바라밀을 동시에 실천할 수 있다면 우리는 지금 당장 무서울 것이 아무것도 없다. 부족할 것이 아무것도 없다. 괴로울 것이 아무것도 없다. 우리는 바로 대자유인이요, 대해탈인이요, 대평화인이다.

무소득의 공

(반야심경)

반야바라밀의 뜻 자체는 지혜의 완성일 뿐이지만

그 지혜를 완성하는 내용은

공사상과 무소득 정신에 입각한 육바라밀의 실천이다.

현장법사가 번역한 《반야심경》은 반야부 경전들 가운데 부피가 큰 것으로부터 작은 것으로 축약된 경전이다.

《반야심경》의 산스크리트 원본은 대본과 소본이 있는데 이 중에서 소본은 현장법사가 《반야바라밀다심경》이라는 이름으로 번역한 것으로 한국 불교에서 조석으로 읽는 《반야심경》이다. 《반야심경》의 한역 종류, 광본 · 약본 종류 등은 앞에서 설명했으므로 바로 《반야심경》의 내용을 보기로 하자.

관세음보살이 반야바라밀을 행할 때 오온(五蘊)이 다 공함을 보고 모든 고통과 액난을 건진다. 물질과 정신의 요소인 오온이 공한데 이 공한 가운데는 눈·귀·코·혀·몸·뜻의 여섯 가지 감각기관이나 색성향미촉법(色聲香味觸法)의 여섯 가지 감각기관의 대상이나 그리고 감각기관과 감각기관의 대상 사이에서 생기는 인식도 없다. 윤회로 가는 십이인연이나 해탈로 가는 십이인연도 없고, 고집멸도(苦集滅道) 사성제(四聖諦)도 없다. 영적인 앎이나 일체의 얻을 것이 없다.

아무런 소득이 없으므로 보살이 반야바라밀에 의해서 마음에 걸림이 없고 공포가 없어서 잘못된 생각을 여의고 열반에 이른다. 과거·현재·미래의 부처님들도 모두 이 반야바라밀에 의해 궁극의 깨달음을 얻는다. 여기 모든 고통을 여의게 하는 신비한 주문이 있는데 그것은 바로 반야바라밀다의 주문이다.

《반야심경》을 포함한 모든 반야부의 경에서 반야바라밀을 닦는 것은 공을 실천하는 정신으로 마음에 일체의 집착을 지우고 육바라밀을 동시에 실천해서 그 공덕을 반야바라밀로 회향함을 뜻한다. 그래서 최초에 나오는 반야바라밀은 바로 한 가지의 바라밀을 닦으면 다른 다섯 가지를 동시에 닦는 종류의 육바라밀행을 뜻한다. 그리고 경전을 짧게 줄이다 보니까 반야바라밀을 닦는 공덕이 먼저 나온다. 물론, 공사상을 터득하면 세상이 있는 그대로 보이기 때문에 그리고 불생불멸을 깨달을 것이기 때문에 고통을 여의게 되겠지만 일단 반야바라밀을 닦는 성과가 제시된다. 그런 다음 반야바라밀을 닦는 방법으로 철저한 부정이 시작된다.

불교에서는 물질과 정신의 요소를 대표적으로 나타내는 색 수 상 행 식 오온이 부정된다. 모든 감각기관과 그 대상과 인식이 부정된다. 부처님의 가르침인 십이인연이나 고집멸도 사성제도 부정된다. 어떤 종류의 지혜나 얻을 것도 부정된다.

이 부정은 반야바라밀을 닦는 필수적인 방법이다. 《반야경》에 있어서 반야는 바로 나를 중심으로 한 집착을 여읜 눈으로 세상을 있는 그대로 보는 지혜이다. 공사상을 닦는 것이 집착을 여의는 방법이다.

집착을 여의기 위해서는 모든 것이 다 부정되어야 한다. 심지어 부처님의 가르침이나 반야바라밀 자체까지도 또 그것을 닦은 성과로 얻어지리라고 기대되는 일체의 지혜까지도, 어떤 종류의 얻음도 부정된다. 이 부정을 통해서만 있는 그대로 세상을 보는 지혜의 눈을 얻을 수 있기 때문이다.

그러나 불교에 있어서 부정은 사물 자체가 없다고 말하는 것이 아니라 사물이 공한 상태에 있다는 것을 뜻한다. 즉 무상하게 변하는, 무상하게 스러지는, 무상하게 없어지는 상태에 있다는 것이다. 물질이나 정신 모든 감각기관과 인식이 실체적인 것이 아니고 없어질 것이며 부처님의 가르침도 강을 건너는 뗏목과 같은 것으로 진리를 깨우치는 데 이용하고 난 후에는 버려야 할 것이라는 말이다.

철저하게 부정하기 위해서는 '사물은 존재하되 공한 상태에 있다.'는 설명도 필요없다. 그럼에도 불구하고 부정의 마당에서 사물 자체의 존재를 없다고 하는 것이 아니라 사물이 상대적 상호의족의 상태, 독자적 실체가 없는 무자성의 상태, 공한 상태에 있다고 말하는 데는 이유가 있다. 어떤 긍정이 있지 않으면 무조건의 부정에 대해서 불합리하다고 생각할 수도 있기 때문이다.

텔레비전 드라마를 볼 때 주인공이 너무 억울하게 핍박과 고통을 받으면 시청자들은 방송국에 전화를 걸어서 항의한다고 한다. 그러나 그러한 핍박의 과정이 있어야 시청자들의 감정을 잡을 수 있기 때문에 작가는 주인공으로 하여금 부당하고 억울한 고초를 겪게 하는 것이다. 《반야심경》에 있어서 반야바라밀을 닦는 과정으로서의 부정도 그와 같다.

앞에서도 여러 번 생각해 보았듯이 반야부 경전들에 있어서 부정은 육바라밀을 제대로 실천하기 위한 방법적인 부정이다. 가령 보시를 행하되 철저하게 공을 깨달은 상태에서 주는 이와 받는 이, 주는 물건, 보시공덕의 결과에 대해서 마음을 쓰지 않는 상태에서 보시를 행한다면 이 보시가 진정한 반야바라밀로 회향될 수가 있다.

지계나 인욕 등 다른 바라밀을 실천하는 것도 마찬가지이다. 집착의 마음을 완전히 비우려면 사물뿐만 아니라 보시를 행하는 자체, 교리 자체, 반야바라밀 자체까지도 부정해야 한다.

《반야심경》에서는 짧게 줄이느라고 십이인연과 사성제까지만 부정하고 어떤 지혜나 얻을 바도 없다고 하지만 우리가 본 《대품반야경》

에서는 더 많은 부정들을 살펴본 바 있다.

반야바라밀로 회향되는 육바라밀 수행자세의 입장에서 부정이 계속 되지만 수행의 결과 면에서는 다시 긍정으로 돌아선다. 그래서 《반야심경》은 보살이 반야바라밀의 무소득 마음에서 아무런 걸림이나 공포가 없으니 그것이 바로 궁극의 열반에 드는 것이라고 한다.

《반야심경》의 처음은 관자재보살 즉 관세음보살로 수행주체의 이름을 밝히고 여기서는 그냥 보살이라고만 한다. 구마라집은 관세음보살이라고 번역했고 현장법사는 관자재보살이라고 번역했다. 그러나 우리가 흔히 관세음보살이라는 말을 많이 쓰기 때문에 필자도 관세음보살이라는 명칭으로 통일하는 것이다. 그래서 구경열반을 얻는 보살은 관세음보살이나 반야바라밀을 닦는 모든 보살이 될 것이다. 《대품반야경》에서도 출현하는 수행자는 보살마하살로 불러진다.

《반야심경》은 다시 과거 · 현재 · 미래의 모든 부처님들도 반야바라밀에 의해서 아뇩다라삼먁삼보리, 궁극적인 깨달음의 지혜를 얻는다고 한다. 그리고는 이 반야바라밀이 아주 신비롭고 밝고 높고 귀한 주문이라고 밝히면서 바라밀 즉 고해를 건너 피안에 이르는 도피안의 정신을 나타내는 바라밀다 주문으로 '아제아제 바라아제 바라승아제 모지사바하'라는 짧은 다라니가 붙는다.

이 바라밀다의 진언은 모든 고통과 액난을 멸제하며 절대로 헛되지 않다는 말도 첨부되어 있다. 반야바라밀이 신비로운 주문이라고 할 때 이 반야바라밀에는 철저히 버리고 비우고 지우는 공사상의 실천 육바라밀 중에서 한 가지의 바라밀을 닦을 때마다 다른 다섯 가지의 바라밀을 동시적으로 닦는 것, 육바라밀의 닦음을 반야바라밀로 회향해서 아뇩다라삼먁삼보리를 얻는 절차가 다 포함되어 있다. 반야바라밀은 극히 상징적인 것이다.

반야바라밀의 뜻 자체는 지혜의 완성일 뿐이지만 그 지혜를 완성하는 내용은 공사상과 무소득 정신에 입각한 육바라밀의 실천이기 때문이다. 《반야심경》은 '아제아제'로 이어지는 주문을 바라밀다주라고 하고 있지만 반야바라밀다라고 하는 말 자체가 대단히 상징성을 띤 주문이다.

그래서 현재 이 '반야바라밀'이라는 말을 주문으로 외우는 법회도 있다.

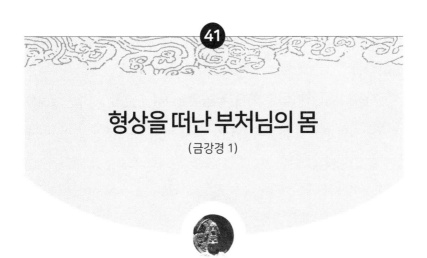

형상을 떠난 부처님의 몸
(금강경 1)

온 세상의 만물이 모두 허망하니라.
사물의 겉모습이 그것의 진실 된 모습이 아닌 줄을 알면
그 자리에서 바로 여래를 보리라.

반야부 경전 중에서 구마라집이 번역한 《금강경》을 보도록 하겠
다. 구마라집은 《금강반야바라밀경》이라는 이름으로 번역했고 현장법
사는 600권 《대반야경》 가운데 제9회 577권에서 〈능단금강분〉이라는
이름으로 번역했다. 한국불교에서는 구마라집이 번역한 《금강반야바
라밀경》을 사용하고 있다.

이 경을 《금강반야경》 또는 《금강경》이라고 줄여서 부르기도 한
다. 전에 살펴보았듯이 《금강경》에는 대승 · 소승이라는 말과 공이라
는 말이 등장하지 않는다. 그래서 대소승의 구별이 희미하고 공이라

는 말이 반야사상의 핵으로 사용되기 이전에 편집되었을 것이라는 짐작이 있다.

이와는 반대로《금강경》의 조직이 잘되어 있고 또 반야부 경전들에 공통적인 역설적 부정의 논리가 극도로 발달된 것으로 보아서《대품반야경》이나《십만송반야경》같은 큰《반야경》으로부터 대승·소승이나 공이라는 말을 의도적으로 빼고 축약해서 반야사상이 간략하게 편집되었을 것이라는 짐작도 있다.

이《금강경》은《반야심경》다음으로 널리 읽혀지고 있다. 선종에서는 5조 홍인대사 이후로《금강경》읽는 소리를 듣고《금강경》가운데 나오는 한 구절의 감명을 받아 출가했다고 한다. 그래서 선종에서는 소의경전처럼 애독되고 있다.

반야부 경전의 대의로 알려진 '범소유상 개시허망(凡所有相 皆是虛妄)'의 문구를 보고 그 의미를 헤아려 보겠다. 이 문구는《금강경》을 비롯한 반야부 모든 경전들이 전하고자 하는 가장 근본적이 메시지를 달고 있다. 부처님이 수보리에게 물었다.

"수보리야, 네 생각에는 어떠하냐? 육체적 외모로써 여래를 볼 수 있겠느냐?"

"세존이시여, 그렇지 않습니다. 육체적 외모로는 여래를 볼 수가 없습니다. 왜냐하면 여래가 말씀하신 육체적 외모란 외모가 아니기 때문입니다."

이에 대해서 부처님이 수보리에게 말씀하신다.

이 세상에 있는 모든 사물은 다 허망해서 진실 된 실체가 없느니라. 그러므로 일체의 사물을 보되 현재의 겉모양만을 보지 말고 그 모양에 시간적으로 공간적으로 더하기와 빼기를 해서 이 순간 이 자리의 모습뿐만 아니라 모든 순간, 모든 자리의 모습을 동시에 볼 수 있다면 그 즉시 여래를 볼 것이니라.

이 구절이 《금강경》의 대의를 잡는 맥줄이기 때문에 뜻을 좀 더 잘 살려서 번역해 보려고 노력했지만 번역하고 보니 더욱 복잡하게만 되었다.

많은 사람들은 '범소유상 개시허망 약견제상비상 즉견여래(凡所有相 皆是虛妄 若見諸相非相 卽見如來)'를 다음과 같이 번역한다.

'온 세상의 만물이 모두 허망하니라. 사물의 겉모습이 그것의 진실 된 모습이 아닌 줄을 알면, 그 자리에서 바로 여래를 보리라.'

이미 앞에서 소개한 산스크리트어본 《반야경》 연구전문가인 에드워드 콘즈는 이 부분을 범어본 《금강경》으로부터 이렇게 번역했다.

286

'겉표시가 붙은 곳에는 반드시 속임이 있느니라. 겉표시가 없는 곳에는 아무데나 속임이 없느니라. 그러므로 여래는 겉표시가 없는 곳에서 표시로 나타나느니라.'

미국의 로스엔젤레스 부근에는 디즈니랜드가 있다. 그곳에는 여러 가지 볼 것을 만들어 놓았는데 그중에서 유령의 집이라는 것이 있다. 깜깜한 장소에 우리가 알 수 없는 효과장치를 이용해서 귀신들이 댄싱파티를 하는 장면도 있다. 또 사람들이 자신의 모습을 거울에 비춰보면 귀신과 같이 있는 것처럼 보이기도 한다. 그런데 그 유령의 집에서 우리는 눈앞에 있는 사물의 모양을 보되 현재의 모양만 보는 것이 아니라 과거와 미래의 모양을 동시에 볼 수 있다.

여러 미녀들의 모습이 유령처럼 실물 모양으로 나타나는데 순간순간 나이가 다른 모습으로 변해진다. 한 순간에는 20대의 꽃다운 청춘으로 다음 순간에는 40대로, 60대로, 80대로 그 다음 순간에는 막 태어난 아기로 연이어서 1살, 2살, 3살, 7살, 10살, 17살의 모습으로 나타나고 다시 20살의 모습이 된다.

어떤 때는 태어나서부터 성장하여 늙어가는 모습을 단계적으로 자세히 보이기도 하고 다른 때는 20세, 80세, 1세, 10세의 모습을 어지럽게 보이기도 한다.

그 미녀 유령들의 형체에 우리가 걸어가서 접근할 수가 있다. 인형같은 형체로 생각하고 접근해서 만져보려고 하면 아무것도 잡히지 않는다. 그렇다고 해서 영사기로 비치는 그림 같은 것도 아니다. 사람의 몸이 닿은 부분은 모양이 없어져 버리지만 영사기로 비추는 것이라면 우리의 몸에 지워진 부분의 모양이 나타나야 할 터인데 우리의 몸은 그대로이다. 어떤 장치로 그와 같은 여인들이 실물적으로 보이게 하면서도 실제로는 물체가 없는 효과를 내는지 도저히 짐작할 수가 없다.

이 환경에서 공의 세계를 실감하게 한다. 수초 사이에 우리는 미녀의 어렸을 때와 늙었을 때를 다 보아 버린다. 30세의 미녀가 현재인지 80노인이 현재인지 갓난아기가 현재인지 구별이 안 된다. 현재로 말하면 모든 나이가 다 현재이고 과거나 미래로 보면 모든 나이의 단계가 다 과거나 미래가 된다. 갓난아기 속에서 노인을 보고 노인 속에서 이팔청춘의 미녀를 본다. 만개한 미녀에게서 핏덩이의 아기와 뼈와 주름진 가죽만 앙상한 임종 직전의 노피도 본다.

《금강경》에서 말하는 '현재의 모양을 보되 지금 순간, 이 자리 이 모습의 모양만을 볼 것이 아니라, 변해 왔고 변해 갈 모양들을 한꺼번에 보라.'는 내용이 바로 이 같은 경계의 관찰법이 아닐까. 핏덩이 아기에게서 80노파를 80노파에게서 청춘의 미녀를 한꺼번에 보는 지혜의 관찰 말이다.

전에 필자가 30여 년간 알고 지내던 노보살님 한 분이 운명하셨다. 그분은 젊었을 때 사찰의 신도회장 일을 맡아 보면서 부처님 도량을 수호하고 스님을 봉양하는 일을 많이 했었다. 85세가 될 때까지는 나이를 잘 셀 수 있었지만 85세가 넘은 다음부터는 나이 세는 일을 포기해야만 했다. 그분의 젊었을 때의 사진에 검은 리본을 걸쳐놓고 필자는 《금강경》의 '범소유상 개시허망'의 구절을 읽었다. 젊었을 때의 사진에 멈추어 계신 보살님, 그 사진과 병풍 뒤에 뼈와 가죽으로만 되어 있는 노보살님, 이제는 숨쉬기를 그만둔 채로 누워 계신 노보살님을 비교해 보면서 어떻게 하면 저 보살님을 다시 만날 수 있을까를 생각해 보았다.

《금강경》은 모양을 지우고 모양을 보아야만 그 모양의 진실을 볼 수 있다고 한다. 노보살님을 만나고 싶고 다시 정을 나누며 절 일도 하고 108배나 3000배 기도도 하고 싶다. 다른 분이 아닌 꼭 그분을 찾고 싶다. 모양을 지우고 모양을 볼 때 바로 여래를 만날 수 있다면 필자는 운명하신 그 보살님도 찾을 수 있을 것이다. 그러나 모양을 지운다는 말이 얼굴 모양이 바뀐다거나 나이와 함께 변한다거나 이름이 달라지는 것 등을 상상하는 그런 것이 아닐 것이다. 떠나신 노보살님이 모양을 바꾼다고 할 때 노보살님의 정신과 육체는 필자가 알고 있는 모습과 완전히 달라진다는 것을 뜻하는 것이 아닐까. 그 노보살님은 산이나 바다나 바람이나 구름의 모양을 취할 수도 있을 것이다. 내가 아주 좋아하는 육체적·정신적 인간형을 가지면서 나를 멀리할 수도 있을 것이고 내가 가장 싫어하는 사람의 특징을 가지고 내 앞에 나타날 수도 있을 것이다.

원효스님은 관세음보살님을 친견하기 위해서 한 암자에서 열심히 기도를 했다. 삼매에 들어서 무아지경으로 기도하고 있는데 나물

캐는 노파가 찾아와서 하룻밤 쉬어 갈 수 있느냐고 물었다. 원효스님은 마음속에 약간 짜증이 났다. 원효스님이 기도하는 암자가 아니더라도 그 노파가 큰절에 가서 부탁하면 하룻밤을 쉬고 가게 해줄 터인데 하필이면 기도하는 곳에 와서 마침 기도가 잘 되는 중에 끼어들어서 기도를 방해하는 것이 야속했다. 원효스님은 그 노파를 큰절로 가게 했다. 그날 밤에 원효대사는 꿈을 꾸었다. "너는 나를 보겠다고 기도하면서 막상 내가 나타나니 나를 쫓아 보내는 것은 무슨 까닭이냐?"고 힐난하는 것이었다. 원효대사는 깜짝 놀라 잠에서 깨어났다. 관세음보살을 찾으면서, 찾아온 관세음보살을 알아보지 못한 것이 원통했다.

《금강경》은 얼굴을 지운다. 특히 내가 꼭 만나고자 하는 사람의 얼굴을 지운다. 얼굴을 지우고 보라고 한다. 이 말은 만나는 모든 사람으로부터 자기가 꼭 만나고자 하는 사람을 만나라고 하는 뜻이다. 춘원 선생이 육바라밀 시에서 말하는 것처럼 항상 새로운 얼굴로, 무수한 얼굴로 나타나는 님에게 육바라밀의 행을 하라는 뜻이다. 모양을 지우고 모양을 봄으로써 여래를 보는 것은 결국 육바라밀의 실천 속에서 내가 다시 만나고자 하는 저 노보살님을 찾으라는 뜻이 된다. 운명하신 노보살님도 다시 만나고 여래도 보고 싶다.

머무는 바 없이 내는 마음
(금강경 2)

매달림 없는 마음으로 역사무대에서
최선을 다하기 위해서는 일상사의 하나하나에
조심스럽고 성실하게 임해야 한다.

《금강경》중에 유명한 구절로 '응무소주 이생기심(應無所住 而生其心)'이 있다. '응무소주 이생기심'은 집착함이 없이 마음을 내라는 뜻이다. 육조혜능스님은 이 구절을 듣고 깨쳤다고 전해지고 있다. 그러면 먼저《금강경》가운데 이 구절이 나오는 상황을 읽어 보기로 하자.

부처님이 수보리에게 묻는다.

"수보리야, 어떻게 생각하느냐? 보살이 불국토를 장엄하느냐?"

"아닙니다. 세존이시여. 왜냐하면 불국토를 장엄한다고 하면 그 장엄은 진정한 장엄이 아니라 오직 그 이름만 장엄일 뿐이기 때문입니다."

"수보리야, 그렇기 때문에 수행하는 보살은 청정한 마음을 낼지니, 눈에 보이는 것을 비롯해서 모든 감각기관의 대상에 의지해서 마음을 내면 안 된다. 응당 머문 바가 없이 그 마음을 내야 할지니라."

부처님이 수보리존자에게 묻고 대답하는 형식을 취하면서 머무는 바 없이 마음을 내는 데로 유도한다.

불국토를 장엄한다는 생각으로 장엄하면 그것은 이미 불국토도 아니고 장엄도 아니라고 한다. 왜냐하면 물질적인 것이거나 정신적인 것을 막론하고 불국도를 어떤 실체적인 것으로 잘못 집착하기 때문이다. 반야부의 모든 경전들과 마찬가지로 《금강경》도 반야바라밀을 실천하는 데 있어서 철저한 자기 지움, 자기 버림, 집착의 지움을 기본으로 하고 있다.

그런데 깨달음의 세계를 꾸민다는 이름으로, 깨달음을 실체적인 것으로 받아들이면 이미 그것은 깨달음에서 멀어진 것이다. 그 깨달음의 세계 또는 불국토가 실체적인 것이 되면 현실을 떠나고자 하는 마음과 이상세계를 기다리고자 하는 마음이 생기게 된다. 철저한 공을 닦는 길과는 반대의 길이 생기게 된다. 그러므로 반야바라밀을 닦는 것이 바로 불국토를 장엄하는 것이기는 하지만 그 장엄은 수행의 결과로 나타나는 것일지언정 목표로 할 것은 아니라는 말이다.

　다음에 감각기관의 대상에 머문 바가 없이 마음을 내라는 부처님의 말씀이 이어진다. 감각기관의 대상은 육체적·물질적인 것이니까 나쁘고 정신적인 것은 좋다는 의미에서가 아니다. 육체적인 것이나 정신적인 것을 막론하고 객관적인 불국토가 실체적으로 독자성을 가지고 존재한다는 집착의 마음으로 불국토를 장엄하려고 해서는 안 된다는 것이다. 여러 번 반복하지만 불국토나 불국토의 장엄은 반야바라밀을 닦은 결과일지언정 목표는 아니다.

　이것은 어떤 이가 수행하다가 목숨을 거둔 다음에 그 수행자의 몸을 화장하여 사리가 나왔다면 그 사리는 수행한 결과일지언정 수행이 목표가 될 수 없는 것과 같다. 효부상을 받은 사람이 시부모를 잘 모신 결과로 상을 받았을지언정 효부상을 받기 위해서 노력한 것은 아니다. 어떤 이가 효부가 되기 위해서 노력했다면 그녀는 이미 효부가 아니다. 사회봉사를 해서 사회적인 존경도 받고 국가로부터 훈장도 받은 사람이 있을 경우 그는 봉사한 결과로 훈장이나 존경을 받았을지언정 그것들을 얻기 위해서 봉사활동을 한 것은 아니다. 그가 상을 받고자 하는 마음을 조금이라도 내었을 때 그는 이미 존경을 받을 수 없는 사람이 된다.

　부처님은 불국토를 장엄한다는 마음으로 장엄을 하면 이미 그것은 장엄이 아니므로 감각기관의 대상에 의지하지 말고 깨달음의 세계를 꾸미기 위한 마음을 내라고 한다.

그 다음에 '응무소주 이생기심'이 이어진다. 이 구절의 뜻만 생각하면 '집착이 없어 마음을 내라.'가 되지만 불국토를 장엄하는 것과 관련을 지어서 생각한다면 '불국토라든지 장엄한다는 것에 대한 일체의 집착을 여의고 불국토를 장엄할 마음을 내라.'는 뜻이 되겠다.

여기서는 수행의 자세를 가르치고 있는 것이므로 일차적으로 부정하는 불국토나 부정 뒤에 오는 불국토가 다 같이 공사상에 의한 육바라밀과 육바라밀을 반야바라밀로 회향하는 것이 되겠다. 이 불국토의 장엄은 우리가 살고 있는 역사라는 무대 위에 육바라밀의 행을 공연하는 것이 된다.

'응무소주' 즉 '머무는 바 없음'이《반야심경》에서의 '색불이공(色不異空)'이라고 한다면 '이생기심' 즉 '마음을 내라.'는《반야심경》에서의 '공불이색(空不異色)'이 될 것이다.

'색불이공' 즉 '물질이 공과 다르지 않다.'는 것은 현실에서 공의 세계로 들어가는 것이요, '공불이색' 즉 '공이 물질과 다르지 않다.'는 말은 공의 세계에서 현실의 역사세계로 나오는 것이 된다. '응무소주' 즉 '불국토에 머무는 바 없다.'는 것이, 현실의 세계에서 공의 세계로 들어가는 것이요, '이생기심' 즉 '불국토를 장엄할 마음을 내라.'는 것이 공의 세계에서 현실의 세계로 나오는 것이다.

선사님들의 게송 중에 다음과 같은 시가 있다.

산사에 고요히 앉아 있으니 고요적적하여

자연의 본래자리 그대로라.

무슨 일로 서풍이 불어서 수풀을 움직이며

기러기 소리가 추운 겨울 하늘을 길게 가르는가.

고요히 앉아 있는 부분이 현실세계에서 공의 세계로 들어가는 것이라고 한다면 바람이 불고 새가 우는 것은 공의 세계에서 현실의 세계로 나오는 것을 뜻한다.

차별이 있는 현실에서 차별이 없는 고요로 들어가고 차별 없는 고요에서 차별이 있는 지혜를 가지고 현실세계로 나오는 것이다.

필자는 이 응무소주 이생기심을 '집착이 없이 최선을 다하는 것' 또는 '매달림이 없는 정열'로 표현하기도 한다. 어떤 일을 하든지 그 일이 진리에 합당하고 인류에게 이익 된 일일 경우 결과의 성패에 상관없이 최선을 다하면 된다는 것이다.

반야바라밀로 통칭되는 육바라밀의 행을 하는 것이 바로 불국토 또는 정토를 장엄하는 것이라면 그것이 아무리 사소한 일이라도 최선을 다해서 노력해야 한다는 것이다. 매달림 없는 마음으로 역사무대에서 최선을 다하기 위해서는 일상사의 하나하나에 조심스럽고 성실하게 임해야 한다. 밥 먹는 일, 옷 입는 일, 잠자는 일 하나하나가 불사가 되어야 한다.

일본 사람들은 차에도 '오차(御茶)'라고 해서 경어 '오(お)'자를 붙이고 밥에도 '고항(ごはん)'이라고 해서 '고(ご)'자를 붙인다. 대부분의 사소

한 일에도 '오'자를 붙임으로써 그 일의 존중을 나타낸다.

이것은 일본의 언어문화일 뿐이고 일본인들이 모든 일을 그들이 쓰는 말과 같이 신중하고 정성스럽게 처리하는 것은 별문제이다. 여하튼 한 동작 한마디마다 육바라밀의 행으로 불국토를 장엄한다는 심정으로 온 정성을 다한다는 것은 중요한 일이다.

며칠 전에 한 객스님을 만난 적이 있다. 그 스님은 '돈 들이지 않고 사이좋게 지내는 즐거운 마을 만들기 모임'이라는 긴 이름을 가진 한 시골의 수련원에서 공동생활을 하면서 마음속으로 깨우친 바가 컸고 그 깨우침을 현실에서 실천하고 있는 중이라고 했다.

그 첫 번째의 실천방법이 자리양보라고 했다. 도시나 시골길을 다니다 보면 버스나 기차를 타게 된다고 한다. 그 스님은 처음에 자신보다 연세가 높은 이에게는 누구에게나 자리를 양보하기로 했는데 이제는 나이에 관계없이 모든 사람에게 자리를 양보하기로 방침을 바꾸었다고 한다.

그래서 물었다. 먼 길을 가면서 누구에게나 자리를 양보하면 너무 힘들지 않느냐는 질문이었다. 그러자 그 스님은 양보하기는 하지만 자리에 집착하지는 않는다고 말했다. 양보해 주는 이와 양보받는 이가 교대해서 앉으면 서로 피곤하지 않고 자리를 교대하는 중에 평소에 느끼지 못하는 인간관계의 정도 생긴다고 대답했다. 그 스님은 또 옆에 서 있는 사람을 두고 자리를 지키고 계속 앉아 있는 일은 정신적으로나 육체적으로 피곤한 일이라고 말했다.

그 이야기를 들으면서 어찌 꼭 버스나 기차에서의 자리 지키기만 피곤한 일일까보냐, 이 세상의 모든 편안한 자리를 혼자 차지하고 계속 지키려면 육체적으로나 정신적으로 힘들 것이라고 생각했다. 버스나 전철에서의 자리양보, 인생의 모든 자리에 있어서의 상호교대, 참으로 좋은 아이디어라고 생각했다.

머무는 바 없이 마음을 내서 불국토를 장엄하는 일이 꼭 신문방송에 나올 만큼 거창한 일을 해야 되는 것은 아닐 것이다. 사소한 생활 중에 자신이 할 수 있는 처지에서 자신이 할 수 있는 보살행을 한다면 그것이 바로 집착이 없는 불국토 장엄의 출발점이 될 것이다. 육바라밀 전체를 한꺼번에 실천해서 불국토를 장엄하면 좋겠지만 그렇게 할 능력이나 환경이 되지 못하면 육바라밀 중에 한 가지라도 실천하면 되는 것이다.

역설적 부정의 이유

(금강경 3)

> 손가락이 달을 가리킨다면 손가락은 속제(俗諦)이다.
>
> 달은 언어에 의해 가리켜진,
>
> 그러나 언어로 표현될 수 없는 진제(眞諦)이다.

　《금강경》 가운데 나타나는 역설적인 부정에 대하여《금강경》에서
는 '무엇 무엇은 무엇 무엇이 아니므로 무엇 무엇이니라.'라는 부정의
논리가 처음부터 끝까지 계속된다.

　이 부정의 논리가 경을 읽는 분들을 당황하게 한다. '갑은 갑이 아
니므로 그 이름이 갑이니라.'는 우리의 머리를 어지럽게 한다. 이 부정
에 대해서 이야기하기 때문에 좀 딱딱하고 재미가 없을 것이다. 이 부
정의 뼈대는 마치 수학의 공식과 같기 때문이다.

　《금강경》에 관해서 관심을 가지는 공덕이 큰 것을 생각해서 인내

심을 가지고 대해야 할 것이다. 완전히 이해가 되지 않아도 상관이 없다. 이 역설적 부정에는 뗏목의 비유, 정해진 법이 없음, 불가득, 무소득의 자세가 한 맥으로 연결되어 있다. 먼저 부정의 형태를 보도록 하자.

수보리야, 부처가 설한 반야바라밀은 반야바라밀이 아니라 단지 그 이름이 반야바라밀이니라.

수보리야, 여래가 설한 세계는 세계가 아니라 그 이름이 세계니라.

온갖 티끌에 대해서 여래는 티끌이 아니라고 하니, 단지 그 이름이 티끌일 뿐이니라.

세존이시여, 여래가 사람의 몸이 크다고 하는 말씀은 큰 몸이 아니기 때문에 큰 몸이라고 하신 것이옵니다.

수보리야, 범부에 대해서 여래가 범부가 아니라고 하니 단지 그 이름이 범부일 뿐이니라.

《금강경》에서는 지금 본 것처럼 '무엇은 무엇이 아니므로 그 이름이 무엇이니라.'의 논법이 처음부터 끝까지 많이 널려 있다. 이 형식에서 우리는 의문이 생긴다.

각 부정의 형식마다 세 가지의 같은 단어가 반복되는데 이 세 가지 가운데서 어떤 것이 긍정이고 어떤 것이 부정이냐는 것이다. 가령 반야바라밀은 반야바라밀이 아니므로 반야바라밀이라고 할 경우, 어떤 반야바라밀이 부정되어야 할 반야바라밀이고 어떤 것이 긍정되어야 할 반야바라밀이냐는 것이다.

우리는 진제(眞諦)와 속제(俗諦)에 대해서 살펴본 바 있다. 진제는 언어로 이야기할 수 없는 진리이고 속제는 언어에 의해서 임시방편적으로 진리를 나타내는 진리의 모형을 말한다. 손가락이 달을 가리키고 있다면 손가락은 언어로 진리를 가리키는 속제이고 달은 언어에 의해서 가리켜진, 그러나 언어로 표현될 수 없는 진제이다.

우리가 어떤 것이 부정되어야 할 반야바라밀이고 어떤 것이 긍정되어야 할 반야바라밀이냐고 물을 경우, 어떤 것이 속제의 임시적인 진리이고 어떤 것이 진제의 궁극적인 진리이냐는 질문이 된다.

그렇다면 앞에 말한 세 개의 반야바라밀 중에서, 먼저 일차적으로 제시되는 반야바라밀과 제이차적으로 부정되는 반야바라밀은 궁극적인 반야바라밀이 아니라는 점에 대해서는 부처님과 수보리가 이야기를 주고받으면서 누차 설명한다.

첫 번째 반야바라밀과 두 번째 반야바라밀은 속제적 또는 방편적인 반야바라밀이 된다. 그렇다면 세 번째의 반야바라밀이 궁극적으로 긍정되어야 할 반야바라밀이 되겠는데 《금강경》은 선뜻 긍정점을 바로 내놓지 않고 있다. 반야바라밀은 반야바라밀이 아니라고 부정됨으로써 진정한 반야바라밀이 될 수가 있다. 부정되는 반야바라밀은 오직 이름만 있을 뿐이다. 실체적인 것에 대해서 집착이 없는 반야바라밀, 그것이 진정한 반야바라밀이다. 그래서 우리가 세 번째의 반야바라밀을 집어서 이것이 궁극적인 진제의 반야바라밀이라고 하는 순간 그것은 다시 부정되어야 할 반야바라밀이 된다.

《대품반야경》과《반야심경》을 살피면서 반야바라밀을 실천하는 방법으로 무한부정이 필요한 이유에 대해서 생각해 보자. 반야바라밀을 닦는 절대부정 · 무한부정에 있어서 사물이나 사물의 공함을 알려주는 가르침이나 사물의 공함을 체득함으로써 얻어지는 어떤 종류의 소득도 부정되어야 하는 것이다. 이것이 반야바라밀을 닦는 기본자세이다.《반야심경》에서는 오온 · 십이처 · 십팔계 · 십이인연 · 사성제 · 지혜 · 소득이 다 부정된다. 이 같은 철저한 부정을《금강경》에서는 간단 형식으로 표현한다.

그 간단한 표현이 바로 3단계의 긍정 · 부정 · 긍정이다. 일차적으로 어떤 것을 제시하고 그것을 부정하고 그 임시적인 이름만을 말하는 방법이다. 앞에 예를 들었듯이 반야바라밀이라고 할 경우, 그것은 이미 반야바라밀이 아니다.

여기에는 반야바라밀을 닦는 사람이 전제되고 반야바라밀이라는 것이 실체적인 것으로 잘못 인정되기 때문이다. 그러나 현실 속에서 엄연히 있고 또 우리가 목적하는 반야바라밀을 모르는 체 할 수가 없다. 그래서 반야바라밀을 계속 부정되는 것이라고 전제해서 '단지 그 이름이 반야바라밀'이라고 나타내는 것이다.

《금강경》에서 공의 실천을 통한 육바라밀을 닦는 방법으로 부정 뒤에 긍정의 꼬리를 달아 주는 것은 중생의 근기에 순응해 주는 《금 강경》의 친절이다. '약견제상비상 즉견여래(若見諸相非相 卽見如來)' 즉 '만약 모든 사물을 보되 그 겉모습의 상을 지우고 모양을 본다.'는 앞 부분은 부정을 나타내고, '그러면 바로 여래를 볼 것이다.'는 뒷부분은 긍정을 나타낸다.

'응무소주 이생기심(應無所住 而生其心)' 즉 '머무는 바 없이 마음을 내라.'도 마찬가지로 부정과 긍정의 순환형태이다. '머무는 바 없이' 부분은 부정이요, '마음을 내라.'는 부분은 긍정이 되는 것이다. 부정 과 긍정이 이어지지만 뒤의 긍정은 항상 앞의 부정을 전제로 한 잠정 적 긍정이다. 앞부분의 부정이 떨어지고 뒤의 것만 홀로 긍정되는 순 간 뒤의 것은 공사상에 위배된 것으로 부정되어야 할 것이 된다.

또 이것은 현상의 세계에서 공의 세계로 들어가고 공의 세계에 서 현상의 세계로 나오는 형식으로도 볼 수 있다. 반야바라밀을 반야 바라밀이 아니라고 부정하는 것은 현상세계에서 공의 세계로 들어가 는 것이다. 다시 그 이름이 반야바라밀이라고 하는 것은 공을 전제로 해서 공의 세계에서 현상세계로 나오는 것이다. '약견제상비상 즉견여 래'도 마찬가지이다. 모든 상을 지우고 일체의 사물을 보는 것은 현상 세계에서 공으로 들어가는 것이요, 바로 여래를 볼 수 있다는 것은 공 의 세계에서 현상세계로 나오는 것이다.

이처럼 공의 세계로 들어갔다가 나오는 방식은 《금강경》의 전체적인 구도에 걸쳐서 일관성 있게 나타나고 있다. 그러나 다시한번 주의할 점은 긍정이 무조건적 긍정이 아니라 반드시 앞의 부정을 전제한 임시적 또는 잠정적 긍정형태일 뿐이라는 것이다.

부정의 형태든지 긍정의 형태든지 육바라밀을 닦는 수행자세로서 지켜야 할 철저한 절대부정의 자세는 유명한 뗏목의 예로 나타난다. 《금강경》의 부처님은 자신의 가르침을 뗏목으로 비유한다. 예를 들면 반야바라밀이라는 부처님의 가르침까지도 공사상을 실천하고 체달하기 위해서 버려야 할 터인데 일반 사물에 대한 집착은 말할 것이 있겠느냐는 것이다.

또 육바라밀을 통해서 공사상을 실천하는 기본자세로 긍정과 부정을 동시에 내포하는 이유를 나타내는 유명한 구절이 있다. 그것은 바로 '무유정법명아뇩다라삼먁삼보리(無有定法名阿耨多羅三藐三菩提)', 즉 '일정하게 고정된 것이 없다는 것을 깨닫는 것이 최고의 지혜이다.'라는 말이다. 만약 나와 너, 내 것과 남의 것, 좋은 과보와 나쁜 과보가 수행자의 마음에 고정적으로 정해져 있다면 그 수행자는 이미 그것들에 고정되어 있기 때문에 진정으로 공과 무소득의 정신에 보시바라밀을 행할 수 없을 것이다.

선과 악의 개념, 좋은 것과 나쁜 것의 개념이 고정되어 있다면 진정한 무소득·무장애의 자세로 인욕바라밀을 실천할 수 없을 것이다. 마음속에 고정적으로 정해진 바가 있어서 그것에 걸리기 때문이다.

무유정법(無有定法)이 명(名)아뇩다라삼먁삼보리, 즉 고정된 법이 없음을 깨닫는 것이 최고의 지혜라고 하는 태도는 다시 저 유명한 과거의 마음, 현재의 마음, 미래의 마음도 얻을 수 없다는 과거심불가득(過去心不可得), 현재심불가득(現在心不可得), 미래심불가득(未來心不可得)의 형태로 나타나기도 한다. 사람들은 이 부분을 생각할 때 과거의 마음은 이미 지나갔기 때문에, 현재의 마음은 일정한 형상이 없기 때문에, 미래의 마음은 아직 오지 않았기 때문에 잡을 수 없다고 해석한다. 그러나 구태여 마음까지 다 들먹이며 해석하지 않더라도 얻을 수 없다는 불가득(不可得)은 바로 무소득과 일치한다.

그리고 무소득은 일정하게 고정된 바가 없음을 깨닫는 것과 일치한다. 불가득과 무소득은 또한 일체법을 다 뗏목으로 보는 태도와 같다.

중생의 아픔은 보살의 아픔
(유마경 1)

자신의 콩팥 하나를 떼어 줄 마음도 없으면서
공을 말하고 육바라밀의 보살행을 말한다.
참으로 뻔뻔스러운 앵무새이다.

《반야경》의 맥을 따라서 반야 공사상을 극적으로 표현하는 《유마경》에 대해서 살펴보자.

《유마경》은 구마라집이 번역한 《유마힐소설경(維摩詰所說經)》 3권 본을 줄인 것이다. 이 구마라집의 번역본 외에도 지도겸(支道謙)이 번역한 《유마힐부사의법문(維摩詰不思議法門)》 2권 본과 현장법사가 번역한 《무구칭경(無垢稱經)》 6권 본이 있다. 그 외에 세 번 더 번역되었지만 그 번역본들은 현재 전해지지 않고 있다. 산스크리트어 원본은 현재 남아있지 않고 티벳번역 본이 있다. 현대어로는 영어·독어·일본어·

한글 등으로 번역되었다. 한글번역본도 수종이 있다.

유마힐이란 비말라키르티(Vimalakirti)를 한문 음으로 옮긴 것이다. 뜻을 번역하면 맑을 정(淨)자와 이름 명(名)자를 써 정명이 된다. 그래서 《유마경》을 《정명경(淨名經)》이라고도 한다.

비말라키르티는 보통 유마거사로 불린다. 유마거사는 《유마경》의 주인공이다. 《승만경》에서는 속가의 여인인 승만 부인을 중심으로 이야기가 펼쳐지는데 비해서 《유마경》에서는 속가에 살고 있는 남자인 유마거사를 중심으로 이야기가 펼쳐진다. 《유마경》이 반야부의 사상을 표방하는 데 비해서 《승만경》은 여래장사상을 주로 나타낸다.

이 《유마경》의 내용은 유마거사를 중심으로 펼쳐지는 이야기와 법문이지만 부처님이 유마거사를 등장시켜서 법을 폈기 때문에 유마거사의 법문이 바로 부처님의 법문이 된다.

유마거사는 중인도의 베살리를 배경으로 그곳의 망고동산이나 유마거사의 방 등에서 법문을 펼친다. 유마거사의 방을 방장(方丈)이라고 하는데 이 방장이라는 말은 방의 크기를 말한다.

그래서 《유마경》의 이 방장을 본받아서 총림의 최고지도자를 방장이라고 부른다.

현재 한국불교에서는 해인사 · 통도사 · 송광사 · 수덕사 · 백양사 등 여러 곳에 총림이 있는데 그곳의 조실스님을 방장이라고 부른다. 방의 크기를 나타내는 명칭이 직책의 이름이 된 것이다.

《유마경》의 내용 중에 유명한 것은 '심정국토정(心淨國土淨)' 즉 '마

음이 청정하면 국토가 청정하다.'는 말씀과 '중생이 아프므로 보살도
아프다.'는 말씀 그리고 '침묵이 모든 상대를 여의는 불이도리(不二道理)
를 가장 잘 나타낸다.'는 것 등이다. 여기서는 '중생이 아프므로 보살
이 아프다.'는 말씀이 나오는 배경과 의미를 살피도록 하자.

　유마거사가 병이 들었다. 그래서 부처님은 사리불존자를 비롯한
여러 제자들에게 유마거사에게 문병을 가도록 한다. 그러나 유마거
사의 도가 높은 것을 알고 또 유마거사의 질문에 답변하는 데 어려움
을 당한 경험이 있는 여러 제자들은 모두 문병가기를 꺼리고 사양한
다. 그러자 부처님은 최종적으로 문수보살에게 유마거사를 방문하도
록 지시한다. 문수보살이 문병의 대표로 나서자 유마거사와 문수보살
이 만나면 대단한 법담이 교환 될 것이라고 짐작한 많은 사람들이 문
수보살을 따라서 유마거사의 방장으로 갔다.

　유마거사는 문수보살이 문병하러 온다는 말을 듣고 오직 상 한
개만 남겨둔 채 방안의 것을 깨끗하게 다 치우도록 한다. 모든 것을
비움으로써 공사상을 나타내려고 한 것이다. 문수보살이 유마거사를
방문하여 병세를 묻자 유마거사가 대답한다.

　　**나의 병은 중생들의 미혹에 대한 안타까움 때문에 생겼습니다. 일체 중
　　생이 병들었기 때문에 나의 병이 생겼습니다. 그러므로 일체중생이 병이
　　없게 되면 나의 병도 없어질 것입니다. 비유하면 어떤 장자에게 오직 아
　　들 하나가 있었는데 그 아들이 병을 얻으니 그의 부모도 병이 생겼습니다.**

아들의 병이 나으면 부모의 병도 나을 것입니다. 보살도 이와 같아서 모든 중생들을 아들과 같이 사랑합니다. 그러니 중생이 병들면 보살도 병들게 되고 중생의 병이 나으면 보살의 병도 낫게 됩니다.

이상의 내용은 그 취지가 너무도 선명하므로 새로운 설명을 붙일 필요가 없다. 문수보살이 문병을 왔는데 유마거사는 자신의 병이 업의 소산이 아니라 중생의 아픔을 같이 아파하는 보살도의 행이라고 말한다. 외아들을 둔 아버지가 아들의 아픔을 같이 아파하는 마음가짐이 바로 보살의 자세라는 것이다.

우리가 유마거사의 취지를 이해하기는 어렵지 않다. 그러나 유마거사처럼 중생들의 아픔을 같이 아파하기는 대단히 어렵다. 요즘에 신장 또는 콩팥 같은 인체의 장기가 돈에 의해서 거래된다고 한다. 필자는 그런 것의 거래 자체에 관심이 있는 것이 아니라 그것을 거래하는 사람들의 마음가짐을 생각하는 것이다. 사람에게는 두 개의 콩팥이 있다. 그런데 두 개 중에 하나만 있어도 생명에는 지장이 없다.

그런데 어떤 사람의 콩팥에 병이 들어서 두 개가 다 못쓰게 되었을 경우, 다른 사람의 것을 이식받으면 살 수 있다. 콩팥을 이식받기에 가장 적합한 사람은 환자의 혈연·친척들이다.

형제들 중의 한 명이 콩팥을 이식받아야만 살 수 있는 처지가 되었을 경우, 환자의 형제자매들은 마음에 큰 부담을 가진다고 한다.

그들 중의 한 명이 자신의 콩팥 중에 하나를 떼어 줄 생각은 아니하고 형제들은 돈을 모은다고 한다. 모금된 돈으로 콩팥을 사서 환자에게 이식시켜 줌으로써 자신들의 마음에 오는 부담을 줄이려고 한다는 것이다.

유마거사는 정말 대단하다. 날카롭다. 우리에게 자신의 마음을 점검하게 한다. 나의 사촌이나 팔촌의 동생이나 조카 또는 할아버지 뻘 되는 분이 콩팥이 하나 있어야만 생명을 유지하게 되었을 경우, 과연 나의 콩팥을 하나 떼어서 내줄 수 있겠느냐고 나 자신에게 묻게 한다. 나의 친지가 교통사고로 갑자기 장님이 되었을 경우, 나의 눈을 하나 내어줄 수 있느냐고 나 자신에게 묻게 한다.

부처님은 전생에 자신의 몸을 버리는 일을 헤아릴 수 없이 많이 했다. 부처님은 어느 때 토끼로 몸을 받아 보살행을 닦을 때 스님에게 공양을 올리기 위해서 자신이 직접 불속에 뛰어 들어가서 죽음으로써 자신의 몸을 공양물로 만들고자 했다. 불경 속에 나타나는 보살들은 유마거사의 말씀을 듣고도 태연할 수가 있을 것이다.

그러나 우리는 어떠한가. 이 우주의 일체중생 말고, 이 지구의 인류 말고, 이 한국의 국민 말고, 우리 친척 중에 한 사람이 신장이 필요할 경우, 이식하기에 가장 편리한 조건을 가진 나의 신장 하나를 떼어 줄 마음의 여유, 유마거사의 말씀을 실천해 보겠다는 원력이 있는가.

필자는 참으로 멍청하다. 자신의 콩팥 하나를 떼어 줄 마음도 없으면서 공을 말하고 육바라밀이나 반야바라밀의 보살행을 말한다. 참으로 뻔뻔스러운 앵무새이다. 그러나 이 몸에 대한 집착을 여의도록 노력할 것이다. 다겁생래의 업장과 미혹과 갈애를 녹이려고 노력할 것이다. 금생에 중생의 고통을 아파할 수 없으면 가장 가까운 생을 받아서라도 보살의 아픔을 실천하도록 원을 세울 것이다.

불자들도 지금 실천할 수 있으면 좋거니와 그렇지 못하면 원이라도 세우기 바란다. 불교는 업을 타파하고 원력을 세우는 서원의 종교 아닌가. 우리 자신에 너무 실망할 필요가 없다. 우리도 할 수가 있을 것이다. 이 한 마음을 돌리면 무슨 일이라도 할 수가 있다. 콩팥이나 눈이 아니라 이 몸 전체도 던질 수가 있다.

중생병 · 보살병을 말하고 난 유마거사는 우리의 마음을 아는 듯하다. 우리를 격려하는 말을 해준다. 보살의 병을 위로하는 말을 들어보자.

몸이 무상함을 말하지만 몸을 미워하거나 함부로 취급하라고 말하지는 말라. 몸에 괴로움이 있음을 말하지만 열반을 좋아하라고 말하지는 말라. 전에 지었던 죄를 참회하라고는 말하지만 과거에 들어가라고 말하지는 말라.

몸이 무상하니까 몸에 매달려서는 안 되지만 육체를 미워하거나 육체를 버리려고 할 필요는 없다. 육신에 괴로움이 있으므로 그 괴로움을 극복하기는 해야 하지만 괴로움이 극복될 장소는 괴로움이 있는 바로 그 자리이다.

열반을 다른 곳에서 구하지 말라는 말이다. 과거의 업장을 참회해야 하지만 과거의 업장에 매달릴 필요는 없다. 일체법이 공하다면 과거의 업장도 또한 공하다. 과거의 업장이 공하다면 현재나 미래에는 업장을 짓지 아니할 수도 있다. 그전에 해오던 습관 때문에 '나는 중생의 고통을 같이 아파할 수 없다.'고 단정할 필요는 없다. 우리도 업장을 참회하고 이 한마음을 돌린다면 얼마든지 유마거사처럼 보살의 병에 들 수가 있다. 유혹하는 이에게 눈을 빼어 주는 비구니처럼 우리도 눈을 보시할 수가 있다.

단지 언제 무한한 힘을 발휘하도록 이 마음을 돌리느냐가 문제이다. 지금 당장 보살심으로 돌릴 수 없다면 돌리겠다는 서원이라도 세워야 하겠다. 동쪽으로 기운 나무는 언젠가 동쪽으로 넘어질 것이다.

심정국토정
(유마경 2)

최초의 마음을 청정하게 갖고
그 청정한 마음을 지속적으로 유지하기만 하면
불국토의 청정은 보장된다.

《유마경》가운데 '심정국토정(心淨國土淨)' 즉 '마음이 청정(淸淨)하면 국토가 청정하다.'는 구절이 나온다.

우리가 반야의 공을 닦는 것은 고통을 여의기 위한 것이지만 그것은 소극적인 표현이고 적극적으로 나타내면 불국정토를 얻기 위한 것이다. 《유마경》에 있어서 '불국정토는 어떻게 얻어지느냐'가 과제이다.

《유마경》은 〈불국품〉으로부터 시작된다. 불국토를 어떻게 성취하느냐를 가르치는 장이다. 여기서 한 장자의 아들인 보적이 부처님께 묻는다.

"청정한 불국토를 성취하려면 보살이 어떻게 수행을 해야 합니까?"

"보적아, 중생의 국토가 바로 보살의 불국토이다. 왜냐하면 수행하는 보살은 교화할 중생을 따라 불국토를 이루고 중생이 악을 버리고 선을 닦는데 따라 불국토를 이루기 때문이니라."

보살은 중생을 구하는 것이 목적이므로 중생의 세계를 떠나서 따로 불국토를 얻으려고 하지 않고 얻을 수도 없다는 대답이다. 부처님은 이어서 육바라밀을 비롯한 갖가지의 불도를 닦는 마음이 바로 불국정토(佛國淨土)라고 말씀하신다. 이어서 그 유명한 '마음이 청정하면 국토가 청정하다.'는 말씀이 나온다. 그러면 부처님이 어떤 도입부분을 거쳐 '심정국토정'을 말씀하시는지 보도록 하자.

보적아, 수행하는 보살의 마음이 곧으므로 좋은 일을 행하게 되며, 좋은 일을 행하므로 순수한 마음을 얻는다. 순수한 마음을 따라, 뜻이 다스려지고, 뜻이 다스려지므로 마음에 정한 대로 행동한다. 마음먹은 대로 행동하므로 지은 공덕을 바르게 회향한다. 회향함을 따라 방편이 생기며 방편을 따라 중생을 구제한다. 중생을 구제함에 따라 불국토가 깨끗해지고 불국토가 깨끗함으로 온갖 공덕이 다 깨끗해지느니라. 그러므로 보적아, 만일

보살이 청정한 국토를 얻으려거든 먼저 그 마음을 청정히 가져야 한다. 그 마음이 청정하면 불국토가 청정하여지느니라.

마음이 청정하면 불국토가 청정하게 된다는 결론에 이르기 전까지 많은 단계의 수행절차가 설명된다. 곧은 마음에서 선행으로, 순수한 마음으로, 뜻이 다스려짐으로, 실천행동으로, 공덕의 회향으로, 방편(方便)으로, 중생구제로, 불국토 청정으로, 그리고 온갖 공덕의 청정으로 이어진다.

마지막에 마음이 청정하면 불국토가 청정하다는 말로 마무리를 하지만 그 글귀의 앞을 생각해보면 마음의 청정이 단순한 청정이 아니라 선행 · 의지훈련 · 행동실천 · 회향방편 등의 많은 실천단계가 생략된 것을 알 수 있다.

마음의 청정에 뒤따르는 여러 단계의 수행이 있지만 그중에서 가장 결심하기 어렵고 실행하기 어려운 것은 최초에 마음을 청정하게 갖는 것이다. 최초의 마음을 청정하게 갖고 그 청정한 마음을 지속적으로 유지하기만 하면 불국토의 청정은 보장된다는 것이다.

우리는 '도대체 청정한 마음이란 어떤 마음일까.'라는 질문을 갖게 된다. 물론 번뇌가 없고 욕심이 없고 참되고 좋은 일만 생각하는 마음인 줄은 알 수 있다. 그러나 그런 것들보다도 '청정한 마음을 이루는 보다 근본적인 조건을 찾는다면 어떤 것이냐.'는 것이다.

임시적으로 좋은 마음, 깨끗한 마음을 먹는다면 그것이 청정한 마음이기는 하지만 그 마음은 곧 변할 수 있다. 변하지 않는 청정한 마음을 가지려면 아무래도 인간존재의 실상을 있는 그대로 본 데서 얻어지는 마음일 것이다. 우리가 읽은 반야부 경전들은 인간존재의 실상을 한마디로 공의 상태, 비어 있는 상태라고 한다.

《유마경》은 직접적으로 딱딱한 공사상을 말하지는 않지만 공사상이 바닥에 두텁게 깔려 있다. 이 세상의 공한 상태를 있는 그대로 보면 그 공의 세계에서 변화하는 모습들이 그대로 아름다운 장엄이 된다. 세상의 공함, 인간존재의 공함을 확실하게 체득하게 될 때 우리는 위에서 살펴본 유마거사처럼 중생의 병을 나의 병으로 앓을 수가 있다. 중생의 아픔을 나의 아픔으로 아파할 수가 있다.

국토가 청정하다는 말은 어떤 땅을 빗자루로 깨끗이 쓸고 걸레로 닦아서 깨끗하다는 뜻이 아니다. 유마거사의 병이 보여주는 그러한 보살행이 있는 세상이라는 뜻이다.

우리의 미혹과 자기중심적인 삶의 태도는 본래의 것이 아니라 잘못 나타난 것이다. 이 국토는 본래 지혜와 자비의 빛으로 꽉 차 있는 본래 청정한 세상이다. 국토가 청정해진다는 말은 이기심으로만 가득 차 있는 더러운 국토를 새로운 사랑으로 청정하게 만든다는 말이 아니라 본래 상호의지와 상호기댐으로 꽉 차 있는 청정한 세상을 있는 그대로 본다는 것이다.

사리불존자는 마음속으로 다음과 같은 의문을 갖는다.

'만일 수행하는 보살의 마음이 청정하면 불국토가 청정하다 할진

대, 우리 부처님께서는 보살행을 하실 적에 마음이 부정하지 않았을 터인데 어찌하여 이 사바세계(娑婆世界)는 이처럼 청정하지 않을까?'

보살의 마음이 무한한 자비로 가득 차고 그 자비가 세상에 넘쳐서 세상이 청정하다면 부처님도 보살로서 수행을 했으니 이 세상이 이미 청정할 터인데 어찌해서 이 세상은 청정하지 않느냐는 의문이다.

부처님은 그 의문에 대해서 이렇게 대답하신다.

사리불아, 너는 어떻게 생각하느냐? 해와 달이 청정하지 못해서 장님은 앞을 보지 못하느냐? 장님이 앞을 보지 못하는 것은 장님의 허물일지언정 해와 달의 허물은 아니니라. 중생이 업장으로 인해 여래의 국토가 청정하게 장엄된 것을 보지 못할지언정 여래의 허물은 아니니라. 나의 국토는 청정하건만 네가 보지 못하느니라.

해가 없어서 장님이 앞을 보지 못하는 것이 아니듯이 국토가 청정하지 않기 때문에 중생이 청정한 국토를 보지 못하는 것이 아니라고 한다. 국토는 본래부터 청정한데 단지 중생의 미혹으로 그것을 알아보지 못한다는 것이다.

여기서 해와 달을 장님과 관련시켜서 비유하고 청정을 미혹무명(迷惑無明)에 찬 중생과 관련시켜서 비유하기 때문에 '중생들이 본래 청정한 국토를 알아보지 못한다.'는 표현을 썼지만 '알아보지 못한다.'

는 말의 의미는 '청정을 실천하지 못한다.'가 될 것이다.

앞에서 말했듯이 국토의 청정은 육바라밀 같은 보살이나, 유마거사가 중생의 병을 같이 앓는 것과 같은 보살행을 뜻한다. 우리에게는 보살행이 본래부터 갖추어져 있는데 단지 그것이 실천되지 않을 뿐이다. 우리 중생존재의 각본에 보살행이 없는 것이 아니라 그 각본대로 보살행이 연기되지 않을 뿐이라는 것이다.

진묵스님이 어느 가을날 시골 농촌길을 걸어가고 있었다. 그때 마침 한 마른 논바닥에서는 추수하는 농부들이 점심을 먹고 있었다. 진묵스님은 그들이 먹는 점심을 얻어먹게 되었다. 논주인의 부인은 진묵스님에게 밥과 지게와 막걸리를 대접했다. 그런데 그 찌개는 송사리와 배추를 섞어서 끓인 것이었다. 진묵스님은 태연하게 그 송사리찌개를 들었고 막걸리도 마셨다. 논주인은 가만히 있었지만 일꾼들이 진묵스님을 놀렸다.

"이제 보니 대사는 땡초 돌중이구만. 송사리찌개와 막걸리를 이처럼 잘 먹다니 말이야."

진묵스님은 점심이 끝난 다음에 그 농부들에게 아주 좋은 장면을 보여 주겠다고 하면서 개울가로 그들을 데리고 갔다. 진묵스님은 바지를 내린 다음 엉덩이를 개울에 내밀었다. 그리고 찍찍 소리를 내면서 설사를 했다.

그런데 농부들은 설사에서 나오는 내용물을 보고 깜짝 놀랐다. 진묵스님은 산 송사리들을 배설해 내는 것이었다. 농부들은 진묵스님에게 논바닥에 엎드려서 절했다. 그리고 도인을 알아보지 못한 것에 대해서 잘못을 빌었다.

미혹의 갈애(渴愛)에 차서 인간존재의 실상을 여실히 보지 못하는 사람에게는 죽은 송사리를 먹는 것만 보인다. 청정하지 않은 국토만 보인다. 그러나 깨달음의 지혜로 세상을 보면 죽은 송사리를 먹고 산 송사리를 쏟아내는 것이 보인다. 청정한 국토가 보인다. 청정하지 않던 국토가 중생이 깨달음의 눈을 떴다고 해서 청정한 국토로 변하는 것이 아니라 본래부터 국토는 청정했다. 본래부터 열반은 그 자리에 있고 본래부터 유마거사는 있었다. 단지 우리가 보지 못했을 뿐이다. 밖에 있는 유마거사를 보지 못할 뿐만 아니라 우리 자신 속에 있는 유마거사도 보지 못하는 것이다.

우리 자신이 중생의 병을 앓으면서 누울 수 있는 유마거사 본인임을 깨닫지 못할 뿐이다. 오직 한마음이 청정할 때 온 국토는 바로 청정해진다. 눈을 뜰 때 청정한 불국토가 있는 그대로 보인다는 말이다.

불이법

(유마경 3)

색(色)의 세계에서 공(空)의 세계로,

공의 세계에서 다시 색의 세계로, 그리고 언어의 세계에서

언어를 떠난 세계로, 다시 언어의 세계로….

《유마경》가운데 유명한 불이법(不二法), 즉 상대적인 이원론이 아니라는 불이사상이 나온다. 불교는 궁극적으로 둘이 아닌 법을 가르치고자 한다.

삶과 죽음이 둘이 아닌 법, 생사와 열반이 둘이 아닌 법, 번뇌와 지혜가 둘이 아닌 법, 부처님과 중생이 둘이 아닌 법으로 우리를 유도하려고 한다. 죽음을 여의고 영원한 삶을 얻는다는 말은 갈아입는 옷과 같고 여행을 할 때 타는 차와 같은 이 몸을 버리지 않는다는 것이 아니다. 옷이나 수레나 몸이 본래 내 것이 아님을 터득함으로써 죽음을 여의고, 이 몸을 받는다는 사실이 없던 목숨을 새롭게 얻는 것이 아님을 터득함으로써 삶을 여의는 것이다. 죽음과 삶을 함께 여읠 때 죽음도 삶도 없고, 죽음과 삶이 둘이 아닌 불이가 된다.

죽음과 삶이 둘인 상태를 생사윤회(生死輪廻)라고 하고 죽음과 삶이 하나인 경지를 해탈열반(解脫涅槃)이라고 한다. 죽음과 삶이 하나가 되면 그곳에서 생사와 열반이 하나가 되는 것이다.

번뇌와 지혜도 마찬가지이다. 번뇌를 바다의 파도라고 한다면 번뇌를 쫓기 위해서는 바다의 파도를 다 없애야 한다. 번뇌라는 파도가 그 파도가 있는 그대로 바닷물임을 터득할 때 번뇌가 있는 그 자리에 지혜가 있다. 번뇌와 지혜가 한 자리에 있는 것이다. 불법은 번뇌를 여의려고 히는 것이 아니라 번뇌의 자리에서 지혜를 발견하려고 하는 것이다. 지혜가 바로 번뇌의 활용임을 깨닫는 것이다.

우리는《유마경》에 있는〈불이법문품〉즉 불이에 들어가는 법문 가운데는 많은 보살들이 둘이 아닌 도리에 대해서 말하고 최종적으로 유마거사가 불이에 들어가는 궁극적 도리를 알려준다.

그럼《유마경》〈불이법문품〉을 보자.

문수보살을 따라 유마거사의 방장에 온 여러 보살수행자들에게, 유마거사가 불이법 즉 상대적인 둘을 여의는 길에는 어떤 예들이 있겠느냐고 묻는다. 그러자 그 자리에 있던 여러 보살들이 각기 자신이 가장 중요하다고 생각하는 불이법을 발표한다. 그러나 어떻게 상대적인 둘을 하나로 만들 수 있는가에 대해서는 설명을 하지 않는다. 그 일은 우리에게 넘기는 셈이다.

먼저 더러운 것과 깨끗한 것의 불이가 제기된다. 더러운 것의 참 성품을 보면 새롭게 깨끗할 것이 없다는 것을 알게 된다. 이 세상에서 가장 더러운 것으로 우리 사람의 배설물을 꼽을 수 있다. 옛날 제주도 에 있던 돼지들은 사람의 배설물을 주식으로 먹었다고 한다. 사람은 다시 그 돼지를 먹었다. 그런데 요즘은 사람들이 자신의 배설물을 직 접 먹기도 한다. 자신의 소변을 컵에 받아서 마신다. 더러움은 사회적 이거나 개인적인 통념에서 생긴다.

그러나 자신의 것, 자신이 사랑하는 것, 자신에게 이롭다고 생각 되는 것은 더럽지 않을 수가 있다. 환자가 대소변을 가리지 못할 때, 병상에서 대소변을 그대로 배설한다고 하자. 외부 사람에게는 그 환 자의 환경이 더할 나위 없이 더러워 보이지만 환자 본인에게는 전혀 더럽지 않을 수가 있다.

다른 사람의 침이 더럽기는 하지만 자기가 좋아하는 사람과 입맞 춤을 한다. 뱀이 추악하고 더럽기는 하지만 태국 여행을 하는 사람들 은 자신의 건강에 좋을 것이라는 생각에서 뱀탕을 먹는다고 한다.

옛날이야기이다. 한 고을 원님 앞에 밥상이 들어왔다. 원님은 밥 상을 날라 온 시종에게 물었다.

"여기 놓인 음식 중에 가장 깨끗한 것이 무엇이냐?"

"저 홍시인 줄로 아뢰옵니다."

원님은 왜 홍시가 가장 깨끗한 음식이냐고 물었다. 그러자 시종은 대답했다.

"그 홍시를 함부로 다루면 터질까 두려워서 혓바닥으로 핥아서 깨끗하게 닦은 줄로 아뢰옵니다."

홍시를 혀로 닦은 시종에게 홍시가 가장 깨끗한 음식이고 원님에게는 홍시가 가장 더러운 음식이 될 것이다.

물건만 그런 것이 아니다. 돈도 그렇고 직장도 그렇다. 보통 사람들은 청소부 요즘 말로 환경미화원의 손 안에 있는 꾸겨진 돈은 더럽고 재벌의 007가방에 있는 새 지폐는 깨끗하다고 생각할 수도 있다. 농사일은 더러운 일이고 큰 회사의 고층빌딩에서 번쩍이는 책상을 놓고 하는 일은 깨끗한 일이라고 생각할 수도 있다. 그러나 조금만 깊이 생각한다면 더럽고 깨끗하고를 가리는 것이 아주 부질없고 무의미한 일이라는 것을 깨닫게 된다.

구태여 부처님의 판단을 들먹일 필요도 없이 대학입시 부정사건을 보자. 불합격되어야 할 사람이 합격되는가 하면 합격되어야 할 사람이 불합격되기도 했다. 외면적으로 보면 합격은 좋은 것 깨끗한 것이지만 조금만 더 깊이 생각해 보면 합격과 불합격에 의해서 더러움과 깨끗함을 가린다는 것이 얼마나 무의미한 일인가를 알게 된다.

그러나 깨끗함과 더러움의 실상을 있는 그대로 알려면 일체사물이 인연에 의해서 생기므로 자성이 없다는 것, 자성이 없으므로 공하다는 것, 공하면서도 임시의 모양은 있다는 것, 공함과 임시의 모양사이에는 불이의 관계에 있다는 것 등을 터득해야 한다.

이 가운데서도 사물의 공함을 터득하는 것이 가장 기본이 된다. 반야부 경전에서 공사상을 충분히 강조했기 때문에 《유마경》에서는 그 공사상의 토대를 전제로 해서 깨끗함과 더러움이 하나라는 것만을 알리려고 한다. 공사상의 바탕 위에 상대의 불이가 터득될 때 깨끗함과 더러움의 둘과 하나가 자유롭게 긍정되기도 하고 부정되기도 한다.

공사상은 비었다거나 공하다거나 평등하다거나 걸림이 없다거나 있지도 않고 없지도 않다거나 여러 형태로 표현된다. 아무리 다양하게 표현되더라도 이 공에 근거를 두고 온갖 종류의 둘이 아닌 법이 예로 들어진다. 그러면 문수보살이나 유마거사가 나서서 불이법을 말할 때까지의 경문을 보기로 하자. 보살들이 차례로 말한다.

'나'가 있음과 '나'가 없음을 둘로 여기지만 '나'라는 것을 얻을 수가 없는데 어떻게 무아를 얻겠습니까? 그러므로 나의 참성품을 보는 자는 나와 무아의 차별을 일으키지 않을 것입니다.

색과 색의 공함을 둘로 여기지만 색이 곧 공이어서 색이 멸하고서 공이되는 것이 아니고 색의 성품이 스스로 공한 것입니다. 이러한 도리를 통달하는 것이 불이법에 들어감이라고 하겠습니다.

눈·귀·코·혀·몸 등의 감각기관과 그 대상인 색·성·향·미·촉을 둘로 여기지만, 만일 감각기관의 욕구를 채운다는 것이 무의미한 일이요, 불가능한 일이라는 것을 알면 탐심과 성냄과 우치심을 내지 아니하리니, 이를 적멸이라고 합니다. 이 가운데는 눈과 보이는 것, 귀와 들리는 것 등의 차별이 없어질 것입니다.

보시와 지혜의 완성에 회향하는 것을 둘로 여기지만, 보시 자체가 바로 지혜를 낳는 원리이기 때문에 보시와 지혜의 완성은 둘이 아닌 불이입니다.

'나'라는 관념에 집착해서 남이라는 이중적 견해를 일으킵니다만, 나의 참모습을 보고 그 공함을 알면 남이라는 것이 없어집니다. 이것이 불이의 길입니다.

이와 같이 여러 보살수행자들이 자신들이 생각하는 불이에 대해서 이야기하고 난 다음에 문수보살에게 불이의 도리를 묻는다. 그러자 문수보살이 대답한다.

일체 사물의 실체는 말로 주고받을 수가 없습니다. 보일 것도 알릴 것도 문답할 것도 없습니다. 모든 문답을 벗어나는 것이 둘의 차별을 여의는 길이라고 하겠습니다.

이렇게 말하고 난 문수보살은 유마거사에게 유마거사 자신의 불이도리(不二道理)를 발표할 차례라고 말한다. 문수보살의 질문을 받은 유마거사는 묵묵히 아무 말이 없다. 그러자 문수보살이 유마거사가 침묵으로 보인 답을 찬탄해서 말한다.

훌륭합니다. 문자와 언어까지 여의는 것, 이것이 참으로 상대적 차별을 여의는 불이의 길입니다.

《유마경》의 구성이 참으로 멋지지 않은가. 각 보살수행자들로 하여금 둘이 아닌 도리를 언어가 미칠 수 있는 곳까지 이야기하게 한다. 각 수행자들은 깨끗함과 더러움, 아와 무아, 색과 공, 귀와 소리, 보시와 지혜, 나와 남 등이 둘이 아님을 공사상에 근거해서 발표한다. 문수보살은 자신의 불이법을 발표할 차례가 왔을 때 진정한 불이법은 언어로 표현할 수 없다고 말한다. 이어서 유마거사는 침묵으로 불이의 도리를 밝히고 다시 문수보살은 그 침묵의 의미를 해석한다. 언어를 떠난 저편에 참다운 불이법이 있다는 설명이다.

우리는 《반야심경》과 《유마경》을 읽으면서 색의 세계에서 공의 세계로 가고, 공의 세계에서 다시 색의 세계로 나오는 것을 보았다. 그러나 여기에서는 언어의 세계에서 언어를 떠난 세계로, 언어를 떠난 세계에서 다시 언어의 세계로 나오는 형식을 취하고 있다.

여러 보살 수행자들은 불이법을 말로 설명한다. 문수보살은 죽비 소리로 침묵을 신호하듯이 유마거사의 침묵을 예고한다. 유마거사는 완전히 언어를 여읜다. 그러자 문수보살이 그 언어를 여읜 경지를 풀이하면서 언어를 떠난 세계에서 다시 언어의 세계로 나온다.

공함은 억지로 만드는 것이 아니다. 나의 승용차와 다른 승용차가 부딪쳤다. 상대차의 운전자를 혼내주려고 찾아보니 운전자가 없었다. 상대의 차가 빈 차인 것, 공한 것은 있는 그대로의 사실이다. 곰곰이 생각해 보니 나도 비어 있다. 상대가 비어 있으니 원망할 것이 없다. 둘이 없는 곳에 중생의 고통을 앓는 유마거사의 병만 있을 뿐이다.

연꽃과 연밥

어떤 이가 불상이나 탱화를 향해
절을 하거나 합장하거나 한 손만을 들거나
머리를 약간 숙여서 경의를 표하더라도,
그는 차츰 모든 부처님을 친견하고
불도를 이루고 무수한 중생들을 건지리라.

《법화경》

법화경의 명칭과 삼주설법
(법화경 1)

반야경의 공사상을 뒤집어서
서로 꽉 차 있다는 사상의 긍정으로 돌린 것이 법화경이고,
사물의 실상을 직시하는 것이 수행이다.

《반야경(般若經)》을 거쳐 《법화경(法華經)》에 연결되는 이음새, 《법화경》의 원전과 번역본들, 《묘법연화경(妙法蓮華經)》이라는 제목의 의미, 연꽃의 상징, 《법화경》의 전체적 구성, 《법화경》〈원시팔품〉과 삼주설법(三周說法), 적문(迹門)과 본문(本門) 등에 대해서 살펴보자.

반야부에서는 《대품반야경》《반야심경》《금강경》을 알아보았고 반야의 공사상을 극적으로 나타낸 《유마경》도 살펴보았다. 《반야경》 다음에 《법화경》을 알아보려고 하는데는 이유가 있다.

세상만사에는 흐름이 있듯이 불교경전의 내용에도 흐름이 있다.

긍정에는 부정이 따르고 부정에는 긍정이 따른다. 《아함경》에 불교의 기본사상이 다 담겨 있기는 하지만 그중에서도 불교사상 전반의 기본이 되는 인연법이 주가 된다.

인연법은 세상의 모든 사물이 예외 없이 상호의존 관계에 있다는 것을 밝히는 것이기 때문에 인연법의 결론은 모든 사물이 독자적으로 영구히 존재하는 성품이 없다는 것이다.

《반야경》은 사물이 독자성이 없는 것을 강조해서 공사상을 가르친다. 공사상을 기반으로 육바라밀을 전체적으로 실천하고 그 실천은 반야지혜로 돌리기 때문에 반야부 경전들은 공사상 · 지혜의 완성에 주력한다. 《반야경》에서는 공사상을 강조하다 보니 실체에 대한 집착을 부정하는 것이 많다. 형상에 의해서 보고 이름에 의해서 들을 수 있는 우리들은 무엇인가 긍정적인 것을 원하게 된다.

그래서 공사상의 부정을 뒤집어서 서로 꽉 차 있다는 사상의 긍정으로 돌린 것이 바로 《법화경》이다. 《반야경》에서는 사물의 실체를 부정하는 것이 수행이지만 《법화경》에서는 모든 사물을 있는 모습 그 자리에서 진실한 실상으로 긍정하는 것이 수행이다.

《법화경》은 산스크리트어 원본도 전해지고 있는데 총 여섯 번 한문으로 번역되었다. 그중에서 세 번 번역된 것은 현재 전해지지 않고 오직 세 가지만 남아 있다. 축법호(竺法護)는 《정법화경(正法華經)》이라는 이름으로 번역했다. 그리고 사나굴다(闍那堀多)와 사나급다(闍那笈多)는 《첨품묘법연화경(添品妙法蓮華經)》이라는 이름으로 번역했다. 이

중에서 가장 널리 유포된 것은 구마라집이 번역한 《묘법연화경》이다. 우리는 이《묘법연화경》을 교재로 사용할 것이다. 《법화경》은 또 현대어로 여러 번 번역되었다. 영어로도 6회나 번역되었고 한글로도 여러 번 번역되었다. 한글번역의 원본에는 주로 구마라집의《묘법연화경》이 쓰여 졌다. 영어나 일본어 본은 범어 원본에서 직접 번역된 것도 있고 한문본에서 번역된 것도 있다.

먼저《법화경》의 제목에 대해서 알아보자.

《법화경》의 범어 이름은 삿다르마푼다리카 수트라(Saddharmapuṇ darīka-sūtra)이다. '사드'는 바르다는 뜻이고 '다르마'는 진리, 또는 교법이라는 뜻이다. '푼다리카'는 연꽃이라는 뜻이고, '수트라'는 불경이라는 뜻이다. 인도에서는 연꽃이 꽃 중에서 가장 고귀하다. 한글로 번역하면 '바른 법을 가르치는 가장 고귀한 연꽃과 같은 불경'이다. 한문으로 번역한다면 '정법연화경' 또는 '정법화경'이 되겠다. 그래서 축법호는《법화경》의 범어 이름을 그대로《정법화경》이라고 한문이름을 붙였다. 그러나 구마라집은 나름대로 범어 '사드'라는 말을 묘할 묘(妙)자로 번역했다. 구마라집이《법화경》의 제목에 임의로 묘자를 썼지만 여기에는 이유가 있다. 진리를 깨우치는 방법에 관한 문제가 배경에 있다.

우리는 부처님의 침묵에 대해서 알아본 바 있다. 만동자가 이 우주의 시간적·공간적 시작과 끝, 그리고 사후의 존재, 정신과 육체의 같음과 다름에 대해서 물었을 때 부처님은 침묵으로 대답했다. 이 침묵은 형이상학적인 질문을 거부하는 의미도 있었고 질문 속에 들어 있는 실체사상을 인정하지 아니하려는 의도도 있었지만 그보다는 진리를 체득하는 방법에 문제가 있음을 지적하기 위해서였다. 진리를 어떤 개념으로 고정시키거나 표현할 수가 없다는 것을 알리기 위해서였다.

부처님은 침묵을 쓰셨지만 용수보살은 변증법(辨證法)을 써서 상대가 쓰는 개념과 용어가 사물의 존재를 있는 그대로 포착할 수 없다는 것을 논리적으로 설명하고자 했다. 부처님이 침묵을 쓰신 데 반해서 용수보살은 변증법을 쓴 것이다.

구마라집은 부처님의 침묵과 용수보살의 변증법이 의도하는 전통을 이어받아서 '묘할 묘'자를 썼다. 진리는 인간의 개념적인 사량 분별로는 파악할 수 없고 오직 수행의 직관에 의해서 체득되어야 한다는 의미가 이 묘자에 담긴 것이다.

이 묘자는 지적인 개념이 아니라 종교적인 수행에 의해서만 참으로 묘하고 참으로 불가사의한 진리를 실천할 수 있다는 것을 나타내는 것이다. 천태대사는 구마라집(鳩摩羅什)이 쓴 묘(妙)자를 적문과 본문에 각기 열 가지 의미를 붙여서 해석했고, 이 열 가지 묘에 근거해서 천태의 후계자들은 불이사상(不二思想)을 끌어냈다.

묘자 다음에 이어지는 법자는 어렵지 않다. 법은 진리, 부처님의 가르침, 모든 사물을 나타낸다. 여기서는 물론 진리나 부처님의 가르침을 의미한다. 그 다음 연화 즉 연꽃에는 여러 가지 상징성이 있다.

첫째, 백련화는 인도에서 가장 귀중하게 여겨지므로 존귀함을 상징한다. 둘째, 연꽃은 처염상정(處染常淨) 즉 진흙 속에 있으면서도 물들지 않음을 상징한다. 셋째, 연꽃은 인과불이 즉 열매와 연꽃이 동시에 맺힘을 상징한다. 연꽃은 꽃이 핌과 동시에 그 안에 연 열매를 가지고 있다. 인과동시는 방편과 진실, 수행과 성불 등의 동시성을 상징한다. 넷째, 연꽃의 뿌리는 진흙 속에 있고 머리는 맑은 하늘에 있으면서 진흙의 양분을 연꽃으로 전환하는 것을 상징한다. 즉 고해(苦海)에서의 번뇌와 갈등에 뿌리를 두고 있으며 그 고해에서 양분을 뽑아 해탈열반의 연꽃을 피우는 것이다. 이 연꽃의 상징은 앞으로 자주 인용될 것이다.

현재 우리가 가지고 있는 《법화경》은 총 28품으로 되어 있지만 처음부터 끝까지 같은 맥락으로 이어지는 것은 아니다. 어떤 부분은 보다 일찍 만들어졌고 다른 부분은 보다 뒤에 편집되어서, 먼저 편집된 부분에 첨가되었으리라고 짐작되고 있다.

《법화경》 28품 중에서 가장 짜임새 있게 연결된 것은 두 번째 〈방편품〉으로부터 시작되는 여덟 개의 품이다. 이 팔품에는 출연하는 제자들이나 내용면에서 볼 때 일관성이 있기 때문에 《법화경》 연구학자들은 이 여덟 개의 장을 보통 원시팔품(原始八品)이라고 부른다. 그러나 원시팔품 내에서도 가르침의 주기가 반복되는 것이 느껴진다.

가령 부처님의 가르침이 있으면 다음에는 그 가르침을 들은 제자들이 나름대로 이해한 것을 부처님께 고백하는 형식이 이어진다. 그러면 부처님은 제자들의 말을 듣고 그에 대한 비평이나 인증을 하고 이어서 미래세에 성불할 것이라는 예언을 내리신다.

　　법을 전하는 이 네 단계 절차는 정설(正說)·영해(領解)·술성(述成)·수기(授記)이다. 원시팔품에는 이와 같은 부처님의 가르침, 제자들의 고백, 부처님의 인증, 그리고 성불예언이라는 네 단계의 절차가 세 번의 주기로 반복된다.

　　많은 주석가들은 이와 같은 네 단계 절차가 세 번 반복된다고 해서 원시팔품에 '삼주설법(三周說法)'이라는 이름을 붙였다.

원시팔품(原始八品)의 삼주설법(三周說法)

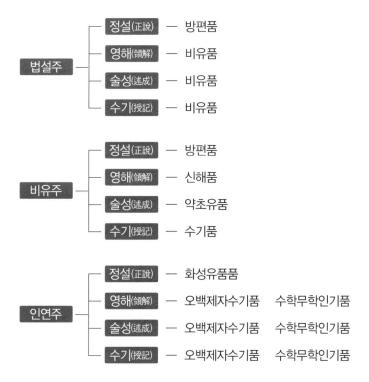

〈방편품〉에서부터 첫 번째 주기의 가르침은 법설주라고 하고 두 번째 주기의 가르침을 비유주라고 한다. 그리고 세 번째 주기의 가르침을 인연주라고 부른다.

부처님은 첫 번째 주기에서는 가르치고자 하는 진리의 내용을 단도직입적으로 설하시고 두 번째 주기에서는 가르침을 비유로써 설하신다. 그리고 세 번째 주기에서는 가르침을 전생인연을 들어서 설하신다.

법을 바로 설명해서 알아듣지 못하는 중생이 있으면 비유로 설명하고, 그래도 이해하지 못하는 중생에게는 전생인연을 들어서 깨우치는 것이다.

일대사인연
(법화경 2)

낮은 근기의 중생은 일단 소승법을 닦게 해서
어느 정도 이끌어 놓고, 대승법을 닦게 하면 근기가 낮은 사람들도
높은 단계로 올라갈 수 있다.

〈방편품〉은 《법화경》 원시팔품의 첫 번째이다. 〈방편품〉의 가르침은 법을 바로 가르치는 것, 비유를 써서 가르치는 것 그리고 전생인연을 들어 가르치는 것의 세 종류 설법 가운데 법설주(法說周) 부분에 속한다. 이 법설주에서도 부처님이 마음속에 품은 바를 바로 펴는 정설 부분에 속한다.

《법화경》에서 부처님이 전하려고 하는 핵심이 이 〈방편품〉에 들어 있다. 그래서 이 〈방편품〉에 나오는 한 게송이 《법화경》의 대의(大義)를 나타내는 것으로 취급되어 왔고 그 게송은 염불 속에 들게 되었다. 《법화경》의 처음인 〈서품〉으로부터 〈방편품〉에 이르기까지의 줄 거리를 먼저 잡아 놓고 교리적으로 중요한 의미를 갖는 《법화경》대의 게송을 생각해 보자.

부처님이 왕사성 기사굴산에서 많은 아라한·보살·천룡 등에 둘러싸여 있을 때 부처님은 《무량의경(無量義經)》을 설한 후 무량의처 (無量義處) 삼매에 들었다. 하늘로부터 꽃비가 내리고 세계가 진동한 후 부처님의 미간에서 나온 광명이 많은 세계를 비춘다. 이때 대중은 이 것이 무슨 전조인가 하고 생각했는데 미륵의 질문에 대해서 문수가 《법화경》을 설할 전조라고 대답한다.

부처님은 삼매로부터 나와서 "모든 부처님의 지혜는 깊고 깊어서 헤아리기 어려워 모든 성문·연각이 알 수가 없다."고 말씀하신다. 부 처님의 지혜는 부처님 외에는 누구도 전해 받을 수도, 측량할 수도 없 다고 찬탄하신다.

그때까지 부처님의 말씀을 따라서 수행하여 부처님과 같은 해탈 을 얻었다고 생각하던 소승(小乘)제자들은 이 말을 듣고 깜짝 놀라 의 문에 빠졌다. 사리불이 대표로 일어나서 이 의혹을 풀어 줄 완전한 진 실의 법문을 해주십사고 사뢴다.

그러나 부처님은 제자들이 청한 법문을 거절하신다. 그리고는 "그만 두거라. 만약 내가 이것을 설하면 일체세간(一切世間)의 모든 하 늘과 사람들이 다 깜짝 놀랄 것이다."라고 말씀하면서 도무지 법을 설 하려고 하지 않았다.

세 번째의 청에 의해 부처님이 법을 설하려고 하는데 그때 좌중에 있던 5천 명의 사부대중·증상만인(增上慢人)이 부처님께 예배하고 자리를 떠난다. 그들은 궁극의 깨달음을 얻지 못했음에도 불구하고 아만심에서 완전한 깨달음을 얻었다고 자부하고 자리를 떠난다. 부처님도 이들을 말리지 아니하고 그냥 침묵으로 보낸다. 그 증상만인들은 도는 낮은 데 비해서 자만심만 높아서 아직 《법화경》의 법문을 들을 마음가짐이 되어 있지 않았기 때문이다.

마음의 준비가 안 된 상태에서 억지로 도가 높은 법문을 들으면 그 깊은 도리를 알지도 못하면서 불법을 비방하게 될 것이고 그렇게 되면 오히려 업을 짓게 된다. 그래서 부처님은 자비심으로 그들이 법회장에서 나가도록 방치한 것이다.

5천 명의 아만에 찬 사람들이 자리를 떠나고 법회장이 정리된 다음에야 부처님은 진지하게 법문을 여신다. 부처님이 설하는 법문의 요지는 다음과 같다.

지금 설하는 묘법은 모든 부처님이 아주 드물게 한 번씩 설하는 진실의 법문이다. 모든 부처님은 무수한 방편으로 여러 가지 법을 설하지만 그것은 사람들의 근기에 맞춘 미묘한 것이어서 부처님이 아니면 알 수가 없다. 왜냐하면 모든 부처님이 세상에 출현한 최대의 목적은 일대사인연(一大事因緣)인 개시오입(開示悟入), 즉 중생에게 부처님의 지견을 열어주고, 보여주고, 깨닫게 해주고, 들어가게 해주기 위한 것이기 때문이다.

　부처님의 가르침을 받는 자는 다 불도를 구하는 수행자로서 대승보살이 되지 않으면 안 된다. 불도의 최고 경지를 얻지 못할 이유가 없다. 부처님은 중생을 위해 단지 최고의 경지를 설하기 때문에 낮은 단계의 공부에 머물러서는 안 된다. 그러면 왜 부처님이나 보살이 되는 길만을 설하지 아니하고 낮은 수준의 소승법을 설했느냐고 물을 수도 있을 것이다.

　그러나 생각해 보라. 사람들의 근기와 취향이 각기 다르지 않은가. 근기의 차별에 따라 각기 다른 방편으로 그들을 구해야 한다. 만약 어떤 이가 '나는 아라한으로 완전한 열반을 얻었다.'고 주장하면서 더 이상 부처님의 지혜를 구하지 않는다면 그런 사람이 바로 증상만인이다.

　부처님이 이 사바세계에 출현한 목적은 일대사인연(一大事因緣)이라고 한다. 일대사인연이란 아주 큰일을 말하는 것으로 부처님의 최고 지혜를 중생들에게 열어 보이고 중생들이 그것을 깨닫게 하기 위해서라는 것이다. 소승법은 궁극의 경지가 아니라 방편의 경지이고, 부처가 되는 대승법을 설하지 않고 왜 소승법을 설해서, 그것을 열심히 닦게 해 놓고는 이제 와서 소승법을 버리라고 하느냐는 것이다.

　이 물음에 대해서 부처님은 중생의 근기에 차이가 있다는 것을 말한다. 낮은 근기의 중생에게는 일단 소승법을 닦게 해서 어느 정도 이끌어 놓고 그 다음에 대승법을 설하면 근기가 낮은 사람들도 차츰 낮은 데서 높은 단계로 올라갈 수 있다는 것이다. 부처님은 이어서

《법화경》의 대의를 나타내는 유명한 게송을 설하신다.

〈방편품〉의 게송 중에 《법화경》의 대의를 나타내는 구절이 나온다.

> **눈앞에 보이는 일체의 사물이 본래부터 열반의 모습이다. 불자가 처처에서 도를 닦으면 앞으로 오는 세상에 부처를 이루리라.(諸法從本來 常自寂滅相 佛子行道已 來世得作佛)**

눈앞에 있는 사물이 그대로 존재가 있는 그대로의 실상이라고 한다. 열반의 모습이 현재 우리의 삶과 별도로 있는 것이 아니라 현상 그대로가 열반의 모습이라는 것이다. 그리고 각 방면에서 나름대로 도를 닦기만 하면 새롭게 성불을 기다려서 성불이 오는 것이 아니라 수행하는 그 자리가 바로 성불이 된다고 한다.

이 게송을 이해할 수 있으려면 공사상으로부터 참 사상으로 대전환이 필요하다. 《반야경》에서는 모든 존재의 공사상을 강조했다. 그래서 이 세상의 모든 것이 꿈과 같고, 환(幻)과 같고, 물거품 같고, 그림자와 같다고 한다.

또 여래를 보려면 현재 보이는 겉모습을 지우고 보라고 한다. 형상에 의해서 사물의 실상을 파악할 수 없다고 한다. 모든 것의 존재는 부정되었다. 인연법을 사물이 공하다는 측면에서 더욱 깊이 풀이하고 이 공사상에 의해서 사물을 파악하려고 했기 때문이다.

그러나 인연법은 모든 사물이 관계 속에 있다는 것을 뜻한다. 한 가지도 독자적인 것이 없고 모든 것이 직접적이거나 간접적으로 관계 속에 있기 때문에 한 가지의 사물에는 반드시 다른 것의 요소나 영향이 포함되어 있다.

얼마 전에 국내 굴지의 자동차 제조공장에 부품이 제대로 조달되지 않아서 조업을 중단한다는 이야기를 들었다. 그 원인은 부품 하청업체에 노사분규가 생겨서 부품생산이 안 된다는 것이었다. 그런데 그 자동차공장은 해외로 수출하는 회사인데 그 자동차공장이 쉬게 되면 그 공장의 다른 하청업체들도 또한 쉬어야 한다. 또 그 하청업체에 부품자재를 조달하는 많은 다른 회사들도 타격을 입게 된다. 한 자동차공장과 연계를 가지고 일을 하게 되는 다른 회사들의 직원들을 일하지 못하게 만든 셈이다.

여기서 이미 노사분규가 생긴 회사의 조업상황만 다른 회사들에게 영향을 미치는 것이 아니라 자동차공장과 관련이 있는 모든 회사들 중에 한 곳에서만 문제가 생겨도 똑같은 어려움이 뒤따른다. 그렇다면 한 부품회사의 정상조업상황은 그 부품과 관련이 있는 모든 회사들의 조업상황을 보여주는 한 상황판이라고 할 수 있다. 필자는 자동차 제조공정이나 하청 판매관계에 대해서 잘 모르기 때문에 예문이 좀 어수룩했다. 그러나 모든 것이 상호영향을 미치는 긴밀한 관계 속에 있으므로, 그 관계 속에 있는 하나의 표본은 다른 모든 것들의 표본이 된다는 것만 생각하면 되겠다.

　　자동차공장과 하청업체들 그리고 그 하청업체에 물건을 대는 또
다른 업체들 사이의 관계는 그다지 긴밀하지 않을 수도 있다. 그러나
이 우주에 있는 모든 사물들 사이의 관계는 해와 달이 정확한 것처럼
정확하다.

　　그래서 부처님은 눈앞에 보이는 사사물물이, 그대로 다른 모든
것들의 실상이며 열반의 모습이라고 설파하신다. 사소한 사물이 바로
제법(諸法)의 실상(實相)을 나타낸다는 것을 '일색일향무비중도(一色一香
無非中道)'라고 풀이했다. 즉 하나하나의 색경(色境)이나 향기가 그대로
중도의 경지를 나타낸다는 것이다.

만선성불
(법화경 3)

부처님을 칭송하는 말 한마디만 해도,
불상을 향해 약간의 경의만 표하여도 우리의 성불은 보장되어 있다.

《법화경》에는 만선성불사상(萬善成佛思想)이 있다. 즉 〈방편품〉의 게송부분에는 사소한 선근공덕이나 수행이 다 성불의 원인이 된다고 설하고 있다. 성불의 원인이 된다고 할 경우에는 쉽게 수긍이 간다. 작은 공덕이 있으면 그 위에 더 큰 공덕도 쌓일 수 있고 그 공덕이 마침내 성불로 회향될 것이기 때문이다. 그러나 아주 보잘 것 없는 선행을 예로 들고 그것을 행한 이는 이미 성불했다고 말한다면 그것은 이해하기가 쉽지 않다. 그런데 《법화경》은 작은 선근공덕이 부처를 이루는 씨앗이 된다고 할 뿐만 아니라, 과거세의 하찮은 선근공덕으로 인

해 이미 부처가 되었다고 표현하기도 한다. 과거의 부처님들은 무량
억겁의 기간 동안 보살도를 닦아서 마침내 성불했다고 한다. 그런데
어떻게 약간의 선근공덕이 범부중생을 부처로 만들 수 있는지 궁금하
다. 또 선행이나 수행을 하는 것이 바로 부처를 이룬다. 즉 눈앞의 사
소한 일들이 다 해탈열반의 모습이라고 하는 부처님의 말씀과는 어떤
관련이 있는지에 대해서도 궁금하다.

　　그러면 《법화경》 〈방편품〉의 게송에 나오는 만선성불의 예를 읽
어 보자.

　　　과거세에 어린아이들이 장난으로 모래를 모아 불탑을 만들었어도, 그
　　아이들 모두 이미 불도를 이루었느니라. 아이들이 장난으로 나뭇가지나
　　붓이나 손톱으로 불상을 그리면 이런 아이들이 차츰차츰 공덕을 쌓아, 대
　　비심을 갖추게 되고 마침내 불도를 이루어서 모든 보살을 교화하고 무량
　　중생을 건지리라. 어떤 이가 기쁜 마음으로 부처님의 덕을 칭송하되, 많은
　　말을 하지 않고 단 한마디만 하더라도 그는 불도를 이루리라. 어떤 이가
　　산란한 마음으로 한 송이 꽃을 불상이나 탱화 앞에 공양하더라도 그는 차
　　츰 모든 부처님을 친견하게 되리라.

　　　또 어떤 이가 불상이나 탱화를 향해 절을 하거나 합장하거나 한 손만을
　　들거나 머리를 약간 숙여서 경의를 표하더라도 그는 차츰 모든 부처님을
　　친견하고 불도를 이루고 무수한 중생들을 건지리라. 어떤 이가 산란한 마
　　음의 상태에 있는 중이라도 부처님 앞에 나아가 '나는 부처님께 귀의합니

다.'하고 한마디만 하더라도 그는 불도를 이루리라.

부처님은 아이들이 장난으로 모래를 가지고 불탑을 만들거나 장난으로 불상을 그리기만 해도 부처를 이룬다고 설하신다.

과거세에 그와 같은 선근공덕을 심은 사람들은 이미 불도를 이루었다고 한다. 부처님을 칭송하는 말을 한마디만 해도, 또 불상을 향해 약간의 경의만 표하더라도 불도를 이룬다고 한다. 단정하고 집중된 마음이 아니라 산란한 마음으로 부처님에게 귀의한다는 말 한마디만 하더라도 불도를 이룬다고 한다. 아무리 작은 선행이나 공덕이라도 그것이 그대로 부처를 이루게 한다고 한다.

《법화경》은 만선성불, 즉 만 가지의 선행이 다 불도를 이루게 한다는 말씀만 전할 뿐 왜 그렇게 되는가에 대해서는 아무런 설명이 없다. 《반야경》에서는 공사상에 대해서 반복적으로 설하기 때문에 공사상이 반야를 얻는 근본이 된다는 정도는 알아차릴 수 있게 해준다. 그러나 《법화경》은 공사상과 같은 어려운 문제에 대해서는 직접적으로 거론하지 않는다. 왜냐하면 《반야경》이 너무 어려우므로 중생들이 쉽게 불법에 접근할 수 있도록 하기 위해서 《법화경》이 나왔는데, 또 다시 공사상에 버금가는 내용을 직설적으로 드러내면 《법화경》도 또한 어려워지기 때문이다. 《법화경》이 어려움을 피하면서 어려움을 나타내려고 하기 때문에 그 핵심을 파악하기는 더 어려울 수도 있고, 궁극적인 초점에 도달하기 위해서 더 먼 거리로 우회를 해야 하기도 한다.

《법화경》에는 비유가 풍부하다. 그 비유들만 완전히 이해해도 《법화경》의 핵심에 접근할 수 있기는 하지만 그래도 비유는 어디까지나 비유이다. 왜 작은 선행이 그대로 부처님을 만드는지에 대해서는 우리가 스스로 터득해야 한다.

공사상을 뒤집는 것에 대해서 반복하는 부분은 그만큼 중요하다. 불교는 들어가는 문이 달라도 나중에는 다 만나게 된다.

《아함경》으로 들어가도 《반야경》으로 나오고 《반야경》으로 들어가도 《법화경》으로 나온다. 《반야경》에서는 모든 사물이 실체가 없어서 공하다고 했다. 공한 가운데는 업도 없고 업을 짓는 자도 없다. 지옥도 없고 부처도 없다.

그러나 공사상을 뒤집으면 상대적인 모든 것이 그 자리에 같이 있게 된다. 지옥에 극락이 있고 극락에 지옥이 있다. 번뇌 속에 지혜가 있고 지혜 속에 번뇌가 있다. 기도 속에 성취가 있고 성취 속에 기도가 있다. 중생 속에 부처가 있고 부처 속에 중생이 있다.

《금강경》을 살펴볼 때, 《반야경》의 대의를 나타낸다고 여겨지는 중요한 문장에 대해서 우리는 《법화경》식으로 해석한 바 있다.

'범소유상 개시허망 약견제상비상 즉견여래(凡所有相 皆是虛妄 若見諸相非相 卽見如來)'를 문자 그대로 번역한다면 '무릇 모양이 있는 것은 다 허망한 것이라. 만약 모양을 보되 그 모양을 지우고 보면 바로 여래를 보리라.'가 되겠다. 그러나 이 중에서 약견제상비상을 우리는 공사상을 더 깊이 들어가면 자연히 만나게 되는 법화사상으로 해석했다. 즉 '모든 모양을 보되 그 모양에서 과거와 미래의 모든 시간을 더하고 뺀 모습을 동시에 볼 수 있다면'으로 해석한 것이다. 한 모습에서 여러 모습을 동시에 보는 것으로 해석한 것이다. 가령 20대의 처녀에게서 80대의 노인과 핏덩이 갓난아기를 동시에 보고, 지옥의 고통에서 순간순간의 이전과 이후의 극락을 동시에 보는 식이다.

《묘법연화경》이라는 이름에 나타나는 연꽃은 꽉 차 있음을 상징적으로 나타내 준다. 연꽃의 특징은 연꽃과 연밥이 동시에 생긴다는 것이다. 꽃과 열매, 원인과 결과의 동시성을 나타낸다.

더러움을 상징하는 진흙과 깨끗함을 상징하는 연꽃이 동시에 있다. 꽃과 열매 중에 어느 것을 씨앗으로 잡고 어느 것을 열매로 잡아야 할지 모를 정도로 순환적이다.

이 동시성을 확대해 나가면 씨앗과 열매, 발원과 성취, 수행과 깨달음, 지옥과 극락, 윤회와 해탈, 중생과 부처, 번뇌와 지혜 등의 동시성으로 발전된다. 물론 연꽃과 진흙이 동시에 있지만 또 연꽃과 진흙은 동시에 있을 수밖에 없지만 그럼에도 불구하고 우리는 진흙보다는 연꽃을 얻으려고 한다. 진흙의 더러움을 인정하는 것은 그것이 연꽃에 양분을 제공함으로써 연꽃으로 전환됨을 의미할지언정 진흙의 더러움을 퍼뜨려야 한다는 것은 아니다.

선과 악을 동시에 두고 악을 인정하지만 악은 선으로 전환됨을 의미할지언정 악이 힘을 발휘해야 한다는 것은 아니다.

《법화경》의 대의 계송은 '제법종본래 상자적멸상 불자행도이 내세득작불(諸法從本來 常自寂滅相 佛子行道已 來世得作佛)'이라고 한다.

즉 '일체의 모든 사물이 다 그대로 열반의 모습이라. 불자가 도를 닦기만 하면 오는 세상에 부처님을 이루리라.'고 하는 것이다. 이 세상이 본래 열반의 모습이라는 것은 본래 부처의 모습이라고 하는 말과 같다. 없던 부처를 새롭게 이루는 것이 아니라 수행을 통해서 본래 있던 부처님을 발견하기만 하면 된다는 것이다. 그래서 수행만 하면 바로 부처가 된다. 만선성불을 이야기하다가 이 결론을 얻으려고 다른 곳을 헤매었다. 즉 본래부터 부처와 중생은 동시에 있고 이 세상은 본래 부처의 세계이므로 수행을 하기만 하면 본래 있던 부처가 그 수행자에게 그대로 나타난다는 것이다. 그래서 아무리 사소한 선근공덕을 닦더라도 그 자체가 바로 부처를 짓는 셈이 된다.

여기서 부처를 짓는다는 말은 없던 부처를 새로 지어낸다는 말이 아니다. 단지 수행을 하지 않으므로 본래 있던 부처가 부처 역할을 하지 않았는데 수행을 함으로써 본래 있던 부처가 부처 역할을 한다는 의미해서 부처를 짓는다. 또는 부처를 이룬다고 말하는 것이다.

아이들이 바닷가에서 모래를 모아 탑을 만들고 불상을 그리고 부처 불(佛)자를 쓸 경우, 그 아이들이 바로 부처를 이루는 것은 사실이다. 그러나 여기서 주의할 점은 부처의 행이 본래 있던 부처를 부처로 만든다는 점이다. 부처의 행이 있는 기간 동안 부처이고 중생의 행을 지으면 중생이 된다. 한번 장난으로 불탑을 만들기만 하면 그 순간 부처이지만 그러나 다음 순간에 중생의 행을 지으면 중생이 된다.

특별한 결심이나 집중이 없이 산란한 마음으로 부처님에게 귀의를 표시한다고 해도 부처를 이루기는 하지만 그 부처를 이루는 선근 공덕이 씨가 되어서 계속적으로 이어져야 한다는 것이다. 그래서 조사스님들의 유명한 말씀이 있다.

찰나 동안 부처의 행을 지으면 찰나 동안 부처이다. 하루 동안 부처의 행을 지으면 하루 동안 부처이다. 영원히 부처의 행을 지으면 영원히 부처이다.

참으로 멋있는 말씀이다. 착한 사람과 악한 사람, 탐욕스런 사람과 덕이 있는 사람이 다를 바 없다. 선인과 악인, 탐욕과 베품은 한 자리에 있다. 선한 행을 지으면 바로 선한 사람이고 보살행을 지으면 그는 바로 보살이다. 우리가 극락의 복을 지으면 우리는 바로 극락에 속한 사람이다.

삼승방편과 일승진실

(법화경 4)

일승과 삼승이 다 같이 일승이다.

능력에 의해 일승이 되는 것이 아니라, 선근공덕을 닦으려는

원력에 의해 일승이 되기 때문이다.

《법화경》에 있어서 방편과 진실의 문제는 삼승과 일승과의 관계가 같이 떠오른다. 부처님께서는 삼승은 방편이고 일승은 진실이라고 누누이 강조하신다. 삼승은 버려야 할 것이고 일승은 얻어야 할 것이라고 했다.

삼승이 버려야 할 것이라면 처음부터 설하지 말 것이지 왜 부처님은 삼승을 설하고는 다시 그것으로부터 떠나라고 하셨을까. 그러면 《법화경》에서는 방편을 중요하게 여기면서 왜 삼승을 구박하는지, 일승의 진실한 요점은 무엇인지에 관해서 생각해 보자.

불교를 설명하는 사람과 공부하는 이에게 똑같이 부담이 되는 것은 불교용어의 어려움에 있기도 하지만 각 용어가 내포하는 기본적인 법수(法數)에 있기도 하다. 삼악도가 있는가 하면 삼선도도 있다. 사성(四聖)과 육범(六凡)도 있다. 또 십계도 있다.

이 용어들과 이 용어들이 나타내는 기초 법수들은 너무도 중요하기 때문에 이 용어들을 피하면서 교리공부를 하면 《법화경》이나 다른 경전들을 공부하고도 공부하지 않은 것과 같이 되어 버린다. 가령 수학 또는 셈본에서 곱하기와 나누기를 하려면 구구단을 외우는 것은 필수적이다. 구구단을 외우지 않고도 곱하기와 나누기의 원리를 설명할 수는 있지만 그렇게 되면 애써 배운 곱하기 나누기는 아무 쓸모 없는 것이 된다. 이 말을 하는 이유는 삼승과 일승을 설명하기 위해서 십계의 개념을 이해하는 것이 필수적이기 때문이다.

십계(十界)란 지옥(地獄)·아귀(餓鬼)·축생(畜生)·아수라(阿修羅)·인간(人間)·천상(天上)·성문(聲聞)·연각(緣覺)·보살(菩薩)·불(佛) 등 열 가지의 세계이다. 이 열 가지의 세계는 선업과 악업의 정도에 따라, 수행을 많이 하고 적게 한 정도에 따라서, 또는 깨달음을 얻은 경지의 정도에 따라 낮은 단계로부터 높은 단계로 올라간 것이다. 십계를 도표로 만들면 다음과 같다.

먼저 제일 낮은 단계의 삼악도를 본다면 지옥·아귀·축생인데 아귀는 탐심을 많이 내는 사람이 태어나는 곳이고, 지옥은 성을 많이 내고 싸우기 좋아하는 사람이 태어나는 곳이다. 축생은 우치한 사람이 태어나는 곳이다. 탐심(貪心)·진심(嗔心)·치심(癡心)이라는 삼독(三毒)의 과보를 나타내는 악도가 바로 지옥·아귀·축생이 되는 것이다. 아귀의 입은 바늘구멍만큼 작고, 배는 산과 같이 큰 물고기인데 이 물고기의 모양에서 먹어도 먹어도 양이 차지 않는 인간의 욕심과 고통을 상징적으로 나타낸 것이다.

다음으로 아수라·인간·천상은 삼선도가 된다. 아수라는 싸우기를 좋아하는 세계이다. 이 세계를 가리킨 수라장 또는 아수라장이라는 용어는 우리말로 정착되었다. 인간세계는 지금 우리가 사는 세상이고 천상세계는 극락세계를 나타낸다. 지옥·아귀·축생의 삼악

도와 아수라 · 인간 · 천상의 삼선도가 합해서 육범의 세계, 즉 여섯 가지 범부의 세계가 된다.

범부의 세계 다음으로 네 가지 성인의 세계가 바로 성문 · 연각 · 보살의 삼승과 부처 단계의 일승이다. 보살의 단계와 부처의 단계는 쉽게 이해할 수 있지만 성문과 연각의 단계는 소승법만 깨친 사람 정도로 이해하면 된다. 단지 꼭 필요한 것은 지옥으로부터 천상까지 여섯 가지 단계 다음에 성문 · 연각 · 보살이 삼승이고 부처가 일승이라는 점과 전체 열 가지가 십계 즉 열 가지 세계를 이룬다는 것이다. 이 십계는《법화경》의 핵심인 상호포함의 생각을 이해하는 데 꼭 알아두어야 할 것이기도 하다.

《법화경》에서 부처님은 일승만을 인정하고 삼승을 부정하는가 하면 다른 한편으로 삼승은 꼭 필요한 것으로 인정하기도 한다. 한 장소에서 부처님은 이렇게 말씀하신다.

여래께서는 다만 일불승(一佛乘)으로 중생을 위하여 설법하시나니 이승이나 삼승 같은 다른 가르침은 없느니라.

궁극점은 부처의 세계이지 성문 · 연각 · 보살의 세계가 아니라는 것이다. 다른 한편으로 부처님은 또 이렇게 말씀하신다.

성문을 구하는 사람에게는 사제법문을 설하시어 나고 늙고 병들고 죽

음을 건너 열반을 얻게 하시며 연각을 구하는 사람에게는 십이인연법을
설해 주시며 모든 보살을 위하여 육바라밀을 설하사 위없이 높고 바른 깨
달음을 얻어 일체종지(一切種智)를 이룩하도록 하셨느니라.

　성문 · 연각 · 보살의 단계는 간략하게나마 설명되어 있다. 성문
은 사성제를 깨친 사람, 연각은 십이인연을 깨친 사람, 보살은 육바라
밀을 실천하는 사람이다. 부처님은 여기서 사람들의 근기에 따라 그
에 맞는 가르침을 주셨다는 말씀이다. 일승 즉 부처의 세계만을 궁극
점으로 잡았고 여기서는 삼승을 인정하고 있다.
　이 점에 대해 우리는 이렇게 풀이할 수가 있다. 수준이 낮은 사람
들을 포섭하는 뜻에서 삼승을 인정하고 삼승에서 한 걸음 더 나아가
부처의 세계에 이르게 하기 위해서 삼승을 부정하고 일승만을 인정한
다. 《법화경》에서 부처님이 삼승을 버리고 떠나야 할 단계라고 하는
의도는 삼승이 나쁘다고 몰아붙이기 위해서가 아니라 삼승도 더욱 정
진하면 부처가 될 수 있다는 희망을 주기 위해서이다.
　《반야경》《유마경》은 대승 초기 경전이므로 대승과 소승의 구별
을 위해서 아라한이 부처가 될 수 없다고 강조한다. 반면에 《법화경》
은 《반야경》보다 후기 경전이므로 소승을 대승으로 끌어들이기 위해
서 성문 · 연각이 부처가 될 수 있다고 한다. 단지 성문 · 연각의 단계
를 궁극의 것으로 생각하면 안 됨을 주의시킬 뿐이다.
　또 일승의 의미가 모든 중생이 근기가 다 똑같기 때문에 처음부

터 다 같이 일불승이 되어야 한다는 말은 아니다. 근기 차이에 의해서
이승·삼승에 있다 하더라도 일승을 궁극으로 인정하고 그것을 향해
서 수행한다면 삼승의 그 자리가 바로 일승이라는 의미에서 일승으로
삼승을 포용하고자 할 뿐이다. 삼승이 다 부처를 이룰 목적으로 수행
하면 다 같이 부처가 될 수 있으므로 삼승의 방편과 일승의 진실에 차
이가 없다는 말이다. 예를 들면 앞에서 말한 십계(十界)라는 계단이 어
떤 높은 단계에 있느냐가 중요한 것이 아니라 부처가 되는 위를 향하
고 있느냐 아니면 지옥으로 가는 아래를 향하고 있느냐가 중요하다는
것이다.

《법화경》은 제법실상(諸法實相)을 기본으로 하고 있다. 제법실상
이라는 말은 법 즉 모든 사물의 실상을 의미하기도 하고 눈앞의 모든
사물, 일체법 그대로가 열반의 모습이라는 것을 의미하기도 한다. 《법
화경》의 대의 게송은 일체법이 본래로부터 항상 그대로 열반의 모습
이라고 한다. 이 뜻을 제법실상으로 해석한다면 일체제법이 그대로
열반의 모습이라고 할 수 있다.

제법이 바로 부처세계의 실상이므로 아무리 사소한 선근공덕도
본래의 부처가 부처로서 움직이게 한다. 어린아이들이 바닷가에서 모
래로 부처의 모양을 그리기만 해도 그 공덕으로 부처를 이룬다. 술 취
한 사람이 부처님 앞에 나아가 '나무불'하고 한번만 외워도 그는 성불
한다. 모든 수행이 다 부처를 짓는 마당에서 삼승이나 일승이 다 같이
부처가 된다.

그래서 《법화경》의 부처님은 모든 성문·연각의 제자들에게 성불할 것이라는 예언을 주신다.

사람마다 능력과 취향이 다르기 때문에 근기에 있어 차이가 있을 수밖에 없다. 삼승을 일승으로 만드는 방법으로 모든 사람의 능력을 똑같이 할 수는 없다는 말이다. 근기가 낮은 삼승을 인정하는 데서부터 일승이 나와야 한다. 그렇다면 그 일승은 사람의 능력에 의해서가 아니라 사람이 지향하는 바에 의해서 결정되어야만 한다.

어린아이는 모래 위에 불상을 그리는 것으로 부처를 이루고 다겁생래(多劫生來)로 보살행을 닦아온 이는 무량억겁 동안 무량억겁의 부처님에게 공양을 하고 부처를 이룬다. 재물이 있는 이는 재물을 보시해서 부처를 이루고 재물이 없는 이는 노동력을 보시해서 부처를 이룬다. 재물도 노동력도 없는 이는 마음으로만 보시해서 부처님을 이룬다. 자기 힘껏 선행을 하고 불법을 닦으면 누구나가 다 부처님을 이룬다. 여기서 근기가 높은 일승은 물론이거니와 근기가 낮은 삼승도 그대로 일불승이 된다. 일승과 삼승이 다 같이 일승이다. 능력에 의해 일승이 되는 것이 아니라, 선근공덕을 닦으려는 원력 즉 마음이 어느 쪽을 향하느냐에 의해 일승이 되기 때문이다.

삼승이라는 근기 차이에 의해서가 아니라 부처를 이루려는 소원이나 행동에 의해 일승이라는 부처를 짓기 때문에 삼승의 방편이 그대로 일승의 진실이 되고 일승의 진실이 그대로 삼승의 방편이 된다. 방편은 진실이요, 진실도 방편이다.

수기와 불난 집의 비유
(법화경 5)

불난 집 밖으로 나온 장자는 당초에 약속했던
수레들보다 더 크고 더 좋은 흰 소가 끄는 수레들을
아이들 모두에게 골고루 나누어 주었다.

《법화경》〈비유품(譬喻品)〉에는 수기가 나온다. 수기(授記)란 부처님이 제자들에게 앞으로 성불할 것이라는 예언을 주시는 것이다. 《법화경》의 원시팔품은 세 주기로 이루어져 있다. 세 주기를 법설주(法說周)·비유설주(譬喻說周)·인연설주(因緣說周)로 이름 붙여 합해서 삼주설법(三周說法)이라고 부른다.

삼주설법 중에서〈방편품〉과〈비유품〉은 부처님이 가르침을 직접 토해 내는 법설주에 해당한다. 다시 이 법설주 가운데〈방편품〉은 정설이라는 부처님의 가르침에 속하고 〈비유품〉은 영해·술성·수기

즉 제자의 고백, 부처님의 인증, 그리고 수기에 속한다. 예로부터 《법화경》의 핵심이 〈방편품〉에서 계속되는 원시팔품과 〈여래수량품(如來壽量品)〉 등에 들어 있다고 여겨져 오기 때문에 교리적으로 중요한 곳을 〈방편품〉과 〈비유품〉의 줄거리에서 보자.

〈방편품〉에서 부처님은 크게 두 가지를 말씀하셨다. 첫째는 근기의 차이에 의해서 삼승을 설하기는 했지만 그것은 방편이요, 궁극이 아니라는 것이다. 둘째는 삼승에 있으면서도 일불승의 이상을 향해 수행하면 성불할 수 있다는 것이다. 깨달음을 얻는 길은 돈을 버는 일과 달라서 능력만큼 공덕을 쌓고 능력만큼 결과를 얻는 것이 아니라 능력만큼 일하고 필요한 만큼 얻는다는 말씀과 비슷하다.

〈비유품〉에 들어와서 사리불은 부처님의 일승법문을 듣고 환희한다. 그리고는 방편과정을 최후 도달점으로 착각한 점, 아무리 작은 선행으로도 성불할 수 있다는 놀라운 가르침을 듣고 안온을 얻었다는 것을 부처님께 사뢴다.

이에 부처님은 사리불에게 미래에 성불할 것이라는 수기를 주신다. 수기를 받은 사리불은 혼자 수기를 받는데 만족하지 않고 모든 대중들이 같이 성불할 수 있도록 삼승과 일승과의 관계와 만선성불의 인연을 말씀해 주십사하고 부처님께 청한다. 여기서 부처님은 유명한 불난 집의 비유를 설하신다.

재산이 한량없이 많은 대부호 장자가 있었느니라. 그런데 어느 날 그 부

호의 집에 불이 났느니라. 그 집안에는 장자의 자녀들이 불이 무엇인지도 모르고 놀고 있었느니라. 아버지는 아이들에게 불에 타면 죽으니 대문 밖으로 빨리 나오라고 타일렀느니라. 그러나 아이들은 놀이에 빠져서 아버지의 말을 들은 체도 아니했느니라. 그래서 장자는 방편으로 대문 밖에 나가면 양이 끄는 수레, 사슴이 끄는 수레, 소가 끄는 수레가 있다고 아이들에게 말했느니라. 불난 집 밖으로 나온 아이들은 약속한 수레를 달라고 장자에게 말했지만 장자는 당초에 약속했던 수레들보다 더 크고 더 좋은 흰소가 끄는 수레들을 아이들 모두에게 골고루 나누어 주었느니라. 무한의 재산이 있는 장자가 자신의 자녀들에게 세상에서 제일 좋은 수레를 주는 것은 아주 당연한 일이었느니라. 아이들은 흰 소가 끄는 수레를 받고 기뻐했느니라.

이 이야기를 끝낸 부처님은 사리불에게 그 장자가 아이들에게 거짓말을 했느냐고 묻는다. 사리불은 아이들의 목숨을 건지게 한 것만으로도 거짓말이 되지 않는데 하물며 최고로 좋은 수레를 주었으니 거짓말이 될 수 없다고 사뢴다.

부처님은 장자가 쓴 방편에 대해서 사리불이 제대로 이해한 것을 칭찬하시고 그 불난 집이 바로 우리가 살고 있는 욕망의 세계라고 말씀하신다. 불난 집과 같은 이 세상에서 중생들을 건지기 위해 양이 끄는 수레, 사슴이 끄는 수레, 소가 끄는 수레라는 삼승으로 방편을 쓰셨다. 마지막에는 흰 소가 끄는 수레인 일승을 중생들에게 주었지만 부처님은 거짓말한 것이 아니라고 한다. 중생들의 수준에 맞는 방편을 써서 각자의 수준이나 능력에 상관없이 필요한 것을 다 주었기 때문이라는 것이다.

부처님은 사리불과 다른 제자들에게 이 불난 집의 비유를 든 까닭은 누구든지 부처가 되고자 하는 목표를 세우고 지금의 작은 우물에서 큰 우물로 나오기만 하면 수기를 받은 사리불처럼 성불할 수 있음을 보여주기 위해서라고 하셨다.

여기서 주의할 점은 사리불의 고백에 따른 부처님의 수기내용이다. 부처님은 사리불의 고백을 듣고 말씀하신다. 이러한 대승법으로의 깨달음은 오늘에 시작된 것이 아니라 이만억 부처님을 거치면서부터 위없이 높은 도를 닦았기 때문이라고 하신다.

얼마 후 옛 인연을 잊어버린 사리불은 자은 지혜에 만족을 하고 궁극점을 얻었다고 주장하기에 이른다. 부처님은 다시 사리불이 과거세에 발심했던 것을 상기시키며 미래에 성불할 것이라는 수기를 내리신다. 그런데 그 미래라고 하는 것은 무량무변 불가사의 겁을 지나 천만억 부처님을 공양한 다음이라고 한다.

일 겁은 사람의 경험이나 머리로는 헤아릴 수 없는 긴 시간이다. 사방 사십 리 되는 큰 바위를 선녀의 부드러운 치맛자락으로 삼 년 만에 한 번씩 스치게 해서 그 바위가 다 닳아 없어질 정도의 긴 시간이다. 일 겁이 이렇게 헤아리기도 어려운데 무량무변 불가사의 겁은 말할 필요도 없이 길고 길다.

그럼에도 불구하고 사리불과 다른 제자들은 한량없는 먼 미래의 성불에 관한 예언, 즉 수기를 받고도 그것을 기뻐한다.

여기에 수기의 미묘함이 있다. 시간과 공간은 완전히 비어 있고 완전히 차 있다. 이것과 저것은 완전히 비어 있는 상태임과 동시에 서로 포함하고 있는 상태에 있다. 공간적으로 하나 속에 다른 모든 것이 포함되어 있고 시간적으로 한 순간에 모든 과거와 미래가 다 포함되어 있다. 과거에 현재가 포함되어 있고, 미래에 현재가 포함되어 있듯이 현재에 과거와 미래가 모두 포함되어 있다.

모든 선근공덕과 원력은 바로 부처를 만든다. 일승법에 따라서 부처가 되기로 마음을 내고 또 부처가 되는 행을 짓는 순간 무량억천만겁의 미래는 바로 절대 현재로 다가온다. 절대 현재라는 말을 쓰는 것은 과거나 미래 또는 현재라고 하더라도 이 현재나 저 현재를 상대적으로 구별하지 않는 지금의 순간 그대로가 절대적으로 모든 시간을 다 포함하는 현재를 말하기 위해서다.

이렇게 살펴보았듯이 수행의 단계는 지옥으로부터 올라가서 인간 위에 천상의 단계가 있고 그 위에 성문·연각·보살의 삼승이 있다. 마지막으로는 부처의 단계다. 인간세계에 살고 있는 천상세계는 감히 넘보지도 못하는 우리들이 천상의 단계보다 더 위인 삼승의 단계를 넘어 부처의 단계를 목표로 세우기는 쉽지 않다.

일단 마음을 내고 그에 따라 행동으로 옮긴다면 아무리 사소한 수행이라 하더라도 부처를 이룰 수 있다고 한다. 수기에 나타나는 기간을 숫자상으로 보면 무량억천만겁의 미래이지만 그 미래는 바로 수행하는 이 순간의 마음에 이미 포함되어 있다는 것이다.

우리는 인사할 때마다 '성불하십시오.'라고 말한다. 성불하라는 말은 참으로 좋은 말이지만 나 자신은 성불에 관심이 없으면서 다른 사람에게 성불하라고 한다면 그것은 참으로 내용이 없는 겉치레 인사가 되고 만다.

《법화경》에서 부처님은 자기구제에 만족하는 소승제자들에게 부처가 되는 일승법을 받아들이라고 말한다. 우리의 근기가 턱없이 낮다고 해서 일승을 구하는 일이《법화경》속의 출연 인물들에게만 해당되고 현실을 살고 있는 우리에게 해당되지 않는 것은 아니다.

부처님은 어린아이가 모래 위에 부처 '불'자를 그려도 그 공덕으로 성불한다고 말씀하셨다. 없던 부처를 새로 만드는 것이 아니라 본래의 부처를 행세하라는 것이다. 우리도 부처로서 행세해야겠다는 마음을 내어야 한다는 것이다. 수기는 본래의 부처로 살겠다는 마음을 내고 닦으라는 말씀이다. 또 우리는 부처가 되겠다는 마음을 낼 수 있는 높은 이상을 가진 사람임을 확인하는 말씀이기도 하다.

장자 궁자의 비유

(법화경 6)

궁자의 본래상속권은 사소한 선근공덕으로도

성불할 수 있다는 만선성불을 의미한다.

중생은 언제나 본래부처이다.

《법화경》의 〈신해품(信解品)〉에는 장자 궁자(長者窮子)의 비유가 있다. '장자 궁자'란 대부호인 아버지와, 아버지를 알아보지 못하고 궁하게 헤매면서 날품팔이나 하는 아들의 이야기이다.

이 비유에서는 궁한 아들이 본래적으로 가진 아버지 재산의 상속권과 본래불성을 떠오르게 한다. 이 본래 상속권은 만선성불을 의미하고 아울러 궁자는 언제나 상속자이며 중생은 언제나 부처임을 뜻한다. 궁자가 가지는 본래상속권에서 우리는 우리의 본래불성·본래부처·항상부처·만선성불 등을 끌어내 생각해야 한다.

장자 궁자의 비유는 불 · 법 · 승 삼보 중에 법보로 들어와서 각 경들의 중요성과의 연결을 찾아보기 위해 천태종의 교판을 공부하는 중에 한 번 스친 바 있다. 《법화경》에는 비유의 이야기가 많다. 그중에서도 일곱 가지 비유가 교리적인 의미를 잘 나타내어 중요한 역할을 한다. 〈비유품〉 가운데 화택 즉 불난 집의 비유는 장자 궁자의 비유와 같이 중요한 일곱 가지 비유에 속한다. 삼주설법 중에 〈신해품〉은 비유주의 〈비유품〉 정설(正說)에 이어서 제자들이 부처님께 깨달은 바를 고백하는 부분에 속한다.

먼저 〈신해품〉의 줄거리를 보도록 하겠다.

〈비유품〉에서 성문 · 연각의 소승제자들이 부처님으로부터 미래에 성불할 것이라는 예언적 기약을 받고 크게 기뻐한다. 일승보살도라는 무량보배를 얻은 기쁨을 나타내기 위해서, 수보리 · 가전연 · 가섭 · 목련 등이 유명한 장자 궁자의 비유를 부처님 앞에 사뢴다.

한 부호의 아들이 있었다. 그는 어렸을 때 멀리 타국으로 도망쳐서 오랫동안 곤궁하게 살고 있었다. 그동안 아버지는 더욱 부자가 되어 영화를 마음껏 누리게 되었다. 단지 걱정이 있다면 그 많은 재산을 물려줄 아들이 없다는 것이 근심이었다.

어느 날, 장자 아버지는 멀리 성문 입구를 바라보고 있었다. 그런데 그렇게도 그리워하던 자신의 아들이 일자리를 찾는 듯 거리를 기웃거리며 서 있었다. 그래서 아버지는 하인들에게 그 아들을 데려오게 하였다. 그러나 아들은 무슨 벌이라도 받는 것이 아닌가 하고 겁을 내었다. 아버지는 자신의 아들을 그냥 가도록 했다. 생각 끝에 장자는 몰골이 파리하고 위엄이 없는 신하 둘을 불렀다.

그리고는 "똥치는 일을 하면 두 배의 품삯을 준다."라고 말하게 하여 겁에 질려 있는 자신의 아들 즉 궁자를 데려오게 했다. 장자는 모든 보배 장신구를 벗어버리고 일부러 낡은 옷을 입고 허름한 모습으로 궁자에게 접근했다. 그리고는 "다른 데 가지 않고 계속 일을 잘하면 품삯도 더 많이 올려주겠다."며 아들을 달래 안심시켰다.

후에 장자는 궁자에게 새로 이름을 지어주고 양자를 삼았지만 궁자는 여전히 자신을 천한 사람이라 자처하며 똥치는 일만 계속하려 하였다. 그때 부호 장자에게 병이 생겼다. 자신의 죽음이 멀지 않음을 안 장자는 궁자를 불러 창고마다 가득한 보물과 금고를 지키는 일을 시켰다.

마침내 임종할 즈음에 장자는 국왕·대신·유지들을 불러 놓고 그들에게 선포했다.

"그 궁자는 바로 나의 모든 재산을 고스란히 물려받을 옛날에 집을 나간 나의 아들입니다."

궁자는 장자의 말을 듣고 꿈에도 생각지 못했던 보배와 많은 재산의 주인이 바로 자신의 친아버지이며 그의 정당한 상속자가 자신임을 알고 크게 기뻐하였다.

이 장자 궁자의 비유를 부처님께 사뢴 가전연 등 성문들은 그 비유에 나타나는 궁자처럼 자신들도 과거에는 하루의 품삯 같은 작은 열반에 만족하고 일승법을 구하지 않았음을 뉘우친다. 부처님이 바로 자신들의 아버지이고 자신들은 부처님이 가지신 일승보살도라는 법의 재산을 온전히 물려받을 상속자라는 깨달음과 자부심을 부처님께 고한다.

4인의 성문제자가 자신들의 소승법을 넘어선 일승법에 대한 신해(信解), 즉 믿음과 이해를 부처님께 사뢴다는 뜻에서 〈신해품(信解品)〉이라는 품명이 붙었다.

여기서 비유로 나타난 각 배역들은 부처님과 중생과의 관계를 나타낸다. 장자는 석가모니부처님이고 궁자는 성문제자들이다. 아버지가 아들을 불렀을 때, 궁자가 무서워 성 밖으로 나가고자 하는 것은 대승법을 비리고 소승법을 취하는 것과 같다. 아버지가 오매불망(寤寐不忘) 아들 생각만 하는 것은 부처님이 오직 중생만을 생각하는 것과 같다. 재물과 보배는 부처가 된다는 일승묘법(一乘妙法)이요, 재산을 물려주는 것은 부처님께서 성문들이 성불할 것이라는 예언을 주시는 것과 같다.

궁자의 본래 상속권은 중생의 본래불성을 나타낸다. 궁자가 멀리 아버지를 여의고 도망갔기 때문에 자신은 본래 장자의 아들이며 아무리 써도 남을 재산과 보물이 있다는 것을 몰랐을 뿐이다.

궁자가 도망간 비유는 본래의 재산상속권을 없애거나 돌아온 사실이 새삼스럽게 없던 재산상속권을 만들지도 않았다는 의미이다. 마찬가지로 불성도 없어지거나 생겨나는 것이 아니고 본래 그 자리에 항상 그대로 있다는 뜻이다.

장자 궁자의 비유에서 상속권을 가진 아들은 하나일 뿐이지만 불법의 세계에서는 온 중생 누구나가 다 평등하게 마음껏 쓰고도 남을 법의 재산을 물려받을 수 있는 상속자이다. 장자 궁자의 비유에서는 장자가 궁자에게 일부러 친근해져 마침내 서로 부자관계를 인지해서 선포하지만 불성에 있어서는 선포하거나 말거나 우리 모두는 성불할 수 있는 일승묘법의 상속자이다.

궁자의 본래상속권은 우리가 사소한 선근공덕으로도 성불할 수 있다는 만선성불을 의미한다. 궁자가 장자의 양자가 되었기 때문에 장자의 상속자가 되는 것이 아니라 궁자는 본래부터 장자의 아들이요, 장자의 상속자이다. 우리가 깨닫거나 말거나 우리 또한 본래부처인 것이다. 궁자와 상속자의 차이는 똑같은 사람의 정신적·육체적 행동이 궁자적인 것이냐 상속자적인 것이냐에 있을 뿐이다.

장자의 아들이 아버지 곁을 도망쳐서 거지 생활을 하고 또 아버지를 만나서도 겁을 내고 가까이하지 못하는 비유는 궁자이지만 본래의 아버지와 본래상속권자임을 알아본 다음에는 그대로 상속자인 것과 마찬가지로 본래부처인 우리 중생들도 미혹의 행을 지으면 중생이고 깨달음의 수행을 지으면 그대로 부처님을 뜻한다.

그래서 어린이가 파도치는 바닷가에서 모래로 부처님의 모양을 만들거나 그리더라도 그는 이미 부처일 수 있다. 어떤 이가 술에 취해서 정신을 못 차리는 산란한 마음으로라도 부처님 전에 나아가 '나무불'이라고 외치거나 생각만 하여도 그는 이미 부처이다. 부처와 중생은 똑같은데 부처는 보살행을 짓고 중생은 삼독에 찬 업의 행을 짓는다는 데 차이가 있을 뿐이다.

궁자가 장자의 상속자로 선포되는데 어떤 노력이나 성취의 계단이 있지 않듯이 중생이 본래부처임을 깨닫고 본래부처로 돌아간 데에는 지옥에서부터 아귀 · 축생 · 아수라 · 인간 · 천상 · 성문 · 연각 · 보살을 지나 부처에 이르는 9계단이 필요한 것이 아니다. 아무리 하찮은 수행을 지을지라도 보살행 · 부처행은 그대로 그 행위자를 부처로 만든다. 지금의 자리가 지옥이거나 아귀이거나 지옥의 마음을 먹고 있거나 아귀의 마음을 먹고 있거나 상관없이 당장에 보살행으로 전환하면 그 자리에서 보살이고 부처가 될 수 있다. 삼승을 버리고 일승을 얻는다 함은 삼승이라는 계단식의 소승적 사고를 뛰어넘어 삼승과 일승의 자리에는 아무런 차이도 없이 그대로 부처행을 짓고 부처가 됨을 의미한다. 지옥을 부수거나 성문을 지우지 않고 그 자리에 있는 그대로 본래부처임을 선행이나 수행으로도 깨달을 수 있다는 것이다.

자기의 세계에 있는 그대로를 부처로 자각하므로 한 사람이 더 부처가 되었다고 해서 부처의 세계가 늘어나지도 않고 중생의 세계가 줄어들지도 않는다. 지옥이 부처로 고쳐지거나 부처가 지옥을 흡수하지도 않는다. 보살행이 있으면 지옥의 그 자리도 아무런 바뀜이 없이 부처가 되는 것이다.

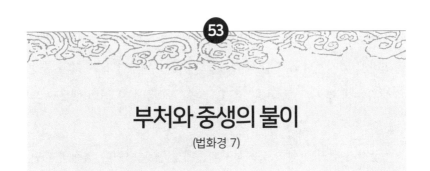

부처와 중생의 불이
(법화경 7)

중생으로서의 나와 부처님 상속자로서의
나는 본래부터 둘이 아닌 하나였다.
상속자가 궁자로 착각되었을 뿐이다.

　　장자 궁자의 이야기에는 미혹의 세계가 벌어지는 이유와 미혹과
깨달음과의 관계가 떠오른다. 장자 궁자의 이야기에서 장자의 아들이
가난하게 된 원인, 즉 무명미혹이 생기는 원인이 무엇이냐가 문제로
나타나는 것이다. 또 궁한 사람으로서의 아들을 번뇌라 하고 상속자
로서의 아들을 지혜라고 할 경우 궁자와 상속자의 번뇌와 지혜는 어
떤 관계이냐가 문제가 된다.

　　가난한 아들 궁자는 본래부터 궁자가 아니었다. 궁자로 착각되었
을 뿐이다. 그런데 장자의 아들이 궁자로 착각되었다고 해서 장자의

상속자가 궁자로 변해지는 것은 아니다. 궁자가 장자의 상속자로 인정되고 선포되었다고 해서 궁자가 없어지거나 장자의 상속자가 새로 태어나는 것도 아니다. 궁자와 장자의 상속자는 본래부터 둘이 아닌 하나였다.

정신이 없는 우리, 어떻게 살아야만 정말로 잘사는지를 모르는 우리는 본래부터 이 같은 방황자가 아니었다. 이렇게 헐떡거리면서 살다가 말 사람이 아니었다. 무엇인지도 모를 답답함과 두려움을 안고 살아야할 사람이 아니었다.

우리는 진실로 참답고 즐겁고 멋있게 살 수 있는, 해탈열반의 세계를 마음껏 누릴 수 있는 부처님의 상속자였다. 단지 탐·진·치 삼독과 오욕락에 질질 끌려다니는 사람으로 착각되었을 뿐이다. 그러나 부처님의 모든 재산을 물려받을 상속자기 미혹한 중생으로 착각되었다고 해서 상속자가 가난하게 되는 것은 아니다. 또 우리가 부처님의 상속자로 선포되었다고 해서 중생인 우리가 없어지고 부처님의 상속자가 새로 태어나는 것도 아니다. 중생으로서의 나와 부처님 상속자로서의 나는 본래부터 둘이 아닌 하나였다.

여기서 우리는 의문이 생긴다. 왜 궁자가 생겼느냐는 것과 궁자는 본래 장자의 상속자이므로 없는 것으로 취급해야 할 것이냐는 의문이다. 불교의 궁극적인 입장에서 궁자로 오인될 소지는 장자의 아들에게 본래부터 있었다.

장자의 아들에게 부처의 단계만 있는 것이 아니라 지옥으로부터 부처의 단계까지 십계(十界)가 본래부터 갖추어져 있다. 장자의 상속자인 그 아들이 부처가 되는 것과 궁자가 되는 것, 즉 지옥에 떨어지는 것은 장자의 아들 자신이 어떤 단계의 깨달음을 실천하느냐에 달렸다. 장자의 아들은 본래부터 있고 궁자는 본래부터 없거나, 궁자가 장자로 변해지는 것도 아니다.

'왜 장자의 아들이 궁자가 되었느냐?'는 질문 속에는 허점이 있다. 왜냐하면 그 질문은 장자의 아들은 오직 상속자로서의 가능성만 있고 궁자로 될 가능성은 전혀 없다고 가정하는 '무의식적 고정성의 가정'이 들어 있기 때문이다.

상속자와 궁자를 둘로 보면 그것은 공사상에도 위배되고 따라서 서로 꽉 차 있다는 사상에도 어긋난다. 공사상은 고정적인 상속자나 고정적인 궁자가 없다는 것을 깨우친다. 서로 꽉 차 있다는 사상은 상속자에게는 궁자가 포함되어 있고 궁자에게 상속자가 포함되어 있다는 것을 깨우치기 때문이다.

불법은 시초가 좋으면 그 끝이 다 좋고 시초가 나쁘면 끝도 다 나쁘다는 실체적 고정주의가 아니다. 그 순간순간 '나'가 좋은 행을 닦느냐, 나쁜 행을 닦느냐, 업을 짓느냐, 보살도를 닦느냐에 따라서 윤회의 길과 해탈의 길이 갈라진다는 현장 행동지상주의이다. 그래서 찰나 동안 부처의 행을 지으면 찰나 동안 부처가 되고 한 시간 동안 부처의 행을 지으면 한 시간 동안 부처가 된다는 말이 성립될 수 있다.

귀인은 태생이 귀하기 때문에 귀한 것이 아니라 인격과 행동이 귀하기 때문에 귀한 것이고, 천한 사람은 태생이 천하기 때문에 천한 것이 아니라 인격과 행동이 천하기 때문에 천한 것이다. 도가 높은 이는 과거에 높은 깨달음을 얻은 적이 있기 때문에 도가 높은 것이 아니라 순간순간 깨달음의 생활, 상황과 진리에 합당한 수행을 하기 때문에 도가 높은 것이다.

세상에서 가장 못난 사람 중에 하나는 다른 이가 자신을 알아주지 않는다고 기분 나빠 하고 화내는 사람이다. 상대방은 내가 지금 이 자리에서 잘못 행동한 것을 지적하고 있는데 '나는 과거에 어떤 직책을 역임한 사람이다.' '나는 현재 어떤 직책을 가지고 있는 사람이다.' '나는 돈이 많은 사람이다.' '나는 무서운 힘을 가진 실세의 친척이다.' '나는 유명하고 인기가 있는 사람이다.' '나는 존경받는 선생님이다.' 등과 같은 말을 하는 것은 어리석은 일이다. 나의 조상이 양반이었다는 사실은 내가 지금 양반이라는 것을 보증하지 못한다.

내가 학교 선생을 했다는 사실이 지금 모범적 인격을 가진 사람이라는 것을 보증하지 못한다. 내가 본래 부처라는 사실이 내가 현재 부처임을 보증할 수 없다. 오직 내가 현재 부처의 행을 짓는 것만이 내가 부처라는 것을 확실하게 보증할 뿐이다.

불교에서는 궁자가 생긴 원인과 착각된 궁자는 본래 있는 것이냐, 없는 것이냐의 문제가 중요하게 다루어진다. 그 이유는 이 문제가 무명(無明)의 기원과 관계가 있기 때문이다. 본래 우리가 부처라고 한다면 그대로 부처이면 될 터인데 왜 우리는 미혹무명과 갈애 집착에 빠져서 윤회의 길을 방황해야 하느냐는 물음이 나온다.

무명의 시작과 끝의 문제는 그 무명에 의해서 생긴 지옥·아귀 등 십계 중에 불계 이외에 9계가 있는데 그것을 본래 있는 것으로 생각할 것이냐 없는 것으로 생각할 것이냐의 물음과 관계가 있다. 무명이 본래부터 있었고 앞으로도 있을 것이라면 그에 의해서 우리가 무명에 대처하는 방법도 달라져야 하기 때문이다.

간단히 말해서 공사상으로부터 전환된 모든 것이 서로 꽉 얽혀서 포함되어 있고 차 있다는 사상에서는 무명과 진여, 부처의 단계와 지옥·아귀·축생 등 중생의 단계가 본래부터 서로 포함하고 갖추어 있다는 입장이다. 장자의 아들에게는 가난한 궁자가 될 가능성과 장자의 상속자가 될 가능성을 똑같이 가지고 있다는 것이다.

악인이라고 해서 그의 마음이 지옥으로만 되어 있지는 않다. 그의 마음에도 천상사람의 마음, 보살의 마음, 부처의 마음이 같이 포함되어 있다. 단지 그가 악인인 것은 그가 지금 악인의 마음을 먹고 악인의 행을 짓기 때문이다. 부처라고 해서 그의 마음이 불국정토로만 되어 있지는 않다. 그에게도 지옥의 마음, 아귀의 마음, 축생의 마음, 아수라의 마음이 포함되어 있다. 그가 부처인 것은 그가 지금 부처의 마음을 먹고 부처의 행을 짓기 때문이다.

악인에게도 부처의 마음이 있지만 부처의 마음은 쉬고 악인의 마음은 활동 중에 있을 뿐이다. 부처에게도 악인의 마음이 있지만 악인의 마음은 쉬고, 부처의 마음이 활동 중에 있을 뿐이다.

어떤 사람이 선인이냐 악인이냐, 부처냐 중생이냐 하는 것은 그가 가진 본래의 성품이 선 한가 악 한가에 따라서 달라지는 것이 아니라 그가 가지고 있는 어떤 마음이 잠자고 있고 어떤 마음이 활동하느냐에 따라서 달라지는 것이다.

궁자와 장자의 상속자 사이에 아무런 차이가 없다. 두 사람은 이름만 다르게 불려 질 뿐 동일인이다. 비굴한 사람이 되느냐, 당당한 사람이 되느냐의 사이에는 자신이 본래 상속자라는 깨달음과 그 깨달음의 실천이 없느냐 있느냐에 차이가 있을 뿐이다. 궁자가 장자의 상속자가 되었다고 해서 한 그릇의 밥을 먹던 이가 두 그릇의 밥을 먹거나 한 개의 모자를 쓰던 사람이 두 개의 모자를 쓰는 것은 아니다. 오직 마음가짐과 인격에 차이가 있을 뿐이다.

궁자는 번뇌에 물든 이를 뜻하고 장자의 상속자는 번뇌를 뛰어넘은 이를 의미한다. 그러나 존재하는 것은 모두 개념으로 정해진 것일 뿐이고 개념으로 정해졌다는 말은 번뇌를 의미하기 때문에 궁자나 상속자나 모두 번뇌의 테두리를 벗어나지 못한다. 또 깨달음의 인격과 행동이 번뇌를 없애지도 않는다. 단지 번뇌를 활용할 뿐이다.

똑같은 물을 뱀이 마시면 독을 만들고 소가 마시면 젖을 만든다. 무명의 업이 그 아들을 움직이면 궁자를 이루고 깨달음의 원과 수행이 그 아들을 움직이면 상속자를 이룰 뿐이다.

부처를 이룬다 함은 궁자를 죽이고 상속자를 새로 태어나게 하거나 번뇌를 죽이고 보리를 새로 만드는 것이 아니다. 번뇌 속에 있는

상태 즉 본래의 족보, 본래의 부처를 여실히 관하고 본래의 부처자리
에서 행동할 뿐이다. 그래서 작은 수행도 바로 부처를 만들며 찰나의
수행도 찰나의 부처를 만드는 것이다.

독특성과 구족성
(법화경 8)

약초의 비유에서 모든 사람들이
잘나고 못남에 관계없이
각기 독특한 삶의 가치가 있음을 깨우칠 수 있다.

《법화경》〈약초유품(藥草喻品)〉에는 삼초이목(三草二木)이라는 약초의 비유가 나온다. 약초의 비유는 어떻게 모든 생명이 나름대로 독특한 삶의 가치를 가지는지, 갖가지 약초와 약초를 키우는 비 와는 어떤 관계가 있는지 〈약초유품〉의 줄거리를 보고 약초의 비유가 전하고자 하는 의미를 살펴보자.

부처님은 〈신해품〉에서 제자들의 고백을 듣고 다시 유명한 운우(雲雨)의 비유 또는 삼초이목의 비유를 들어 제자들의 이해가 바른 과정에 들어 있음을 인증해 준다.

운우란 구름 운(雲)자 비 우(雨)자로 비를 내리는 구름을 뜻한다. 그리고 삼초이목이란 세 가지의 풀과 두 가지의 나무를 말하는 것으로 약초의 가치가 상·중·하로 있는 세 가지 풀과 크고 작은 나무를 의미한다.

비가 내려서 산천의 초목들을 자라게 할 때 나무의 크기·모양·성분 등에 따라서 비의 양과 질이 달라지는 것이 아니다. 비는 언제나 똑같이 내린다. 그러나 크고 작은 나무와 풀들은 각기 자기에게 알맞게 그 비의 수분을 흡수해서 자신을 키운다. 이 비는 특별히 선하거나 악할 것도 없고 특별히 아름답거나 추할 것도 없으며 비는 어리석음도 없고 깨달음도 없다. 더러움도, 깨끗함도, 많음도, 적음도 없다. 사랑이나 미움, 좋아하거나 싫어함이 없다. 비는 아무런 감정이 없다. 그러나 한 땅에 나서 똑같은 비를 맞는다고 하더라도 여러 가지 하품·중품·상품의 약초와, 크고 작은 나무 즉 삼초이목은 각기 받아들인 비만을 소화시켜서 꽃을 피우고 열매를 맺는다. 똑같은 비를 받아서 각기 자기 나름대로 독특하게 소화시키고 이용하는 것이다.

삼초이목 중에서 하품·중품의 약초와 작은 나무는 삼승 가운데서 성문이나 연각 같은 소승에 속하기 때문에 버려야 하거나, 상품의 약초와 큰 나무는 일불승에 속하므로 특별히 관심을 갖고 키워야 하는 것은 아니다. 부처님의 가르침은 마치 운우 즉 비구름과 같아서 모든 중생이 각기 나름대로 받아들이고 나름대로 자기의 생명을 제대로 사느냐 못 사느냐에 따라 일승과 삼승이 갈라진다. 일승은 운우를 소화시키는 데 아무런 차별의 마음을 갖지 않는다. 일승은 운우 즉 부처님의 가르침 또는 불성이 있음을 확실히 알고 그것을 깨우치기 위해서 끊임없이 닦아 나가는 길이고, 삼승은 부처님의 설법이 운우와 같음을 모르거나 설사 안다고 하더라도 하품의 약초와 작은 나무는 존재할 가치가 없고 상품의 약초와 큰 나무만 존재할 가치가 있다고 생각하여 하품의 약초와 상품의 약초에 차별과 단절을 두는 식으로 생각할 것이다.

운우는 부처님의 방편에 찬 설법을 뜻하고 3등급의 약초와 2등급의 나무는 각기 근기와 능력이 다른 우리 중생들을 의미한다. 운우의 한 맛, 한 모양은 부처님의 설법이 한 맛, 한 모양인 것과 같고 비가 주는 이익의 평등은 부처님의 가르침이 주는 이익의 평등과 같다. 비가 평등하게 내림에도 불구하고 약초와 나무에 따라서 이익에 차이가 있는 것은 부처님의 가르침이 평등함에도 불구하고 중생들이 그것을 받아들이는 깨침에 차이가 있는 것과 같다. 비와 초목의 상관관계는 부처님과 중생들의 상관관계와 같다.

이 약초의 비유에서 모든 사람들이 잘나고 못남에 관계없이 각기 독특한 삶의 가치가 있음을 깨우칠 수 있다. 삼초이목이 아무런 구별 없이 나름대로 운우를 받고 독특한 가치의 삶을 꾸려 나가듯이 모든 사람들도 악인과 선인, 못난이와 잘난 이, 천한 이와 귀한 이, 멍청이와 약은 이에 관계없이 부처님께서 중생들에게 내려주시는 선교방편의 가르침을 받아서 독특한 삶을 꾸미고 독특한 가치를 만들어 낸다.

능력이 없는 사람보다는 능력이 있는 사람이 더 좋고 작은 마음보다는 큰 마음이 더 좋다고 생각하는 것은 보통의 속된 중생들의 사고방식이다. 그러나 부처님이 말하는 모든 것을 포용하는 일승법에 있어서는 무능한 이와 유능한 이, 못난이와 훌륭한 이를 가리지 않고 각기 나름대로 독특하게 존재해야 할 가치가 있음을 인정한다.

운우, 즉 비의 참얼굴을 있는 그대로 표현하려면 상품의 약초와 큰 나무만으로는 부족하다. 그것은 운우의 일면만을 표현한 것이기 때문이다. 하품의 약초 아니 사람들의 몸에 해롭다고 여겨지는 하찮고 보잘 것 없는 풀 한 포기, 나무 한 그루 등이 나서야만 산천초목을 동시에 살리는 운우의 무한한 능력을 마음껏 표현할 수 있다.

하품의 약초와 작은 나무가 운우의 얼굴을 표현하는데서 삶의 가치를 인정받는다는 말은 오해를 받을 염려가 있다. 산천초목은 각기 혼자서 있는 그대로 존재해야 할 당위성과 가치를 가져야하기 때문이다. 산천초목이 나름대로 비를 받아들이고 소화한다는 말은 산천초목 하나하나가 각기 살아야 할 이유와 가치를 가지고 있다는 말도 된다. 삼초이목이 합쳐서 운우의 진면목을 표현하는 것은 그 자체가 최우선의 목적이 아니라 단지 각기의 삶을 누리는 데서 나오는 부산물일 뿐이다.

하품의 약초, 약초가 아닌 독초까지도 운우를 받고 살아야 할 가치가 있다면 우리들이 아무리 악하고 추하고 거짓되더라도 살만한 가치가 있다. 우리의 겉모양이 그럴듯하다고 해도 우리 자신의 내면을 들여다보면 그 안에는 어디서 왔는지 상상하기조차 어려운 동물의 근성이 꿈틀거리고 있음을 보게 된다. 내면에 잠재해 있는 이 미련과 이 멍청과 이 악을 보고 그것을 있는 그대로 인정하면서 그럼에도 불구하고 살아야 할 가치가 있다는 것을 깨닫는 데서부터 출발해야지 자신의 내면에 참답고 선하고 아름다운 것만 가득 차 있다고 착각하고 거짓과 추악은 보려고도, 인정하려고도 하지 않는데서 부터 나선다면 그는 영원히 운우가 삼초이목을 키우는 이야기의 의미를 이해할 수 없게 될 것이다. 이 못남, 이 모습, 이 어리석음, 이 부질없음을 안은 그 모양 그대로 우리는 살만한 가치가 있다는데서 부터 시작해야 한다는 것이다.

운우가 평등하게 내리지만 산천초목은 각기 자신에 알맞게 그 수문을 받아들여서 살아간다는 말을 뒤집으면 모든 초목들은 태어나기 이전이나 이후를 막론하고 본래부터 운우의 비를 받을 수 있는 권리·능력·인연을 가지고 있다는 말이 된다. 다른 한편으로는 운우의 비는 헛되고 무의미하게 내리는 것이 아니라 본래부터 산천의 무수한 초목을 예상하거나 전제하거나 구족하고 있다는 말이 된다.

초목들은 비를 본래부터 자체 내에 구족하고 있고 비는 초목들을 본래부터 자체 내에 포함하고 있다는 뜻이다. 마찬가지로 우리 인간들도 본래부터 부처님의 깨우침에 의한 성불을 갖추고 있고 부처님은 처음부터 지금의 우리처럼 미혹에 헐떡이는 중생들을 예상하고 포함하고 있다.

한걸음 더 나간다면 산천초목은 비요, 비는 초목이며 우리 범부 인간은 부처요, 부처는 중생이 된다. 여기서 부처란 인간이 가지고 태어난 모든 종류의 행복을 마음껏 누리는 사람, 그러나 자신의 행복 또는 열반에 빠지지 않고 모든 중생과 그 행복을 같이 누리겠다고 하는 사람을 말한다. 그런데 산천초목과 비를 일치시키고 우리 인간과 부처를 일치시킬 때 초목이 모양을 바꾸어서 비가 되는 것이 아니라 초목 그대로 비가 된다.

우리가 모양을 바꾸어 부처가 되는 것이 아니라 범부의 모습 그대로 부처가 된다. 지옥이 모양을 바꾸지 않고 부처가 되고 부처가 지옥의 모습으로 나타난다. 초목이 운우의 본래구족(本來具足)을 믿고 그 뜻을 실행에 옮기기만 한다면 그리고 중생이 부처의 본래구족을 믿고 그 의미를 수행의 실천으로 옮기기만 한다면 지금 있는 그 자리에서 그대로 비이고 그대로 부처이다.

운우의 비유 또는 삼초이목의 비유가 상징하는 인간존재의 독특성과 구족성은 우리가 부처님을 믿고 불교교리를 익히면서 궁극적으로 얻어야 할 가장 중요한 요점이다. 독특성은 우리가 지금 있는 그대로 살만한 가치가 있다는 것이다.

지옥이나 아귀나 축생이 피해야 할 것이기는 하지만 그것들은 나름대로 독특한 삶의 가치가 있다. 그리고 크고 작은 풀이나 나무가 모두 합해서 비의 진정한 능력이나 얼굴을 나타내듯이 지옥의 세계나 아귀의 세계도 나름대로의 독특성을 가지면서도 부처 세계의 진정한 능력과 얼굴을 나타내고 있다.

　지옥은 독특하게 부처를 포함하고 있고 부처는 또한 독특하게 지옥의 얼굴을 포함하고 있다. 지옥과 부처 그 어느 계단에 있거나 다 살아야 할 가치가 있지만, 문제는 어떤 방향을 향하고 있느냐에 달렸다. 깨달음의 길을 가느냐, 미혹의 길을 가느냐, 그것이 문제이다. 성불의 길을 간다면 만선이 다 성불이고 방편이 다 진실이다. 지옥 그 자리에서 바로 성불이다.

　삼초이목과 운우의 관계에 나타나는 개개물물 나름대로의 독특한 생존가치를 생각하면서, 이 중생의 모습으로 부처가 구족해 있음을 드러내 보이자.

수행과정이 성불의 결과
(법화경 9)

> 지금 쉬고 있는 곳은 환상의 성일 뿐,
> 궁극의 도달점은 아니며 돌아가자면 3백 리요,
> 보배가 있는 장소를 가자면 2백 리만 가면 된다.

《법화경》〈화성유품(化城喩品)〉에서 길고 긴 과거생의 인연과 화성의 비유를 중심으로 불도를 닦는 과정 자체가 바로 성불이라는 것을 살펴보자.

공사상은 참 사상으로 넘어가고 참 사상에서 현재의 모든 것이 무량억겁의 시간과 뒤섞인 인연으로 풀이된다. 그리고 그 길고 긴 시간 속에서 우리의 100년 인생은 하나의 점보다도 더 작다. 이 긴 인연 속에서 짧은 인생의 우리가 닦는 수행은 궁극의 도달점과 일치되어야만 한다. 수행과 성불의 일치를 암시하면서 환상으로 된 휴식처로서의 성이야기가 나온다.

〈화성유품〉은 인연설주 가운데 부처님의 정설부분에 해당된다. 여기서 부처님은 숙세의 인연을 설명한다. 아주 헤아릴 수 없이 먼 옛날, 온 우주의 땅을 아주 가는 먼지로 빻아서 일천국토를 지날 때마다 한 개씩 떨어뜨려서 그 먼지가 다 없어질 때까지의 숫자와 같은 무수 겁 전의 옛날에 대통지승여래가 있었다. 이 여래는 무수겁을 정진하여 부처님이 되었는데 출가하기 전에 왕자들과 함께 살았다.

아버지가 수행하여 성불했다는 말을 듣고 왕자들도 수행을 결심하고 아버지 부처님을 찾아갔다. 대통지승여래 아버지는 왕자들의 청을 받고 그들을 위해 사성제와 십이인연의 법을 설해 주었다. 왕자들이 다 동자로 출가하여 사미가 되니 전륜성왕이 이끌고 온 팔만 억 명이 따라 출기히였다.

대통지승여래가 사미들의 청을 받아 이만겁 지나서야 《법화경》을 설하니 사미들은 다 수지하여 통달하였다. 부처님이 《법화경》을 팔천 겁 동안 쉬지 않고 설한 후에 팔만사천 겁 동안 선정에 드니 보살 사미들도 각기 법좌에 올라 팔만사천 겁 동안 《법화경》을 설하고 육백만억 나유타 항하사(恒河沙) 중생들이 아뇩다라삼먁삼보리를 얻었다.

석가모니부처님은 자신도 그 사미 중의 하나라고 밝힌다. 사미보살이 다 부처님이 되어 각각의 세계를 담당하는데, 서방의 부처님은 아미타불이고, 동북방 사바세계 부처님은 지금 설법하는 자신인 석가모니부처님이라는 것이다. 이어서 석가모니부처님은 성문 · 연각의 이승으로는 궁극의 열반을 얻을 수 없고 오직 일불승에 의해서만 가능하다고 강조하면서 저 유명한 환상의 성의 비유를 설한다.

보배가 있는 곳을 찾아서 많은 사람들이 멀고도 험난한 길을 나선다. 그러나 보배를 찾아 길을 나선 많은 사람들이 너무 힘들고 지치고 두려워서 더 이상 가지 못하겠다고 인도자에게 말한다. 인도자는 그들을 불쌍하게 생각하여 방편을 쓴다.

가령 5백 리를 목표지점으로 해서 갈 경우에 3백 리쯤에 화성 즉 환상의 성을 만들어놓고 거기에 들어가서 사람들을 쉬게 한다. 그 화성에서 충분한 휴식을 취하고 피로를 푼 사람들 가운데는 자신들이 완전히 악도를 면하고 보배의 장소에 이르렀다고 생각하는 이가 있다. 그래서 인도자는 그들에게 "지금 쉬는 곳은 환상의 성일 뿐 궁극의 도달점이 아니며 뒤로 돌아가자면 3백리를 가야하고, 앞으로 보배가 있는 장소를 향해서 가자면 2백 리만 가면 된다."고 말해 준다.

과거 전생의 이야기는 엄청나게 긴 시간의 이야기이고 이 화성의 비유는 공간의 이야기이다. 이 화성의 비유는 두 가지를 동시에 암시하고 있다. 한 가지는 현실에 우리가 나름대로 얻었다고 또는 얻고 있다고 생각하는 것에 만족하지 말고 더 높은 깨달음을 향해서 끊임없이 정진해야 한다는 것이고 다른 한 가지는 부처의 길은 도착점이 아니고 과정에 있으니, 시간과 공간의 길고 짧음, 좁고 넓음을 따지지 말고 오직 순간순간의 수행에서 영원의 시간과 무량한 공간을 통해서 닦을 수행의 결과를 맛보아야 한다는 것이다. 이 비유

속에서 석가모니부처님은 길을 안내하는 인도자요, 방편으로 화성을 만드는 도사이다. 이 세계는 인연의 세계이다. 비어 있는 상태라고 하거나 서로 포함되어 있는 상태라고 하거나에 상관없이 그것은 우리 모두가 서로서로 과거와 현재와 미래에 걸쳐서 털끝만큼의 틀림도 없이 서로서로 연결되어 있음을 말하는 것이다. 부처님은 공의 세계를 숙세(宿世)의 인연으로 풀어서 설명하신다. 우리는 반드시 원인에 의해서 생겨난 결과요, 새로운 결과에 대해서 원인이 된다. 과거의 인연담은 바로 우리의 모든 생각과 행동과 말이 계속적으로 연결되어 있음을 나타낸다.

정말로 아득한 옛날에 대통지승여래가 있었는데 그 부처님이 열반에 드신 후 석가모니부처님이 《법화경》을 설하는 현재까지의 긴 세월은 인간의 마음 크기와 머리로는 도저히 헤아릴 수 없는 무량겁이다. 일 겁도 헤아릴 수 없다. 그런데 삼천대천세계의 모든 땅을 다 빻아서 가루를 만들어 일천 겁의 국토를 지날 때마다 그 먼지 한 개씩을 떨어뜨리고 그 먼지가 다 없어질 세월의 수를 어떻게 상상할 수 있으며 계산할 수 있으며 받아들일 수 있겠는가.

대통지승여래는 사미들의 청을 받아 이만 겁이 지나서야 《법화경》을 설하였다. 다시 그 부처님은 《법화경》을 팔천 겁 동안 쉬지 않고 설한 후에 팔만사천 겁 동안 선정에 들었다. 너무 엄청나고 벅찬 시간이다. 60년 아니 일 년을 한결같을 수 없는 우리 인간은 너무 초라하고 조잡하다. 대통지승여래와 그의 왕자들이 발심수행을 하고

《법화경》을 설하는 세월의 억천만 분의 일이라도, 단 일 겁이라도 단 일만 년이라도, 단 100년이라도, 우리의 남은 여생 10년 내외라도, 그 부처님들이 갔던 길을 따를 결심을 할 수 있다면 무엇이 걱정이며 무엇이 두려우며 무엇이 문제가 되겠는가. 한 시간이라도 진정한 자신을 살지 못하면서 성급한 짧은 시간으로 감옥을 만들고 그 감옥에 갇혀 버리는 우리는 얼마나 우스운 사람들인가.

우리는 부처의 행을 짓는 순간 바로 본래의 부처가 된다고 했다. 그러나 그 한순간이라고 하는 것이 끊임없이 변덕을 부리는 그런 순간이 아니라 그 순간의 일념이 무량억천만 겁 동안 전혀 흔들리지 않는 그러한 순간이다. 무량억천만 겁에도 움직임이 없는 그 마음과 수행의 자세라면 한 모금의 바닷물로도 온 세계의 바닷물이 짜다는 것을 다 알 수 있듯이 일념의 발심과 수행으로 온 세상 모든 시간의 성취를 다 맛볼 수 있다.

이 긴 시간의 인연에 있어서, 여기서는 화성 즉 환상의 성이 방편으로 되어 있지만 흔들리지 않는 일념 속에는 방편 그대로가 진실이 된다. 과정 그대로 목표가 된다. 화성을 지나쳐야 할 과정으로 보자면 앞으로 도달해야 할 보배의 장소도 지나쳐야 할 끝없이 무수한 방편 중의 하나가 된다. 미혹 속에 있는 우리 중생과 성문·연각을 다 방편으로 잡으면 도달해야 할 일불승도 끝없이 더 높은 도, 쉬지 않고 닦아야 할 도의 방편이 된다.

《법화경》의 만선성불 정신은 미혹의 자리에서라고 할지라도 깨달음을 향해서 억만 겁의 수행기간을 작정하고 발심한다면 그 자리가 바로 성불의 자리라는 것이다. 보배의 장소를 향해서 먼 길을 떠나기 전이나 화성에 도착해서 피로를 풀고 다시 발심하는 때나 보배의 장소와 다를 바가 없다. 대통지승여래와 그의 왕자 사미들처럼 법문을 청하고 이만 겁 후에 《법화경》을 듣고 팔만사천 겁을 쉬지 않고 《법화경》을 닦는 그 자리에 왕자의 자리와 사미의 자리, 사미의 자리와 부처의 자리에 차별을 두는 것이 무슨 의미가 있겠는가.

　석가모니부처님의 전생담인 대통지승여래와 그 왕자들의 과거 인연과 성불은 우리의 과거 인연과 성불이다. 우리는 바로 그 인연대중이기 때문이다. 그 숙세 인연 속에 많은 태어남과 죽음이 보여지지만 방편으로 보면 그 또한 부처님의 깨달음은 태어나기 전이나 태어난 후나 죽기 전이나 죽은 후에 관계없이 항상 그 자리에 그대로 있다. 부처님은 사실 과거로부터도 떠난 바가 없었고 미래에도 새삼스럽게 태어나는 바가 없을 것이다. 우리가 있는 이 국토는 이 자리 그대로 바로 성불의 자리이다. 단지 《법화경》을 듣기 위해서 법문을 청하고 이만 겁을 기다릴 수 있는 자세가 요구될 뿐이다. 무량겁이 일념이라고 한다면 일념이 무량겁 동안 흔들리지 않고 계속적으로 집중할 수 있는 그런 종류의 것이어야 한다.

옷 속에 숨겨둔 구슬
(법화경 10)

도달점과 과정이 다르다면 빨리 과정을 끝내고
도달점에 이르고 싶은 마음이 생기지만 부처가 된다고 하는 것은
수행하는 과정 그 자체이다.

《법화경》〈오백제자수기품〉에는 의주(衣珠)의 비유가 있다. 먼저 살펴본 삼주설법은 부처님의 가르침, 제자의 고백, 부처님의 인증과 수기의 순서로 이어지는데 나타나는 수기를 〈비유품〉의 불난 집 비유와 함께 살펴보았고 지금부터는 〈오백제자수기품〉을 중심으로 수기와 관련해서 일어나는 교리적 문제점들을 생각해 보자.

첫째, 수기를 받은 사람은 반드시 성불할 수 있는 능력이 있어야 한다. 그래서 모든 중생에게는 부처가 될 성품이 똑같이 갖추어 있느냐의 문제가 떠오른다.

둘째, 수기는 머나먼 미래세에 일어날 성불을 예언한다. 그런데 다른 한편으로는 작은 수행이라도 있으면 그 자체가 성불이라고 한다. 그렇다면 긴 세월 동안 닦은 후의 성불과 찰나의 수행이 찰나의 성불을 만든다는 말은 어떻게 상충됨이 없이 조화를 이룰 수 있는지가 궁금하다.

셋째, 수기는 《법화경》의 밑바탕을 이루는 꽉 차 있다는 사상과는 어떤 관련이 있는지가 문제가 된다.

〈오백제자수기품〉의 줄거리는 다음과 같다.

부처님은 설법제일인 부루나존자의 다겁생래 공덕을 찬탄하신다. 부루나존자는 과거 90억 부처님의 처소에서 불법을 지키고 능변으로 설법해서, 무량아승지의 사람들을 교화하여 아뇩다라삼먁삼보리심을 일으키게 했다고 한다. 부루나존자는 과거와 마찬가지로, 미래에도 설법제일로 불법을 펼 것이며 무량아승지겁이 지난 후에 범명여래(法明如來)라는 이름으로 성불할 것이라고 부처님은 부루나존자에게 수기를 내린다. 이어서 그 자리에서 부루나존자의 수기를 보고 부루나존자를 부러워하는 나머지 제자들의 마음을 알아보신 부처님은 그들 모두에게 똑같은 수기를 내린다.

천이백 제자 중 부루나존자가 먼저 수기를 받고 나머지 아라한들이 다 수기를 받았기 때문에 수기를 받은 제자들의 숫자를 정확히 표시하면 천이백 제자수기품이라고 해야 옳다. 그러나 천이백 제자 중에서 특별히 오백 제자들이 보명여래(普明如來)라는 같은 이름을 받았기 때문에 〈오백제자수기품〉이라고 이름 했다.

부처님으로부터 수기를 받은 오백아라한들은 기뻐 날뛰면서 자신들이 아라한과를 얻은 것을 구경의 열반을 얻었다고 잘못 생각한 것에 대해서 유명한 의주(衣珠)의 비유로 부처님께 사뢴다.

친구 집을 방문한 어떤 이가 술에 취해 잠이 들었다. 이때 친구는 나랏일로 잠든 친구를 남겨둔 채 멀리 떠나게 되었다. 그러나 술 취해 잠든 친구가 깨어나면 돈이 필요하리라고 생각하고 아주 값비싼 보석을 잠자는 친구의 옷 속에 넣어두고 떠났다. 그러나 잠에서 깨어난 그 사람은 옷 속에 있는 보물을 알아보지 못한다. 그는 백방으로 비렁뱅이 생활을 하면서 유랑하며 고생을 하다가 먼 훗날, 보석을 옷 속에 넣어주고 떠난 옛 친구를 우연히 만나게 되었다. 보석을 넣어 준 친구는 그 보석을 알아보지 못하고 고생하며 유랑한 사람에게 옷 속의 보배를 이야기해준다. 그 보석이 지금도 있거늘 알아보지 못하고 고생하면서 살기 위해 바둥댄 것이 얼마나 어리석냐고 말해주고 지금이라도 그 보배를 꺼내어 팔면 어떤 것이든지 다 얻을 수 있고 누릴 수 있을 것이라 말해 준다.

오백제자들은 이 의주(衣珠)의 이야기를 부처님께 사뢰면서 자신들이 부처님의 일승법을 알지 못한 것은 마치 그 술 취한 이가 옷 속의 보배를 알지 못하고 헤매는 것과 같다고 말한다.

이 비유에서 술 취한 이는 우리 모두를 뜻한다. 보배구슬은 부처님의 일승법을 의미하고 보배를 넣어준 친구는 부처님을 뜻한다. 눈앞의 집착으로 보배를 알아보지 못한 것은 미혹으로 참 가치의 길을 알지 못한 것과 같다. 보배를 알아보지 못해 고생하며 유랑생활을 한 것은 일승법을 몰라보고 작은 법에 만족해서 유랑한 것과 같다. 보배구슬을 현재에도 가지고 있다는 사실은 우리가 본래부처이거나 부처가 될 수 있는 능력을 가지고 있는 것을 나타낸다.

수기란 성불의 기약이므로 부처가 본래로 이루어져 있거나 이루어지게 되어 있어야 한다. 부처가 될 성품이라고 하기 보다는 본래의 부처로 되돌아간다고 하는 것이 더 생동감이 있을 것 같아서 필자는 본래부처를 반복해서 강조하고 있는 중이다. 수기에는 본래 부처나 불성이 있어야 하므로 부처님의 수기를 받은 제자들이 그 수기의 의미를 보배구슬의 비유로 부처님께 고백한 것이다.

의주의 비유는 우리 모두에게 천성적으로 본래부터 있는 참다운 삶을 살 수 있는 권리·자질·능력·가치 등을 한꺼번에 나타낸다. 한마디로 그 보배구슬은 우리가 지닌 불성이나 우리의 본래 부처를 의미한다. 보배구슬을 가지고 있음에도 불구하고 우리는 항상 굶주려서 헐떡거린다. 물질적으로 헐떡거리고 정신적으로 헐떡거린다.

부처님의 수기는 우리에게 한없이 긴 시간의 기다림을 요구한다. 그러나 아무리 긴 시간이라고 하더라도 그 긴 시간에 대해서 멀다는 생각이나 지루하다는 생각을 갖지 않고 수행하려는 사람이 있다면 그 사람에게 있어서는 그 긴 시간이 전혀 문제되지 않는다. 그에게는 그 긴 시간이 한 시간이 되든 억천만겁이 되든 상관없다.

도달점과 과정이 다르다면 빨리 과정을 끝내고 도달점에 이르고 싶은 마음이 생기지만 부처가 된다고 하는 것은 수행하는 과정 그 자체이다. 그래서 억천만 억 세계의 억천만 억 부처님을 공양한 후에 성불한다고 하더라도 그 긴 시간에 대해서 걱정할 것도 답답할 것도 없다. 그 긴 시간을 일념으로 수행할 수 있다면 현재이거나 미래이거나 관계없이 수행하는 곳에 이미 부처는 이루어져 있다.

그러나 행동은 항상 현재에서 이야기되므로 그 현재는 모든 미래세를 다 포함하는 절대 현재가 된다. 그래서 부처님이 수기를 주실 때 긴 시간 후에 성불하리라는 말씀과 불도를 닦으면 그 수행자체가 바로 성불이라는 말씀 사이에 상반될 것이 없다. 그 순간의 불도수행이 바로 성불이고 그 성불이 바로 영겁의 수행이기 때문이다.

〈방편품〉에서 우리는 《법화경》대의를 나타내는 게송을 읽었다. '제법종본래 상자적멸상 불자행도이 내세득작불(諸法從本來 常自寂滅相 佛子行道已 來世得作佛).' 즉 '눈앞에 보이는 일체의 사물이 본래부터 열반의 자태와 같은 완전한 모습이라. 불자가 도를 행하기만 하면 내세에 부처를 이루리라.' 열반의 자태가 이 현실을 떠나서 따로 있는 것이 아니라 현실이 그대로 열반이니 도를 행하면 내세에 부처를 이룬다는 말씀이다. 진정으로 불법으로 받아들이고 《법화경》의 가르침을 실천하는 이에게 있어서 이 게송에서의 '내세'라는 것을 현재로 풀이하거나 억천만 억겁이 지난 미래로 풀이하거나 아무런 차이가 없다. 그 수행자에게는 현재와 미래가 이미 지워졌기 때문이다. 중요한 것은 현재와 미래, 한 시간과 억만겁이 지워져버린, 아니면 그 둘이 하나인 그러한 마음가짐으로 불법을 실천하는 것이다.

　부처님이 수기를 내릴 때는 반드시 긴 세월의 시간과 함께 헤아릴 수 없이 많은 부처님께 공양하는 수행을 말씀하신다. 그렇다면 현재에 불도를 닦는 일은 아직 항하사의 모래수와 같은 부처님을 공양하는 일을 마치지 못했기 때문에 수행 자체가 성불이라는 말씀과 어긋나는 듯이 보일 수가 있다.

　그러나 그렇지가 않다. 무량한 숫자의 부처님을 전혀 싫어하는 마음이 없이 일심으로 공양할 각오와 자세가 된 사람에게는 한 부처님을 공양하는 일과 많은 부처님을 공양하는 일 사이에 전혀 다름이 없다. 한 부처님의 공양 속에서 많은 부처님을 공양할 수 있고, 많은 부처님의 공양 속에서 한 부처님을 공양할 수가 있다. 많은 부처님을 공양하는 일과 한 부처님을 공양하는 일이 하나가 되어버린 그 경지에서는 처처(處處)의 수행이 바로 성불이 된다.

　부처님의 수기를 이해하면서 긴 시간을 지나고 많은 부처님을 공양하는 문제가 있는 그 자리에서 불도를 닦기만 하면 바로 부처가 된다는 말과 전혀 상반되지 않다는 것을 생각해 보았다. 그러나 이렇게 해석하는 중에 우리는 《법화경》의 기본사상이 꽉 차 있다는 사상, 서로 포함하고 있다는 사상, 서로 갖추어 있다는 사상을 바탕에 두고 있

394

다. 즉 현재의 일념은 모든 시간을 다 갖추어 있다는 것, 이 자리의 일념은 모든 공간을 다 갖추어 있다는 것을 전제하는 셈이 된다. 시간적이거나 공간적으로 이 세상의 모든 사물 한 가지 한 가지는 다른 사물을 다 포함하고 갖추고 있어서 모두 대표할 수 있다. 그러므로 한 순간, 한 공간의 수행이 모든 시간, 모든 공간의 수행과 성불을 대표할 수 있다는 말이 된다.

법사의 자격
(법화경 11)

여래의 일행으로 여래의 방에 들고
여래의 옷을 입고 여래의 자리에 앉아야….

《법화경》을 읽으면서 수행이 곧 성불이라는 말을 많이 들어 왔다. 그렇다면《법화경》은 우리에게 어떤 수행을 하라는 것인지 궁금하다.《법화경》에서 가르치는 불도를 자신의 공덕이나 깨달음을 위해서 닦으면 공덕이 되지만 자신의 수행이나 깨달음을 남에게 전해주면 바로 전법이 된다. 〈법사품(法師品)〉에서 말하는 법사란 법을 전하는 사람을 의미한다.《법화경》은 어떤 수행자와 법사를 가르치고자 하는지 그것이 〈법사품〉의 과제이다.

먼저 〈법사품〉의 수행내용을 읽어 보자.

《법화경》 전체나 《법화경》에 있는 한 게송의 구절이라도 수지·
독송하고 해설하며 서사하는 사람, 이 경을 듣고 잠시라도 기뻐하는
이는, 마침내 아뇩다라삼먁삼보리를 얻고 부처가 되리라.

가만히 한 사람을 위해서 《법화경》의 전체나 또는 한 구절만이라
도 설한다면 알지어다. 이 사람은 여래의 사절이며 여래의 일행이 되
느니라. 하물며 많은 사람을 위해서 설한다면 어떻겠느냐?

약왕아, 《법화경》을 설하거나 읽거나 외우거나 쓰거나 해서 이 경이 있
는 곳이라면 탑 안에 별도로 사리까지 안치할 필요가 없나니, 어째서인가.
이 경 속에 여래의 전신이 이미 있기 때문이니라.

《법화경》을 마음으로 받아 지니고 읽고 외우고 쓰고 해설하면 그
사람은 바로 여래의 사절이고 여래의 일행이며, 여래가 될 사람이라
고 한다. 또한 《법화경》이 있는 곳에는 여래의 몸 전체가 있는 것과 같
기 때문에 별도로 사리를 모실 필요가 없다고 한다. 〈법사공덕품〉에
서는 《법화경》을 수지·독송·서사·해설하면 여섯 가지 감각기관이
청정해져서 보통 사람이 경험할 수 없는 초능력을 발휘한다고도 한
다. 〈법사품〉이나 〈법사공덕품〉에서 똑같이 《법화경》을 신봉하는 다
섯 가지 공덕이 여래나 여래의 일행이 되는 조건임을 강조한다.

《법화경》을 신봉하는 다섯 가지 공덕이 여래나 여래의 일행이 되
는 조건이라고 하는 말은 이 다섯 가지를 행하는 것이 부처가 되는 길

이라는 것을 나타낸다. 그래서 이 다섯 가지 공덕을 행하는 사람을 오종법사(五種法師)라고 부른다. 먼저 《법화경》을 수지하는 것, 즉 마음으로 받아 지닌다는 것은 몸과 입과 뜻의 삼업 중에서 뜻으로 《법화경》을 신봉하는 것이다. '수지'는 《법화경》의 내용을 이루는 부처님의 가르침을 내면에서부터 받아들이는 것이기 때문에 다섯 가지 중에서 가장 중요하다. 다음으로 《법화경》을 읽고 외우고 해설하는 것은 입으로 《법화경》을 신봉하는 것이요, 《법화경》을 쓰는 일은 몸으로 《법화경》을 신봉하는 것이다. 오종법사는 몸과 입과 뜻으로 《법화경》을 신봉하는 셈이다. 또 《법화경》을 받드는 다섯 가지 방법 중에서 마음속으로 받아 지니고 읽고 외우고 쓰는 것은 주로 자기 자신을 위한 수행에 속하며 해설하는 일은 남을 위한 전법에 속한다. 자기 수행의 자세는 그대로 전법이 되고 남을 위한 해설은 자기공부의 수행이 된다.

《법화경》에서 부처님은 수지·독송·서사·해설의 오종법사를 말하면서도 《법화경》을 설하는 사람에게 추가의 요건을 부과한다. 부처님의 말씀을 들어보자.

> 약왕아, 《법화경》을 설하는 자는 어떻게 설해야 할 것인가. 여래의 방에 들며, 여래의 옷을 걸치며, 여래의 자리에 앉아야만 비로소 이 경을 설할 수 있느니라. 여래의 방이란 대자비심이요, 여래의 옷이란 인욕심이요, 여래의 자리란 온갖 것이 공하다는 도리이니라.

법사가 《법화경》을 설하려면 여래의 방에 들고, 여래의 옷을 입고, 여래의 자리에 앉아야 하는데 그것은 대자비심과 인욕심을 갖추는 것이요, 공(空)의 도리를 철저하게 체달(體達)하는 것이라고 한다. 공의 도리를 체달한다는 말은 지혜를 체달한다는 말과 같다. 공사상은 바로 반야사상이기 때문이다. 그렇다면 반야와 자비와 인욕을 갖추어야 《법화경》을 설할 수 있다는 말이 된다. 반야는 단순한 반야가 아니라 육바라밀을 지혜에 회향한 반야이기 때문에 결국 육바라밀의 실천을 의미하게 된다. 또 지혜와 자비는 불교의 궁극 목표이다.

우리는 육바라밀이라는 말을 많이 들어 왔고 또 쓰고 있다. 우리에게는 새로운 표현이 필요하다. 바로 《법화경》의 표현이다. 대자비심 · 인욕심 · 공사상을 나타내는 여래의 방, 여래의 옷, 여래의 자리라는 표현이 얼마나 멋있는가. 공과 도리와 참 있는 도리를 완전히 파악한 상태에서, 인욕심과 자비심으로 중생을 위해서 《법화경》을 설해야 한다는 《법화경》의 말씀은 너무도 교묘하다.

1단계로 오종법사는 바로 여래의 일행이라고 말한다.

2단계로 《법화경》을 설하려면 여래의 방에 들고, 여래의 옷을 입고, 여래의 자리에 앉아야 한다고 말한다.

3단계로 여래의 방이란 자비심이요, 여래의 옷이란 인욕심이요, 여래의 자리란 공사상과 참사상이라고 한다.

부처님은 우리가 겁에 질리지 않도록 쉽게 말하면서도 교리적으로 중요한 말은 빼놓지 않는다. 우리의 수행이나 전법은 공사상을 깨달은 바탕에서 자비심과 인욕심을 가지고 《법화경》을 수지 · 독송 · 서사 · 해설해야 한다는 말을 쉽게 돌려서 표현했을 뿐이다. 공사상에 입각한 육바라밀의 실천 그리고 육바라밀의 수행성과를 반야바라밀로 돌리는 것에 대해서는 반야부 경전들을 살펴볼 때, 여러 번 보았으므로 또다시 반복하지 않겠다.

《법화경》〈법사품〉에서의 수행방법을 들은 우리는 '그렇다면 지금 한국에 살고 있는 재가불자들이 또는 이 글을 읽는 독자들이 어떻게 수행해야 될까?'하는 의문을 가지게 된다. 불자들 가운데는 결제(結制)기간 동안에 선방에 들어가서 공부하는 분들도 있지만 대부분은 가정을 가지고 집에서 살고 있다. 그 재가불자들이 어떤 방법으로 수행해야 하느냐는 것이다.

《법화경》의 수행법 이전에 기본적인 수행자세가 필요할 것이다. 필자가 알고 있는 많은 불자들은 하루에 한 번 이상 기도하거나 참선하는 시간을 갖고 있다. 어떤 분은 매일 108배 이상의 절을 하는 불자도 있다.

불자라면 누구나 기도하는 시간을 가져야 할 것이다. 시간에 쫓긴다면 기도시간을 짧게 잡아서 《반야심경》을 한 편 외우거나 나무아미타불을 열 번만 외워도 좋다. 기도시간이 기냐 짧으냐가 문제가 아니라 기도시간을 갖느냐 안 갖느냐가 문제다. 이 기도 속에는 몸과 입과 뜻의 삼업을 단정하게 가다듬는 일, 불보살님의 위신력과 은혜를 감사하고 찬탄하는 일, 불경을 외우는 일, 참회하는 일, 서원을 세우는 일 등이 반드시 포함되어야 한다. 처음 붓글씨를 배울 때는 붓의 움직임을 여러 단계로 나누어서 공부하게 되지만 익숙해지면 일필 속에 여러 단계의 동작이 다 들어 있다. 기도도 마찬가지이다. 초보자를 위해서 청정·감사와 찬탄·독경·참회·서원 등을 나누어서 말하지만 합장을 하고 삼배를 올리는 가운데에도 이 기도의 내용들이 한꺼번에 다 포함될 수가 있다.

참회 속에 계율을 비롯한 육바라밀의 실천에 대한 반성이 있는가 하면 청정과 서원 속에 참다운 삶의 목표에 대한 확인과 새로운 다짐이 들어 있다. 또 불보살을 찬탄하는 가운데 자신이 잡고 있는 삶의 길을 점검할 수 있다.

참선을 주된 수행으로 삼는 불자도 일단 예불시간은 가지게 된다. 참선하는 이들의 예불 속에는 기도의 대체적 절차가 들어 있다. 참선자의 수준이나 취향에 따라서 초보적 명상을 하거나 단전호흡에 초점을 맞춘 수식관을 하거나 화두를 들고 거기에 집중하기도 한다. 그러나 참선수행을 하는 이에게는 반드시 스승이 필요하다. 선지식의 지도를 받지 않은 참선은 자칫 위험한 자기도취나 낮은 수준의 신기로 빠질 염려가 있다.

또 기도를 하든지 참선을 하든지 매일 절을 하는 것은 좋은 일이다. 매일 108배 이상 절을 하고 있는 수행자들은 절이 마음이나 몸이나 신앙에 큰 도움을 준다고 말한다. 힘들여 절하는 가운데 육신의 한계에 대한 분심이 생기고 그 분심 속에서 깨달음의 이상을 찾는 신심이 생긴다. 시간은 각자의 형편에 따라서 조절될 수 있다. 그러나 많은 불자들은 새벽시간이 가장 좋다고 한다.

　그 외에도 사찰의 정기법회나 기도에 동참하는 일, 교리를 공부하는 일, 불교교양대학을 이수하는 일, 특별수련대회에 참석하는 일, 지역법회나 가정 법회에 참석하는 일, 경전과 그 해설서를 읽는 일 등도 병행되어야 한다. 이런 일을 하는 것이 경전의 수지 · 독송 · 서사 · 해설과 상반되지 않는다.

초역사적인 본래의 부처님

(법화경 12)

어린 아들이 노인을 가리키며 아들이라고 한다는 비유를 든다.
이십 세 밖에 되지 않은 자가 백 세 노인을 가리키며 이 사람이 내 아들이라고 하고
백 세 노인도 이십 세 청년을 가리키며 이 분이
나의 아버지라고 하는 것과 같아서 좀 체로 믿기지 않는다

　본래의 부처님은 《법화경》의 〈종지용출품(從地踊出品)〉과 〈여래수량품〉을 중심으로 초역사적인 무량원 겁 전에 이미 성불하셨다. 《법화경》은 어떤 방식으로 초역사적인 부처님을 드러내는지 그 부처님은 어떻게 이 세상에 항상 머무시며, 부처님의 상주불멸(常住不滅)에서 우리는 무엇을 배워야 하는지 알아보기 위해 〈종지용출품〉에서 〈여래수량품〉까지 읽어 보자.

　제자들이 부처님께 사뢴다. 부처님이 열반에 드신 후에는 자신들이 《법화경》을 지켜 지니고 읽고 베끼겠다고 말한다. 그러자 부처님은

사바세계에 본래 있는 많은 보살들이 경을 지키고 전할 것이니 《법화
경》의 전승과 홍포를 걱정하지 않아도 된다고 말씀하신다.

이때에 땅이 진동하여 갈라지면서 그 속으로부터 무량억천만억
의 보살들이 동시에 솟아오른다. 육만 항하사 권속들을 대동하고 있
다. 항하사, 즉 인도의 히말라야 산에서 시작하는 갠지스 강 줄기의
모든 모래수보다 육만 배 많은 숫자의 권속들을 한 보살 한 보살이 다
거느리고 있다. 그것을 본 부처님의 제자들은 마음속에 의혹이 생겼
다. 석가모니부처님은 성도하고 나서 중생들을 교화한지 40여 년밖에
되지 않았는데 어떻게 그 짧은 기간 동안에 그토록 많은 대보살들을
교화했는지 도저히 이해할 수가 없었다. 제자들의 마음을 알아차리고
미륵보살이 일어나서 부처님께 여쭌다.

부처님이 되어 중생을 교화한지 40여 년밖에 되지 않은 부처님이
이처럼 많은 보살들을 이미 제도한 것은 믿겨지지 않는다는 것을 사
뢰고 유명한 자노부소(子老父少), 즉 어린 아들이 노인을 가리키며 아
들이라고 한다는 비유를 든다. 이십 세 밖에 되지 않은 자가 백 세 노
인을 가리키며 이 사람이 내 아들이라고 하고 백 세 노인도 이십 세
청년을 가리키며 이 분이 나의 아버지라고 하는 것과 같아서 좀체로
믿기지 않는다는 것이었다.

여기까지가 〈종지용출품〉이다. 〈여래수량품〉에 들어가서 세 번
의 간청을 받은 부처님은 중생을 교화한 지 40여 년밖에 되지 않은 자
신이 어떻게 그토록 많은 제자들을 교화할 수 있었는지에 대해서 설

명한다.

선남자들아, 이제 분명히 너희들에게 말하리니 나는 백천만억나유타
아승지겁 전에 이미 성불했느니라. 성불 후에는 이 사바세계에 계속 있으
면서 중생들을 교화했는데 열반에 든다고 말했지만 그것은 다 방편으로
말한 것일 뿐 실제는 한 번도 열반에 든 적이 없느니라. 어째서인가. 만
약 부처가 오래도록 세상에 머문다고 하면 박덕한 사람들이 선근을 심지
않아 가난하고 천해지며 교만하고 태만해져서 부처를 만나기 어렵다는
생각과 공경하는 마음을 일으키지 않을 것이기 때문이니라.

이어서 부처님은 죽지 않았으면서도 아들들의 병을 고치기 위해
서 짐짓 죽었다고 소문만 내는 의사의 비유를 소개한다.

지혜가 있고 약에 정통한 의사 아버지가 타국에 간 사이에 그의 자녀들
이 독약을 마시고 약기운에 취해서 실성하기에 이르렀다. 집에 돌아온 아
버지는 최고의 약방문에 의거하여 그 자녀들을 위해 조제한 영약을 먹이
려 하나 그 약을 먹는 자녀들의 수는 적고 먹지 않는 수가 더 많았다.
그러자 의사 아버지는 자녀들이 약을 먹게 할 방편을 생각해 냈다. 그
리고는 자녀들을 모두 불러들이고 "나의 죽음이 멀지 않았으니 내가 죽은
후라도 부디 이 약을 먹고 너희들의 병을 치료하도록 하거라."며 유언을
남겼다. 이렇게 타이른 아버지는 타국에 가서 자신이 죽었다는 소문을 퍼

뜨렸다.

　아버지가 죽었다는 소식을 들은 그 의사의 자녀들은 이제는 의지할 곳 없는 자신들의 처지를 슬퍼하면서 떠나기 전의 아버지가 남긴 약을 먹고 그들의 실성한 병을 말끔히 고쳤다.

　《법화경》의 〈종지용출품〉으로부터 〈여래수량품〉에 걸쳐서 부처님은 크게 두 가지의 말씀을 전하고자 한다. 한 가지는 구원실성(久遠實成)의 본래부처님이고 다른 한 가지는 그 본래부처님이 상주불멸(常住不滅)로 중생에게 이익을 준다는 것이다.

　자노부소의 비유, 즉 아버지는 어리고 아들은 늙었다는 비유는 석가모니부처님이 구원겁 전에 이미 성불한 본래의 부처님이라는 것을 나타낸다. 그리고 의사가 짐짓 죽었다고 하는 비유는 그 본래부처님이 방편으로 죽음을 보일 뿐 이 세계에 항상 머무시면서 중생을 보살피고 중생에게 이익을 주시는 것을 나타낸다.

　구원실성의 본래부처가 상주불멸한다는 가르침 속에서 우리가 어떻게 부처님과 같은 영원한 생명을 얻어야 할 것인가를 찾아내야 한다. 불법을 닦지 않고 윤회의 길을 계속 따라가도 영원의 목숨이 없어지는 것은 아니다. 우리가 우리의 업에 의해서 개나 소로도 태어나고 또는 지옥에 태어나더라도 우리의 목숨은 항상 그대로 있다. 우리의 목숨이라고 하지만 개인적인 의미에서의 목숨이 아니라 전 우주적인 전체적 의미에서의 목숨이다.

우리가 전혀 다른 모양, 다른 이름, 다른 개성으로 태어나더라도 변할 수밖에 없는 우리는 변화된 것을 우리의 목숨으로 삼아야 하기 때문이다. 윤회의 세계에도 목숨은 영원하다. 단지 윤회에 빠진 사람은 한 개체의 순간적인 모양을 자기의 목숨으로 삼아서 태어나며 죽는다고 생각한다. 하루살이는 하루에 자신의 목숨을 건다. 작은 미생물들도 마찬가지다. 윤회의 목숨은 계속된다.

윤회의 순간적인 개체에 목숨을 거는 것이 꼭 생명에만 관계된 것은 아니다. 우리의 내면에도 지옥의 마음부터 천상의 마음, 부처의 마음까지도 있을 수 있다. 윤회하는 중생은 어느 순간 어느 한곳에 자신의 마음을 빼앗겨 버린다. 중생의 마음을 붙잡는 세계가 십계 중에서 부처의 세계나 성문·연각·보살 또는 천상의 세계이면 좋으련만 타성의 업에 빠진 인간을 붙잡는 마음은 대개 성냄의 결과인 지옥의 마음, 탐냄의 결과인 아귀의 마음, 어리석음의 결과인 축생의 마음, 시기심의 결과인 아수라의 마음 등이다.

지옥의 마음에서 축생의 마음으로 넘어가고, 축생의 마음에서 아귀의 마음으로 넘어가는 등 각 단계마다 없어짐과 태어남을 경험한다. 그래서 윤회하거나 말거나 영원한 목숨을 가진 중생들은 목숨을 버림과 얻음이 있는 것으로 착각한다.

〈여래수량품〉에서 상주불멸하는 본래의 부처님은 우리가 본래의 영원한 우리 목숨을 알아보는 한 예문을 들어 주신다. 우리는 지금까지 부처님을 따르는 수행이 있는 한, 본래의 부처를 알아볼 수 있

고 본래의 부처로 돌아갈 수 있다는 수기의 이야기를 귀에 못이 박히
도록 들어 왔다. 불도를 닦으면 부처님과 우리는 똑같다는 것이다. 그
렇다면 무량원겁 전에 성불하셔서 이 세상에 항상 머무시는 부처님의
목숨은 바로 우리 자신의 목숨이다. 실제로 우리에게는 태어남이나
죽음이 없었다. 단지 그 이름이 있을 뿐이다. 달이 호수에 비칠 때 달
이 물에 젖지도 않고 호수가 흔들리지도 않는다. 지금 전세계의 인구
는 50억쯤 될 것이다. 달이 하나이지만 50억 개의 호수에는 50억 개
의 달이 뜬다. 한 방송국에서 전파를 보내더라도 50억 개의 라디오나
텔레비전이 있으면 50억 군데에서 방송이 나온다. 방송국의 전파는
인위적인 전자파이지만 인연의 실타래 뭉치에서 나오는 목숨의 파장
도 무량억의 목숨으로 나타날 수 있다.

《법화경》의 꽉 찬 정신, 공사상을 뒤집어 차 있다는 사상이 된 상
호포함·상호갖춤의 정신은 바로 이렇게 서로 연결된 본래의 생명을
말한다. 부처와 중생이 똑같이 윤회의 모양 속에 있지만 중생은 호수
에 비친 하나의 달, 방송전파를 전달하는 한 개의 라디오로 자신의 목
숨을 삼는다.

반면에 부처는 하늘에 떠 있는 본래의 달을 알고 본래의 방송국
을 안다. 본래의 생명을 안다. 또 일상생활 속에서 육도의 마음을 경
험하더라도 윤회하는 중생은 순간의 그림자와 같은 개체를 목숨으로
삼기 때문에 지옥·아귀 ·축생 등 악도 마음의 골짜기를 헤매기도
한다. 반면에 부처는 본래의 생명을 목숨으로 삼기 때문에 불보살 마

음의 산 능선을 따라 십계를 조망하며 노닌다.

　달과 호수, 방송국과 라디오 사이에는 빛을 발하는 것과 빛을 받는 것, 전파를 보내는 것과 전파를 받는 것이 뚜렷이 구분되어 있다. 그러나 본래생명의 세계에는 이 우주 삼라만상 낱낱의 사물이 다 그대로 달이 되고 호수가 되며 방송국이 되고 라디오가 된다. 서로서로 주인이 되고 동시에 종이 된다.

상불경보살
(법화경 13)

사람들로부터 욕을 먹어도 끊임없이
"나는 그대를 업신여기지 아니하오니 그대는 반드시 부처가 될 것이니라."라고
말하는 이가 있었으니….

《법화경》〈상불경보살품(常不輕菩薩品)〉에 나오는 상불경보살의
정신은 불퇴전이다. 수행자의 궁극 목표는 부처가 되는 것이다. 부처
가 되기 위한 가장 좋은 수행법의 하나는 세상의 모든 사람들을 다
부처로 보는 것이다. 말로만 세상 사람을 부처로 보는 것이 아니라
마음과 행동으로 모든 사람들을 지극한 마음으로 존경할 때 그러한
경지에 오른 사람 자신을 부처라고 할 수 있다. 우리가 모든 사람들
을 부처로 보는 수행을 하거나 선근공덕을 쌓거나 여타의 방법으로
불도를 닦으려고 할 때 갖가지의 어려움이 생긴다. 그러한 장애는

외부적으로 올 수도 있고 내면에서부터 나올 수도 있다. 수행자의 이상과 그 이상에 도달하는 방법이 다른 이들로부터 무시를 당하고 핍박을 받을 수도 있다. 그렇다면 우리는 어떠한 자세로 그 같은 어려움을 뚫고 나가야 할지 먼저 상불경보살에 대한 부처님의 소개를 들어 보아야겠다.

과거세에 한 부처님이 열반에 드신 후 오랜 세월이 지나 정법은 약해지고 불교의 형태만 유지하고 있었으니 그때에 아만이 많은 무리들이 큰 세력을 이루고 반면에 누구든지 공경하는 상불경보살이라는 이름을 가진 수행자가 있었느니라. 왜 그 수행자를 상불경보살이라고 하느냐 하면 그는 비구·비구니·출가·재가신자에 상관없이 그들을 찬탄하면서 이런 말을 하곤 했느니라.

"나는 그대들을 깊이 존경하고 감히 업신여기지 아니하노니, 왜냐하면 그대들은 다 보살의 도를 행하여 부처가 될 것이기 때문이니라."

보는 이에게 마다 이런 말을 하매, 그런 말을 듣고 화를 내고 고약한 마음을 품는 이들이 있어서 욕설을 퍼부었느니라.

"이 머저리, 무녀리 같은 비구는 어디에서 굴러왔는가? 네가 우리에게 부처가 되리라 하고 수기를 주나, 우리는 이런 거짓된 수기를 믿지 아니하니 다시는 그런 말을 하지 말라."

상불경보살은 이와 같이 많은 사람들로부터 욕을 먹어도 끊임없이 "나는 그대를 업신여기지 아니하노니 그대는 반드시 부처가 될 것이니라."라는 말을 되풀이하곤 했느니라. 이런 말을 할 때 대중들이 몽둥이·기와·돌을 던지며 때리면 상불경보살은 피해 달아나면서도 멀리 가서 더욱 큰소리로 외치되 "나는 그대들을 업신여기지 아니하노니 그대들은 다 부처가 될 것이기 때문이라."라고 하니라. 항상 이런 말을 하는 까닭에 아만이 많은 사람들이 그를 언제나 상자, 아니 불자, 가벼울 경자를 써서 상불경보살이라고 이름했느니라.

상불경보살은 무량겁의 기간 동안《법화경》을 설하고 부처님께 공양한 공덕으로 육근이 청정해지고 마침내 불도를 이루었느니라. 득대세야, 생각이 어떠한가. 당시의 상불경보살이란 바로 이 몸이었느니라. 내가 과거세에 이 경을 수지 독송하고 해설 서사하지 아니했던들 이리나 빨리 아뇩다라삼먁삼보리, 즉 무상정등정각을 얻지 못했을 것이니라. 당시에 상불경보살을 업신여겼던 자들이란 어찌 다른 자들이랴. 상불경보살을 업신여긴 업보를 녹인 후에 상불경보살과 만난 인연공덕으로 모두 아뇩다라삼먁삼보리를 얻어서 오늘 이 모임 중에 앉아 있는 보살·비구·비구니·청신사·청신녀 등이니라.

석가모니부처님은 자신이 상불경보살로서 수행을 한 공덕으로 빨리 부처를 이루었다고 말씀하신다. 또 상불경보살을 몰라보고 업신여긴 사람들도 한편으로는 업을 지었기 때문에 그 과보를 겪어야 했지만 다른 한편으로는 상불경보살과 만난 인연공덕으로 마침내 최고의 깨달음을 얻었다고 한다.

불교의 경전 속에 나타나는 인물 중에서 기독교의 성경에 나타나는 인물과 가장 유사한 이는 이 상불경보살이다. 여러분들은 기독교의 성경에 기록되어 있는 유명한 말씀을 알 것이다. 바로 "왼뺨을 때리면 오른뺨도 마저 내놓으라."는 구절이다. 이 말의 본래 취지는 억울함을 당해서 그것을 풀기 위해 상대와 싸우지 말고 더욱 자신을 낮춤으로써 오히려 상대를 감화시키라는 것이다. 그러나 다른 한편으로 생각하면 왼뺨을 맞고 오른뺨을 내어놓는 행동은 상대에 대한 일종의 도전일 수도 있다. 그렇게 행동하는 마음속에는 나는 옳고 상대는 그르다는 아만에 찬 자신감이 들어 있기 때문이다. 폭력적인 대응만 도전이 아니다. 선생님이 학생에게 주의를 주었을 때, 학생이 주의내용을 들을 생각은 아니하고 엉엉 울기만 한다면 그 울음이 폭력은 아니지만 선생님에 대한 일종의 도전이 된다.

상불경보살의 수행법 역시 왼뺨을 맞고 오른뺨을 내놓는 태도 못지않게 상당히 도전적으로 보인다. 만나는 사람마다 "나는 당신을 업신여기지 않으니 당신은 반드시 성불할 것입니다."라고 말하지만 상대가 "건방지게 무슨 뚱딴지같은 소리를 하는 거냐?"하고 때리면 멀리 도망치면서도 계속해서 "나는 당신을 업신여기지 않으니 당신은 반드시 성불할 것입니다."라고 울음 섞인 목소리로 외치는 태도는 자기 확신에 취한 모습이다.

상불경보살에게는 본래 부처에 대한 확신에 차 있기 때문에 상대가 무어라고 하든, 어떤 경우가 오든, 자신은 바른 일 바른 말을 하

는 것이고 상대의 박해는 나쁜 과보를 받게 된다는 생각이 들어있을
수도 있다. 불교의 경전, 특히 대승불교의 경전 가운데 나오는 인물로
상불경보살처럼 상대의 핍박에 대해서 적극적으로 대처하는 보살은
찾기가 쉽지 않다. 《법화경》의 많은 곳에 《법화경》을 수지·독송·서
사·해설하는 오종법사에 대한 박해가 거론되기는 하지만 박해가 있
으면 내면적으로 삭이고 피할지언정 상불경보살처럼 대응하는 방안
을 제시하지는 않는다.

　다른 한편으로 상불경보살의 수행 자세는 핍박을 당하면서도 흔
들림이 없는 정진의 자세를 상징적으로 나타낸다고 할 수 있다. 수행
자에게 있어서 부처는 최고의 이상적인 인격이다. 우리가 우리 주위
에 있는 모든 사람들을 전부 업신여기지 않기는 쉽지 않다. 우리가 신
심(信心)이라는 말을 많이 쓰고 있지만 진정한 신심은 모든 사람의 본
래부처에 대한 믿음이다. 인류가 다 부처라고 믿는 신심은 그대로 삼
보에 대한 신심이 될 것이다. 모든 인간이 본래부처라는 믿음 속에는
부처님과 부처님의 가르침과 부처님의 가르침을 전하는 이에 대한 믿
음이 당연히 포함되기 때문이다.

　우리가 모든 사람들을 미래부처라고 생각하면서 공경한다면 그
들은 반드시 부처가 될 것이다. 부처의 행동을 할 것이다. 시어머니와
며느리, 부인과 남편, 부모와 자식, 친척 친지 등의 관계에 있어서 상
대가 아무리 나쁘고 부족하더라도 각각의 상대가 미래부처라는 확실
한 믿음을 가지고 대하면 상대는 반드시 미래부처가 된다.

아무리 나쁜 사람 예를 들면 폭력·절도·강도·강간·살인 등을 억만 번 범한 사람에 대해서도 우리가 그를 미래부처로 모시고 공경한다면 그는 반드시 부처로서 새로 태어날 것이라고 하는 믿음 그것이 진정한 믿음이다. 우리가 그런 믿음을 가지고 그 믿음에 의해서 행동한다면 우리는 바로 부처가 된다. 모두가 부처로 보이고 그 부처들을 온 힘과 정성을 다해 공경하는 곳에는 부처 외에 다른 이가 있을 수가 없다.

그러나 이 믿음과 이 믿음에 의한 수행의 성과에 대해서 주의할 점이 있다. 우리가 주변에 있는 모든 미래부처님들을 공경해 모셔서 그들이 부처로 등장하게 되지만 그들의 행동이 반드시 이쪽의 기대와 일치하지는 않는다는 것이다. 며느리가 시어머니를 부처님으로 모신다면 시어머니가 부처가 되지만 시어머니라는 부처님이 반드시 며느리의 맘에 드는 부처의 행동만을 하지는 않는다는 말이다. 부처님을 모실 때에는 부처님이 나의 기준에 맞게 행동하기를 기대하는 것이 아니라 내가 부처님의 움직임과 말씀에 순응할 자세가 되어 있어야 한다는 것이다. 상불경보살은 본래부처나 미래부처를 알아보는 수행법도 보임과 아울러 내 마음에 드는 부처가 아니라 부처님에게 순응하는 나를 가르치고자 하는 것이다.

관세음보살을 염하는 의미

(법화경 14)

관세음보살을 부른다 함은
우리가 지옥의 계단에서 부처의 계단을 향하고 있음을 의미한다.
지옥 속에 이미 포함되어 있는 부처를 보는 것이다.

〈관세음보살보문품〉은 줄여서 〈보문품(普門品)〉이라고도 하고 독립적으로 《관음경(觀音經)》이라고도 한다. 이 〈보문품〉에서의 주요 과제는 관세음보살을 염함으로써 얻어지는 기적적인 가피를 어떻게 현대에 살고 있는 우리가 받아들일 수 있도록 해석해야 하느냐는 것이다.

관세음보살은 범어로 아발로키테스바라(Avalokiteśvara)이다. 이 범어를 구마라집은 관세음보살로 번역했고 현장법사는 관자재보살로 번역했다. 관자재라는 번역은 자기수행에 중점을 둔 것이고 관세음이라는 번역은 타인의 교화에 중점을 둔 것이다. 아발로키테스바라에는 자리적인 수행과 이타적인 전법의 뜻이 동시에 들어 있다. 그리고 보문이란 보문시현(普門示現)을 말하는 것으로 넓은 문 또는 무량의 문호에 관세음보살의 색신이 두루 나타나는 것을 의미한다. 그러면 〈보문품〉의 줄거리를 살펴보도록 하자.

무진의보살이 부처님께 관세음보살이라고 불리는 이유를 묻는다. 그러자 부처님은 설명하신다.

무진의야, 만약 무량백천만억 중생이 어려움을 당해서 일심으로 관세음보살을 부른다면 관세음보살은 그 음성을 알아듣고 그 고뇌에서 풀려나게 하리라. 관세음보살의 명호를 마음에 간직하고 있는 자는 불에 들어가도 타지 않고 바다에서 태풍을 만나더라도 난파당하지 않고 처형을 당할 경우에도 칼이 부러지고 수갑을 차더라도 수갑이 끊어지고 도둑을 만나더라도 도둑이 침범하지 못하느니라.

음욕이 많거나 탐심이 많거나 진심이 많거나 우치심이 많아도 관세음보살을 생각하거나 공양 예배하면 그 모든 미혹을 여의리라.

여러 사람이 어려움을 당했을 때, 그중의 단 한 사람이라도 관세음보살을 염하면 모든 장애가 소멸되리라.

아들을 구하는 이, 딸을 구하는 이 등이 관세음보살을 염한다면 그는 원하는 대로 성취하리라.

관세음보살은 방편력으로 무한의 몸을 나투어서 중생을 제도하나니,

왕의 몸, 장자의 몸, 관리의 몸, 여인의 몸, 소녀의 몸, 장군의 몸 등으로 관세음보살을 부르는 이 앞에 나타나리라.

〈보문품〉의 중요한 주제는 한마디로 말하여 관세음보살을 일심으로 외우기만 하면 어려움을 당했을 때에는 어려움이 없어지고, 마음이 삐뚤어지면 그것이 바로 잡아지고 원하는 바가 있으면 원하는 대로 성취된다는 것이다.

지금까지 단순하게 관세음보살을 부르거나 생각을 해서 마음을 맑게 하고 공덕을 쌓고 원하는 바를 성취해 오신 불자님들은 계속해서 그런 관점에서 그와 같은 이익을 염두에 두고 〈보문품〉을 읽으면 되겠다. 그러나 아직 불심이 깊지 않은 이들은 이 〈보문품〉을 읽고 관세음보살이 무슨 만사형통 도깨비방망이인가 하고 의아스럽게 생각할 수도 있다. 불교에서는 깨달음을 중시한다고 들었는데, 왜 초능력적인 기적이야기만 하는가 하고 이상하게 생각할 수도 있다.

그러나 이 〈보문품〉은 결코 기적의 이야기도, 초능력의 이야기도, 만사형통 도깨비 방망이의 이야기도 아니다. 《법화경》이 지금까지 설명해 온 꼭 참의사상 · 만선성불 · 구원성불 · 상주불멸 · 본래부처를 총체적으로 나타내는 이야기이다. 관세음보살, 이 한마디는 《법화경》에서 전하고자 하는 모든 가르침의 상징이다.

인연법은 자성이 없음을 알려 주고 자성이 없음은 공함을 알려준다. 인연법과 공함은 만사만물이 서로서로 갖추어 있고 포함되어 있음을 알려 준다. 지옥은 부처를 포함하고 있고 부처는 지옥을 포함하고 있다. 수행을 하지 않고 악업을 지으면 그 악업은 당연히 미혹과 고통을 수반한다. 그러나 업을 짓는 대신에 수행을 하면 그 수행은 당연히 본래의 법신 부처자리를 깨닫게 한다. 악업을 짓고 미혹 속에 쌓인 사람에게는 삼초이목이 각기 차이가 있다. 하품의 약초와 상품의 약초가 있고 작은 나무와 큰 나무가 있을 경우, 하품의 약초와 작은 나무는 살아야 할 가치가 없고 오직 상품의 약초와 큰 나무만 살아야 할 가치가 있다.

그러나 수행을 하고 지혜를 발하는 이는 비가 똑같이 내리지만 상중하품의 약초나 대소의 나무가 각기 나름대로 비를 소화시켜서 나름대로 살아가는 것을 본다. 우리 모든 중생이 능력이나 모양이 다르더라도 각기 자신의 능력만큼 수행을 하면 능력에 상관없이 모두 본래의 부처로 회복된다는 말이다. 관세음보살이라는 말 한마디가 바로 우리가 지금 이 자리에서 할 수 있는 수행이다.

우리 중생은 현재 지옥에 있거나 아귀 속에 있거나 축생 속에 있거나에 상관없이 본래 〈신해품〉에서 보이는 부호장자의 상속권자이고 〈오백제자수기품〉에 보이는 보배구슬을 가진 사람이고 〈비유품〉에 보이는 백우거(白牛車)를 받을 사람이다. 그래서 우리가 그것을 깨닫고 불도를 닦기만 하면 된다. 〈방편품〉에서는 아무리 사소한 선근 공덕을 쌓을지라도 본래부처로 돌아갈 수 있다고 한다. 《법화경》의 여러 곳에서 부처님은 우리 모두에게 수기를 주셨다. 우리는 많은 부처님을 공양하고 무량백천만억겁을 지난 후에 성불할 것이라고 하셨다. 그러나 지금의 일심이 영원토록 흔들리지 않고 지금의 수행이 영원토록 계속될 그러한 자세에 있다면 우리는 지금 이 자리에서 이미 부처이다. 부처님에게 손을 한번 흔들어서 경의를 표해서 성불하게 된 부처이다.

우리는 1년이다 10년이다 100년, 1,000년을 계산해서 부처가 되는 것이 아니라 무량백천만억겁을 잡아서 부처가 된다. 100년이다 500생의 기간 동안 이리 되든 저리 되든, 그것은 사소한 과정의 문제이다. 관세음보살을 부르는 일심은 바로 무량백천만억겁 동안 흔들리지 않을 마음이요, 수행이다.

우리가 지금 일심으로 관세음보살 한마디를 부른다 함은 꼭 참의 사상, 우리 마음속에 있는 본래부처·만선성불·부호장자의 본래적 상속권자, 무량백천만억겁 동안 한결같이 수행한 여래의 본래성불과 상주불멸 등을 한꺼번에 마음에 되새기고 그 실천을 다짐하는 것과 같다. 본래부처를 알고 있고 무량백천만억겁을 살려고 하는 사람이 어려움을 당해서 관세음보살을 외울 때, 불에 들어가고 물에 들어가서 목숨을 바꾸는 것이 무슨 대단한 일이 되겠는가.

100년의 일생쯤은 일념의 순간이 아니겠는가. 불난 집의 비유에서 장자 아버지가 아들들에게 문밖에 나가면 여러 가지 수레를 준다고 말했지만 밖에 나온 아이들에게는 가장 좋은 백우거를 주었다. 우리가 방편과 진실의 일치를 알고 관세음보살을 일념으로 외운다면 우리는 이미 본래부처라는 백우거를 받은 것이 되지 않겠는가. 관세음보살이라는 한마디는 우리가 본래부처의 상속권자 자신임을 알았다는 것을 뜻하는데, 이 상속권자에게 불을 면하고 물을 면하고 갖가지 어려움을 면하는 것이 무슨 문제가 되겠는가. 불이 있는 그 자리에서, 물이 있는 그 자리에서, 아무것도 그를 해칠 수 없는 상속권자가 아니겠는가.

지옥·아귀·축생·아수라·인산·천상·성문·연각·보살·불의 십계(十界)를 계단이라고 한다면 사물의 실상을 여실히 보아서 본래의 부처를 회복하고자 하는 사람에게 중요한 것은 지옥이라는 단계에 있느냐 부처라는 단계에 있느냐가 아니라 부처 쪽을 향하고 있느냐 지옥 쪽을 향하고 있느냐이다.

우리가 본래부처 쪽을 향하기만 하면 지옥의 계단, 그 자리에서 바로 본래부처를 누릴 수 있다. 옷 속에 보배구슬을 지닌 우리는 낡은 옷을 벗지 않고도 그대로 부자이다. 장자의 상속권자인 우리는 세수나 목욕을 하지 않고도 대부호이다. 관세음보살을 부른다 함은 우리가 지옥의 계단에서 부처의 계단을 향하고 있음을 의미한다. 지옥 속에 이미 포함되어 있는 부처를 보는 것을 의미한다. 원하는 바는 모두 성취되어 있음을 의미한다.

우리가 이미 보배구슬의 주인이요, 대부호의 상속권자임을 알고 있다는 것을 의미한다. 우리가 이미 무량원겁 전에 성불해서 이 세상을 떠난 바 없는 저 〈여래수량품〉의 여래와 동일한 일행임을 깨달았다는 것을 의미한다. 100만 불짜리 잭팟이 터졌음을 알 때, 그 앞에 25센트짜리 쿼터를 슬롯머신 속에 몇 개 넣고 잃어버리는 것은 아무것도 잃는 것이 아니다. 그 잃음은 오히려 얻음이다.

우리가 관세음보살을 부른다 함은 우리는 이미 불경을 수지 · 독송 · 서사 · 해설하는 오종법사요, 여래의 방에 들고 여래의 옷을 입고 여래의 자리에 앉은 사람임을 의미한다. 인연의 도리를 알아서, 공의 도리를 알아서, 꽉 참의 도리를 알아서 여래의 자리에 앉은 우리에게 있어서는 모든 일이 다 성취가 되고 모든 일이 다 불도가 된다.

잘못되는 일이란 있을 수 없다. 꿈이 꿈임을 알고 있는 우리에게 꿈속에서의 손해는 손해가 아니라 재미이다. 연극이 연극임을 알고 있는 우리에게 연극 속의 이익은 이익이 아니다. 재미이다. 세상이 꽉 차 있음을 아는 우리에게 잘못될 것은 아무것도 없다. 우리는 지옥 속의 본래부처요, 본래부처 속의 방편지옥이다. 상불경보살이 모든 사람을 본래부처나 미래부처라고 하는 말이나 관세음보살이라고 하는 말이 같은 의미이다.

일곱 가지 비유와 관세음보살

(법화경 15)

자기의 능력에 따라 최선을 다해서 불도를 닦기만 하면
각기 다른 능력의 사람들이 똑같이 본래부처로 복귀할 수 있다.

《법화경》에서 관세음보살을 일념으로 외우는 이 일곱 가지 비유들을 한꺼번에 떠올리는 방법에 대해서 생각해 보자. '관세음보살'이라는 한마디에 법화사상 전체가 들어 있다고 우리는 알고 있다. 또 상호갖춤, 방편과 진실의 일치, 만선성불, 원인과 결과의 일치, 수기, 본래성불, 상주불멸, 본래부처 등을 집어서 설명했다.

그러나 그것들을 한꺼번에 이해하고 관세음보살이라는 말과 함께 되새김하기가 쉽지 않다. 그래서 이번에는 관세음보살이라는 말에 《법화경》의 중요한 비유들을 동시에 상기하는 방법을 생각해 보겠다.

《법화경》에는 예로부터 유명한 일곱 가지 비유가 있다. 이 비유
들은 어려운 교리를 쉽게 나타내는 데 중요한 역할을 한다. 그것들은
첫째 〈비유품〉에 화택의 비유 즉 불난 집의 비유, 둘째 〈신해품〉에 장
자 궁자의 비유 즉 부자가 잃어버린 아들을 찾는 방편과정의 비유, 셋
째 〈약초유품〉에 삼초이목 또는 운우의 비유 즉 부처님의 설법이 구름
과 비와 같이 내려서 각기 근기에 따라 이익을 본다는 비유, 넷째 〈화
성유품〉에 화성의 비유 즉 방편으로 거짓 성을 만들어 사람들을 쉬게
하고 다시 목표를 향해 나아가도록 인도하는 비유, 다섯째 〈오백제자
수기품〉에 의주의 비유 즉 옷에 보배구슬이 감춰진 것을 모르고 있다
가 찾는 비유, 여섯째 〈안락행품〉에 계주(髻珠)의 비유 즉 제왕이 상
투 속에 있는 유일한 보배구슬은 함부로 아무에게나 주지 않는다는
비유, 일곱째 〈여래수량품〉에 의사의 비유, 즉 의사가 아들들을 구하
기 위해서 짐짓 죽음을 보인다는 비유이다. 이 일곱 가지 비유를 한문
용어로만 읽으면 화택비유 · 장자궁자비유 · 삼초이목비유 · 화성비유
· 의주비유 · 계주비유 · 의사비유가 되겠다.

　이 일곱 가지 비유가 나타내고자 하는 법화사상을 관세음보살이
라는 한마디에 상징적으로 나타내기 위해서는 먼저 이 비유들의 공통
점을 찾아야 하겠다. 물론 이 비유 하나하나는 각기 독특한 상징적 의
미를 갖기 때문에 공통점으로 압축하기보다는 비유 전체를 또는《법
화경》전체를 순간순간에 아주 빠른 필름으로 돌리듯이 떠올리는 것
이 이상적이다. 여기에서 이 비유들의 공통점을 찾아서 관세음보살이

라는 말과 결부시키려고 하는 이유는 방법적으로 비유들의 공통점을 찾는 과정에서 비유의 의미를 새롭게 파악할 수 있고 또 원하는 불자들은 별도로 《법화경》을 더욱 깊이 공부해도 되기 때문이다. 그런데 일곱 가지 비유들의 공통점을 찾기 위해서는 먼저 그것들을 차근차근 검토해 보아야 하겠지만 그 방법은 비유들을 전부 다시 읽어보고 비교하면서 생각해야 하기 때문에 시간이 많이 걸릴 것이다. 그래서 필자는 먼저 공통점이 되는 구절을 만들어 보고 그 비유 하나하나를 그 공통점 구절에 비교하면서 점검하는 방식을 택하겠다.

이 비유들의 공통점을 '만사(萬事)가 본래오케이(本來OK)이다. 그리고 힘껏 닦기만 하면 '본래오케이'로 복귀한다.'는 구절로 잡았다. 좀 이상하기는 하겠지만 지금까지 《법화경》을 공부해 오면서 본래부처 · 제법실상 · 본래불성 · 본래열반이라는 말들만 쳇바퀴 돌듯이 돌았기 때문에 본래부처 · 본래열반 · 본래행복의 경지를 '본래오케이'라는 말로 바꾸어 보았다.

아무리 사소한 선근공덕이라도 닦기만 하면 되고 능력이 다른 사람들이 자기의 능력에 따라 최선을 다해서 불도를 닦기만 하면 각기 다른 능력의 사람들이 똑같이 본래부처로 복귀할 수 있다는 의미에서 '힘껏 닦기만 하면 본래오케이로 복귀한다.'는 구절을 썼다.

화택의 비유 즉 불난 집의 비유에서, 불난 집으로부터 뛰쳐나와 장자로부터 흰 소의 수레를 받은 아이들은 바로 우리 중생들이다. 흰 소의 수레는 본래오케이를 뜻한다. 그리고 아이들이 불난 집 밖으로 뛰쳐나온 것은 힘껏 노력한 것에 속한다. 그래서 화택비유는 우리들이 힘껏 닦기만 하면 본래오케이로 회복한다는 것을 나타낸다.

　장자 궁자의 비유에서 궁한 아들의 본래상속권은 우리의 본래오케이와 같다. 그리고 궁자가 장자의 방편을 따라 자기의 능력껏 노력해서 본래 자기 것인 재산상속권 또는 본래오케이를 회복했다.

　삼초이목의 비유는 운우의 비유라고도 한다. 상중하품의 약초와 크고 작은 나무가 각기 능력이 다르지만 평등하게 내리는 비를 각기 나름대로 받아들여서 각기 독특하면서도 다 같이 필요한 약초를 만들듯이 능력의 차이에 관계없이 노력하기만 하면 나름대로 독특한 본래오케이를 회복한다는 뜻이다.

　삼초이목의 비유에서 다 같이 약초를 이루는 것은 본래오케이를 의미하고 크고 작은 약초가 나름대로 빗물을 받아쓰는 것은 각기 자기 능력에 맞게 힘껏 노력하는 것을 뜻한다.

　화성의 비유에서 도사는 부처님이요, 도사의 안내를 받는 사람들은 우리 중생들이다. 보배가 있는 장소는 없던 것이 갑자기 생겨난 것이 아니라 우리의 본래오케이 경지이다. 능력에 관계없이 힘껏 노력한 결과 모두 보배의 장소에 이르게 된다는 이야기이다.

　의주의 비유에서 옷 속의 보배구슬은 우리의 본래오케이다. 미혹한 하근기였음에도 불구하고 그 의주가 있음을 알게 된 것은 친구의 도움도 컸지만 본인 자신이 생활대책을 구하기 위해서 노력했기 때문이다. 먹을 것을 찾아 유랑하는 노력조차 없었다면 보배구슬이 있어도 귀한 줄을 알지 못했을 것이다. 계주의 비유 즉 상투 속 구슬의 비유에 있어서 강국의 왕이 꼭 주어야 할 사람에게 주려고 상투 속에 숨겨둔 구슬은 바로 우리의 본래오케이다. 그러나 강국의 왕은 아무에게나 그 구슬을 주지 않는다. 자기 능력껏 최선을 다하는 사람에게만 그 구슬을 준다. 능력이 크냐 작으냐의 문제가 아니라 힘껏 노력하느냐 안하느냐의 문제이다. 의사의 비유에 있어서 의사의 자녀들은 바로 우리들이다.

우리는 지금 생사윤회하는 병에 걸려 있지만 우리에게는 생사윤회의 병을 고치고 본래오케이로 돌아갈 약을 줄 의사 아버지가 본래부터 있었다. 방편으로 죽었다고 소문은 냈지만 영원히 죽지 않는 의사 아버지와 그 아버지가 주는 약은 바로 우리의 본래오케이다. 그리고 아버지가 죽었다는 말을 듣고 발심하는 낮은 근기들도 아버지가 지어준 약을 먹고 생사윤회의 병이 나았다고 하는 것은 나름대로 최선의 노력을 다하면 본래오케이로 회복할 수 있다는 것을 나타낸다.

《법화경》에서 중요한 일곱 개의 비유는 다 같이 '만사가 본래오케이다. 그리고 힘껏 닦기만 하면 본래오케이로 복귀한다.'는 구절을 뒷받침한다는 것을 간략히 살펴보기로 하자. 일곱 개의 각기 다른 비유를 《법화경》에 썼듯이 그 비유들은 각기 독특한 기능을 가지고 있다. 또 공통점과 함께 차이점도 많을 것이다. 그럼에도 불구하고 구태여 공통점을 찾아서 압축해 본다면 '만사 본래오케이다. 그리고 힘껏 닦기만 하면 본래오케이로 복귀한다.'라는 말이다.

우리는 관세음보살이라는 상징어가 법화사상 전체를 나타낸다고 규정했다. 그러나 《법화경》전체의 뜻은 너무 광범위하므로 법화사상을 8개의 중요한 비유에서 찾아보기로 했다. 그러나 그것도 복잡하므로 다시 8개 비유의 공통점을 뽑았다. 그렇다면 한마디의 관세음보살은 '만사 본래오케이다. 그리고 힘껏 닦기만 하면 본래오케이로 복귀한다.'가 되겠다.

〈보문품〉에서 부처님은 말씀하신다.

> 중생이 어려움을 당해서 일심으로 관세음보살을 부른다면 관세음보살은 그 음성을 알아듣고 그 고뇌에서 풀려나게 하리라. 관세음보살의 명호를 마음에 간직하고 있는 자는 불에 들어가도 타지 않고 바다에서 태풍을 만나더라도 난파당하지 않고 처형을 당할 경우에도 칼이 부러지고 수갑을 차더라도 수갑이 끊어지고 도둑을 만나더라도 도둑이 침범하지 못하느니라.

우리가 관세음보살을 염할 때, 이것은 우리의 처지에서 우리가 할 수 있는 최선의 수행방법이다. 우리로서는 힘껏 노력하는 것이다. 아울러 그 관세음보살이라는 말은 '힘껏 닦기만 하면 만사 본래오케이로 복귀한다.'는 것을 상징한다. 일심으로 관세음보살을 염함으로써 우리가 선근공덕을 닦기 위해서 할 수 있는 최선의 노력을 하고 우리의 본래 오케이를 확신한다면 관세음보살을 염하는 곳에는 만사가 본래오케이로 복귀할 수밖에 없다.

우리에게는 본래부처님이 예로 드는 어려움 이 없었지만 우리가 수행을 게을리함으로써 잠시 미혹했고, 그에 따라 병든 눈에 공화(空花)처럼 헛것이 보이게 되었다. 관세음보살을 염할 때 본래의 우리 자리로 돌아가는 것은 절대로 이상한 기적이 아니다. 그것은 당연한 일이다.

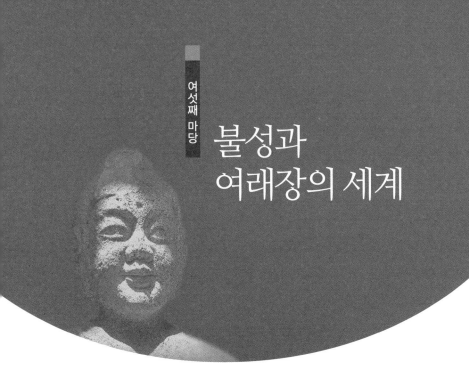

여섯째 마당

불성과
여래장의 세계

한량없는 번뇌 속에 얽매인 여래장을
의심하지 않는 사람은, 그 한량없는 번뇌를 초월한
법신에 대해서도 의심이 없다.
《승만경》

세상의 변화에 관계없이 일체중생에게는
불성이 있다. 우유 속에 독약을 넣었다고 하자.
그 우유로 버터와 치즈와 요구르트를 만들었을 경우,
버터나 치즈 등에 직접 독약을 넣지 않았을지라도
독약을 탄 우유를 원료로 해서 만든 제품을
먹으면 죽고 말 것이다. 마찬가지로 중생이
지옥 · 아귀 · 축생 · 아수라 · 인간 등에
윤회하더라도, 불성은 항상 그대로 있다.
《열반경》

승만 부인의 서원

(승만경 1)

능력에 따라 불도는 닦지만
능력에 관계없이 부처가 될 수 있다고 하는 것이
일승사상이고 여래장사상이다.

《승만경》은 출가하지 않은 여성 불자가 경의 주역으로 등장하는 대승경전(大乘經典)이다. 《유마경》에서 출가하지 않은 남성불자가 경의 주역으로 등장하는 것과 대비가 된다.

경전에 따라서는 여성을 성불할 수 없는 사람으로까지 하대하는데 《법화경》〈제바달다품(提婆達多品)〉에서는 용녀라는 여인의 성불이 설해진다. 그리고 《승만경》에서는 여성이 불경의 한 주인공이 된다. 한문번역본의 원래 이름은 《승만사자후일승대방광방편경(勝鬘師子吼一乘大方廣方便經, Śrīmālā devīsiṃhanāda-sūtra)》이다. 이 이름에서 사자후란

설하는 태도를 뜻하고 방광이란 대승을 의미한다. 이름을 붙여서 해석해 보면 '승만 부인이 설하는 일승대방편의 대승경'이 되겠다.

《승만경》의 범어 원본은 일부분만 남아 있고 티벳번역본이 있다. 한문으로는 두 번 번역되었는데 구나발타라가 《승만사자후일승대방광방편경》1권으로 번역했고 보리류지가 《대보적경》의 제48회에 승만부인회라는 이름으로 번역해 넣었다. 이 《승만경》은 영어 · 일어 · 한글로도 번역되어 있다.

먼저 《승만경》의 기본주제를 살펴보기로 하자. 코살라국의 수도 사위성의 파사익왕과 말리부인이 아유타국의 우칭에게 시집간 딸 승만이 총명한 것을 생각하고 딸에게 부처님께 귀의해서 불법을 배우도록 권하는 편지를 보낸다. 그 편지를 받은 승만 부인은 부처님께 나아가 불법을 찬탄하고 부처님으로부터 미래에 성불할 것이라는 수기를 받는다.

승만 부인은 10대 서원과 3대 서원을 세우고 부처님의 허락하에 불교의 정법에 관한 자기 생각을 밝히는 형식으로 진행된다. 부처가 되는 것을 궁극목표로 삼아야 한다는 일승사상과 우리 중생에게 여래의 법신이 감추어져 있다는 여래장사상이 펼쳐진다.

《승만경》은 《법화경》으로부터 크게 영향받은 것으로 보여진다. 《법화경》에 있어서 중요한 것은 크게 두 가지였다. 첫째는 누구나가 부처가 되어야 하고 될 수 있다는 일불승사상이다. 삼승을 방편이라고 하고 일승을 진실이라고 하지만 삼승을 버리고 지금까지 오던 반대 방향으로 가야한다는 것이 아니라 지금까지 가던 길을 그대로 가되 삼승에 만족하지 말고 부처가 되는 데까지 한걸음 더 나아가라는 뜻이다. 그래서 능력에 따라 불도를 닦지만 능력에 관계없이 부처가 될 수 있다고 하는 것이 일승사상이다. 둘째는 무량원겁 전에 성불하신 본래 부처인, 〈여래수량품〉의 의사비유처럼 상주불멸하는 법신불 사상이다. 이 본래부처는 다른 세상에 계시는 것이 아니라 바로 이 땅에 본래부터 있어 왔고 앞으로도 있을 영원한 생명을 의미한다.

앞에서 《승만경》의 기본주제를 살피는 데서 알 수 있었듯이 《승만경》은 바로 《법화경》의 부처가 되어야 한다는 사상과, 본래부처가 상주불멸한다는 사상의 맥을 발전시키고 있다. 《법화경》이 삼승방편과 일승진실을 같이 어울리도록 설명하는데 비해서 《승만경》은 일승진실 즉 부처가 되어야 하고 누구나 부처가 될 수 있다는 데 초점을 집중시키고 있다.

또 《법화경》이 본래부처라는 법신이 이 세상에 계속적으로 머문다는 것을 밝히는데 비해서 《승만경》은 그 법신을 우리 중생 자신과 연결시켜 우리에게 부처가 들어있음을 밝히려고 한다.

즉 여래의 법신이 우리 중생 속에 매장되어 있다는 의미에서 '여래장(如來藏)'이라는 말을 쓰고 이 여래장이 우리에게 본래 갖추어 있음을 설명한다. 《법화경》이 부처가 되어야 한다는 것과 항상 그 자리에 그대로 계신 본래부처를 연결 지어 설하는 것과 같이 《승만경》도 부처가 되어야 한다는 일승사상과 부처가 될 성품이 우리에게 본래부터 갖추어 있다는 여래장사상을 같이 연결시킨다.

이 여래장은 여래의 종자요, 여래의 모태이다. 여래의 종자가 번뇌에 뒤덮혀서 우리 중생 속에 감추어 있다는 것이다. 여래장 즉 여래가 될 성품이 우리에게 숨겨져 있는 것은 우리에게 부처가 될 성품이 있다는 말이 된다.

그래서 여래장이라는 말이나 불성이라는 말은 동일하다. 일반 불자들에게 불성이라는 말은 널리 알려져 있지만 여래장이라는 말은 약간 생소할 수 있다. 그러나 '여래의 숨음'은 아주 멋있는 표현이다.

《승만경》이 《법화경》의 영향을 많이 받았고 《승만경》에서는 일승사상과 여래장사상을 주로 밝힌다고 살폈지만 불교경전 전반에 걸쳐서 이 《승만경》이 교리적으로 어떤 위치에 있는지 정리하고 넘어갈 필요가 있다. 우리가 불교교리라는 전체 지도 중에서 어느 위치에 있는지 알아야 길을 잃지 않을 것이기 때문이다. 또다시 되풀이하지만 아함부 경전의 인연법은 반야부 경전의 공사상으로 넘어간다.

공사상의 부정만으로는 아쉬움이 있기 때문에 이 비었다는 사상을 뒤집음으로써 서로 갖춤은 서로 가득 차 있다는 법화사상이 나온다. 《법화경》의 삼승방편 · 일승진실의 사상과 상주불멸하는 본래부처의 사상은 꼭 참의 사상을 인간의 진실한 존재와 관련시켜서 표현한 것이다. 《반야경》과 《법화경》은 다 같이 세상 존재의 모습을 공사상이나 참사상으로 바로 파악하기 때문에 자세한 설명이 없다.

특히 《반야경》의 공사상은 모든 것을 공으로 부정하기 때문에 현실을 사는 중생들은 무엇인가 손에 잡히는 것이 없는 허전함을 느끼게 된다. 그래서 반야부의 공사상을 보완하기 위해서는 왜 이 미혹의 세계가 벌어졌으며 우리는 어째서 이 미혹의 세계를 벗어나서 부처가 될 수 있는가 하는 설명이 나온다. 왜 미혹의 세계가 벌어지는가를 설명하는 것이 《해심밀경》 등에 바탕을 둔 유식사상이요, 무슨 근거로 우리가 부처가 될 수 있는 가를 설명한 것이 바로 《승만경》의 여래장 사상이고, 《열반경》의 불성사상이다. 그러므로 《승만경》은 반야공사상의 보완으로 우리 중생에게 부처가 될 수 있는 근거를 설명하는 셈이다.

그러면 《승만경》의 본론을 읽기 전에 승만 부인이 부처님 앞에서 세우는 3대원 즉 세 가지 큰 서원을 들어 보기로 하자.

첫째는, 진실한 서원으로 헤아릴 수 없고 가없는 중생들을 편안하고 안온하게 하려 합니다. 이 선근으로써 어느 세상이고 날 적마다 정법의 지혜가 얻어지기를 바랍니다.

둘째는, 제가 정법의 지혜를 얻은 후에는 싫어함이 없는 마음으로 중생들을 위하여 연설하겠습니다.

셋째, 제가 바른 진리를 거둬들이고 몸과 목숨과 재산 등을 바쳐 정법을 보호하고 지키겠습니다. 이때에 부처님께서 승만 부인의 이 서원을 인정하셨다. 모든 물질을 허공으로 감싸는 것과 같이 이 3대서원은 헤아릴 수 없이 많은 보살의 모든 서원들을 다 이 안에 감쌀 만큼 큰 것이니라.

승만 부인은 일승법과 여래장법에 관해서 말하기 전에 자신이 기본적으로 목표하는 세 가지 큰 원을 밝힌다. 그리고 부처님은 이 3대 서원이 보살수행자들이 발할 수 있는 모든 서원들의 근본이 되는 것이라고 인정하신다. 승만 부인의 세 가지 서원은 정법의 지혜를 얻겠다는 것, 정법의 지혜를 중생들에게 펴겠다는 것, 그리고 정법의 지혜를 몸과 목숨과 재산을 다 바쳐서 지키겠다는 것이다.

불법을 배우고 닦는데 있어서 정법의 길을 밟는 것은 대단히 중요한 일이다. 절 집안에 이런 말이 전해지고 있다.

"우리가 사람 몸을 받기 어렵다. 사람 몸을 받았더라도 불법을 만나기 어렵다. 불법을 만나더라도 정법을 만나기 어렵다."

정법과 사업이 따로따로 명찰을 붙이고 진열되어 있는 것이 아니라 혼합되어 있다는 뜻이다. 불도를 닦으면서도 어느 것이 정법인지 계속 주시해야 한다. 필자는 앞에서 어떤 말씀이 불교적인 것이냐 아니냐를 판가름하는 기준으로 그 말씀의 취지를 공사상과 일체유심조 사상에 통과시켜 보라고 말씀드린 바 있다. 일단 공사상을 통과해야만 그것은 불교적인 것이다.

공사상을 통과하지 못하면 그것은 사도일 위험이 있다. 그런데 승만 부인은 정법의 기준을 공사상으로 말하지 않고 일승사상과 여래장사상으로 말하고 있다. 일승사상은 우리가 부처가 되어야 한다는 것이고 여래장사상은 부처될 성품이 우리에게 있다는 것이다. 공사상을 일승사상과 여래장사상으로 말해도 상관은 없다. 일승사상은 부처가 어떤 것에 고정된 것이 아니라는 공의 도리와 일치하고 여래장사상은 누구에게나 불성이 있다는 꽉 참의 도리와 일치하기 때문이다.

중생 속의 여래
(승만경 2)

여래의 법신이 내 안에 있고
내가 바로 여래의 법신임을 알 때….

《승만경》은 번뇌의 중생 가운데서 여래의 법신을 찾는 가르침이다. 중생세계에 있는 그 자리에서 부처를 보고 부처를 짓는 방식의 문제풀이는 수차례 살펴보았지만 《승만경》에서는 여래장, 법신, 소승의 사성제와 대승의 사성제라는 아이디어를 동원해서 새롭게 풀이하고 있다. 《승만경》이 여래장의 아이디어를 진정한 대승의 사성제와 어떻게 엮는지에 대해서 주의를 기울일 필요가 있다.

《승만경》의 주요 구절을 모아보자. 승만 부인이 부처님께 사뢴다.

고통과 고통의 원인, 고통의 소멸과 고통을 소멸하는 길의 네 가지 성스러운 진리, 즉 사성제는 매우 깊은 이치를 말하는 것입니다. 매우 미세해서 지혜로운 사람만이 사성제의 진의를 알 수 있습니다. 왜냐하면 사성제 속에는 깊고도 깊은 여래장이 설해져 있기 때문입니다. 여래장이라고 하는 것은 여래만이 알 수 있는 경계이고 여타 중생들은 알 수가 없습니다. 여래장의 자리에서 사성제의 이치를 설하는 것입니다. 여래장의 자리가 매우 깊기 때문에 사성제의 진리도 알기 어렵습니다.

한량없는 번뇌 속에 얽매인 여래장을 의심하지 않는 사람은 그 한량없는 번뇌를 초월한 법신에 대해서도 의심이 없습니다. 여래장과 여래법신에 대해서 어느 정도 깨달음이 있는 사람은 사성제에도 두 가지 종류가 있다는 것을 압니다. 한 가지는 소승적인 사성제요, 다른 한 가지는 대승적인 사성제입니다.

소승적인 사성제는 고통을 알고 고통의 원인을 끊으며 고통의 소멸을 깨닫고 고통이 소멸하는 길을 닦는 방식입니다. 그러나 여래가 성취한 대승적인 사성제는 새삼스럽게 끊고 얻을 것이 없습니다. 법을 파괴함으로써 고통이 멸하는 것은 아닙니다. 고통이 소멸한다는 것은 최초에 고통의 만들어짐이 없고 고통의 생겨남이 없는 것입니다.

자성의 청정함은 번뇌를 여의지 않은 그 자리에 있습니다. 번뇌와 여래의 지혜가 떨어지거나 벗어지거나 다르지 않고 부사의하게 하나로 이루어지는 것을 여래의 법신이라고 합니다. 여래의 법신은 번뇌를 떠나지 않고 여래장이라고 부릅니다.

　고집멸도 사성제를 닦는다면 무상하게 파괴되고 무상하게 병든 세간에서도 언제나 항상한 열반을 얻을 것입니다.

　《승만경》은 《법화경》처럼 읽기가 쉽지 않기 때문에 이해 가능한 구절들만을 좀 더 쉽게 풀어서 엮어 보았다. 여기서 여래장, 즉 미혹의 번뇌 속에 덮인 여래의 법신을 확실히 이해할 수 있는 사람은 오직 사성제를 대승적인 견지에서 파악할 수 있는 사람이라고 한다.

　소승적인 견지에서 사성제를 이해하면 고통과 고통의 원인인 번뇌와 고통의 소멸과 고통의 소멸로 인도하는 수행법이 각기 단절되어져 있다. 그러나 대승적인 견지에서 사성제를 이해하면 새삼스럽게 끊어야 할 번뇌도 얻어야 할 열반도 없다.

　마음속에 떠오르는 어떤 번뇌를 파괴함으로써 열반을 얻는 것이 아니라 그 번뇌 속에 여래의 법신이 들어있다는 것을 깨달음으로써 법신을 덮어 싼 번뇌를 따라가는 것이 아니고 번뇌 속에 숨어있는 여래의 법신을 보는 것이다. 여래의 법신은 밖에 있는 것이 아니라 바로 나 자신이기 때문에 나 자신이 여래의 법신이 된다.

　여래가 나의 번뇌 속에 덮여 있다고 하는 것은 내가 본래 여래라는 것을 말한다. 김치를 담글 때 항아리 속에 김치를 넣고 그 위에 우거지를 덮는다. 김치가 우거지처럼 변해지는 것을 방지하기 위해서이다. 항아리 속의 김치가 우거지에 덮여 있는 상태이거나 덮여 있지 않은 상태이거나에 상관없이 김치는 그대로 김치이다. 소승적인 사성제는 우거지를 다 걷어내 버린 다음에야 김치이지만 대승적인 사성제는 우거지가 덮인 우거지 밑의 김치도 김치이다.

고집멸도 사성제가 있을 고통과 번뇌와 고통을 소멸하는 길이 다 떨어져 나간 다음에야 열반이 홀로 있는 것이 아니다. 열반은 번뇌 속에 묻혀 있는 여래, 즉 여래장을 터득하는 그 자리에 있다. 그래서 승만 부인은 무상하게 파괴되고 무상하게 병든 세간에서 항상 변함없는 열반을 얻는다고 말한다.

우리가 영화 시나리오나 드라마의 대본 또는 소설을 쓰는 작가라고 가정해 보자. 작가의 최우선 과제는 존재의 진면목을 드러내는 것과 아울러 독자들이 재미있게 읽을 수 있도록 이야기를 전개하는 것이다. 그렇게 이야기가 꾸며지려면 어려움도 있고, 그 어려움의 해결도 있어야 한다. 배신자도 있고 의리의 사나이도 있어야 한다. 실패도 있고 성공도 있어야 한다. 추함과 아름다움, 더러움과 깨끗함, 일의 꼬임과 일의 풀림 등이 있어야 한다.

특히 중요한 것은 갈등과 이별이 있어야 한다. 이별이 없는 영원한 사랑은 불가능하다. 이별이 없다면 1,000년 동안 영원하던 사랑도 얼마 지나지 않아 권태로 변할 것이기 때문이다. 작가는 세속의 번뇌 · 욕망 · 야심 · 질투 · 음모 등을 있는 그대로 드러내 보임으로써 이야기를 재미있게 하고 아울러 그 이야기 속에서 삶의 실상을 있는 그대로 보게 한다.

여래장 즉 번뇌에 묻혀 있는 여래의 법신은 사랑과 미움, 만남과 헤어짐이 있고 그것들이 번뇌를 만드는 그 자리에 있다. 여래의 법신이 내 안에 있고 내가 바로 여래의 법신임을 알 때 아무리 괴로운 일도 아무리 슬픈 일도 아무리 분한 일도 다 여래를 덮고 있는 거죽일 뿐이다.

미혹한 자신에게 있는 여래장을 아는 이, 열반이 번뇌를 여의지 않은 그 자리에 있는 것을 아는 이에게는 모든 얻음과 모든 잃음이 한 건의 음미요, 한 건의 감동일 뿐이다. 김칫독의 우거지가 김치의 보호막이 되듯이 세상사의 성공과 실패가 여래장의 보호막이 된다. 번뇌가 오히려 여래의 법신을 항상 청정하게 하는 묘한 현상이 일어난다.

성공과 실패가 뒤섞인 가운데 이야기의 재미가 있기 때문에 작가가 재미있는 이야기를 만드는 심정으로 괴로움과 번뇌와 갈등과 외로움 등을 모두 받아들이라는 《승만경》 풀이를 읽고 어떤 불자는 이런 생각을 할 수도 있다.

내가 부처님을 믿고 새벽에 일어나서 기도를 하는 것은 고등학교 3학년인 아들이 수학능력시험에서 높은 점수를 얻도록 불보살님의 가피를 얻기 위해서인데 성공뿐만 아니라 실패도 있어야 이 세상이 재미있고 실패 속에서 여래의 법신을 만나야 한다면 내가 부처님을 믿고 들으며 불교를 공부하는 것이 무슨 소용이 있겠느냐.

그러나 《승만경》에서 가르치려고 하는 여래장에 대한 확실한 믿음이나 깨달음이 학부모나 수험생 본인에게 있다면 그 학부모나 수험생은 일체의 흔들림이 없을 것이다. 사람이 공부가 잘되지 않는 근본적인 원인은 마음이 흔들리는 데 있다. 만약에 여래의 법신이 자신이고 아무리 여래의 법신이 번뇌에 묻혀 있다고 하더라도 절대로 번뇌에 의해서 오염되거나 잘못되는 일이 없다는 것을 확실하게 체득한다면 그는 부동심을 얻을 것이고 그 부동심을 가지고 공부하는 효과는 참으로 대단할 것이다.

무엇보다도 여래장 즉 번뇌에 묻힌 여래의 법신이 불가사의한 힘을 발휘할 것이다. 여래장의 불가사의(不可思議)한 움직임은 우리의 사량심으로는 접근할 수가 없기 때문에 언어로 나타낼 수도 없다. 그저 불가사의하다고만 말할 뿐이다.

야구를 하거나 배구를 할 때 팔이나 어깨에 힘이 들어가면 원하는 대로 공이 잘 맞지 않는다고 한다. 힘이 들어가는 이유는 불안한 마음으로 긴장해서 근육이 굳기 때문이다. 만약에 아무런 불안이나 긴장감이 없다면 그것이 바로 최고의 정신적 · 육체적 건강을 조성하게 된다. 우리가 가지고 있는 여래장을 믿고 받아들인다면 그 여래의 법신은 우리 내부에서 불가사의한 변화를 일으킬 것이다. 우리를 편안하게 만들 것이다. 방황과 망설임을 쉽게 만들 것이다. 그리고 본래 법신이 광채를 발할 것이다.

번뇌 속에 있는 여래의 법신, 번뇌 속에서의 열반을 들먹이는 것은 우리가 부족하고 우리가 잘못하는 것을 환경과 상황의 책임으로 미루는 우리의 자세를 바꾸게 하기 위해서이다. 기분이 좋을 때가 아니라 속상할 때 그 마음을 돌려야 한다. 수행자는 탐심과 진심과 치심의 삼독이 일어나지 않는 사람이 아니라 그것을 계·정·혜 삼학(三學)으로 돌리는 사람이다. 그 삼독심의 의지처는 계·정·혜 삼학이라는 우리 안에 있는 자성청정의 법신이기 때문이다.

여래가 될 수 있다는 말은 좋은 환경을 얻는다는 것이 아니라,
어느 환경이든 상관없이 시시처처에서 여래법신으로 사는 것을 말한다.

《승만경》은 생사와 번뇌가 모두 여래장에 의지한다고 한다. 우리
가 미혹하거나 깨닫거나에 상관없이 우리에게 여래장이 있다고 한다
면 왜 우리가 여래장에 대해서 알려고 노력할 필요가 있으며 왜 우리
가 힘들여서 선근공덕을 쌓거나 수행을 하기 위해서 노력해야 하는가
라는 문제가 떠오른다. 여래장은 지혜를 닦는 면과 자비로 보이는 면
에 있어서 어떤 의미가 있는지 궁금하다.

　　그러면 먼저 《승만경》 〈자성청정장(自性淸淨章)〉의 중요한 부분을
읽어 보자. 승만 부인이 부처님 앞에서 고백한다.

부처님이시여, 태어나고 죽는 것은 여래장을 의지하는 것입니다. 세간의 말로 이야기하기 때문에 죽음이 있고 태어남이 있습니다. 여래장 자체에는 태어남과 죽음이 없습니다. 여래장은 상주불변하여 변하거나 소멸됨이 없습니다. 그래서 여래장은 귀의할 곳이며 간직해야 할 것이며 세우고 일으켜야 할 것입니다. 만약 여래장이 우리에게 없다면 우리는 괴로움을 싫어하고 열반을 구하는 일을 아예 시작하지도 못할 것입니다.

이 말씀을 요약하면 첫째, 여래장이 생사의 바탕이 된다. 둘째, 중생이 미혹으로 보았을 때 생사가 있는 것처럼 보일 뿐, 여래장에 있어서는 태어남과 죽음이 없다. 여래장은 상주불변한다. 셋째, 우리 중생들에게 여래장이 있기 때문에 중생들이 윤회의 괴로움을 싫어하고 열반의 즐거움을 구하려는 생각을 낸다.

먼저 우리가 만들었던 질문을 생각해 보자. 여래장이 상주불변으로 있다면 왜 우리가 여래장에 대해서 알려고 해야 하느냐는 물음이다. 여래장이라고 하니까 무슨 값비싼 보석 같은 것이 우리의 가슴속 어느 곳엔가 박혀 있는 것으로 오해할 수 있지만 여래란 인간존재의 진리를 인격화해서 말하는 것이다. 가장 참되고 의미 있게 살 수 있는 깨달음의 잠재성을 말한다. 그래서 여래장을 안다고 하는 것은 우리는 지금 어떤 존재 상황에 있고 어떻게 하면 괴로움이 생기고 어떻게 해야만 열반의 길이 되는가를 아는 것이 된다.

인간이 집단적으로나 개인적으로 존재의 실상을 알지 못하면 얼마나 불행한가를 설명하는 예문을 본 바 있다. 여러분들도 한번 이상 보거나 들었을 것이다. 한 할머니가 33세 때에 6.25전쟁이 터졌다. 할머니는 인민군에게 쫓겨서 집으로 들어온 한 국군 병사에게 옷 한 벌을 주었다. 국군에게 옷을 준 사실이 인민군에게 옷을 준 것으로 모함을 받았고, 따라서 빨갱이로 취급되어 군사재판을 받았다. 군사재판에서 그 할머니는 무기징역을 선고받고 23년간의 옥살이를 했다.

KBS 제1텔레비전의 'TV 신문고'에 출연한 그 할머니는 "과거의 억울한 옥살이는 이제 어쩔 수 없지만 누명이라도 벗을 수 있도록 자신에게 옷 한 벌을 받은 분이 이 텔레비전을 보고 있다면 연락을 해 달라."는 호소를 했다. 그런데 그 방송을 보고 한 노인이 방송사에 찾아왔다. 그 노인은 그 할머니에게서 옷을 얻어 입은 적이 있다는 당시의 사실을 증명했다. 그때의 23세 군인은 지금 노인이 되었다.

그런데 나라에서 그 할머니의 누명을 벗겨주기 위해 과거의 재판기록을 조사해 보니 그 할머니의 죄목은 옷을 주었다는 것이 아니라 자신의 하숙집에 살고 있던 3명을 인민군에게 신고했다는 것이라고 한다. 재판기록으로 볼 때 그 할머니는 억울한 분이 아니었다. 그 할머니가 억울함을 허구로 만든 셈이다. 우리는 극단적으로 억울한 환경을 가정하기 위해서 거짓으로 지어낸 억울한 할머니의 이야기를 여래장을 설명하는 데 쓰겠다.

여러분은 필리핀의 숲속에서 30여 년을 혼자 살아온 한 일본군 병사의 이야기도 들었을 것이다. 필리핀에 파견된 한 일본군 병사는

1945년에 일본이 항복한 뒤에도 전쟁이 끝난 사실을 알지 못했다. 10여 년 전까지도 전쟁 중인 것으로 생각한 그는 혼자서 30년이 넘도록 필리핀에 있는 한 산속에서 숨어 지냈다. 그 병사는 무엇인가 먹을 것을 구하려고 인가에 몰래 드나들다가 사람들에게 들켰다. 그래서 마침내 일본으로 돌아갈 수 있게 되었다.

옷 한 벌을 쫓겨 온 군인에게 주었다는 이유로 23년간을 감옥에서 보냈다고 하는 할머니의 꾸며낸 이야기나 전쟁이 끝난 줄도 모르고 이국의 산속에서 30년 이상 혼자 살아온 일본군 병사의 이야기는 어떤 개인의 무지보다는 온 인류 전체의 미혹무명이 만들어낸 기막힌 비극이다.

우리는 세계 모든 인류의 미혹에 찬 삼독심에 대해서 우선 당장 어찌할 수 없다. 여래장을 공부하고 있는 우리의 문제는 한 사람 한 사람이 그 할머니나 일본군 병사의 처지가 되었을 때 우리는 어떻게 살아야 할 것이냐이다. 현재의 우리는 그 할머니처럼 불행한 외형을 살고 있지는 않다. 23년간 감옥살이를 할 필요도 없었다. 그렇지만 우리의 불행을 구태여 끄집어내기로 말하면 우리 모두는 나름대로 불행한 처지의 사람들이다.

한 면에서 행복하다고 하더라도 다른 면에서 불행한 처지일 수가 있다. 우리가 할머니처럼 23년 동안 육체적으로 감옥살이를 하지는 않았지만 정신적인 면에서는 감옥의 처지에 있을 수도 있다. 태평양전쟁이나 6.25전쟁 기간에만 불행의 처지가 있는 것이 아니라 모든 시대, 모든 곳에 불행의 요소는 상존하고 있다. 다만 그 할머니가 겪은 불행한 처지에 비해 우리는 상대적으로 보다 좋은 처지에 있다고 말할 수 있을 뿐이다.

아무래도 좋다. 우리의 물음은 우리가 할머니에 의해 꾸며진 불행한 처지에 있다고 가정할 때 환경이 우리를 몰아붙이는 대로 불행하게 살아야 하느냐는 것이다. 여래법신을 품고 있는 우리는 "아니다."라고 말해야 한다. 우리가 살아야 할 처지가 좋지 않다고 해서 우리의 인생도 같이 불행해질 수는 없다. 행복과 불행이 결정은 환경이 아니라 우리의 마음이 하는 것이다.

불행한 환경을 억지로 좋다고 생각해야 할 필요는 없다. 그러나 처해 있는 환경을 있는 그대로 여실히 보고 그것을 받아들여야 한다. 할머니의 경우처럼 아무리 억울하다고 하더라도 받아들일 수밖에 없는 것은 있는 그대로 받아들이는 것에서부터 출발해야 한다.

필자는 그 할머니가 꾸며댄 삶이 불행했다고만 단정적으로 말하고 싶지 않다. 그 할머니는 극적인 삶을 이야기했다. 사람들을 감동시키는 삶을 살았다. 우리가 연극이나 영화나 소설이나 드라마를 만들면서 어떤 인물을 주인공으로 내세우고자 한다면 태어나서 유복하게 잘 자라고 시집 잘 가고 애기 낳고 잘살다가 돌아가신 할머니를 선택하지 않을 것이다. 옷 한 벌 때문에 23년간을 감옥에서 사신 그 할머니를 선택할 것이다.

여래장이 우리에게 갖추어 있다고 하는 것은 우리에게 여래가 될 성품이 있다는 말이다. 여래가 될 수 있다는 말은 좋은 환경을 얻는다는 것이 아니라, 어느 환경이든 상관없이 시시처처에서 삶의 실상을 보고 자신에게 항상 있는 여래법신으로 사는 것을 말한다. 외형적 환경에 얽매이거나 의존해서 자신의 평화를 얻을 수는 없다. 최후의 평화는 오직 내면으로부터 얻어질 수밖에 없다.

　외형에 의해서 얻어진 행복은 환경의 변화에 의해서 곧장 무너져 내릴 것이기 때문이다. 나에게 여래장이 있다는 말은 궁극적인 행복의 열쇠가 바로 나 자신의 마음에 있다는 것을 말한다. 우리에게 본래로 갖추어진 여래장을 알아야 할 이유는 최종적인 평화가 안으로부터 얻어지지 않으면 안 되기 때문이다. 여래장을 얻어야만 외형을 찾아서 방황하지 않을 수가 있기 때문이다.

　내적으로 여래장의 잠재능력을 발휘하게 함으로써 열반을 얻어야 한다는 것은 현실생활 환경의 개선을 위해서 아무런 노력도 하지 말라는 말은 아니다. 여래의 법신을 중생이 볼 수 있도록 선근공덕을 짓는 것이 바로 전법이요, 자비이다.

　수행의 면에 있어서는 내부로부터 찾아야 하지만, 자비와 전법의 면에 있어서는 형상이나 이름으로 밖에 볼 수 없는 중생의 근기에 맞추어서 물질적 역사로 보여야 한다. 그래서 승만 부인은 한편으로 여래장은 태어남과 죽음이 없이 상주불변한다고 하면서도 다른 한편으로는 여래장이 생사의 바탕이 된다고 한다. 수행 면에서 생사를 지우고 자비의 역사 면에서 생사를 펼쳐야 한다는 뜻이다.

　필자와 모든 사람들이 저 할머니가 겪은 비극을 슬퍼하고 해탈의 이상을 꿈꾼다는 사실은 인간에게 본래로 여래장이 갖추어져 있음을 증명해 준다.

열반의 네 가지 특징
(열반경 1)

법신은 항상함을, 열반은 즐거움을,

여래는 참 나를, 그리고 정법(正法)은 깨끗함을….

우리는 전에 아함부 경전을 공부할 때 팔리어로 전해진 《열반경》, 즉 남방상좌부(南方上座部) 《열반경》을 읽은 바 있다. 팔리어 《열반경》은 《대승열반경》에 대비해서 《소승열반경》이라고 부르기도 한다. 팔리어본 《열반경》에는 부처님이 왕사성을 떠나 열반지인 쿠시나가라까지에 이르는 도정(道程)을 설명하고 부처님 최후의 유훈, 부처님 입멸의 모양, 열반 후의 다비(茶毘), 그리고 사리의 분배에 관한 내용이 주류를 이루고 있다.

팔리어본 《열반경》을 주로 부처님 열반과 관련된 사적을 기술하고, 교리적인 것은 자신과 부처님의 가르침인 진리를 등불로 삼으라는 정도이다.

이에 비해서 《대승열반경》은 부처님 열반의 의미를 대승의 입장에서 교리적으로 설명하는 데 중점을 두고 있다. 《소승열반경》에서는 부처님이 진리만을 남겨두고 이 세계를 떠나는 것으로 되어 있지만 《대승열반경》에서는 《법화경》〈여래수량품〉에서와 마찬가지로 부처님이 이 세계에 항상 머무는 것으로 되어 있다. 이것이 바로 불신이 상주한다는 사상이다.

《대승열반경》에서는 또한 모든 중생이 다 부처가 될 성품, 즉 불성이 있다는 것을 가르친다. 이것을 한문표현으로 일체중생 실유불성(悉有佛性) 또는 일체중생 개유불성(皆有佛性)이라고 한다. 절집 주변에서 많이 사용되는 표현이므로 한문글자 그대로 소개하는 것이다. 일체중생이라는 말은 다 아는 표현이고 실유불성과 개유불성에 있어서 실(悉)자는 모두 실자이고 개(皆)자는 모두 개자이다. 그리고 유(有)자는 있을 유자이다. 실유불성은 모두에게 똑같이 불성이 있다는 말이다. 일체중생 실유불성, 즉 누구나가 다 성불할 수 있다면 일체의 믿음과 선근공덕이 전혀 없는 일천제(一闡提)까지도 성불할 수 있다는 말이 된다. 일천제란 범어 이찬티카(Icchantika)를 한문 음으로 번역한 말인데 그냥 천제라고도 부른다.

일천제는 아무런 신심도 선행도 없는, 도저히 구제될 가망이 없는 사람을 말한다. 일천제는 믿음이 없기 때문에 부처님이 이 세상에 항상 머무신다는 것도 믿지 않을 것이고 또 모든 중생에게 불성이 있고 모든 중생 누구나가 부처가 될 수 있다는 것도 믿지 않을 것이다. 《대승열반경》은 누구나 다 성불할 수 있으며 심지어 신심이라고는 눈꼽만큼도 없는 구제불능인 일천제까지도 성불할 수 있다고 가르친다.

《대승열반경》의 불성사상은 우리가 읽은 《승만경》의 여래장사상과도 맥을 같이한다. '여래장'은 우리 중생들에게 여래의 태아 또는 모태가 번뇌에 싸여 있어서 번뇌만 벗겨지면 여래로서 기능을 할 수 있다는 표현이고 '불성'은 중생들에게 부처가 될 성품이 있다는 표현이다. 여래장의 뜻은 모든 대승경전에 광범위하게 스며있고 일체중생실유불성의 사상과 표현은 《대승열반경》에 집중적으로 나타나 있다. 《법화경》의 일승진실사상과 법신사상이 《승만경》의 일승사상과 여래장사상에 관련 있고 《승만경》의 여래장이 《열반경》에서는 불성이라는 표현으로 나타나므로 《승만경》 다음에 《열반경》을 읽고 있는 중이다. 승만경 외에도 여래장사상을 나타내는 경론이 많이 있지만 일반불자들의 귀에 익은 경전들을 중심으로 읽으려 하고 있다.

《대승열반경》은 세 가지 한문번역본이 있는데 그중에서도 대표적인 것은 담무참(曇無讖)이 번역한 40권 본 《대반열반경》이다. 법현과 불타발타라가 번역한 6권 본 《대반니원경(大般泥洹經)》과 약나발타라와 회령(會寧)이 번역한 2권 본 《대반열반경》 후역다비분(後譯荼毘分)에 대해서 40권 본 《대반열반경》은 대본(大本)으로 불리고 있다. 이 《대반열반경》은 다시 40권으로 된 북본과 36권으로 된 남본으로 구별된다. 36권으로 된 남본은 앞부분을 6권 본《대승열반경》을 참조해서 순서를 정했다. 동국역경원에서 번역한 한글대장경《대승열반경》은 이 36권으로 된 남본을 번역한 것이다.

먼저《대승열반경》에서 말하는 열반의 특징이 무엇인지 부처님 말씀을 살펴보자.

> 이제 승속을 막론하고 모든 나의 대중으로 하여금 비밀장 속에서 쉬게 할 것이니라. 나 자신도 이 비밀장 가운데서 열반에 들려고 하느니라. 비밀장이란 무엇인가? 여래의 법신과 반야의 지혜와 해탈의 수행이니라. 비구들아, 열반에는 항상하다는 상(常)과 즐겁다는 락(樂)고, 나라는 아(我)와, 깨끗하다는 정(淨), 즉 상락아정의 네 가지 덕이 있느니라. 여래의 법신은 항상하고 열반은 즐거우며 여래는 참나이고 여래의 바른 정법은 청정한 것이니라. 중생은 고통을 즐거움으로 생각하고 무상한 것을 항상한 것으로 생각하느니라. 또, 나가 없는 것을 나로 생각하고 깨끗하지 못한 것을 깨끗한 것으로 생각하느니라.

여기서 부처님은 비밀장에 의해서 열반에 드시려고 하는데 그 비밀장이란 법신과 반야와 해탈이다. 부처님 자신도 법신·반야·해탈이라는 비밀장에 들어서 쉬려 하고, 모든 중생들도 여기에 들어서 쉬게 한다. 그리고는 열반의 네 가지 특징 즉 상락아정이라는 열반사덕(涅槃四德)이 있는데 열반사덕 가운데 법신은 항상함을, 열반은 즐거움을, 여래는 참 나를 그리고 정법(正法)은 깨끗함을 나타낸다. 부처님은 법신·열반·여래·정법이라는 진정한 상락아정을 누리지만 중생들은 정반대의 것을 상락아정으로 착각해서 받아들인다는 것이다.

앞에서 십이인연을 살펴볼 때 십이인연을 미혹과 악업과 고통이라는 혹, 업, 고(惑業苦) 삼도로 압축한 바 있다. 혹, 업, 고 삼도는 업의 길이지만 이 삼도라는 업의 길을 해탈의 길로 뒤집으면 법신·반야·해탈의 삼덕이 된다고 정리한 바 있다. 그러나 《대승열반경》에서의 부처님은 이 법신·반야·해탈의 삼덕을 비밀장이라는 이름으로 부르고 이 비밀장에서 모든 중생들을 쉬게 하고 자신도 또한 그 안에 쉬겠다고 하신다.

법신·반야·해탈의 삼덕은 법신이라는 우주 진리의 근본자리와 해탈이라는 수행 그리고 해탈에 의해서 법신자리를 깨달음으로써 얻어지는 반야로 이루어져 있다. 즉 진리·수행·깨달음의 삼각관계로 구성된 것이다. 반면에 상락아정이라는 열반사덕은 비밀장이라고 불리는 삼덕 중에 수행해서 얻은 성과인 반야의 내용이 될 것이다. 즉 수행을 해서 법신·열반·여래·정법을 터득할 경우에 상락아정이 얻어지는 것이다.

세상에서는 최고 이상의 경지를 보통 진선미로 나타낸다. 그래서 미스코리아를 뽑을 때도 진선미라는 말을 쓴다. 진이란 거짓의 반대인 참다움을 뜻하고, 선이란 악의 반대인 착함을 뜻한다. 그리고 미란 추함의 반대인 아름다움을 뜻한다. 이 진선미는 인간의 기능을 지정의(知

情意) 즉 이성적·지적인 면, 감정적인 면, 의지·행동적인 면으로 나누고 지적인 면의 완성은 진실을, 정적인 면의 완성은 아름다움을, 의지·행동적인 면의 완성은 선으로 삼는다. 불교에서도 지정의로 나누어 생각하는 사고는 일찍부터 있었다. 가령 탐진치 삼독심을 보면 이 지적인 면에 문제가 있는 것을 어리석은 마음인 치심, 감정적인 면에 문제가 있는 것을 성내는 마음인 진심, 정신적·육체적 의지행도에 문제가 있는 것을 간탐하는 마음인 탐심으로 되어 있다. 또 지정의를 훈련시키는 면에서의 계정혜(戒定慧) 삼학도 있다. 계율은 의지행동을 다듬고, 정이라는 정신집중은 감정을 다듬고, 혜라는 지혜훈련은 지적능력을 다듬는다. 팔정도나 육바라밀은 계·정·혜 삼학을 세분한 것에 불과하다. 이렇게 불교에서도 계·정·혜 삼학이나 탐·진·치 삼독 같은 지정의 분류방식의 착상이 있었음에도 불구하고 진선미라는 용어가 궁극의 경지를 나타내는 것으로는 사용되지 않고 있다.

《열반경》에서는 열반이라는 최고 이상경지의 특징을 말하면서 상락아정이라는 말을 사용한다. 물론 이 상락아정도 진선미로 나눌 수는 있지만 《열반경》이 말씀하는 대로 상락아정이라는 용어와 사유방법의 특징을 그대로 살리는 것이 좋을 것이다. 여하튼 항상스러움·즐거움·참 나·깨끗함은 인간이 모든 관계 속에서 획득하려고 하는 이상이다. 꼭 열반의 세계가 아니더라도 일반적인 의미에서 좋아하는 파트너와 관계를 가질 때에도 그 관계가 영구적이고 기쁘고 자신을 찾게 해주고 깨끗하게 유지되는 것은 우리들 모두의 이상이다.

66

아와 무아

(열반경 2)

'나'라고 하는 것을 손가락이나 겨자씨처럼
실체적인 것으로 알기 때문에 무아라고 한다.
그리고 진정한 '나'가 없음은 아니다.

사법인(四法印)에서는 '나'가 없다는 무아를 가르치던 부처님이 열반의 특징을 나타내는 상락아정에서는 왜 다시 '나'를 가르치는지에 대해서 알아볼 필요가 있다. 제자가 부처님에게 여쭌다.

부처님께서는 진정한 상락아정을 누리고 계신데, 어째서 일 겁 동안만이라도 이 세상에 더 머무시면서 더 많은 가르침을 중생들에게 펴지 않으시고 열반에 들려고 하십니까? 그리고 부처님께서는 전에 '모든 사물은 실체적인 나가 없으니 이것을 배워서 나에 대한 관념을 버려라. 나라는 생각을 버리면 교만심이 없어지고 교만심이 없어지면 곧 열반에 들 것'이라고 말씀하셨습니다. 그런데 부처님께서는 다시 상락아정을 누리시는데 그중에 아라는 것이 바로 나에 대한 관념이 아닙니까? 어떻게 나가 없다는 무아와 진정한 나가 있다는 아를 동시에 이해해야 되겠습니까?

옛날에는 무아를 가르치던 부처님이 열반에 드실 즈음에는 다시 '나'라는 관념을 열반의 특징 가운데 하나로 누린다니, '나'가 없다는 것과 '나'가 있다는 정반대의 말을 어떻게 소화해야 하겠느냐는 질문이다.

이에 대한 부처님의 답을 직접 들어 보자.

네가 중요한 것을 물었다. 내가 이제 비유로써 너에게 일러주리라. 어느 나라의 국왕 밑에 한 엉터리 의사가 있었는데 그 의사는 약에 대해서 잘 알지 못했느니라. 그 의사는 누가 아프다고 하면 병에 대해서 잘 알지 못했으므로 무조건 우유로 만든 약을 썼느니라. 그 의사가 병을 진찰한다고 해도 다른 수는 없을 것이니라. 왜냐하면 그 의사는 아무 병에나 우유 약을 쓰기 때문이니라. 그 나라의 왕도 그 의사의 약 쓰는 법에 대해서 별다른 관심을 보이지 않았느니라.

그러던 중 한 지혜로운 양의가 왕을 만날 기회가 있었느니라. 새 의사는 모든 병에 우유로 된 약을 똑같이 쓰는 것이 옳지 않음을 설명하였느니라. 왕이 들어보니 새 의사의 말이 옳은 것 같았느니라. 왕은 먼저 의사를 파

면하고 새 의사를 채용함과 동시에 전국에 엉터리 의사가 조제한 우유로
된 약을 모두 폐기하도록 명령하였느니라. 새 의사는 그 후로 가지가지 좋
은 약을 조제하여 많은 사람들의 병을 고쳤느니라. 그런데 어느 날 국왕이
병으로 드러눕게 되었느니라. 국왕의 병세를 진찰해 본 새 의사는 이 병은
우유로 만든 약을 써야 된다고 국왕에게 말했느니라. 국왕은 어이가 없었
느니라. 새 의사 자신이 엉터리의사의 조제법으로 만든 우유 약은 잘못되
었으니 모두 폐기해야 한다고 말해놓고 이제 와서 왕 자신이 병이 들었는
데 다시 우유로 만든 약을 써야 한다고 말하기 때문이었느니라.

"네가 미쳤느냐, 정신이 빠졌느냐? 아니면 나를 속이거나 놀리는 것이
냐? 그전에는 우유로 만든 약을 쓰면 안 된다고 하더니 우유로 마든 약이
라야 나의 병을 고칠 수 있다고 하니 도대체 무슨 말이냐?"

"국왕이시여, 벌레가 나뭇잎을 파먹다가 글자의 형상을 이루었습니다.
그러나 벌레는 그것이 글자인 줄을 모릅니다. 대왕이여, 그전 의사도 또한
마찬가지입니다. 여러 가지 병을 구별하지 못하고 그저 우유로 만든 약만
먹게 하여 그 약이 듣는지 아니 듣는지도 모릅니다. 벌레가 자신이 파놓은
글자를 모르는 것과 같습니다. 이 우유로 쓰는 약은 어떻게 쓰느냐에 따라
서 독약도 되고 양약도 됩니다. 대왕의 병에는 이 우유로 만든 약이 필요
합니다."

왕은 새 의사의 말대로 우유로 조제한 약을 먹고 병이 나았느니라.

비구들아, 여래도 이 의사와 같느니라. 큰 의원이 되어 이 세상에 나타
나서 모든 엉터리 의원을 항복받고 중생을 조복하여 무아의 도리를 설하

었느니라. 범부의 마음과 외도의 마음이 만드는 '나'는 벌레가 만드는 글자와 같아서 아무 의미가 없는 까닭이니라. 나는 저 어진 의원이 우유가 해가 될 때와 약이 될 때를 알아서 우유를 쓰는 것과 같이 '나'라는 아가 해가 될 때와 이익이 될 때를 알아서 '나'를 설하는 것이니라.

범부와 외도는 '나'라고 하는 것을 손가락이나 겨자씨처럼 실체적인 것으로 알기 때문에 내가 무아라고 하느니라. 그러나 진정한 '나'가 없는 것은 아니니라. 만일 깨달음의 법으로서 진실로 상주하고 자재불변(自在不變)하여 있다면 이것은 나라고 이름 할 것이니라. 너희들은 진실한 나의 법을 잘 닦도록 하여라.

부처님은 '나'가 없음을 가르치다가, 반대로 '나'가 있음을 가르치는 것에 대해서 두 가지의 비유를 한꺼번에 든다. 벌레가 나뭇잎을 파먹다가 글자를 만들지만 그것이 글자인 줄을 모르듯이 엉터리의원이 무조건 우유로 만든 약이 좋다고 하면서 우유 약을 조제한다면 그 약은 양의가 조제한 약과 재료와 모양과 이름이 비슷하지만 그 엉터리 의원은 우유약이나 병에 대해서 알지 못함과 같다고 한다.

마찬가지로 욕망에 찬 중생이나 삿된 외도들이 '나'가 있다는 것을 말할 때 그 '나'가 있다는 말이 부처님이 열반사덕으로 설하는 '나'라는 말과 같기는 하지만 중생이 말하는 실체로서의 '나'와 부처님이 말하는 진리로서의 '나'가 전혀 다르고, 중생들은 자신이 말하는 '나'가 무엇인지도 모르며 부처님이 가르치는 '나'는 더욱이 헤아릴 수도 없다고 한다.

먼저 무아를 공부할 때 두 종류의 '나'를 정리했었다. 한 가지는 편의상으로 부르는 호칭으로서의 상식적인 '나'와 다른 한 가지는 영원히 존재한다는 실체적인 '나'이다. 부처님은 호칭으로 부르는 임시적인 '나'는 인정하지만, 영생불멸의 '나'는 인정하지 않았다. 두 가지의 '나'라고 하지만, 한 가지의 '나'는 내용이 없는 '나'이기 때문에 없는 것이요, 또 한 가지의 '나'는 실체적인 것으로 인연법이나 공사상에 의해서 부정되기 때문에 없는 것이 된다. 그런데《열반경》에서 부처님은 열반의 덕으로 '나'를 내세운다. '나'가 있다는 것이다.

그러니 부처님이 있다고 하는 '나'가 어떤 종류의 것인지 확실히 알아야 한다. 왜냐하면 그 '나'는 우리가 보통 경험하는 그런 종류의 '나'가 아니기 때문이다. 그 '나'는 인간의 불성을 믿는 '나'이다.

얼마 전에 필자는 결혼식의 주례를 섰다. 결혼하는 신랑은 오랜 기간 동안 극악무도한 깡패의 집단에 속해서 많은 폭력을 휘두르다가 문득 깨달은 바가 있어서 그 바닥을 떠난 사람이라고 한다. 그는 전형적인 폭력배의 모습을 보이기 위해서 주변 사람들이 아무리 경우를 따지려고 해도 그 말을 듣는 시늉도 아니 하고 오직 억지로 윽박지르는 행동을 하면서 살아왔다고 한다. 그러나 그는 필자에게 실토했다. 자기의 의식이 아무리 듣지 않으려고 해도 자신의 심층의식은 옳고 그른 것을 끊임없이 판단한다는 것이다. 자기의 마음만 그런 것이 아니라 자신과 같이 폭력을 휘두르던 동료들의 마음도 마찬가지라고 한다. 그래서 누가 좋은 말을 할 때에 상스러운 말을 내뱉어서 상대의 말을 막거나, 다른 장소에서 동료들끼리 옳고 그름에 대해서 관찰을 교환하거나 대화를 하지 않더라도 마음의 한구석에는 자신을 관찰하는 눈이 있음을 느낀다는 것이다.

밤 2시가 넘은 뒤에도 생수를 담기 위해서 절 마당에 고성을 내면서 들어오는 이들을 불친절하게 대한 적이 있다. 부처님 앞에서 담배를 피우는 이, 담배꽁초를 함부로 버리는 이 등에 대해서 짜증스러운 태도로 대한 적이 있다. 그런 경우, 그 당시의 상황에만 취해서 상대가 불성을 가진 부처가 될 수 있는 사람임을 깜빡 잊은 것이다. 부처님이라면 부드러운 음성과 태도를 보이면서도 그들의 마음에 큰 글씨를 또렷하게 새겨 놓는 방편을 쓰셨을 것이다. 함부로 행동하고 고성을 지르는 사람들도 그들의 심층의식 한구석에서는 자신과 남의 깊고 옅은 마음을 계속해서 관찰할 것이다. 그리고 그들이 어느 순간에는 전혀 예상할 수 없는 보살의 마음을 가지고 보살의 행을 할 수도 있는 것이다.

열반의 한 덕으로서의 '나'는 나와 남을 가르고 마음에 드는 행동을 하는 사람과 마음에 들지 않는 행동을 하는 사람을 가르는 그러한 분열된 '나'가 아니다. 남에게서 '나'를 보고 '나'에게서 남을 보는, 중생의 병을 자신의 병으로 앓는 그러한 '나'이다. 그래서 상락아정이 단순한 '항상하고 즐겁고 '나'이고 깨끗한 것'이 아니라 법신이 항상하고 열반이 즐겁고 여래가 '나'이고 정법이 깨끗하다는 것이다.

　'나'라고 하는 것은 소갈머리 없는 변덕쟁이 '나'가 아니라, 존재의 실상을 있는 그대로 보는 여래로서의 '나'이다. 진리를 행동하는 자로서의 '나'라는 말씀이다. 이 같은 '나'는 인연법 · 무아 · 공사상 · 참사상 · 일체중생 실유불성 등의 정신과 그대로 일치한다.

불성 속의 인과
(열반경 3)

부처님이 불성을 일러준다고 해서
없던 불성이 생기는 것은 아니지만 부처님이 일러주지 않으면
중생들은 영원히 그것을 모를 것이기 때문에….

《열반경》에서 불성과 나 그리고 인과(因果)에 대해서 부처님의 말씀을 들어 보자. 열반의 특징인 상락아정의 '나'와 불성은 어떤 관계이고 그 불성과 영원의 '나'가 하나라면 인과법은 어떤 것이며 또 불성과 인과응보와 공사상이 어떻게 공존할 수 있는지도 의문이 된다.

부처님은 제자들에게 "나는 일체중생을 나의 아들 라훌라를 대하는 것과 똑같은 자비심으로 대한다."고 선언하셨다. 그러자 가섭존자가 여쭈었다.

전에 보름날 포살법회를 열고 대중들이 각자의 잘못을 드러내고 뉘우칠 때, 행실이 극악무도한 악동이 있었습니다. 그러자 금강신장은 부처님의 신력을 받아 그 동자에게 철퇴를 내렸습니다. 부처님께서 모든 중생 보기를 라훌라처럼 본다고 하면 어떻게 그렇게 무참히 철퇴를 내릴 수 있습니까?

가섭존자가 부처님의 대자대비와 인과법이 공존하기 어려운 점을 지적하였다. 인과법에 의하면 악업을 짓는 사람은 그 잘못에 대한 과보를 받아야 하는데 냉혹한 과보와 부처님의 자비가 동시에 있기는 어렵지 않느냐는 물음이다. 그러자 부처님이 대답하셨다.

가섭아, 악업을 지은 동자와 금강역사는 다 같이 환(幻), 허깨비로 나타난 것이니라. 나는 아무리 험한 악업을 짓는 이도 나의 아들 라훌라와 똑같이 대하느니라. 그러나 모든 죄악을 범하는 자에게 과보가 있다는 것을 보이기 위해서 그 죄업을 항복받는 모양을 보이는 것이니라.

만일 죄를 짓는 자를 방치하면 그것은 자비가 아니라 악도로 떨어지는 것을 허용하는 것과 같느니라. 마치 왕이 아들을 잘 가르치기 위해서 엄한 선생에게 맡겨 징계하면서 버릇을 잡는 것과 같느니라. 왕에게는 사랑만 있을 뿐 미움은 없고 또한 아무런 잘못도 없느니라. 여래의 자비와 가르침도 그와 같느니라.

가섭아, 비록 일체중생에게 불성은 있지만 번뇌에 덮여 감춰져 있기 때문에 알지도 못하고 또 보지도 못하느니라. 그러나 불성이 있다는 사실과 불성이 있으므로 불도를 닦지 않아도 부처라고 하는 말과는 다르니라. 수행을 하지 않으면서도 부처를 이루었다고 말하는 이가 있으면 큰 죄를 범하는 것이니라. 설사 불성이 있을지라도 닦지 않으면 나타나지 아니하며 나타나지 않으면 불도를 이룬 것이 아니니라.

가섭아, 세상 사람들은 '나'가 있다고 말하지만 불성이 있는 줄은 모르느니라. 그러므로 중생들은 '나'가 아닌 것을 '나'로 착각하는 것이니라. 불법에서 '나'가 있다고 하는 것은 바로 불성이 있음을 가리키느니라.

자비와 인과의 문제가 불성과 수행의 문제로 옮겨진다. 가섭존자는 금강신장이 악업 지은 사람을 부처님의 신력을 받아서 징계했다고 하지만 이것은 부처님이 인격신처럼 벌을 내렸다는 것을 뜻하지는 않는다. 부처님은 인연법과 인과법을 발견하고 가르치는 분이지 인과법을 만들거나 그것을 자의적으로 기분에 따라서 적용하는 분은 아니다. 가섭존자가 중생을 아들처럼 여기는 부처님이 어떻게 죄업을 지은 사람에게 험한 과보를 받게 하느냐고 물으니까 부처님은 공사상을 들이댄다. 죄를 지은 사람이나 그 사람을 징계한 금강신장이 다 환이나 허깨비로 생긴 것이라고 한다.

죄를 짓고 받는 것이 허깨비와 같고 꼭두각시놀음과 같아서 공한 것이지만 악업을 짓고 불도를 닦지 않는 중생들을 바른길로 인도하기 위해서 부처님은 엄한 인과율의 모범을 보인다. 마치 한 나라의 왕이 귀한 아들을 훌륭하게 키우기 위해서, 엄한 선생을 고용해서 잘못이 있을 때는 호되게 징계하는 것과 같다. 아들을 징계하는 것은 사랑이지 미움이 아니라는 것이다. 그러나 부처님이 자비로 징계한다는 표현도 사실은 비유적이다. 부처님이 기분에 따라 징계하는 것이 아니라, 인과응보의 자연율에 의해서 업을 지은 사람이 그 과보를 받기 때문이다.

　독자들 가운데는 공사상과 인과응보 사상이 겹쳐서 설해지기도 하고 따로 설해지기도 하는데서 혼란을 일으키는 경우가 많이 있을 것이다. 어떤 때는 모든 사물이 모두 공한 마당에 꿈속의 죄업이 무슨 효력을 낼 수 있겠느냐고 설해지기도 하고, 다른 때는 죄업에 대한 과보는 결코 면할 수 없다고 설해지기도 한다. 여기서 공사상이 이중적으로 응용되는 것을 알 수 있다. 즉 죄업을 짓는 사람은 공사상을 모르는 사람이다.

　거짓 '나'를 참 '나'로 착각하고 모든 사물이 실체로 있다고 착각하기 때문에 죄업을 짓는다. 그 사람에게는 분명히 인과가 있다. 그러나 죄업을 짓지 않는 사람, 또 죄업 짓기를 그만둔 사람은 거짓 '나'가 참 '나'가 아님을 안다. 사물이 실체가 없어서, 변화하는 공의 상태에 있음을 안다. 죄업도 짓지 않고 공사상을 아는 사람에게는 선인선과 악인악과가 아무런 의미가 없다. 꿈을 깬 사람에게 꿈속의 선악이 아무런 의미가 없는 것과 같다.

　그래서 이 《열반경》에서의 부처님뿐만 아니라 모든 경에서의 부처님이 업을 짓는 사람을 이끌기 위해서는 인과응보를 말씀하시고 업 대신에 불도를 닦고 수행을 하는 사람에게는 인과응보를 넘어선 공의 도리를 말한다. 공의 도리가 이중적으로 적용되는 것 같지만 눈뜬 이 와 눈 먼 사람이나 똑같은 그림에 대한 설명이 다를 뿐 그 그림이 다 르지 않은 것과 같다.

불교에서 비었다고 하는 공은 우리가 아무것도 아닌 너무도 보잘 것 없고 초라한 존재임을 나타낸다. 공의 도리는 또 재물이나 이성이 나 음식이나 명예나 안락을 중심으로 얻어진다고 하는 것들이 구하는 도중에는 우리를 피곤하게 만들고 결국에는 우리를 실망시킬 수밖에 없는 부질없는 것들임을 나타낸다.

공의 도리를 모르고 업을 짓는 사람이 나라고 생각하는 '나'는 거 짓 '나'이다. 공의 도리를 알고 수행을 하는 사람이 거짓 '나'를 뛰어넘 어서 발견한 '나', 공상과 전혀 배치되지 않는 '나'가 참 '나'이다. 부처 님 자비의 극치는 중생 자신이 바로 부처가 될 수 있다는 불성을 일러 주는 것이다.

불성은 우리가 최고인격자, 최고로 멋있는 사람이 될 수 있는 성 질이다. 이 불성은 다름이 아닌 공사상을 터득한 데서 얻어지는, 업을 짓지 않는 '나' 공사상과 일치하는 '나'이다. 부처님이 중생에게 불성을 일러준다고 해서 없던 불성이 생기는 것은 아니지만 부처님이 일러주 지 않으면 중생들은 영원히 그것을 모를 것이기 때문에 부처님은 중 생에게 불성을 주는 자비를 베푸신 것과 같다. 부처님이 일러주시는 불성은 바로 영원한 생명의 참 '나'이다. 이 생명은 공의 도리의 생명이다.

불성은 바로 참 '나'요, 참 '나'는 공사상과 일치하는 것이다. 참 '나'는 지금의 '나'가 정말 내용이 없다는 그 공의 도리를 통과한 저편에서 얻어진 것이다. 그리고 공사상은 우리를 가두고 있는 이 껍데기의 나를 부수는 수행을 하는 곳에 나타낸다. 우리가 나와 사물이 실체적으로 있다고 생각하고 그에 의해서 무엇인가를 붙잡고 매달리면 거기에는 이기적인 업이 뒤따르게 되고 불성에 대해서 모르는 것과 같다. 안다고 하더라도 믿지 않는 것과 같다.

우리가 불성을 마음속으로부터 확실히 믿는 것은 분명히 드러나게 되어 있다. 작은 '나'를 지우고 큰 '나'를 얻는 수행을 하면 믿는 것이요, 그렇지 않으면 믿지 않는 것이다. 불성은 오직 수행이 있는 곳에만 나타난다.

여기에서 죄업에 대한 응징, 자비, 공사상, 공사상의 이중적용, 불성, 불성으로서의 나, 부정해야 할 것으로서의 나, 수행이라는 말들이 한꺼번에 나오기 때문에 우리의 머리가 좀 어지러워졌다. 그러나 《열반경》에서 전하려고 하는 불성을 중심으로 줄기를 잡아버리면 다른 것은 자연히 정리가 된다.

부처님의 자비, 불성, 열반의 덕으로서의 나, 공사상, 수행 등은 같은 것을 다른 각도에서 나타내는 말들이다. 불교의 묘한 점은 한 문(文)은 반드시 여러 문으로 연결된다는 점, 그리고 하나의 말이 모든 말로 해석될 수 있다는 것이다. 여기서 부처님의 자비는 업을 짓는 사람들에게는 인과법에 의한 과보로 나타나지만 수행하는 사람들에게는 불성으로 나타난다. 과보를 받는 사람들은 거짓의 '나'를 참 '나'로 잘못알고, 불성을 깨닫는 사람들은 공사상과 일치하는 열반의 특징인 참 '나'를 그대로 파악한다. 그래서 불성은 부처님의 자비도 되고 수행도 되고 공도 되고 참 '나'도 된다.

설산동자의 무상게
(열반경 4)

피는 꽃이 반드시 진다고 해서
꽃을 피어나지 못하게 한다는 것이 아니다.
피어나는 꽃에만 목숨을 걸면 죽음이 있을 수밖에 없으므로….

《열반경》에서 설산동자(雪山童子)가 불타는 구도자세로 얻은 게송은 불성 · 목숨의 의미와 관련이 있다. 우리는 앞에서《열반경》의 대의 게송에 대해서 본 바 있지만 여기서는 그 게송에《열반경》이 기본적으로 전하고자 하는 참 목숨의 뜻을 섞어서 해석해 볼 필요가 있다.

부처님은 가섭에게 자신이 보살로 수행할 때에 설산동자로 태어나서 구도한 이야기를 해주셨다.

설산동자가 설산에 살면서 보살행을 닦을 때에 제석천신(帝釋天神)은

472

그의 구도심을 시험하고자 했다. 먼저 사람 잡아먹는 식인귀신으로 변해서 동자 앞에 아타나 '제행무상 시생멸법(諸行無常 是生滅法)' 즉 '세상의 모든 일은 항상됨이 없어서 한번 나면 반드시 없어지나니' 까지 반절의 게송만 외웠다. 설산동자는 그 게송을 듣고 목마른 이가 물을 만난 듯, 구속된 이가 석방된 듯이 반가워했다. 무섭게 생긴 식인귀신이 그것을 외운 것을 알고 그에게 가서 나머지 부분을 외워 달라고 졸랐다. 식인귀신은 배고파서 외울 수가 없으니 설산동자의 몸을 먹게 해주면 외우겠다고 말했다. 설산동자는 나머지 반의 게송을 들은 다음에 식인귀신이 먹기 편리하도록 죽어 주기로 약속했다. 식인귀신은 '생멸멸이 적멸위락(生滅滅已 寂滅爲樂),' 즉 '나고 죽음에 끌려가는 마음이 없어지면 적멸의 고요가 즐거우리라.'고 외웠다. 설산동자는 그 구절을 듣고 너무 기뻤다. 그 게송을 돌 벽이나 나무 등에 새긴 후에 약속대로 높은 나무에 올라가 식인귀신의 먹이가 되기 위해서 뛰어내렸다. 그것을 본 식인귀신은 재빨리 제석천신으로 변해서 반절의 게송을 듣기 위해서 자기의 목숨을 아낌없이 버리는 설산동자의 몸을 받았다. 그리고 설산동자에게 참회했다.

설산동자는 그와 같은 공덕으로 석가모니부처님으로 탄생했다고 한다.

설산동자가 목숨을 버리려고 하면서까지 얻은 게송을 생각하기 전에 설산동자의 구도정열에 다시 한번 고개가 숙여진다. 부처님의 이 전생담을 우리가 도를 구하려면 어떠한 자세로 덤벼야 하는가를

알려주고 있다. 네 구절로 된 게송 가운데에서 앞의 두 구절을 듣고
뒤의 두 구절을 얻기 위해서 자신의 몸을 귀신의 먹이로 내놓을 신심
과 결의가 있다면 그는 이미 시간과 공간, 삶과 죽음을 초월한 경지에
있는 것이다.

　'제행무상 시생멸법 생멸멸이 적멸위락'이라는 이 설산게는 절집
에서 염불로 외울 정도로 널리 알려져 있다. 그전에 이 구절을 다룰
때는 '꽃은 피면 반드시 지고 사람은 나면 반드시 죽는다. 꽃과 낙엽,
삶과 죽음을 한꺼번에 놓아 버린다면 고요한 가운데 열반의 즐거움만
있으리.' 정도로 의역한 기억이 난다.

　일본에 밀교 진언종의 개존인 공해(空海)대사는 이 설산게를 '이
로하의 노래'로 의역했다. 그런데 공해대사는, '이로하의 노래'를 만들
면서 일본글자인 50개의 가나가 하나도 겹치지 않게 하면서도 그 50
개를 다 사용한 것으로 유명하다.

　설산동자가 목숨을 버려서 설산게를 얻은 것도 대단한 일이지만
일본의 공해대사가 설산게를 뜻으로 번역하면서 자기나라의 50개 글
자를 전부 사용하면서도 그 50개의 글자를 꼭 한 번씩만 썼다는 것도
대단한 일이다. 글자에 관한 것만도 놀라운 데 그 뜻 또한 명문이다.

　설산게의 의역인 이로하의 노래를 읽어 보자.

　'색은 풍성해도 지고 마는 것, 이 세상 그 누가 무궁하리오. 유위의 깊은
산을 오늘 넘어서, 얕은 꿈을 안 꾸리. 취함도 없이.'

색은 오온 가운데 나오는 색과 같은 것으로 살아 있는 모든 것을 말한다. 이 세상의 모든 것은 다 질 수밖에 없고 어느 누구를 막론하고 영원하지 못하다. 우리가 유위의 산 즉 인위적으로 만드는 세계를 넘어서 모든 미혹의 꿈과 집착의 취함에 빠지지 않는다면 무위의 바다. 즉 열반의 세계에 든다는 의미이다.

공장에서 일하는 청춘남녀가 연애를 했다. 연애의 많은 경우에서 어느 한 쪽이 권태를 내게 마련이다. 이 남녀의 관계에서도 남자 쪽에서 싫증이 났다. 더욱이 남자에게는 새로운 여자가 생겼다.

결혼을 한다고 가정하고 이해득실을 따져 볼 때, 새로 사귄 여자 쪽이 경제적·사회적 신분 면에서 훨씬 좋은 조건을 갖추고 있었다. 남자는 먼저 사귀던 여자에게 헤어질 때가 되었다고 말했다. 여자는 청천하늘에 벽력이 내려치는 것 같은 충격을 받았다. 여자는 울부짖으며 남자에게 매달렸다. 남자는 그때부터 그 여자와 헤어질 궁리만 했다. 그러나 그것이 마음대로 되지 않았다. 사귀던 여자가 너무도 철저하게 길을 막고 달라붙기 때문이었다. 남자는 마침내 여자를 죽일 결심을 했다. 호수에 가서 배를 엎음으로써 여자를 죽이기로 한 것이다. 배를 빌릴 때에는 자기의 이름과 주민등록번호를 기록해야 하는데 가짜로 적었다. 자기 신분이 드러나지 않게 하기 위해서였다. 여자는 남자의 마음이 자기에게로 돌아선 것으로 생각하고 감격해 있었다. 해는 서쪽으로 떨어지고 땅거미가 질 무렵 호수 위의 분위기 속에서 여자는 행복해 했다. 여자는 콧노래를 부르면서 마음을 털어 놓고 이야기했다. 지금까지 살아온 고된 인생, 남자가 헤어지자고 한 이후부터의 마음고생도 소곤소곤 말했다. 결혼한 후에는 남편과 아이를 위해서 온 사랑을 다 쏟겠다고 다짐하기도 했다. 여자를 죽이려고 했던 남자는 뉘우치기 시작했다. 이렇게 착한 여자를 죽이려고 마음을 먹었던 자신에게 무슨 귀신이 씌지 않았는지 의심이 들었다. 한 인간으로서 이처럼 착한 여자의 마음을 자신에게 붙잡아 매어 놓고 헤어지겠다고 마음먹은 자체가 부끄러웠다. 그래서 남자는 여자에게 잘못했다고 말했다. 결혼해서 같이 살자고 말했다. 남자로부터 결혼이야기를 들은 여자는 더욱 감격하며 울었다. 그리고 감격 속에서 흥분했다. 조각배 안으로부터 벌떡 일어나 노를 잡고 있는 남자에게 다가가려고 했다.

그러나 여자가 일어나서 몸을 움직이는 순간 조각배는 균형을 잃고 흔들렸다. 남자는 여자에게 바로 앉으라고 외쳤지만 흔들리는 배와 일어선 여자는 이미 균형을 잃고 있었고 배는 뒤집혀졌다. 깜깜한 밤의 호수에 그들은 누구의 도움도 받을 수 없었다. 여자는 전혀 헤엄을 쳐 본 적이 없었고 남자도 다른 이를 구할 만큼 헤엄칠 수 있는 실력이 없었다.

온 힘을 다해서 허우적거리던 남자가 정신을 차려보니 자기 혼자만 호숫가에 가장자리에 있는 것이었다. 조각배는 뒤집혀져 있었고 여자는 보이지 않았다. 남자는 겁이 났다. 시골에 있는 어머니의 집으로 가서 숨었다. 마침내 남자는 경찰에 잡혔다. 그는 고의적으로 살인했다는 죄목으로 사형선고를 받고 죽게 되었다.

지금까지는 문제 지점까지 이야기를 끌어왔다. 이제부터는 우리 모두가 같이 생각해야 할 차례이다. 먼저 우리가 사형집행을 앞에 두고 있는 그 남자라고 가정할 필요가 있다. 죽음을 목전에 두고 곧 죽어야 할 사람이 어떻게 설산동자의 게송이 전하려고 하는, 생사를 멸하고 적멸을 얻어서 즐길 수 있겠느냐 하는 것이다. 한때 변덕을 부리기도 했고 또 사람까지 해칠 나쁜 마음을 먹기도 했다.

그러나 호수 위에서는 본래의 자기정신으로 돌아올 수 있었다. 오히려 여자에게 사과하고 결혼까지 제의한 터였다. 배가 뒤집힌 것은 순전히 여자가 감정이 격한 나머지 움직이려한 데서 일어난 사고였다. 그 남자가 살인죄목으로 사형을 당해야 하는 것은 억울하다. 우리 모두가 죽어야 하듯이 그 남자도 죽지 않을 수 없게 되어 있다.

그러나 누구도 그 남자의 마음속에서 일어나는 변화들을 인정해 주지 않을 것이다. 그가 한때 여자를 죽일 마음을 낸 업보이다.

그 남자는 죽게 되어 있고 우리도 죽게 되어 있다. 인위적인 법에 의한 것이든지 생로병사의 자연법칙에 의한 것이든지 상관없이 사형선고를 받아 놓은 이 마당에 우리의 생사해탈은 이 시점을 기본으로 잡아야 한다. 설산동자가 얻은 게송의 첫 번째 두 구절은 우리에게 죽음을 인정하라고 한다.

제행무상 시생멸법 즉 피어난 모든 것은 사라지게 되어 있다고 하는 것은 지금의 우리, 어떻게든지 살아볼 궁리를 하는 우리에게 모든 꾀와 계산을 버리고 항복하라는 셈이다. 좋아했다가 싫어지는 마음, 싫어했다가 좋아하는 마음, 생겨났다가 없어지는 마음, 없어졌다가 생겨나는 마음, 그 마음을 과감히 죽이지 않고는 참으로 좋아할 수도 참으로 싫어할 수도 없다고 한다.

사형집행을 당해서 타율적으로 죽게 되는 것이 아니라 내가 먼저 변덕부리는 삶의 원흉인 이 마음을 죽여야 한다.

마음을 죽이고 자기중심의 신경이 끊어지면 교수형 받을 때의 노끈이 목을 감을 때도 편안할 수 있을 것이다. 국부마취를 하고 수술을 받을 때 내 살을 도려내어도, 사각사각 살 떨어지는 소리를 들으면서도 아프지 않은 것처럼 편안하게 교수형을 감상할 수 있을 것이다.

삶의 재미는 마찰이다. 사랑은 마음과 마음, 몸과 몸의 마찰이다. 나와 자연과의 마찰을 그대로 음미할 수 있을 때 그곳에는 죽음이 없다. 피는 꽃이 반드시 진다고 해서 피는 꽃을 피어나지 못하게 한다는 것이 아니다. 피어나는 꽃에만 목숨을 걸면 죽음이 있을 수밖에 없으므로 꽃의 피고 짐에 상관없이 전체를 한꺼번에 목숨으로 살자는 것이다. 그 전체의 목숨이 바로 불성의 '나'가 아니겠는가. 그 꽃 목숨의 산을 넘은 곳에 생멸을 지운 다음의 고요를 즐기는 경지가 나타날 것이다.

물은 아래로 흐르고 불은 위로 올라가고
향기 나는 꽃은 향기를 풍기며 해와 달은 돌고 도는데….

《열반경》중에 사무량심은 사람들에게 이익을 주는 수행자세로서 중요하고 또 유명하다. 그래서 스님들이 서예를 하실 때 자비희사(自悲喜捨)라는 글귀를 많이 쓰신다. 불성이 부처로 나타나는 것은 최고의 이상적인 인격을 이루는 것을 뜻한다.

이 이상이라는 것은 한 개인이 바라고 개인에게만 좋은 것이 아니라 내가 그 인격을 얻어도 좋지만 남이 얻어도 마찬가지로 좋은 그러한 것이다. 그 인격은 자기와 남을 같이 생각하는 자기 좋은 것이 남 좋은 것이고, 남 좋은 것이 자기에게도 좋은 것이 될 것이다. 불성을 개발해서 부처가 되려고 하는 사람은 부처로서 행동하는 법을 배워야 한다. 이것은 마치 왕이 될 세자가 왕으로서 행동하는 법도를 배우는 것과 같겠다. 부처로 행동하는 법 가운데 중요한 것 한 가지는 자비희사 사무량심이다. 사무량이란 무량한 중생에게 이익을 주는 네 가지의 마음가짐을 의미한다.

이 사무량심은 자신의 탐 · 진 · 치 삼독심을 가라앉히고 남과 나를 동시에 생각하는 인격을 이루게 한다. 그럼 부처님의 말씀을 보자.

> **가섭아, 자(慈) 자애를 닦으면 탐욕의 마음을 끊고, 비(悲) 슬픔을 닦으면 성내는 마음을 끊느니라. 희(喜) 기쁨을 닦으면 고통을 끊고, 사(捨) 버림을 닦으면 탐욕 · 성냄 · 차별의 마음을 끊느니라.**

여기에서는 먼저 사무량심으로 우리에게 있는 부정적인 마음을 끊는 것에 대해서 설명한다. 자비희사를 통해서 탐내는 마음, 성내는 마음, 고통으로 받아들이는 마음, 차별을 두는 마음을 끊어 버리는 수행을 하라는 것이다. 탐내는 마음과 성내는 마음이 잘못된 것은 너무도 분명하기 때문에 여기서 구태여 설명할 필요가 없다.

어떤 것을 고통으로 받아들인다 함은 실제로는 이익이나 손해 또는 좋고 나쁨이 없음에도 불구하고 자신의 내부에서 자기중심으로 손익을 계산하고 손해를 지어서 생각하고 고통을 느끼는 태도이다. 사돈이 논을 사면 배가 아프고, 나와 같은 위치에 있는 친구는 승진하고 나는 승진하기 못했을 때 시기심을 내는 데서 오는 괴로움 같은 것을 느끼는 자세이다. 기뻐하는 마음을 닦는다 함은 나를 중심으로 손익을 따지지 않고 생명현상인 세상의 모든 움직임을 있는 그대로 기뻐하는 것이다. 버릴 사(捨)자 사를 닦음에 있어서 차별의 마음으로 받아들이지 않는다 함은 나와 남을 구별해서 생각하는 것이 아니라 하나로 보아서 보살행을 하는 것이다. 버린다 함은 자기중심적인 것을 버린다는 뜻이 되겠다. 나를 버리고 지우면 남과 나, 이익과 손해의 차별이 없어지게 된다.

부처님은 다른 각도에서 자비희사 사무량심을 다시 설명하신다.

> 가섭아, 수행하는 보살은 중생에게 이롭거나 즐거움이 되지 않는 것은 제거하려고 하느니라. 이것이 대자(大慈) 즉 큰 자애심이니라. 모든 중생에게 이로움과 즐거움을 주느니라. 이것이 대비(大悲) 즉 큰 비애심이니라. 모든 중생에게 대하여 환희의 마음을 내느니라. 이것이 대희(大喜) 즉 큰 기쁨이니라. 일체의 사물을 볼 때 평등하여 차별을 두지 않으며 나의 즐거움을 버리어 다른 이에게 주느니라. 이것이 대사(大捨) 즉 큰 버림이니라. 이 사무량심은 모든 선행의 근본이 되느니라.

앞에서는 자비희사를 소극적으로 끊어야 할 것들의 관점에서 설명했고 여기서는 적극적으로 실천해야 할 것들의 관점에서 설명한다. 첫째, 사람들에게 이익이나 즐거움이 되지 않고 손해나 불쾌함이 되는 것을 제거하는 것을 대자 즉 큰 자애라고 한다. 둘째, 사람들에게 이익이나 즐거움을 적극적으로 주는 것을 대비 즉 큰 비애라고 한다. 대자대비를 나누어서 풀이한다면 대자는 잘못된 것을 제거하는 것이고 대비는 좋은 것을 주는 것이다. 한문으로 자비를 보통 발고여락(拔苦與樂)으로 해석한다. 고통의 뿌리를 뽑아내고 즐거움을 준다는 것이다. 셋째, 사람들에 대해서 기쁜 마음을 내고 다른 사람들의 언행을 항상 좋은 쪽에서 해석하는 것을 대희 즉 큰 기쁨이라고 한다. 어떤 이는 좋은 말도 고깝게 듣는 경우가 있지만 나쁜 말도 좋은 뜻으로 풀이하고 항상 기쁘게 생각하는 것이다. 넷째, 좋고 나쁜 것, 내 편과 남의 편을 가르지 않고 평등하게 대하면서 즐거움을 남에게 주는 것이 대사 즉 큰 버림이라고 한다.

　자비희사는 괴로움을 제거하고 즐거움을 주고, 사람들의 일을 기뻐하고 내가 가진 좋은 것을 주는 것이지만 이런 일은 마음에서 우러나올 때 가능한 것이다. 억지로 남이 시켜서 하는 일이라면 너무 피곤할 것이다. 그렇다면《열반경》에서 불성을 공부하는 우리들은 불성 자체에 이와 같은 일을 할 수 있는 성질이 포함되어 있느냐는 질문을 만나게 된다. 우리의 본래인간성 즉 불성에 사무량심을 실천할 성품이 갖추어 있지 않다면 우리가 억지로 그런 일을 해야 할 것이다. 억지로 하는 일이란 고단하기만 하고 형식적인 행동으로 흐르기가 쉽다.

　불성은 공사상에 기반을 두고 있다. 공의 무상법에 의해 거짓 '나'를 지우고 그 뒤에 나타나는 공과 공존 가능한 참나를 불성이라고 부르기 때문이다. 공사상은 또한 갖춤의 사상이기도 하다. 비었다는 말을 뒤집으면 꽉 차 있다는 말이 된다. 꽉 차 있다는 말은 만물이 서로서로 상대적인 것을 자체 속에 포함하고 있는 것을 뜻한다. 공사상과 일치하는 불성은 꽉 차 있다는 사상과도 일치한다. 불성은 바로 나와 남이 서로 차 있고 나와 남이 서로 포함하고 있음을 뜻한다.

물이 뜨거우면 김이 난다. 물은 아래로 흐르기 마련이고 불은 위로 올라가기 마련이다. 향기 나는 꽃은 향기를 풍기기 마련이다. 해와 달은 각기 돌고 돈다. 김이 나고 향기가 퍼지고 태양이 도는 데는 이유가 없다. 불성이 나와 남을 다 포함하고 있다면 자기가 포함한 것을 장엄하고자 한다. 기쁘고 좋고 이익 되게 하고자 한다. 나와 남이 떨어져서 함께 있는 도리를 보이고자 한다.

자비희사의 사무량심은 불성이 가지고 있는 성질로부터 나오는 것이다. 부처가 도는 것은 불성에 있는 성질 그대로 움직이는 것이다. 자비희사가 불성에 있으므로 자비희사가 발휘된다. 그러나 불성이 있다고 하더라도 그 불성에 있는 성질을 그대로 발휘하는 데 습관이 될 때까지는 인위적인 노력이 필요하다. 그러한 노력의 기간이 바로 보살도를 닦는 수행의 기간이 된다.

왕이 왕의 법도대로 행하는 것은 왕의 내부로부터 나온 자연스러운 행실이다. 왕자도 왕이 하는 행실을 그대로 따를 수 있지만 왕이 되면 그대로 행하기 위해서 배우는 점이 많다. 마찬가지로 부처님은 자비희사의 보살행이 내면의 자체 성질로부터 나오는 자연스러운 것

이다. 그러나 불성을 개발하고자 하는 중생이 닦는 사무량심은 부처
의 행실이 익숙해짐으로써 부처가 되기 위해서 노력하는 것이다. 부
처가 따로 있는 것이 아니라 중생이 부처의 행실을 본받다 보면 부처
처럼 행동하는 것이 습관으로 굳어지고 그렇게 되면 그가 바로 부처
이다.

　　사람은 자신에게 이익이 되는 것을 좋아하기도 하지만 모든 사
람에게 좋은 것을 좋아한다. 아들이 잘되기를 바라는 것은, 그 아들이
잘되어서 부모나, 고향이나, 나라를 위해서 큰일을 하면 모두에게 좋
기 때문이다. 우리나라 기업들이 국제시장에서 이기기를 바라는 것
은 그들이 이겨야 온 나라 국민들이 다 좋기 때문이다. 똑같은 이치로
누군가가 부처가 되기를 바라거나 부처를 이룬 이에게 공경을 표하는
이유는 그 부처 자체의 성품 내에 중생을 위하는 자비희사의 정신이
들어 있기 때문이다. 부처는 자신에게도 좋을 뿐만 아니라, 모든 중생
에게 헤아릴 수 없는 이익을 주기 때문이다. 속세의 세계에 있어서는
한 사람이 국회의원에 당선되어서 좋으면 반드시 낙선되어서 슬퍼하
는 사람이 있다. 그러나 불법의 세계에 있어서는 부처가 되면 누구에
게나 다 좋다. 그래서 불성은 사무량심으로 나타나고 사무량심 속에
불성이 있다는 사실이 대단히 중요한 것이다.

　　자비희사의 사무량심 외에도 계정혜 삼학 · 육바라밀 · 팔정도 등
수행법이 많이 있기 때문에 불성의 표현이 사무량심으로만 나타나야
한다고 말할 수는 없으며 여러 가지로 나타날 수가 있다. 그러나 자비

희사로 사람에게 이익을 주는 것은 대단히 중요한 일이다. 세상에서 좋은 사람이 별 것이 아니다. 나에게 잘해 주는 사람이다. 좋은 정도가 높을수록 더 많은 사람을 동시에 이익 되게 할 수 있다. 자비희사는 정신적이든지 물질적이든지 사람들에게 이익을 주는 데 중점을 둔 보살도이다.

불성의 원료
(열반경 6)

**어떤 원료에 독이 섞여 있으면 그 원료로 다른 것을 만들었을 경우,
별도로 독을 섞지 않더라도 그 원료로 만든 제품 모두에는 독이 있다.**

《열반경》에서는 중생 모두가 불성을 가지고 있다고 한다. 우리에게 불성이 있다고 하지만 범부중생인 우리가 그것을 알아차리기는 쉽지 않다. 따라서 불성의 존재형태가 어떤지 알아볼 필요가 있다. 또 불성이 중생에게 있다면 없는 것과 어떻게 다른지도 궁금하다. 물론 불성이 있고 그 불성을 개발해서 부처가 되면 더할 나위 없이 좋겠지만 불성이 있더라도 우리의 근기가 낮아서 부처를 이루지 못할 경우 불성이 아예 없는 것과 이루지 못할 불성이라도 가지고 있는 것과 어떤 차이가 있느냐는 것이다.

먼저 불성이 어떤 형태로 있는지 부처님 말씀을 들어 보자.

**사자후야, 일체사물은 인연에 의해서 나고 인연에 의해서 멸하느니라.
그렇지만 중생의 불성은 깨어지거나 무너지지 않느니라. 어떤 것에 끌려
가지도, 낳고 얽매이지도 않아서 마치 허공과 같느니라. 일체중생에게는
다 이러한 허공의 불성이 있느니라. 만약 허공과 같은 불성이 중생에게 없
다면 가는 것과 오는 것, 다니는 것과 머무는 것, 태어나고 자라는 것 등이
없을 것이니라. 그러나 허공에는 걸림이 없기 때문에 허공이 있는 것을 보
지 못할 뿐이라. 중생의 불성도 이와 같아서 보살의 경지나 겨우 볼 수 있
고 중생들의 알 바가 아니니라. 중생은 이것을 보지 못하였기 때문에 번뇌
에 걸려서 생사의 바다에서 괴로움을 당하는 것이니라. 만일 불성을 보면
생사를 해탈하고 열반을 얻을 것이니라.**

부처님은 불성이 모든 인연법을 초월해서 있다고 한다. 인연법
에 속하는 것은 생겨남과 없어짐이 있는데 불성은 항상 그대로 있다.
불성이 있는 모양이 허공에 비유된다. 허공 속에 일체의 생명이 다 자
란다. 그 허공 안에서 모든 생멸성쇠가 일어난다.

허공이 없다면 아무것도 태어날 수도 없고 자랄 수도 없다. 마찬
가지로 불성 안에 중생들이 있다고 한다. 불성이 없다면 중생이 고통
을 싫어할 줄도 모르고 자유와 극락정토를 좋아할 줄도 모를 것이다.
만남을 좋아하고 이별을 싫어하거나 성공을 좋아하고 실패를 싫어할

줄도 모를 것이다. 불성이 있어서 부처를 이루고 부처를 이루면 좋다고 하더라도 그 좋은 것이 왜 좋은지를 알 수 없을 것이다. 불성이 있기 때문에 무엇인가를 알려고 할 것이다.

불성이 허공처럼 있다는 설명을 듣고 사자후보살이 부처님에게 여쭌다. 만일 중생에게 불성이 있다면 "왜 중생들이 그 불성을 확실하게 믿지 못하고 물러나는 마음이 있습니까?"하고 묻는다. 그러자 부처님은 대답하신다.

깊은 산속에 칠보의 보배가 있다고 하자. 그 산에 들어가기만 하면 원하는 만큼 보배들을 가지고 나올 수 있고 몇 대에 걸쳐서 부귀영화를 누릴 수 있다. 두 사람이 그 보배를 찾아서 산속에 들어가려고 하는데 그 산으로부터 보배를 구해 가지고 오는 사람을 만났느니라. 그 사람은 산속에 들어가면 보배들이 있기는 하지만 가고 오는 길이 너무 험해서 천만 명이 가더라도 목적을 달성해서 돌아오는 사람은 아주 드물다고 했느니라. 그 말을 듣고 한 사람은 처음부터 보배 얻기를 포기하고 다른 한 사람만 온갖 어려움을 무릅쓰고 보배를 찾으러 나섰느니라. 선남자야, 여기서 보배산은 열반이요, 보배는 불성이요, 먼저 다녀와서 보배가 있음을 알려주는 이는 부처님이며 보배를 찾아 떠난 사람은 보살수행자요, 아예 보배 찾기를 포기한 사람은 불성을 믿지 않고 물러난 사람이니라.

불성은 있지만 그것을 믿고 안 믿는 것은 중생들의 근기문제라고 말한다. 불성을 믿지 않는 중생에 대해서 부처님은 자신의 대책을 말씀하신다.

> 너는 지금 의심의 그물 안에 있고 독화살을 맞은 처지에 있느니라. 나는 의사가 되어 너희를 치료해 주리라. 나는 지혜의 횃불로써 불성을 비추어 주리라. 너는 이제 생사의 바다를 건너려 하고 있느니라. 나는 너를 위하여 뱃사공이 되어 주리라.

부처님은 우리 중생을 위해서 의사가 되고 횃불을 든 사람이 되고 뱃사공이 되겠다고 하신다. 중생에 대한 사랑이 뚝뚝 떨어지는 말씀이다. 불성을 알지 못하는 이가 있다면 그는 의심의 그물에 갇힌 사람이요, 독화살에 맞은 사람이다. 부처님의 가피가 필요하다.

부처님은 우리 중생들이 불성이 있음을 믿고 보살도를 닦아서 부처가 되지 않더라도 불성을 가지고 있는 그 사실만으로도 불성을 가지고 있지 않은 것보다 좋은 이유를 설명한다. 《열반경》에서는 부처님의 말씀이 쉬워서 필자의 해석을 보기보다는 부처님의 말씀을 조금이라도 더 많이 보도록 해야겠다.

세상의 변화에 관계없이 일체중생에게 불성이 있느니라. 비유로 말해서 독약을 우유 속에 넣었다고 치자. 그 우유로부터 크림과, 버터와, 치즈와, 요구르트를 만들었을 경우 크림이나 버터나 치즈 등에 직접 독약을 넣지 않았을지라도 독약을 탄 우유를 원료로 해서 만든 제품을 먹으면 죽고 말 것이니라. 마찬가지로 중생이 지옥 · 아귀 · 축생 · 아수라 · 인간 등에 윤회하더라도 불성은 항상 그대로 있느니라.

아주 중요한 비유를 읽었다. 어떤 원료에 독이 섞여 있으면 그 원료로 다른 것을 만들었을 경우, 그것 하나하나에 별도로 독을 섞지 않더라도 그 원료로 만든 제품 모두에는 독이 들어 있다는 것이다.

그와 마찬가지로 중생에게 불성이 있을 경우 그 중생이 지옥 · 아귀 · 축생의 어느 곳에 떨어져 있든지 상관없이 그의 불성은 그대로 있다. 죽어서 가는 지옥이 아니라 현재에 우리가 지옥의 마음을 먹고 있는 중에도 불성은 그대로 있다. 우리가 화를 낼 때에도 있고 싸울 때에도 있다.

우리가 좋은 마음을 먹을 때는 물론이거니와 아무리 나쁜 마음을 먹을 때에도 불성이 있다는 사실이 중요하지만 그보다 더 중요한 점은 그 불성이 항상 불성의 맛을 낸다는 점이다. 우유에 넣은 독약이 그 우유제품인 버터 · 크림 · 치즈 · 요구르트에서도 효력을 발생해서 사람이 그것을 먹으면 죽듯이 불성도 우리가 아무리 나쁜 마음을 먹는 경우에 있더라도 그 불성이 우리로 하여금 좋은 마음을 내게 하는 기능을 발휘한다는 것이다.

'무전유죄 유전무죄(無錢有罪 有錢無罪)'라는 유행어를 남긴 인질극 사살사건이 있었다. 중죄를 저지르고 교도소에서 옥살이를 하던 흉악범 3명이 집단으로 탈옥을 했었다. 탈옥범들이 죄질이 나쁜 사람들이기 때문에 경찰은 크게 긴장했고 신문·방송은 매일 그 탈옥수들을 찾는 보도를 했다. 그 탈옥수들 3명은 이리저리 쫓기다가 서울 마포 변두리 지역의 어느 집으로 숨어들었다. 그 집에는 직장도 없는 술주정뱅이 아버지와 파출부 일을 하는 어머니, 그리고 직장에 다니는 큰 딸과 집에 있는 딸 둘, 5식구가 살고 있는 가난한 집이었다. 탈옥수들 3명이 그 집안에 들었을 때, 식구들은 물론 놀랐다. 탈옥범들은 파출부 생활을 하는 어머니와 직장 생활하는 큰 딸이 직장에 나가지 않으면 당장 생계를 꾸리기가 어렵고, 또 직장에서 이상하게 생각해서 집으로 찾아올지도 모르기 때문에 두 사람은 평시와 같이 직장에 다니게 허락을 했다. 물론 두 명이 직장에 나가 있는 동안은 두 딸과 술주정뱅이 아버지가 인질로 잡혀 있어야 했다. 그렇게 며칠이 지났다. 그들에게는 수 천만 원의 현상금도 붙었다.

그러던 어느 날 밤, 집안 식구가 다 모여 있던 중에 아버지가 화장실에 다녀오고 싶다고 탈옥수들에게 말을 했다. 탈옥수들은 아버지를 제외한 네 식구가 다 방안에 인질로 갇혀 있으므로 아버지가 신고를 하지는 않겠지 생각하고 밖으로 내보냈다. 그러나 아버지는 집을 빠져나가 경찰서로 가서 신고했다. 경찰은 즉각 출동했고 그 범인들이 숨어있는 집은 포위되었다.

그런데 이상한 일이 벌어졌다. 경찰이 범인들을 사살하기로 작정하고 총격을 가하는 동안 범인들은 어머니와 딸들을 인질로 내세우지 않았다. 오히려 가족들이 총을 쏘지 말라고 외쳐댔다. 범인들도 밖으로 나가겠다고 소리쳤지만 육성은 총소리에 묻혀서 밖으로 전달되지 못했다. 경찰들은 계속 총격을 가했다. 가족들은 조금도 다치지 않았고 범인들 3명만 사살되었다. 죽으면서 외쳐댄 말이 바로 '무전유죄 유전무죄'였다.

범인들이 죽은 후, 울부짖으면서 그들의 죽음을 슬퍼한 사람들은 정작 범인들이 인질로 잡고 있던 가족들이었다. 탈옥한 흉악범들에게도 불성이 작용하고 있었다. 인질범과 피해자들 사이에는 정이 통해 있었던 것이다. 불성은 잘사는 사람, 잘난 사람, 힘이 있는 사람에게만 있는 것이 아니라 못하는 사람, 못난 사람, 무력한 사람에게도 모두 있다는 뜻이기도 하다.

돈이 없으면 유죄이고 돈이 있으면 무죄일 수 있다는 말은 세상의 일이지만 불법에서는 돈이 있거나 없거나, 무전이거나 유전이거나 상관없이 모두에게 불성이 있다고 하겠다. 인간을 만드는 원액에 불성이 들어 있기 때문에 그 원액으로 만든 인간들은 불성이 있을 수밖에 없다.

71

불신상주
(열반경 7)

부처님이 눈에 보이지 않는다고 해서
돌아가셨다고 하는 것은, 마치 말하지 않고 가만히 있는 사람을
가리켜 죽었다고 하는 것과 같다.

《열반경》을 읽는 가운데 부처님이 열반하는 일과 부처님의 몸이
이 세상에 항상 머무는 일이 어떻게 동시에 일어날 수 있는지에 대해
서 생각해 보자. 부처님이 이 세상에 항상 머무신다면 우리는 새삼스
럽게 부처님의 열반을 거론할 필요가 없다.

부처님이 몸을 거두는 것이 아니라 번뇌를 소멸하고 최고의 깨
달음을 이루는 것이 열반이라면 성도한 순간에 이미 부처님은 열반
에 들어서 항상 이 세계에 계시므로 새삼스럽게 부처님의 몸이 이 세
상에 항상 머무신다는 불신상주(佛身常住)를 말할 필요가 없을 것이다.

《열반경》에서는 이미 이것이 문제가 되어 제자가 부처님께 질문하고 부처님이 대답한다. 그 질문과 대답을 들어 보자.

고귀덕왕보살이 부처님께 여쭌다.

　　세존이시여, 만일 번뇌가 끊어진 경지를 열반이라고 한다면 여러 보살들은 이미 무량겁 전에 번뇌를 끊었는데 어찌해서 열반이라 아니하십니까? 다 같이 번뇌를 끊었는데 어찌하여 부처님에게는 열반이 있고 중생들에게는 열반이 없나이까? 만일 번뇌를 끊었어도 열반이 아니라고 한다면, 왜 깨달은 몸이 바로 열반이라고 하셨나이까?

　　또 열반에 들어가 몸을 감추는 것이 열반이 아니라면, 세존께서는 어찌하여 석 달 뒤에 열반에 든다고 하셨나이까? 번뇌를 끊은 것이 열반이라면 여래가 처음 보리수 아래서 번뇌를 끊으셨을 때가 열반이거늘 어째서 새벽녘에 열반에 드신다고 말씀하셨나이까?

고귀덕왕보살의 질문은 당연하다. 부처님의 열반이 번뇌를 끊는 사실을 뜻하는 것인지 참으로 몸을 거두어들이는 돌아가심을 말하는 것인지 분명치 않다는 것이다. 번뇌를 끊는 것이 열반이라면 보살들도 무량겁 전에 번뇌를 끊었는데 왜 그 사실을 열반이라고 하지 않으며 또 부처님께서 석 달 후에 열반에 드실 거라느니, 새벽녘에 열반에 들것이라느니, 그런 말씀을 하시느냐는 물음이다.

부처님이 답하신다.

494

선남자야, 어리석은 중생들은 여래가 중생을 교화하지 않고 잠자코 있는 것을 열반으로 알고 있으니 마치 어떤 이가 말을 하지 않고 아무 일도 하지 않고 있으면 그가 죽었다고 생각하는 것과 같느니라. 어리석은 중생들이 여래가 열반에 들었다고 말하더라도 나는 실로 열반에 들지 아니하느니라. 여래가 중생을 교화하지 않고 잠자코 있다고 해서 그것을 열반에 든 것이라고 말할 수 없느니라.

선남자야, 어떤 장자가 여러 아들을 버리고 다른 지방으로 가서 오래도록 돌아오지 않을 적에 아들들은 아버지가 이미 죽었다고 생각하나 아버지는 실제로 죽은 것이 아니니라. 마찬가지로 범부중생들도 나를 보지 못하므로 여래가 쿠시나가라 사라쌍수 아래서 열반에 들었다고 하지마는 나는 실로 열반에 들지 않았느니라. 나는 단지 중생의 눈에 보이지 않을 뿐이니라.

등불이 가려졌을 때, 사람들이 등불을 보지 못하고 등불이 꺼졌다고 하지만 등불은 항상 그대로이니라. 소경이 해와 달을 보지도 못하고 해와 달이 밤낮을 보이는 것을 알지도 못하므로 해와 달이 없다고 말하나 소경이 보지 못할 뿐 해와 달은 항상 그대로 있느니라. 안개구름이 해와 달을 가렸을 때 어리석은 사람은 해와 달이 없어졌다고 하지만 해와 달은 항상 그대로 있느니라.

마찬가지로, 여래가 항상 이 세상에 머무르나 범부중생들은 자신들의 미혹에 의해서 여래를 보지 못하고 열반에 들었다고 말하는 것과 같으니라. 해가 졌을 때에 중생이 해를 보지 못하는 것은 중생의 시야를 산이 가렸기 때문인 것처럼 여래가 열반에 들지 않지만 중생이 여래를 보지 못하는 것은 중생의 시야를 번뇌가 가렸기 때문인 것과 같느니라. 그래서 보살들은 내 몸을 보고 내 법을 들으므로 내가 열반에 들었다고 말하지 않거니와 범부중생들은 내 몸을 보고 내 법을 듣지 못하므로 내가 열반에 들었다고 잘못 말하느니라.

한마디로 부처님은 자신이 열반에 들지 않고 항상 머문다고 하신다. 불신상주를 나타내기 위해 여러 가지의 비유를 들었다. 부처님이 중생을 교화하는 모습이 업이 많은 중생의 눈에 보이지 않으므로 부처님은 돌아가셨다고 하지만 그것은 마치 말하지 않고 가만히 있는 사람을 가리켜 주었다고 하는 것과 같다고 한다.

타국에 가 있는 아버지를 아들들이 죽었다고 생각하듯이, 산이나 구름에 가려서 해를 보지 못하듯이, 소경이 해의 밤낮을 보지 못하고 해가 없다고 하듯이, 중생들이 미혹의 번뇌 때문에 부처님이 항상 계신 것을 보지 못할 뿐이라고 한다. 상주하는 부처님의 몸을 보고 부처님의 법을 듣는 이는 보살이요, 그렇지 못한 이는 중생이라고 한다.

부처님은 이 세상에서 완전히 떠나는 그러한 열반에는 들지 않는다는 뜻이다. 부처님의 진정한 몸과 법은 항상 우리와 함께 있다고 한다. 그러나 아직도 부처님은 완전히 답하지 않으셨다. 왜냐하면, 이 세상에 항상 머무신다면 왜, 3개월 후에 열반에 든다든지 내일 새벽에 열반에 든다든지와 같은 말을 하셨느냐는 것이다.

실제로 부처님은 80세의 나이로 육신의 숨을 거두셨다. 열반에 든다는 말씀과 같이 열반에 드신 것이다. 열반에 든다고 하셨고 열반에 드셨음에도 부처님이 열반에 들지 않았다 하고 부처님의 몸이 이 세상에 항상 머무신다고 말하는 데에서 열반에 들었다는 말의 열반이 뜻하는 것이고, 열반에 들지 않았다는 말의 열반의 뜻 사이에 차이가 있다는 것을 알 수가 있다. 열반에 들었다고 할 때에, 돌아가신 몸은 부처님의 육신이다. 그리고 열반에 들지 않았다고 할 때에, 이 세상에 항상 머무는 몸은 부처님의 법신이라고 하겠다.

부처님의 몸이 이 세상에 항상 머무신다고 해서 역사적인 인물인 석가모니부처님이 육신을 가지고 이 세상에서 계속 숨 쉬며 살아있다는 의미는 아닐 것이다. 부처님은 중생들에게 법, 즉 진리를 가르쳤으므로 진리의 몸이 항상 머문다고 할 수 있다. 그래서 부처님은 말씀하신다.

선남자야, 번뇌를 끊은 것을 열반이라고 하지 않고, 번뇌가 생기지 않음을 열반이라고 하느니라. 여래는 번뇌가 일어나지 않으므로 열반이라고 하느니라. 여래가 항상 머물러 변함이 없으므로 실상이라고도 하느니라. 그래서 여래는 실로 끝까지 열반에 들지 않느니라.

번뇌의 뿌리가 완전히 뽑혀져서 번뇌가 아예 일어나지 않는 것을 열반이라고 하므로 그러한 열반은 삶과 죽음을 구별하고 나의 삶과 상대의 죽음을 구별하는 그러한 열반이 아니라,

존재가 편안하게 있는 모습을 의미한다는 것이다. 형상이나 이름에 의해서만 보는 우리 중생들은 열반을 생각할 때 육신의 나고 죽음을 먼저 떠올린다. 그러나 부처님은 번뇌가 일어나지 않는 경지, 변함없이 항상 그대로인 우주의 법칙과도 같은 경지를 열반이라고 이름 붙인다.

우리는 우리가 만들었던 최초의 질문이 잘못되었음을 알 수 있다. 우리는 부처님이 열반에 드는 일과 부처님의 몸이 이 세상에 항상 머무는 일이 어떻게 서로 상충됨이 없이, 동시에 일어날 수 있는지에 대해서 의문을 가졌었다. 이 의문에는 우리의 전제가 들어 있다. 부처님의 몸이 우리가 지금 누리는 몸과 같을 것이라는 전제이다.

물론 육체가 소멸되므로 육체적인 모습이야 기대하지 않겠지만 정신적인 영혼이라든지 그와 비슷한 뭉치가 있어야 할 것으로 생각한 것이다. 그러나 부처님이 된다고 하는 것, 열반을 얻는다고 하는 것은 제일 먼저 '나'라는 것, '내 것'이라는 것, '있다' '없다'는 것 등을 지우는 것을 말한다. 도를 이룬 부처님에게 나와 내 것, 있음과 없음의 차별이 있을 수가 없다.

부처님의 열반은 작은 나를 지우고 온 우주를 나로 삼는 것이다. 열반이 바로 불신상주이다. 깨달음을 이루었을 때가 바로 열반을 얻었을 때이다.

《법화경》의 〈종지용출품〉과 〈여래수량품〉식으로 말하면 무량 백천 만억 아승지겁 이전에 이미 부처를 이루었지만 평범하게 태어나고 평범하게 죽는 모든 중생에게 똑같은 불성과 열반이 있음을 보이기 위해서 부처님도 모든 사람들처럼 태어나고 죽는 과정을 보일 뿐이다. 그래서 부처님의 몸은 어떤 종류의 육체 뭉치나 정신 뭉치가 아니다. 진리 그 자체이다.

부처님의 몸은 불성이라는 원액과도 같다. 우리들은 부처님의 몸이 불성으로 녹아있는 원액임을 느껴야 한다. 그래서 사람만이 부처님 몸의 원액으로 된 것이 아니라, 이 세상 모든 환경이 다 부처님 몸의 원료로 되어 있음을 알 수 있다. 우리가 한 마음을 돌리고 불도를 닦기만 하면 상락아정의 특징을 가진 부처님 몸을 바로 이 자리 우리의 몸에서 볼 수 있다. 땅을 파면 물이 나오고 차돌을 부딪치면 불이 나오듯이 부처님의 몸은 온 세계에 꽉 차 있다.

불성의 씨앗과 추악한 현실
(열반경 8)

불성의 청정함에는 고정성이 없다.
업과 수행에 따라서, 청정함으로 나타나기도 하고
부정함으로 나타나기도 한다.

이 세상에서 벌어지는 인과와 불성의 관계에 대해서 살펴보자. 왜 인과와 불성을 관련시켜서 생각해 보고자 하는가 하면 불성이라는 씨앗과 현실이라는 열매 사이에 차이가 생기기 때문이다.

불성이 씨앗이라면 이 세상에는 불성의 나무, 불성의 꽃만 펴야 할 것이다. 그러나 사실은 그렇지 않다. 불성의 나무와 불성의 꽃만 있다면 세상에는 진실함과 아름다움과 선함만 있을 것이다. 그러나 이 세상에는 거짓과 추악으로 가득 차 있다.

우리 자신의 마음속을 들여다보아도 이 마음이 언제 무슨 일을 행할지를 장담할 수 없다. 신문과 방송에서 나쁜 일을 저지르는 사람에 관한 이야기를 듣고는 남의 나라 이야기처럼 생각하기도 한다. 그러나 내가 나쁜 일을 저지르는 사람들처럼 절박한 상황에 처해 있을 때 행동으로는 옮기지 않는다고 하더라도 마음속으로는 미운 마음도 가져보고 나쁜 마음을 먹어 보기도 할 것이다.

우리는 이렇게 잘못할 수 있는 잠재성을 가지고 있는 것이다. 그렇다면 우리가 가지고 있다는 불성 즉 부처가 될 수 있는 성품은 우리 중생의 씨앗이고 뿌리인데 어째서 현실의 모양이 벌어지느냐는 문제가 떠오른다.

고귀덕왕보살이 부처님께 문제를 제기한다.

세존이시여, 해탈한다 함은 옳지 않나이다. 왜냐하면 불성의 마음이 본래 얽매인 것이 아닌데 무엇에 얽매인 것을 생각하여 해탈한다고 하겠습니까. 불성 마음의 본래 성품이 탐욕 따위의 번뇌에 얽힐 것이 아닌데 무엇을 가지고 마음이 해탈한다고 하겠습니까. 젖 짜는 사람이 뿔을 아무리 짜도 젖은 나오지 않을 것입니다. 마음도 그와 같아서 본래 탐욕이 없었는데 지금엔들 어찌 있사오리까. 만일 본래 씨앗에 없던 탐욕이 뒤에 생긴다 하오면 부처님과 보살에게 탐욕이 없었으나 지금은 있어야 할 것입니다.

석녀는 본래 아이를 낳지 못합니다. 아무리 공을 들여도 소용없을 것입니다. 불성의 마음도 그와 같아서 본래 불성에 탐욕이 없으므로 아무리 인연을 짓더라도 탐욕이 생길 수 없을 것입니다. 또 탐욕과 불성의 마음은 각기 다르거늘 설사 탐욕이 있다 한들 어떻게 마음을 더럽힐 수 있겠습니까. 말뚝을 허공에 박을 수 없듯이 탐욕도 불성의 마음이 있게 할 수 없을 것입니다.

　밝음과 어둠은 함께 있지 못합니다. 그래서 과거의 등불이나 현재의 등불이나 미래의 등불이 어둠을 멸하지 못합니다. 어둠과 등불은 함께 하지 못하기 때문에 멸할 것도 없기 때문입니다. 불성의 마음도 등불과 같을진대, 어떻게 탐욕이라는 어둠을 멸한다 하겠습니까. 그렇지만, 현실적으로 탐욕이 보이는 것은 무슨 까닭입니까? 만일 탐욕이 없다면 여인을 볼 때에 탐욕이 생기지 않아야 할 것입니다. 탐욕이 생긴다면 이 탐욕은 참으로 있다고 해야 할 것입니다. 어떤 사람이 여자의 그림만 보고도 탐욕을 내면 그로 인해 갖가지 죄를 짓습니다. 만일 본래 탐욕이 없다면 어찌하여 탐욕이 나타나고, 보살이 마음의 해탈을 얻는다고 할 수 있습니까? 만일 불성의 마음에 탐욕이 있다면 항상 탐욕이 있지 않고 어찌하여 모양을 보고야 탐욕이 생기고, 보지 않을 적에는 생기지 않습니까?

고귀덕왕보살이 문제제기를 잘하기 때문에 길게 인용하였다. 첫째, 본래불성의 마음에는 탐욕이 얽힐 수가 없는데 왜 새삼스럽게 해탈을 말해야 하느냐는 것이다. 그 비유로 뿔에서 젖을 짜려고 하는 비유, 석녀에게서 아이를 낳으려고 하는 비유, 허공에 말뚝을 박으려고 하는 비유, 등불로 어둠을 밝히려고 하는 비유 등이 제시된다. 불성의 마음에는 탐심을 비롯한 모든 번뇌의 씨앗이 없는데, 어째서 해탈을 말하느냐는 것이다.

해탈이란 어떤 얽매임을 전제하고 얽매임이란 번뇌가 어떤 씨앗으로 있는 것을 의미한다. 불성에 탐진치 삼독의 씨앗이 없을진대 왜 해탈을 말하느냐는 것이다. 만약 없던 번뇌가 생겼다고 한다면 부처님에게는 새로 번뇌가 생겨야 되지 않겠느냐고 한다.

둘째, 현실의 번뇌를 인정하면서 그것의 뿌리가 어디에 있는가를 묻는다. 마음바닥에 탐욕의 씨앗이 없다고 한다면 여인을 볼 때에 번뇌가 일어나는 것이 이상하고 탐욕의 씨앗이 있다고 한다면 여인을 보지 않을 때에도 번뇌가 일어나지 않는 것이 이상하다는 질문이다. 불성의 마음은 그 바탕이 청정해서 번뇌의 씨앗이 없을 터인데 왜 현실적으로 번뇌라는 결과가 일어나며 번뇌의 씨앗이 마음바닥에 본래부터 있다면 왜 번뇌의 대상이 없을 때에도 번뇌가 일어나지 않느냐는 것이다.

이 질문에 대한 부처님의 대답을 들어 보자.

선남자야, 마음은 탐욕의 번뇌에 얽히는 것도 아니고, 얽히지 않는 것도 아니며, 해탈하는 것도 아니고, 해탈하지 않는 것도 아니니라. 있는 것도 아니요, 없는 것도 아니며, 현재나 과거나 미래도 아니니라. 모든 것이 자성, 즉 독자적으로 존재하는 성품이 없는 까닭이니라.

이 대답은 이것도 아니고 저것도 아니라는 식이어서 알아듣기가 어렵다. 부처님도 쉽게 말하면 오해가 없이 바로 알아들을 줄 알겠지만 이렇게, 이것도 저것도 아니라는 식으로 답하는 데는 이유가 있을 것이다. 고귀덕왕보살은 질문을 할 때에 마음이 본래 청정하다는 것, 번뇌는 본래 없다는 것, 그러나 현실에는 번뇌가 있다는 것을 지적했다. 이 질문에 문제가 있지만 우리는 모르는 체하고 여기까지 왔다. 불교에서는 어떤 것이든지 공사상과 병립할 수 있어야 한다. 즉 공사상과 일치해야 한다는 말이다. 불성의 마음이 본래 청정하지만 그것이 고정적인 씨앗처럼 있는 것은 아니다. 인연에 따라서 무한히 변할 수가 있다. 번뇌로도 나타날 수 있고, 지혜로도 나타날 수 있다.

본래 청정자리를 공사상과 일치시켜서 이해하면 다음 문제는 자연히 풀린다. 업을 지으면 번뇌가 나타날 것이므로 업을 짓지 말고 수행을 하라는 뜻에서 해탈을 말할 수 있는 것이다. 그러므로 부처님의 답은 고정적으로 불성의 마음에 탐욕이 얽히기만 하거나 풀리기만 하거나, 있기만 하거나, 없기만 하지 않다는 것이 될 수밖에 없다. 부처님은 불성도 이 세상의 모든 것과 마찬가지로 독자적인 자성으로 존재하는 것이 아님을 상기시켜 주신다.

부처님은 문제의 씨앗이 어디에 있는지에 대해서 말씀하신다.

선남자야, 부처님과 보살들은 원인 가운데 결과가 있다거나, 원인 가운데 결과가 없다거나, 원인 가운데 결과가 있기도 하고 없기도 하다거나, 원인 가운데 결과가 있지도 않고 없지도 않다거나를 결정적으로 말하지

아니 하나니라.

　부처님과 보살들은 깨끗한 성품과 부정한 성품이 있다고 결정적으로 말하지 아니하나니, 깨끗한 마음과 부정한 마음이 머무는 곳이 없는 까닭이며 인연을 따라 탐욕을 내므로 탐욕이 없는 것이 아니라고 하고 본래 탐욕의 성품이 없으므로 있는 것이 아니라고 하느니라. 인연을 따르므로 마음에 탐욕이 생기고 인연을 따르므로 마음이 해탈하느니라. 인연에 두 가지가 있으니 하나는 생사의 길을 가는 인연이요, 하나는 열반의 길을 가는 인연이니라.

　부처님은 본래 청정한 불성의 마음에 번뇌의 씨앗이 있는 것도 아니고 없는 것도 아니라고 한다. 또 깨끗한 성품과 부정한 성품을 둘로 나누어서 있다고 하거나 없다고 말하지 않는다고 한다.

　부처님은 지혜와 번뇌, 청정과 부정을 있다 없다는 양분법(兩分法)적인 측면에서 다루지 않고 인연으로 몰고 간다. 인연에는 윤회의 인연과 해탈의 인연이 있으므로 윤회의 인연으로 가면 번뇌와 청정치 못함이 보일 것이고, 해탈의 인연으로 가면 해탈지혜와 청정함이 보일 것이다.

　우리는 십이인연을 알아보았을 때, 윤회로 가는 십이인연과 해탈로 가는 십이인연을 공부한 바 있다. 윤회의 길은 무명으로부터 업을 짓지만 해탈의 길은 수행을 통해서 우리가 갖춘 불성과 세상에 항상 머무시는 부처님의 몸을 보게 된다. 윤회의 길은 미혹과 악업과 고통의 길이고 해탈의 길은 법신과 반야와 수행의 길이다.

　불성이 본래 청정하다고 할 때 그 청정의 의미를 잘 알아야 한다. 물이 깨끗하듯이 맑다는 의미가 아니라 수행을 하면 마침내 깨달음을 이루어서 모든 것의 실상이 투명하게 보인다는 의미이다. 불성을 통해서 보면 만물의 진실한 모습이 아무런 거짓 없이 나타난다는 뜻이다. 그래서 불성의 청정함에는 고정성이 없다. 업의 인연을 짓느냐 수행의 인연을 짓느냐에 따라서, 청정함으로 나타나기도 하고 부정함으로 나타나기도 한다. 또한 지혜로 나타나기도 하고 번뇌로 나타나기도 한다.

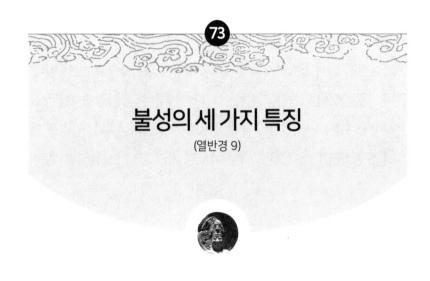

불성의 세 가지 특징
(열반경 9)

발심수행을 하는 연인불성이 바로 요인불성이나
정인불성이 되면 그 수행이 바로 부처가 됨을 의미한다.

한 시대를 이끌어 갈 복덕과 지혜를 갖춘 이가 탄생했다고 하자. 그 사람은 사람들을 위해서 자신을 투자하겠다는 원력과 노력이 있어야 하고 아울러 시대가 그를 필요로 해야 한다.

세상에는 머리도 좋고 복덕도 있는 사람이 많이 있지만 그 사람 자신이 만족이라든지 인류를 위해서 자신을 바칠 의향이 없다면 그는 위대한 지도자가 되지 못한다. 복덕과 지혜 그리고 본인의 노력만 가지고 다 되는 것은 아니다. 그 시대의 상황이 꼭 그를 필요로 해야 한다.

세상에는 머리 좋은 사람, 덕이 많은 사람, 자신을 바치고 싶어 하는 사람들이 많이 있다. 그러나 시대가 그를 받아들일 준비가 되어 있지 않음을 우리는 많이 본다.

《열반경》에서는 불성이 모든 중생에게 있고 따라서 중생들은 부처가 될 수 있다고 한다. 그런데 부처가 될 성품이 아무리 있다고 하더라도 그것을 개발해서 부처로 만들 수 있는 노력이 본래부터 갖추어 있지 않다면 불성을 가지고 있는 일이 아무 소용이 없다.

노다지의 금맥이 있다고 하더라도 그 금맥을 파내서 금으로 만들 노력이나 능력이 없다면 노다지 금맥은 없는 것과 다를 바 없다. 그래서 우리는 《열반경》의 부처님에게 우리가 가진 불성이라고 하는 것이 어떤 종류의 것인가를 물어야 한다. 부처가 될 수 있는 성품과 함께 부처가 되기 위해서 노력하고 노력한 성과로 도를 터득하는 지혜를 얻는 능력까지 가지고 있느냐는 물음이다.

이러한 질문을 예상한 《열반경》에서는 불성에 세 가지의 측면이 있다고 설한다. 첫째는 부처가 될 수 있는 자질이요, 둘째는 부처가 되기 위해서 발심하는 자질이요, 셋째는 아뇩다라삼먁삼보리, 즉 궁극의 깨달음을 얻는 자질이다. 이 세 가지를 삼인불성(三因佛性), 즉 세 가지 부처될 원인의 불성이라고 한다. 삼인불성을 한문으로 나타내면 바를 정자로 시작되는 정인불성(正因佛性), 도울 연자로 시작되는 연인불성(緣因佛性), 알 요자로 시작되는 요인불성(了因佛性)이다. 정인불성은 기본적인 부처의 성품이요, 연인불성은 부처를 이루기 위해서 수행하고 노력하는 불성이요, 요인불성은 부처의 반야지혜를 얻는 불성이다.

이 세 가지 불성 가운데서 중생인 우리가 부처를 이루기 위해서 행동을 취할 수 있는 것은 연인불성 즉 부처가 되겠다고 발심하는 것이다. 그리고 그 발심에 의해서 부처의 길을 닦는 것이다. 부처의 길은 물론 부처님의 정신적 · 육체적 움직임을 흉내내는 것이다.

그 수행은 계정혜 삼학이거나, 팔정도이거나, 육바라밀이거나, 사무량심 등일 수 있다. 발심수행을 통해서 깨달음을 얻으면 그것이 요인불성이 되고 요인불성을 얻으면 본래의 부처자리를 보게 되므로 정인불성에 도달하게 된다. 바로 완전한 부처가 되는 것이다.

《대승열반경》에는 부처님이 열반하시면서 육체의 소멸이 부처님의 몸이 없어짐을 의미하지 않는다는 것과, 중생에게는 이 세상에 항상 계시는 부처님처럼 부처가 될 성품이 있다는 이야기가 기본 뼈대로 설해지기 때문이다. 처음부터 끝가지 불성과 부처의 이야기가 계속된다.

불교를 믿는 사람들이 부처를 이루기를 목표로 해야 하는 것은 당연하고 우리는 매일 '성불합시다'라는 인사를 주고받지만, 현실적으로는 부처를 이룰 엄두를 내지 못하거나 부처를 먼 내생의 일로 생각하는 사람들에게는 부처를 이룬다는 것이 아무런 의미가 없을 수가 있다. 그래서 우리는 부처를 이룬다는 것을 무량 백 천만 억 겁 뒤의 일로 미루어서 생각하지 말고 현실의 지금 이 자리에서 부처를 행동하는 것으로 방향을 잡아야 한다.

　우리가 지금 이 자리에서 불성의 본래 잠재력이 나타나게 하려면 삼인불성을 동시적인 것으로 보아야 한다. 발심수행하는 연인불성과 최고의 지혜를 깨닫는 요인불성과 본래의 부처자리에 앉는 정인불성을 동시적인 것으로 보아야 한다는 것이다. 물론 논리적으로는 수행을 통해서 업을 녹이고 그 업을 원력의 행으로 바꾸어서 깨달음을 얻고 마침내는 부처가 되는 순서로 되겠지만 시간적으로는 이 세 가지가 동시적이어야 한다는 것이다.

　발심수행을 하는 연인불성이 바로 요인불성이나 정인불성이 되면 그 수행이 바로 부처가 됨을 의미한다. 앞에서 《법화경》〈방편품〉을 공부할 때 만선성불을 보았다. 아무리 사소한 선근공덕도 다 부처의 행이 되고 부처의 행은 바로 그 행위자를 부처로 만든다. 발심수행이 바로 도를 얻는 것이고 부처의 자리에 앉는 것이라면 우리는 바로 이 순간 이 자리에서 부처가 될 수 있다. 단지 제한된 부처가 된다. 즉 수행을 하는 기간 동안은 부처이고 수행을 멈추면 부처가 아니다. 물론 영원히 선근공덕을 닦는 수행을 계속하면 영겁 동안 부처이다.

　어떤 불자는 수행을 하면 바로 부처가 된다고 말하는 것이 부처님에 대한 불경이라고 생각할 수도 있다. 그러나 그러한 생각은 두 가지 점에서 잘못되었다. 첫째, 나는 지금 바로 부처가 될 수가 없다는 패배주의·포기주의가 마음바닥에 깔려 있다. 이러한 포기주의는 부처님이 가장 경계하는 것이다.

중생들이 좀 더 야심차게 부처 될 마음을 내라고 격려하기 위해서 《열반경》의 부처님은 입만 열면 불성이야기를 하신다. 우리가 삼인불성 중에 발심수행을 하고 그 발심수행과 나머지 두 불성을 일치시켜서 부처 행을 하는 동안만 부처라고 말한다고 해서 그것을 좋지 않게 생각하실 부처님은 아무도 없다. 부처님은 우리의 발심을 가상하게 생각하실 것이다. 둘째, 사바세계나 다른 세계 교주로서의 부처님과 그 교주부처님에게 자신의 깨달음을 바치는 부처를 구별하지 못한다는 문제가 있다. 우리는 한 세계에는 한 부처님만 교주부처님으로서 행세하는 원칙을 살펴본 바 있다.

역사적으로 석가모니 부처님 이후에 새로운 부처님이 부처를 이루었다고 간판을 걸로 나타나지 않는 이유는 한 세계에는 오직 한 부처님만 부처로서 행세할 수 있기 때문이다. 다른 깨달은 이들은 자신의 깨달음을 그 교주부처님에게 바칠 뿐이다. 그래서 우리가 부처가 된다고 하더라도 우리는 사바세계의 교주이신 석가모니부처님처럼 부처행세를 할 수가 없다.

우리가 발심수행으로 얻는 깨달음과 공덕을 모두 이 사바세계의 교주이신 석가모니부처님께 바쳐야 한다. 발심수행을 통해서 부처를 이루는 것은 외면적인 행세가 아니라 오직 내면적인 자신감일 뿐이다.

발심수행하는 연인불성과 도를 터득하는 요인불성과 기본 부처 자리인 정인불성이 동시적이라는 것은 원시불교에서부터 대승불교까지 교리적으로 맥을 잇고 있다. 십이인연을 공부할 때, 우리는 그것을 미혹과 악업과 고통의 삼도로 압축한 바 있다.

그런데 혹·업·고 삼도 중에서 그 세 가지가 따로따로 떨어져 있는 것이 아니라 미혹이 있으면 그 자리에 악업과 고통이 있고 고통이 있으면 그 자리에 미혹과 악업이 있다. 그래서 미혹과 악업과 고통을 동시적인 것이다. 이 혹·업·고 삼도를 뒤집으면 법신·반야·해탈의 삼덕이 된다. 미혹과 악업과 고통을 윤회의 길이라고 한다면 법신과 반야와 해탈을 열반의 길이라고 할 수 있다.

윤회의 길인 미혹·악업·고통이 동시적이라고 한다면 그것을 해탈의 길로 뒤집은 법신·반야·고통이 동시적이라고 한다면 그것을 해탈의 길로 뒤집은 법신·반야·해탈도 또한 동시적이다. 이 삼불성은 법신·반야·해탈의 삼덕을 불성의 측면에서 고쳐서 말한 것이다. 즉 부처의 기본성품인 정인불성은 삼덕 중의 법신과 일치하고 깨달음을 얻는 요인불성은 삼덕 중의 반야와 일치한다.

그리고 발심수행하는 연인불성은 삼덕 중의 해탈수행과 일치한다. 혹·업·고 삼도, 법신·반야·해탈의 삼덕, 정인·연인·요인의 삼불성은 똑같은 형태인 것이다. 따라서 삼도나 삼덕이나 삼불성에서 각기의 세 가지는 똑같이 동시성을 가지고 있다.

이사를 해보신 불자들 특히 일반주택에서 살다가 아파트로 이사를 가 본 경험이 있는 불자들은 집안에 쌓아 두었던 것을 많이 버리고 간다. 생각 없이 이것저것 모아들일 때는 좋아보이던 것들이 뒷날 이

사할 때에는 짐이 되고 버려야 할 쓸모없는 것들이 되어 버린다.

불성도 마찬가지이다. 우리가 부처가 될 성품이 있다는 것을 알아두기만 하는 것은 아무 소용이 없다. 이 몸을 버리고 떠날 때는 짐만 될 수가 있다. 우리에게 있는 불성을 개발해서 부처가 되어야 한다. 지금 그 불성을 써야 한다. 사바세계의 교주이신 석가모니부처님을 치우고 그 자리에 앉는 것도 아니므로 부처가 된다고 해서 크게 부담을 가질 것도 없다. 또 문패에다가 아무개 부처님이라고 써넣을 것도 아니므로 겸연쩍어 할 것도 없다. 단지 발심해서 육바라밀이나 사무량심 같은 수행법의 전부 또는 일부만 닦으면 되는 것이다. 불도를 닦는 일은 참으로 좋고 멋있는 일이다. 귀로 듣기만 하는 것은 싱거운 일이다.

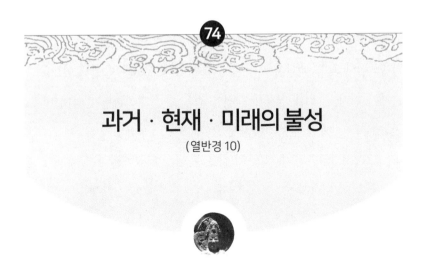

과거 · 현재 · 미래의 불성
(열반경 10)

현재의 것이 없어지더라도 행복할 수 있어야 하고,

또 현재 없는 것으로부터 있는 것이 생겨나는

도리를 생각하고 행복할 수 있어야 한다.

만약에 불성이 있다고 한다면 과거 · 현재 · 미래 중 어디에 불성
이 있는지 그리고 《금강경》에서 이미 밝히는 것처럼 과거 · 현재 · 미
래를 얻을 수 없는데 어떻게 과거나 미래에 불성이 있다고 하는지에
대해서 살펴보자.

《금강경》에는 과거심불가득 · 현재심불가득 · 미래심불가득이라
는 말이 있다. 과거의 마음은 이미 지나갔기 때문에 얻을 수가 없고
미래의 마음은 오직 오지 않았기 때문에 얻을 수가 없다. 현재의 마음
은 머무르지 않기 때문에 얻을 수가 없다.

《열반경》에도 여러 군데에서 과거 · 현재 · 미래를 얻을 수 없다는 말이 나온다. 불성이 우리 중생에게 있다고 한다면 언제 있느냐가 문제가 된다. 그런데 삼세의 시간을 얻을 수 없다고 한다면 불성이 또한 있다고 하는 것이 무의미하게 된다.

그래서 《열반경》에서도 이 같은 문제를 의식해서인지 제자가 묻고 부처님이 대답하는 식으로 이에 대한 설명을 하고 있다.

중생이 있으면 부처성품이 있다는 부처님의 말씀을 듣고 사자후보살이 부처님께 여쭈었다.

세존이시여, 과거는 이미 없어졌고 미래는 오지 아니하였는데 어떻게 있다 하오리까. 만일 마땅히 있으리라고 해서 있다고 말한다면 그것은 옳지 않나이다. 세상 사람이 현재 아들이 없으면 아들이 없다고 말하는 것이 온데 모든 중생에게 불성이 없는 것을 어떻게 있다고 말하십니까?

불성 즉, 부처가 될 성품은 부처가 될 가능성일 뿐이다. 현재의 부처가 아니다. 과거는 이미 지나가서 없고 미래는 오지 않아서 없다. 현재 이 순간에 어떤 것이 있다고 하더라도 현재를 얻을 수 없다는 의미에서 절대적으로 있다고 말하기가 어렵다.

하물며 현재에 없다면 없다고 말해야 할 것이다. 불성은 현재에 보이지 않는다. 현재에 없는 불성을 왜 모든 중생에게 있다고 하는 것인지에 대해서 사자후보살은 묻고 있다. 이 물음에 대해서 부처님이 대답하신다.

　　선남자여, 지나간 것을 있다고 함은 귤을 심어 싹이 나고 씨가 없어졌으
나 싹도 달고 풋과일도 달다가 익으면 시어지는 것과 같으니라. 이 신맛이
씨나 싹이나 풋과일 때에는 없었다가 익을 때의 빛과 모양을 따라서 생기
는 것이니 이 신맛은 본래는 없었던 것이 지금 있는 것이니라. 본래 없었
던 것이 지금 있지마는 원인이 없어 생겨난 것은 아니니라. 이와 같이 본
래의 씨가 지나갔으나 있었다고 이름 하느니라.

　　이 비유는 특별히 과거에 없던 것이 현재에 있다는 것을 답하기
보다는 이전에 없던 것도 이후에 있을 수 있다는 것을 나타낸다. 과일
나무의 씨앗이 달거나 시지가 않더라도 그 씨앗으로부터 나온 과일이
단맛과 신맛을 가지게 된다. 신맛과 단맛이 태양의 빛을 받고 거름의
양분을 받아서 생겨난 것이기는 하지만 씨앗이 없었다면 아무리 태양
이 있고 거름이 있더라도 그 맛은 생겨나지 않을 것이다. 그래서 씨앗
이라는 시점을 중심으로, 과거에 시거나 단맛이 목전에 없더라도 현
재에 그 맛들이 있다고 할 수 있듯이 부처가 없더라도 부처가 될 가능
성인 불성이 있다고 말할 수 있다는 것이다.

　　다음에는 미래의 것이 현재에 있을 수 있다는 것에 대해서 부처
님이 비유를 들어 말씀하신다.

516

어떤 농부가 참깨를 심을 적에 누가, 무엇하려고 심느냐고 물으면 농부가 기름이 있기에 심는다고 하는 것과 같나니, 실로 기름이 있는 것이 아니지마는 참깨에서 기름이 나올 것이므로 이 농부의 말이 허망하지 아니하니라. 이런 뜻에서 있다고 하느니라. 또 어떤 사람이 옹기장이에게 병이 있느냐고 물었더니, 옹기장이는 있다고 대답하였느니라. 실로 옹기장이에게는 병이 없었지마는 진흙이 있으므로 병이 있다고 할 것이니, 옹기장이의 말이 허망하지 아니하니라.

참깨를 심는 사람이 기름이 있다고 하는 것이나 옹기장이가 진흙만을 두고도 병이 있다고 말하는 것이 잘못된 것은 아니라는 비유이다. 앞에서 나오는 굴의 단맛·신맛의 비유나 여기서의 참기름과 옹기장이의 비유에 큰 차이가 없다. 단지 과거에 없던 것이 현재에 있고 현재에 없는 것이 미래에 있을 수 있다는 것을 나타낼 뿐이다. 따라서 과거에 없던 불성을 현재에 있다고 할 수 있는 것처럼 현재에 없는 불성을 미래에 있다고 말할 수 있다는 것이다.

여기서 우리는 불성이 과거나 현재나 미래에 있다는 것이 왜 우리에게 중요한 의미를 가지는가라는 물음을 만나게 된다. 부처님이 무상·무아를 말씀하신 이유는 중생들에게는 현재에 어떤 것이 있다고 하는 것이 가장 큰 문제이기 때문이다. 무상하다, 무아다, 공하다는 말은 현재 있는 것이 없어진다는 말이다. 눈앞에 있고 손에 잡히는 것을 무상하다고 하니까 중생들은 그 말에 크게 귀를 기울이지 않았다. 청중이 별로 반응이 보이지 않는 것을 보신 부처님은 이제 없던 것이 있다는 도리를 말씀하신다.

굴은 씨앗에서 없던 단맛과 신맛이 나오고 참깨 씨앗이 종자가 되어 그것으로부터 없던 싹이 나오고 참깨가 나오고 기름이 나온다고 하신다. 지금 우리의 마음이 각박한 이유는 현재 있는 것만 붙잡으려고 하기 때문이다. 현재에 없던 것이 있게 되고 있던 것이 없어지는 도리를 생각하지 않기 때문에 당장 눈앞에 보이는 것만을 잡기 위해서 다툼을 벌이게 된다.

부동산을 많이 가지고 있는 부자는 진정한 의미에서의 자기 자신이 돈을 많이 쓰고 있는 것이 아니라 돈을 쓸 수 있는 가능성을 많이 가지고 있을 뿐이다. 우선 재물이 부동산에 묶여 있게 되면 돈을 쓸 수 없다. 부동산을 처분해서 동산으로 만든다고 하더라도 은행에 넣어두고 있으면 시시각각 그것을 쓰는 것은 아니다. 설사 현금을 손에 쥐고 쓴다고 하더라도 진정으로 본인 자신이 쓸 수 있는 돈의 액수는 그리 많지 않다.

비싼 요정이나 초특급 호텔에 가서 돈을 쏟아 붓고 오는 것은 본인의 자유이지만 본인 자신이 먹는 음식과 옷의 양은 극히 제한되어 있다. 돈이 많다고 해서 한 입술로 두 개의 입술과 동시에 입맞춤하지는 못한다. 구두를 두 개 신거나 모자를 두 개 쓰지도 못한다. 황금으로 구두를 만들고 다이아몬드로 모자를 만들어 쓰고 다닐 수도 있지만 그것은 자기 자신을 위해서 쓰는 것이 아니다. 또 돈을 쓰고 나면 없어진다.

그렇다면 우리는 현금을 쓰는 것이 아니라 현금의 가능성을 쓰고 있는 것이다. 또 가능성을 써야만 진정으로 돈을 쓰는 것이다. 자신의 피땀으로 돈을 번 사람들은 아무리 돈이 많아도 돈을 쓰지 않는다. 돈이라는 것은 현금으로 쓰는 것이 아니라 현금이 만들 수 있는 가능성으로 써야 한다는 원리를 그들은 잘 알기 때문이다.

일류대학을 졸업하고 직장에 취직해 있는 한 청년의 이야기가 있다. 대학을 졸업하기 전 그리고 대학을 졸업했을 즈음에는 여러 가지 좋은 조건을 가진 혼처로부터 청혼을 많이 받았다고 한다. 그러나 대학을 졸업하고 직장에 취직하고 난 다음에는 오히려 청혼이 줄어들었다고 한다. 취직하기 전에는 무한한 가능성을 가진 청년으로 보였지만 직장에 취직하고 난 다음에는 이미 직장의 평생노예로 고리가 매여진 것으로 보였기 때문이다.

사법고시·행정고시·외무고시·기술고시 등 어려운 시험을 통과한 아들이나, 의대를 졸업한 자녀를 둔 부모가 있다고 하자. 그 부모들은 자녀들이 실제로 이루는 것보다는 앞으로 이룰 무한한 가능성을 음미하면서 행복에 젖고 그 자녀들에게는 나름대로 인생의 고뇌가 찾아들 것임을 알지만 그런 것들조차도 행복한 사람들이 웃으면서 치루어야 할 당연한 세금으로 생각한다. 일류대학에 수석으로 합격한 아들을 둔 파출부 어머니도 아들 앞에 펼쳐질 무한한 가능성을 상상하며 행복해 할 것이다.

우리가 다른 사람으로부터 함부로 취급받거나 무시 받았다는 생각이 들 때 화가 나는 것은 우리 자신의 자격지심 때문이다. 왕이 자기 옷을 입고 백성들 생활하는 모습을 시찰하다가 백성들로부터 거지 취급을 받았다고 해서 억울해 할 것도 속상해 할 것도 없다. 누 더기를 입은 왕은 항상 편안하고 항상 여유가 있다. 지금 당장 왕권을 행사해서 든든한 것이 아니라 언제나 왕권을 행사할 가능성이 있기 때문이다.

현재 눈앞에 있는 것이 없어지더라도 우리가 행복해 할 수 있는 공부를 해야 하지만 현재 눈앞에 보이는 것이 없고 손에 잡힌 것이 아 무것도 없더라도 그 없는 것으로부터 있는 것이 생겨나는 도리를 생 각하고 지금 당장 행복할 수 있어야 한다. 우리가 가진 불성은 무한한 가능성이다. 과거·현재·미래에 보이지 않을 불성, 그 불성이 온갖 삶의 맛을 낼 것이다. 가능성의 맛을 마음껏 음미해야 한다.

여섯 감각기관의 도둑

(열반경 11)

문제는 도둑이 아니다. 감각기관이라는 내통자,

그 내통자를 묵인하고 오히려 동조하는 이 미혹의 마음,

이것들이 우리를 속상하게 한다.

우리는 현재 몸을 가지고 있다. 몸에는 여섯 가지 감각기관이 있다. 그리고 각 감각기관은 대상을 가지고 있다. 감각기관이 눈·귀·코·혀·몸·뜻의 여섯 가지이므로 그 대상도 여섯 가지이다. 여섯 가지 감각기관의 한문식 표현은 우리가 《반야심경》에서 항상 보는 안, 이, 비, 설, 신, 의이고 그 대상은 색성향미촉법이다.

우리의 감각기관은 그 대상에 의해서 항상 놀림을 당하는 봉이나 밥과 같다. 무조건 감각대상을 받아들이기만 하기 때문이다. 그리고 감각기관의 대상은 도둑놈들과 같다. 우리 감각기관에 들어와서 난장

판을 치고 사라져 버리기 때문이다. 눈·귀·코·혀·몸·뜻의 여섯 감각기관은 도둑놈들을 받아들이기만 한다는 뜻에서 여섯 가지 받아들임 또는 육입(六入)이라고 부른다.

　여섯 가지 감각기관의 대상은 티끌처럼 사람의 감각기관에 들어와서 혼탁하게 한다는 의미에서 육진(六塵) 또는 여섯 가지 티끌이라고 하고 또 도둑처럼 감각기관에 드나든다고 해서 육적(六賊), 즉 여섯 가지 도적이라고 부른다. 감각의 대상인 여섯 도둑놈들이 우리의 약한 감각기관과 내통해서 어떤 문제를 일으키는지 《열반경》의 부처님 말씀을 들어보자.

　고귀덕왕보살에게 부처님이 설하신다.

　여섯 도둑이란 것은 밖에 있는 여섯 티끌을 말함이니 보살이 이 육진을 육적으로 보는 것은 무슨 까닭이냐? 여섯 도둑이 온갖 선한 법을 다 빼앗기 때문이니라. 도둑이 모든 사람의 재물을 빼앗듯이 육적도 그와 같아서 온갖 중생의 선한 재물을 빼앗느니라. 도둑이 사람의 집에 들어가면 그 집에 있는 것은 좋건 나쁘건 모두 빼앗아서 큰 부자라도 금시에 가난뱅이가 되게 하나니, 이 육적도 그와 같아서 사람의 감각에 들어가면 모든 선한 법을 빼앗느니라. 선한 법이 다 없어지면 사람은 구제불능의 일천제가 되느니라.

　또 선남자야, 여섯 도둑이 남의 재물을 빼앗으려 할 적에는 안에 있는 사람과 결탁하여야 하나니 만일 안에 있는 사람이 없으면 도둑이 중도에 물러가느니라. 여섯 도둑도 그와 같아서 선한 법을 빼앗으려면 여섯 가지 받아들임과 색탐하는 미혹의 마음과 결탁하느니라. 이때에 여섯 도둑이 들지 못하게 하는 것은 지혜이니 지혜 있는 사람은 여섯 감각을 잘 방비하고 수호하여 빼앗음을 받지 않느니라.

또 선남자야, 도둑이 사람의 몸과 마음을 시끄럽게 하듯이 여섯 도둑도 그와 같아서 중생의 몸과 마음을 항상 고단하게 하느니라. 보통 도둑은 사람이 현재 가지고 있는 재물만 빼앗지만 여섯 도둑은 삼세의 선한 재물을 모두 빼앗느니라. 도둑은 밤에는 즐거워하나니 여섯 도둑도 그러하여 무명의 어두운 밤에는 즐거워하느니라. 도둑이 재물을 빼앗을 적에는 단정한 가문이나 총명한 철인이나 빈천한 이를 가리지 않듯이 여섯 도둑도 그와 같아서 선한 법을 빼앗을 적에는 단정하거나 빈천한 이를 가리지 않느니라.

색성향미촉법이라는 감각기관의 대상이 우리에게 저지르는 만행을 확실히 알아두기 위해서 《열반경》을 길게 인용하였다. 좋은 색깔, 감미로운 소리, 유혹적인 향기, 맛, 감촉, 호기심 등이 도둑이 되어 우리의 감각기관으로 파고들어 모든 것을 다 도둑질해 간다.

보통 도둑은 지금 가지고 있는 재산만 가져가지만 이 여섯 도둑은 과거·현재 ·미래의 모든 선근공덕을 한꺼번에 다 빼앗아 간다. 더욱 우리 자신이 화나는 것은 그 여섯 도둑놈들이 우리에게 파고들어 내부에 있는 경비원이나 중견사원과 짜고 정말로 중요한 재산을 털어가듯이 우리의 눈·귀·코·혀·몸·뜻이 그 도적과 내통해서 우리의 알맹이를 통째로 내어 준다는 것이다. 도둑이 문제가 아니라 내가 가지고 있는 감각기관이라는 내통자, 그 내통자를 묵인하고 오히려 동조하는 이 미혹의 마음, 이것이 우리를 속상하게 한다.

여섯 도둑은 멍청하고 못난 사람에게만 침입해서 참다움이라는 모든 재산을 다 털어가는 것이 아니라 단정한 사람, 총명한 사람, 잘난 체하는 사람 등에게도 찾아든다. 여섯 도둑놈들에게 털리고 나면 우리에게는 진리와 아름다움과 선함을 향한 이상과 믿음이 없어진다.

눈앞의 자기밖에 모르는 동물적인 인간이 되어 버린다. 참다운 항상함과 참다운 즐거움과 참다운 나와 참다운 청정함에 대해서는 관심조차 보이지 않는 사람, 구제불능의 사람이 되고 만다.

부처님이 말하는 색성향미촉법의 여섯 도둑 가운데 요즘 필자를 가장 자주 방문하는 도적은 미의 도적, 즉 음식을 먹는 도적이다. 부처님이 도적이라고 이름 붙였지만 사실은 음식이 나의 입으로 도둑질하기 위해서 쳐들어온 것이라기보다는 내가 음식을 훔쳐 먹는다는 편이 바른 표현일 것이다.

왜냐하면 필자는 심심하면 음식을 먹고, 어려운 일이 생기면 음식을 먹고, 나의 어리석음을 내가 보게 될 때 음식을 먹기 때문이다. 그러나 부처님은 나의 입은 음식 맛이라는 도적의 내통자일 뿐이고 진짜 도적은 음식이라고 한다.

《열반경》을 읽으면서 깜짝 놀랐다. 부처님은 고귀덕왕보살에게 목숨이 짧게 되는 아홉 가지 원인 가운데 세 가지를 음식과 관련된 것으로 드는데 첫째 편안치 못할 줄 알면서도 먹는 것이요, 둘째 많이 먹는 것이요, 셋째 앞에 먹은 것이 소화되기 전에 먹는 것이다. 필자의 탐식하는 태도를 그대로 지적하는 내용이다.

음식의 맛을 보는 혀로부터 목구멍까지는 기껏해야 5센티미터쯤 될 것이다. 5센티미터 통과하는 즐거움을 누리기 위해서 불성을 닦고 열반을 얻는데 보내야 할 시간을 엉뚱한 데 버린다면 그러한 나는 참으로 한심하다. 여섯 가지 도적 중에 음식 맛이라는 도적만 나에게 침노해도 나는 이처럼 뒤죽박죽이 되는데 여섯의 도둑이 한꺼번에 덤빈다면 어떻겠는가?

필자는 세상 사람들이 어떻게 느끼고 사는지 잘 알지 못한다. 절집에서 불자들을 접촉해서 세상 이야기를 듣기는 하지만 이야기로는 한계가 있을 것이다. 그리고 사는 이야기를 말로 전한다면 그 양이 너무 많을 것이다. 세상을 알기 위해서 신문·잡지나 텔레비전 드라마도 보는 경우가 있다. 어느 날 불자들과 대화하는 가운데 드라마가 주제로 떠오른 적이 있었다.

그런데 한 불자가 말하기를 자신은 드라마를 절대로 보지 않는다는 것이었다. 필자는 그 이유가 궁금했다. 그 불자의 대답은 간단했다. 드라마를 보게 되면 드라마의 작가에게 놀림을 당하게 되므로 그것이 싫다는 것이었다. 또 드라마의 내용이 현실과 가깝거나 현실 그 자체라고 하더라도 현실의 이야기에 질질 끌려 다니고 싶지 않다는 것이었다.

　곰곰이 우리가 살아가고 있는 것을 되돌아보면 우리는 나를 살기보다는 다른 것에 끌려 다니고 있다는 것을 알 수 있다. 내가 살지 않더라도 다른 사람들이 잘살아 줄 다른 사람들의 복사품 인생을 살고 있다. 내가 살고 있다기보다는 살아지고 있다는 표현이 더 정확할 것이다. 그 이유는 바깥의 환경, 《열반경》의 부처님의 표현으로 말하면 여섯 가지 도둑들이 한꺼번에 우리 정신을 뽑아가 버리기 때문이다. 《열반경》의 부처님의 최고 이상은 열반이고 그 열반의 특징은 참다운 상락아정인데 우리는 그것을 얻기 위해서 집중적으로 나아가지 못하고 있다. 우리의 정신이 바깥 세상에 의해서 빼앗겨 버렸기 때문에 우리는 상락아정을 구하려하기 보다는 그 바깥세상과 잘 어울려서 지낼 방법만을 연구한다.

　여섯 가지 도둑놈과 싸우는 것이 모험이라고 생각한다. 그래서 적당히 타협을 하고 적당히 비위를 거스르지 않으면서 지낸다. 여섯 도둑의 비위를 가장 잘 맞추는 사람이 가장 멋있고 가장 잘사는 것처럼 인정되는 세상이다.

　물론 감각기관의 대상을 완전히 외면하고 사는 것만이 불교의 이상은 아니다. 우리는 그 여섯 도둑놈들과 같이 살지 않을 수가 없다. 그러나 중요한 것은 도둑놈들과 같이 있더라도 그 사실은 알아야 하고 또, 같이 있으면서도 여섯 도둑놈들에게 삶의 주도권을 완전히 빼앗기지 않아야 한다는 것이다.

이 같은 태도를 《금강경》은 응무소주 이생기심(應無所住 而生其心), 즉 여섯 도둑놈에 집착하는 바 없이 여섯 도둑놈과 어울려서 좋은 세계를 만들기 위해 최선을 다하라는 것으로 나타낸다.

보통 사람들이 가장 즐겁다고 생각하는 것은 여섯 도둑놈과 함께 놀아나는 것이다. 여섯 도둑놈의 유혹을 뿌리치기가 가장 어렵다. 우리가 만약 여섯 도둑의 유혹을 뿌리칠 수 있고 여섯 도둑과 불편하게 지내는 어려움을 감수할 수 있다면 우리가 못할 일은 아무것도 없을 것이다. 자신의 즐거움을 버리는 사람, 어려운 일을 능히 행하는 사람, 그 사람이 가장 위대하고 가장 행복한 사람이다.

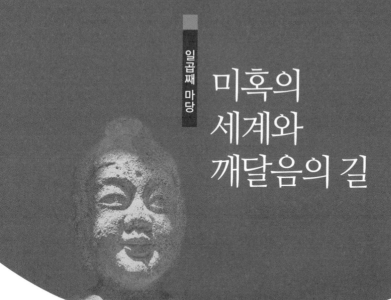

미혹의
세계와
깨달음의 길

어리석은 사람들은 보이는 모든 그림자가 모두
마음의 분별인식일 뿐이라는 것을 알지 못하고,
그릇되게 알음알이를 짓느니라.

《본생경》

여래장 장식의 본성품은 청정하지만,
객진으로 물들여져서 부정하게 된 것이다.

《능가경》

일심은 두 가지 가능성이 있으니 진여문과 생멸문이니라.

《대승기신론》

만일 보고 듣는 성품이 나고 죽은 것이 아니라면,
어째서 저희들에게는 참성품을 잃어버리고
감각기관에게 희롱당한다고 말씀하시나이까?

《능엄경》

해심밀경과 영상유식

(해심밀경 1)

거울을 볼 때, 분명히 그 안의 모양이 나타나기는 하지만

그것은 밖에서 온 것이 아니라

자기 자신으로부터 나온 그림자일 뿐이다.

유식불교의 기본문헌 가운데 하나인 《해심밀경(解深密經)》이 무엇인지, 《해심밀경》의 내용이 불교교리 전반에 있어서 어떤 위치에 자리하는지 궁금하다.

《반야경》에서는 공사상이 부정적으로 표현된다. 부정적인 것을 긍정적인 것으로 전환해서 나타낸 것을 공부하기 위해서 《법화경》으로 옮아갔다. 다시 《반야경》의 공사상을 보완하기도 하고 《법화경》의 흐름을 잇는 《승만경》의 여래장사상과 《열반경》의 불성사상을 살펴보았다. 여래장사상이나 불성사상은 우리가 무엇을 근거로 해서 미혹의 세계에 있는 우리가 부처가 될 수 있는가를 밝힌다. 그렇다면 왜 우리가 경험하는 미혹의 세계가 벌어지는가에 대한 설명도 요구된다. 이처럼 미혹의 마음이 벌어지는 이유와 과정을 면밀히 관찰해서 나타내고자 하는 것이 유식사상(唯識思想)이다.

'유식(唯識)'이라는 말의 뜻은 '세상의 일체사물이 오직 인간의 분별작용에 지나지 않는다.'는 뜻이다. 이 유식설을 만들어 내고 발전시키고 계승하는 사람들을 '유가사(瑜伽師)'라고 부른다.

유가사의 범어는 '요가차라(Yogācāra)'이다. 요가(Yoga) 수행법을 닦는 '유가행파(瑜伽行派)'라는 뜻이다. 지금도 요가라는 말이 쓰이고 있다. 물론 교리나 수행하는 내용에 있어서는 각 조직마다 차이가 있지만 요가라는 말은 인도의 이교도들도 사용해 오고 있다. 유가·유가사·요가차라·유가행파는 같은 뜻으로 유식사상에 의거해서 수행하는 사람을 뜻하는 말이 되겠다.

현재 요가라는 말은 인도 사람들이 하는 운동법 정도로 일반인들에게 알려져 있지만 불교에서는 유식사상을 닦는 수행방법이 된다. 불교식의 요가 수행방법은 인도에서 행해지던 것이기 때문에 선종(禪宗)에서 말하는 여래선(如來禪)과 조사선(祖師禪)의 분류방법에 의해서 나눈다면 요가는 여래선에 속한다. 인도의 불교수행자들이 닦던 참선방법이라는 말이다.

법상종의 자은규기 대사는《성유식론술기(成唯識論述記)》에서 유식불교의 기본적인 문헌을 6경 11론, 즉 여섯 가지 유식사상을 가르치는 불경과 11가지 논문이라고 말한다. 여섯 가지 불경은 《화엄경》《해심밀경》《능가경》《여래출현공덕장엄경》《대승아비달마경》《후엄경》 등이다. 이 중에서 우리 귀에 익은 유명한 경은 《화엄경》《능가경》《해심밀경》정도일 것이다.

그리고 11가지 유식사상을 가르치는 중요한 논문 가운데서 몇 가지만 들어보면 《유가사지론》《대승장엄경론》《십지경론》《섭대승론》《유식이십론》《변중변론》 등이 있다. 유식사상을 가르치는 이 논들은 일반 불자들이 이해하기에는 너무 복잡하기 때문에 우리는 이름만 아는 것으로 지나치도록 하겠다.

우리가 《해심밀경》에 대해서 알아보려고 하는 이유는 이 경이 유식사상을 다루기 시작한 최초의 불경으로 알려져 있기 때문이다. 《해심밀경》은 각기 다른 이름으로 네 번 한문으로 번역되었다. 보리류지는 5권 본 《심밀해탈경(深密解脫經)》이라는 이름으로 번역했다. 현장법사는 《해심밀경》5권으로 완역했다.

진제삼장은 《불설해절경(佛說解節經)》1권으로 간추려 번역했고, 구나발타라는 《상속해탈경(相續解脫經)》2권으로 초역했다. 범어 원본은 없지만 티벳 번역본이 있고 이것은 불어로도 번역되어 있다. 네 가지 번역 중에서 현장법사가 번역한 《해심밀경》이 가장 유명하고 한글로 번역되어 있다.

《해심밀경》은 8품으로 되어 있지만 〈서품〉을 제외한 7품 전체가 미륵보살이 지었다고 하는 《유가사지론(瑜伽師地論)》에 인용되어 있다. 또《섭대승론(攝大乘論)》과《성유식론(成唯識論)》에 인용되어 있다. 이 경이 유식학 논서 등에 널리 인용되고 여러 번 한문으로 번역되었다는 것은 이 경이 얼마나 중요한가를 알려주고 있다.

교판을 살펴본 대로《해심밀경》은 삼시교판(三時敎判)을 주장하고 있다.《해심밀경》의 주장에 의하면 부처님은 3단계로 법을 설하셨다고 한다.

처음에는 소승 성문제자들을 위해서 사성제 법문을 설했지만 가르쳐야 할 바를 전부 다 설하지 않았고 제2단계로 대승으로 나아갈 사람들을 위해서 사물에 자성이 없다는 것을 설했지만 아직은 은밀하게 표현해서 완전히 드러내지 않았기 때문에 궁극의 가르침이 아니라고 한다. 제3단계로 근기가 다른 모든 수행자들이 다 같이 깨달음을 얻도록 은밀한 가르침을 풀이한 것이 바로《해심밀경》이다.《해심밀경》의 교판에서는 소승과 대승 뒤에 나오는 최고의 가르침으로《해심밀경》을 꼽는다.

그러면 미륵보살과 부처님과의 대화를 들어보도록 하자. 미륵보살이 묻는다.

"세존이시여, 요가지관법을 닦을 때에 마음에 그림자가 떠올랐을 경우 그 그림자는 마음과 같나이까, 다르나이까?"

요가명상을 행할 때에 선정수행의 경험상에서 어떤 형상이 그림자로 떠오를 경우, 그 그림자는 마음 안으로부터 나와서 마음과 같은 것이냐 아니면 마음 밖으로부터 나와서 마음과 다른 것이냐는 물음이다. 여기서는 명상하는 기간 동안에 나타나는 경험을 말하고 있지만 일상생활에서도 외부에 있는 어떤 것을 분별 인식했을 경우 그것이 마음의 내면적인 것인지 아니면 외면적인 것인지를 묻는 질문이다. 부처님이 답하신다.

선남자야, 응당 인식된 그림자와 마음이 다를 바가 없느니라. 왜냐하면 그 그림자는 오직 분별인식이기 때문이니라. 내가 말한바 식(識)으로부터 반연(攀緣)할 바는 오직 식으로부터 나타나는 바의 경계이기 때문이니라.

부처님은 어떤 객관경계를 인식하는 인식주체와 객관경계 그림자는 똑같다고 한다. 분별인식은 어떤 것을 볼 때 외부의 것을 보는 것이 아니라 분별인식 자체를 볼 뿐이라는 것이다. 그러자 미륵보살이 다시 묻는다.

세존이시여, 만일 지관법(止觀法)을 닦는 데서 나타난 그림자가 마음과 다를 바가 없을진대 어떻게 이 마음이 도리어 이 마음을 보겠나이까?

인식주체가 어떤 것을 인식했을 때 그것이 객관적인 것을 보지 않고 주관적인 마음의 그림자를 볼 뿐이라고 하면 어떻게 마음이 그 마음 자체를 볼 수 있겠느냐는 질문이다. 부처님이 답하신다.

> 선남자여, 이 가운데는 능히 조그마한 법도 볼 수가 없느니라. 그러나 이 마음이 이렇게 생길 때에 곧 이러한 그림자가 나타느니라. 선남자여, 마치 잘 닦여진 청정한 거울의 표면에 의하여 본질로써 반연을 삼고 본질을 보느니라. 그러나 내가 이제 그림자를 보았다 말하며 또는 본질을 떠나서 따로 그림자가 있어서 나타남이 있다 하였느니라. 이와 같아서 마음이 날 때에 다름이 있는 듯한 명상의 그림자가 나타나느니라. 어리석은 사람들은 보이는 모든 그림자가 모두 마음의 분별인식일 뿐이라는 것을 알지 못하고 그릇되게 알음알이를 짓느니라.

마음이 어떻게 마음을 볼 수 있느냐는 질문에 대해서 부처님은 마음이 주관에서 만드는 그림자 외에 객관적인 것은 아무것도 볼 수 없다고 한다. 마음이 마음을 보는 것은 마치 우리가 거울을 볼 때에 분명히 거울 속에 나타난 모양을 보기는 하지만 그 거울 속의 상이라고 하는 것이 밖에서 온 것이 아닌 주관적인 자기 자신으로부터 나온 그림자일 뿐이라는 것이다.

우리가 《해심밀경》에서의 내용을 한마디로 말하면 객관적으로 무엇을 본다고 할 경우 실제로 보는 것은 객관이 아니라 주관적인 마음을 볼 뿐이라는 것이다. 유식사상을 가르치는 《해심밀경》을 어렵다고 해서 지나쳐 버리면 교리공부를 하는데 좀 허전할 것 같아 이 경을 한두 회에 걸쳐서 보려고 한다. 《해심밀경》은 우리가 어떤 것을 보았을 때 그것이 오직 주관적인 인식을 볼 뿐, 객관적인 사실을 보는 것은 아니라고 말하면서도 왜 그런지 그 이유에 대해서는 설명이 없다. 오직 마음이 지어서 볼 뿐이라고 말한다.

친한 사람들끼리 화투를 치면서 재미있게 놀다가는 갑자기 큰소리로 다투면서 따지는 예를 종종 본다. 동일한 사실을 두고, 두 사람은 각기 자기에게 유리하도록 해석하기 때문에 의견이 달라지는 것이다. 그렇다면 두 사람은 객관적인 사실을 본 것이 아니라 자기 자신이 유리한 대로 생각한 해석을 볼 뿐이라는 것을 알 수 있다. 이런 의미에서 밖의 것을 보는 것이 마음을 보는 것과 조금도 다름이 없다는 것이다.

삼성
(해심밀경 2)

상대성의 원리를 알아서
사물의 존재를 개념이나 언어로 토막내서 보지 않고,
한줄기의 당연한 연속으로 이어서 볼 때….

《해심밀경》과 유식사상 일반에 있어서 삼성(三性)이란 변계소집성(遍計所執性)·의타기성(依他起性)·원성실성(圓成實性)이다. 흔히 이 세 가지를 줄여서 변의원(遍依圓) 삼성이라고 부른다. 변계소집성의 머리글자인 변자, 의타기성의 머리글자인 의자, 원성실성의 머리글자인 원자를 모은 것이다.

변계소집성의 말뜻을 풀이하면 사람들이 알음알이의 머리로 분별심을 일으켜서 사물에 이름을 붙이고 그 이름에 사물의 실체가 있는 것으로 잘못 집착하는 상태를 뜻한다.

의타기성은 상대적인 것에 의존해서 일어나는 것이다. 인연관계를 말한다. 이 인연관계는 윤회로 가는 방향과 해탈의 깨달음으로 가는 방향이 있기 때문에 이 의타기성도 윤회의 가능성과 해탈의 가능성을 동시에 가지고 있다. 그리고 원성실성은 의타기성의 해탈적인 면이 발휘되어서 사물존재의 실상이 공한 상태의 모습 그대로 드러나는 것을 뜻한다.

이 삼성은 불교교리 중에서 가장 복잡하고 어렵다고 하는 유식불교의 기본적 교리 가운데 하나이기 때문에 우리가 이것을 완전히 이해하기는 어렵다. 유식학에서 설명하는 방식으로 이해하려면 너무 복잡하다. 그러니 우리 방식으로 쉽게 단순화시켜서 알아보도록 하자.

그러면 먼저 《해심밀경》에서의 부처님은 어떻게 이 변의원 삼성에 대해서 설명하는지 들어 보자. 덕본보살이 부처님께 여쭌다.

세존이시여, 세존께서는 모든 사물의 존재 상태를 있는 그대로 파악하는 보살들을 말씀하시는데 어떤 점을 기준으로 사물의 여실한 존재실상을 파악한다고 말씀하시나이까?

《해심밀경》의 언어와 구조를 그대로 옮기면 일반대중이 이해하기 어렵기 때문에 쉽게 풀이했다. 부처님은 일체의 사건과 물건의 있는 그대로의 모습, 즉 진리의 모습을 파악한 보살을 말씀하시는데 여실하게 사물을 보는 기준이 무엇이냐는 물음이다. 부처님이 답하신다.

　　좋은 말이다. 덕본이여, 그대가 지금 깊은 뜻을 여래에게 물었도다. 그대는 지금 무량한 중생들을 이익 되게 하고 편안하게 하고자 해서 이러한 물음을 내었도다. 내가 설명해 줄 터이니 그대는 자세히 들으라.

　　이른바 사물의 참다운 모습에는 대략 세 가지가 있으니 변계소집성과 의타기성과 원성실성이니라. 어떤 것이 변계소집성 즉 분별해서 이름을 붙이고는 거기에 집착하는 모습인가. 이른바 일체법은 인간이 이름으로 거짓으로 만든 것으로서 일체법의 존재실상과는 다르고 따라서 거짓 이름과 실제가 겉도는 현상이 나타나느니라.

　　산에 피어 있는 꽃은 소녀의 손으로 간다. 소녀는 청년에게로 간다. 청년은 군인이 된다. 군인은 전쟁에서 죽는다. 그리고 무덤에 묻힌다. 그 무덤에 다시 한 송이의 꽃이 핀다. 꽃 · 소녀 · 청년 · 군인 · 전쟁 · 죽음 · 무덤이라는 단어들은 얼마든지 한줄기의 이야기로 이어질 수 있다. 한줄기의 이야기가 아닌 단 하나의 이야기도 될 수가 있다. 사람들은 꽃과 소녀와 청년까지를 하나로 묶어서 자신의 이야기로 만드는 데는 크게 반대하지 않을 것이다.

　　그러나 거기에 군인과 전쟁과 죽음까지 추가하면 사람들은 그것을 자신의 이야기로 받아들이기를 거부할 것이다. 사람들은 이야기를 하기 위해서 개념과 언어를 만들고는 전체를 하나로 엮는 내용이 '나'

를 중심으로 집착하는 것과 어긋날 때 전체 이야기를 한 묶음으로 들으려고 하기 보다는 꽃이나 소녀라는 하나의 개념과 언어에 매달려서 안주하려고만 한다.

수증기가 구름이 되고 구름이 비가 되고 빗물이 얼음이 되고 얼음이 녹아서 물이 되고 물이 수증기가 된다. 수증기 · 구름 · 빗물 · 얼음 · 물 등은 물의 변화된 모습에 불과하다. 그러나 사람이 물의 각 변화단계에 이름을 붙이면 변화단계마다 죽음과 태어남이 생긴다.

구름이 죽어서 비가 되고 빗물이 죽어서 얼음이 된다. 물의 모양이 바뀔 뿐인데 사람이 이름을 붙이고 그 이름에 매달림으로써 죽음과 태어남이 생기고 그에 따라 인간의 마음에 아픔이 생긴다. 구름이 물이 된다고 해서 슬퍼할 사람이야 없겠지만 나 · 내 것 · 내 애인 · 내 자식 · 내 재산 · 내 명예 · 내 권력 등의 이름을 붙이고 보면 반드시 괴로움이 생겨난다.

나와 내 것은 임시적인 개념이고 이름이다. 사람들은 그러한 개념과 말을 만들고 그것을 필요한 곳에 붙인다. 자기가 붙인 딱지대로 사물이 있어 주지 않으면 속상해 하고 실패라는 개념과 말을 만들고 다시 거기에 빠진다. 변계소집성은 이처럼 인간이 개념과 언어를 만들고 거기에 집착하는 모습을 드러내고자 하는 것이다.

부처님은 다시 의타기성에 대해 설명하신다.

어떤 것이 일체법의 의타기성, 즉 인연상대에 의해서 존재가 생기는 모

습인가. 이른바 일체법이 인연으로 생기는 성질이니, 이를테면 이것이 있
으므로 저것이 있고 이것이 일어나므로 저것이 일어나는 식의 것이니라.
십이인연으로 말하면 무명에 의지해서 행동습관의 행이 있고 행에 의해
서 분별인식이 있고 등의 양태이니라.

　의타기성은 어렵지 않다. 왜냐하면 의타해서 일어난다는 말이 인
연으로 생겨난다는 말과 같기 때문이다. 의타기법은 바로 인연생기법
(因緣生起法)이고 줄이면 인연법이 된다. 우리는 앞에서 인연법에 대해
서 공부한 바 있다. 인연법의 기본은 '이것이 있음으로 저것이 있고 이
것이 일어남으로써 저것이 일어난다. 이것이 없으면 저것도 없고 이
것이 없어지면 저것도 없어진다.'이다.

　주관에 의해 객관이 있고 큰 것에 의해 작은 것이 있다. 행복에
의해 불행이 있고 부자에 의해 빈자가 있다. 일체만법이 상대 것을 모
르는 미혹무명이 있으면, 그곳으로부터 업이 있고 분별심이 생기고
연이어 갖가지 문제가 일어난다. 이것이 윤회의 길이다. 모든 것이 상
대적으로 일어나는 것을 여실히 볼 때, 업이 수행으로 변하고 분별심
이 지혜로 변한다. 이것이 해탈(解脫)의 길이다.

　그래서 사물의 의타기성 즉 인연법의 성질은 윤회의 길과 열반의
길을 동시에 가지고 있다. 사물이 의타인연의 원칙하에 있다는 것을
모르고 집착하면 윤회의 길로 떨어져서 변계소집성으로 추락한다. 인
연의 법칙을 알고 그에 의해서 사물이 일어나고 가라앉는 실상을 여

실히 보면 원성실성의 해탈길로 올라가게 된다.

인연법의 양면성, 즉 의타기성의 두 방향을 나타내기 위해서 삼성으로 벌어진 것이다. 그래서 부처님은 의타기성을 말하고 그 예문으로 무명 · 행 · 식 등으로 이어지는 십이인연의 예를 든다. 계속해서 부처님은 원성실성을 설명하신다.

어떤 것이 일체법의 원성실성, 즉 사물의 여실한 존재 모습인가. 이른바 일체법의 평등한 진여이니라. 이 진여에는 모든 보살들이 용맹정진으로 인연을 삼는 까닭에 진리와 일치하게 생각하며, 전도된 생각이 없이 사물을 보는 까닭에 지혜가 높아지고 마침내 최고의 깨달음으로 나아가게 되느니라.

원성실성은 일체법의 평등한 진여라고 한다. 상대성의 원리를 알아서 사물의 존재를 개념이나 언어로 토막 내어 보지 않고, 한줄기의 당연한 연속으로 이어서 볼 때 사물 전체의 모습이 있는 그대로 드러나는 것을 말한다. 꽃 · 소녀 · 청년 · 군인 · 전쟁 · 죽음 · 무덤 등 또 다른 꽃이 한 줄기, 한 묶음으로 이어지는 지혜의 관찰이다.

구름 · 비 · 물 · 얼음 · 수증기 등이 한 몸으로 뭉치기도 하고 여러 몸으로 갈라지기도 하는 데에 자유자재하는 깨달음의 지혜가 있다. 의타기성의 양면 가운데 무명이 없어짐으로 업이 없어지고, 업이 없어짐으로써 분별생사심이 멸하는 해탈열반의 길을 의미한다. 사물이 인연의 상태, 무자성의 상태, 공의 상태, 상호포함·상호갖춤의 상태에 있는 것이 확실하게 보이는 것을 뜻한다.

부처님이 변의원 삼성, 즉 변계소집성·의타기성·원성실성의 삼성을 예를 들어 설명하신다.

> 선남자야, 눈병이 난 사람의 눈에 눈병의 허물이 생기는 것과 같이 변계소집성은 사물을 잘못 보아서 차별을 만드느니라. 의타기성의 잘못된 면도 눈병난 사람이 잘못 봄으로 인해서 여러 가지 문제를 일으키는 것과 같느니라. 맑은 눈을 가진 사람은 눈병의 허물을 여의고 맑은 눈의 본성으로 사물을 직시하기 때문에 어지러운 경계가 없으니 원성실성도 그와 같느니라.

부처님은 변의원 삼성을 눈병이 난 상태와 눈병이 없고 맑은 눈을 가진 상태로 나누어서 설명하신다. 필자는 한 번도 눈병을 앓아 보지 못했기 때문에 눈병이 만드는 문제에 대해서 잘 모른다. 부처님 말씀에 의하면 눈에 병이 나면 아무것도 없는 허공에 꽃이 있는 것처럼 보인다고 한다.

'눈병난 사람의 허공 꽃'은 없는 것을 있는 것으로 잘못 보는 것을 비유하기 위해서 불교일반에서 자주 인용된다. 병난 눈으로 허공 꽃을 보고 거기에 집착하면 변계소집성이고 맑은 눈으로 사물의 공한 상태를 보면 원성실성이 된다. 의타기성은 눈 병난 눈과 정상인 눈의 중간에서, 그 두 가지를 분류하는 기준이 인연법이라고 말하는 셈이다. 사물의 존재에서 인연의 흐름이 보이면 원성실성이고 그렇지 못하고 순간의 사물에 개념과 이름을 붙이고 거기에서 항상함을 얻고자 하면 변계소집성이다.

삼무성
(해심밀경 3)

뱀이라고 착각했지만 뱀이 아니고 새끼줄이라는 것,

새끼줄도 본래 새끼줄이 아니고 삼실이라는 것,

삼실도 본래 삼실이 아니라….

《해심밀경》에는 삼무성(三無性), 즉 세 가지 자성이 없는 상태가 나온다. 삼무성은 상무성(相無性)·생무성(生無性)·승의무성(勝義無性)이다. 사물의 모양에 자성이 없고, 사물의 태어남에 자성이 없고, 사물의 진실한 모습에 자성이 없다는 것이다. 자성이 없다는 것은 시간적이나 공간적으로 또는 정신적이나 물질적으로 독자적으로 항상하게 존재하는 실체적인 주체가 없는 것을 말한다.

삼무성은 변계소집성·의타기성·원성실성에 있는 무자성의 상태를 밝히고자 하는 것이다. 변의원 삼성은 부처님의 입장에서 중생들이 사물을 바로보고 바로 파악하는 데 있어서의 문제점과 해결점을 제시한 것이다. 깨달은 이의 관찰이다. 그러므로 그러한 문제점을 제시한 그 안에 일체만법의 진실한 모습은 자성이 없는 상태라는 것을 간접적으로 나타내고 있다. 삼무성은 변의원의 삼성에 자성이 없다는 것을 직접적으로 확실하게 밝히는 것이다.

먼저 제자가 문제를 제기하고 부처님이 대답하는 형식으로 이어지는 경의 내용을 보기로 하자. 승의생보살이 부처님께 사뢴다.

세존이시여, 제가 한 때 고요한 곳에 앉아 이런 생각을 하였나이다.

'세존께서는 일체법에 모두 자성이 없으며 생함도 없고 멸함도 없으며 본래 고요하여 사물의 있는 그대로가 열반이라 하시었건만 나는 아직 그 가르침을 살피지 못하였구나. 세존께서는 무슨 비밀스러운 뜻으로 그같이 말씀하셨을까?

제가 이제 여래에게 이 뜻을 여쭈옵나니 바라옵건대 여래께서는 불쌍히 여기시어 일체법은 모두 자성이 없으며 생도 없고 멸도 없으며 본래 고요하여 있는 그대로 열반이라 말씀하신 가운데 있는 비밀의 뜻을 말씀해 주옵소서.'

모든 사물에는 자성이 없어서 태어나거나 멸하는 것이 벗어다는 말이 무엇을 뜻하는지에 대해서 여쭙고 있다. 이에 대해서 부처님이 대답하신다.

승의생이여, 참으로 훌륭하고 훌륭하도다. 그대가 생각하는 바는 이치에 딱딱 맞으니 아주 상쾌하도다. 선남자여, 그대는 지금 여래에게 아주 깊은 뜻을 물었도다. 그대는 지금 무량한 중생을 이익 되게 하고 안락하게 하기 위해서 이러한 물음을 내었도다. 내가 자성이 없는 도리에 대해서 해석하여 주리니 그대는 자세히 들으라.

나는 세 가지 자성이 없는 성질에 의해서 비밀한 뜻으로 자성이 없다고 말하노라. 이른바 상무자성 즉 사물의 겉모습에 자성이 없다는 것, 생무자성 즉 사물의 태어남에 자성이 없다는 것 그리고 승의무자성 즉 사물의 존재를 여실히 볼 때 아무런 자성이 없다는 것이니라.

어떤 것이 제법의 상에 자성이 없다는 것인가. 이른바 모든 법의 변계소집성이니라. 왜냐하면 분별개념과 언어로 된 것은 거짓된 이름으로 말미암아 생겨난 것일 뿐, 독자적인 것으로 형태를 취한 것이 아니기 때문이니라.

어떤 것이 제법의 태어남에 자성이 없다는 것인가. 이른바 모든 법의 의타기성이니라. 왜냐하면 만물의 하나하나는 다른 것의 힘에 의지해서 생긴 것이요, 독자적인 힘으로 생긴 것이 아니기 때문이니라.

어떤 것이 모든 법의 수승한 뜻으로 볼 때 자성이 없다는 승의무자성인가. 이른바 모든 법이 태어남의 자성이 없으므로 자성이 없다고 하나니 인연으로 생긴 법도 또한 궁극적인 의미에서 자성이 없느니라. 일체법의 원성실성을 승의무자성이라고 한다. 왜냐하면 일체법에 '나'라는 것이 없기 때문이니라.

부처님은 일체법에 자성이 없고 있는 그대로 열반 상태에 있는 이유를 세 가지의 무자성으로 풀이한다. 상무성·생무성·승의무성이다. 사물의 겉모습에도 자성이 없고 인연법에 의해서 생겨난 것에도 자성이 없고 궁극적인 진리 면에서도 자성이 없다는 것이다. 상무성은 변계소집성에, 생무성은 의타기성에, 승의무성은 원성실성에 해당한다.

첫째로 모든 사물은 중생들이 거짓으로 만든 개념과 이름으로 되어 있기 때문에 사물의 겉모습에 아무런 자성이 없다고 한다. 이것이 상무성이다. 둘째로 모든 사물은 항상 상대적인 인연의 도움을 받아서 생겨나기 때문에 어떤 것의 태어남도 독자적 자성은 없다고 한다. 이것이 생무성이다. 셋째로 모든 사물의 자성이 없는 모습, 공한 상태에 있는 모습이 나타날 때 그것이 사물의 진실한 모습인데 그것을 일반적인 의미가 아니고 절대적인 의미에서 말하더라도 사물에는 자성이 없다는 것이다. 이것이 승의무성이다.

승의란 아주 수승한 뜻을 가리키므로 진리를 방편적인 진리와 진실한 진리로 구분할 경우 진실한 진리를 의미한다. 방편적 진리가 아닌 진실한 진리로 사물의 진정한 모습을 보았을 때 무자성이고 공하다고 하는 것이 승의무성이다.

이 변의원 삼성과 삼무성은 《섭대승론》에서 사승마(蛇繩麻), 즉 뱀과 새끼줄과 삼(麻) 줄 원료의 비유로 설명된다. 어떤 사람이 깜깜한 밤길을 가다가 뱀을 밟고 깜짝 놀랐다. 소름 끼치는 무서움과 징그러움을 느끼면서 집으로 돌아왔다.

　다음날 다시 뱀을 밟았던 자리에 가 보았다. 그런데 그 사람이 전날 밤에 밟은 것은 뱀이 아니라 새끼줄이었다. 뱀을 밟았다고 착각하고 놀랐던 사람은 공연히 새끼줄을 밟고 놀란 것을 어리석은 일이라고 생각했다. 그러나 그가 밟은 새끼줄도 그 본래면목은 새끼줄이 아니다. 마실 또는 삼실을 모아 놓은 것에 불과하다. 마의 실도 계속 추구해 들어가면 원자가 집합된 것이 될 것이다.

　그러나 원자도 실제로 있는 것은 아니다. 원자는 계속 운동 중에 있는 양성자와 중성자로 되어 있다고 한다. 다시 양성자와 중성자를 분석해 보면 그것은 물질이 아니고 힘 또는 에너지로 되어 있음이 나타날 것이다. 이 에너지는 고정적으로 있는 것이 아니라 끊임없이 운동하는 상태에 있다. 고정된 것은 아무것도 잡을 것이 없다.

　뱀도 없고 새끼줄도 없고 마실도 없고, 원자도 양성자와 중성자도 없다. 항상스러운 즉 성품 자성이라고는 어느 곳에서도 찾을 수가 없다. 무자성(無自性)이요, 공(空)이요, 무(無)이다.

　《섭대승론》에서는 뱀과 새끼줄과 삼실의 비유에서 뱀이 본래 뱀이 아닌 것은 변계소집성으로 잘못 인식된 사물이 겉모습에 자성이 없는 것과 같다. 뱀이 아니고 새끼줄이라고 했지만 그 새끼줄을 분석해 보았을 때 그것도 본래 새끼줄이 아닌 것은 의타기성에서 윤회의 방면으로 인식이 잘못되었을 때, 모든 사물이 태어난다고 하더라도 그것에 아무런 자성이 없는 것과 같다.

뱀이라고 착각했지만 뱀이 아니고 새끼줄이라는 것, 새끼줄도 본래 새끼줄이 아니고 삼실이라는 것, 삼실도 본래 삼실이 아니라 원자로 되어 있다는 것, 원자도 실체가 있는 것이 아니고 움직이는 에너지일 뿐이라는 것 등은 원성실성의 진실한 모습에서 사물을 볼 때, 사물이 모두 공해서 아무런 자성이 없는 것과 같다.

삼무성은 일체의 사물에 자성이 없는 것을 나타내고자 하는데 왜 우리가 사물의 무자성에 대해서 알 필요가 있을까? 여기에는 여러 가지 답이 있을 수 있겠지만 우선은 우리가 모든 것이 존재하는 진실한 모습을 보면 좋고 둘째는 남과 나를 편안하게 하기 위해서이다.

산천초목은 변하는 속도가 느리기는 하지만 계속 동일성이 없이 변하는 상태에 있다는 것, 이것은 별로 우리에게 중요하지 않다. 그러나 인간의 마음이 계속 변하는 상태에 있다는 것, 인간이 소유하고 자랑하는 것도 계속 변하는 상태에 있다는 것, 그 변하는 속도가 엄청나게 빠를 수도 있다는 것 등을 아는 것은 중요한 일이다.

왜냐하면 그 변하는 무상한 이치, 내 것이 아닌 이치를 알아야 남이나 자기 자신이 편안할 수 있기 때문이다.

내 부모님·내 아내·내 남편·내 자녀·내 친척·내 친구, 이런 것들이 모두 내 것이 아니다. 나 자신 전체나 나의 마음, 나의 기분에 항상한 자성이 있지 않기 때문에 나와 나의 친지들과의 관계도 나의 마음에 들도록 되어 있지만은 않다. 현재 고3인 내 자녀가 대학에 갈 수 있을 정도로 공부를 잘해 주면 좋겠지만 공부를 못할 수도 있다.

공부를 못하는 것까지는 좋은데 내 맘에 들도록, 내 성에 차도록 노력하지 않을 수도 있다. 노력하기는커녕 부모가 이상으로 생각하는 길과 정반대 방향으로 나갈 수도 있다. 이때에 부모가 자녀를 내 것이라고 생각하거나 나와 내 자녀 사이에 실체적인 것이 있어서 자녀는 내마음대로 따라 주어야 한다고 생각하면 자신도 괴롭고 자녀도 괴롭고 주위도 괴롭다. 괴로워하지 않기 위해서 만물에 자성이 없다는 것을 알려고 하는 것이 아니라 자성이 없는 만물의 모습을 있는 그대로 봄으로써 세상을 있는 그대로 살고자 할 뿐이다.

무자성이나 괴로움이 나와 함께 살아야 할 것이라고 확실하게 알면 그때부터는 괴로움이 아니라 감상이 될 수가 있다.

삼무성과 유식

(해심밀경 4)

사람이 사물에 가격표를 매기는 것까지는 좋지만
문제는 사람이 자기중심적인 이기심을 바탕에 깔고
가치를 정한다는 것이다.

삼성(三性)과 삼무성(三無性)을 바탕으로 유식(唯識), 즉 모든 사물은
분별인식이 지어냈다는 것에 대해서 살펴보자.

불교교리의 뿌리를 알려면 반드시 공사상(空思想)과 유식사상(唯
識思想)을 통과해야 한다. 공사상도 소화하기 어렵지만 유식사상은 더
욱 어렵다. 불자들이 《해심밀경》을 읽는 즉시 유식학에 통달하기를 기
대하지는 않는다. 불교에서 '마음, 마음, 마음'하는데 왜 마음이 그렇
게 중요한지 그 이유를 조금이라도 알기만 하면 그것으로 족하다. 마
음이 중요한 이유를 모르더라도 금생에 인연을 맺어두면 언젠가는 깨

칠 날이 있고 또 설사 교리공부를 하지 않고 참선이나 기도를 하더라
도 어느 날 문득 '아, 이 경계가 바로 그 경계로구나.'하고 마음에 관한
부처님의 말씀을 이해할 날이 있을지도 모른다는 생각에서 유식사상
의 초보를 소개하는 것이다. 《금강경》이나 《관음경》이나 《지장경》 등
을 읽어도 큰 공덕이 되지만 알기 어려운 이 마음에 관한 이야기를 알
아보려고 정신을 집중하는 것도 큰 공덕이 된다.

어떤 가르침이 불교적인 것이냐 아니냐를 가르는 기준은 바로 공
사상과 유식사상이다. 유식사상을 공부하는 것은 불교적인 것에 관한
계측기를 하나 마련하는 셈이 된다.

변의원 삼성이라는 말을 들은 어떤 분은 '저것이 무슨 소리인가.
변씨 성을 가진 의원이 삼성동에 산다는 말인가.'하고 이상하게 생각
할 수도 있다. 또 상생승의 삼무성을 듣고는 '저것은 또 무슨 말인가.
싱숭생숭하는 사람이 사모하다가 삼무성이라는 병에 걸렸다는 말인
가.'하고도 생각할 수도 있다. 그러나 삼성·삼무성 등은 유식사상뿐
만 아니라 불교교리 전체를 이해하는 데 아주 중요한 기초가 되기 때
문에 반복되어진다.

변계소집성·의타기성·원성실성의 삼성과 이 삼성의 진실상을
밝히는 상무성·생무성·승의무성의 삼무성은 다 같이 우리가 접하
고 있는 만법이 다 자성이 없고 공하다는 것을 나타내 준다.

그렇다면 우리는 당연히 눈앞의 현상세계는 무엇이냐는 물음을
일으키게 된다. 산과 강, 하늘과 땅 같은 물질적인 것을 비롯해서 성

공과 실패, 만남과 헤어짐, 행복과 불행 등 정신적인 것들이 분명히 눈앞에 보이고 감촉으로 느껴지고 마음에 떠오르는데 이런 것들이 자성이 없는 거짓이라고 한다면 이것들은 도대체 어떻게 생겨나는 것들이냐는 질문이다.

우리는 '지관법(止觀法)을 닦는 데 나타나는 모든 그림자가 다 마음이 지어낸 것'이라고 보았다. 여기서는 그림자로만 나타나 있지만 《해심밀경》에서의 부처님은 이 세상의 모든 사물을 다 마음의 그림자, 마음이 지어낸 그림자로 보는 셈이다. 마음이 그림자를 지어내고 다시 그 그림자를 본다면 결국 마음이 마음을 보는 셈이다.

제자가 이것을 문제 삼고 부처님께 물으니까 부처님은 거울의 비유를 들어 주신다. 거울 앞에 서면 거울은 그 앞에 서 있는 사람만 반사하는 것과 같이 사람의 마음이 세상을 보는 것도 거울을 보는 것과 같아서 자신이 생각한 것을 볼 뿐이라는 것이다.

삼성과 삼무성은 사물의 무자성과 공함을 밝히고, 만법이 마음의 그림자라는 유식사상은 그 무자성과 공함에 바탕을 두고 그럼에도 불구하고 왜 현상세계가 벌어지는가를 설명하고 있다. 그런데 삼성·삼무성에도 유식사상의 뿌리는 이미 내려 있다. 삼성 가운데 변계소집성, 즉 일체만법이라고 하는 것이 다 사람이 만들어낸 개념과 언어를 붙인 데서 생겨난 것에서 실체적 자성이 없다는 관찰 자체가 사물이 마음의 그림자라는 관찰과 일치한다.

또 의타기성에서 모든 사물의 하나하나는 홀로 일어나지 못하고 연기에 의해서 일어난다는 발상 즉 미혹에 의해서 행동의 업이 있고 업에 의해서 분별인식이 있고 분별인식에서 정신과 육체가 나온다는 식의 발상이다. 인연에 의해 생기는 것들이 자성이 없다는 관찰 자체가 사물이 마음의 그림자라는 유식사상과 일치한다. 변의원 삼성과 상생승의 삼무성이 다 같이 일체법이 자성이 없음에도 불구하고 일체법이 벌어짐을 인정하고 있으므로 사물이 마음의 그림자라는 관찰과 다를 바 없는 셈이다.

세상의 모든 사물이 마음의 그림자라는 말을 듣고 산이나 들이나 강이 자연과학적인 의미에서 존재하지 않는다고 믿을 사람은 아무도 없을 것이다.

부처님도 보이는 것, 들리는 것, 냄새나는 것, 맛있는 것, 감촉되는 것 등이 일반적인 의미에서 존재하지 않는다고 말하지는 않는다. 그러나 인간과 관련을 짓지 않고 있는 그것들은 백지와 같다. 사람들은 그 백지에 사물의 이름을 쓰는 것이다.

장자에 보면 이런 이야기가 나온다. 똑같이 물을 보지만 보는 관점에 따라 물의 이름과 기능이 달라진다. 사람에게는 물이 물론 물이다. 그러나 물고기에게는 물이 공기이다. 다른 동물에게는 물이 불이된다. 똑같은 물이 그것을 보고 이용하는 데 따라서 다른 것이 되어버린다.

여러분들은 이런 이야기를 한번쯤은 들어보았거나 말해본 적이 있을 것이다. 외국인이 한국 사람의 집을 방문했다. 한국 사람은 물에 밥을 말아 먹는 풍습이 있지 않은가. 외국인이 그것을 보고 한국인들은 참으로 음식을 깨끗이 먹는다고 생각했다. 밥상 위에서 밥을 씻어 먹기 때문이다.

그러나 물에 말은 밥을 다 먹고 난 후에 그 물을 후루룩 마시는 것을 본 외국인은 깜짝 놀랐다. 이 이야기는 물론 한국인과 외국인이 쌀밥을 먹는 문화의 차이를 드러내기 위해서 꾸며낸 것이다. 그러나 절집에서 바루 공양을 하고 난 다음에 마지막에 바루에 물을 붓고 밥그릇·국그릇·반찬그릇을 씻어 먹는 것을 처음 본 사람들은 구역질을 하는 경우가 많다. 그러나 구역질을 하던 사람들도 바루 공양을 계속하면 아무렇지 않게 바루 씻은 물을 마실 수 있다.

여러분은 원효대사가 해골바가지에 담긴 물을 마시고 깨달음을 얻었다는 이야기도 들은 적이 있을 것이다. 원효대사가 중국유학을 가는 길에 날이 어두워졌다. 산속에서 잠을 자다가 목이 말라서 그릇에 담긴 물을 마셨다.

다음날 아침에 보니 그가 마신 물그릇은 해골바가지였다. 원효대사는 갑자기 구토 증세를 느꼈다. 그 순간에 원효대사는 문득 일체유심조(一切唯心造) 즉 모든 것이 다 마음이 지은 바이고 마음먹기에 달렸다는 것을 깨달았다. 일체유심조를 깨달은 원효대사는 구태여 중국에 가서 공부할 필요가 없다고 생각하고 신라로 되돌아왔다.

문화의 차이는 사람들의 마음가짐의 차이와 같다. 한 문화권에 속한 사람들은 이렇게 생각하는 것을 다른 문화권에 속한 사람들은 다르게 생각할 수가 있다. 똑같은 것을 문화의 차이에 따라 다르게 생각한다고 하는 것은 사물의 기능이나 용도나 명칭이 본래 있는 것이 아니라 사람이 자기의 편의에 의해서 이름붙인 것이라는 것을 알 수 있다. 부처님의 유식사상은 그것을 말하는 것이다.

똑같은 것도 사람들에 따라 다르게 보여 진다는 것이다. 산이 언제 산이라고 불러 달라고 한 적이 없고 하늘이 언제 하늘이라고 불러 달라고 한 적이 없다. 사람들이 그와 같이 이름을 붙였을 뿐이다. 한 문화권 내에 사는 사람들이 모든 사물에 이름표와 가격표를 붙였을 때 그것들은 그 문화권에 사는 사람들이 공동으로 붙인 이름표와 가격표이다.

그렇게 이름을 붙이고 값은 얼마로 쳐 주기로 다 같이 무언의 약속을 한 것이다. 그 이름과 기능과 가치가 절대적일 수는 없다. 시장에 나오는 물건도 생산과 수요의 차이에 따라서 얼마든지 값이 오르고 내리는 것을 보아도 알 수가 있다.

세상에는 절대적인 가치가 있는 것이 아니라 사람이 가치를 매기는 것이다. 사람이 이름뿐만 아니라 그 가치까지 정한다는 의미에서 그 가치는 외적인 것이 아니라 내적인 것이라는 의미에서 부처님은 일체사물이 다 마음의 그림자라 하고 마음이 지어낸 것이라고 하신다. 자연과학적인 의미에서 주관 외에 객관세계가 없다고 말씀하시는 것은 아니다.

사람이 사물에 가격표를 매기는 것까지는 좋지만 문제는 사람이 공정한 마음으로 가격을 정하는 것이 아니라 자기중심적인 이기심을 바탕에 깔고 정한다는 것이다. 흔히 볼 수 있는 물건에는 낮은 값을 매기고 구하기 힘든 것에 높은 값을 매긴다.

한국에서는 오렌지가 나지 않기 때문에 귤 값에 비해서 오렌지 값이 훨씬 높게 쳐진다. 그러나 미국에서는 한국으로부터 귤을 수입해야하기 때문에 오렌지 값보다 귤 값이 훨씬 더 비싸다. 값만 다른 것이 아니라 어디에서 먹느냐에 따라서 맛이 달라진다. 똑같은 오렌지와 귤이 먹는 장소에 따라서 맛이 달라지는 것이다.

그렇다면 사람들이 고통을 받는 것은 못 먹고 못 입어서가 아니다. 흔하지 않은 것에 높은 가격을 붙여 놓고는 그것을 얻지 못해서 조바심을 내기 때문이다. 스스로 내기를 걸고 스스로 괴로워하는 것이다.

유식사상은 내기를 거는 것까지는 좋으나 그것에 취하지 말라는 것이다. 모든 것이 마음의 그림자라는 것을 항상 생각해서 집착하지 말라는 것이다.

업의 연기와 업종자의 저장
(해심밀경 5)

유식학은 일종의 심리학이나 정신분석학과 같다.
근대의 심리학이 일어나기 수천 년 전에 이미 불교에서는
마음에 대해서 깊이 파고 들었다.

삼성 가운데 변계소집성은 해석하는 사람에 따라서 분별하는 인
식이 되기도 하고 또는 연기를 하는 종자의 알음알이가 되기도 한다.
그리고 의타기성은 바로 인연법을 의미한다.

그런데 '이것이 있음으로써 저것이 있다.'는 식의 연기법은 여러
가지 방식으로 해석된다. 연기방식이 다르다고 해서 우주 진행방식이
여러 가지로 달라진다는 말이 아니라 동일한 우주의 연기 법칙이 여
러 가지 측면에서 해석될 수 있다는 것이다. 《해심밀경》에서의 연기법
은 유식을 기본으로 한 것이다.

　유식을 중심으로 한 연기법은 어떤 종류의 것일까 궁금하다. 업을 중심으로 연기를 설명하는 방식과는 다를 것이다. 그래서 각종의 연기론 가운데 업에 의한 연기론과 식의 종자에 의한 연기론이 어떻게 다른지 살펴볼 필요가 있다.

　불교에서 연기방식은 한량없이 많다. 부처님의 연기법을 새롭게 해석하는 것 자체가 새로운 각도에서 연기를 이해하고 설명하는 것이기 때문이다. 그러나 특징이 두드러진 유명한 연기론으로는 대개 다섯 가지를 꼽는다. 업감연기론·아뢰야연기론·진여연기론·법계연기론·육대연기론이다.

　업에 의한 연기, 아뢰야식에 의한 연기, 진여의 마음에 의한 연기, 여래법성에 의한 연기, 지(地)·수(水)·화(火)·풍(風)·공(空)·식(識)의 육대(六大)에 의한 연기론 등이다. 다섯 가지 유명한 연기론이 있지만 업감연기론과 아뢰야연기론을 알게 되면 다른 연기론도 쉽게 알 수 있을 것이다.

　업감연기론에서는 업이 윤회를 만드는 주원인이 된다. 업감연기론은 아비달마불교 중의 설일체유부(說一切有部)에서 주로 주장하는 연기론 체계이다. 업은 행위 또는 습관을 뜻한다. 범어로는 카르마(karman)라고 한다. 우리의 행위에 습관이 붙으면 어떤 행동을 반복하게 되고, 반복이 바로 윤회가 된다.

　업을 짓는 기관은 크게 세 가지가 있다. 몸과 입과 뜻이다. 보통 신구의(身口意) 삼업(三業)이라고 한다. 또 선악에 따라서 세 가지가 된다. 즉 선과 악 그리고 선도 아니고 악도 아닌 무기(無記)이다. 업을 지으면 과보를 받아야 하는데 그 과보의 시기도 크게 세 가지로 나뉜다. 즉 금생에 짓고 금생에 받는 것, 금생에 짓고 다음 생에 받는 것 그리고 금생에 짓고 언젠가 받는 것 등이다.

업감연기론은 혹업고(惑業苦) 삼도가 나타내듯이 미혹이 있음으로써 업을 짓고 업을 지음으로써 고통의 과보를 받는 순서로 진행된다. 업에 의해서 윤회한다고 하는 것이 불교의 가장 기본적인 연기론이다. 발전된 연기론이라고 하더라도 모두 중생의 업을 인정해야 하므로 이 업에 의한 연기를 전제로 하고 그 위에 독특한 연기체계를 세우는 것이다.

다음은 아뢰야연기론을 알아보자. 《해심밀경》을 기점으로 하는 유식사상에서는 이 아뢰야연기론을 기본으로 해서 진여연기론이나 법계연기론 같은 새로운 연기론의 발전단계를 보인다. 《해심밀경》의 삼성 가운데 의타기성의 직접 아뢰야연기론을 전개하지는 않으나 단순한 형태이지만 유식을 말하므로 의타기성의 연기가 아뢰야연기론적인 것이라고 하겠다.

아뢰야연기론을 말하려면 먼저 아뢰야식의 이름부터 알아야 하고 아뢰야식의 이름을 이해하기 위해서는 유식학 일반에서 사용하는 식의 종류를 알아야 한다.

우리가 일체법을 공부할 때 정리했듯이 인식이 있으려면 먼저 감각기관이 전제된다. 감각기관이란 눈 · 귀 · 코 · 혀 · 몸 · 뜻의 여섯 가지이다. 한문으로 안,이,비,설,신,의라고 《반야심경》에서 자주 외운다. 여섯 감각기관 중에서 앞의 다섯 가지는 순수한 감각기관이고 여섯 번째의 의식은 감각을 통해서 얻은 것을 종합해서 인식하는 것이다. 그래서 앞의 다섯 가지 감각기관의 인식을 전5식이라고 하고 여섯 번째 의식을 제6의식이라고 부른다.

그런데 우리 인간의 인식은 단순히 사물을 보는 것이 아니라 인식 뒤에는 '나'를 만드는 어떤 것이 들어 있다. '자기'를 만드는 이것은 일곱 번째 나오고 또 순수한 인식을 '나'라는 개념으로 전환한다고 해서 제7전식이라고 부른다. 그런데 사람의 인식은 여기서 끝나지 않는다. 인식도 하나의 행위인데 윤회하는 중생들에게는 그 행위라는 업이 저장되는 장소가 필요하다.

그 저장소로서의 인식을 여덟 번째 나오는 것으로 정하고 제8장식이라는 이름을 만든다. 아뢰야연기론의 아뢰야라는 말이 바로 저장하는 식이라는 뜻이다. 이 아뢰야식을 제8식이라고 부르기도 하고 아뢰야식이라고 부르기도 하고 제8아뢰야식이라고 부르기도 한다.

전5식으로부터 제8아뢰야식까지 모두 윤회하는 망령된 인식(認識) 또는 망식(妄識)이 되는데 그렇다면 망령된 인식 뒤에 참다운 인식이 있어야 할 것이다. 그래서 참다운 인식을 아홉 번째에 배정하고 제9진여식 또는 아마라식이라고 부른다.

그렇다면 알 식(識)자 식의 종류는 총 다섯 가지가 있는데 눈 · 귀 · 코 · 혀 · 몸의 제5식, 제6의식, 제7전식 또는 제7말나식이나 제7

사량식, 제8장식 또는 제8아뢰야식, 제9진식 또는 제9아마라식이 되겠다. 총 다섯 가지 종류의 인식의 이름에는 각기 여러 가지의 별명이 있어서 많은 식의 이름이 생긴다.

식의 종류를 도표로 보자.

안이비설신 (眼耳鼻舌身)	의 (意)	전식 (轉識)	장식, 무몰식 (藏識, 無沒識)	진식 (眞識)
전오식 (前五識)	제육식 (第六識)	제칠식 (第七識)	제팔식 (第八識)	제구식 (第九識)
	의식 (意識) 분별사식 (分別事識) 반연식 (攀緣識) 인아식 (人我識)	말나식 (末那識) 사량식 (思量識)	아뢰야식 (阿賴耶識) 이숙식 (異熟識) 아리야식 (阿梨耶識)	아마라식 (阿摩羅識) 암마라식 (菴摩羅識) 무구식 (無垢識) 진여식 (眞如識)

여기서 아뢰야연기론을 설명하거나 제7, 8, 9식 등의 이름을 말하려고 하는 이유는 불교방송 자비의 전화 시간에 많은 분들이 제8아뢰야식과 관련된 질문을 하는 것을 여러 번 들었기 때문이다.

유식학은 일종의 심리학이나 정신분석학과 같지만 근대의 심리학이 일어나기 천오백여 년 전에 이미 불교에서는 마음에 대해서 얼마나 깊이 파고 들어갔는가를 보고 놀라지 않을 수가 없다.

우리가 일반적으로 사용하는 의식은 보통 제6의식이 되지만 그 뒤에 7식, 8식, 9식이라는 심층의식까지 생각했으니 얼마나 엄청난 마음공부 작업의 진전인가. 전5식·제6의식·제7말나식·제8아뢰야식·제9아마라식 등의 이름을 한번 들어 두거나 알아두기만 하는 것으로도 부처님과 조사스님의 깊은 가르침에 대한 찬탄이 되고 감사가 되고 공덕이 될 것이다.

앞에서 업감연기론을 간단히 살펴보았지만 이 연기론이 설명하지 못한 것이 있다. 그것이 무엇이냐 하면 결과를 초래할 때까지의 업력이 어디에 보존되느냐는 문제이다.

업을 지으면 그 과보를 받게 마련이다. 그러나 그 과보가 바로 오기도 하지만 여러 생 뒤에 오기도 한다. 그렇다면 그 업력이 어디에 보존되느냐는 것이다. 업에 의해서 연기한다는 연기론체계에는 지어진 업이 보관되는 장소가 설명되어 있지 않다는 것이다.

이 문제에 대한 해답으로 제6식 외에 업력종자의 저장식인 제8식인 아뢰야식을 상정하고 우리가 행하는 모든 업력이 종자가 되어 아뢰야식 내에 보존되어 있다가 다음 인연을 만나 연기된다고 설명하는 것이 바로 아뢰야연기론이다. 연기의 주체가 아뢰야식이다. 이 아뢰야식으로부터 만물이 나타난다는 설명이다. 아뢰야연기론은 식의 종자를 중심으로 윤회의 과정을 설명하는데 크게 세 단계의 연기가 순환적으로 계속된다.

세 단계란 우리의 일상생활 행동이 마음속의 종자식을 훈습하는

것, 훈습을 받은 종자식(種子識)이 우리의 행동으로 나타나는 것, 그리
고 종자식이 다른 종자식을 배출하는 것이다. 업감연기론에 비해서는
아뢰야연기론이 보다 발전적으로 부처님의 연기법을 풀이했다고 할
수 있지만 조사스님들은 이 아뢰야연기론에도 문제점이 있다고 생각
하고 그 보완으로 진여연기론과 법계연기론을 폈다.

주관과 객관의 분열

(해심밀경 6)

자연과학적인 의미에서의
객관세계가 있기는 하지만 그것은 백지상태와 같다.
인간이 의미를 붙여야만 비로소 존재하는 것으로 나타난다.

《해심밀경》 중에 아뢰야식 연기에 있어서 어떻게 현상세계가 벌어지느냐는 것과 유식학의 계보를 간략히 살피도록 하겠다.

아뢰야연기론에서는 현상세계의 일체만물이 모두 아뢰야식에 저장된 식(識)의 종자로부터 나온다고 한다. 우리의 행동습관이 아뢰야식 종자를 만들고 종자가 행동현상으로 나타나는 것이다. 아뢰야식연기의 원칙적인 입장은 일체만법이 다 아뢰야식의 나타난 바라고 하는데 그것이 현실적으로 어떤 의미인가를 살펴볼 필요가 있다.

그리고 유식학의 기초인 《해심밀경》을 공부하기도 힘든데 유식학을 전문적으로 풀이하는 논장까지 들어갈 수는 없다. 그래서 유식학의 대표적인 주창자와 계승자는 누구이고 어떤 논문들이 있는지 살펴보는 것으로 유식에 관한 것은 마치려고 한다.

아뢰야연기론에서 아뢰야식이 온 세상을 만든다고 하는 말을 그대로 믿을 사람은 없다. 어떤 사람이 살아 있거나 말거나 이 세상의 자연은 그대로 있기 때문이다. 부처님이나 조사스님들이 연기론을 말하면서 인간이 있거나 말거나 강산은 그대로 있다는 것, 또 사람들이 그것을 알고 있다는 것을 알지 못하고 아뢰야연기를 말하는 것은 아닐 것이다. 사람의 뜻과 상관없이 해와 달은 뜨고 지고, 봄 · 여름 · 가을 · 겨울은 계속적으로 반복된다.

바닷물은 누가 보거나 말거나 밀물과 썰물을 만들고 바람은 사람이 싫어하거나 좋아하거나, 좋은 일을 하거나 나쁜 일을 하거나 상관없이 분다. 따라서 아뢰야연기론은 어떤 조물주처럼 자연과학적인 의미에서 이 세상을 만들어낸다는 말이 아니며 아뢰야식이 없다면 산도 없고 들도 없다는 뜻도 아니다.

자연에 이름을 붙이고 가격표를 붙이는 것은 인간의 마음이다. 자연은 금은 값이 비싸고 동은 값이 싸다고 말하지 않는다. 다이아몬드가 크면 값이 더 나간다고 말하지도 않는다. 사람이 그렇게 가격표를 붙일 뿐이다.

우리나라 속담에 '부뚜막에 있는 소금도 먹어봐야 짜다.'는 말이 있다. 있는 것만으로는 아무 소용이 없고 사람이 움직여서 그것을

566

활용할 때 그것의 가치가 있다는 뜻이다. 인간의 마음이 섞이지 않은 자연은 아무 그림도 그리지 않는 화폭과 같다. 자연 그 자체로는 아무런 의미가 없기 때문이다. 사람의 마음이 그 화폭에 그림을 그리는 것이다.

사람의 마음 형편에 따라서 바닷가에 불어오는 바람의 의미가 달라진다. 자그마한 통통선을 타고 고기를 잡는 어부에게 있어서는 강한 바람이 무섭게 느껴진다. 그러나 신혼여행을 가서 바닷가를 거니는 남녀에게 있어서 세차게 불어오는 바람은 그들의 낭만을 부추긴다. 바람이 신부의 머리와 치마를 날릴 때 신랑은 그 모습을 사진 찍으려 할 것이다. 신부의 머리와 치마를 날리듯이 부는 바람이 마음속의 정열을 표현하는 것처럼 해석될 수도 있기 때문이다. 또 똑같은 달도 사람의 마음에 따라서 기쁘게 보이기도 하고 슬프게 보이기도 한다.

아뢰야식의 연기는 마음이 주관과 객관으로 분열되어서 사람이 객관을 본다고 하더라도 본래 주관과 객관으로 분열된 자기 자신의 마음을 본다고 한다. 자연과학적인 의미에서의 객관세계가 있기는 하지만 그것은 백지상태와 같아서 인간이 이름을 붙이고 의미를 붙여야만 비로소 존재하는 것으로 인간 앞에 나타난다.

시각장애인에게는 어떤 아름다운 색을 가진 옷이나 걸작품도 없는 것과 같고 청각장애인에게는 어떤 음악이나 소리도 없는 것과 같다. 인간은 자기가 아는 개념과 지식으로 사물을 판단한다.

그 개념과 언어와 지식은 사람들이 공동으로 만들고 축적했거나 개인의 가치관 또는 기분이 만든 것일 뿐이다.

인간의 마음이 내면의 미혹 때문에 사물을 있는 그대로 보기 힘든 것은 물론이거니와 감각기관도 사물을 바로 보는 데 본래적인 한계를 가지고 있다.

여러분은 큰 그릇에 물을 담아 놓고 그 안에 긴 막대기를 집어넣고 그것을 본 경험이 있을 것이다. 이때 물속에 담긴 부분과 담기지 않은 부분 사이에 굴절이 있는 것처럼 보이는데 이것은 사람의 마음이나 기분에 따라서 물속에 잠긴 나무 막대기를 굽어진 것으로 보는 것이 아니라 누가 보아도 마찬가지이다.

그러나 실제로는 막대기는 굽어 있지 않다. 이것은 인간이 가지고 있는 감각기관의 한계 때문에 사물을 바로 볼 수 없다는 한 예이거니와 마음의 세계에서는 얼마든지 왜곡되게 판단할 수가 있는 것이다. 모든 것이 마음이 지은 바라고 하는 유식의 가르침은 이 같은 인간 마음의 한계와 사물을 파악하는 실태를 여실히 보여 줌으로써 인간을 바르게 사물을 보는 길로 안내하고자 하는 것이다.

《해심밀경》에서 귀에 익지 않은 용어는 변의원(遍依圓) 삼성과 상생승의(相生勝義) 삼무성 뿐이다. 이런 용어들만 들어도 어렵게 생각해 쉽게 설명하려고 하다 보니 유식사상을 너무 단순화한 점도 있다. 그러나 그 이상 더 깊이 유식에 대해서 공부하고자 하는 불자들이 계시면 책에 의지하는 수밖에 없다. 여기서는 단지 유식학의 기본 주창자들과 논장들을 소개하는 정도로 유식의 문제는 마무리해야 할 것 같다.

　유식사상의 개조는 미래에 부처님이 될 미륵보살이다. 미륵보살이 역사적인 인물인지 경전 상에 나타나는 천상의 인물인지는 확실치 않다. 그러나 미래에 용화세계의 교주로 나타날 보살로서 수행하는 이인 것만은 분명하다. 미륵보살의 저작이 있는 것으로 보아 실제로 누구든지 관계없이 그런 사상을 가지고 저술한 분은 있었을 것이기 때문이다. 미륵보살이 유식사상을 폈기 때문에 유식사상은 미륵부처님과도 관계가 깊다.

　우리나라에서도 금산사에서 진표율사가 법상종을 세웠는데 미륵부처님을 모셨으며 속리산 법주사에도 마찬가지로 미륵부처님을 모셨다. 미래불 교법의 기본을 유식사상에 두고 있기 때문에 법상종의 개조인 진표율사가 금산사와 법주사 그리고 관촉사에 미륵부처님을 모신 것이다.

　미륵부처님이 될 미륵보살은 유식학에서 중요시되는 저술들을 남겼는데 유명한《유가사지론》《대승장엄경론》《중변분별론》《현관장엄론》《법법성분별론》등이 그것이다. 이 이름들을 외우려고 애쓸 필요는 없으며 알고 싶으면 사전이나 교리입문서를 읽으면 된다.

　유식불교를 크게 일으킨 이는 무착보살과 세친보살 형제이다. 역사적인 인물에게 보살이라는 칭호를 붙이는 것은 이 두 유식학자가 용수보살에 버금갈 만큼 높은 도(道)의 경지에 이르렀기 때문이다.

용수보살이 공사상(空思想)의 대가인 데 비해서 무착보살과 세친보살은 그 공사상에 바탕을 둔 유식사상(唯識思想)의 대가이다. 무착보살과 세친보살은 형제이지만 나이 차이가 약 20년이 되는 것으로 전해지고 있다.

무착보살은 어린 나이로 출가했다. 처음에는 소승인 설일체유부에 들어갔으나, 소승·대승의 경전을 섭렵한 뒤에는 대승사상(大乘思想)으로 돌아섰다.

무착보살은 미륵보살을 친견하기 위해 오랜 세월을 발원하고 고행한 끝에 미륵보살로부터 유식사상을 전수받았다고 한다. 무착보살은 미륵보살로부터 받은 가르침을 체계화하여 저술을 남겼다. 주요 저술로는《섭대승론》《대승아비달마집론》《현양성교론》《순중론》《금강반야경론》 등이다.

이 중에서《순중론》은 용수보살의 공사상에 관한 저작인《중론》을 주석한 것이고,《금강반야경론》은《금강반야경》의 공사상을 풀이한 것이다. 무착보살의 저작 중에서 유식사상에 가장 공헌한 것은《섭대승론》이다.

무착보살의 동생인 세친보살은 처음에 형처럼 소승불교에 들어갔으나 뒤에는 형인 무착보살의 감화에 의해 대승사상으로 돌아섰다. 세친보살은 소승의 아비달마불교에 통달하고 소승불교사상 전체를《아비달마구사론》이라는 책에 총정리 했다.

세친보살의 유식사상에 관한 저술로는《유식이십론》《유식삼십

송》《대승성업론》《대승오온론》《대승백법명문론》《불성론》 등이 있
으며 미륵보살이 지은《중변분별론》과 무착보살이 지은《섭대승론》과
《대승장엄경론》에 대한 주석서도 남겼다.

　　세친보살의 유식사상에 대한 해석의 차이로 유식불교는 크게 두
줄기로 갈라진다. 인도에서의 안혜와 중국에서의 진제삼장으로 이어
지는 섭론종 계열과 인도에서의 진나 · 호법 · 계현 등과 중국에서의
현장법사로 이어지는 법상종 계열이다. 중국에서 각기 독특한 관점에
서 유식학을 해석한 이로는 진제삼장과 현장법사이다. 진제삼장의 유
식관계 경론 한문번역을 구역이라고 하고, 현장법사의 것을 신역이라
고 부른다.

십바라밀
(해심밀경 7)

공의 세계, 무의 세계에서 남는 것이란
육바라밀을 행하는 것, 불도를 닦는 것뿐이다.
육바라밀로 나와 나의 주변을 장엄하는 것뿐이다.

《해심밀경》에서 관자재보살이 부처님께 여쭌다. 보살도를 닦는 보살의 삶이 다른 존재의 삶보다도 수승한 이유가 무엇이냐는 것이다. 부처님의 답변 중에서 특히 우리의 관심을 끄는 것은 '보살은 일부러 어려움을 택하는 힘이 있다.'고 하는 것이다. 보통 사람은 어려움을 피하려고 한다. 남의 어려움을 피하는 것은 물론이거니와 자신에게 당연히 닥칠 어려움마저도 피하려고 한다.

우리가 불도를 닦으면서 탐 · 진 · 치 삼독심을 지우려고 하지만 욕심내지 않기가 어렵고 성내지 않기가 어렵다. 우리는 우리의 마음이 지옥과 아귀와 축생으로 떨어지는 것을 붙잡기에도 힘이 든다. 그래서 어떤 때는 '될 대로 되라.'고 자포자기 하기도 한다. 혼자 고요히 있을 때는 아쉬운 대로 마음을 잡기도 하지만 부딪히는 경계를 당해서는 마음이 흐트러진다.

그러나 보살은 일부러 어려운 경계를 선택해서 이기는 힘을 가졌다고 한다. 보살이 어려움을 택한다고 하지만 그것은 중생의 입장에서 분별심을 내는 것이고 보살은 우리 삶의 존재실태를 여실히 보기 때문에 새삼스럽게 어렵다거나 쉬운 것이 없는 것이다.

그래서 중생의 눈으로 보았을 때 어려운 일이 보살의 눈으로 보았을 때는 좋은 일이 되는 것이다. 보살은 중생의 어려운 일을 쉬운 일로 삼고 일부러 그 일을 행하는 힘을 가졌다고 한다. 이 어려움을 고의로 선택한다는 말씀은 육바라밀을 설하기 전에 나오는데 육바라밀의 보살도를 행하려면 어려움을 일부러 택해서 행할 수 있어야 한다는 뜻이기도 하다.

관자재보살은 보살이 닦아야 할 것에 대해 묻고 부처님은 보시(布施)・지계(持戒)・인욕(忍辱)・정진(精進)・선정(禪定)・지혜(智慧)의 육바라밀(六波羅蜜)을 설하신다.

그러자 관자재보살은 육바라밀의 순서가 이처럼 정해진 데 어떠한 이유가 있느냐고 물었고 이에 부처님은 이렇게 대답하신다.

선남자야, 각 바라밀이 차례로 이끌어 나오기 때문이니라. 이른바 보살

이 재물에 대해서 인색하거나 집착하는 마음이 없으면 능히 청정한 금계(禁戒)를 받아 지니고, 금계를 지키면서 인욕을 닦고, 인욕을 닦는 가운데 정진의 노력을 내고, 정진하는 중에 마음을 집중하는 선정을 닦고, 선정 속에서 능히 세간의 번뇌 얽힘에서 벗어나는 지혜를 얻느니라. 그래서 나는 바라밀을 닦는 데 이 같은 차례를 두느니라.

우리가 《반야경》을 읽을 때, 한 바라밀을 닦는 것은 다른 전체 바라밀을 다 닦는 것이라고 한 적이 있다. 여기서는 차례의 연결이 강조되고 있는데 한 바라밀을 닦는 것이 다른 바라밀을 닦는 것과 차례로 연결된다고 하는 것은 결국 한 바라밀에서 육바라밀 전체를 닦는다는 뜻이 된다.

관자재보살은 이 육바라밀을 닦는 데 도움이 될 보조 바라밀을 설해주십사고 부처님께 부탁드린다. 부처님이 육바라밀에 추가되는 사바라밀(四波羅蜜)에 대해 설하신다.

선남자야, 이 네 가지 바라밀은 육바라밀을 실천하는 데 돕는 짝이 되느니라. 보시·지계·인욕을 닦는 보살은 모든 일을 포섭하는 선교방편이 있어야 하느니라. 그래서 방편(方便)바라밀은 육바라밀 중 맨 먼저의 세 가지 바라밀과 짝이 된다고 하느니라. 정진바라밀을 닦는 보살은 목표가 뚜렷해야 하느니라. 그래서 원(願)바라밀은 정진바라밀과 짝이 된다고 하느니라. 선정바라밀을 닦는 보살은 마음에 집중하는 힘이 있어야 하느니라.

그래서 힘 역(力)자 역바라밀은 선정바라밀과 짝이 된다고 하느니라. 지혜바라밀을 닦는 보살은 육바라밀 전체를 잘 닦고 선정의 고요한 마음을 일으켜서 세간을 벗어나는 지혜를 일으키나니, 그래서 지(智)바라밀은 지혜바라밀과 짝이 된다고 하느니라.

원문을 그대로 옮기기에는 양이 너무 많고 또 복잡하기 때문에 간단하게 요점만 간추려 보았다. 여기서 추가되는 방편·원·역·지의 사바라밀이 계(戒)·정(定)·혜(慧) 삼학과 정진에 배당된다. 방편은 보시·지계·인욕에, 원은 선정에, 지는 지혜에, 역은 정진에 각기 배당된다.

육바라밀에 속하는 지혜와 십바라밀의 마지막인 지는 한문으로는 똑같이 지혜 지(智)자이지만 산스크리트어로는 차이가 있다. 지혜(智慧)는 범어로 프라즈냐(prajñā)이고 지(智)는 범어로 즈냐나(jñāna)이다. 프라즈냐의 지혜는 포괄적인 것이고 즈냐나의 지는 좁은 의미에서의 예지나 지적 덕성과 같다.

육바라밀 전체가 반야바라밀에 속하기도 하고 또 지혜를 구체적으로 푼 것이 추가된 사바라밀이기도 하다. 그래서 프라즈냐의 지혜를 전체 총괄의 지혜라고 한다면 즈냐나의 지는 좁은 의미의 예지라고 하겠다.

방·원·역·지의 사바라밀 가운데서 방편(方便)은 두 자로 되어 있고 또, 우리가 자주 쓰는 말이지만 나머지 세 가지는 한 자로 되어 있어서 두 자 단어로 만들어야 이해하기가 쉬울 것이다. 원은 발원(發願)으로 고치면 되겠고, 역은 집중력(集中力)으로 바꾸면 되겠다.

그리고 지는 지혜라는 말이 이미 육바라밀에 있기 때문에 지혜라는 말을 쓸 수는 없고 우선 아쉬운 대로 예지(睿智, 銳智)라는 말로 옮겨야 하겠다. 그러면 육바라밀의 보조, 또는 반야바라밀의 내용으로서의 사바라밀은 방편·발원·집중력·예지가 된다. 육바라밀을 닦기 위해서 방편을 쓰고 발원을 세우고 힘과 지모를 쓴다는 말이다.

불도를 닦는다 함은 불교의 실천덕목을 행한다는 말이다. 불교의 실천덕목 가운데서 대표적인 것은 육바라밀이다. 그렇다면 불도를 배우는 것은 육바라밀을 배우는 것이 된다. 육바라밀을 실천하기 위해서는 실천할 구체적인 방법이 있어야 하겠는데 그 묘안을 찾는 것이 바로 방편이 될 것이다.

육바라밀 실천의 한 방편으로 필자는 신도들에게 매일 새벽기도를 할 때 육바라밀을 반성하고 계획하라고 권한다. '내가 지난 하루 동안 실천한 육바라밀은 어떤 것들이 있었나.'를 반성하고, '내가 오늘 육바라밀 가운데 어떤 것을 실천할 것인가.'를 계획하는 방법이다. 매일 새벽마다 육바라밀을 반성하고 계획하기 때문에 어떤 일을 할 때마다 내가 이 일 중에서 육바라밀의 정신을 살려서 행할 방도는 무엇인가를 생각한다.

육바라밀을 실천하지 못하는 불자도 많지만 우리가 상상할 수 없는 높고 깊은 경지에서 불도를 닦는 분들도 많다. 간병사나 파출부 일을 하면서 보살행을 하고 자신의 마음을 점검하는 불자들 그룹도 있고 도반들끼리 자주 모여서 각자의 바라밀행과 마음의 흐름을 교환하는 불자들 그룹도 있다.

부처님의 공사상과 무아사상은 인생이 한바탕의 춘몽임을 알려준다. 정신적이거나 물질적으로 남는 것은 아무것도 없다. 남는 것이란 육바라밀을 행하는 것, 불도를 닦는 것뿐이다. 육바라밀로 나와 나의 주변을 장엄하는 것뿐이다. 얻음이 없음을 얻는 지혜 즉 반야를 얻는 것뿐이다. 이 궁극적인 목표를 향하는 것이 바로 발원이 된다. 인생을 주변 환경에 의해 끌려가면서 사는 것을 업의 생활이라고 한다. 업의 생활은 습관과 타성의 연속이다. 기계처럼 살다가 가는 생활이다. 인간의 본능과 그 본능이 펼칠 삶의 코스가 뻔하기 때문에 그 삶의 그와 같이 살았다고 해서 전혀 새로울 것이 없다.

그러나 발원의 삶은 본인 자신의 의지에 의해서 삶의 코스를 잡는 것이다. 환경에 의해서 끌려가는 것이 아니라 환경을 끌고 간다. 그래서 발원으로 사는 길은 주위 환경이 전혀 예측할 수 없다. 삶 그 자체가 하나의 새로운 창작품이요 예술품이며 문학작품이요 드라마이다.

방편과 발원 다음에는 힘이다. 이 힘은 노력하는 힘, 집중하는 힘 정도로 해석되어 왔다. 현대사회에서 힘은 조직력 또는 공동체의 힘으로 해석되어야 한다. 수행과 포교를 개인적으로 하는 것보다는 집단적으로 행할 때 대단한 위력을 발휘하기 때문이다. 1,000명이 있는 곳에서 100명이 집단을 이루어 바른 길을 외치면 무작정 앉아 있는 900명이 100명에 의해 끌려가는 것이 힘의 원리이다.

불교의 약점은 조직력이 없고 공동체 정신이 부족하다는 것이다. 요즘에는 불교인들도 그 점을 깨닫기 시작한 것 같다. 육바라밀은 수행인 동시에 포교이다. 조직적으로 수행하고 힘을 집중해서 포교한다면 개인적으로 하는 것보다도 몇 배의 효과를 거둘 것이다.

아미타불의 좌우에는 관세음보살과 대세지보살이 있다. 우리는 관세음보살은 알아보면서도 대세지보살, 즉 큰 힘의 보살은 그냥 지나치는 경우가 많다. 옛 스님들이 이유 없이 대세지보살을 아미타불 옆에 모신 것이 아니다. 옛날에는 마음을 모으는 힘으로만 충분했지만 지금은 마음과 아울러 대중의 행동을 모으는 힘이 요구된다.

범어 즈냐나를 번역한 예지는 방편과 발원과 조직력을 한 줄기로 엮는 슬기이다. 궁극적인 지혜는 육바라밀 중에 반야바라밀로 충분하다. 육바라밀을 잘 닦기 위해서는 방편과 발원과 조직력이 한데 어우러져야 한다. 이것들을 묶는 것이 바로 사바라밀 마지막의 예지라는 것이다.

여래장과 식의 결합
(능가경 1))

능가경에서 여래장과 아뢰야식을
결합하려고 시도했고 이것을 이어받아서 대승기신론에서
그 결합작업을 보다 정연하게 마무리한다.

반야부 경전에서 공사상이 설해지고 《법화경》에서 공사상을 참 사상을 뒤집어서 나타내지만 그럼에도 불구하고 공사상을 보충할 필 요를 느끼게 된다. 비었다는 사상과 차 있다는 사상에서는 사물의 존 재 상태를 직접적으로 파악하기 때문에 눈앞의 일체만물을 공으로 보 거나 적멸의 실상으로 본다.

그래서 왜 현상의 미혹세계가 벌어지고, 이 미혹의 세계에서 깨 달음의 세계로 갈 가능성은 어디에 있는가에 대해서 설명할 필요를 느끼게 된다. 미혹의 세계가 벌어지는 이유와 과정을 설명한 것이 유식사상(唯識思想)이고 미혹의 세계에서 깨달음의 세계로 갈 수 있는 가능성과 그 근거를 설명한 것이 여래장(如來藏) 불성사상(佛性思想)이다.

우리는 《승만경》에서 여래장사상을 살펴보고 《대승열반경》에서 불성사상에 대해서 공부했다. 그리고 《해심밀경》에서는 유식사상의 기초를 공부했다. 우리가 공부하려고 하는 《능가경(楞伽經)》은 유식사상과 여래장사상을 통합하려고 하고 있다. 《승만경》과 《열반경》에서는 여래장이나 불성이 제8아뢰야식 또는 종자저장식과 아무런 관련이 없다. 그리고 《해심밀경》에 바탕을 둔 유식사상에서는 아뢰야식에 여래장이나 불성이 들어 있지 않다.

그래서 《능가경》은 여래장과 아뢰야식을 통합하려고 한다. 여래장과 아뢰야식을 한 덩어리로 보아서 여래장이 무명에 덮여서 윤회의 세계를 전개하는 면을 보면 아뢰야식이 되고, 아뢰야식에서 무명이 벗겨지고 깨달음의 세계로 회귀하는 면을 보면 여래장이 된다. 《능가경》에서 여래장과 아뢰야식을 결합하려고 시도했고 이것을 이어받아서 《대승기신론》에서 그 결합작업을 보다 정연하게 마무리한다.

우리는 앞에서 대승경전이 이루어진 시기를 대략 3기로 나누어 보았었다. 1기를 용수보살가지, 2기를 세친보살까지, 3기는 세친보살 이후로 잡았다. 무착보살이나 세친보살의 저술에 이 《능가경》에 대한 언급이 없는 것으로 보아서 《능가경》은 세친보살 이후에 이루어진 것으로 짐작된다.

《능가경》은 여래장과 아뢰야식을 합치는 시도로서 유명하지만 중국 선종 초기의 소의경전으로서도 또한 유명하다. 달마대사로부터 혜능대사까지의 6대 가운데에 5조 홍인대사와 6조 혜능대사 이후에는 소의경전이 《금강경》으로 옮겨졌지만 그 이전에는 《능가경》이 대단히 중요시 되었다.

특히 중국 선종의 초조 달마대사는 제2조 혜가대사에게 《능가경》에 의지해 공부할 것을 권했고 또 혜가대사도 제자들에게 《능가경》을 가장 긴요한 경으로 공부하게 했다고 전해지고 있다. 《능가경》에는 선의 종류를 네 가지로 구분한다.

어리석은 범부들이 행하는 선, 뜻을 관찰하는 선, 진여와 반연을 맺고 가까워지는 선, 여래께서 행하는 선 등이다.

《능가경》은 범어본도 있고 티벳 번역본도 2종이 있다. 한문으로는 4번 번역되었다고 알려지고 있지만 현재는 3가지만 전해지고 있다. 구나발타라가 번역한 《능가아발타라보경(楞伽阿跋陀羅寶經)》4권, 보리류지가 번역한 《입능가경(入楞伽經)》10권, 실차난타가 번역한 《대승입능가경(大乘入楞伽經)》7권이다. 《능가경》은 또 영어·일어·한글 같은 현대어로도 번역되어 있다.

《능가경》의 내용을 알아보는 데 있어서 우리의 관심은 《능가경》이 어떤 방식으로 여래장사상과 불성사상을 결합시키느냐는 것이다. 그래서 먼저 여래장과 장식(藏識)과 무아의 문제를 생각해 보겠다. 여래장이란 우리가 《승만경》을 공부할 때 살펴본 것처럼 여래의 성품이 무명에 덮여 있는 것을 말한다. 중생들에게는 누구를 막론하고 여래의 성품이 감추어져 있다는 것이다. 그리고 장식은 업의 종자를 저장하는 식이라는 뜻이다. 《해심밀경》을 공부할 때 살펴본 아뢰야연기론에 있어서의 제8아뢰야식과 같은 것이다.

대혜보살이 부처님께 여쭌다.

세존이시여, 원컨대 모든 사물의 나고 죽는 모양을 말씀해 주옵소서. 만약 무아라면 누가 나고 누가 멸하나이까?

이에 대해 부처님께서 답하신다.

대혜여, 시초 없는 허위 악습에 훈습된 것을 장식이라고 이름 하느니라. 이 장식에서 나라는 생각을 일으키는 7전식을 내고, 무명이 머무는 곳이니라. 비유하면 큰 바다에 파도가 이는 것과 같아서 그 체(   )는 항상 계속되어 끊이지 않느니라. 본성은 청정하여 무상의 허물을 떠났고 나라는 생각도 떠났느니라. 만일 여래장에 장식이라는 생각이 없으면 곧 나고 죽음이 없느니라.

여래장 장식의 본 성품은 청정하지만 객진으로 물들여져서 부정하게 된 것이니라. 나는 승만 부인과 그 밖의 지혜 보살들을 위해서 여래장의 이름인 장식이 7전식과 더불어 일어남을 말하여 모든 소승들로 하여금 모든 사물을 구성하는 원소나 원자 자체에 실체적인 나가 없음을 보게 하였느니라.

여래장의 장식은 부처의 경계이므로 너희들 같은 비구와 청정한 지혜의 보살들이 행할 바요, 외도와 소승이 행할 바가 아니니라.

〈장식품〉에서 일반대중이 이해하기 어려운 부분은 빼고 그러면서도 여래장과 장식이 결합되는 부분들은 간추려 보았다. 일체만법은 현재 생멸하고 있는데 그 생멸의 실상은 무엇이며, 무아라면 무엇이 주체가 되어 생멸하느냐는 문제를 대혜보살은 제기한다.

《능가경》은 먼저 장식 즉 아뢰야식이라는 업종자의 저장식과 여래장을 한 덩이로 만든다. 마음바탕은 본래 청정하고 한결 같은데 그곳에 시초를 알 수 없는 무명이 훈습해서 그 청정한 마음바탕을 덮었다. 본래 청정한 마음바탕이 바다의 본체라고 한다면 그 마음을 덮은 미혹무명은 바다 위에서 바람에 의해 움직이는 파도와 같다.

마음바탕을 여래법신이라고 한다면 업종자를 저장하는 아뢰야식 즉 장식은 그 마음을 덮은 껍데기와 같다. 여래법신이 중생의 미혹 가운데 감추어 있다는 것을 나타내기 위해서 여래장이라고 한다.

파도를 일으키는 업력의 측면에서 보면 업종자 저장식이요, 파도 아래 항상 그대로 있는 바다의 측면에서 보면 여래장이다. 파도가 끊임없이 움직임에도 불구하고 바다는 항상 그 자리에 있다. 파도가 움직이는 것처럼 모든 사물은 다 무아이다. 실체가 없다. 어떤 사물이 실체가 없을 뿐만 아니라 그 사물을 구성하고 있는 원소의 원자도 실체가 없다.

사물이 실체가 없는 것을 아공(我空)이라고 한다면 사물을 구성하는 것 자체에 실체가 없는 것을 법공(法空)이라고 한다. 파도와 그리고 그 파도를 이루는 물을 끝까지 추구하면 실체가 없어서 아공이고 법공이지만 그럼에도 불구하고 바다는 항상 그대로 있다. 바다는 고정적인 개체를 뜻하는 것이 아니라 파도와 바다를 다 지워버리는 것을 뜻하기 때문이다. 항상 지워지면서 항상 그대로 있는 것을 항상 무아이면서 항상 여래법신인 여래장이라고 한다.

아뢰야식은 물론 무아이거니와 여래장도 실체로서의 나가 아니라 실체가 없는 진리를 몸으로 삼는 법의 몸을 나로 삼기 때문에 무아이다. 그래서 무아이면서도 윤회가 있고 윤회가 있으면서도 여래법신은 항상 그대로 있다.

피카소의 그림 가운데 반쪽 몸을 남자로 그리고 반쪽 몸을 여자로 그린 것이 있다. 또 앞면은 늑대의 얼굴로 만들고 뒷면은 천사의 얼굴로 만든 것도 있다. 《능가경》이 여래장과 망념 된 분별심인 아뢰야식을 결합시키려고 하는 것은 한 몸에 좋은 쪽과 나쁜 쪽을 만드는 것과 같다. 단지 피카소의 그림은 형상이기 때문에 분명히 좌우와 앞뒤가 나뉘어져 있지만 여래장과 아뢰야식은 한 몸으로 뒤엉켜 있어 좋은 쪽에서 보면 전체가 여래장이고 나쁜 쪽에서 보면 전체가 망념을 일으키는 아뢰야식이다.

세상일을 보면 좋은 마음을 내는 사람도 많고 나쁜 마음을 내는 사람도 많다. 김밥장사를 해서 번 돈 수십억 원을 장학금으로 선뜻 희사하는 이가 있는가 하면 얼마 안 되는 돈을 얻기 위해서 사람을 해치는 이도 있다. 어떻게 하면 나를 버려서 세상을 위해 좋은 일을 해볼까 하고 눈을 두리번거리면서 다니는 이가 있는가 하면 세상 사람 전체에 대해서 원한을 품고 어떻게 하면 세상 사람들을 골탕 먹일까 하는 못된 궁리만 하고 다니는 사람도 있다. 그렇다면 좋은 마음만을 먹는 사람이 따로 있고 나쁜 마음만을 먹는 사람이 따로 있을까. 그렇지 않다. 인간에게는 좋은 마음과 나쁜 마음이 똑같이 있다. 어떤 마음을 먹느냐에 따라서 좋은 사람도 되고 나쁜 사람도 된다. 여래장과 장식도 한 덩어리로 있다는 것이다.

우리의 마음을 들여다보아도 마찬가지이다. 지옥·아귀·축생의 마음이 있는가 하면 보살도를 닦아서 부처가 되고 싶은 마음도 있다. 사랑을 받고 싶은 마음이 있는가 하면 자신에게 있는 사랑을 다 퍼내어 주고 싶은 마음도 있다.

이 글을 읽는 여러분들은 모두 해탈의 길을 찾는 분들이다. 그러나 윤회의 길에 대한 미련이 없는 것은 아니다. 단지 해탈을 찾아가는 마음을 쓸 뿐이다. 여래장과 아뢰야식은 이처럼 같이 있다는 것이다.

인무아와 법무아
(능가경 2)

자기 자신을 아무리 무아라고 부정하더라도
어떤 것에서 자신의 분신을 살리려고 하는 이는
결국 인무아나 아공마저도 모르는 사람이다.

《능가경》에서 교리적으로 중요한 것은 오법(五法)과 삼성(三性)과 장식(藏識)과 이무아(二無我)이다. 그래서 《능가경》이 처음 설해졌을 때 그 법회에 모인 청중보살들은 모든 이 오법과 삼성과 장식과 이무아를 통달했다고 경은 소개한다. 우리는 이미 《해심밀경》에서 변의원(遍依圓) 삼성에 대해서 살펴본 바 있다. 장식 또는 제8아뢰야식에 대해서도 기초를 공부했다.

오법은 명칭 · 모양 · 분별 · 바른 지혜 · 진여지만 이것도 삼성 중에 포함되는 것이다. 그래서 우리는 《능가경》이 소개하는 네 가지 선

가운데 아공과 법공인 두 가지 무아에 대한 지식을 요구하는 것이 있기 때문에 그곳에서 유식에서 의미하는 이무아가 무엇인지에 대해서 보도록 하자. 부처님이 말씀하신다.

대혜여, 네 가지의 선이 있느니라. 첫째는 우부소행선(愚夫所行禪) 즉 어리석은 범부들이 닦는 선이요, 둘째는 관찰의선(觀察義禪) 즉 이치를 관찰하는 선, 셋째는 진여반연선(眞如攀緣禪) 즉 진여에 반연하는 선, 넷째는 제여래선(諸如來禪) 즉 모든 부처님들이 닦는 선이니라.

대혜여, 어떤 것이 우부소행선 즉 어리석은 범부들이 닦는 선인가. 소승법을 닦는 수행자가 사람에게 '나'가 없다는 것을 알고 자신을 포함한 모든 사람들의 몸이 뼈마디로 이어져 있어서 모두 무상하고 괴롭고 더러운 것으로 보느니라. 이와 같이 관찰하고 굳게 집착하여 버리지 않고 점차로 올라가서 모든 번뇌를 지운 삼매에까지 이르며 이것이 우부소행선 즉 어리석은 범부들이 닦는 선이니라.

어떤 것이 관찰의 선 즉 이치를 관찰하는 선인가. 사람의 무아를 아는데서부터 한걸음 더 나아가서 법무아를 관찰함이니 이것을 이름하여 관찰의 선 즉 이치를 관찰하는 선이라고 하느니라.

어떤 것이 진여반연선 즉 진여에 반연하는 선인가. 만일 인무아 · 법무아의 무아가 둘이 있다고 분별하면 허망한 생각이니, 사물이 있는 그대로 보면 무아라든지 무아가 아니라든지 하는 생각이 일어나지 않느니라. 이것을 진여반연선 즉 진여에 반연하는 선이라고 하느니라.

어떤 것이 제여래선 즉 모든 부처님들이 닦는 선인가. 부처님의 경지에 들어가서 스스로 증득한 성스러운 지혜와 법락에 머무르며, 중생을 위해서 부사의한 일을 행하느니라. 이것을 이름 하여 제여래선 즉 모든 부처님들이 닦는 선이라고 하느니라.

첫째, 범부들이 닦는 선은 인무아(人無我) 즉 사람들이 '나'가 없다는 것만을 깨우친 단계이기 때문에 범부선(凡夫禪)이라고 이름 붙인다. 우리는 공사상을 공부할 때 아공과 법공에 대해서 수차례 살핀 바 있다. 아공이란 주체를 이루는 '나'가 공하다는 것이고 법공이란 '나'라는 주체가 공할 뿐만 아니라 '나'를 이루는 요소나 그 요소를 끝까지 세분화한 분자나 원자까지도 공하다는 것이다. 대승불교에서의 공사상은 아공과 법공을 동시에 의미한다.

원시불교에서 무아라는 말이 사용될 경우 사람을 중심으로 한 주체와 그 주체를 구성하는 요소로 사물을 구분해서 보지 않았기 때문에 아공과 법공을 구별해서 말할 필요가 없었다. 그러나 아비달마 소승불교에 들어서면서 무아를 주체적인 '나'만 없고 주체를 이루는 요소나 객관은 있는 것처럼 풀이했다.

어떤 사물을 이루는 요소나 객관세계를 실체가 있는 것으로 인정하면 그 같은 무아의 해석은 결국 '나'가 있다는 유아사상으로 복귀하게 된다. 요소나 객관에 실체가 인정되면 그것은 완전한 무아가 아니기 때문이다. 무아를 아공으로만 해석한 것이 소승불교의 교리적 약점 가운데 아주 치명적인 것이었다.

대승불교는 소승불교의 무아관에 문제가 있음을 드러내고 그 대안을 제시한다. 그래서 반야부 경전들이나 용수보살이 무아의 바른 의미를 드러내기 위해서 요소의 실체론자를 외도와 같이 취급해서 몰아붙인다.

아공은 인무아와 같은 뜻이고 법공은 법무아와 같은 의미이다. 인무아는 사람을 중심으로 해서 주체적인 실체아가 없다는 것이고 법무아는 실체적인 주체로서의 '나'가 없을 뿐만 아니라 그 거짓 나를 이루는 요소나 객관세계마저도 실체아가 없다는 것이다.

아공과 법공 또는 인무아와 법무아가 대승불교 전반에 공통적이지만 유식불교에서는 조금 독특하게 이 두 무아를 풀이한다. 우리가 아뢰야연기론을 공부할 때 세상의 모든 현상은 다 아뢰야식이 연기해서 나타난 것이라고 익혔다. 아뢰야식이 주관·객관으로 분열해서 현상세계를 만들기 때문에 나라고 하는 주관과 그 주관이 보는 객관이 모두가 마음일 뿐이다. 여기서 인무아는 주관의 실체성을 부정하고 법무아는 객관의 실체성을 부정하는 것이다.

유식불교에 있어서 인무아이고 법무아인 이유는 일체만물이 다 식이 분열해서 나타난 바라고 보기 때문이다. 그래서 마음이 객관세계를 보지만 그것은 실재하는 주관이 객관세계를 보는 것이 아니라 마음이 지어낸 주관이 그 그림자를 보는 것이라고 한다. 객관세계가 마음의 그림자에 불과하다거나 마음이 마음을 본다는 말의 현대적 의미에 대해서는 생략하자.

여기 《능가경》에서 선의 단계를 4가지로 구분했는데, 그 기본적인 기준은 무아사상을 어떻게 깊게 이해하느냐는 정도의 차이에 두고 있다. 그렇다면 가장 낮은 단계의 어리석은 범부들이 닦는 선이 인무아 즉 아공만 이해한다고 하는데, 아공만 이해하고 법무아나 법공을 이해하지 못하는 것이 왜 잘못된 것이냐는 문제가 떠오른다. 사람이 인무아만 알고 법무아를 모르는 것은 마치 내 몸에 나라는 실체는 없지만 내 몸은 실체가 있으므로 내 몸이 있는 한 나는 다시 살아날 수 있다고 생각하는 것과 같다. 현대를 사는 우리가 보면 몸에 대한 집착이 어리석게 생각되지만 이 같은 집착은 실제로 있었다.

이집트에서는 죽은 사람을 미라로 만들어서 보존했다. 때가 오면 육체에 다시 생명이 돌아올 것이라고 믿었다. 육체의 부활을 믿는 사람들도 있었다. 현대에는 이 몸을 살리기 위해서 미라를 만들 사람은 없다. 모택동의 시신도 약물처리를 해서 그대로 보존하고 있다고 하지만 그 목적이 몸이 다시 살아날 것으로 기대해서는 아니다.

그러나 현대인 가운데는 '나는 죽지만 내 자식은 계속 생명을 받아서 나의 대를 이어간다.'는 생각을 하는 사람은 많다. 내가 나의 자식에게서 살 것으로 기대한다. 이 같은 생각이 사회적으로 도덕적으로 잘못은 아니다. 그러나 무아를 이해하는 점에 있어서는 잘못된 코스에 든다. 이 세상에 태어난 생명을 무연자비를 실천하는 이유에서가 아니라 육체연관의 이유 때문에 자기의 분신으로 보게 된다.

　자기 자신을 아무리 무아라고 부정하더라도 자식을 자신의 분신으로 보고 그 자식에게서 생명을 살리려고 하는 사람은 결국 인무아나 아공마저도 모르는 것이 된다. 그래서 인무아만을 아는 사람이 닦는 선을 어리석은 범부들이 닦는 '우부소행선'이라고 한다.

　둘째, 인무아와 법무아 또는 아공과 법공의 이치를 관찰하고 따르는 것을 '관찰의선'이라고 한다. 첫 번째 단계의 선은 소승선이고 두 번째 단계의 선부터 대승선이 된다. 나도 부정되고 나의 몸도 부정된다. 이 단계에서는 아름다운 경치를 보면서 이 경치를 놓고 내가 어찌 죽은 것인가를 걱정하지 않는다. 그 경치는 자기의 마음이 만든 것에 불과하기 때문이다. 행복을 느끼면서 '이 행복을 두고 어찌 죽나.'라는 생각이나 말을 하지도 않을 것이다.

　나라는 주체와 내가 느끼는 행복이 다 같이 공함을 알기 때문이다. 인무아만 아는 사람은 나는 없어지지만 행복은 있는 것으로 생각한다. 자기와 세상을 나누고 자기는 무상하지만 세상은 무상하지 않은 것으로 생각해서 자기만 죽고 세상만 남는 것을 억울하게 생각한다. 그러나 억울할 것이 하나도 없다.

　이 세상에 현재 있는 사람들 나이가 나보다 더 적거나 많거나에 상관없이 다 떠날 사람들이다. 일체법도 무아이다. 나도 무아이고 나를 이루는 요소와 객관세계도 다 무아인 이치를 확실하게 체달하는 것이 바로 '관찰의선'이 된다.

　셋째, 인무아와 법무아를 초월해 있으면서 인무아와 법무아를 만드는 근본자리인 진여를 체득하는 진여반연선이다. 무아는 그저 '나' 가 없는 상태일 뿐이다. '나'와 사물이 없다는 사실이 있는 것은 아니다. 나와 일체법은 중생의 마음에 부는 미혹의 바람에 의해서 일어난 과도에 불과하다. 파도 아래에는 바다가 항상 그대로 있다. 파도가 일거나 말거나 파도에 실체가 있거나 말거나 항상 그대로인 바다, 그것인 바로 진여의 경지이다. 두 가지 무아단계를 넘어서 진여의 자리를 보는 것이 바로 '진여반연선'이다.

넷째, 여래선은 진여를 찾는데서 한걸음 더 나아가 중생을 위해서 부사의한 자비를 베푸는 것이다. 아주 간단하다. 이치를 보아 지혜를 얻는 데 그치지 않고 그 지혜를 자비로 번역하는 것이 바로 '여래선'이다.

85

'기신론의 대승
(대승기신론 1)

일심(一心)에 이문(二門)이 있다고 하는 것은
우리 마음에 깨달음의 이상세계와 윤회의 타락세계로
갈 가능성이 똑같이 있음을 뜻한다.

《대승기신론(大乘起信論)》 또는 《기신론(起信論)》이라고도 하는 이 책은 《능가경》이 하고자 했던 일 즉 여래장과 아뢰야식을 결합하는 일을 아주 훌륭하게 완수해 냈다.

《기신론》은 화엄종 · 천태종 · 선종 · 정토종 · 진언종 등에 아주 큰 영향을 주었다. 그래서 중국불교 이후의 모든 경론 가운데서 가장 주석서를 많이 가지고 있는 책이 바로 《기신론》이다.

현대의 연구를 빼놓고도 중국 · 한국 · 일본 등에서의 《기신론》에 대한 주석 해설서는 314종이라고 한다. 현재에도 불교를 공부하는 데

필독서로 되어 있다. 그전에는 불교전문강원이라고 했고 지금은 승가
대학이라고 하는 곳에서 《기신론》은 스님들이 반드시 공부해야 할 교
과과목으로 지정되어 있다.

　승가대학에서 스님들이 이수하는 경은 《화엄경》《원각경》《금강
경》《능엄경》이 네 가지이다. 유일하게 논장으로 《기신론》이 선택되어
있다. 주석서가 가장 많고 또 한국불교에서도 스님의 기본교과과목으
로 지정되어 있다고 한다면 이 책이 얼마나 중요한가를 알 수 있다.

　《기신론》의 저자는 확실하지 않지만 전통적으로는 마명보살로
되어 있다. 마명보살은 우리가 읽은 부처님의 일대기를 시로 쓴《불소
행찬》의 저자이다.

　《기신론》은 범어 원본도 없고 티벳 번역본도 없다. 단지 한문 번
역본만 있다. 《기신론》은 한문으로 두 번 번역되었다. 진제삼장과 실
차난타에 의해서이다. 그러나 세상의 주목을 받는 번역은 진제삼장(眞
諦三藏)의 번역본이다. 우리나라에서는 《기신론》이라고 하면 으레 진
제삼장의 번역본을 의미한다. 《기신론》을 번역한 진제삼장의 일생은
한 편의 드라마와 같다. 중국 양나라의 무제는 인도에 사신을 보내서
불경과 고승을 모셔오게 했다. 진제삼장이 경론을 가지고 2년여에 걸
쳐서 고생고생 끝에 남경에 도착해 무제의 환대를 받았지만 얼마 되
지 않아서 난이 일어나고 진제삼장을 초청한 무제는 죽었다.

　왕조가 변화함에 따라 진제삼장은 떠돌이 생활을 하며 살아야 했
다. 일반신도의 도움을 받으며 사는 중에서도 64부 278권이나 되는

많은 경론을 번역했다. 그중에 《섭대승론(攝大乘論)》은 중국 섭론종의 소의론전이 되기도 했다. 《기신론》은 영어·일어·한글로도 번역되어 있다.

《기신론》의 주석으로 가장 유명한 것으로 세 가지가 있는데 그중에서 우리나라 원효대사가 쓴 《대승기신론소》와 《대승기신론별기》가 유명하다. 중국 화엄종의 대가인 법장대사는 원효대사의 《대승기신론소》와 《대승기신론별기》에 의지해서 별도의 주석서를 만들 정도였다. 원효대사가 우리나라뿐만 아니라 중국이나 일본에서도 유명한 이유 중에 하나는 주석서에 불교에 통달한 원효대사의 탁견이 드러나 있기 때문이다. 현재 서점에는 《기신론》에 대한 한글해설서들이 여러 종류 나와 있다.

《기신론》은 대승이라는 말을 마음과 일치시키는 데서부터 시작한다. 대승이라는 말의 산스크리트어는 마하야나(mahāyāna), 한문 음으로 마하연(摩訶衍)이라고 번역된다. 마하는 크다는 뜻이고 야나는 수레라는 뜻이다. 마하야나는 큰 수레를 의미하기 때문에 큰 대(大)자 수레 승(乘)자를 써서 대승이라고 번역했다.

《기신론》은 이 대승이라는 말을 즉 일심(一心)과 같은 말로 취급한다. 대승과 마음을 한가지로 보는데 《기신론》 저자의 교묘한 방편이 보인다. 소승은 작은 수레이다. 자기 자신만 타고갈 수 있는 수레이다. 그러나 대승은 큰 수레이다. 자기 자신뿐만 아니라 다른 이들을 태울 수 있다. 자기는 수레의 운전수가 되고 중생들을 승객으로 모시려는 것이 대승의 입장이다.

또 특별히 유식학을 들먹이지 않더라도 마음은 불법을 닦는 기본이다. 모든 불법공부는 마음에 관한 공부라고 할 수 있다. 《기신론》의 저자는 대승과 이 마음을 하나로 본 것이다. 이 마음은 자신을 피안(彼岸)으로 나르는 수레일 뿐만 아니라, 다른 이들을 구하는 수레이기도 하다. 대승불교의 이상은 수행 하나하나가 다 마음의 운전수가 되어서 욕망의 고해에 있는 중생들을 해탈열반의 저 언덕으로 실어 나르는 일을 하는 것이다. 마음의 운전수가 되었다는 말은 자기감정의 자재와 해탈을 얻고 중생을 위해서 베푼다는 뜻이다. 부처가 되었다는 뜻이다.

그런데 대승과 한가지인 그 일심이 불도를 이룬 다음의 깨달은 마음이 아니라 지금 우리가 가지고 있는 중생심이다. 욕심을 내고 심술과 변덕을 부리는 이 마음이 바로 대승이라는 것이다.

《기신론》은 이 일심을 두 방면으로 나눈다. 한 방면은 진여문(眞如門)이고 다른 한 방면은 생멸문(生滅門)이다. 진여는 거짓이 섞이지 않은 청정한 진리를 말한다. 이 진여문은 해탈열반(解脫涅槃)의 세계이다. 생멸문은 업을 짓고 그 업에 따라 나고 죽는 윤회(輪廻)의 세계이다. 일심(一心)에 이문(二門)이 있다고 하는 것은 우리 중생심에 깨달음의 이상세계로 가려는 가능성과 윤회의 타락세계로 떨어지려는 가능성이 똑같이 포함되어 있음을 나타낸다.

그래서 한 마음이 진여의 세계로 갈 가능성을 나타낼 때는 여래장(如來藏)이라고 불러지고 깨달음의 세계가 펼쳐지는 이유를 설명할 때는 아뢰야식(阿賴耶識)이라고 불러진다. 이 중생심(衆生心)이 여래장도 되고 아뢰야식도 된다. 진여의 세계로 가서는 별로 할 말이 없다. 진정한 진여는 언어를 떠났기 때문이다. 그래서 《기신론》의 주안점은 진여문의 설명이 아니라 생멸문의 설명에 주력하고 있다. 왜 생멸이 벌어지느냐는 것과 어떻게 생멸에서 진여로 되돌아가느냐를 설명한다.

예로부터 《기신론》의 주된 내용을 번호로 정리해 왔다. 즉, 일심(一心)·이문(二門)·삼대(三大)·사신(四身)·오행(五行)·육자염불(六字念佛)이다. 일심에 진여문과 생멸문이 있는데 그 일심의 특징은 삼대로 표시된다. 삼대는 어떤 사물의 몸체와 외상과 활용이다.

줄여서 체(體)·상(相)·용(用) 삼대라고 한다. 이 체상용 삼대는 법신(法身)·보신(報身)·화신(化身)의 세 가지 부처님으로도 표시될 수 있다. 우리 마음의 몸체와 겉모양은 부처님의 법신자리와 같고 마음의 활동기능은 부처님의 보신자리·화신자리와 같다.

일심의 상태에서 진여문의 방향으로 가고 일심의 특징을 있는 그대로 보기 위해서는 네 가지의 기본적인 믿음이 필요하다. 진여의 마음자리와 불(佛)·법(法)·승(勝) 삼보에 대한 믿음이다. 진여와 불법승 삼보는 우리가 현실 생활 속에서 만나는 외적인 삼보이기도 하지만, 마음속에 본래적으로 자리 잡고 있는 진여자리, 깨달음의 지혜(智慧)·진리(眞理) 그리고 진리를 깨닫기 위해서 수행(修行)하는 것이기도 하다. 마음에 아무리 진여의 문과 깨달음이 있다고 하더라도 그것을 이루는 데 필요한 수행이 없다면 깨달음은 얻어지지 않을 것이다.

　　그래서 수행이 필요하다. 이 수행이 오행인데 육바라밀을 뜻한다. 보시 · 지계 · 인욕 · 정진 · 선정 · 지혜의 육바라밀 중에서 선정과 지혜를 지관으로 묶어서 다섯 가지로 줄인 것이다. 마지막으로 육자염불은 나무아미타불을 외우는 염불이다. 나무아미타불이 6자이기 때문에 육자염불이라고 했지만 이것은 일상생활 속에서 수행할 수 있는 가장 흔한 염불의 예를 들은 것이고 참선이나 다른 수행으로 대체될 수도 있을 것이다. 6자라는 숫자를 맞추기 위해서 꼭 여섯 자를 이루는 염불만을 할 필요는 없을 것이다.

　　《기신론》의 특징은 언어를 경제적으로 절약하면서도 불교의 교리를 골고루 균형 있게 가르친다는 것이다. 《기신론》의 줄거리를 잡는다는 것은 불교교리의 줄거리를 잡는 것과 같다. 《기신론》의 줄거리는 일심 · 이문 · 삼대 · 사신 · 오행 · 육자염불이다. 이것만 완전히 파악하고 있어도 자신의 머릿속에 불교를 정리하고 다른 이에게 불교를 설명하는 데 크게 도움이 될 것이다.

　　불교는 마음을 가르치는 것이다. 그 마음은 큰 수레와 같다. 우리가 가지고 있는 이 중생심, 이 일심에 두 가지 의문이 있다. 진리로 가는 문과 생멸의 윤회로 가는 문이다. 또 이 마음에 체상용의 특징이 있는데 법신 · 보신 · 화신의 능력과 같다. 생멸문에서 진여문으로 돌아가고 체상용 삼대의 본래 특징을 찾기 위해서는 마음자리의 진여 및 불법승 삼보에 대한 믿음과 오행과 육자염불이 있어야 한다.

이렇게 불교를 정리하면 아주 간단하지 않은가. 하나하나 설명하기 어려우면 그저 일심·이문·삼대·사신·오행·육자염불을 외워주기만 해도 된다. 지금 이해할 수 있으면 좋거니와 못하더라도 이 말은 반드시 씨앗이 되어 마음속에서 의문의 싹을 낼 것이다. 의심이 있게 되면 그것에 대한 해답을 얻고자 할 것이니 불법의 인연을 맺는 것이 된다.

여래장·아뢰야식 그리고 깨달음

(대승기신론 2)

바닷물은 바람의 원인으로 파도를 일으키고

물과 바람은 한 덩어리로 되어 있지만 물과 파도는

서로 다르지 않다. 번뇌와 깨달음도….

《능가경》과 《기신론》은 유식사상의 아뢰야식(阿賴耶識)과 여래장
사상(如來藏思想)의 여래장을 결합시킨다고 하는데 구체적으로 어떻게
하는지 《기신론》의 본문내용이 궁금하다. 또 그 여래장이나 아뢰야식
은 깨달음과 어떤 관련이 있는지도 궁금하다.

먼저 여래장과 아뢰야식에 관한 《기신론》의 설명을 쉽게 풀어서
읽으려고 노력은 하지만 바짝 집중해야만 다음의 내용을 이해할 수
있을 것이다. 화두를 잡거나 공덕을 짓는 심정으로 읽어야 한다.

우리가 가지고 있는 일상적인 변덕의 마음 즉 생멸심(生滅心)이라는 것은 여래장을 근거로 해서 전개된다. 여래장이란 번뇌에 의해 뒤덮여진 진여의 마음이다. 고요와 산란, 지혜와 번뇌가 뒤섞인 것이다. 이 여래장을 심리적인 측면에서 파악할 때 아뢰야식이라고 한다. 이 아뢰야식은 모든 사물과 현상을 포함하고 만들어낸다. 아뢰야식은 깨달음과 깨닫지 못함이 한 뭉치로 섞여 있다.

깨달음이라는 것은 우리의 중생심이 욕심이나 변덕을 벗어난 상태와 그곳에 이르는 과정을 말한다. 깨달음의 상태 즉 차별적 망념을 벗어난 상태는 모든 사물이 하나의 모양과 같으니 여래와 중생이 평등하게 공유하고 여래와 중생에게 평등하게 통하는 여래의 법신(法身)이다. 이와 같이 깨달음이 여래의 법신이라는 것을 강조할 때 본래 구족한 깨달음이라는 말이 사용된다.

깨닫지 못함은 오직 본각을 상정할 때 그것과의 대비에 의해서 성립하며 '깨달음의 과정'인 시각(始覺)은 '깨닫지 못함'에서 깨달음으로 나아간다는 뜻을 나타낸다.

여래장과 아뢰야식의 결합을 보자. 우리의 마음은 아무리 못되고 천하고 잘못되었다고 하더라도 여래장에 뿌리를 두고 있다고 한다. 여래장이란 번뇌를 여읜 고요의 마음과 번뇌를 일으키는 마음이 합해져 있는 것을 말한다. 진심과 망심이 합쳐진 상태를 깨달음의 가능성을 염두에 두고 이야기할 때는 여래장이라고 부르고, 그 여래장을 다시 심리적인 면에서 이야기할 때는 아뢰야식이라고 부른다.

아뢰야식은 세상의 모든 사물을 포함하고 만들어 낸다. 또 깨달음과 깨닫지 못함도 이 아뢰야식 속에 같이 있다. 아뢰야식을 여래장으로 불러도 좋고 여래장을 아뢰야식으로 불러도 좋다. 여래장과 아뢰야식이 다 같이 깨닫지 못함과 깨달음 자체 내에 포함하고 있고 진여와 번뇌를 같이 포함하고 있다.

이 세계는 이 여래장, 아뢰야식에 의해서 나타난 것이다. 그러나 여래가 번뇌에 묻혀 있기 때문에 그 번뇌만 벗기면 다시 여래로 돌아간다. 즉, 부처가 도리 가능성이 있음을 나타낼 때는 여래장이라는 말을 쓰고 미혹의 세계가 벌어지는 것을 심리적인 측면에서 설명하고자할 때 아뢰야식이라는 말을 쓴다.

여래장이나 아뢰야식이 세상의 모든 것을 만들어 낸다고 할 때이 말을 잘 이해해야 한다. 여래장, 아뢰야식은 미혹에 있는 우리의 마음이다. 자연과학적인 의미에서 세상을 만들어내고 세상을 다 포함한다는 뜻이 아니다. 이미 아뢰야식연기론을 공부할 때 살펴보았듯이백지와 같은 객관세계에 사람이 개인적으로나 집단적으로 이름을 붙이고 개념을 만들고 가격표를 붙이고 비싼 값 붙인 것을 얻겠다고 달려듦으로써 갖가지 문제가 일어난다는 의미에서 여래장, 아뢰야식이세상의 모든 사물을 다 만들고 다 포함한다는 것이다.

무명미혹이 지워짐으로써 이 아뢰야식의 망념이 일어나지 않으면 그것이 깨달음이 되고 망념이 일어나면 깨닫지 못함이 되기 때문에 그런 의미에서 아뢰야식에 깨달음과 깨닫지 못함을 포함하고 있다는 것이다. 아뢰야식이 깨달음과 깨닫지 못함을 한손에 가지고 있다는 뜻은 아니다.

《기신론》에서 사용하는 개념들인 여래장(如來藏) · 깨달음(覺) · 자성청정심(自性淸淨心) 그리고 진여(眞如)는 기본적으로 같은 방향의 것이지만 처해 있는 상황이 다르다. 여래장은 여래가 중생의 업에 의해 일어나는 번뇌에 덮여 있는 상태를 가리킨다.

깨달음은 여래나 진여의 지적인 활동을 뜻한다. 자성청정심은 여래장이 중생에게 있을 때 여래의 성품이 번뇌에 덮여 있기는 하지만 중생에게 있는 여래성은 언제나 번뇌에 의해서 소멸되지 않고 청정성을 유지하는 것을 나타낸다. 그리고 진여란 기본적으로 마음에 번뇌가 없는 상태를 가리키지만 진리의 원칙이라는 뉘앙스를 강하게 풍기고 있다.

《기신론》에서 아뢰야식과 여래장은 동일한 것이지만 미혹과 번뇌가 없어져서 아뢰야식이 망념의 세계를 그리지 않으면 아뢰야식이 쉬는 것이 된다. 아뢰야식이 쉰다는 말은 여래장을 덮고 있는 번뇌가 쉰다는 말과 같다. 그렇게 되면 여래장이 그 감출 장(藏)자를 떼어 버리고 여래(如來)가 된다. 깨닫는 것이다.

깨닫는 상태에서는 사람들이 억지로 붙인 이름과 개념과 언어와 가격표들이 떨어져 나가고 온 세상이 있는 그대로 보이게 된다. 이 깨달음이 바로 일심의 진여 그 상태와 동일할 때 그것이 바로 본래적인 깨달음이다. 이 본래적이라는 말은 누가 인위적으로 만들어서 깨달음이 나온 것이 아니라 본래 있는 깨달음의 상태로 되돌아왔다는 의미에서 쓰여진 것이다.

본래적인 깨달음 즉 본각(本覺)이 있다면 그것으로 돌아가는 깨달음의 과정도 있게 된다. 이 깨달음의 과정을 시각(始覺)이라고 한다. 깨달음의 과정은 당연히 깨닫지 못함 즉 불각(不覺)을 전제한다. 그래서 본래적인 깨달음인 본각과 깨닫지 못한 상태인 불각과 불각에서 깨달음으로 가는 과정인 시각이 있게 된다.

《기신론》은 우리 중생에게 본래적으로 있는 깨달음을 크게 두 가지로 분류한다. 한 가지는 번뇌의 세계에 있는 본래적인 깨달음이요, 다른 한 가지는 청정한 성품 그 자체로서의 본래적인 깨달음이다.

《기신론》저자의 천재성이 이 본래적인 깨달음을 설명하는 데 번뜩인다. 왜냐하면 보통 사람들이 생각할 때 중생이 깨달아서 부처가 된다고 하면 그 부처의 경지가 금과 다이아몬드로 도로가 포장된 그러한 세계일 것으로 생각하거나 아니면 현실의 번뇌세계에서 그 세계의 실상을 봄으로써 현실번뇌 그 자리에서 본래의 깨달음을 얻는 경지로 생각하기 쉽다. 그러나《기신론》은 두 가지가 다 본래적인 깨달음에 속한다고 한다. 번뇌의 세계에 있는 그대로 나타나는 본각도 있고 본래 청정한 성품에서 나타나는 본각도 있다는 것이다.

먼저 번뇌의 세계에 나타나는 본래의 깨달음을 설명하기 위해서 《기신론》은 불교에서 자주 쓰이는 바람과 파도와 물의 성질을 비유로 이용한다. 바닷물은 바람의 원인으로 파도를 일으키고 물과 바람은 한 덩어리로 되어 있어 물과 파도는 서로 다른 것이 아니다.

바람이 그치면 파도가 그대로 바닷물이 된다. 마찬가지로 무명 미혹의 광풍이 사람의 마음을 흔들어서 온갖 번뇌의 세계를 만들지만 그 무명의 바람이 쉬거나 쉬지 않더라도 무명의 바람이 일어나고 쉬는 모습을 여실히 보면 바로 그 자리에 본래의 깨달음이 나타난다는 것이다. 비가 억수로 쏟아지는 날, 차 앞 유리의 와이퍼가 쉰 다음에야 본각이라는 전방을 보는 것이 아니라 와이퍼가 바삐 빗물을 닦아 내는 그 상태에 있는 그대로 본래 깨달음이라는 전방을 본다는 이야기이다.

그리고 번뇌 속에서 본래의 깨달음을 본다고 해서 세상에서 잘못되는 일을 팔짱 끼고 구경만 하는 것이 아니다. 잘못되는 것은 잘되게 하고 중생에게 유익하지 못한 것을 유익하게 하는 행동이 이 번뇌 중에 있는 본래의 깨달음에 포함되어 있다.

청정한 성품으로서의 본래적인 깨달음은 거울의 비유로 설명된다. 《기신론》은 거울의 네 가지 상황을 예로 든다. 거울에 먼지도 없고 또 거울 앞에 비출 것도 없는 것과 같은 아무 번뇌 망상도 일어나지 않는 그러한 상태가 본각의 일면이 된다. 번뇌가 없는 데서 끝나는 것이 아니라 마음의 진여라는 거울이 사물을 지어서 비추지 않고 있는 그대로 비추는 그러한 본각의 일면도 있다.

사물을 있는 그대로 비추는 본각의 거울이 멍한 상태로 반사만

하는 것이 아니라 우주 전체를 다 밝게 하는 지혜와 일치하게 비추는 그러한 본각의 일면도 있다. 우주지혜와 일치하게 비추는 본각의 거울이 그저 지혜만 생각하는 것이 아니라 모두에게 좋고 유익한 일이 생기게 하는 힘이 나도록 비추는 그러한 본각의 일면도 있다.

불각

(대승기신론 3)

불교에서의 무명(無明)은 부처님과 아무런 관련이 없다.
부처님이 내린 벌도 아니고 부처님이 있게 해서 나타나는 것도 아니다.

근본 일심이 흔들려서 망념을 일으키고 그 망념으로부터 삼라만
상(森羅萬象)이 벌어진다. 이 미혹에 의해 업을 짓고 업에 의해 고통을
받는다. 이 윤회의 과정을 《기신론》은 깨닫지 못하는 불각(不覺)이라고
부른다. 이 불각에 유명한 삼세육추(三細六麤)의 9단계가 있다. 망념을
일으켜서 미혹의 길로 가는 데 세 가지 미세한 단계와 여섯 가지 거친
단계로 9가지가 된다는 것이다.

순서를 바꾸었지만 미혹에서 깨달음으로 가는 과정이 시각인데
그 과정은 망념의 생주이멸(生住異滅) 즉 나고 머물고 바뀌고 없어지

는 상태를 여실히 관찰하는 과정이다. 삼세육추와 생주이멸에 대해서는 완전히 알기는 어려울 것이다. 그러나 한번 그 말들이 고막을 울리는 인연을 맺는 일 자체가 큰 공덕이 되고 또 앞으로 불법을 공부하는 데 한 알의 씨앗이 될 것이다.

먼저 근본적으로 깨닫지 못했다는 근본불각에 대한 《기신론》의 설명을 들어보자.

> 깨닫지 못함이라고 하는 것은 중생심의 진여가 오직 하나이면서도 온 법계 전부임을 여실하게 인식하지 못하는 상태를 가리킨다. 이 상태에서는 깨닫지 못한 마음이 일어나서 그에 따른 비교하는 마음이 생긴다. 이 비교심은 상대적 빈곤감이나 상대적 불행감을 갖게 한다. 그러나 그 망념(妄念)은 본래의 깨달음인 본각(本覺)에 부수되어 있을 뿐이다. 길을 잃은 사람은 갈 곳을 정했기 때문에 길을 잃는다. 가야 할 방향이나 갈 곳을 정하지 않는다면 길을 잃었다는 말이 의미가 없을 것이다. 중생의 마음도 이와 마찬가지이다. 그들이 길을 잃은 것은 충족될 수 없는 상대적 목표를 정해 놓기 때문이다. 만약에 상대적 목표가 없다면 실패할 것도 없다. 그와 마찬가지로 만약 깨닫지 못한 마음에서 벗어난다면 구태여 새삼스럽게 참된 깨달음을 언급할 필요가 없다.

깨닫지 못한다는 불각의 근본적인 뿌리는 마음의 진리자리 하나가 온 세상 전부인 것을 알지 못하는데 있다고 한다. 이 말을 이해하려면 그전에 공부한 유식의 도리, 즉 마음의 주관·객관으로 분열되어서 세상을 본다는 것을 인정해야 한다. 주관과 객관이 다른 것이 아니라 마음이 분열되어서 '나'라는 주체도 만들고 객관세계도 만들지만 사실은 나와 객관이 다 마음이 지어낸 것이다. 그래서 이 마음은 하나이면서도 이 세상 전부이다.

사람이 객관세계를 만들고 그곳에서 좋은 것, 나쁜 것을 정한다. 물론 얻기 어려운 것을 귀한 것이 된다. 다이아몬드는 얻기 어려운 것이기 때문에 비싼 값을 매긴다. 비싼 것을 얻기 위해서 사람들이 달려든다. 자기가 값을 매기고 자기가 매달리는 것과 같다. 마음대로 되지 않으면 억지를 부리고 억지를 부리면 무리가 따른다. 몸과 마음이 괴롭다.

어떤 성취가 있더라도 다른 사람과 성취가 비교될 때 그 성취는 항상 부족하다. 성취임에도 불구하고 실패이다. 부자임에도 불구하고 상대적으로 가난하다. 행복함에도 불구하고 상대적으로 불행하다. 한마음이 주관·객관으로 분열해서 온 세계가 벌어졌다는 도리를 모르는데서 근본적으로 깨닫지 못했다는 불각의 발단이 있다.

그래서 《기신론》은 길을 잃은 사람은 갈 곳을 정했기 때문에 길을 잃는다고 말한다. 마음이 주관과 객관·세상만사 모든 것임을 안마당에는 새롭게 깨달음을 찾아 나설 것도 없다. 깨달음이라는 갈 곳을 정하지 않으니까 잃어야 할 길도 없어진다. 《기신론》은 깨닫지 못함의 원인, 길을 잃은 원인이 일심을 의미하는 데 있다고 말한다.

지금까지 앞에서는 근본적인 불각에 대해서 살펴보았거니와 《기신론》은 계속해서 깨닫지 못한 불각의 가지 부분을 설명한다. 이것을 지말불각(枝末不覺)이라고 하는데 이것은 삼세육추 즉 세 가지 미세한 깨닫지 못함과 여섯 가지 좀 거친 깨닫지 못함으로 설명한다. 미세하다는 것은 우리가 현실적으로 그와 같은 불각을 알지 못할 정도로 드러나지 않는다는 것이고 거칠다는 것은 우리가 현실적으로 느낄 수 있을 정도로 두드러진다는 것이다.

삼세육추의 첫 번째는 미혹무명의 업이 발동하는 것이다. 마음의 본성인 진여를 알지 못하고 홀연히 망념을 일으키는 것이 바로 무명이다. 무명이 일어나는 것에 대해서는 그 이전의 설명이 없다. 무명이 과거에 있던 어떤 원리로부터 연역되어서 일어나는 것이 아니라 홀연히 망념이 일어나는 것을 경험적 사실로 인정해서 그곳으로부터 출발하는 것이다.

필자는 예전에 이런 질문을 하는 불자를 만난 적이 있다. '부처님은 왜 무명이 일어나게 하느냐? 부처님이 무명을 허용하는 것은 기독교의 조물주가 사람을 시험하고 죄를 만들고 고통을 주는 것과 무엇이 다르냐?'는 물음이었다. 기독교에서의 선악과 죄, 심판의 이야기와 불교에 있어서의 무명은 그 출발점이 다르다. 기독교의 신은 인격신(人格神)이다. 그래서 신이 사람이 가지는 감정과 기분을 가지고 사람을 시험하고 죄와 벌을 내린다.

그러나 불교에서의 무명은 부처님과 아무런 관련이 없다. 부처님이 내린 벌도 아니고 부처님이 있게 해서 나타나는 것도 아니다. 무명이란 실제로 있는 것도 아니다. 중생이 사물의 실상을 있는 그대로 파악하지 못할 때 그것을 무명이라고 한다. 그 무명은 별도로 있는 것이 아니라 중생에게 생기는 현상이다. 우리가 사물을 바로 보고 아무런 문제가 없으면 무명은 없는 것이다.

다시 무명의 업으로 돌아가자. 이 무명의 업으로부터 주관과 객관이 갈라진다. 무명의 업·주관·객관 이 세 가지가 미세한 지말불각이다. 이것은 우리가 느낄 수 없으므로 미세하다고 하는 것이다.

분열된 주관·객관으로 인해 안다는 마음이 생기고 그 앎이 지속되어서 굳어진다. 그 앎을 당연시해서 집착하고 그에 의해 새로운 개념과 언어와 가격표 붙이기가 일어난다. 이어서 업을 짓게 되고 그 업의 결과로 과보를 받게 된다. 미혹과 악업과 괴로운 과보의 악순환이 계속된다. 깨닫지 못하는 불가의 세계 즉 윤회의 세계가 펼쳐지는 것이다. 이것이 여섯 가지 거친 지말불각이다. 삼세육추를 나타내는 전문적인 술어가 있지만 그것을 말하면 어려워하는 생각을 낼 수 있으므로 여기서는 생략한다.

중국 송나라 때의 자선은 삼세육추를 꿈의 한마당으로 풀어 본다. 한 사람이 홀연히 잠이 들어 꿈을 꾸면서 인식주체를 만들어 대상을 짓는다. 그리고 개념적 분별을 일으키면서 그 분별이 계속되어 끊어지지 않는다. 계속 분별하면서 자기감정을 어기는 대상과 순응하는 대상에 집착하는 마음을 낸다. 그래서 좋게 여긴 것은 친근하다 하고 나쁘게 여긴 것은 소원하다 한다. 좋고 친근하게 여겨지는 대상엔 갖가지 은혜와 이익을 베풀고, 나쁘고 소원하게 여겨지는 대상에겐 갖가지로 능멸하고 손해를 끼치기도 한다. 혹 은혜로 보답함이 있으면 즐거운 마음으로 받아들이고, 혹 원한으로 갚는 경우를 만나면 괴로움으로 받아들인다.

홀연히 꿈을 깨고 나서는 꿈속에 있었던 일들은 모두 버리게 된다. 우리가 주관과 객관을 지어서 보는 것이 다 우리의 일심에서 나오고 그것은 마치 꿈과 같다. 그럼에도 불구하고 우리가 밖의 경계를 보는 것이 아니라 자기 마음이 지은 경계를 본다는 것을 알지 못하기 때문에 꿈의 이야기로 깨닫지 못한 불각의 윤회를 설명한다.

본래의 깨달음인 본각으로부터 깨닫지 못하는 불각의 세계로 떨어진다면 다시 그 깨닫지 못하는 깨달음으로 나아가는 과정이 있을 것이다. 깨달음으로 가는 과정을 시각이라고 한다. 《기신론》은 깨달음으로 가는 과정을 망념의 소물로 설명한다.

우리의 마음은 생주이멸의 법칙이 있다. 한 마음이 망념을 일으키는 것을 날 생자 생(生)이라고 한다. 그 마음은 머무르다가 다시 바뀌고 다음에는 없어져 버린다. 마음의 남과, 머무름과, 달라짐과, 소멸함을 모아서 한문으로 생주이멸이라고 부른다. 불교에서는 사람이 나고 죽는 것을 말할 때는 생로병사라는 말을 쓴다. 우주가 이루어지고 소멸되는 것을 나타낼 때는 성주괴공(成住壞空)이라는 말을 쓴다. 마음이 생겼다 없어졌다 하는 것을 표시할 때는 생주이멸(生住離滅)이라는 말을 쓴다.

《기신론》은 깨닫지 못하는 불각의 원인, 한 마음이 바로 온 우주 법계라는 것을 모르고 밖으로부터 행복을 찾겠다는 망념을 일으키는 데 있다고 보기 때문에 그 망념을 멸하는 과정이 바로 깨달음으로 가는 과정이 된다.

망념이 일어나서 없어지는 과정은 생주이멸, 즉 나고 머물고 변덕을 부리고 없어지는 것이다. 그래서 망념을 없애는 데는 그 반대방향으로부터 시작한다. 밖에서 구하려는 망념 된 생각의 없어짐과 바뀌어짐과 머무름과 생겨남을 차례로 없애는 것이 바로 깨닫지 못함에서 깨달음으로 가는 시각의 과정이 된다.

훈습
(대승기신론 4)

인간은 습관이라는 옷을 입고 산다.
좋은 태도가 습관화되면 그것이 바로 그 사람의 인격이 된다.

《기신론》에는 훈습(熏習)이 나온다. 꽃밭에 가면 꽃향기가 몸에
배고, 생선가게에 가면 비린내가 몸에 밴다. 우리가 진여(眞如)의 마음
으로부터 멀어져서 윤회의 세계로 타락하거나 윤회의 세계로부터 진
여의 세계로 올라가는 데는 훈습의 힘이 크게 작용한다. 업이라는 것
은 습관적인 행동을 의미한다. 습관적인 행동은 내면이나 외부로부터
영향을 받아서 형성된다.

　수행은 나쁜 방향의 습관적인 행동을 좋은 방향의 습관적인 행동
으로 전환하는 것이다. 수행도 행동의 반복인 만큼 자신의 내면이나

외부로부터 영향을 받을 것은 뻔하다. 업이나 수행이 모두 내적이거나 외적인 훈습의 결과이다. 훈습은 우리 중생에게 무슨 문제를 일으키고 우리가 깨달음의 세계로 되돌아가려면 어떻게 훈습의 원리를 이용해야 하는지 《기신론》의 가르침이 궁금하다. 먼저 훈습의 원론부터 들어 보자.

> 훈습이라는 것은 사람의 옷이 그 자체로서는 냄새가 없지만 사람이 그 냄새를 오랫동안 배게 하면 냄새를 가지게 되는 것과 같다. 우리 마음에도 이와 같은 현상이 일어난다. 우리 마음의 진여가 원래 물든 것이 아니지만 미혹무명이 계속적으로 영향을 주면 그 마음이 망념으로 물들게 된다. 반면에 미혹에 물든 마음이 깨끗하지 않더라도 진여가 오랫동안 지속적으로 영향을 주면 본래의 깨끗한 기능을 회복하게 된다.

여기서 《기신론》은 훈습에 두 가지 방면을 들고 있다. 나빠지는 쪽과 좋아지는 쪽이다. 나빠지는 쪽은 미혹무명이 진여의 마음을 훈습하는 것이고 좋아지는 쪽은 진여가 미혹의 마음을 훈습하는 것이다.

그러면 진여의 마음이 훈습을 받아서 나빠지는 길에 대해서 보다 자세한 설명을 들어 보자.

> 무명이 진여의 마음에 영향을 미침으로써 망령된 마음이 생기고 그 망

심이 무명을 더욱 활발히 움직이도록 부추긴다. 순환적으로 나쁜 영향을 받은 망심은 헛된 대상경계를 일으키고 그 망령된 대상경계가 다시 망심을 더욱 기승하도록 한다. 이 과정을 통해서 마음에 집착이 생기게 되고 나쁜 뜻을 품고 나쁜 행동을 해서 마침내는 괴로운 과보를 받게 된다.

《기신론》에서는 보다 함축적인 의미를 가진 딱딱한 말로 설명하지만 대중이 다 같이 《기신론》속으로 깊이 들어갈 수 없기 때문에 쉬운 말로 간추려 보았다. 윤회의 길로 가는 훈습의 과정이 빙빙 돌아서 약간 복잡하게 느껴진다.

그렇다면 먼저 여기에 나오는 용어들을 꼽아보고 그것들을 한 줄로 연결시키면 좀 더 단순하게 정리가 될 것이다. 무명 · 진여 · 망심 · 망경계 · 집착 · 의지 · 행동 · 고통과보 라는 말이 등장한다.

이 말들을 이어 보면 무명이 진여에 영향을 미쳐서 망심이 생기고 망심이 망경계를 일으킨다. 망심과 망경계 사이에 집착심이 생기고 잘못된 의지와 행동이 뒤따른다. 결과적으로 나쁜 과보를 받게 된다. 간단하게 줄여서 중요한 말들만 이어 보았지만 물론 잘못되는 과정에서 잘못된 영향을 순환적으로 미치기 때문에 윤회로 가는 훈습은 보다 복잡하다.

인간은 습관이라는 옷을 입고 산다. 좋은 태도가 습관화되면 그것이 바로 그 사람의 인격이 된다. 우리는 사람들의 겉모습밖에 보지 못한다. 상대의 인격을 보고 편안해하기도 하고 불안해하기도 한다.

좋아하기도 하고 싫어하기도 한다. 미국에서는 손님들을 차에 태우고 내리게 할 때 운전하는 이가 손님을 위해 먼저 차문을 열어 준다. 필자가 미국에 있는 동안에 한국에서 손님이 찾아왔다. 관광지를 안내하면서 미국 사람들이 하는 태도를 본받아서 실천해 보았다. 차에 타고 내릴 때에 문을 열어주는 것을 비롯해서 영화에서 흔히 보는 서양신사의 동작들을 따라해 보았다. 그 손님들은 필자에게 과분한 높은 점수를 주었다. 그런데 한국에 돌아와서는 한국의 도로사정에 적응하는 운전을 해야만 했다. 더욱이 운전을 난폭하게 하는 사람의 차를 타고 다니다보니 모르는 사이에 필자의 운전 방법도 그분의 것과 비슷하게 되었다. 이제는 필자 자신이 보아도 인격이나 멋 같은 것은 찾아볼 수 없게 되었다.

그런데 문제는 운전뿐만 아니라 다른 것들에도 영향을 미쳐서 모든 면에서 인격이 뒤죽박죽이 되었다. 나쁜 쪽을 잘못 훈습된 것이 습관으로 굳어지면 구태여 《기신론》의 가르침을 들먹일 필요도 없이 우리는 자신에게도 재미없고 남에게도 불쾌감을 주는 쓸모없는 사람이 되고 만다.

그렇다면 이제 평범한 중생이 고해에 허덕이는 상태에서 진여의 마음으로 돌아가는 훈습을 《기신론》에서 들어보자.

깨끗한 진여의 마음이 무명을 훈습하면 이미 있던 망심이 생사를 싫어하고 열반을 구하게 된다. 망심의 이런 자세는 진여가 더욱 활발하게 무명

을 훈습하도록 한다. 이 과정 속에서 마음의 진여본성에 대해서 믿음을 가지게 된다. 이제는 눈앞의 경계가 마음의 헛된 움직임이라는 것을 알고 그것을 점점 초월하게 된다. 눈앞의 사물은 객관적으로 가치가 있는 것이 아니라 주관적으로 만들어 낸 것에 불과하다는 것을 알게 된다. 마음은 갖가지 방편을 동원하여 진여로 향한 길을 걸으면서 모든 집착과 망념을 끊어 버린다. 이 같은 오랜 훈습의 결과로 무명이 사라지고 무명이 사라짐에 따라 망념이 일어나지 않고 망념이 일어나지 않음에 따라 망경계도 또한 사라진다. 안에서는 진여자체의 힘이 발휘되고 밖에서는 진여가 본래적으로 가지고 있는 불가사의한 성능이 발휘된다. 그래서 마침내 열반에 이르게 된다.

　윤회에서 열반으로 되돌아가는 훈습의 과정은 진여의 세계에서 윤회의 세계로 타락되어 가는 과정과 정반대이다. 윤회의 세계에서 깨끗한 마음이 얼어나기는 쉽지 않다. 이 복잡한 도시 산업사회에서 형식적인 깨끗한 마음은 실제로는 깨끗하지 않은 마음일 수도 있다. 그러므로 그 당시 그 환경에서 어떤 것이 가장 깨끗한 마음인가는 그 마음을 먹는 사람 자신이 정좌하고 생각하는 데서만 나올 수 있다. 이렇게 사람이 깨끗한 마음을 먹으면 탐·진·치와 어울리는 미혹의 무명에 영향을 미치게 된다. 그러면 평상적으로 일어나는 망심이 지금까지 살아오는 인생을 반조하고 보다 참다운 삶을 찾게 된다. 좋은 마음은 연이어서 깨끗한 마음이 더욱 세차게 일어나도록 부추긴다.

진여의 마음바닥 깨끗한 본성에 대해서 믿음을 가지게 된다. 그 본성의 마음이 흐르는 대로 살고 싶어진다. 미혹과 망심을 지우고 사물을 보니 그전에 높은 가격표를 붙였던 것들이 실제로 높은 가격의 것이 아니라 망령된 마음이 공연히 귀한 것으로 지어냈다는 것을 알게 된다. 사람들이 좋다고 하는 것들을 초월하는 경지에 이르렀다. 좋은 마음만 갖게 되고 좋은 행동만 행하고 싶어진다. 이 시점에서 불가사의한 현상이 일어난다. 진여의 마음이 한편으로는 마음 안에서 광채를 발해서 그 마음을 밝히고 밖으로는 진여에 반대되는 것은 접근하지 못하게 하고 진여의 마음이 드러나는 데 도움이 되는 것만 나타나게 한다. 마침내 열반에 이르게 된다.

우리는 미혹의 무명이 일어난 곳을 추적하지 않았다. 《기신론》도 망념이 일어남을 바로 무명의 일어남이라고 가정하는 데서부터 출발한다. 무명의 과거를 따지지 않고 지금 당장 우리 마음이 이상한 방향으로 나아가고 문제를 만드니까 그것을 인정하는 데서부터 출발하자는 의미에서 홀연히 망념이 일어나는 것을 무명의 기원으로 잡았다. 그렇다면 진여의 마음이 일어나는 계기도 점검해 보아야 할 것이다.

윤회의 세계에서 열반의 세계로 돌아가려면 맨 먼저 진여의 마음, 깨끗한 마음이 무명의 마음을 훈습해야 한다. 여기서 무명과 망심만 득세하는 곳에 어떻게 갑자기 진여의 마음이 나타나느냐가 문제가 된다. 《기신론》은 이 문제에 대해서 책 전체를 통해서 다루고 있지만 꼭 집어서 '이것이다.'라고 대답해 주지 않는다.

우리는 인간의 겉 본능과 속 본능을 구별함으로써 이 해답을 찾아야 할 것이다. 인간의 겉 본능은 욕망이고 번뇌이고 미혹이다.

그러나 그것만이 전부가 아니다. 인간은 그러한 욕망의 충족만으로 만족하게 되어 있지 않다. 겉 본능 뒤에 속 본능이 있다. 속 본능은 바로 진여의 본능이다. 깨끗한 마음의 본능이다. 마음과 사물을 있는 그대로 보고자 하는 본능이다. 그 본능이 고개를 들고 일어난다는 것이다. 우리 마음을 돌아보면 그 참마음의 본능이 꿈틀거리고 있다. 그 본능이 없다면 지금 여러 불자들이 이 딱딱한《기신론》의 이야기를 알려고 하지 않을 것이다.

일단 깨끗한 마음, 진리를 구하는 마음, 내 마음의 참얼굴을 보고 싶어 하는 마음을 내서 미혹의 마음을 조금씩 물리치기만 하면 거기서부터 열반으로 가는 훈습은 발동이 걸리게 된다. 일단 시동이 걸리고 바퀴가 굴러가기 시작하면 거기에 동력의 관성이 붙어서《기신론》이 말하는 대로 열반에 이르게 될 것이다.

89

체상용 삼대

(대승기신론 5)

체상용 삼대에서 중요한 것은 활용의 기능이다.
내 마음이나 마음의 그림자인 모든 사물은 언제나 일으키기만 하면
나타나게 될 불과 같다.

《기신론》은 우리의 마음을 세 가지로 나누어서 설명한다. 마음의 본체와 마음의 양상과 마음의 활용이다. 본체(本體)·양상(樣相)·활용 (活用)을 삼대(三大)라고 하는데 세 가지 큰 것이라는 뜻이다. 체상용(體相用)에 큰 대자를 붙인 것은 우리의 마음이 가진 특징과 위력이 광대무변함을 나타내기 위해서이다. 우리의 마음을 체상용으로 해체해서 놓고 보면 그전에 막연했던 무아사상과 현실적으로 기능하고 있는 내가 어떻게 공존할 수 있는지 확연히 떠오르게 된다.

그렇게 되면 나를 지우면서도 나를 잘 살려야 하는 역설적인 문

제도 쉽게 이해할 수 있다. 《기신론》은 체상용으로 마음을 분석하면서
유아와 무아의 공존을 이해시키고 왜 무아임에도 불구하고 우리가 수
행을 하고 우리의 환경, 우리의 국토를 장엄해야 하는가를 설명하나.
먼저 진여마음의 본체와 양상에 관한 《기신론》의 설명을 들어 보자.

　　진여본체와 양상이 크다는 점을 설명하겠다. 진여는 중생에게는 적고
　　부처님에게는 더 많다거나 그 반대도 아니다. 누구에게나 똑같이 있다. 진
　　여의 체와 상은 과거 언젠가 생긴 것도 아니요, 미래 언젠가 없어질 것도
　　아니다. 끝까지 영원히 있을 것이다. 마음의 진여는 처음부터 그 본성 속
　　에 온갖 훌륭한 공덕을 갖추고 있다. 진여의 체와 상은 온 세계를 비추는
　　지혜의 빛이기도 하고 참됨과 깨끗함의 원천이기도 하다. 진여의 체와 상
　　은 진정한 상락아정이다. 진여의 체와 상은 여래장이라거나 여래법신이
　　라고 부르기도 한다.

　　여기서 《기신론》은 마음의 본체와 양상이 누구에게나 똑같이 갖
춰져 있다고 한다. 수행을 많이 했거나 적게 했거나, 깨친 바가 많거
나 적거나, 부처님이거나 중생이거나 똑같이 있다. 이 같은 마음의 본
체와 양상은 처음부터 있었고 끝까지 있을 것이어서 시작과 끝이 없
다. 이 체와 상은 우리가 이상적으로 생각하는 모든 것을 다 갖추고
있다. 지혜·진리·깨끗함·항상함 등이 그 자체의 본래성품이다. 그
래서 마음의 체와 상을 여래장이라고 부르기도 하고 여래법신이라고

부르기도 한다.

여래법신은 부처님의 세 가지 몸인 법신·보신·화신 중에서 법신을 말한다. 법신은 우주진리 그 자체이고 보신은 중생의 몸으로 수행을 해서 얻은 부처님의 몸이다. 그리고 화신은 법신으로부터 중생의 세계로 내려온 부처님이다. 《기신론》이 마음의 본체와 양상을 법신이라고 한 것에 그 묘한 의미가 있다.

이 법신은 이 우주에 꽉 차 있지만 중생이 직접적으로 접촉할 수 있는 부처님이 아니다. 중생은 보신과 화신만 볼 수 있다. 법신을 공기처럼 숨 쉬고 있으면서도 중생은 알아보지 못한다. 깨달은 이에게만 보이는 것이다.

그러면 이제 마음의 활용 또는 기능에 대해서 《기신론》의 말을 들어 보자.

진여마음의 활용이 크다는 점을 설명하겠다. 깨달아서 진여와 일치한 마음은 보통 수행자들과 같이 미혹의 세계에 살면서 바라밀을 행한다. 그 마음은 대자비심과 대원력을 일으켜 모든 중생을 건지고자 한다. 진여와 일치한 마음은 중생과 자신을 동일하게 생각하지만 중생과 똑같게 되지는 않는다. 진여와 일치한 마음은 두 가지로 나타나는데 보신과 응신이다.

진여의 마음이 기능이나 활용으로 나타날 때, 아주 위대하게 되는데 그 마음이 바라밀, 즉 중생을 피안의 세계로 인도하는 일을 행하기 때문이다. 이 참마음의 기능은 중생 속에서 중생을 구하고자 하는 원을 발하고 자비심을 낸다. 중생과 같이 바라밀을 행해서 그 과보를 얻는다는 점에서 보신이요, 법신자리로부터 나와 중생을 위해 행한다는 점에서 화신이다.

《기신론》에서는 마음의 체상용을 위대한 것으로 쳐서 체대(體大)와 상대(相大)에 법신을 배당하고 용대(用大)에 보신과 화신을 배당했다. 용대에 보신과 화신을 일치시킨 이유는 마음의 기능은 본래의 마음자리를 찾아서 올라가는 면에서나 마음자리를 보고 중생을 구하기 위해서 내려오는 면에서 똑같이 바라밀이라는 보살행을 실천해야하기 때문이다. 마음의 체대와 상대는 지혜와 청정과 상락아정 등을 본성으로 가지고 있고 마음의 용대는 그 본체와 양상에 가진 것을 베풀고자 하는 본성이 있다는 것이다.

《기신론》은 우리가 체상용에 대해서 이미 알고 있는 것으로 가정하기 때문이지 체상용 자체에 대해서 자세한 설명이 없다. 체상용의 분석법은 마음에만 해당되는 것이 아니고 모든 사물에 다 적용될 수 있다. 가령 백묵이 있다면 백묵의 구성체는 본체가 될 것이고 백묵의 모양은 그 양상이 될 것이다.

백묵이 칠판에 글씨를 쓰는 데 사용되면 그것은 활용이나 기능이 될 것이다. 여러분이 듣고 계신 라디오도 마찬가지이다. 라디오를 구성하는 몸체와 라디오의 모양과 라디오의 기능 이 세 가지가 체상용이 된다.

그렇다면 이 체상용으로 인간 전체를 분석할 때 어떻게 될까? 필자는 가끔 49재를 올릴 때에 영가법문을 하는 경우가 있다. 법사는 영가가 어디서 왔다가 어느 곳으로 가는지를 설명해야 한다. 이 설명에는 죽음이 아무것도 남지 않는 허무가 아니라 어떤 방법으로든지 영원의 세계와 연결된다는 내용이 포함되어야 할 것이다. 그러나 불교에서 망자를 위한 위로는 서양종교의 것처럼 획일적으로 간단하지가 않다. 서양종교에서는 돌아가신 분이 하늘나라에 앞차로 먼저 가 있으면 그의 가족들은 뒤차를 타고 가서 만나게 될 것이라는 내용이 기본을 이룬다.

불교도 서양종교처럼 간단하게 설명할 수도 있고 또 많은 경우 그렇게 하고 있다. 간단하게 왕생극락이라는 말로 설명하면 된다. 그러나 그 의미는 서양종교의 것과는 다르게 된다. 불교에서는 무아를 말하기 때문이다. 무아인데 어떤 것이 극락세계를 갈 것이냐는 물음이 나온다. 또 육체를 버리고 떠난 사람과 극락세계를 간 사람은 같은가 다른가의 문제도 나온다.

조사스님의 게송 중에 이런 것이 있다.

보신과 화신은 진짜가 아니고 임시적인 것이다.
법신만이 청정하게 온 우주에 두루해 있다.
천 개의 강에 물이 있으면 천 개의 달이 비치고
만 리 창공에 구름이 없으면 만 리가 그대로 하늘이다.

여기서 보신과 화신은 강물에 비친 달이고 법신은 하늘에 있는 달로 비유되어 있다. 부처님의 몸을 법신 · 보신 · 화신으로 나눌 수가 있다면 중생의 몸도 똑같은 방법으로 나눌 수가 있을 것이다. 우리가 누리는 이 몸이 보신 · 화신인데 우리 몸은 강물 위에 나타난 법신인 달의 그림자와 같다는 것이다. 이 시에서는 천 개의 강만을 말했지만 현재 세계의 인구 숫자인 60억의 호수가 있다면 60억 개의 달이 모든 호수 위에 나타날 것이다. 태어난다고 하는 것은 달이 호수에 비치는 것과 같고 죽는다고 하는 것은 달이 호수에서 떠나는 것과 같다. 49재의 영가법문은 호수에 비친 보신 · 화신의 달이 법신이라는 본래의 달로 돌아가는 이야기가 기본을 이루게 된다. 물론 헤아릴 수 없이 많은 종류의 변형도 있을 수 있다.

체상용으로 우리 인간을 나누어 보기 전에 우선 법신 · 보신 · 화신으로 풀어보자. 법신 · 보신 · 화신을 머리글자로만 줄이면 법보화 삼신이 되는데 이 삼신을 체상용으로 대체하면 되겠다.

불(火)에 체상용 삼대를 비유하면 불의 체대와 상대는 무아적이고 불의 용대는 유아적이다. 드러난 불의 체대는 연료나 불기운이 된다. 불의 상대는 물론 불타는 모양이다. 그리고 불의 기능은 뜨겁게 하고 태우는 것이다. 불의 체대와 상대는 항상 이 우주에 꽉 차 있다. 불만 피우면 언제나 보이지 않던 불이 나타나기 때문이다.

그러나 불을 피운다는 것은 불의 기능이 작용됨을 뜻한다. 불의 기능이 나올 때에야 불을 볼 수가 있다. 타는 불은 좋고 나쁘고 할 것이 없다. 불 자체는 공평하다. 불의 기능에 따라 편리한 불도 되고 재앙을 주는 불도 된다. 법을 짓는 불도 될 수 있고 화재를 일으키는 불도 될 수 있다. 좋은 용도와 나쁜 용도로 갈라지는 것은 불의 기능이 어떻게 쓰이느냐에 달렸다. 그래서 불의 체대와 상대는 차별이 없기 때문에 무아적이다. 그러나 그 무아의 불이 현실적으로 기능을 발휘한다. 역사를 만들고 역사를 바꾸어 놓는다.

체상용 삼대에서 중요한 것은 용대의 기능이다. 내 마음이나 마음의 그림자인 모든 사물은 언제나 일으키기만 하면 나타나게 될 불과 같다. 내 마음은 중립의 상태에 있다. 그 마음의 기능이나 활용을 어떤 방향으로 끌고 가느냐에 따라서 불국토를 장엄하는 사람도 되고 불국토를 부수는 살인마도 된다. 《금강경》의 방식으로 삼대를 말한다면 체대와 상대는 머무는 바 없이 마음을 내는 것이고 용대는 불국토를 장엄하는 것이 된다.

감각기관과 마음
(능엄경 1)

사람이 밤에 물건을 볼 때 등이 빛을 내고 눈동자가
색을 드러낸다고 해서 등이나 눈동자가 보는 것은 아니다.
보는 주체는 마음이다.

《능엄경(楞嚴經)》은 10권으로 되어 있다. 본래 이름은 《대불정여
래밀인수증요의제보살만행수능엄경(大佛頂如來密因修證了義諸菩薩萬行
首楞嚴經)》이다. 아주 긴 이름이다. 대충 경 제목의 뜻을 짚어보면 '부처
님의 이마처럼 높은 비밀의 가르침으로 닦아 증득해서 체달하기 위해
모든 보살들이 만행(萬行)을 닦을 경우 모든 일이 마침내 확실하게 이
루어지는 경'이라는 뜻 정도가 된다.

《능엄경》은 우리 중생들이 윤회의 길로 빠져드는 근본적인 이유
가 여섯 가지 감각기관, 그 감각기관의 대상경계, 감각기관이 대상경

계와 부딪쳐서 일어나는 인식(認識) 그리고 지(地)·수(水)·화(火)·풍(風)·공(空)·견(見)·식(識)의 7대 원소 등에 잘못 마음을 빼앗긴 데 있다고 한다. 그래서 《능엄경》전체에 걸친 주안점은 감각기관에 흔들리지 않고 마음의 흐름을 자세히 관찰하고 잡아서 내적으로 해탈을 얻는데 있다.

이 경의 본래 제목에 있는 은밀할 밀(密)자에서 보듯이 《능엄경》은 밀교에 가까운 경전이지만 감각기관이나 마음을 점검하는 데 많은 관심을 보이기 때문에 선가에서도 이 《능엄경》을 중요시한다. 그래서 이 경의 주석가들은 대부분 선종에 속한 이들이다. 우리나라의 불교는 전통적으로 선종이 주류를 이루기도 하고 또 선·정토·진언·화엄·천태 등을 다 포함하는 통불교이기 때문에 《능엄경》을 중요시했다. 이 경이 스님들이 공부하는 정규교과과목에도 들어있다.

조선시대의 세조대왕은 이 경을 친히 우리말로 번역해서 《능엄경언해(楞嚴經諺解)》10권을 간행하기도 했다. 《능엄경》이 일본에서는 널리 유통되지 않았음에도 불구하고 우리나라에서는 왕이 한글로 번역하기도 하고 스님들의 기본이수과목에 넣은 것이 특이하다.

현대의 많은 학자들은 이 《능엄경》이 중국에서 만들어진 경이라고 말하고 있다. 그럼에도 불구하고 이 《능엄경》을 보려고 하는 이유는 이 경이 어느 때, 어느 곳에서 이루어졌든지에 상관없이 우리나라에서는 오래 전부터 이 경을 중요시해 왔기 때문이다. 최근에는 봉선사 조실로 계시면서 동국대학교 역경원장 일을 오랫동안 맡으셨던 운허 큰스님(1892.~1980)께서 《능엄경》에 남다른 관심을 보이셨다. 그리고 운허 큰스님을 따라서 그 제자인 월운스님(1936~)께서도 《능엄경》을 자주 설하신다. 또 《능엄경》에 있는 427구의 다라니를 외우면서 능엄주력 수행을 하시는 분들도 많이 계신다.

《능엄경》의 내용이 좋기는 한데 쉽게 들을 수 있는 이야기로 되어 있지 않고 부처님과 제자 간의 대화 내용이 논리적인 생각을 요구하는 것이기 때문에 《능엄경》의 내용이 대충 어떤가를 맛보게 하는데 그치려고 한다. 내용이 좋다고 생각되는 분은 서점에서 한글번역본을 구해 읽어 보면 되겠다.

아난존자가 공양초청을 받고 돌아오다가 강가에서 마등가라는 처녀에게 물 한 잔을 얻어 마신다. 마등가는 아난존자의 미모와 목소리에 반했다. 집에 돌아와서 주술을 잘 쓰는 어머니에게 부탁해서 아난존자를 유혹해 가지고 방으로 불러들인다. 그때에 부처님은 천안으로 아난존자의 위기를 관하시고 능엄주를 외워서 아난을 구해 온다.

아난존자는 마등가의 유혹과 주문에 홀린 것이 자기의 수행력과 도력이 부족하다는 데 있는 것을 알고 부처님께 도를 닦는 방편을 여쭌다. 그러자 부처님은 아난존자와 질문을 주고받으면서 법문을 펼친다. 먼저 출가한 이유를 묻자, 아난존자는 부처님을 뵙고 마음으로 사모해서 출가했다고 대답한다. 그러자 부처님이 말씀하신다.

네 말은 좋으니라. 그러나 너의 눈과 마음이 어디 있는지를 알지 못하고

는 잘못된 생각을 물리칠 수가 없느니라. 마치 어떤 임금이 적병의 침략을 받았을 때, 군대를 보내어 적병을 토벌하려면 먼저 적병이 있는 곳을 알아야 할 것이니라. 너로 하여금 생사에 윤회하게 하는 것은 바로 너의 눈과 마음의 허물이니라. 그 마음과 눈이 어디 있느냐?

부처님의 이 질문에 대해서 아난이 대답하지만 번번이 부처님에 의해서 그 대답이 틀린 것으로 드러난다. 아난은 첫째 마음이 몸 안에 있다. 둘째 몸 밖에 있다. 셋째 감각기관 내에 스며있다. 넷째 내장의 어두운 곳에 있다. 다섯째 생각이 미치는 곳에 있다. 여섯째 여섯 가지 감각기관과 그 대상경계의 중간에 있다. 일곱째 마음은 아무 곳에도 머물지 않는 특성이 있다고 차례대로 대답하지만 그 답변들은 차례대로 부처님에 의해서 논리의 자가당착(自家撞着)에 빠지고 만다.

부처님은 보는 성품과 감각기관을 갈라놓기 위해서 비유를 들어 설명해 주신다. 장님에게 무엇이 보이느냐고 물으면 장님은 새까맣고 어두운 것만 보이고 다른 것은 아무것도 보이지 않는다고 대답한다. 보통 사람은 깜깜한 방에 있으면 어두워 장님처럼 새까만 것만 볼 뿐 아무것도 보지 못한다. 그때에 등불이 켜지고 빛을 얻으면 방안에 있는 것을 모두 보게 된다. 장님도 안구를 이식받는다면 볼 수가 있다.

계속해서 부처님은 말씀하신다.

깜깜한 곳에 있던 사람이 등불이 켜져서 방에 있는 것을 다 보게 된다면

등불이 물건을 본다고 하리라. 그러나 만일 등이 보는 것이라면 등이 보는 성품이 있으므로 등이라 할 수 없을 것이요, 또 등이 보는 것인즉 아난, 너와 무슨 관계가 있겠느냐? 그러므로 알아라. 등은 능히 빛을 낼지언정 보는 것은 눈이요 등이 아니며, 눈은 능히 색을 나타낼지언정 보는 성품은 마음이요 눈이 아니리라.

여기서 사람이 밤에 물건을 볼 때 등이 빛을 낸다고 해서 보는 것이 아니요, 눈알이 색을 드러낸다고 해서 보는 것이 아니요, 보는 것은 마음의 성품이라는 것이다. 감각기관과 마음의 성품을 분리해 놓는다. 사물을 보는 데 등불의 빛이나 안경이나 감각기관이 도움을 줄지언정 결정적으로 사물을 보는 것은 마음의 성품뿐이라는 것이다.

부처님은 보는 성품과 감각기관을 갈라놓기 위해서 다른 비유를 드신다. 부처님은 손가락을 구부렸다 폈다 한 후 아난에게 물으신다.

"너는 내 손이 폈다 구부렸다 했다고 생각하느냐, 아니면 너의 보는 성품이 폈다 구부렸다 했다고 생각하느냐?"

아난은 물론 부처님의 손가락이라고 대답하고 반문한다.

"부처님의 손이 움직였을지언정 저의 보는 성품은 고요하다고 말할 것도 없는데 가만히 있지 않았다는 것은 무슨 말씀이십니까?"

부처님은 감가기관과 보는 성품을 갈라놓기 위해서 또 다른 비유를 드셨지만 앞의 두 가지 비유로 충분할 것 같다. 비유의 문답을 끝낸 부처님은 마침내 전하려고 하는 가르침을 말씀하신다.

모든 중생들은 번뇌의 그르친 바 되었나니 번뇌는 항상 흔들리고 가만 있지 못하는 것이 마치 손님과 같고 먼지 티끌과 같으니라. 너희들은 보라. 깜깜한 방에 등불이 켜져서 사람이 물건들을 보았을 때 등불이 본 것이 아니라 밝은 빛을 냈을 뿐이니라. 눈이 본 것이 아니라 색을 냈을 뿐이니라. 물건을 본 것은 보는 성품이니라. 또 내 손이 움직였을지언정 아난의 보는 성품이 흔들리지는 아니한 것이니라. 그런데 너희들은 무슨 까닭으로 흔들리는 것을 몸이라 하고 경계라 하며 흔들리지 않는 근본 성품을 잃어버리고 바깥 물건을 잘못 알아 내 몸이라 하여 경계에 매달려서 윤회하느냐?

이 말씀을 듣고 아난과 대중들은 마음이 열리게 되었다. 마치 젖을 잃었던 아기가 뜻밖에 어머니를 만난 것처럼 되었다고 경은 전하고 있다.

아난을 마등가의 방에서 구해낸 부처님은 눈·귀·코·혀·몸·뜻의 감각기관이나 그 대상을 마음의 성품으로부터 분리시키려고 노력하였다. 등불 아래 물건을 본다고 해서 등불이나 눈이 보는 것이 아니라 마음의 보는 성품이 본다고 한다. 부처님의 손이 움직여도 아난

존자의 마음의 보는 성품은 움직이지 않는다고 한다. 이렇게 감각기
관과 마음의 성품을 갈라놓은 이유는 우리에게 두 가지를 알려주기
위해서이다. 첫째는 우리가 윤회의 세계에서 헤매는 이유가 감각기관
이나 그 대상경계 같은, 내 것이 아닌 것을 내 것으로 착각한 데 있다
는 것이고, 둘째는 밖으로부터 궁극적인 행복이나 평화를 얻으려고
해서는 절대로 얻을 수 없다는 것이다.

    우리 중생들은 누구나 감각기관의 본능에 맞춰지는 것을 좋아한
다. 감각기관이 좋아하는 환경을 만들기 위해서 좋은 학교에 들어가
려고 하고 좋은 직장을 얻으려 하고 좋은 혼인상대를 얻으려 하고 많
은 돈을 벌려고 한다. 그러나 이 《능엄경》에서의 부처님은 그 감각기
관들이 저 등불과 같이 내 마음의 성품이 아니라고 하셨다. 색성향미
촉법(色聲香味觸法)의 유혹경계들은 여섯 도둑이라고 하는데 그것의
비위를 맞추는데다 행복을 걸면 도적을 아들로 잘못 알고 그 도적에
게 일생을 맡기는 것과 같게 된다는 것이다.

변하지 않는 성품

(능엄경 2)

허공을 둥근 그릇에 담으면 둥글게 보이고
네모난 그릇에 담으면 네모나게 보이지만
실제로 허공이 둥글거나 네모나지 않듯이 참성품도….

우리의 현실생활이 파도처럼 움직일 때 아무리 바람이 불고 파도가 치더라도 항상 그 자리에 그대로 있는 참마음에 대해서《능엄경》의 가르침을 들어 보자. 우리는 큰스님의 상단법문 자리에 참석할 때마다 참마음에 대해서 들곤 한다. 그런데 그 참마음이 보통의 것이 아니라 어떤 실체적인 것으로까지 묘사될 때 당황하게 된다. 우리는 구름으로 생사를 비유하는 조사스님의 글귀를 다비식을 할 때마다 듣는다.

난다고 하는 것은 한 조각의 구름이 모이는 것이요.

죽는다고 하는 것은 한 조각의 구름이 흩어지는 것이다.

뜬구름 자체에는 실다움이 없으니

생사의 오고감도 또한 마찬가지이다.

그럼에도 불구하고 한 물건이 항상 스스로 드러나 있으니

그것은 생사를 뛰어넘는 것이다.

　여기서 생사를 뛰어넘는 한 물건은 무상 · 무아 · 공의 원칙을 벗어나 있다는 말처럼 들린다. 그런데 불교에서는 어떤 말씀이나 사상도 공사상과 일치할 수 없으면 그것은 불교적인 사상이 아니다.《능엄경》의 참마음이 큰스님의 상단법문에 나오는 참마음 그리고 위의 글귀에 나오는 생사를 뛰어넘는 한 물건이 공사상과 공존할 수 있는지 살펴보자.

　파사익 왕이 부처님을 만나서 나지도 않고 죽지도 않는 길을 여쭌다. 그러자 부처님은 죽어 본 적도 없는데 왜 죽는 것을 걱정하느냐고 물음으로써 파사익 왕의 마음을 떠본다. 그러자 왕이 대답한다.

　부처님이시여, 무상하게 변천하는 몸이 비록 없어져 보지는 않았으나 불이 스러져 재가 되듯이 점점 늙어감을 봅니다. 스무 살 때를 젊었다고 하지마는 열 살보다는 늙었고 서른 살 때는 또 스무 살보다 늙었습니다. 지금은 예순두 살입니다만 십년 전은 훨씬 건강했습니다. 그 동안 변하는

것을 우선 십 년씩 잡아 말하였지만 자세하게 생각하오면 어찌 십 년 이십 년 뿐이오리까. 실로는 해마다 늙었으며 또 어찌 해마다 뿐이오리까. 달마다 날마다 달라졌습니다. 곰곰이 생각하면 잠깐이라도 머물러 있지 아니 했사오니 이 몸이 필경에 없어질 줄 아옵니다.

파사익 왕이 정말 진지하게 인생의 무상함을 이야기하자 부처님은 없어지는 몸 가운데 없어지지 않는 성품을 보여주겠다고 하신다. 세 살 때 보던 강과 예순두 살 때 보던 강이 차이가 없다는 말을 이끌어 낸 부처님은 변하지 않는 것을 말씀하신다.

대왕은 늙었지만 강을 보는 정기는 늙지 않았으니 늙지 않는 것은 변치 아니할 것이며 변하는 것은 없어지지만 변하지 않는 것은 오고감이 없을 것이니라. 이 몸은 죽더라도 그 보는 정기는 없어질 것이 아니거늘, 어째서 외도들이 말하는바, 죽은 뒤에는 아주 없어진다는 말을 되풀이하고 있습니까?

그 대화를 듣고 있던 아난존자가 문제를 제기한다.

만일 보고 듣는 성품이 나고 죽는 것이 아니라면 어째서 저희들에게는 참성품을 잃어버리고 감각기관에게 희롱당한다고 말씀하시나이까?

아난존자의 질문은 보는 성품이 변하지 않는다면 그 변하지 않는 성품을 가지고 있는 것으로 족한데 그것이 어떻게 버려질 수 있느냐는 것이다. 그러자 부처님은 세상의 인연법에 의해서 나타나는 무상한 것들이 모두 참마음에서 나타난다고 말한다. 몸 · 마음 · 허공 · 강산 등이 모두 묘하고 밝은 참마음 가운데 있는 것이라고 한다.

그러나 아난존자의 머리는 아직도 확연하지 않다. 항상한 참마음이 있고 그 참마음에 의해서 일체만물이 생겨난다는 말은 마음이 백지상태의 자연에 개념과 이름과 가치 등을 붙였다는 뜻이다.

그러나 그 참마음이 우리들 각자의 것이라는 점이 이해되지 않는 것이다. 다른 마음은 다 거짓의 것, 없어져야 할 것인데 어째서 그 참마음은 나에게 항상 있는 나의 것이냐는 의문이다.

부처님이 이 의문을 풀기 위해 대답하신다.

아난아, 세상의 모든 것은 다 나타난 인연이 있느니라. 햇빛은 해의 인연, 어둠은 구름의 인연, 통하는 것은 틈의 인연을 가지고 있느니라. 그러나 이러한 모양을 보는, 이 참마음의 성품은 아무런 인연이 없느니라. 밝고 어두운 것, 통하는 것과 막힌 것은 각기 차별이 있지만 참마음은 차별이 없느니라. 차별 있는 것은 대상경계이거니와 보는 성품은 차별이 없느니라. 비유하면, 모난 그릇 속에서 모난 허공을 보는 것과 같나니 모난 그릇 속에서 보는 모난 허공은 결정적으로 모난 허공이 아니니라. 똑같은 허공을 둥근 그릇에서는 둥글게 볼 것이기 때문이니라. 그릇이 모나고 둥글지언정 허공은 모나지도 둥글지도 않느니라.

아난아, 모든 중생들이 끝없는 옛적부터 저의 본 성품을 잘못 알아서 물건인 양 여기면서 본마음을 잃어버리고 물건의 지배를 받는 탓으로 그 가운데서 큰 것을 보고 작은 것을 보거니와 만일 물건을 지배할 수 있게 되면 여래와 같이 마음이 뚜렷하고 밝아서 바로 이 자리에 시방세계를 다 넣을 수 있을 것이니라.

아난아, 여기서 밥을 지을 때에 손에 돋보기를 들고 햇빛에 비치어 불을 내나니, 이 불이 돋보기에서 나느냐, 쑥에서 생기느냐, 해에서 오느냐. 돋보기는 손에 들렸고 해는 하늘에 떴고 쑥은 땅에 난 것인데 불은 어디서 온 것이냐? 해와 돋보기는 멀어서 화합할 수 없고 불이 난데없이 저절로 생기지도 아니할 것이니라.

아난아, 여래장 가운데 불의 성품을 가진 참된 공과 공의 성품을 가진 참된 불이 맑고 깨끗하고 본래 그러하여 법계에 가득하여 있으면서 중생의 마음을 따르고 아는바, 그 격에 맞추어서 나타나는 것이니라. 세상 사람들이 한 곳에 돋보기를 들면 한 곳에 불이 나고 온 법계에서 돋보기를 들면 온 법계에 불이 났느니라. 불은 세상에 가득한 것이니 어찌 나는 곳이 따로 있겠느냐?

부처님은 생멸과 차별이 없는 참마음을 허공과 불에 비유한다. 허공을 둥근 그릇에 담으면 둥글게 보이고 네모난 그릇에 담으면 네모나게 보이지만 실제로 허공이 둥글거나 네모나지 않듯이 참 성품이 중생의 그릇에 따라서 생겨나는 것처럼 보이기도 하고 없어지는 것처럼 보이기도 하지만 실제로는 생기지도 없어지지도 않고 항상 그대로 있다고 한다. 허공의 비유에서는 참마음이 중생의 미혹 때문에 차별 있게 보인다는 것을 가르치신다. 부처님은 또 참마음이 이 세상에 항상 꽉 차 있는 것을 불로 비유한다. 불이 어느 곳으로부터 와야만 있는 것이 아니라 불을 지피기만 하면 불이 나타나므로 불은 보이거나 안보이거나에 상관없이 세상에 항상하고 꽉 차 있다. 참마음의 성품도 불과 마찬가지라고 한다. 참마음은 이 세상에 꽉 차 있어서 누구든지 그것을 개발하기만 하면 나타난다는 것이다.

앞에서 아난존자는 참마음이 있는 것까지는 인정했지만 참마음이 바로 내 것이라는 점에 대해서는 확신하지 못했다. 그러나 부처님이 말하는 이 참마음은 누가 특별히 소유하고 안하고를 말할 것이 없다. 불을 피우면 불이 나오듯이, 참성품을 보는 사람에게는 누구에게나 참성품은 그의 것이다. 참성품은 떨어지거나 차별적인 것이 아니라 연결되고 전체적인 것이기 때문에 전부 나의 것이면서 동시에 모두의 것이다. 큰 것과 작은 것의 차별을 떠나서 있기 때문에 바로 이 자리에서 모든 세상 참모습의 견본이 된다.

우리는 서두에서 부처님이 말씀하는 변함없는 참마음에 대해서 의아스럽게 생각했다. 왜냐하면 어떤 생각이 불교적인 것이 되려면 공사상과 일치해야 한다. 공사상은 영원히 변함없는 것을 인정하지 않는다. 그러나 부처님이 말하는 참마음의 내용을 들어보면 어떤 개인적인 나를 내세우는 참마음이 아니라 감각기관에 놀아나서 참마음을 못 보는 나를 버린 다음에야 얻어지는 그런 것이다. 여기서의 참마음은 허공과 같고 불의 성질과 같은, 온 세계에 특정하게 없으면서도 온 세계에 항상 꽉 차 있는 그러한 것이다. 개인적인 소아로서의 참나가 아니라 우주적인 대아로서의 참 나이기 때문에 공사상과 상충될 것이 아무것도 없다. 공한 가운데 꽉 차 있는 공사상 그 자체이다.

《능엄경》의 서두에서 파사익 왕은 나지 않고 죽지 않는 길이 무엇이냐를 물었다. 파사익 왕의 질문에 대한 답은 온 우주에 꽉 차 있는 참성품, 항상 내 것인 참성품을 보아야 한다는 것이다.

여기 《능엄경》에서 부처님이 답변하는 특이한 점은 인연법이니, 무자성이니, 공사상이니, 이런 것들을 들먹이지 않고 변하지 않는 참마음을 일관성 있게 내세우면서 결과적으로 인연법과 무자성법·공사상을 다 드러내 보였다.

눈이나 귀나 코 등의 감각기관과 그 감각기관의 대상인 형색이나 소리 등에 속지 않고 그것들을 오히려 지배할 때 참마음이 나타난다고 한다. 긴 끈에 달린 추의 움직임을 따라 눈동자가 움직일 때 눈동자도 따라 움직일 수 있다. 이때에 보는 성품까지도 움직이면 참마음을 등지고 감각기관의 노예가 되는 것이고 보는 성품이 움직이지 않고 움직이지 않는 그 성품에 의해 살 때 참마음을 찾는 것이 된다.

실에 달린 추에 끄달리지 않기는 쉽다. 그러나 재물과 명예와 색에 끄달리지 않기는 참으로 어렵다.

무명의 원인

(원각경 1)

윤회 속에서 원각을 이야기하면

그 깨달음은 이미 깨달음이 아니라 윤회의 이야기로 변질된다.

《원각경(圓覺經)》의 본래 명칭은 《대방광원각수다라요의경(大方廣
圓覺修多羅了儀經)》이다. 번역한다면 '아주 광대하고 평등한 이치와 어울
리도록 원만한 깨달음을 완전하게 드러내는 경'이 되겠다. 대방광은
대방등과 같은 뜻으로 그 내용이 광대무변해서 대승의 본의를 나타내
는 것을 의미한다.

원각(圓覺)을 원만한 깨달음이라고 번역했지만 원만한 깨달음이
라는 말이 추상적이고 막연하기 때문에 경의 내용에서 그 뜻을 짐작
해야 하겠다. 수다라는 불경이란 뜻이고 요의경이라는 말은 부처님께

서 근기 낮은 중생들을 위해서 방편으로 베푸는 것이 아니라 말하고자 하는 것을 조금도 감추지 않고 그대로 드러내는 최후의 경이라는 뜻이다.

이《원각경》은 불타다라가 1권으로《대방광원각수다라요의경》이라는 이름으로 번역했다고 하지만 범어 원본도 없고 그 티벳 번역본도 없다. 그래서 중국에서 만들어진 위경이 아닌가하고 의심받고 있으나 우리나라에서는《원각경》이 중요시되어 왔다. 스님의 이수과목에 이 경이 포함되어 있고 세조 때에는 나라에서 이 경을 한글로 번역해서《원각경언해》라는 책을 발행하기도 했다. 또 규봉종밀은 화엄종에 속하면서도 선교(禪敎)일치를 주장했는데 그는《원각경》에 깊은 관심을 가지고《대방광원각경소》라는 주석서를 저술하기도 했다.

한국불교는 모든 종파를 다 포함하는 통불교(通佛敎)라고 하지만 그 주맥은 선불교이다. 그런데 그 선이 선과 교를 하나로 보는 의미에서의 선이다. 그래서 종밀의 사상과 상통하고 다라서 한국불교는 종밀의 영향을 상당히 크게 받아오고 있다.

보조국사는 그의 저술에서 종밀의 주장을 많이 이용하고 있다. 보조국사가 주체성이 없이 무비판적으로 종밀을 따르는 것은 아니지만 규봉종밀을 많이 인용하고 있는 것은 사실이다. 여하튼 한국불교에서는 보조국사가 선교일치를 주장했고 또한 규봉종밀과 마찬가지로《원각경》《화엄경》을 중요시해 왔다.

《원각경》에는 문수 · 보현 · 보안 · 금강장보살 등 12명의 보살이

등장한다. 부처님은 이 12보살과 문답을 나누기 때문에《원각경》은 12
보살을 따라 12품을 이룬다.

중생에게 불성이 있다고 하는 것은 중생의 본래성불을 뜻한다.
중생이 본래 성불했다면 왜 현재의 미혹이 있느냐는 문제가 생긴다.
금강장보살이 부처님께 이 문제를 제기하였다.

> 부처님이시여, 만일 중생들이 본래 성불하였을 것 같으면 어찌하여 온
> 갖 무명이 있나이까? 만일 중생들이 본래부터 무명이 있사오면 무슨 까닭
> 으로 부처님께서는 중생들이 본래 성불했다고 하나이까? 모든 중생들이
> 본래 성불했지마는 뒤에 무명이 생겼다면 부처님은 언제 다시 번뇌가 생
> 기겠나이까?

아주 핵심을 파고드는 질문이 아닌가. 첫째, 본래 성불인데 왜 우
리는 현실적으로 무명이 있느냐는 것이다. 산을 보거나 강을 볼 때,
우리는 떨어지는 낙엽이나 흘러가면 다시는 거슬러 올라오지 못할 강
물을 크게 슬퍼하지 않고도 아름답게 볼 수 있다. 그럼에도 불구하고
자신의 문제가 되면 달라진다. 왜 우리가 강산을 보듯이 편안하게 무
상·무아법 속의 나를 받아들이지 못하고 안절부절 해야 하느냐는 것
이다.

둘째, 만약 중생들에게 본래부터 이 같은 어리석음이 있다면 왜
중생들이 본래 성불했다고 하느냐는 것이다. 셋째, 성불하더라도 없

던 무명이 뒤에 생기는 것이 법칙이라고 한다면 부처님에게는 앞으로 무명이 생길 것이냐는 것이다. 문제의 핵심을 바로 찌르는 질문이다.

이 질문에 대한 부처님의 말씀을 들어 보자.

모든 세계가 시작되고 끝나고 모이고 흩어지고 생기고 없어지고 하는 것이 모두 윤회하는 것이니라. 윤회에서 나오지 못하고 원각 즉 둥근 깨달음 또는 원만한 깨달음을 이야기하면 그 원각의 성품도 윤회를 벗어나지 못할 것이니라.

비유해서 말하리라. 구름이 달아나므로 달이 가는 듯하고, 배가 지나가므로 언덕이 옮기는 듯 하는 것이니라. 구름과 배의 가는 것이 쉬지 아니하면 달이나 언덕의 움직임이 먼저 머무르려 하여도 될 수 없는 것이니, 나고 죽는데서 바퀴 돌듯이 하는 마음이 깨끗하여지지 못하고서 원각자리를 알아보려고 한들 어떻게 그러할 수 있겠느냐? 그래서 그대가 세 가지 의혹을 내는 것이니라.

선남자야, 부처님의 묘한 원각의 자리에는 미혹함도 없고 깨닫는 것도 없으며 성불하는 것도 없고 성불하지 못하는 것도 없느니라. 윤회하는 일도 없고 윤회하지 않는 일도 없어서 허공과 같이 평등하건만 윤회하는 마음으로 윤회의 소견을 가지기 때문에 부처님의 고요한 바다에 들어가지 못하는 것이니라. 그래서 모든 보살과 말세 중생들은 먼저 비롯함이 없는 때부터의 윤회의 근본을 끊어야 한다고 말하는 것이니라.

먼저 부처님은 윤회 속에서 아무리 깨달음에 대해서 이야기해도 소용이 없다고 한다. 왜냐하면, 윤회 속에서 원각을 이야기하면 그 깨달음은 이미 깨달음이 아니라 윤회의 이야기로 변질된다는 것이다. 중생에게 본래적인 깨달음이 있다는 말은 자기라는 아집의 안경을 쓰고 세상을 보지 않고 세상을 있는 그대로 볼 수 있는 성품이 있다는 뜻이다. '나'를 내세울 때 구하는 것이 있고 아쉬운 것이 있으며 구하는 것이 있을 때 좌절이 있고 고통이 있다. 그러나 '나'에 대해서 완전히 쉬었을 때 괴로움이니 즐거움이니 할 것이 없다. 본래 부처의 상태가 즐거움이라면 그 즐겁다는 뜻은 나를 중심으로 특별하게 매달리지 않을 때 나타나는 한가함과 자재로움이 있다는 것이다. 그런데 본래 성불의 이야기를 듣자마자 '왜 지금 나에게 무명이 있느냐?'는 생각을 하는 것이 바로 문제가 된다. 무명이라고 하는 것은 다른 것이 아니라 어떤 것이든지 '나'와 관련시키고 나를 중심으로 생각하는 것이다.

먹기를 좋아하는 사람이 열반의 이상세계에 관한 이야기를 듣고는 '그것은 어떻게 먹는 것인데?'하고 묻는다면 참으로 우스운 일이다. 본래 부처라는 말을 듣고 왜 나에게 무명이 있느냐는 말도 무조건 모든 일을 '나'를 중심으로 생각하는 데서 나온 것이다. 본래 부처는 먹거나 소유하는 것이 아니라 내가 나의 껍질을 부수고 나올 수 있는 잠재성이다.

우리가 가진 이 부질없는 욕망, 내 생각대로 내가 안 되는 이 마음, 자기중심으로 세상을 보는 것, 이런 것들을 미혹무명(迷惑無明)이라고 할 경우 이 무명은 과거의 어떤 원칙으로부터 연역되어 나온 것이 아니다. 우리가 《기신론》을 공부할 때 무명의 원인에 대해서 생각해 본 것처럼 우리가 가진 지금의 무료함과 불만은 현재의 경험에 바탕을 두고 있다. 그런데 《원각경》에서의 부처님은 무명은 실재하는 것이 아니라고 한다. 무명이 있는 것이 아니라 우리의 착각이 있을 뿐이라는 것이다.

하늘에 구름이 흘러가면 달이 가는 것처럼 보이고 배가 지나가면 언덕이 움직이는 것처럼 보인다는 예를 들어 주셨다. 달이나 언덕이 아무리 그 자리에 있으려고 해도 움직이는 구름과 지나가는 배가 움직임을 멈추지 않는 한 달이나 언덕은 움직이는 것처럼 보인다는 것이다. 마찬가지로 내 마음이 윤회를 계속하는 한 그 윤회의 눈으로 보는 본래 원각의 자리도 윤회로 보일 것이다. 내 마음이 흔들리고 움직이는 한 본래 부처의 자리도 흔들리는 것처럼 보일 것이다. 사진을 찍을 때 고정된 목표물을 찍는다고 하더라도 사진기를 잡은 손이 떨리면 사진은 흐리게 나올 수밖에 없다.

그런데 이 세상은 사진 찍을 때의 대상처럼 고정되어 있지는 않다. 끊임없이 운동을 하고 있다. 그러나 움직이는 것을 그대로 찍기도 어렵지 않다. 가령 차가 움직일 경우 차가 가는 방향으로 사진기를 움직이면서 찍으면 달리는 자동차가 그대로 나오고 주변은 흐려져서 차가 달리는 분위기를 만들어 준다. 본래의 부처는 항상 자리만 지키고 있는 돌이 아니며 끊임없이 움직일 것이다. 그렇다면 움직이는 모습은 움직이면서 보아야할 것이다.

번뇌를 일으키고 움직이는 이 마음이 본래 부처라고 한다면 그것을 보는 눈도 계속 움직이면 될 것이다. 중생심이 발휘하는 번뇌와 본래 부처가 자신의 번뇌에 따라 번뇌를 피우면서 번뇌를 본다고 할 때 두 가지는 똑같은 번뇌이지만 차이가 있다. 한 가지는 번뇌와 그 주변의 상황을 모르고 있고 다른 한 가지는 번뇌와 그 주변의 상황을 알고 있다는 것이다.

고속도로를 지나는데 차들이 멈추어서 가지 못할 경우 두 가지 반응이 있을 수 있다. 하나는 내가 빨리 가고 싶다는 데 매달리는 것이며 다른 하나는 차들이 못가는 이유를 알거나 모르더라도 차들이 못가는 데는 이유가 있을 것으로 생각하고 상황을 그대로 받아들이는 것이다. 이것이 벗어남의 시초가 된다. 번뇌와 상황을 같이 보면 부처님이 말씀하시는 대로 미혹할 것도 깨달을 것도 없게 된다. 이것을 본래성불(本來成佛)자리라고 한다.

깨달음의 시발점

(원각경 2)

지금 당장 수행을 시작하면 눈과 귀가 맑게 되고
그 영향이 모든 방면에 다 미쳐서
온갖 감각기관·몸·마음·세계가 다 맑게 된다.

《원각경》에는 본래 성불을 회복하는 방법이 나온다. 모든 불경들은 갖가지 표현으로 본래 성불을 나타낸다. 여래장·불성·자성청정심·진여·본각 등이 있다. 《원각경》의 본래 성불은 다른 경의 표현보다도 성불에 대해서 적극적이다. 여래장이나 불성은 잠재적 능력을 뜻하는데 그치지만 본래 성불은 중생들이 본래 부처라고 한다.

그렇다면 어떻게 해야 본래 이룬 부처로 복귀할 수 있겠느냐는 물음이 나온다.

제자의 질문과 부처님의 말씀을 들어보자. 보현보살이 여쭌다.

> 부처님이시여, 원각의 경계에서는 모든 것이 요술이요, 허깨비와 같습니다. 그렇다면 중생의 몸과 마음도 요술이나 허깨비와 같으니 닦을 것도 없고 닦을 사람도 없다고 해야 하겠습니까?

부처님이 무명에 대한 설명에서 감각기관의 대상이 만든 그림자를 사람들이 자신의 본마음으로 잘못 아는 것이 마치 눈병 난 사람이 허공의 꽃을 보는 것과 같다고 하셨다. 세상의 모든 것이 모두 육진경계(六塵境界)의 그림자라면 닦을 사람도 닦을 내용도 다 허깨비와 같지 않느냐는 물음이다.

이에 대해 부처님께서 대답하신다.

> 보현이여, 모든 중생이 느끼고 있는 허깨비 같은 무명은 모두 부처님의 원각(圓覺) 즉 깨달은 마음에서 생긴 것이니라.
> 허공의 꽃이, 허공에 의지해 있어서 허공 꽃이 없어지더라도 허공은 그대로 있는 것과 같으니라. 마찬가지로 무명이 원각에 의해서 생겼기 때문에 무명은 없어지더라도 원각은 뚜렷한 것이니라.
> 나무에서 생긴 불이 나무를 태우고는 꺼지듯이 무명이 없어지면 그대로 원각이니라. 그러므로 말세중생은 무명미혹을 여의도록 닦아야 하느니라.

눈병 난 사람에게는 허공 꽃이 보이는 것처럼 이 세상의 사물이 다 허깨비인 것은 분명하지만 그 허깨비의 뿌리 즉 무명의 뿌리는 바로 원각에 있다고 한다. 그래서 무명이 멸하더라도 본래의 깨달음 자리인 원각은 그대로 남아 있다는 것이다. 부처님의 당부는 탐냄과 성냄과 어리석음의 무명을 여의는 것이 급선무라고 한다. 그러자 보안보살이 원각에 들어가는 방법을 묻고 부처님이 대답하신다.

말세 중생들은 몸과 마음을 단정히 하고 감각기관과 그 대상이 다 허깨비와 같음을 관하느니라. 그러면 허깨비가 없어지고 원각의 깨달음이 나타나리라.

원각이 나타나면 마음이 청정하고, 마음이 청정하므로 눈이 청정하고, 눈이 청정하므로 보아 아는 것이 청정하고, 아는 것이 청정하므로 듣는 것이 청정하고, 듣는 것이 청정하므로 귀가 청정하고, 귀가 청정하므로 들어 아는 것이 청정하니라. 이와 같이 여섯 감각기관과 그 대상이 다 청정하리라.

선남자야, 눈이 청정하므로 색이 청정하고, 색이 청정하므로 소리가 청정하고, 향기와 맛과 감촉과 법이 청정하리라.

선남자야, 한 몸이 청정하므로 여러 몸이 청정하고, 여러 몸이 청정하므로 시방중생의 원각이 청정하리라.

선남자야, 한 세계가 청정하므로 여러 세계가 청정하고, 여러 세계가 청정하므로 시방허공과 지난 세상, 오는 세상이 모두 평등하고 청정하리라.

선남자야, 이렇게 닦고, 이렇게 생각하고, 이러한 방편으로, 이렇게 깨달으며, 이러한 법을 구하므로 어떤 상대적인 경계를 당해서도 답답하지 아니하리라.

본래의 깨달음인 원각에 되돌아가는 방법으로 이것이 청정하면 저것이 청정하다는 식의 논리를 전개한다. 마음, 눈, 보고 아는 것, 듣는 것, 귀가 차례로 연결되는데 처음의 하나가 청정하면 다른 것이 다 청정해진다는 식이다. 십이연기에서 무명이 없어지면 업이 없어지고 업이 없어지면, 식이 없어지는 방식이 여기 나타난다. 단지 이《원각경》에서는 구체적인 감각기관이 차례로 일컬어질 뿐이다.

마음으로부터 감각기관을 차례로 연결시킨 부처님은 다시 눈 · 코 · 혀 · 몸 · 뜻의 한 몸과 여러 몸, 한 세계와 여러 세계가 차례로 청정해진다고 말씀하신다. 한마디로 말하면 처음의 한 가지가 청정하면 다른 모든 것이 청정해진다는 말이다.

청정해진다는 말은 수행을 해서 마음에 밝은 지혜를 비추는 것을 뜻한다. 그렇다면, 본래의 깨달음인 원각으로 되돌아가는 길은 지금 당장 우리가 할 수 있는 수행을 하기만 하면 감각기관의 한 가지라도 맑게 되고 그렇게 되면 그 영향이 모든 방면에 다 미쳐서 온갖 감각기관과 몸과 마음과 세계가 다 맑게 된다는 것이다. 지금 당장 사소하고 작은 수행부터 시작하기만 하면 궁극적으로 원각에 이르게 된다는 말이다.

길거리에 다니다 보면 요즘에도 걸인을 만나는 수가 있다. 불구의 걸인을 만날 경우 대부분의 사람들은 당연히 도와야 한다는 마음을 내지만 육신이 멀쩡한 걸인을 보면 동정할 마음을 내지 않기도 한다. 어떤 이는 불구자를 만나서도 동정심은커녕 오히려 눈을 흘겨주는 경우도 있다. 국가기관에서 장애자들을 보살피는 대책을 세우고 있는데 그곳에서 누리는 생활 이상을 자기 혼자서 누려보겠다고 거리로 나섰기 때문이다. 거리의 장애자들은 이미 흑심을 품은 사람들이라는 것이다.

그러나 정상적인 신체조건의 사람이나 장애인들이 거리에서 구걸행위를 하는 것의 옳고 그름을 따지기 이전에 그와 같은 구걸행위는 우리 주변에 있는 현상이다. 우리나라보다 부자인 미국에도 걸인은 있다. 걸인현상은 꼭 궁핍하기만 해서 나타나는 것은 아니다. 우리 한사람 한 사람이 그들을 돕는다고 해서 그 걸인들이 잘살게 된다는 보장도 없다. 그러나 나보다 어려운 사람을 만나거나 나에게 도움을 청하는 사람을 만났을 때, 그들에게 관심을 보이는 일은 사람이라면 특히 불자라면 누구나 가져야 할 자세이다.

《원각경》의 입장은 어떤 개인이나 사회현상을 상대적으로 대하지 말고 내가 스스로 청정하게 행동하라고 한다. 상대가 청정을 받을 만하니까 내가 청정한 것이 아니라 내 스스로가 먼저 청정해지라고 한다. 내 몸이 청정한 자세로 나서면 마음이 따르고 이어서 눈·귀·코·혀·몸·뜻의 감각기관이 따른다고 한다.

한 사람이 좋은 마음을 먹으면 모든 사람이 다 좋은 마음을 먹고 한 세계가 좋으면 모든 세계가 다 좋다고 한다. 우리는 지금 정치나 경제 · 사회의 문제를 이야기하는 것이 아니고 수행하는 자세를 이야기하고 있는 중이다. 원각이라는 본래의 성불에 돌아가기 위해서는 먼저 내가 가장 작은 것부터 지금 이 자리에서 시작해야 한다는 것이다. 그것이 어떤 효과를 내는지에 대해서는 수행자가 따질 일이 아니라는 것이다.

정권이 바뀔 때마다 우리는 우리 동포들의 치부를 많이 보았다. 부정부패가 우리들 전체에 반연되었다는 표현보다는 바른 것과 그른 것의 잣대를 가지지 않고 살다가 갑자기 정의라는 이름의 잣대가 나오니까 사람에 따라서 여러 가지 반응을 보였다. 그중에서 아주 위험스런 반응 가운데 하나가 '상류의 물이 저렇게 탁한데 하류에 살고 있는 내 주변의 물이 탁한 것은 하나도 이상할 것이 없지 않느냐.'고 생각하는 것이다. 남이 잘못 하는데 내가 혼자 잘해서 무슨 소용이 있겠느냐는 태도이다.

필자는 지금 '모든 국민들 각자가 다 그런 태도로 살아간다면 이 나라에는 정의가 바로 설 날이 없게 됨'을 걱정하는 것이 아니다. 《원각경》에서 말하는 본래의 성불로 돌아가기 위해서는 남이 청정하다는 조건으로 내가 청정한 것이 아니라 내가 스스로 청정하니까 세상의 모든 사람들이 다 청정하다는 수행의 원칙에 위배됨을 지적하고자 하는 것이다. 정의로운 삶을 사는데 상대적인 조건을 붙이는 것이 아니라 절대적으로 바른 생활을 시작하면 그것으로 족하지 남의 일을 끌어대서 자기의 잘못을 합리화하려 해서는 안 된다는 것이다.

불자 여러분들은 성불하자는 인사를 하면서도 감히 성불하겠다는 엄두를 내지 못한다. 본래의 성불이라는 말은 모르고 수행을 하지 않아야겠다는 계획이 있어서라기보다는 아마도 겸손하게 생각해서 그럴 것이다.

그런데 눈이 청정하면 보이는 것과 모든 감각기관과 내 몸 전체와 모든 사람, 모든 세계가 다 청정하게 되는 원칙은 알면서도 일부러 성불하겠다고 나서지 않는 태도는 다행스럽게도 《원각경》과 일치한다. 《원각경》은 말한다.

선남자야, 원각을 성취한 보살은 생사를 싫어하지도 않고 해탈을 구하지도 않으며, 오래 도를 닦은 이를 소중히 여기지도 않고 처음 도를 닦는 이를 업신여기지도 않는다. 왜냐하면, 지금 당장 이 한마음의 발심이 모든 사람, 모든 국토의 발심이며 원각이기 때문이다.

본래 깨달음의 세계는 내 것과 구별된 저것도 없거니와 저것이 있다고 하더라도 나의 수행에 있어서는 상대가 문제되지 않는다. 그래서 생사를 싫어하지도 않고 해탈을 좋아하지도 않는다는 것이다.

번뇌와
업과
인연의 바다

일체의 업의 바다는 생각으로 미칠 수 없나니,
한 털구멍 속에서 한없는 부처세계가
청정한 장엄으로 머물러 있다. 한 티끌 속에 있는
그 작은 여러 국토는 모든 티끌 속에서도
그와 같이 들어 있다. 하나하나의 티끌 속에
나타나는 모든 세계가 허깨비와 같고 허공과
같나니, 그것은 업의 힘이 지어낸 장엄이다.
《화엄경》

나를 지운 번뇌의 장엄
(화엄경 1)

화엄이라는 말, 즉 꽃으로 장엄한다는 말은
예쁜 색종이를 잘게 잘라서 꽃을 만드는 것이 아니라,
모든 업과 번뇌와 인연들을 엮어서….

《화엄경》은 《대방광불화엄경(大方廣佛華嚴經)》을 줄인 말이다. 대
방광(大方廣)이란 《원각경》을 공부할 때에 살펴보았듯이 크고 광대하고
평등하다는 뜻이다. 부처 불(佛)자가 깨달은 이를 뜻한다는 것은 불자
들이 잘 아실 것이다. 화엄이라는 말도 꽃 화(華)자, 장엄할 엄(嚴)자이
다. 꽃으로 장엄한다는 뜻이다.

《대방광불화엄경》을 풀이해서 이어보면 '부처님이 꽃으로 장엄하
고 크고 넓고 평등한 것을 깨우치는 경' 또는 '크고 광대하게 부처님이
꽃으로 장엄하는 경'이 된다. 《화엄경》의 범어 이름은 붓다바탐사카

나마 마하바이풀랴 수트라(Buddhāvataṃsaka-nāmā-mahāvaipulya-sūtra)이다.

《화엄경》은 처음부터 한 경으로 엮어진 것이 아니고 각 품에 따라서 먼저 이루어지기도 하고 또 후에 이루어져서 각기 별도로 전해지다가 뒤에 한 경으로 묶어졌으리라고 짐작된다. 각 품 중에서 가장 일찍 이루어진 것으로 유명한 것은 〈십지품〉으로 《십지경》이라고 불러진다.

《화엄경》은 세 번 번역되었는데 불타발타라가 번역한 60권 본, 실차난타가 번역한 80권 본 그리고 반야가 번역한 40권 본이다. 60권 본과 80권 본은 《화엄경》 전체를 줄이거나 늘려서 번역한 것이지만 40권 본은 《화엄경》 가운데서 〈입법계품(入法界品)〉만을 뽑아서 번역한 것이다. 60권 《화엄경》을 구역(舊譯)이라고 하고 80권 《화엄경》을 신역(新譯)이라고 부른다. 《화엄경》의 전체 산스크리트 본은 전하지 않고 〈십지품〉과 〈입법계품〉만 남아 있다. 80권 《화엄경》과 유사한 티벳 번역본이 전하고 있다. 《화엄경》의 일부가 현재 영어로 번역되어 있고 모두 한글로 번역되어 있다.

전설에 의하면 《화엄경》에는 상본과 중본 · 하본이 있었다고 한다. 상본 《화엄경》은 헤아릴 수 없이 많은 구절로 이루어져 있으며 중본 《화엄경》은 사십구만 팔천사백의 게송문과 일천이백 품으로 되어 있고 하본 《화엄경》은 십만 게송문과 39품으로 되어 있다고 한다. 이 가운데서 상본과 중본은 용궁에서 지상으로 전해지지 않았고 하본만 전해진 것이 지금 우리가 가진 것이라고 한다. 상본《화엄경》은《대부사의해탈경(大不思議解脫經)》이라고도 불린다. 부사의(不思議)란 인간의 머리로는 도저히 헤아리거나 받아들일 수 없다는 뜻이다. 받아들일 수 없기 때문에 인간이 받아들이도록 가장 도수를 낮춘 하본《화엄경》만 인간세계에 전해졌다고 한다.

우리나라에는 소설《화엄경》도 있고 영화 화엄경도 있다.《화엄경》의〈입법계품〉을 고은 시인이 소설로 풀어보려고 시도했다.《화엄경》본문을 읽고 그 내용을 파악하려고 노력한 경험이 있는 분은 소설《화엄경》을 읽고 '아하, 그 내용을 이렇게 나타냈구나.'할 것이다. 그러나 불경《화엄경》을 읽어본 경험이 없는 분들이나《화엄경》이 대단한 경이라는 말만 듣고 쉽게 생각해 소설《화엄경》을 읽으려고 했던 분들은 다 읽지 못하고 책을 보관하고 계신 분들이 많을 것이다.

필자도 영화 화엄경을 보았는데 소설은《화엄경》의 내용을 쉽게 그려 보려고 노력한 흔적이 역력했다. 짧은 시간 내에 쉽게 풀어헤친《화엄경》의 귀한 말씀들을 많이 듣고 이해할 수 있었다. 필자는 영화 화엄경의 평론을 부탁받고 종이와 연필을 준비하고 영화관에 들어갔었기 때문에 보석처럼 귀한 말씀들을 적을 수 있었다. 그러나 단순히 영화의 줄거리에 기대를 가지고 본 분들이나 연필과 종이도 없이 보고 듣는 것만으로 구절구절의 대화를 지나친 관람객들은 실망했을 것이다. 그러나 불경《화엄경》과 소설《화엄경》을 이해하려고 머리를 싸매다가 영화 화엄경을 보신 분들은 화엄의 가르침을 평범한 사람들이 접근할 수 있도록 풀어보려는 노력에 대해서 고마워할 것이다.

    그러면 먼저 《화엄경》의 제목인 화엄 즉 꽃의 장엄이라는 말의 뜻이 무엇인가에 대해서 생각해 보자. 우리 중생들에게는 번뇌가 있다. 이 번뇌는 욕망과 집착에서 나오고 집착은 다시 어리석음에서 나온다. 어리석음은 번뇌와 욕망과 집착에서 나온다. 또 업도 짓는다. 업도 짓고 번뇌도 있으면 고통도 있다. 편하지만 않은 것이 인생이다. 《화엄경》을 읽으려고 하는 이 시점에서 《화엄경》의 부처님에게 여쭈어 볼 말씀이 있다. 《화엄경》을 읽으면 번뇌와 욕망과 업과 고통이 없어지거나 줄어들게 되느냐는 질문이다. 부처님은 측은하게 여기는 얼굴로 우리의 얼굴을 볼 것이다. 이 질문 자체가 번뇌요, 업이기 때문이다.

    《화엄경》은 번뇌와 욕망과 업을 없애기보다는 작은 번뇌를 큰 번뇌로, 작은 욕망을 큰 욕망으로, 작은 업을 큰 업으로 돌려놓을 것이다. 우리는 번뇌를 피워도 조잡하게 피운다. '나'라는 울타리, '나'라는 껍데기 속에 갇혀서 번뇌를 피운다. 우물 안의 개구리 식으로 번뇌를 피우고 있다. 아주 작은 냇물식의 번뇌이다.

    《화엄경》은 우물 안의 개구리 식 번뇌를 큰 강, 아니 큰 바다의 번뇌로 돌려놓으려고 한다. 자기에 묻혀서 천지를 보지 못하며 업을 짓는 중생들을 끌어내서 넓은 바다에서 무한을 바라보며 무한에 의지해서 업을 짓게 한다. 《화엄경》이 무한의 바다를 가르치지만 꼭 작은 것을 버리게 하는 것은 아니다. 아주 작은 것에서, 한 티끌의 번뇌에서,

한 티끌의 업에서, 우주 전체의 번뇌와 우주 전체의 업을 보게 된다.

　한 선승의 이야기가 있다. 어떤 스님이 참선을 하면 할수록 번뇌가 없어지는 것이 아니라 번뇌가 더욱 많아지는 것이었다. 번뇌를 없애려하면 그 번뇌는 숫자만 많아지는 것이 아니라 각 번뇌가 더 크게 덤벼오는 것 같았다. 번뇌를 없애고 깨달음을 구하려고 해도 더욱 답답한 마음만 들었다.

　비오는 어느 날도 참선을 하면서 빗소리를 들으며 번뇌를 피우고 있었다. 추녀에서 떨어지는 낙숫물이 물통으로 떨어지는 소리도 들었다. 낙숫물 소리는 물의 양이 많아서인지 더욱 많은 번뇌를 몰고 왔다. 그런데 물통에 떨어지는 낙숫물 소리가 갑자기 천둥치는 소리처럼 크게 들렸다.

　그 순간 그 선승은 온 우주가 깨어져 버린다는 생각을 했고 동시에 깨달음을 얻었다. 선승은 작은 물방울 떨어지는 소리에서 히로시마에 떨어진 원자폭탄보다 무량 억 천만 억 배가 더 큰 번뇌폭탄의 폭발음을 들었다. 그렇다. 《화엄경》이 우리를 작은 업의 우물에서 큰 업의 바다로 끌어낸다고 해서 저 선승이 들은 작은 물방울 소리를 떠나는 것은 아니다.

　《화엄경》은 무한을 가르치면서 동시에 한없이 작은 것을 가르친다. 작고 또 작고 극히 작은 것에서 온 우주의 모습을 다 보고자 한다. 우리의 마음속에 일어나는 작은 번뇌에서 온 우주의 번뇌를 다 보고자 한다. 길가에 핀 작은 잡초의 꽃에서 그리고 잎에 맺힌 한 방울의 작은 이슬에서 온 우주의 얼굴을 다 보고자 한다. 그저 보는 것이 아니라 온 우주의 번뇌와 우주의 업과 우주의 변덕과 우주의 심술을 다 보고자 한다.

불자들은 종이꽃을 만들어 본 경험이 있을 것이다. 절집에서 요즘에는 생화를 많이 쓰지만 옛날에는 주로 조화를 썼다. 재를 지내게 되면 조화를 만드느라고 스님들은 바쁘게 움직여야만 했다. 필자도 색종이로 조화를 만들면서 처음에는 깜짝 놀랐다.

물감이 든 종이를 적당한 크기로 잘라서 여러 장 포갠 다음에 그 허리를 묶고 종이를 펴면 꽃이 된다. 좋은 색종이로만 꽃을 만들 수는 없다. 아무 종이나 여러 장을 모아 중간을 묶고 잎을 펴기만 하면 꽃이 된다. 가깝게 보는 것보다는 좀 거리를 두고 종이꽃을 보게 되면 제법 그럴듯하게 보인다.

우리가 피우는 번뇌와 욕망도 조화를 만들 듯이 엮어 놓으면 꽃이 되지 않을까? 그렇다. 《화엄경》의 화엄이라는 말 즉 꽃으로 장엄한다는 말은 예쁜 색종이를 잘게 잘라서 꽃을 만든다는 뜻은 아니다. 세상에 있는 모든 번뇌들을 하나도 버리지 않고 모아서 엮으면 불국토를 장엄하는 꽃이 된다는 뜻이다.

꼭 번뇌와 업과 고통만 찾아서 꽃을 만들려고 하면 그것도 쉽지 않다. 개똥도 약에 쓰려고 하면 찾기 힘들다는 속담도 있지 않은가. 번뇌나 지혜, 생사나 윤회, 선과 악, 즐거움과 고통을 가리지 않고 다 모아 놓으면 그것이 바로 꽃이 된다. 우리는 지금 종이로 만드는 꽃을 말하느라고 꽃을 만든다는 말을 하고 있지만 세상에서 번뇌를 모아다가 일부러 꽃을 만드는 일은 없지 않는가.

그렇다면 우리는 꽃을 만든다는 생각에서 꽃으로 본다는 생각으로 바꿔야 하겠지만, 화엄 즉 꽃의 장엄은 단순히 세상의 모든 것들을 꽃으로 보기만 하는 것이 아니다. 업의 꽃, 번뇌의 꽃, 심술과 변덕의 꽃을 불국토를 장엄하는 꽃으로 보는 것이 된다. 이제는 우물 안의 개구리처럼 한 업만 보는 것이 아니라 모든 업을 한꺼번에 다 보게 된다. 업의 바다로 나오게 된다.

법신불의 설법방식
(화엄경 2)

비로자나불의 법신은 온 세계의 산하대지 삼라만물이다.

그 법신은 항상 광명을 발하고 있다.

항상 번뇌 꽃 장엄을 설법하고 계신 셈이다.

《화엄경》의 주불 부처님과 부처님의 광명과 삼매에 대해서 살펴보자. 《화엄경》의 주불은 지금까지 우리가 읽어온 경전들의 주불과 다르다. 지금까지의 경전들에서는 석가모니 화신불과 제자들이 문답을 주고받으면서 경전이 설해졌지만 《화엄경》에서는 석가모니부처님이 법신불인 비로자나부처님과 하나가 되어 경의 교주가 된다.

60권 본 《화엄경》에서는 경의 교주가 노사나불로 번역되었고 80권 본 《화엄경》에서는 비로자나불로 번역되었다. 다른 이름으로 법신불이 번역되었지만 범어의 이름은 다 같이 바이로차나(Vairocana)이다. 그래서 비로자나불이나 노사나불은 같은 뜻이다.

《화엄경》에서는 비로자나불이 경의 교주가 되면서도 직접 법을 설하지 않고 부처님들이나 보살들로 하여금 설하게 하신다. 비로자나 부처님은 우주진리 그 자체로서의 법신불(法身佛)이기 때문에 화신불(化身佛)처럼 직접 제자들과 문답을 주고받지 않는다. 보살수행자들은 비로자나부처님을 대신해서 법을 이야기하기 전에 삼매(三昧)에 드는데 그 삼매는 개인적으로 드는 삼매가 아니라 비로자나부처님의 원력(願力)과 위신력(威神力)에 의해서 드는 것이다.

비로자나부처님이 경의 교주가 되는 의미, 교주이면서도 직접 법을 설하지 않고 교묘하게 등장하는 방식, 보살들이 부처님을 대신해서 설법하기 전에 광명과 삼매의 의미가 궁금하다.

먼저 《화엄경》의 서두를 읽어서 경의 분위기를 보도록 하자.

싯달타 태자는 마갈타국 보리수 아래서 비로소 큰 깨달음을 얻었다. 부처님의 지혜는 지나간 세상과 오는 세상의 평등함을 깨달았고 몸은 모든 세계에 두루 가득하였으며 말씀은 여러 세계의 모든 중생들과 통하시었다.

부처님의 지혜는 바다처럼 깊고 허공같이 넓으며 광명은 온갖 어두운 세상에 비추어 중생을 교화하였다. 그래서 시방세계의 모든 중생들은 마치 고요한 바다에 하늘의 별들이 또렷이 비치듯이 부처님의 마음에 한꺼번에 나타났다.

수없는 보살들과 천인 그리고 신장들이 구름같이 몰려와서 제각기 노래를 불러 부처님의 거룩한 공덕을 찬탄하였다. 모인 대중들은 부처님의 경계와 중생의 세계와 모든 법계와 부처님의 방편에 대해서 깨달음을 얻기를 원했다. 이때에 부처님은 보살들의 생각을 아시고 찬란한 광명을 놓았다. 그 밝은 빛이 온 세계에 두루 번졌다. 보살들은 이 광명을 뵈온 공덕으로 연꽃 같은 보배로 장엄한 온 세상의 바다를 보게 되었다. 부처님의 위신력으로 눈부신 빛 속에서 이러한 노래가 흘러나왔다.

> 한량없는 세월을 공덕 닦으사 수많은 부처님께 공양하옵고,
> 중생들을 교화하신 공덕으로 비로자나 부처님은 깨달으셨습니다.
> 비로자나 부처님은 한량없는 지혜광명을 끊임없이 두루 비추며,
> 진실한 법을 그대로 아시고 모든 법문을 비추어 밝히십니다.

경의 시작과 등장인물, 삼매의 분위기, 그리고 비로자나부처님이 나타나는 형식을 보기 위해서 《화엄경》을 그대로 읽지 않고 여기저기서 조금씩 읽어 보았다. 역사적으로 볼 때, 《화엄경》은 대승경전이므로 아비달마불교가 지나고 대승불교시대에 들어서 편찬되었다. 그러나 천태종의 교판에 의하면 《화엄경》은 부처님이 성도하신 후, 최초 21일 동안 명상에 들어서 설해졌다고 한다. 《화엄경》 자체도 싯달타 태자가 마갈타국 보리수 아래서 성도한 후에 비로자나불이 되어서 바로 설해진 것으로 되어 있다. 그러나 묘하게도 비로자나부처님은 직

접 설하지 않는다. 광명을 내어서 그 광명 속에서 노래가 나오게 하거나 보살들로 하여금 이야기하게 한다.

비로자나는 범어로 바이로차나(Vairocana)인데 한문으로는 광명변조(光明遍照)라고 번역된다. 광명이 온 세계에 두루 비친다는 뜻이다. 그래서 비로자나불이 있는 곳에는 주로 광명이 따르고 그 광명 속에서 노래가 나온다. 또 광명을 본 공덕으로 법회에 참석한 보살수행자들은 삼매에 든다. 말씀으로 전하지 않고 광명으로 전한다는 데 깊은 뜻이 있다. 왜냐하면 그 광명을 보고 그 속뜻을 알려면 그것을 보는 사람들이 능력이 있어야 한다.

비로자나불은 법신불인데 그 법신은 《화엄경》에 자리하신 부처님뿐만 아니라 온 세계의 산하대지 삼라만물이 모두 부처님의 법신이다. 그 법신은 항상 광명을 발하고 있다. 항상 설법하고 계신 셈이다. 선가에서는 무정설법(無情說法)이라는 말이 있다. 의식을 가진 사람이 의식으로 전하는 설법을 유정설법(有情說法) 즉 인식과 감정에 의해서 말로 전하는 설법이라고 한다.

그러나 무정설법은 인간의 감정이나 의식을 가진 동물이 아니라 아무런 감정이 없는 산하대지 같은 무정물이 그대로 광명을 내어서 설법하는 것이기 때문에 그 광명을 보고 그 광명이 읊는 노랫소리를 들을 수 있는 사람만이 그 설법을 들을 수가 있다.

그렇다면 광명변조의 뜻을 가진 비로자나부처님이 빛으로 법을 설하는 것은 《화엄경》에서만 설하는 것이 아니라 어느 때, 어느 곳을 막론하고 항상 설하는 것이 된다.

법신불이 무정설법으로 광명을 낸다는 데 깊은 의미가 감추어져 있고 여기에 인간의 사랑으로 쉽게 따라 잡을 수 없는 《화엄경》의 구도가 엿보인다. 비로자나부처님은 광명을 내고 그 광명에 접한 공덕으로 보살수행자들은 삼매에 들게 된다.

부처님의 광명과 삼매를 문자 그대로 믿고 받아들이는 불자들에게는 그것으로 족하다. 그러나 어떤 이는 신비로운 것을 배척하고 그 신비한 의미를 좀 더 상식적으로 받아들이기 쉬운 말로 나타내기를 원할 수도 있다. 그 광명과 삼매의 내용이 《화엄경》 전체구도와 어떤 관계 속에 있느냐는 물음을 가질 수도 있다는 말이다. 또 우리는 화엄 즉 꽃의 장엄을 풀이할 때 우물 안의 번뇌를 넓은 바다로 끌어내서 모든 번뇌를 한꺼번에 볼 때는 모든 번뇌가 그대로 꽃의 장엄이라고 한 바 있다. 그렇다면 그 번뇌바다의 화엄과 삼매와는 어떤 관계에 있느냐는 물음도 나올 수 있다.

필자는 《화엄경》의 제목에 나온 화엄(華嚴), 비로자나불이 발산하는 광명(光明), 그리고 보살수행자들이 들게 되는 삼매를 같은 맥락에서 해석하고 싶다. 경에서는 부처님의 광명을 화려하게 묘사하고 있다. 비로자나불에게서 나온 광명이 시방세계를 다 비출 때 그 광명이 이르는 모든 세계에는 온갖 풍악이 울리고, 수없는 보배가 뿌려지며 모든 보살들이 저마다 자기 위치에서 연꽃자리에 앉게 된다.

이 광명은 물론 깨달음의 광명이지만 그 깨달았다는 의미가 번뇌를 없애고 그 자리에 좋고 맑은 마음만으로 대치했다는 뜻은 아닐 것이다. 좁은 소견의 번뇌를 넓은 바다로 끌어내서 우주의 번뇌로 만들때, 그 번뇌는 꽃의 장엄이 되고 그 꽃의 장엄이 그대로 광명이 될 것이다. 개인적인 아집에 갇혀서 넓게 보지 못할 때는 마음속에 일어나는 모든 번뇌가 조잡하고 추한 것이다. 그러나 그 번뇌를 끌어내서 보다 큰 번뇌를 만들 때, 그리고 모든 번뇌들을 있는 그대로 꽃의 장엄으로 볼 때는 이미 그 번뇌는 예전의 개인적인 번뇌가 아니다. 우주적인 것이다.

우주적인 번뇌는 그대로 깨달음이 되며 광명이 된다. 번뇌 그대로 광명이 된 것이다. 그래서 광명은 번뇌의 다발이면서 동시에 꽃의 장엄이다. 모든 곳에 번뇌가 있으므로 모든 곳에 번뇌의 꽃이 필 수밖에 없고 모든 곳에 비로자나부처님의 광명이 이를 수밖에 없다.

또 부처님의 광명을 받고 삼매(三昧)에 드는 보살수행자들은 개인의 힘으로 삼매에 드는 것이 아니라 부처님의 힘에 의해서 삼매에 든다. 개인이 혼자 생각해서는 자기 울타리를 벗어나기가 힘들다. 부처님에 의해서 넓은 바다로 나와야 한다. 또 혼자 계속적으로 헐떡이고 흔들리는 삼매가 아니라 산과 같고 바다와 같은 삼매에 들어야 한다. 산하대지가 모두 비로자나불의 몸이다. 비로자나불의 몸은 언제나 삼매에 들어 있다.

산과 강은 마음이 없는 것이지만 인간의 마음이 관계되는 모든 사건까지 비로자나불의 법신이 확대될 때, 모든 것이 그대로 삼매가 된다. 비로자나부처님의 광명이 그대로 번뇌다발 · 번뇌 꽃의 광명인 것처럼 부처님의 광명에 의지하는 삼매도 번뇌의 다발과 번뇌의 바다를 그대로 응시하는 것이 된다. 번뇌의 우주, 번뇌의 바다를 한꺼번에 응시하기 때문에 이미 작은 자기에 매달리는 생각은 그전의 것이 아니다. 자기가 자기에게 매달리는 현상을 화엄이라는 꽃봉오리 중에 끼어있는 하나의 꽃잎으로 보게 된다. 소아에 대한 집착을 여의려고 하지 않아도 삼매의 성질은 사람을 넓은 바다로 끌고 가서 화엄의 바다와 하나로 만들어 버린다. 그것이 비로자나불이 번뇌의 꽃으로 장엄해서 발산하는 광명의 불가사의한 위신력 이다.

티끌 속의 번뇌바다
(화엄경 3)

작은 나의 번뇌를 큰 바다의 번뇌 속으로 빨아들여
무한과 큰 것을 말하기는 하지만 그것을 지금 있는
이 자리의 티끌 하나하나에서 본다.

《화엄경》에는 '바다'라는 말이 자주 쓰인다. 번뇌의 바다, 업의 바다, 깨달음의 바다 등등 모든 것에 바다라는 이름이 붙는다. 《화엄경》에서 어떤 식으로 바다를 붙이고 그 바다는 무엇을 의미하는지에 대해서 정리해 둘 필요가 있다.

《화엄경》은 한편으로는 무한히 큰 것을 찾으면서 다른 한편으로는 아주 작은 것에서 큰 것을 보고자 한다. 한 티끌 속에 시방세계를 다 포함하려고 하고 온 세계의 견본을 보려고 한다. 《화엄경》은 이 문제를 어떻게 다루고 있는지 궁금하다.

60권 본 《화엄경》의 〈노사나불품〉에서 부처님 회상에 모인 보살들과 여러 세계의 왕들이 이런 생각을 한다.

어떤 것이 모든 부처님의 지위이며, 그 경계며, 그 가호이며, 그 행이며, 그 힘이며, 그 두려움 없음이며, 그 삼매며, 그 자재함이며, 그 뛰어난 법이며, 그 지혜를 향한 발심을 나타내 보임입니까?

어떤 것이 세계 바다이며, 중생 바다이며, 법계방편 바다이며, 부처 바다이며, 바라밀 바다이며, 법문 바다이며, 변화하는 몸의 바다이며, 부처 이름 바다이며, 부처수명 바다이며, 모든 보살수행 바다입니까? 어떤 것이 대승의 마음을 내어 모든 바라밀과 소원과 지혜의 창고입니까?

부처님의 자비와 방편으로 우리 마음을 채찍질해 그것을 알게 해주셨으면 좋겠습니다.

여기서 보살들과 왕들이 부처님의 지위 · 행 · 힘 · 삼매 · 자재 · 보리심 등을 생각하다가 그런 것을 묻는 것은 너무 좁은 질문이라고 생각하듯이 온갖 단어 속에 바다를 붙인다. 부처님이 중생을 교화하는 데는 세계와 중생이 전제된다.

방편과 바라밀과 법문과 부처님에 관한 것들이 나온다. 그 모든 것들에 낱낱이 바다를 붙인다. 세계의 바다, 중생의 바다, 방편의 바다, 부처의 바다, 수행의 바다, 법문의 바다, 이런 말들이 구체성을 가지고 확연하게 떠오르지는 않지만 바다라는 말만 들어도 시원하다.

필자는 일찍부터 바다 보기를 좋아했다. 그래서 바다에 갈 기회가 많기를 발원하곤 했는데 다행히 불보살님의 감응이 있어서 여러 나라의 바다를 볼 수 있었다. 우리나라의 서해 · 동해 · 남해 바다도 가보았고 하와이 바다, 미국 서해안 바다, 미국 동해안 바다, 인도네시아 바다, 태국의 남쪽 바다 등을 가보았다.

비행기만 타면 아무것도 없는 바다를 내려다보면서 바다의 무한과 내 자신이 아무것도 아닌 점을 생각하곤 했다. 저 바다에 몸을 던진다고 한들 아까울 것이 없을 것이라고 생각했다. 《화엄경》에서도 바다라는 말을 많이 쓰고 있다. 이 화엄의 바다에 잠기는 일은 더욱 기쁜 일이다. 그렇다면 불교에서 바다는 어떤 의미로 쓰여질까.

《해팔덕경(海八德經)》 즉 바다가 지닌 여덟 가지 덕을 밝히는 경에서는 바다의 특징을 이렇게 설명한다. 첫째, 바다는 넓고 넓어서 끝이 없다는 것이다. 《화엄경》에서 바다라는 말을 쓸 때 넓고 끝이 없고 탁 트이고 시원하다는 점을 가장 우선적으로 암시한 것이다.

바다는 공간적으로 넓음과 깊음을 상징할 뿐만 아니라 어떤 숨은 힘과 두려움의 불가사의함도 나타낸다. 바다의 속은 쉽게 알 수가 없다. 부드러운 바다가 바람을 받아서 성을 낼 때는 너무도 무섭다.

둘째, 밀물과 썰물의 조수가 정확하다는 점이다. 바다에게 있어서야 규칙적인 운동이지만 인간의 마음이 여기에 붙으면 생사의 반복이 생긴다. 밀물을 옴이라 하고 썰물을 감이라 하면 오고 감이 생기는 것이다. 그러나 바다는 무심하게 오고 감이 없이 오고 간다. 바다는 생사를 벗어나 있다.

셋째, 바다는 시체를 용납지 않는다. 또 썩히는 것이 없다. 바다가 의도적으로 시체를 바닷가로 밀어내는 것은 아닐 것이다. 바다의 성질상 시체는 밀려나오게 되어 있다. 또 바닷물이 짜기 때문에 썩을 수가 없다. 죽은 것은 밀어내고 모든 것은 절여서 썩지 않게 하는 것을 상징한다. 불법의 바다는 이 상징이 필요하다. 시체를 밀어내는 것도 필요하지만 번뇌를 그대로 절여 버리는 것 또한 필요하다.

넷째, 바다는 온갖 보물을 다 간직하고 있다. 지상도 아름답지만 바다 밑도 아름답다. 지상에서 볼 수 없는 희귀한 것들이 바다 밑에는 많이 있다. 불법 안에 보배가 있다는 것을 나타내기 위해서 바다 속에 보배가 있다는 점이 강조된다.

다섯째, 모든 하천의 물이 다 들어와도 옛 이름이 없다는 것이다. 바다에 들어오면 모든 것이 다 평등하다. 더러운 물과 깨끗한 물이 없다. 이 점은 선이나 악, 번뇌나 지혜가 다 같이 한가지로 되는 것을 나타낸다.

여섯째, 바다에는 수많은 종류의 물고기들이 같이 노닐며 살고 있다. 바다에서는 큰 고기는 큰 고기대로, 작은 고기는 작은 고기대로 자유롭게 살 수 있다. 큰 것이 좋다거나 작은 것이 나쁘다거나 할 것이 없다. 모든 것 하나하나가 독특하게 가치가 있다. 불교에서는 상근기와 하근기가 똑같은 보람을 가지고 불도를 닦는 것을 상징한다.

일곱째, 바다는 아무리 많은 폭우가 내려고 물이 불어나는 법도 없고 아무리 가물어도 줄어드는 일이 없다. 불교에서 바다는 부증불감(不增不感)의 원리를 나타내는 데 사용된다.

여덟째, 바닷물은 짠 맛이 똑같다. 바닷가라고 해서 덜 짜거나 바다 가운데라고 해서 더 짠 법이 없다. 어느 곳, 어느 때에 상관없이 바닷물은 똑같이 짜다. 이 점은 불법에서의 일미(一味), 즉 한 가지 맛을 상징한다.

바다가 가지는 이 여덟 가지의 특징은 자연 그대로이기 때문에 인간으로서는 일부러 만들어 내거나 없앨 수가 없다. 인간에게는 불가사의한 일이다. 그래서 이것을 여덟 가지 불가사의라고 부르기도 한다.

앞에서 보살들과 왕들이 여러 가지 바다에 대해서 질문을 했다. 이 질문에 대해서 답을 해야 할 터인데 이 답을 바다의 크기와 정반대되는 한 티끌에서 모든 세계를 다 보는 것으로 골라 보았다. 왜냐하면, 《화엄경》이 무한과 큰 것을 말하기는 하지만 그 무한을 밖에서 얻자는 것이 아니라 지금 있는 이 자리의 티끌 하나하나에서 보고자하기 때문이다. 경을 읽어 보자.

모든 티끌의 수와 같은 부처의 세계가 보현보살의 한 생각에 일어났다. 무량겁 동안에 중생을 교화하면서 온 법계에 신통을 나타낸다. 하나하나 작은 티끌 속마다 부처나라의 바다가 편히 머무를 때, 구름 같은 부처님 두루 돌보아서 온 세계에 가득 차게 덮어 주신다.

일체의 업의 바다 생각으로 미칠 수 없나니, 한 터럭 구멍 속에서 한없는 부처세계가 청정한 장엄으로 머물러 있다. 한 티끌 속에 있는 그 작은 여러 국토, 모든 티끌 속에서도 그와 같이 들어 있다. 하나하나의 티끌 속에 나타나는 모든 세계가 허깨비와 같고 허공과 같나니, 그 작은 업의 힘이 지어낸 장엄이다.

여기에서 무한의 넓은 바다는 형상의 크기에서 구하고자 하는 것이 아니라 지금 여기에 있는 작은 티끌에서 보고자 한다. 그래서 하나하나의 작은 티끌 속에 부처나라의 바다가 편히 들어서는 경지를 얻어야 부처님의 가호를 받을 수 있다고 한다. 부처님은 자유자재로 방편을 쓰신다.

우리의 마음이 '나'라는 철창감옥에 갇혀서 조잡한 번뇌에 허덕일 때나 우리를 끌어내고자 할 때에는 모든 번뇌들이 다 모이는 바다로 나가라고 한다. 번뇌 꽃으로 장엄한 불국토를 보라고 한다.

업의 꽃, 업의 광명이 시방세계를 다 비출 때 그 광명을 따라 우주번뇌의 삼매에 들어서 업의 바다를 관(觀)하라고 한다. 그러나 여기서는 그 바다가 하와이나 인도네시아에 가서 보는 그런 바다가 아니라 순간순간, 동작 동작, 사사물물에서 부처나라의 바다가 편안히 머무르는 그러한 바다를 찾으라고 한다. 그렇다면 어떻게 티끌 속에서 부처나라의 바다를 찾을 것인가가 문제로 대두된다.

여기에서도 슬쩍 그 방법이 언급되어 있다. 즉 '모든 티끌 수와 같은 부처의 세계가 보현보살의 한 생각에 일어났다.'는 표현이다. 이 문제는 《화엄경》의 대의인 일체유심조(一切唯心造)의 사상과 연결된다. 우리는 《해심밀경》을 공부할 때 모든 것이 다 알음알이의 분별식 또는 마음으로 만들어졌다는 말의 의미를 살핀 적은 있지만 차후에 《화엄경》에서 본격적으로 밝히는 유심사상을 다루기로 하자.

우리가 육대양의 바닷물 맛을 알고자 할 때 모든 바닷물을 다 마셔서 알려고 해서는 안 될 것이다. 무량 억 천만 번 배가 터져도 그 물들을 다 마실 수도 없거니와 다 마신다고 해서 바닷물의 맛을 더 아는 것도 아니다. 단 한 모금을 마심으로써 그 자리에서 바닷물의 맛을 알아야 한다. 시간도 마찬가지이다. 영원의 시간을 알고자 할 때, 그 시간을 다 살아서 알려고 해서는 무량 백 천만 억 번 죽었다 깨어나도 시간을 다 살 수 없다. 지금 이 자리에서 시간의 맛을 보아야 한다. 마찬가지로 부처나라의 바다도 바로 여기에서 보아야 한다는 것이다.

불가사의한 중생의 업과 인연

(화엄경 4)

업을 짓지 말라는 것은 아니다.
업이 만드는 인연의 줄기를 찾아 업의 타래, 업의 꽃, 업의 바다가
장엄의 불국토라는 것을 보라는 것이다.

《화엄경》 가운데 인연의 바다 또는 업의 바다라거나 화엄이라는
말은 비로자나불의 광명이 시방세계에 두루 비친다는 뜻이다. 비로자
나불의 힘에 의해서 삼매에 든다고 하는 것이 어떤 의미인지에 대해
서 생각해 보자.

우리는 개인적 나를 중심으로 일어나는 번뇌와 업을 우주라는 큰
바다로 끌어내어서 세계의 다른 번뇌들과 같이 묶어 꽃으로 장엄하
는 것을 화엄이라는 말의 뜻으로 풀이했었다. 비로자나불의 광명이
나 삼매도 번뇌 꽃의 화엄이라는 말이다. 있는 번뇌 그대로를 우주 전

체적으로 봄으로써 작은 번뇌를 큰 번뇌로 만든다고 생각해 본 바 있다. 그러나 그러한 이야기는 말로는 그럴듯하게 들리지만 실제로 업을 짓고 업 속에 사는 우리들에게는 구체적으로 어떻게 보고 어떻게 깨달으라는 것인지 막연하다. 그런데 부처님은 불가사의한 업의 바다에 대해서 설명하신다. 불가사의한 중생의 업을 어떤 자리에 안치하고 그것을 어떻게 비로자나불의 광명이나 삼매나 화엄과 어울리게 해야 할지를 생각해 보아야 한다.

60권 본《화엄경》중에는 〈현수보살품〉이 있다.《화엄경》을 읽어 보신 분은 알겠지만《화엄경》은 분량이 많다. 그래서 중요하다고 생각되는 구절들만 뽑아서 살펴보도록 하자.

장님은 해를 못 보지만 이 세상에 해가 없지 않다. 눈이 있는 사람은 모두 해를 보고 제각기 할 일을 따라 그 업을 닦는다.

시방일체세계(十方一切世界)에 인연이 있기 때문에 가고 오고, 나고 들며 제도(濟度)하나니 보살은 혹 삼매에 드는 보살로 나타나기도 하고 삼매에서 나오는 보살로 나타나기도 한다. 동방에서 삼매에 들었다가 서방으로 나오기도 하며, 서방에서 삼매에 들었다가 동방으로 나오기도 한다.

눈에서 삼매에 들었다가 보이는 것에서 나오기도 하고, 귀에서 삼매에 들었다가 소리에서 깨어날 수 있으니 일체의 음성을 분별해 안다.

동자의 몸으로 삼매에 들어가서 장년의 몸으로 나오고, 장년의 몸으로 삼매에 들었다가 노년의 몸으로 나온다. 노년의 몸으로 삼매에 들어가서 여인의 몸으로 나오고, 여인의 몸으로 삼매에 들어서 남자의 몸으로 나온다. 남자의 몸으로 삼매에 들어서 비구니의 몸으로 나오고, 비구니의 몸으로 삼매에 들어서 비구의 몸으로 나온다.

한 털구멍으로 삼매에 들어가서 모든 털구멍으로 나오며, 모든 털구멍으로 삼매에 들어가서 한 털구멍으로 나온다. 한 털끝으로 삼매에 들어가서 모든 털끝으로 나오며, 모든 털끝으로 선정(禪定)에 들어서 한 티끌 속에서 나온다.

시방세계 부처님이 무량겁 동안 삼매에 대해서 말한다고 해도 업의 바다를 보는 삼매를 다 말하지 못하리라. 모든 부처님들은 중생의 업보가 불가사의하다고 하신다.

이 말씀도 좋고 저 말씀도 좋아서, 좋은 말씀을 다 넣다 보니 많이 읽었다. 마지막에 읽은 부분 즉 중생의 업보가 불가사의하다는 부분이 우리의 주제이지만 불가사의한 중생의 업을 알기 위해서는 그 말씀이 나오기 전의 상황을 이해할 필요가 있다. 먼저 장님이거나 볼 수 있는 사람을 가리지 않고 해는 항상 그대로 있다는 것이 전제된다. 우리가 지금 이 자리에 있게 된 데는 헤아릴 수 없이 많은 인연의 실타래가 앞에 있었다. 그 실타래는 누가 보거나 말거나 항상 그대로 있다.

지금까지 겪어온 인연과 업도 있지만 앞으로 만나게 될 인연과 업도 있다. 그것도 아주 복잡할 것이다. 중생으로서는 헤아릴 수 없을 것이다. 장님이 해를 보거나 말거나 해가 있듯이 우리가 업과 인연의 실타래를 보거나 말거나 업의 실타래는 그대로 있다고 한다.

삼매 속에서 업을 응시하게 되는데 모든 장소와 감각기관과 그 대상·남녀노소·출가제자·하나와 여럿 등에 보살수행자가 자유자재로 드나든다. 동방에 집중을 하고 삼매에 들어서는 서방에 집중하고 삼매에서 나오기도 하고, 눈에 집중하고 삼매에 들어서는 보이는 객관세계에 집중하고 삼매에서 나오기도 한다. 동자의 몸으로 삼매에 들어서는 노인의 몸으로 나오기도 하고, 노인의 몸으로 삼매에 들어서는 소녀의 몸으로 나오기도 한다.

한 털구멍에 집중하여 삼매에 들었다가 모든 털구멍으로 나오기도 하고, 모든 티끌에 집중하여 삼매에 들어서는 한 티끌로 나오기도 한다. 보살이 이와 같은 종횡무진으로 삼매에 들고 나오는데 이 모습이 바로 중생인연업보(衆生因緣業報)의 모습이기도 하다. 그래서 그 업보가 부사의해서 여러 부처님들이 설명해도 그 설명이 불가능하다고 한다. 물론 부처님 입장에서야 통달해 관찰하고 계시겠지만 중생의 눈으로 보고 중생의 마음으로 생각할 때 그 시작과 끝을 헤아릴 수 없다는 것이다.

그렇다면 눈으로 삼매에 들어서 눈에 보이는 것으로 나오고, 남자로 삼매에 들어서 여자로 나온다는 뜻은 무엇일가. 이것은 물론 화엄이라는 거대한 우주적 구도에서 자유자재를 나타내기도 하지만 중생마음의 끝없는 움직임을 뜻하는 것이 아니겠는가. 중생심에 있어서 남성적인 마음은 그 자체 내에 여성적인 마음이 숨어 있어서 그 여성적인 마음에 대한 반발이나 보상으로 나타난다. 여성적인 마음도 마찬가지이다. 여성에서 여성의 마음만 있는 것은 아니다. 아무리 순진무구한 여성적인 마음이 발휘된다고 하더라도 그 뒤에는 남성의 마음이 그림자처럼 항상 따라다니고 있다. 남성적인 마음에 대한 보상이나 대응의 반발로 여성적인 마음이 나타나는 것이다.

선(善)과 악(惡)의 마음도 마찬가지이다. 선한 마음만 가진 사람이나 악한 마음만 가진 사람은 있을 수 없다. 선은 악에 대한 보상이나 대응으로 나온 것이요, 악은 선에 대한 반발로 나타나는 것이다. 모든 인간에게 남성과 여성, 노인과 소년, 주관과 객관 등 모든 상대적인 것들이 계속 잠재해 있다고 한다. 부처님의 위신력에 의한 삼매에 들어서 볼 때 자기 자신의 변화가 그대로 보인다는 것이다.

여러분들은 성불도 놀이를 해보았는가. 성불도 놀이판에 보면 상단에는 천상이나 부처의 자리가 있고, 하단에는 지옥·아귀·축생·아수라 등의 자리가 있다. 삼매에 들어서 중생 업의 바다를 살펴볼 때 위로부터 들어가서 아래로 나오기도 하고, 남자로부터 시작해서 여자로 나올 수도 있다. 하나로 들어가서 여럿으로 나올 수 있고, 여럿으로 들어가서 하나로 나올 수도 있다.

중생의 업은 무궁무진하게 얽혀 있다. 지금까지 쓰여 진 소설이나 드라마나 모든 종류의 인연이야기는 이 불가사의한 중생업의 타래 가운데 무량 백 천만 억분의 일을 끌어내 보인 것에 불과할 것이다.

《화엄경》에서 불가사의한 중생업의 이 입구와 저 출구를 드나드는 것은 저 중생업의 타래를 삼매의 바다로 관하고 화엄의 꽃으로 응시하는 것과 같다. 비로자나불이 인도하는 삼매에 들기 이전이나 이후에 있어 우리가 중생의 업을 짓는다는 점에서 아무런 차이가 없을 것이다. 그러나 이 무애자재(無碍自在)한 삼매에 들게 되면 자신의 업이 그대로 드러나 보인다.

어디로 들어가고 어디로 나오는 삶의 과정이 훤히 보인다. 똑같이 업을 짓지만 자신의 업을 보는 것과 보지 못하는 것에는 큰 차이가 있다. 《화엄경》은 업을 짓지 말라는 말을 하는 것이 아니라 업과 업이 만드는 인연의 줄기를 계속 쫓아가서 보라고 한다. 그리고 이 업의 타래, 업의 꽃, 업의 바다가 모두 비로자나불의 광명이 장엄하는 불국토라는 것을 알라고 한다.

그런데 여기서 조심할 점이 있다. 어떤 사냥꾼이 있었다. 활을 놓기만 하면 지옥으로 가지 않고 극락으로 간다는 말을 들었다. 그 말을 듣고 보니 지금 당장 활을 놓지 않아도 될 것 같았다. 뒷날 사냥을 그만두어도 극락에 가게 될 것이니 그때까지 사냥을 계속하기로 꾀를 냈다. 이 사냥꾼처럼 업의 바다가 비로자나불의 작품이라는 말을 듣고 그 말을 계속 나쁜 업을 짓는 데 악용해서는 안 된다는 것이다. 업과 인연의 바다는 다른 사람이 짓는 업을 있는 그대로 받아들이라는 뜻에서 나온 말이지 악업을 짓는 것이 좋다는 뜻은 아니다.

자기 자신을 자기가 통제할 수 없으면 아무리 자기라고 하더라도 그는 남이다. 실제로의 남과 자신이라는 이름의 남은 지금 당장 업의 바다를 그대로 비로자나불의 작품으로 받아들일 준비가 되어 있지 않다. 그러나 내가 최선을 다해서 통제할 수 있는 데까지 나는 의인(義人)의 역을 수행해야 한다.

보살도를 닦는 수행자로 나서야 한다. 업의 바다에서 연극이 제대로 되려면 악역도 필요하지만 의로운 주인공 역이 더 필요하다. 그런데 이 업의 바다에 악역의 지원자만 많고 의인역의 지원자는 적다. 불가사의한 업의 연극에 출연하는 배역들이 악역과 의역의 균형을 맞추기 위해서는 지금의 바로 내가 그 의로운 주인공 역을 담당하겠다고 지원하고 나서야 한다는 것이다.

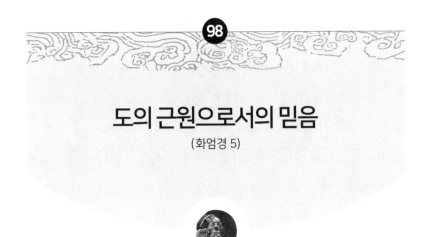

도의 근원으로서의 믿음
(화엄경 5)

불법은 부처님의 가르침에 의지하는 수밖에 없다.
머리로 따져 불법에 들어가는 것이 아니라 믿음으로 들어가는 것이다.

60권 본 《화엄경》 〈현수보살품〉에 나오는 '믿음은 불도의 근본이요, 공덕의 어머니이다.'라는 말을 중심으로 화엄의 세계에서 뜻하는 믿음에 대해서 생각해 보자. 우리는 기초적인 믿음에 대해서 이미 알고 있다. 부처님과 부처님의 가르침과 스님에 대한 믿음이다. 다시 부처님의 가르침에는 여러 가지가 있지만 그중에서도 가장 기본적인 것은 인연법(因緣法) · 공사상(空思想) · 여래장사상(如來藏思想) · 불성사상(佛性思想) · 만법유식사상(萬法唯識思想) 등이 되겠다. 그러나 《화엄경》의 믿음은 화엄의 가르침과 맥을 같이하는 것이어야 되지 않을까. 단순히 기초적인 믿음만을 말한다면 그 내용은 큰 의미가 없을 것이다. 《화엄경》의 믿음은 번뇌의 꽃으로 장엄한다는 사상, 번뇌의 광명으로 온 누리를 비춘다는 사상, 삼매에 들어서 업의 바다를 여실히 본다는 사상과 일치해야 할 것이다.

《화엄경》에서 믿음을 강조했다는 자체는 《화엄경》의 가르침을 우선적으로 믿어야 한다는 것을 의미한다. 먼저 믿음을 강조하는 말씀을 〈현수보살품〉에서 읽어 보고 화엄의 믿음에 대해서 생각해 보겠다. 문수보살의 요청을 받고 현수보살이 게송으로 설한다.

부처님과 부처님의 가르침과 스님에 대해서 청정한 신심을 일으켜서 삼보를 공경할 때 지혜를 구하는 마음을 낼 수 있습니다. 이 신심은 감각기관의 요구를 들어주는 쾌락을 얻고자 하거나 보물 · 재산 · 명예 등 온갖 이양(利養)을 얻고자 하거나 나 혼자만 편하기 위해서가 아닙니다. 중생들이 겪는 모든 고통을 없애서 중생들을 맹세코 구하고자 마음을 내는 것입니다. 언제나 중생들로 하여금 괴로움을 더나 안락하게 하려고 모든 세계를 청정하게 장엄하고 한량없는 부처님께 공양합니다. 부처님의 바른 법을 즐겨 세우고 일체의 지혜를 깨끗이 닦아서 위없이 높고 귀한 깨달음의 지혜를 얻기 위해서 보살들이 마음을 냅니다.

믿음은 불도의 근본이요, 공덕의 어머니입니다. 모든 선한 법을 더욱 자라게 하며 일체의 의혹을 없애고 최상의 깨달음을 열어 보입니다.

현수보살은 먼저 삼보에 대한 기본적인 믿음을 설하였다. 그런데 신심을 내는 목적이 눈·귀·코·혀·몸의 다섯 가지 감각기관의 요구를 충족시키는 쾌락을 위해서가 아니라고 한다. 재물이나 명예나 안락이나 이양을 얻기 위해서도 아니라고 한다.

부처님의 높은 지혜를 얻고 중생들을 구제하기 위해서 신심을 낸다고 한다. 그리고 유명한 '신위도원공덕모(信爲道元功德母)'로 시작되는 게송을 말씀하신다. 믿음은 불도의 근본이 되고 공덕의 어머니가 된다고 한다.

이 신심에 의해서 모든 선행이 이루어지고 의혹이 없이 깨달음을 얻을 수 있다고 한다. 이 '믿음은 불도의 근본이 되고 공덕의 어머니가 된다.'는 말이 《대지도론》에서의 '불법의 큰 바다는 믿음으로써 들어갈 수 있다.'는 말과 함께 아주 유명한 구절이다.

절집에서 믿음을 이야기할 때는 대부분의 경우에 맨 먼저 이 두 가지 구절을 인용하곤 한다. 《법화경》〈비유품〉에서도 이신득입(以信得入) 즉 믿음으로써 부처님의 가르침에 들어간다는 말이 나온다. 부처님은 사리불에게 "너 조차도 부처님의 대승법을 이해하려면 믿음으로 시작할 수밖에 없는데 다른 중생들이야 말할 것이 있겠느냐."라고 타이름으로써 믿음을 강조한다.

우리가 어떤 사물에 대해서 아는 것에는 세 가지의 길이 있다. 첫째는 오관으로 직접 접촉해서 아는 것이다. 산하대지를 비롯해서 모든 사건과 물건들을 보아서 아는 방법이다. 둘째는 비교해 미루어서 아는 것이다. 앞집의 굴뚝에서 연기가 나면 내가 직접 불타는 것을 보지 않았더라도 불이 있다는 것을 알 수가 있다. 셋째는 성인의 말씀을 듣고 믿어서 아는 것이다. 인간이 달나라에 도착하는 과정을 우리는 텔레비전을 통해서 본 적이 있다. 언뜻 생각하면 화면에 보이기 때문에 직접 본 것처럼 생각될 수도 있지만 사실은 직접 본 것이 아니다. 방송매체를 통해서 전해 듣고 본 것이다. 이런 식으로 얻은 지식은 남을 통해서 얻은 지식이다. 다른 사람이 전하는 것을 보고 듣고 믿어서 아는 것이다.

그런데 종교로서의 불법을 닦는데 있어서 대부분의 기초적인 가르침이 부처님의 말씀을 통해서 얻어지게 된다. 직접 보거나 미루어 생각해서 얻어진 지식이 아니다. 물론 부처님을 통해서 얻은 것을 실천하면서 그 가르침의 합당과 부당을 점검할 수도 있고 나름대로의 깨달음도 얻을 수 있지만 기본적인 것은 부처님의 가르침에 의지하는 수밖에 없다. 그러므로 머리로 따져보아서 불법에 들어가는 것이 아니라 믿음으로 들어가게 되는 것이다.

물론 불교의 믿음은 서양종교의 믿음과는 다르다. 서양종교는 무조건 믿음이지만 불교의 믿음은 일단 의문을 가지고 들어가서 그 의문을 해소시킨 다음에 얻어지는 믿음이다. 서양종교는 무조건적으로 교전에 나온 내용을 믿어야 하지만 불교에서는 무조건 믿어야만 되는 것은 아니다. 일단 질문을 던져보고 그 질문이 스스로 무의미하다고 해소되는 데서부터 믿음이 시작된다. 서양종교는 절대자의 노예나 종이 되는 믿음이지만 불교의 믿음은 자신이 주인이 되고 주체가 되는 믿음이다.

불교에서 대승(大乘)이라는 말은 큰 수레라는 뜻인데 사람을 싣고 가는 도구에 불과하고 강을 건너는 뗏목에 불과하다는 뜻이다. 그러나 서양종교에서는 그 종교의 절대자 자체가 궁극의 목표이다. 그래서 신앙자들은 그 절대자에게 무조건 복종하고 무조건 바치는 종이 되어야 한다.

서양종교는 절대자에게 전적으로 의지하는 타력적인 믿음이지만 불교는 타력과 자력이 동시에 이용되는 믿음이다. 불교의 초보적인 신앙에서는 타력적인 면이 보다 많이 있지만 신앙이 깊어지고 도가 높아질수록 타력적인 면이 줄어들고 자력적인 면이 많아진다.

요즘, 한국불교의 많은 사찰에서는 음력 매월 초하루나 초삼일에는 신중기도 또는 신장기도를 모신다. 정근할 때는 '화엄성중'을 외운다. 그리고 《반야심경》과 함께 《화엄경》〈약찬게〉를 외운다. 〈용수보살약찬게〉는 80권 본 《화엄경》에 출연하는 인물들과 각 품의 이름 등을 요약해서 담고 있다. 화엄신장이나 화엄신중이나 화엄성중이라는 말이 같은 뜻이지만 신장 기도를 모실 때 화엄성중으로 정근을 하는 것은 성인 성(聖)자 존칭을 붙였기 때문이다.

화엄신장들은 부처님이 교화한 천상이나 지상의 신들이다. 신에 관한 문제는 앞에서 다루었기 때문에 여기서는 반복하지 않겠다. 단지 불교에서는 무신론적 범신론이라는 입장이다. 기본적으로 신을 인정하지는 않지만 구태여 신을 인정하기로 말하면 이 세상의 모든 사물은 다 신비롭고, 신비로운 것은 다 신이 된다는 것이다. 화엄신중 신앙은 사람의 근기에 따라 다양하게 이해할 수 있다. 우리가 화엄이라는 말을 정리할 때 살펴보았듯이 세상의 모든 것을 다 꽃의 장엄으로 보면 세상의 모든 사물이 다 신장이 된다.

세상의 모든 것이 다 불법을 보호하고 불심을 가진 사람들을 보호할 신장이라는 데는 묘하고 깊은 뜻이 들어 있다. 우리가 만나는 사람이 다 신장이라고 할 때 그 신장들이 무조건적으로 우리를 보살피는 것은 아니다. 우리가 그들의 보호를 받을 만한 마음을 먹고 행동을 할 때 그들의 보호를 받을 수가 있다. 그들을 나를 보호하는 신장으로 만드느냐, 나를 귀찮게 하는 골칫거리로 만드느냐는 순전히 나 자신에게 달렸다.

사람뿐만이 아니다. 모든 산하대지 환경이 다 신장이 될 수도 있고 재앙을 주는 것이 될 수도 있다. 그래서 우리는 시시처처(時時處處)에서 겸손해야 하고 신장의 보호를 받을 만한 마음을 먹고 행동을 해야 한다. 신장은 본래 불법을 보호하는 경호원과 같다. 그래서 스님 중에는 신장단에 절하지 않는 분도 많이 계신다. 경호원에게 굽신거리며 절하는 사람은 없기 때문이다.

그러나 다른 한편으로 생각하면 화엄신장이 모두 불보살의 화신이다. 불보살이 신장으로 나타나서 불법도 보호하지만 불심을 가진 사람들도 보호해 준다. 불보살의 화신이라는 입장에서 보면 신중들을 존중해도 잘못될 일은 없다. 화엄신장을 어떻게 이해하느냐 하는 것은 불자님들의 근기에 달렸다.

불교에서는 근기가 다르다는 것을 인정하고 있다. 그래서 팔만사천의 방편과 법문이 있게 된다. 음력 초하룻날마다 신중기도를 올리면서 각기 자기근기에 맞게 믿음을 가진다 하더라도 앞에 읽은 《화엄경》의 내용 중에서 현수보살이 이상적으로 생각한 믿음에 대해서 알아두기로 하자. 이 믿음은 화엄 즉 비로자나불의 광명이다. 불가사의한 중생 업 바다의 삼매가 나타내는 뜻과 일치해야 할 것이다. 그렇다면 작은 번뇌를 큰 번뇌로 만들어서 우주전체를 이루는 꽃의 장엄으로 보고 불가사의한 중생업의 실타래가 다 비로자나불의 작품이라는 것을 믿고 알아야겠다. 번뇌와 업의 인연을 지우고 화엄과 광명과 삼매를 이루는 것이 아니라 번뇌와 업의 바다가 그대로 부처님의 광명이고 부처님의 위신력에 의한 삼매라고 믿는다는 뜻이다.

큰 업의 수행
(화엄경 6)

동물적인 업의 바다를 비로자나부처님의 작품,

비로자나부처님의 몸 그 자체로 믿어야 한다는 것은

어이없는 일이 아니냐….

60권 본 《화엄경》 〈십행품〉에서 중생들의 소원을 다 성취케 한 후에 불도를 이루려고 하는 보살수행자의 자세에 대해서 살펴보자.

우리가 화엄 즉 꽃의 장엄이라는 말과 번뇌 · 광명 · 업의 바다, 삼매에 대해서 살펴본 다음에 불가사의한 인연과 업의 바다가 그대로 비로자나부처님의 작품이라는 것을 믿는 것이 《화엄경》의 근원적인 믿음이라고 정리한 바 있다.

우리는 지금 업에 얽혀 있다. 번뇌에 덮이고 인연의 사슬에 매여 있다. 재산을 모으고 사랑을 하고 남에게 뽐낼 만한 명예와 업적을 달성하고 그것들을 보람으로 생각하고 있다. 사는 모양을 볼 때 이렇게 사는 길 외에 다른 방법이 없는 것 같다. 《화엄경》에서는 신심 즉 믿는 마음은 그 업의 장면, 인연의 극마당이 그대로 비로자나부처님의 장면이라고 한다.

그러나 그 업의 바다를 비로자나부처님의 작품이라거나 비로자나부처님의 몸 그 자체라고 믿고 말기에는 무언가 석연치 않은 점이 있다. 허전한 점이 있다.

우리가 만나고 헤어지는 이 업의 바다, 헤어지면 그립고 만나보면 시들한 이 업의 바다를 비로자나부처님의 예술작품으로 받아들인다면 우리가 더욱 업을 짓고, 업 속에 파묻히면서 사는 것이 살사는 것이냐는 물음이 나온다. 우리 중생들은 평화롭게 농사를 짓듯이 업을 짓는 것이 아니다. 우리의 업 속에는 억압되고 불쾌한 콤플렉스가 있다.

여러분은 그리스의 신화 가운데 오이디프스(Oedipus) 왕의 이야기를 아실 것이다. 오이디푸스의 아버지가 왕이었는데 오이디프스를 낳은 다음에 운명예언가로부터 오이디프스는 아버지를 죽이고 어머니와 결혼할 것이라는 말을 들었다. 그 말을 들은 왕은 아들을 죽이기 위해서 버렸다.

그런데 버려진 오이디프스는 이웃나라 왕에 의해서 길러졌고 왕위를 물려받았다. 왕위를 물려받은 오이디프스는 이웃나라 즉 자기의 본래 아버지 나라를 정복하고 그 왕을 죽였다. 그리고 왕비와 결혼을 했다. 즉, 자기의 아버지를 죽이고 자기의 생모와 결혼한 셈이다. 이 것은 현실이 아니고 그리스의 신화이다. 우리들 가운데는 이런 일이 일어날 걱정은 없다.

그렇지만 우리들이 가진 업의 마음을 가만히 들여다보면 인간이 나 천상의 마음으로만 되어 있지 않다. 지옥의 마음, 아귀의 마음, 축 생의 마음, 아수라의 마음으로 뒤엉켜 있다. 지옥의 마음은 마음으로 만 끝나는 것이 아니라 업이 된다. 행동으로 옮겨진다는 말이다. 축생 의 마음도 마음으로만 끝나지 않는다. 행동으로 옮겨진다.

짐승의 마음 늑대의 마음이 업으로 옮겨지고 있다. 짐승의 마음 이 남이 보지 못하는 사이에 행동으로 옮겨지는 것은 물론이거니와 자기 자신도 잘 모를 수가 있다. 오이디프스가 자신도 모르는 사이에 자신의 어머니와 결혼하듯이 말이다.

그런데 이 업의 바다를 비로자나부처님의 작품, 비로자나부처님 의 몸 그 자체로 믿어야 한다는 것은 어이없는 일이 아니냐는 물음이 나올 수가 있다. 우리가 동물적인 행동 즉 업을 많이 지어도 상관이 없느냐는 물음이 나온다.

이 물음에 대해서 《화엄경》의 부처님은 당황하지 않을 것이다. 업을 지어도 좋다고 대답하실 것이다. 우리가 개인적인 번뇌, 우물 안 의 번뇌를 화엄이라는 큰 바다로 끌어내어서 볼 때, 이 세계는 번뇌 꽃으로 보이고 번뇌의 바다로 보이는 번뇌의 다발을 한꺼번에 보는 순간, 작은 번뇌가 아닌 큰 번뇌를 생각하게 된다는 것이다. 개인적인 번뇌에서 우주적인 번뇌로 옮겨가 개인적인 자기로부터 우주적인 자기로 이동되는 것이다. 번뇌를 지운다는 말은 없다. 업을 잘못된 것으로 보지 않는다.

단지 작은 업이 아니라 큰 업, 바다의 업을 짓는 것이다. 우리가 업의 바다를 보게 될 경우 우리가 바다의 업을 짓는 것은 어떤 논리로 설명될 수 없다. 불가사의한 성품이라고 말할 수밖에 없다. 중생의 업이 불가사의하듯이 중생의 본래 성품도 불가사의하다. 우리에게는 여래의 성품이 감추어져 있다. 여래장이라는 것이다. 또 부처가 될 성품이 감추어져 있다. 불성이라고 부른다. 앞으로 공부할《화엄경》의〈보광여래성기품〉에서 우리는 이 문제에 대해서 좀 더 깊이 생각하게 될 것이다.

우리가 가진 여래의 성품 또는 부처의 성품은 업의 바다를 보고 그것을 비로자나부처님의 작품이라고 생각하는 순간 그가 짓는 업은 작은 업에서 큰 업으로 바뀌어진다. 작은 업을 중생의 업이라고 한다면 큰 업은 보살의 수행이라고 할 수 있다. 그러나 저 바다의 경전인《화엄경》은 저 '큰 업'을 업이라고 부르든지 수행이라고 부르든지 개의치 않을 것이다. 그러나 혼동을 피하기 위해서 큰 업을 수행이라고 부르는 것이 좋을 것 같다.

《화엄경》은 큰 업으로서의 수행에 열 가지를 들고 있다.〈십행품〉에서는 열 가지 행이라고 부른다. 기뻐하는 일, 이롭게 하는 일, 원한이 없는 것, 끝이 없는 것, 어리석음과 산란을 떠난 것 등이다.《화엄경》에서는 십행이라고 해서 열 가지를 들었지만 그것은 열이라는 숫자를 맞추기 위한 것이고 그 열은 하나도 될 수 있고 둘도 될 수 있을 것이다. 하나의 수행을 늘이면 열도 되고 열의 수행을 줄이면 하나도 될 수 있기 때문이다. 열이라는 숫자가 중요한 것이 아니라 우리가 업의 바다, 인연의 바다를 비로자나불의 작업이라고 믿으면서도 큰 업, 즉 수행을 닦는다는 점이다.

그러면 〈십행품〉전부를 읽을 수는 없고 먼저 기뻐하는 일을 간추려 보도록 하자.

만일 어떤 나라에 빈궁한 곳이 있으면 보살은 그곳에 부자로 태어날 것입니다. 중생들이 그에게 가서 도움을 요청하면 보살은 그들의 요구를 다 들어 주어서 다 만족하고 기쁘게 합니다. 보살은 중생의 요구 때문에 번거롭거나 괴롭다고 여기지 않고 그들이 오는 것을 칭찬하고 더욱 기뻐합니다. 그리고 생각하기를 '나는 지금 좋은 이익을 얻었습니다. 중생들은 나의 복 밭입니다. 내가 청하지도 않았는데 스스로 나에게 와서 내게 마음을 일으켜 불도를 닦게 합니다. 그러므로 나는 지금 이렇게 닦아서 저들을 기쁘게 하겠습니다.'하고 다짐합니다. 보살이 이렇게 관찰할 때, 그는 보시하는 사람도 보지 않고 보시 받는 이도 보지 않습니다. 또 보시하는 재물도 보지 않습니다. 복 밭이나 업이나 업의 과보도 보지 않습니다. 과보가 크거나 작거나 상관이 없습니다.

여기서 보살수행자가 빈궁한 나라에 부자로 태어나서 중생들의 요구를 들어주는 것으로 수행을 삼는 점, 재물·업·업의 과보를 염두에 두지 않는 점이 화엄의 큰 흐름을 나타낸다. 인연의 바다를 전체적으로 보는 보살수행자는 중생들이 재물을 원하면 재물을 준다.

깨달음을 중시하는 불교인이라면 당연히 재물을 주기보다는 진리의 말씀을 주어야 한다. 그러나 여기서는 재물을 원하는 이에게 재물을 준다. 일부러 가난한 나라에 부자로 태어나서 가난한 사람들이 원하는 것을 다 들어준다. 업의 바다를 그대로 인정하는 것이다. 중생들이 각자의 근기와 수준에 따라서 만족하게 해주고 그들이 기뻐하는 것을 보살수행자도 따라서 기뻐한다. 그들의 기쁨이 업이거나 말거나 상관이 없다. 불가사의한 업의 바다에서 업의 과보를 생각하지 않는다. 중생의 기쁨을 기뻐할 뿐이다. 열 가지 수행 중에 원한이 없는 행을 한 가지 더 보자.

> 보살수행자가 참는 일을 닦을 때에 무량무수의 중생이 각기 무량무수의 권속을 거느리고 무량무수의 혀를 놀려서 무량무수의 나쁜 소리와 욕설을 다 내어서 보살수행자를 헐뜯고 천대하며 괴롭히거나 무량무수한 칼이나 막대기를 들고 보살수행자를 때리고 해치기를 무량무수겁 동안 계속한다고 할지라도 보살은 중생들에 대해서 일체의 원한을 품지 않는다. 그리고는 속으로 이렇게 생각한다.
>
> '내가 만일 이런 고통을 당한다고 해서 성내는 마음을 낸다면 그것은

스스로를 제어하지 못하고, 스스로를 지키지 못하며, 스스로 분명히 알지 못하고, 스스로 고요하지 못하며 스스로 진실하지 못하고, 스스로 그 몸을 사랑하지 못하는 것이니 어떻게 저 중생들을 기쁘게 해서 해탈을 얻겠는가.'

이 부분은 《법화경》의 〈상불경보살품(常不輕菩薩品)〉을 연상하게 한다. 상불경보살은 아무리 심한 핍박을 받아도 상대를 존중하고 성불할 것이라는 기약을 알려준다. 《화엄경》의 보살수행자도 원한이 없는 행을 닦는데 있어서 사람들이 아무리 욕설하거나 헐뜯거나 때릴지라도 마음이 조금도 흔들리지 않는다. 보살수행자를 괴롭히는 사람들이 오히려 보살의 공부를 더욱 깊어지게 돕는 사람이 된다.

큰 슬픔의 마음
(화엄경 7)

업의 바다 속을 중생들은 계속 오고 간다.
그러나 행인들은 그것을 알지 못한다.
보살에게 있어서 비로자나불을 알지 못하는 것은 큰 슬픔이다.

《화엄경》에서 업의 바다를 보는 중에 나타나는 큰 슬픔의 마음 또는 연민의 마음에 대해서 생각해 보자.

우리는 업의 바다에 허덕이는 중생들의 모습을 전체적으로 보고, 그것을 비로자나부처님의 작업으로 받아들일 때, 작은 번뇌는 큰 번뇌가 되고 작은 업은 큰 업이 되어서 큰 번뇌와 큰 업이 바로《화엄경》〈십행품〉중의 열 가지 수행으로 나타난다고 살핀 바 있다. 그러나 우리는 큰 번뇌와 큰 업을 다른 이름으로 부를 수도 있다. 즉〈입법계품〉에서 선재동자(善財童子)가 도를 구하듯이 깨달음의 지혜를 구하는 보

리심(菩提心)도 되고 중생을 불쌍히 여기는 대비심(大悲心)도 된다. 보리
심과 대비심을 합해서 우리말로 큰 슬픔의 마음이라고 번역할 수도
있다. 필자는 업과 번뇌의 바다에서 나오는 큰 번뇌와 큰 업을 큰 슬
픔이라고 번역하고 싶다.

예전에 목포행 비행기가 추락해서 많은 사람들이 목숨을 잃었다.
부모와 아기들이 탑승해서 아기는 죽고 부모가 산 경우가 있는가 하
면 부모가 죽고 아기만 살아남은 경우도 있다. 또 집에 철없는 어린이
를 남겨 두고 부모가 다 사망한 경우도 있다. 지금 이 글을 통해서 만
나고 있는 우리가 어린이를 남겨 두고 비행기 사고로 목숨을 잃은 사
람의 부모라고 가정해 보자. 그러면 우리는 어린이의 할머니나 할아
버지가 되는 셈이다.

부모가 죽은 것도 모르고 죽음의 의미도 모르는 철없는 어린이를
볼 때 우리는 얼마나 슬픈 마음이 들겠는가. 가슴이 터지는 슬픔으로
북받칠 것이다. 어린이가 울더라도 어린이가 귀중한 꽃병을 깨더라
도, 우리는 그 어린이를 큰 슬픔의 마음, 불쌍히 여기는 마음으로 바
라볼지언정 어린이의 잘잘못을 생각하지 않을 것이다. 어린이의 업을
탓하지 않을 것이다. 어린이를 돕고 싶은 마음을 낼 것이다.

《화엄경》에서는 업의 바다라는 말을 쓰면서도 그 업의 다발을 한
꺼번에 드러내 보일 때는 화려한 말을 쓴다. 화엄 즉 꽃의 장엄이라는
말도 화려하다. 비로자나부처님의 광명도 내용적으로는 번뇌업의 광
명과 다름이 없지만 광명이라는 모양과 이름으로는 화려하다. 그러나

업의 바다를 보는 눈, 업의 꽃, 번뇌 꽃을 보는 눈, 그리고 그 번뇌들을 낱낱이 광명으로 비추는 눈에는 슬픔이 가득 차 있다.

목포행 비행기 사고에서 부모를 잃은 철없는 어린이를 보는 것과 같은 슬픔이 있다. 업의 바다를 보는 이는 부처나 보살이나 우리를 막론하고 누구에게나 큰 슬픔의 마음, 불쌍히 여기는 마음이 있다. 이 슬픔의 마음은 슬픔인 동시에 중생을 돕고자 하는 연민의 마음이다. 우리가 이 큰 슬픔의 마음, 깨달음의 도를 찾아서 중생을 위하고자 하는 마음을 눈치 채지 못하고 그냥 지나치면 《화엄경》을 제대로 읽지 못하는 것이 된다. 불교사상에 기반을 둔 모든 시와 이야기들은 이 큰 슬픔의 마음을 바닥에 깔고 있다.

만해 한용운 스님의 시집 《님의 침묵》 중에서 '알 수 없어요'라는 시를 읽고 큰 슬픔의 마음, 불쌍히 여기는 마음을 보도록 하자.

바람도 없는 공중에 수직의 파문을 내이며 고요히 떨어지는 오동잎은 누구의 발자취입니까?

지리한 장마 끝에 서풍에 몰려가는 무서운 검은 구름의 터진 틈으로 언뜻언뜻 보이는 푸른 하늘은 누구의 얼굴입니까?

끝도 없는 깊은 나무에 푸른 이끼를 거쳐서 옛 탑 위의 고요한 하늘을 스치는 알 수 없는 향기는 누구의 입김입니까?

근원은 알지도 못할 곳에서 나서 돌부리를 울리고 가늘게 흐르는 작은 시내는 굽이굽이 누구의 노래입니까?

연꽃 같은 발꿈치로 가이없는 바다를 밟고 옥 같은 손으로 끝없는 하늘을 만지면서 떨어지는 날을 곱게 단장하는 저녁놀은 누구의 시입니까?

타고 남은 재가 다시 기름이 됩니다. 그칠 줄 모르고 타는 나의 가슴은 누구의 밤을 지키는 약한 등불입니까?

이 시의 제목이 '알 수 없어요'이고 각 구절마다 물음표를 하고 있다. 각 물음표마다 알 수 없다는 뜻이다. 알 수 없는 것은 먼저 발자취로부터 시작해서 얼굴 · 입김 · 노래 · 시 · 약한 등불의 순으로 이어진다. 누구의 발자취인지, 누구의 얼굴인지, 누구의 입김인지, 누구의 노래인지, 누구의 시인지 알 수가 없고 내가 가지고 있는 이 약한 등불이 누구를 위한 것인지 알 수 없다는 줄거리이다.

만해스님은 시집의 서두에서 '님 만이 님이 아니라 기룬 것은 다 님이다.'라고 말한다. 구도자에게서 그리운 것은 물론 부처를 이루는 일 즉 깨달음이다. 깨달음을 얻는 것은 불가사의한 중생의 인연바다, 업의 바다를 비로자나불의 작품으로 한꺼번에 응시하는 것이다. 업과 괴로움의 바다를 보면서 큰 슬픔이 일어남과 아울러 비로자나불의 손길을 보는 큰 환희심도 같이 일어난다. 그러나 그 환희심을 업의 바다에 있는 중생과 같이 나눌 수가 없음을 안다.

여기서 제2차적인 슬픔의 마음이 생긴다. 업의 바다를 보고 혼자서 비로자나불의 모습을 음미하는 것이 소승적이라고 생각한 보살은 중생과 함께 밤의 길로 같이 들어가려고 한다. 중생이 사는 미혹의 세계에서 중생이 이해할 수 있는 보살행을 하겠다는 것이다. 그래서 그칠 줄 모르고 타는 약한 등불을 들고 중생이 사는 깜깜한 업의 바다로 들어간다. 〈십행품〉에서 읽은 열 가지의 보살수행을 닦으려고 한다. 중생의 삶을 집착 없이 보는 데서 나오는 큰 슬픔은 큰 환희와 한 몸이 되고 그것은 다시 중생을 보살피고자 하는 대비의 마음이 된다. 이 대비의 마음에서 보살행이 나온다. 만해스님의 시 가운데서 한 가지를 더 보자. 유명한 '나룻배와 행인'을 보자.

나는 나룻배
당신은 행인.
당신은 흙발로 나를 짓밟습니다.
나는 당신을 안고 물을 건너갑니다.
나는 당신을 안으면 깊으나 옅으나 급한 여울이나 건너갑니다.

만일 당신이 아니 오시면 나는 바람을 쐬고 눈비를 맞으며
밤에서 낮까지 당신을 기다리고 있습니다.
당신은 물만 건너면 나를 돌아보지도 않고 가십니다그려.
그러나 당신이 언제든지 오실 줄만은 알아요.
나는 당신을 기다리면서 날마다 날마다 낡아갑니다.

나는 나룻배

당신은 행인.

이 '나룻배와 행인'에는 보살수행자의 슬픔이 흠뻑 배어 있다. 업의 바다에서 행인들은 계속 오고 간다. 바다의 이쪽 편에서 저쪽 편으로 건너가기도 하고 저쪽 편에서 이쪽 편으로 건너오기도 한다. 보살수행자는 비로자나불의 몸체가 바로 저 행인들이라는 것을 알고 있다. 그러나 행인들은 그것을 알지 못한다. 보살에게 있어서 비로자나불을 알지 못하는 것은 큰 슬픔이다.

그러나 보살은 혼자서 비로자나불 속으로 사라질 마음을 내지 않는다. 혼자 비로자나부처님 속으로 잠기는 것은 소승이기 때문이다. 업의 바다에서 중생을 건네주는 배가 된다. 사람들은 흙발로 보살수행자를 밟는다. 물만 건너면 보살수행자를 돌아보지도 않는다.

그러나 큰 슬픔의 마음과 큰 자비의 마음을 낸 보살수행자는 그런 것에 개의치 않는다. 보살수행자는 건너간 사람이 반드시 다시 건너올 것을 알고 있다. 행인이 다시 돌아온다고 하더라도 그는 보살인 배의 가슴을 밟기만 할 뿐 보살의 마음을 알아주지도 않는다. 알아주지도 않는 행인을 기다리면서 배는 날마다 날마다 낡아간다.

그러나 보살은 아무래도 상관이 없다. 목포행 비행기에서 부모를 다 잃은 어린애가 자기를 보살피는 할머니의 마음을 모른다고 하더라도 그것을 보는 할머니의 마음은 슬픔이 더할지언정 억울해 하는 마음이 일어나지 않는다. 보살의 마음속에 저 행인들은 모든 부모를 잃은 아이들과 같다.

업의 인연의 바다를 비로자나부처님의 작품으로 보는 보살수행자라고 해서 비로자나부처님의 작업장을 벗어날 수는 없다. 보살도 중생과 함께 업의 격류에 휩쓸려 가야하지만 그러면서도 큰 슬픔의 마음을 내고 큰 연민의 마음을 낸다.

벌과 벌새가 꽃밭에서 꿀을 따려고 경쟁을 벌리고 있었다. 벌이 긴 침을 내어 벌새를 쏘려하자 벌새가 벌에게 "그 침을 쓰면 너도 죽고 나도 죽는다."고 말해 주었다. 벌은 처음 들은 죽음에 대해서 고민에 빠졌다.

마침내 침을 쓰거나 말거나 언젠가는 모두 다 죽게 된다는 것을 생각했다. 벌은 느닷없이 벌새에게 침을 놓고 죽었다. 꽃밭의 꿀은 벌들의 차지가 되었다. 이 우화에서 벌은 동료들이 꽃밭의 꿀을 얻게 하기 위해서 죽지만 중생을 보고 큰 슬픔을 내는 보살은 이익과 손해 이쪽과 저쪽을 다 떠난다. 그러나 보살도 저 중생들과 같이 업의 바다에 일어나는 파도에 떠밀려 가게 됨을 안다. 그러기에 더욱 슬프고, 슬프기 때문에 중생을 위해서 대비의 마음을 낸다.

마음과 부처와 중생
(화엄경 8)

마음이 모든 사물에 가치와 의미를 붙여서
업의 바다가 일어났다는 것을 알면,
우리가 비로자나불의 광명이라는 연극 속에 있음을 깨닫게 된다.

60권 본 〈야마천궁보살설게품〉에는 유명한 구절인 '마음은 그림 그리는 화가와 같다는 것' 그리고 '마음과 부처와 중생이 차별이 없다는 것' 등이 나온다. 《화엄경》은 개인적인 번뇌를 우주의 번뇌로 끌어내고 업의 바다를 불가사의하다고 말한다.

작은 나에 갇힌 번뇌를 큰 바다로 끌어내 놓고 볼 때 소아(小我)에의 집착이 어리석음을 깨닫게 된다. 《화엄경》에서 이렇게 바다같이 넓고 큰 것을 말하면서도 다른 한편으로는 그와 같은 바다를 꼭 외형적으로만 구하는 것이 아니라 사소한 생활 중의 한 티끌에서 무량겁의 세계를 보고자 한다. 그래서 《화엄경》은 한 티끌 가운데에 무량겁의 세계를 보고자 한다.

그래서 《화엄경》은 한 티끌 가운데에 무량한 부처님 세계의 바다가 있고, 또한 온갖 티끌에도 그와 같다고 한다.

이렇게 《화엄경》은 무한히 큰 것과 무한히 작은 것을 자유자재로 넘나들려고 하는데 이 자재함은 유심조 사상에 기반을 두고 있다. 마음으로 크게도 보고 작게도 보며 원융무애(圓融無碍)하게 볼 수 있다는 것을 뜻한다. 어떤 기적을 일으켜서 작은 티끌 가운데서 부처님 세계의 바다를 볼 수 있다는 뜻은 아니다. 마음이 세상을 지어서 보기 때문에 마음의 여실한 관찰에 의해서 사물을 본다는 뜻이다.

그러면 《화엄경》에서는 어떻게 일체유심조를 설명하는지 읽어보고 그것의 의미는 무엇이며 일체유심조와 불가사의한 중생의 업은 어떤 관계인지, 마음과 부처와 중생은 어떻게 다른지에 대해서 생각해 보자.

60권 본 《화엄경》의 〈야마천궁보살설게품〉에서 부처님의 신력을 받은 여래림보살이 외운다.

마음은 그림을 잘 그리는 화가와 같아서 갖가지 오온(五蘊)을 그려낸다. 그래서 마음은 이 세상에 있는 것 무엇이든지 다 그려낸다. 마음과 같이 부처님도 또한 그러하며 부처님과 같이 중생도 또한 그러하다. 마음과 부처와 중생은 똑같아서 차별이 없다. 모든 것은 다 마음을 따라서 변하는

것을 모든 부처님은 다 잘 아신다. 만일 누가 이렇게 알면 그 사람은 바로 참 부처를 볼 것이다.

이 구절은 아주 유명한 것으로 자주 인용되는 것이다. 첫째는 마음이 색, 수, 상, 행, 식 오온과 모든 사물을 다 만들어 낸다는 것이고, 둘째는 마음과 부처와 중생, 이 세 가지가 차별이 없이 똑같다는 것이다. 우리가 자주 외우는 《반야심경》에 색, 수, 상, 행, 식 오온이 나오지만 이 오온을 줄이면 물질(物質)과 정정(精神)이 된다. 마음이 일체의 물질적인 것과 정신적인 것을 다 만들어 낸다는 말이다.

그러나 마음이 세상의 모든 것을 만들어 낸다는 말을 이해할 때 주의할 점이 있다. 우리가 《해심밀경》을 공부할 때 유식사상에 대해서 살펴본 것처럼 우리의 마음이나 인식이 어떤 사실적인 의미에서 모든 것을 만들었다는 뜻은 아니다.

우리의 마음이 없어도 우주는 그대로 있고 산과 강과 바람과 구름과 비가 다 그대로 있다. 우리의 마음이 없다고 해서 해가 떠오르지 않는다거나, 떠오른 해가 지지 않는 일은 없다. 우리의 마음과 상관이 없이 계절도 그대로 있다. 그러나 인간의 마음이 섞이지 않은 자연은 백지상태와 같다. 모든 사물에 아무런 의미와 가치가 없다. 인간의 마음이 의미를 지어 붙일 때, 자연은 인간에게 의미가 있다. 크게 보아서 지구를 하나의 문화권으로 본다면, 지구 이외의 다른 별들에서 살고 있는 것들에게는 다른 문화권이 있을 것이다.

공상 영화에 외계인이 나오지만 인간이 살고 있는 지구라는 별은 이 우주에 있는 무량 백 천만 억의 별들 가운데 하나에 불과하다. 생물이 살고 있는 다른 별이 있을 수가 있다. 또 우리 인간계와 다른 생물의 개념과 사유방법을 가진 다른 세계의 문화권이 있을 수가 있다. 만약 다른 외계인이 이 지구를 방문한다면 우리가 귀하게 여기는 것들이 그들에게는 무의미하게 보일 수도 있다.

인간이 육안으로 볼 수 있는 것에 가격표를 붙이는 것은 별 일이 아니지만, 보이지 않는 것에 가격표를 붙이는 데서부터 문제가 커진다. 정신적인 것에는 사실과 관계없이 가격표가 달라진다. 똑같은 것이 좋은 것도 될 수가 있고, 나쁜 것도 될 수가 있다. 똑같은 삶의 코스가 행복으로 받아들여질 수도 있고, 불행으로 받아들여질 수도 있다. 좋아하는 사람이 생기고 싫어하는 사람이 생긴다. 또 오늘은 좋아하다가 내일은 싫어지고 이때는 싫어하다가 저때는 좋아지기도 한다.

인간의 눈에는 일정한 원근법(遠近法)이 있지만 마음에는 불규칙한 원근법이 있다. 육안에 있는 렌즈는 가까운 것은 크게 보고 멀리 있는 것은 작게 본다. 그러나 마음은 눈과 다르다. 자신의 마음상태에 따라서 가까운 것이 작게 보이기도 하고 멀리 있는 것이 크게 보이기도 한다. 마음은 일정하게 정해진 법 없이 기분대로 사물을 본다. 남의 밥에 담겨 있는 콩이 더 커 보이기도 하고 남이 누리는 삶이 더 좋아 보이기도 한다. 결합하기만 하면 하늘을 날 것처럼 행복하리라고 기대하던 남녀가 막상 결혼해서는 시들해지기도 한다.

어떤 경우에는 헤어지지 않고는 도저히 살 수 없다하기도 한다. 만약 마음대로 헤어진다면 그 헤어진 사람을 마음에서 잊지 못한다. 자신의 마음은 고삐 풀린 망아지처럼 동서남북으로 뛰어다니지만 내 것으로 정해진 사람의 마음은 오직 나에게만 집중되기를 기대한다. 이것이 인간의 마음이다. 인간의 마음은 종잡을 수가 없다. 인간의 마음이 이처럼 의미를 만들고 변덕을 부리는 점을 강조해서 그림을 그리는 화가와 같다고 한다. 모든 것이 다 마음이 만들어 낸 것이라고 한다.

마음이 이처럼 변덕을 부리며 사물을 지어낸다는 것을 전제로 해서, 《화엄경》은 다시 그 그림과 부처와 중생이 전혀 다름없이 똑같다고 한다. 여기에 오묘한 뜻이 있다. 예로부터 불교의 각 종파마다 또는 사람마다 이 구절을 다르게 해석해 왔다. 옛날뿐만 아니라 지금도 사람의 관점에 따라서 달리 해석할 것이다. 그러나 우리는 이 문제에 대해서 너무 깊이 들어갈 필요는 없다.

일차적으로 평범한 해석은 우리의 마음은 부처가 될 가능성도 있고 중생이 될 가능성도 있는 중립의 상태에 있는데 마음을 깨치면 부처이고 깨치지 못하면 중생이라는 것이다. 마음을 깨쳤느냐 깨치지 못했느냐에 따라서 이름이 달라질 뿐이기 때문에 마음과 부처와 중생이 같다는 해석이다. 마음이 깨치면 부처이고 깨치지 못하면 중생이라는 점에 있어서는 별 문제가 없다.

그런데 마음을 깨쳤다고 하는 것, 부처라고 하는 것이 무엇을 뜻하느냐가 문제가 된다. 부처가 된다는 것은 《화엄경》의 가르침과 일치해야하기 때문이다. 번뇌 꽃의 장엄을 화엄으로 보고, 업의 바다를 바로 비로자나부처님의 작품으로 보아야 하기 때문이다. 그렇다면 먼저 불가사의한 중생업의 바다와 마음이 모든 사물을 다 만들어낸다는 말이 연결되도록 해야 한다. 업의 바다와 마음을 이어 놓으면 업의 바다는 결국 마음이 지낸 것이 된다. 마음이 모든 사물에 가치와 의미와 기능을 붙여서 업의 바다가 일어났다는 것을 확실하게 보면 업의 바다는 결코 실체적으로 있는 것이 아니라 비로자나불의 광명이라는 연극 속에 있음을 깨닫게 된다.

업의 바다를 응시하는 삼매는 바로 마음의 바다에 비쳐지는 연극을 감상하는 것이 된다. 번뇌와 업의 바다가 바로 마음이 지어서 본 것에 불과하다는 것을 확실하게 깨닫는 순간 그 마음이 그대로 부처이다.

김달진 시인의 시집에 '샘물'이라는 시가 있다.

숲속의 샘물을 들여다본다.
물속에 하늘이 있고 흰 구름이 떠나가고 바람이 지나가고
조그마한 샘물은 바다같이 넓어진다.
나는 조그마한 샘물을 보며
동그란 지구의 섬 위에 앉았다.

작은 샘물 속에서 바다와 같이 넓은, 온 하늘을 다 비춰본다는 내용이다. 샘물 속에 온 지구가 다 들어 있다. 우리는 앞에서 우물 안의 개구리로부터 바다로 나와야한다고 생각했지만 그 우물을 가만히 들여다보면 그 안에 온 바다, 온 우주가 다 들어 있다. 또한 우리의 마음을 가만히 들여다보면 그 안에 온 세상이 다 들어 있다. 그 마음을 떠나서 업의 바다, 번뇌 꽃의 장엄, 번뇌의 광명을 찾을 수가 없다.

우리의 마음을 온 세계를 비춰보는 샘물로 보는 의미에서 한 티끌 속에 부처님 세계의 바다가 들어 있고 모든 세계에도 마찬가지라고 하는 것이다. 우리의 마음은 조그만 샘물이다.

그곳에서 온 우주의 바다를 다 볼 때 부처이고, 그렇지 못할 때에는 우물 안의 개구리라는 중생이 된다. 《화엄경》에서는 부처와 중생이 고정되어 있지 않다. 이 마음은 항상 부처이면서 동시에 중생이다. 마음을 보고 보살행을 닦는 수행이 있으면 부처이고, 그렇지 못하면 바로 중생이다. 그래서 마음과 부처와 중생은 한 몸이다.

보살의 수행단계

(화엄경 9)

서울·부산을 다녀본 사람은 경부선이라는 말쯤은 알 것이다.

성불의 길을 가는 불자는

자신이 가는 길의 이름과 중간 역 몇 개는 알아둬야 한다.

여기서 보살의 수행 52단계를 낱낱이 열거할 필요는 없을 것이다. 단지 10개씩 나눈 단계나 알아두면 그것으로 족하다. 52개의 보살 수행단계란 열 가지 믿음의 단계, 열 가지 안주의 단계, 열 가지 행동의 단계, 열 가지 회향의 단계, 열 가지 최종경지의 단계, 그리고 부처님과 같은 깨달음과 최후의 깨달음이다. 열 가지 단계가 다섯이고 마지막에 깨달음의 단계가 두 가지이다. 십이라는 숫자를 빼고 말하면 믿음 · 안주 · 행동 · 회향 · 최종경지 · 깨달음 · 부처가 되겠다.

필자는 이 52가지 수행단계를 일부러 외우려고 한 적이 없다. 큰

스님들 법상법문이나 개인적인 말씀 가운데 여러 번 반복해서 듣다보니 나도 모르는 사이에 52위를 외우게 되었다. 절집에서는 한문으로 나타내므로 전통적인 방법과 일치시켜 정리해 두면 더 좋을 것 같다. 한문으로는 십신(十信)·십주(十住)·십행(十行)·십회향(十廻向)·십지(十地)·등각(等覺)·묘각(妙覺)이다.

십신은 열 가지 믿음을, 십주는 열 가지 안주 또는 안심입명(安心立命)을, 십행은 열 가지 실천을, 십회향은 열 가지 공덕을 타인과 깨달음에게 돌리는 것을 그리고 십지는 열 가지 높은 경지를 나타낸다. 등각이란 말은 등정각을 줄인 말이다. 부처님께서 깨달은 정각의 내용과 동등하다는 뜻이다. 그리고 묘각에서의 묘자는 불가사의함을 나타낸다. 중생의 머리로는 도저히 헤아릴 수 없는 깨달음의 경지라고 해서 묘각으로 표현한다.

여러 번 52가지의 보살수행단계를 반복하는 이유는 불자들의 머릿속에 남게 하기 위해서이다. 불자라면 수행단계를 직접 다 실천하지는 못하더라도 대강 52가지가 된다는 것, 그리고 그것은 십신·십주·십행·십회향·십지·등각·묘각이라는 대체적 명칭쯤은 알고 남에게도 말할 수 있어야 할 것이다. '신의주행 기차를 타고 회향지에서 등각·묘각을 얻는다.'는 구절을 이용하면 보살계위를 외우는 데 편리하다. 십신·십주·십행을 신의주행 기차로 나타내고 회향지를 십회향과 십지로 나타낸 것이다.

등각과 묘각은 그리 어렵지 않다. 서울에서 부산을 다녀 본 사람은 경부선이라는 말쯤은 알 것이다. 성불의 길로 가는 불자는 자신이 가는 길의 이름과 중간 역 몇 개는 알아두는 성의는 있어야 할 것이다.

십신 즉 열 가지 믿음의 내용은 몰라도 된다. 또 믿음의 중요성에 대해서는 이미 살펴보았기 때문에 다시 반복하지 않겠다. 십신 다음의 십주는 불도에 안주하는 것 또는 안심입명을 얻는 것을 뜻한다. 불교에서 믿음이라고 하는 것은 그저 믿기만 하는 것으로는 충분하지 않다. 자신이 믿는 도(道)에서 평화를 얻고 편안히 쉴 수 있어야 한다. 자신의 믿음에 쉼을 얻지 못하면 믿음 자체도 흔들릴 수가 있다.

불자들 가운데는 불교교리에 대해서는 깊이 들어가려고 하지 않고 그저 기도나 올리고 법회가 있으면 참석하고 하는 정도로 신앙생활을 하는 분들도 있다. 불교의 특성상 얽어매고 재촉하지 않기 때문에 그렇게 느슨한 신앙생활도 허용이 된다. 그런데 이런 식으로 불도를 닦는 분들에게는 병마 같은 것이 찾아왔을 때, 당황하게 되고 터무니없는 말에 현혹되어서 자신이 일생을 믿어온 종교를 포기하는 경우가 종종 있다.

오래 전 일이지만 신심이 상당히 깊은 노보살님이 있었다. 그런데 그 불자님의 사위가 암에 걸렸다. 병원에서는 이미 포기한 상태였다. 이런 지경에 이르면 마음이 극히 약해진다. 서양종교의 무당에게서 안수를 받으면 암이 치료된다는 말에 노보살님은 솔깃해졌다. 그런데 안수를 받기 전에 불교를 버리고 서양종교로 개종해야 한다는 조건이 붙었다. 그 노보살님은 사위를 위해서 불교를 버리고 서양종교 무당의 안수받는 길을 택했다. 물론 몇 개월 지나지 않아서 사위는 죽었다. 그러나 그 노보살님은 다시 불교로 돌아오지 않았다. 노보살님이 서양종교에 깊이 빠졌기 때문인지 아니면 개인 편의에 따라 종교를 이리저리 바꾼 것을 미안하게 생각해서인지 확인할 수는 없었다.

그 노보살님의 경우에는 불법을 믿는 신심이 있기는 했지만, 진정한 믿음이 아니라 건성의 믿음이었기 때문일 터였다. 불법을 믿으면서도 불법 속에 안심입명의 자리, 편안한 쉼터를 찾지 못했기 때문일 터였다. 안주하지 못했기 때문에 서양무당의 안수가 병을 치료한다는 데 현혹되어서 자신이 일생을 믿어온 종교를 버리게 된 것이다.

십신과 십주의 단계를 지나서 십행 즉 열 가지 실천이 있다. 믿음이 보살행의 실천으로 번역되는 것에 대해서도 이미 두 가지로 나누어서 살펴본 바가 있다. 한 가지는 이 업의 바다가 모두 비로자나불의 법신이라고 믿을 경우, 우리가 가진 여래의 성품 또는 불성으로부터 보살행이라는 실천이 불가사의하게 나온다는 것이다. 다른 한 가지는 우리가 중생의 불가사의한 업의 바다를 보게 되면 큰 슬픔이 생기고 그 슬픔은 중생을 보살피고 싶은 대자비심으로 나타난다는 것이다.

십신 · 십주 · 십행 다음에는 십회향의 단계가 있다. 《대품반야경》을 공부할 때 이 회향에 대해서도 이미 살핀 바 있다. 수행자가 닦은 공덕을 중생들의 업장을 녹이고 지혜를 얻게 하는 데 돌리는 것을 회향이라고 한다. 불자들의 경우 자신이 닦은 공덕을 자손을 비롯한 가족들에게 돌리는 데는 이미 보살의 경지를 넘어섰지만 자신의 공덕을 모든 중생을 위해서 돌리고 함께 깨달음을 얻는 방향으로 회향하는 데는 관심이 적다.

십신 · 십주 · 십행 · 십회향 다음에는 십지의 단계에 이르게 된다. 이 결 가지 마지막 경지를 넘어서야만 부처의 경지에 이르게 된다. 열 가지 경지가 어떤 것인지 한번 훑어보기라도 해야겠다. 십지의 첫 번째는 환희에 찬 경지이다. 보살수행자가 진리를 체득한 즐거움으로 몸을 떠는 데서부터 십지는 시작된다. 우리나라 속담에 음식도 많이 먹어본 사람이 맛을 안다는 말이 있다. 법열(法悅)을 자꾸 느껴보아야 불법이 좋은 줄을 안다. 불법을 닦는 것은 꼭 닦아야하기 때문에 닦는 것이 아니라 불법을 접해 보니 환희에 넘쳐서 닦는 것이다.

두 번째는 몸과 마음에서 때를 여의는 단계이다. 보살수행자는 진리를 체득한 후에 그 맛을 혼자 누리지 말고 중생에게 나누어 주어야 한다. 그러기 위해서는 몸가짐 · 마음가짐을 다듬어야 한다. 자기 자신은 발가벗고 거리를 뛰어다녀도 자신의 법열을 다 기뻐할 수 없지만 중생과 같이 나누기 위해서 단정한 옷을 입는 단계이다.

세 번째, 네 번째는 내면으로부터 지혜의 광명이 빛을 발하고 불타는 단계이다. 법열을 자제하고 중생을 위해서 법을 전하려고 할 때에 혼자만 누리던 환희를 넘어선 새로운 경지의 지혜가 빛과 불꽃으로 솟아나온다. 다섯 번째는 어떤 보살행이든지 두려움 없이 달려들어 성취하는 단계이다.

　여섯 번째는 자신의 마음을 자각하는 데서 마음가짐과 습관에 대 전환이 나오는 단계이고, 일곱 번째는 보살행의 완성을 위해서는 어느 곳에서든지 어떤 일도 마다하지 않는 단계이다. 여덟 번째는 우주 자연과 한 몸이 되어 놀라는 일이나 흔들리는 일이 없는 단계이고, 아홉 번째는 중생을 이익 되게 하는 지혜를 내는 단계이다. 마지막으로 열 번째는 열반의 법이 구름처럼 일어나고 중생을 위해 언제라도 비 내릴 채비를 하는 단계이다.

　우리는 《화엄경》을 읽는 중이기 때문에 《화엄경》의 십지의 항목만 열거했지만 《대반야경》에 나오는 십지의 이름은 《화엄경》의 것과 약간 다르다. 그러나 기본적인 방향에 있어서는 크게 다르지 않다.

무한극수
(화엄경 10)

천경을 121번 거듭거듭 제곱하면
얼마나 큰 숫자가 되는지《화엄경》의 숫자개념이
무서워지기까지 한다.

《화엄경》에는 무한극수(無限極數)와 무한생명, 즉 헤아릴 수 없이 많은 숫자와 헤아릴 수 없이 긴 수명에 관한 이야기가 나온다.

우리 인간이 셀 수 있는 숫자는 제한되어 있다. 일·십·백·천·만·억·조·경 그 이상의 숫자는 모르겠다. 우리나라의 일 년 예산이 몇 백조가 된다는 것을 신문에서 읽었기 때문에 조라는 숫자는 알고 있지만 그 조가 얼마만큼 많은 수인지 개념으로는 확연하게 들어오지 않는다. 또 백만·천만·억이라는 숫자도 화폐를 사용할 때의 개념으로나 집값이 얼마라거나 나라의 인구 또는 세계의 인구가 얼마라거나 할 때 쓰는 정도로 알고 있을 뿐 그 숫자에 대해서는 확실하게 알지 못한다. 부산과 서울 간의 거리는 고속도로의 거리로 424km로 알고 있지만 우리나라 식으로 계산하면 천릿길이 넘는다.

서울과 부산과의 거리는 비행기로는 한 시간 남짓 걸리고 자동차로는 대여섯 시간이 걸린다. 그러나 그것으로 서울과 부산 거리의 숫자를 알고 있다고는 말할 수 없다. 몸으로 느낄 정도로 그 거리의 숫자를 알려면 서울에서 부산까지 직접 걸어 보아야만 할 것이다. 비행기를 타고 브라질을 간다면 그 거리의 숫자를 다 알지 못하고 가는 셈이다. 걷기도 하고 차도 타고 배도 타고 하면서 브라질까지 고생고생하며 가보아야 그 먼 거리를 몸으로 느낄 수 있을 것이다.

요즈음 우리는 관광회사를 통해서 세계일주 여행을 하지만 이름이 세계일주일 뿐 여행의 내용은 비행기에 오르고 내리는 것이 모두일 수 있다. 그래서 영화 속에서 여행한 것과 크게 다를 바가 없다. 또 벽에 여러 도시의 사진과 이름을 붙여놓고 그것을 움직여 여기는 로마, 여기는 파리, 여기는 런던 하는 것과 큰 차이가 없다. 거리의 숫자를 몸으로 느끼지 못하는 여행이다.

우리가 화폐를 사용할 때, 만 원권이 백 장이면 100만 원이 된다. 십만 원짜리 수표로는 열 장, 100만 원짜리 수표로 한 장은 모두 100만원이 된다. 우리가 100만이라는 숫자에 대해서 아는 것 같지만 그 숫자를 아는 것은 아니다. 우리가 알고 있는 것은 100만 원이라는 돈으로는 어떤 것을 살 수 있는지, 100만원은 직장생활 한 달 치의 봉급

보다 얼마나 많거나 적은지를 알 뿐이다. 그 돈의 가치에 의해서 백만 원이라는 것을 안다. 대통령선거 때, 유권자가 3,000만쯤 된다고 했지만 그 숫자를 다 아는 것은 아니다. 1,000만의 유권자가 표를 모으면 대통령을 만들 수 있다는 것으로 보아서 우리는 천만의 숫자를 짐작할 뿐이다. 숫자가 나타내는 가치로 숫자를 아는 것이다.

그렇다면 《화엄경》에 있어서 불보살이 알고 있는 숫자는 어느 정도이며 그 숫자는 어떤 것을 기준으로 해서 아느냐는 의문이 생긴다. 먼저 《화엄경》의 숫자를 보자. 60권 본 《화엄경》〈심왕보살문아승지품〉에서 심왕보살이 부처님께 묻는다.

세존이시여, 언설로 나타내지도 못하고 도저히 헤아릴 수도 없는 숫자가 있사온데, 어떤 것이 가장 큰 수입니까?

세상에서 가장 큰 수가 도대체 어떤 것이냐고 물은 것이다. 《화엄경》에서의 부처님은 물론 비로자나부처님이고 비로자나부처님은 일체부처님이다. 그래서 부처님이라고 하면 일체부처님이기도 하고 비로자나부처님이기도 하다.

부처님이 대답하신다.

백 천의 제곱을 한 구리라고 하고, 구리의 제곱을 불변이라고 하며 불변의 제곱을 나유타라고 하고….

이와 같이 제곱의 제곱으로 계속 이어진다. 너무 길으니까 중간을 생략하고 제곱이 계속되는 마지막 부분을 읽어 보자.

불가칭의 제곱을 불가사의라고 하고 불가사의의 제곱을 불가량이라고 하며 불가량의 제곱을 불가설이라고 하고 불가설의 제곱을 불가설전이라고 하느니라.

제자와 부처님이 대화할 때, 대단히 많다고 생각되는 숫자를 출발점으로 해서 그 제곱의 제곱이 121번이나 계속되면서 올라간다. 우리는 앞에서 경까지 세었다. 천경의 제곱을 121번이나 한다면 우리 인간으로서는 상상하기도 힘든 큰 숫자이다. 제곱은 껑충껑충 뛰는 숫자이다. 10의 제곱은 100이 된다. 100의 제곱은 만이 된다. 만의 제곱은 억이 될 것이다. 우리는 지금 10을 세 번 제곱해서 억이 되었는데 천경을 121번 거듭거듭 제곱하면 얼마나 큰 숫자가 되는지《화엄경》의 숫자개념이 무서워지기까지 한다. 우리가 가진 계산기로는 이 숫자를 계산할 수 없다. 특수한 슈퍼컴퓨터가 아닌 일반컴퓨터로는 계산할 수도 없다.《화엄경》의 불가설전이라는 숫자를 보면서 우리 인간의 숫자는 너무 초라해진다. 너무 작게 보인다. 비행기 위해서 지상을 내려다 볼 때, 무수한 도시의 등불을 보면서 '내가 저 많은 등불 가운데 아주 작은 하나로구나.'하고 생각하며 그 동안 크다고 생각했던 자신을 아무것도 아니라고 탄식하던 기억이 난다.《화엄경》의 불가설전이라는 큰 숫자를 보면서 자신이 알고 있던 숫자가 너무 작아 보이고 자신 조차 작아 보여 부끄럽고 슬퍼지기까지 한다.

《화엄경》의 부처님은 이처럼 큰 숫자를 설할 때, 지구의 인구 숫자에 대해서 정보를 가지고 있거나 국가의 일 년 예산에 대해서 알고 있거나 컴퓨터를 사용한 일도 없다. 먼 거리를 여행하며 자동차를 타거나 비행기를 탄 적도 없다. 부처님이 말씀하시는 숫자는 부처님이 가슴으로 느낀 체험적 숫자이다. 그렇다고 해서 부처님이 육체적으로 우주를 여행해서 얻은 숫자는 아닐 것이다. 수행 속의 정신세계에서 얻어진 체험적 숫자라는 말씀이다.

하루살이에게는 하루가 일생이다. 모기나 파리에게는 여름 한철이 일생이다. 닭·개·소 등의 일생은 얼마인지 모르겠다. 대략 15여 년이라고 해두자. 인간의 일생은 아무리 길게 잡아도 100여년이다. 그런데 《화엄경》〈수명품〉에서 부처님은 엄청난 수명을 말씀하신다.

불자들아, 이 사바세계의 석가모니부처님 세계의 일 겁은 아미타부처님 세계의 하루요, 아미타부처님 세계의 일 겁은 저 서복당부처님 세계의 하루요, 서복당부처님 세계의 일 겁은….

이런 식으로 계속된다. 불자 여러분은 이제 일 겁이 얼마나 긴 시간인지 알 것이다.

필자는 일 겁이라는 시간에 대해서 설명할 때마다 사방 사십 리

의 바위와 3년마다 한 번씩 스치는 선녀들의 부드러운 치맛자락을 자
꾸 들먹이기가 귀찮아서, 한 과학도에 사방 사십 리의 바위가 삼 년마
다 한 번씩 스치는 선녀의 치맛자락에 의해서 다 닳아 없어지려면 얼
마나 긴 세월이 걸리는지 대략 계산을 해달라고 부탁한 적이 있다. 그
과학도가 일 겁을 숫자로 계산해 주기로 약속했지만 아직 소식이 없
다. 여하튼 일 겁은 긴 시간이다. 우리의 일생이 100여년이라면 일 겁
은 100년을 무량 백 천만 억 번 제곱한 숫자의 기간일 것이다. 그런데
사바세계의 일 겁은 아미타부처님 세계의 단 하루라는 것이다. 거기
에서 끝나지 않는다. 아미타부처님 세계의 일 겁은 다른 부처님 세계
의 또 다른 하루라고 한다. 이와 같이 계속해서 수명이 길어진다. 그
렇다면 비로자나부처님의 수명은 우리가 도저히 계산할 수 없을 것이
다. 그처럼 긴 세월을 상정해서 우리 인간의 100년을 보면 우리는 표
시도 나지 않을 정도의 찰나를 살고 있는 셈이다.

　　우리는 하루살이의 일생이나 모기와 파리의 일생을 짧은 것으로
생각하고 그것들을 불쌍하게 여기기까지 한다. 그들의 일생을 짧고
불쌍하게 생각하는 무의식 속에는 인간에 대한 자부심이나 자만심 같
은 것이 들어 있다. 그러나 《화엄경》의 수명에 견주어서 생각할 때, 우
리의 수명은 하루살이 수명과 다를 바가 없다.

　　우리는 여기서 꾀가 생긴다. 우리가 100만이라는 숫자에 대해서
체험적으로 알 수는 없지만 그 100만이라는 숫자를 화폐로 바꾸어 계
산해 보면 그 숫자의 크기를 짐작할 수 있다. 100만 원으로 구입할 수

있는 것들로 미루어 100만 원의 효용가치를 아는 것이다. 억대의 숫자도 마찬가지이다. 아파트 값이나 땅값으로 대강 큰 숫자임을 짐작한다. 그렇다면, 《화엄경》에서 부처님이 말하는 큰 숫자나 긴 수명도 그것들과 맞바꿀 수 있는 어떤 가치 있는 것으로 미루어서 생각하면 짐작할 수 있을 것이다.

필자는 불가설전의 수와 다른 세계 부처님의 수명과 맞바꿀 수 있는 것을 찾기 위해서 오랫동안 《화엄경》을 뒤적여 보았다. 그러나 잘 보이지 않았다. 찾을 수가 없었다. 그러다가 어느 날, 불가설전이라는 숫자를 설한 다음에 나오는 게송에서 그것을 발견했다.

일념의 찰나 가운데에 불가설의 모든 세계를 다 설하고, 이루 다 말할 수 없는 모든 겁 동안에 일념일념 차례로 연설한다. 또한 털끝에 한량없는 세계가 있어도 그 안이 조금도 비좁지 않다. 미세한 털끝이 커지는 일도 없지만 한없이 넓은 부처님 세계를 다 받아들인다.

불가설전의 큰 숫자와 부처님 세계의 헤아릴 수 없이 긴 수명과 맞먹는 것은 바로 우리의 마음 가운데 일어나는 찰나의 일념에 있다는 것이다. 찰나의 일념에 무한극수와 무량수명이 있다고 해서 너무 들떠서 쉽게 생각해서는 안 된다. 일념 속에서 큰 수와 긴 수명을 체험적으로 보기 위해서는 십신 · 십주 · 십행 · 십회향 · 십지 · 등각 · 묘각의 보살수행단계를 다 닦아야하기 때문이다.

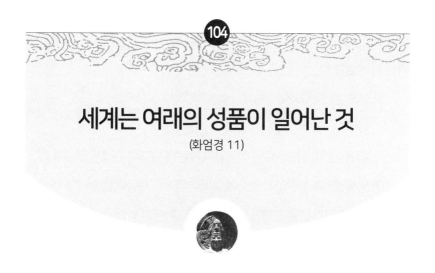

세계는 여래의 성품이 일어난 것
(화엄경 11)

여래의 성품이 일어날 때 중생이 일어나고,

중생이 고뇌에 들 때 여래도 같이 고뇌 속에 잠긴다.

《화엄경》60권 본 중 〈보광여래성기품〉에서 여래의 성품이 중생 세계 전체로 나타나는 것에 대해서 살펴보기로 하자. 《화엄경》의 주불은 비로자나부처님이다. 비로자나부처님은 진리의 몸이기 때문에 어느 곳이든지 이르지 않는 데가 없다. 〈보광여래성기품〉은 여래의 성품 즉 비로자나부처님의 성품이 일어난다는 뜻이다. 일어난다는 말은 누웠던 부처님이 일어선다는 말이 아니라 이 세계가 모두 부처님 자신의 몸으로 난다는 것이다.

　《화엄경》은 어떻게 중생세계가 바로 부처님의 실현이라고 설명하는지 또 부처님이 일어난다는 말과 일체유심조와는 어떻게 연결이 되는지 궁금하다.

보현보살이 비로자나부처님을 대변해서 설한다.

불자들이여, 일체중생이 한량없기 때문에 여래의 경계도 한량이 없으며 일체세간이 한량없기 때문에 여래의 경계도 한량이 없습니다. 마음의 경계가 한량이 없는 것처럼 여래의 경계도 한량이 없습니다.

마음이 한량없기 때문에 마음이 내는 지혜도 한량이 없고, 마음이 내는 지혜가 한량이 없기 때문에 여래의 지혜도 한량이 없습니다. 여래의 지혜는 이르지 않는 곳이 없습니다. 여래의 지혜에는 중생도 없으니 중생의 몸으로써 여래의 지혜를 갖추지 않은 이가 없기 때문입니다.

그런데 다만 중생들이 착각으로 그 여래의 지혜를 모를 뿐이니 착각을 아주 떠나면 여래의 지혜 즉 비로자나불의 법신이 처처에서 보일 것입니다.

《화엄경》에는 귀한 말씀들이 산만하게 흩어져 있기 때문에 순서에 관계없이 말을 이어서 썼다. 먼저 일체중생과 여래의 영향력을 일치시키고 또 일체의 세간과 여래의 힘이 미치는 것을 일치시킨다. 여래의 성품이 일어날 때 중생이 일어나고, 중생이 고뇌에 들 때 여래도 같이 고뇌에 든다는 말이다.

중생을 주체로 보았을 때, 그 주체가 바로 여래의 작용일 뿐만 아니라 중생을 둘러싸고 있는 환경인 세간도 여래의 활약이요, 여래의

작품이라는 말이다. 그러나 중생과 세간이 바로 부처님의 몸 그 자체
요, 부처님의 움직임이라고 할 때 오해가 있을 수 있다. 부처님을 무
슨 조물주처럼 사람을 만들고 강산을 만드는 것으로 생각할 수가 있
다. 또는 부처님이 몸을 불려서 우주가 되거나 신통을 부려 우주의 모
든 사물로 나타나는 것처럼 생각할 수가 있다.

그러나 부처님 자신이 우주의 모든 것을 만들거나 신통을 부려서
우주로 나타난다는 뜻은 아니다. 여래의 움직임과 중생이 같고 이 세
계가 모두 여래의 작품이라고 하는 뜻은 중생의 마음속에 여래의 성품
이 스며있다는 것이다. 우리 마음과 별도로 부처님이 존재하는 것이
아니라 우리 마음의 성품 그 자체가 바로 여래의 성품이라는 말이다.

여래의 성품과 우리 마음의 성품을 일치시킨다면 어떤 의미에서
두 가지가 똑같은가 하는 물음이 나온다. 중생과 세간은 비로자나부
처님의 몸이요, 비로자나부처님의 불가사의한 경계라고 한다. 산하
대지와 삼라만물이 다 비로자나부처님 그 자신이라고 한다. 그렇다면
어떻게 마음이 산하대지이냐는 질문이 나오는 것이다. 이 물음의 답
은 다시 일체유심조의 원칙으로 돌아간다.

마음은 그림을 그리는 화가와 같아서 온갖 사물을 다 그린다는
《화엄경》의 말씀으로 돌아가게 된다. 산하대지의 원래 모습은 아무런
이름이나 또는 좋고 나쁨이 없다. 인간이 이름을 붙이고 높음과 낮음,
얕음과 깊음의 이름과 뜻을 붙였다. 눈에 보이는 것만이 아니라 정신
적인 감정에도 온갖 이름을 다 붙여서 개념을 만들었다. 그뿐이 아니

다. 이름을 붙이고는 하나하나에 모두 다 가격을 붙였다. 이처럼 인간의 마음이 이름과 개념과 가격을 만든다는 의미에서 일체유심조이다.

일체유심조의 다른 면은 인간의 마음에 좋은 쪽으로나 나쁜 쪽으로 무한한 가능성이 있다는 것이다. 인간은 한없이 악해질 수도 있고 한없이 선해질 수도 있다. 또 인간의 마음이 내는 힘은 대단하다. 남을 돕는 사람과 남에게 신세를 지는 사람의 차이는 사람이 어떤 마음을 먹느냐에 따라 달라진다.

누구는 남을 돕도록 운명 지워졌다거나 누구는 일생 동안 남에게 폐만 끼치다가 세상을 떠나도록 인생의 행로가 고정되어 있지는 않다. 머리가 좋은 사람과 나쁜 사람도 고정되어 있지 않다. 인간은 자신이 가지고 있는 전체 능력 중에 억 만분의 일도 다 사용하지 못한다고 한다. 머리가 좋은 것처럼 보이기도 하고 나쁜 것처럼 보이기도 하는 것은 자신이 가지고 있는 본래의 능력을 얼마나 충분히 사용하느냐에 달렸다. 또 마음가짐에 따라서 집중되기도 하고 산만해지기도 한다. 문제가 쉽게 풀리기도 하고 어렵게 막히기도 한다.

인간세계의 무대에서 어떤 정상에 오르기는 쉽지 않다. 똑같은 인간의 마음들과 씨름을 해야 한다. 정상에 올라야만 좋다거나 산속에서 쉬어야만 좋다는 결론은 없다. 그러나 정상에 오르기도 어렵거니와 산속에서 쉬기도 어렵다. 일체유심조는 인간이 어떻게 마음을 먹느냐에 따라서 그 길을 갈 수 있다고 가르치는 것이다. 단지 원하기만 하는 것과 자신이 원하는 것을 달성하기 위해서 온 마음을 다 쏟는 것과는 차이가 있다.

집착하는 것과 노력하는 것은 다르다. 인간은 집착하는데 에너지를 더 많이 낭비한다고 한다. 집착을 하는 데 힘을 낭비하지 말고, 목표를 향해서 집중적으로 힘을 쏟아내면 원하는 방향으로 좀 더 가까이 접근할 수 있다.

그러나 최선의 노력을 하고 싶어도 마음대로 최선의 노력이 나오지 않는 수가 있다. 최선의 노력을 했다고 해서 모든 것이 내가 원하는 대로 되는 것은 아니다. 우리에게는 업이 있고 인연이 있다.《화엄경》에서는 중생의 업은 불가사의하다고 한다. 목전의 성공이 뒤에 가서는 실패로 떨어지는 과정이 될 수도 있다. 지금의 실패가 성공으로 연결되기도 한다. 우리는 궁극적으로 좋은 것을 원할 수는 있어도 모든 과정이 다 내 마음대로 되기를 원할 수는 없다.

권투선수가 상대를 이기기를 원할 수는 있어도 상대가 내가 원하는 대로 주먹을 내어 놓거나 들여 놓기를 바랄 수는 없다. 몇 회, 몇 초에 상대가 져주기를 바랄 수도 없다. 궁극적으로 이기는 것이 무엇인지는 중생이 알 수 없다.

그래서《화엄경》은 중생의 업이 불가사의하다고 하는 것이다. 그렇다면, 우리는 인연을 받아들여야 한다. 실패도 받아들여야 한다. 죽음도 받아들여야 한다. 실제로 나라고 하는 것이 없다는 무아(無我)도 받아들여야 한다. 일체유심조는 집착 없이 최선을 다할 수 있다는 말이지 나의 집착대로 세상사가 되어간다는 뜻은 아니다.

다시 여래의 성품과 중생 마음의 성품이 같다는 곳으로 되돌아가야 하겠다. 즉 우리가 개인적으로 또는 어떤 문화권에 사는 사람들이 집단적으로 마음을 내는 데 따라서 사물의 이름과 개념과 좋고 나쁨과 행복과 불행 등이 결정된다는 의미이다. 우리의 마음은 세상의 모든 것을 지어내고 있고 그 마음이 바로 비로자나부처님이라는 것이다. 마음이 있는 곳에 비로자나부처님이 있고 비로자나부처님이 있는 곳에 모든 세계가 있다. 그래서 《화엄경》은 마음과 비로자나부처님과 중생세계가 다 똑같다고 말하는 것이다. 〈보왕여래성기품〉에서 여래의 성품이 중생과 세간으로 나타난다고 하는 것은 일체유심조의 관점을 여래의 성품이 세상으로 나오는 관점으로 바꾸어서 말한 것일 뿐이다.

우리의 마음과 비로자나부처님을 똑같은 것으로 보는 데도 의문이 생긴다. 부처님은 항상 중생을 이롭게 하는데 어떻게 우리의 마음이 우리를 항상 이롭게 할 수 있느냐는 것이다. 그러나 부처님이 인간의 마음으로 변덕을 부리면서 중생을 이롭게 하는 것은 아니다. 중생이 눈을 뜰 때 지혜와 복덕이 보이고 그것이 바로 부처님의 가피가 된다. 《화엄경》은 설한다.

불자들이여, 비유하면 저 해와 달이 돌아다니면서 '나는 허공을 돌아다닌다. 어디서 와서 어디로 간다.'고 말하지 않습니다. 여래도 그와 같아서 걸림이 없는 해탈의 허공을 돌아다니면서 일체중생을 이롭게 합니다. 그

러나 여래는 간다거나 온다거나 누구를 이롭게 한다는 생각이 없습니다. 또 비유하면 큰 바닷물과 같나니, 바닷물이 모든 땅을 적실 때 중생들은 물을 구하기만 하면 얻습니다. 그러나 바다와 땅은 중생에게 물을 준다는 생각이 없습니다. 바다는 줄지도 않고 늘지도 않습니다만 중생들은 원하는 대로 물을 얻습니다.

비로자나부처님의 지혜가 중립상태에 있는 것은 해와 달과 바닷물이 중립상태에 있는 것과 같다고 한다. 공기와 물은 이 세상에 꽉 차 있다. 부처님의 지혜도 우리 마음에 꽉 차 있다. 우리 마음의 움직임은 바로 비로자나부처님의 움직임이다. 부처님의 작동을 새롭게 만들려고 할 필요가 없다. 이 업의 바다가 바로 부처님 또는 우리 마음의 지혜요, 작품이라는 것을 알기만 하면 되는 것이다.

티끌 속의 우주

(화엄경 12)

둥근 공처럼 원형으로 된 방을
무량 억천만 개의 작은 거울조각들로 장식하고 그 중앙에
불상과 촛불을 놓는다면 작은 거울 하나하나에는….

《화엄경》에는 한 티끌 속에 또는 한 털구멍 속에, 모든 부처님 세
계의 바다가 있다는 말이 나온다. 《화엄경》에서는 가장 큰 것을 상징
하는 바다와 가장 작은 것을 상징하는 티끌이나 털구멍이 자주 인용
된다. 바다는 넓고 크다는 의미의 인용이다. 번뇌나 바람직하지 못한
의미에서의 업이라고 하더라도 바다 같은 넓은 세계로 끌어내서 그것
을 바라볼 경우 그 번뇌나 업은 꽃의 장엄이 된다고 살펴본 바 있다.
그러나 《화엄경》은 개인적인 작은 것을 바다 같은 넓은 곳으로 끌어내
는 데 끝나지 않는다. 세상에서 가장 작은 것으로부터 세상에서 가장

큰 것으로 옮겨갔다가는 다시 작은 것으로 옮겨온다. 새롭게 옮겨온 것이 바로 티끌이 되고 털구멍이 된다. 《화엄경》에서는 티끌이 작은 것 속에 가장 이상적으로 생각하는 모든 세계를 다 포함시키려 하고 있다. 그렇다면, 티끌처럼 작은 것에 바다보다 더 큰 부처님의 세계가 들어 있다는 것은 현대에 살고 있는 우리에게 무엇을 뜻하는지 궁금하다.

중국 당나라시대에 화엄종을 일으켜 세운 현수 법장대사는 하나 가운데에 전체가 들어 있다는 것을 설명하기 위해서 방 전체를 거울로 장식했다. 가령 팔각으로 된 방의 벽과 방바닥과 천정을 유리로 덮으면 십 면이 모두 유리가 된다. 그리고 중앙에 불상을 모셔놓고 그 뒤에 촛불을 켰다. 촛불과 불상은 빛과 그림자를 만든다. 팔각방의 거울들은 방 중앙의 불상과 촛불, 그리고 불상의 그림자를 반사할 뿐만 아니라 거울들은 상대방이 반사하는 내용을 또한 반사할 것이다.

그렇게 되면 한 면의 거울 안에는 중앙에 있는 불상과 촛불과 그것의 그림자가 담겨져 있을 뿐만 아니라 다른 거울들이 담고 있는 모습 전체를 서로서로 담게 된다. 한 면의 거울에 모든 것이 다 담겨 있고 모든 조각의 거울에도 또한 마찬가지이다.

우리는 동서남북, 사방팔방과 상하를 합쳐서 십 면으로 된 방을 예로 들었지만 둥근 공처럼 전면이 원형으로 된 방을 무량 억천만 개의 작은 거울조각들로 장식하고 그 중앙에 불상과 촛불을 놓는다면 작은 거울 하나하나에는 다른 거울들이 반사하고 있는 것을 서로서로 반사하게 될 것이다. 거울들이 서로서로 반사를 주고받으면 한 개의 작은 거울에는 무량 억천만 개가 반사하는 내용이 계속적으로 들어가기 때문에 그 수는 헤아릴 수 없다.

필자는 사 면이 거울 벽으로 된 방의 중앙에 서서 한 벽의 거울을 본다면 자신이 어떻게 보일까 하고 궁금해 했다. 어느 날 삼 면이 거울로 덮여진 엘리베이터를 이용한 적이 있다. 그런데 중중무진(重重無盡)의 상호반사를 보기가 쉽지 않았다. 왜냐하면 중앙에 서서 거울을 보니 필자가 볼 수 있는 관점의 부분은 필자의 몸이 상호반사를 가리는 부분이 된다. 반사를 본다고 해도 일부분을 보게 된다. 제 자신이 무한히 상호 반사되는 제 자신의 얼굴을 보기는 어렵다.

옛 스님들이 불상과 촛불을 방의 중앙에 놓고 거울들의 중중무진 상호반사를 보게 한, 즉 자기 자신을 치우고 반사를 보게 한 것은 참으로 대단한 지혜라고 생각된다.

거울의 상호반사를 자세하게 생각해본 것은 이 세상에 있는 모든 티끌 가운데는 세계 전체의 견본이 들어 있다는 《화엄경》의 가르침을 깨닫기 위해서이다. 거울은 평면적이지만 티끌 속에서의 세계는 입체적일 뿐만 아니라 그 안에는 인간의 삶이 들어 있다. 단순히 거울처럼 반사하는 것이 아니다.

최근 세상의 모든 티끌 구조가 우주전체의 구조와 똑같다는 과학적인 연구 논문을 읽은 적이 있다. 사실은 티끌 속의 세계도 상징적인 예를 든 데 불과한 것이다. 티끌 속에 많은 세계가 다 들어 있거나 말거나 그것은 중요한 일이 아니다. 한 티끌 속에 무진의 세계가 들어 있다는 것은 우리가 살고 있는 나름대로의 세계에 온 우주 전체의 견본이 다 반사되거나 담겨 있다는 것을 나타내는 말이다. 원형으로 된 방의 작은 거울조각들이 모든 거울조각이 담은 내용을 서로서로 반사하듯이 세상사람 각자의 세계 하나하나에 다른 사람이 사는 모든 세계의 내용들이 전부 담겨 있다는 것을 아는 것은 중요한 일이다.

그러나 여기에서 끝나지 않는다. 사람마다의 세계가 모든 사람들 세계의 견본이라는 사실이 우리에게 무엇을 가르치려고 하는가 하는 물음이 남아 있다. 이 질문에 한마디로 대답한다면 '밖으로 방황하지 말고 지금 네가 서 있는 그 자리에서 우주 전체의 모습을 보고 우주 전체를 살라.'는 말로 압축할 수 있겠다.

인간은 모든 면에서 높은 위치로 올라가고자 한다. 행정직책을 예로 들어 보자. 통 · 반장으로부터 시작해서 동장 · 구청장 · 시장 · 장관 이런 식으로 올라간다. 보통 사람인 우리는 통 · 반장보다는 시장이나 장관의 직책을 더 해볼 만한 것으로 생각한다. 그리고 우리는 직책의 차이만 생각하는 데 끝나지 않고 직책의 높낮이에 따라 인격이나 행복도 달라지는 것으로 오해한다.

여기에 문제가 있다. 하나 속에 모든 세계의 견본이 들어 있다는 말은 통 · 반장의 직책을 가지고 있는 사람이나 그보다 더 높은 직책을 가지고 있는 사람이 다 같이 자기가 맡은 일의 범위 내에서 온 우주일의 견본을 경험할 수 있다는 것이다. 행정조직의 직책들은 예를 든 것일 뿐이고 이 세상에 살고 있는 한 사람 한 사람이 나름대로의 세계를 꾸리고 있는데 그 하나하나의 세계에는 온 우주일의 견본이 다 들어 있어서 자기세계의 일을 끝내면 우주세계의 일을 끝내는 것과 똑같다는 말이다.

우리 인간에게는 물질역사를 보는 눈과 도를 보는 눈이 동시에 갖추어져 있다. 보통사람의 눈과 귀와 입은 물질적이다. 물질역사를 중요시하는 듯하다. 그러나 인간의 마음속에는 물질적으로 이기고 짐에 상관없이 영원의 도, 멋의 도를 그리워하고 존경하는 면이 묘하게 숨어 있다. 물질역사의 세계에서는 이기는 사람을 추켜세운다. 그러나 도에 있어서는 이기고 지는 것과 관련이 없다.

가령 어느 학교의 학생회장에 두 명이 출마했다고 하자. 또는 한 여자를 두 남자가 잡고자 하거나, 한 남자를 두 여자가 잡고자 한다고 치자. 그중에 한 명이 양보를 해서 단일후보를 만들 수도 있고 경선을 해서 패배할 수도 있다. 양보를 했든지 경선에서 패배했든지에 상관없이 물질형태의 면에서 진 사람에게 멋과 도가 있다면 사람들의 마음은 두 군데로 갈리게 된다. 물질역사의 면에서는 이긴 자를 칭송하고 따르는 듯 하지만 멋과 도의 면에 있어서는 양보한 사람 또는 경선에서 진 사람을 흠모하기도 한다. 물론 우리가 살고 있는 세계의 역사는 물질세계의 역사가 기록될 것이다. 이긴 사람들을 위주로 역사가 꾸며질 것이다. 진 사람들, 양보한 사람들은 역사의 그늘 속의 묻히게 될 것이다.

《화엄경》의 부처님은 이긴 자와 진 자를 양분법으로 분류해서 이긴 자는 사악하고 진 자는 미덕이 있다거나 또는 그 반대로 평가하려고 하지 않는다. 이기고 짐을 초월하려고 한다. 한 티끌, 한 세계에 모든 것이 다 들어 있다는 논리는 모든 사람에게 다 평화를 주려고 한다. 어쩌면 진 사람을 더 위로하려고도 한다.

왜냐하면 모든 인간은 마침내 다 지는 사람이 되고 말 것이기 때문이다. 지금은 이겼지만 다음에 질 수도 있고 다음에 이기더라도 그 다음에는 질 수가 있다. 어떤 한 면에서 계속 이기더라도 다른 면에서 질 수가 있다. 설사 모든 면에서 다 이기더라도 자신의 내면에서 일어난 마음의 변덕이나 병이나 죽음이라는 것이 찾아와서 계속 이긴 사람의 무릎을 굽히고 말 것이다. 그래서 우리 모두는 언젠가 지는 사람이 될 수밖에 없다.

승패를 분별하는 것 자체가 《화엄경》의 한 티끌 속에 모든 부처님 세계마다 다 들어 있다는 것을 확실하게 체득하지 못한 것을 나타낸다. 《화엄경》의 세계에서는 이기고 지는 것이 없다. 한 티끌 속의 모든 세계를 믿고 알고 행한다면 이겨도 좋고 져도 좋다. 자신이나 남이 이기고 지는 것을 술래잡기 게임처럼 재미로 감상할 수 있을 것이기 때문이다.

무량무수의 선지식
(화엄경 13)

화엄경은 마음과 비로자나부처님과 세상의 모든 것이 다 같다고 한다.

이렇게 되면 53선지식과 마음이 똑같은 것이 되어 버린다.

〈입법계품(入法界品)〉의 구조와 53선지식(善知識)에 대해서 살펴보자. 60권 본《화엄경》에서는 제45권부터 60권까지에 〈입법계품〉을 담고 있다. 그러니까 전체《화엄경》의 4분의 1을 담고 있는 셈이다. 80권 본《화엄경》에서는 제60권부터 80권까지가 〈입법계품〉이다. 80권 본에서도 역시 〈입법계품〉이《화엄경》 전체의 4분의 1이 되는 셈이다. 또 40권 본《화엄경》은 우리가 다 아는 것처럼 〈입법계품〉만을 별도로 번역한 것이다. 우선 그 분량으로만 보아도 〈입법계품〉의 중요성을 짐작할 수 있다.《화엄경》에서는 보통 〈십지품〉〈보왕여래성기품〉 그리고 〈입법계품〉이 요점처로 알려져 있다. 그렇다면 〈입법계품〉의 줄거리는 어떻게 되어 있는지 그리고 〈입법계품〉에서 선재동자가 만나는 53명의 스승은 어떤 의미가 있는지에 대해서 생각해 볼 필요가 있다.

부처님의 미간 백호상에서 발하는 광명의 힘으로 모든 보살들이 삼매에 들어가 있을 때에 문수보살이 등장한다. 부처님의 신력을 받들어 회상에 나타난 것이다. 문수보살은 시자들과 여행를 하다가 한 탑에 들어간다. 그곳은 과거의 모든 부처님들이 고행한 곳으로 묘사된다. 문수보살이 그 큰 탑 안에서 설법할 때 많은 용왕, 남자신도, 여자신도, 500명의 동자들과 500명의 동녀들이 있었다. 그때에 문수보살은 500명의 동자 가운데 있는 선재동자에게 관심을 갖게 된다.

문수보살이 선재동자에게 말한다.

"나는 그대를 위해 미묘한 법을 말하리라. 모든 부처님의 바르고 평등한 법을 분별하고 부처님의 법신(法身)·색신(色身)·음성(音聲) 등을 청정하게 장엄하는 법 등을 말하리라."

이렇게 말한 문수보살은 이어서 그 법회에 참석한 대중이 청법 할 자세가 되어 있음을 알고 부처님의 온갖 공덕들을 다 나타낸다. 근기에 따라 대중을 교화한 문수보살은 다시 여행을 떠나고 발심한 선재동자는 문수보살을 따라가며 자신의 발심을 밝힌다.

그러자 문수보살은 선재동자에게 말한다.

장하다. 선남자야, 그대는 아뇩다라삼먁삼보리심 즉 최고의 부처님 지혜를 구하는 마음을 내었구나. 그대는 선지식을 구하고 친견해서 보살의 행을 묻고 보살의 행을 구하라. 선남자야, 그것이 보살행자의 첫 번째 법으로서 일체지를 갖추는 것이니 선지식을 찾아서 그들을 공경하고 공양해야 하느니라.

그리고 보살행에 대해서 계속 물어야 하느니라. 즉 어떻게 보살도(菩薩道)를 닦아 익히고, 어떻게 보살행을 완성하며, 어떻게 보살행을 청정하게 하고, 어떻게 보살행을 성취하며, 어떻게 보현보살의 대원행을 갖출 수 있을까 하고 물어야 하느니라. 여기서 남방으로 가면 가락이라는 나라가 있고 그곳에 화합이라는 산이 있느니라. 그 산에는 공덕운이라는 비구가 있는데 그대는 그에게 가서 보살수행자의 기본적인 질문을 물으라. 그 비구는 보살행에 대해서 잘 설명해 줄 것이니라.

여기서 문수보살은 선재동자에게 선지식 즉 스승을 만나서 묻고 배워야할 것을 일러준다. 한 스승에게서 어떤 것을 배웠다고 해서 자만심을 가지고 '이제는 보살도에 대해서 다 알았다'는 생각을 내지 말고 끊임없이 물어야 한다고 타이른다.

물론 기본적인 질문은 '보살이 어떻게 보살행을 배우고 보살도를 닦으며 보살도를 성취하고 보현의 대원행을 갖추는가.'하는 것이다.

문수보살의 가르침을 받은 선재동자는 수없이 감사의 예배를 올리고 울면서 구도의 길을 떠난다.

문수보살이 일러준 대로 공덕운비구를 찾아가서 가르침을 받고 다시 공덕운비구가 일러주는 새로운 스승을 찾아가는 식으로 선재동자의 구도행각은 계속된다. 선재동자는 자신이 만나야 할 스승, 즉 선지식들의 명단을 처음부터 한꺼번에 알지 못한다. 문수보살로부터 시작해서 만나는 스승마다 다음에 찾아가야 할 스승 한 명의 이름만 알려주기 때문이다.

선재동자는 54번 스승을 만난다. 그러나 보통 53선지식이라고 부른다. 53명의 스승 가운데서 문수보살을 맨 처음 만나고, 또 마지막에서 두 번째로 다시 만나기 때문에 선재동자가 만난 선지식의 숫자를 정확히 계산하면 53명을 54번 만난 셈이다. 53명의 명단은 〈화엄경약찬게〉를 외우는 불자들은 아실 것이다.

〈화엄경약찬게〉에 보면 '선재동자선지식(善財童子善知識) 문수사리최제일(文殊師利最第一) 덕운해운선주승(德雲海雲善住僧) 미가해탈여해당(彌伽解脫與海幢)'으로 시작해서 '미륵보살문수등(彌勒菩薩文殊等) 보현보살미진중(普賢菩薩微塵衆)'까지, 선재동자가 만나는 53선지식의 이름이 다 게송 속에 압축되어서 열거된다. 선재동자가 만난 선지식은 문수사리가 첫 번째이고 이어서 공덕운비구 · 해운비구 · 선주비구 · 미가의사 · 해탈장자 · 해당비구 순으로 이어져서 마지막에는 미륵보살 · 문수보살 · 보현보살의 순서로 선지식 방문이 끝난다는 뜻이다.

문수보살은 지혜를 상징하고 보현보살은 원을 세워서 실천하는 행원을 상징한다. 선재동자는 53선지식을 찾는 데 있어서 지혜의 상징인 문수보살부터 시작해서 많은 스승들을 찾아서 도를 배운 후에 마지막에 다시한번 지혜의 상징인 문수보살을 만나고 실천행동의 상징인 보현보살을 만나는 것으로 되어 있다. 지혜로부터 출발해서 여러 가지를 공부한 후에 다시한번 지혜로 점검하고 마지막에는 중생들을 위하는 실천행동으로 회향하는 것이다. 선지식을 배치하는 데 있어서도 지혜와 보살행의 실천이 균형을 이루도록 상징적으로 안배되어 있다.

선재동자가 만난 선지식들을 보면 꼭 불교인만 있지는 않다. 여자도 있고 소년과 소녀도 있다. 보살이 5명, 비구가 5명, 비구니가 1명, 여자신도가 4명, 바라문이 2명, 출가외도가 1명, 신선도인이 1명, 신이 11명, 왕이 2명, 장자가 10명, 의사가 1명, 배 만드는 목수가 1명, 여자가 1명, 부인이 1명, 유혹하는 여인이 1명, 소년이 3명, 소녀가 3명이다.

이 중에서 소년소녀가 스승이 되는 것도 흔하지 않거니와 더욱이 외도나 매춘부가 스승이 되는 것도 《화엄경》의 특이한 점이다. 도가 높은 보살이나 출가한 비구만 스승이 되는 것이 아니라 비구니도 스승이 되고 재가신자도 스승이 된다. 불교와 아무런 관련이 없는 일에 종사하는 사람도 스승이 된다. 나이와 경험이 많지 않은 소년과 소녀도 스승이 된다. 사람만 스승이 되는 것이 아니라 신들도 스승이 된다.

우리는 여기서 의심이 생긴다. 53선지식이 번뇌 꽃의 장엄인 화엄, 비로자나부처님의 번뇌광명, 그리고 불가사의한 중생업 바다의 삼매 등과 어떻게 상충됨이 없이 자리를 같이할 수 있느냐는 물음이다.

53선지식 가운데는 사람과 신만이 포함되어 있지만 이 53선지식은 이 세상의 모든 것을 다 대표한다고 할 수 있다. 53이라는 숫자를 8만 4천이라고 해도 좋고 무량이라고 해도 좋을 것이다.

《화엄경》에서는 식물이나 광물 그리고 짐승들을 선지식 안에 포함시키지 않지만 외도나 매춘부나 어린이까지 스승으로 삼는 《화엄경》의 기본정신은 곤충이나 산하대지까지도 다 스승으로 삼고 있다고 보아야 할 것이다.

우리가 이미 앞에서 살펴본 것처럼 《화엄경》에서는 이 세상의 번뇌를 다발로 한꺼번에 볼 때 그것들은 그대로 꽃이 된다. 개인적인 번뇌를 넓은 바다로 끌어내 놓고 볼 때 개인적인 번뇌는 우주적인 번뇌로 바뀐다. 비로자나부처님의 광명은 온 세계의 번뇌를 있는 그대로 비추는 것이다.

《화엄경》의 삼매는 번뇌의 바다, 업의 바다를 있는 그대로 응시하는 것이다. 번뇌의 꽃다발, 번뇌의 바다, 업의 바다가 그대로 비로자나부처님의 몸이 된다. 진실과 거짓, 선과 악, 미와 추가 있는 그대로 부처님의 몸이 될 때 세상에 있는 어느 한 가지라도 부처님 몸 아닌 것이 없다.

번뇌와 업을 포함해서 세상에 있는 사사물물이 다 부처님의 몸이라면 그것들은 다 우리의 스승이다. 하물며 사람이나 신(神)만을 특별히 집어서 선재동자의 스승이라고 해서 조금도 이상할 것이 없다.

53선지식이 세상의 모든 것이고 세상의 모든 것이 비로자나부처님의 몸이라면 이 등식관계에 우리가 한 가지 더 추가해야 할 것이 있다. 그것은 바로 우리의 마음이다. 《화엄경》에 있어서 비로자나부처님의 소재처는 밖이 아니라 마음이기 때문이다. 애당초 세상의 모든 사물은 마음이 지어서 본 것이므로 《화엄경》은 마음과 비로자나부처님과 세상의 모든 것이 다 같다고 한다. 이렇게 되면 53선지식과 마음이 똑같은 것이 되어 버린다.

마음은 53명의 스승이기도 하고 온 세상이기도 하고 비로자나부처님이기도 하다. 마음과 비로자나부처님을 일치시키는 데 또 한 가지 주의할 점은 마음에 있는 비로자나부처님의 불가사의한 작업이다. 마음의 본성에는 그것을 깨달을 수 있는 지혜가 있고 그 깨달음을 중생을 위해 쓰는 행동이 있다는 것이다. 지혜와 행원의 본성을 나타내기 위해서 지혜의 상징인 문수보살과 행원의 상징인 보현보살이 처음과 마지막에 등장하고 있다.

발심
(화엄경 14)

> 보리심은 대지이다. 모든 세계는 다 이 대지에 의해서 지탱된다.
> 보리심은 청정한 물이다. 물은 모든 번뇌의 때를 씻어 준다.

《화엄경》〈입법계품〉에는 선재동자가 발보리심(發菩提心)하는 것, 즉 궁극의 깨달음을 구하는 마음을 일으키는 것이 있다. 요즘에는 논길을 걸어가더라도 메뚜기가 그리 많지 않다. 개구리도 많이 밟히지 않는다. 그러나 옛날에는 곤충들이 논길을 걷는 사람의 발에 밟히기도 하고 죽어 있는 것도 볼 수 있었다. 죽어있는 곤충들이나 짐승들을 보면 스님이나, 신심 있는 불자들은 '발보리심해라.'하고 말하면서 그 미물들을 위해 기도해 주었다.

요즘에도 절집에서 극성을 부리는 쥐를 죽여야 할 경우에는 죽어 있는 쥐에게 발보리심하라고 말해 준다. 또 음식점에 가서 죽은 물고기의 시체를 먹으면서도 발보리심하라고 말하다. 죽은 쥐나 물고기가 사람의 말을 이해하거나 말거나에 상관없이 불자들은 미물들에게 보리심에 대해서 이야기해 준다.

어쩌면 이 말은 상대 미물을 위한 것이 아니라 자기 자신에게 하는 말일 수도 있다. 인간에게는 부처의 성품, 인간의 성품, 살아있는 것의 성품이 있을 뿐만 아니라 아수라나 축생의 성품과 죽어가는 것의 성품도 동시에 가지고 있기 때문이다.

우리가 읽는 《화엄경》의 〈입법계품〉도 발보리심에 관한 이야기이다. 선재동자가 보살도에 대해서 배우고자 하는 것이 보리심을 발해서 불도를 이루고자 하는 것이기 때문이다. 그렇다면 《화엄경》에서는 보리심을 발하는 것을 어떻게 중요시하는지, 우리는 왜 보리심을 발해야 하는지, 또 우리에게는 보리심을 발하는 성품이 있는지에 대해서 알아볼 필요가 있다.

우리는 문수보살이 선재동자를 발견하고 보리심을 발해서 많은 선지식을 찾아가 보살도를 배우라고 말해 주고 선재동자는 그 말을 듣고 감격해 하면서 구도행각을 떠나는 장면을 《화엄경》에서 읽었다. 선재동자가 52번째의 스승으로 미륵보살을 만난다. 미륵보살은 선재동자에게 보리심을 발하는 것이 왜 중요한가에 대해서 이야기해 준다.

착하다, 선남자여. 그대는 모든 세간을 이롭게 하기 위해, 일체중생을 구호하기 위해, 모든 부처님 법을 부지런히 구하기 위해 없는 보리심을 발한 것이다.

보리심(菩提心)은 모든 부처님의 씨앗이다. 일체 불법은 다 보리심으로부터 생긴다. 보리심은 대지이다. 모든 세계는 다 이 대지에 의해서 지탱된다. 보리심은 청정한 물이다. 물은 모든 번뇌의 때를 씻어 준다. 보리심은 큰 바람이다. 이 바람은 어떤 것으로도 막을 수 없다. 보리심은 활활 타오르는 불꽃이다. 이 불길은 모든 사견과 애욕을 태워버린다. 보리심은 맑은 햇빛이다. 이 빛은 모든 중생에게 두루 비친다. 보리심은 맑은 눈이다.

이 눈은 바르고 그른 것을 환히 분별한다. 보리심은 문이다. 이 보리심으로 인해서 모든 보살들이 보살행을 실천하게 되기 때문이다. 보리심은 인자한 어머니이다. 보리심이 온갖 보살들을 길러내기 때문이다. 보리심은 큰 바다이다. 이것은 모든 공덕을 다 받아들이기 때문이다.

소년이여, 보리심은 이런 무량한 공덕을 성취하므로 모든 부처님과 모든 보살의 공덕과 같으니라. 왜냐하면 보리심에 의해서 모든 보살은 보살행의 실천에 들어가고 삼세의 모든 부처님들도 보리심에 의해서 깨달음을 완성하기 때문이니라.

미륵보살은 선재동자에게 보리심이 불법을 닦는 요체라고 일러준다. 미륵보살에 의하면 보리심은 불종자요, 땅이요, 물이요, 바람이요, 불꽃이요, 햇빛이요, 맑은 눈이요, 인자한 어머니요, 큰 바다이다. 먼저 불도를 구하는 마음이 일어나야 보살행에 대해서 알고 싶어지고 보살행을 닦아야 불도를 이룰 수가 있기 때문이다.

불도를 닦는 데 있어서 보리심을 발하는 것이 중요하다는 것은 알고 있지만 왜 우리가 불도를 닦아야 하는지 그리고 우리가 보리심을 발하고 싶어도 보리심이 마음으로부터 우러나오지 않는다면 어떻게 되는지가 문제이다.

《화엄경》이 영화로 상영되었다. 보리심을 일으키는 문제에 대해서 영화는 고민한 것 같았다. 영화는 선재동자의 구도행각을 쉽게 풀이해 보려고 시도한 것인데 선재동자는 아버지가 죽은 후에 어머니를 찾아서 길을 떠난다.

《화엄경》은 불법을 설명하는 데 있어서 바다의 특징을 많이 이용하고 있다. 영화도 선재동자를 통해 바다로 인도해서, 바다에 대해서 배우게 한다. 선재동자는 많은 사람을 만나서 어머니에 대해서 묻고 듣는다. 마지막에 선재동자는 자신의 어머니는 어떤 개인적인 것이 아니라 바다와 산과 이 우주 전체라는 것을 터득하게 된다.

영화는 사람이 불도를 이루는 것을 좋아하고 보리심을 발하는 것은 어머니를 잃은 어린이가 당연히 자신의 어머니를 찾는 것으로 설명하려 하고 있다. 자식이 어머니를 찾는 것은 어떤 논리로도 설명이 될 수가 없다. 그것은 인간의 본성이다. 마찬가지로 사람이 불도를 좋아하고 불도를 이루려는 마음을 내는 것 역시 논리로 설명될 수 있는 것이 아니라 사람의 본래성품으로 설명할 수밖에 없다.

《화엄경》에 있어서 우리의 마음은 세상의 모든 것인 동시에 비로자나부처님이다. 선과 악이 다 비로자나부처님이기는 하지만 업이나 번뇌를 우물 안으로 끌고 들어가서 그것에게만 매달리면 그것이 윤회가 된다. 이 속에서는 마음도 보이지 않고 비로자나부처님도 보이지 않는다. 그 업을 끌고 바다로 나오고 그 업을 꽃처럼 멀리서 볼 수 있어야 한다.

업과 번뇌를 우주적인 것으로 보려면 비로자나부처님의 눈이 있어야 한다. 우리의 마음 안에 비로자나부처님이 계신데 그 부처님은 반드시 머리를 내밀고 나오게 되어 있다. 끝이 뾰족한 송곳을 아무리 주머니 속에 감추고 다녀도 끝을 드러내며 밖으로 삐져나오는 것과 같다. 마음속에 숨어있는 부처님, 머리를 내밀고 나오려고 하는 여래 법신을 우리는 여래장이라고 부르기도 하고 불성이라고 부르기도 한다.

《화엄경》에서는 여래성기라고 한다. 여래의 성품이 일어난다는 뜻이다. 여래장과 불성은 보리심을 발할 수 있는 잠재력이다. 잠재력은 밖으로 나와야 시원하다. 보리심은 뱃속에 있던 가스가 밖으로 나와서 우리를 시원하게 하는 것과 같다. 인간은 보리심을 발할 잠재성을 성품 속에 가지고 있고 보리심을 발해야만 활력을 찾고 사는 맛을 느끼게 된다. 그래서 선재동자가 만난 미륵부처님은 보리심이 불도를 구하는 데 있어서 가장 중요한 것으로 말하고 있다.

《화엄경》〈입법계품〉에서 보리심을 발해서 선지식들을 찾아다니던 선재동자는 미륵보살 다음에 53번째 스승으로 문수보살을 만나게 된다. 문수보살은 선재동자에게 관심을 갖고 보리심을 발하도록 유도한 보살이다. 문수보살은 선재동자의 신심과 구도정열을 칭찬한다. 보리심이 없으면 큰 공덕은 잊고 작은 공덕으로 만족하고, 큰 선은 잊은 채, 작은 선으로 만족하게 되므로 우주를 가슴에 품을 수 있는 큰 공덕을 짓기 위해서는 보리심을 계속 지녀야 한다고 타일러 준다.

선재동자는 문수보살 다음에 54번째 마지막 스승으로 보현보살을 만나게 된다. 보현보살은 선재동자에게 자신의 몸을 보게 한다. 선재동자가 보현보살의 몸을 보니 낱낱의 털구멍 속에 말할 수 없이 많은 세계가 들어있고 각 세계마다 부처님과 보살들이 가득 있다.

또 선재동자가 보현보살의 털구멍 속에 있는 세계에서 한 발걸음을 옮기기에 따라 말로 나타낼 수 없는 세계를 다 지나가는데 세계의 시간적·공간적 시작과 끝을 알 수 없다. 또 보현보살의 털구멍 속에 있는 세계에서는 부처님의 바다가 나타나는데 그 바다의 시작과 끝도 알 수 없다. 그 털구멍 속에서 선재동자가 지금까지 만나고 공양한 모든 선지식으로부터 얻은 선근공덕보다 무량 백 천 만 억 배 더 많은 선근공덕이 보현보살을 잠깐 만나는 사이에서 나타난다.

그리고 보현보살은 열 가지 행원을 선재동자에게 일러준다. 선재동자가 보현보살의 몸에 있는 낱낱의 털구멍 속에서 헤아릴 수 없이 많은 세계와 부처님의 바다를 보고 보현보살의 행원을 배우는 데서 《화엄경》은 끝을 맺게 된다.

여기에 《화엄경》이 전하고자 하는 메시지가 다 들어 있다. 《화엄경》은 한없이 넓은 바다를 가르치지만 그 바다는 밖에 있는 바다가 아니라 자신의 마음속에 있는 바다이다. 마음을 들여다보아도 좁기는 마찬가지이지만 그 마음을 거울로 삼아서 그 거울에 나타나는 모든 세계를 다 볼 때, 하나의 거울에 모든 세계의 거울이 다 들어 있다.

공처럼 둥근 방을 작은 거울들로 장식하고 그 중앙에 불상을 모시고 촛불을 켜면 낱낱의 거울들이 불상과 촛불을 담고 다시 낱낱의 거울들이 다른 거울들이 담고 있는 모든 것을 담게 된다. 보현보살의 털구멍 하나하나 속에 마다 많은 부처님 세계가 나타나는 것은 바로 자신의 마음속에서 모든 부처님 세계를 보아야 한다는 것을 뜻한다. 그리고 보현보살의 행원을 실천하면 그곳에서 본래의 자기 자신인 비로자나부처님이 살게 된다.

보현보살의 수행과 서원
(화엄경 15)

업과 번뇌가 장엄인 것과 같이
그 업과 번뇌를 불쌍히 여기는 보살의 마음도 또한 장엄이다.

40권 본 《화엄경》의 마지막에 나오는 〈보현행원품(普賢行願品)〉에 대해서 살펴보자. 이 〈보현행원품〉의 본래 이름은 〈대방광불화엄경부 사의해탈경계 보현행원품〉이다. 보현보살의 행원은 《화엄경》의 마지막 부분을 장식하는 것으로 널리 애송되고 있다.

선재동자가 문수보살로부터 시작해서 53명의 선지식을 찾아서 보살도에 대해서 배운 후에 마지막으로 보현보살을 만난다. 보현보살의 몸에 난, 낱낱의 털구멍에서 많은 세계와 부처님의 바다를 본 선재동자는 다시 보현보살로부터 열 가지의 행원에 대해서 법문을 듣는

다. 이 열 가지 행원은 선재동자가 만난 최후의 스승이 가르치는 것으
로 보아서 그 중요성을 알 수 있다. 또 그 내용을 읽어 보면 그 간절함
에 저절로 감동된다. 보현보살의 열 가지 행원과 그 하나하나가 의미
하는 것을 생각해 보겠다.

보현보살은 선재동자에게 부처님의 공덕은 헤아릴 수 없다고 말
하고 부처님의 공덕을 성취하려면 열 가지의 큰 행원을 닦아야 한다
고 말한다.

> 선남자여, 그 열 가지란 첫째 부처님께 예경(禮敬)힘이요, 둘째 부처님
> 을 찬탄(讚歎)함이요, 셋째 여러 가지로 공양(供養)함이요, 넷째 업장(業障)
> 을 참회함이요, 다섯째 남의 공덕을 함께 기뻐함이요, 여섯째 설법해 주기
> 를 청함이요, 일곱째 부처님이 이 세상에 오래 계시기를 청송함이요, 여덟
> 째 언제나 부처님을 본받아 배움이요, 아홉째 항상 중생을 따름이요, 열째
> 내가 지은 공덕을 모두 회향(迴向)함이다.

보현보살이 열 가지 행원을 열거하자, 선재동자는 하나하나가 나
타내는 의미를 차례로 묻는다. 먼저 부처님에 대한 예배와 공경의 내
용을 묻자, 보현보살이 대답한다.

> 선남자야, 모든 부처님께 예배하고 공경한다는 것은 법계·허공계·시방
> 삼세의 모든 부처님 세계의 많은 부처님을 보현의 수행과 서원의 힘으로

깊은 믿음을 내어 눈앞에 계신 듯 받들고 청정한 몸과 말과 뜻을 다해 항상 예배하고 공경하되 한 분 한 분, 부처님 계신 곳에 수없이 많은 몸을 나타내어 수많은 부처님께 두루 예배하고 공경하는 것이다. 허공계가 다하면 나의 예배와 공경도 다하겠지만 허공계가 다 할 수 없으므로 나의 예배와 공경도 다함이 없다.

이와 같이 중생계가 다하고 중생의 업이 다하고 중생의 번뇌가 다하면 나의 예배와 공경도 다하겠지만 중생계와 중생의 번뇌가 다함이 없으므로 나의 예배와 공경도 다함이 없다. 생각이 계속되어 끊임없어도 몸과 말과 뜻으로 짓는 일에 지치거나 싫어함이 없다.

보현보살의 열 가지 행원 즉 수행과 서원이 있지만 기본적인 항목 외에는 같은 내용이 반복되므로 첫 번째 행원을 길게 이야기했다. 부처님께 예배하고 공경한다는 말은 시간적으로나 공간적으로 모든 부처님께 신구의(身口意) 즉 몸·입·뜻의 삼업(三業)을 다 바친다는 것이다. 그래서 과거의 부처님에게도 공양 예배하지만 미래의 부처님에게도 공양 예배한다. 미래의 부처님에게 우리의 생각을 돌리면 우리 주위에 있는 모든 사람들을 다 공경하고 예배해야 된다.

왜냐하면 모든 생명은 다 불성이 있고 불성이 있다는 말은 바로 미래의 부처님이라는 말과 같기 때문이다. 과거의 부처님에게 예배하기도 어려운데 미래의 부처님 즉 현재의 중생에게 예배 공경하기는 참으로 어려운 일이다. 그런데 보현보살은 선재동자에게 그와 같이 어려운 일을 하는 것이 구도의 길이요, 보살의 길이라고 가르치신다.

　여기서 또 한 가지 우리의 주목을 끄는 것은 '허공계(虛空界), 중생계(衆生界), 중생의 업(業), 중생의 번뇌(煩惱)가 다하면 보살의 예배와 공경도 끝이 있겠지만 그것들이 끝이 없으므로 보살의 예배와 공경도 끝이 없다.'는 말이다. 보살이 부처님께 예배하고 공경하는 것이 개인 자신의 깨달음이나 편안함을 얻기 위해서가 아니라 중생을 위한 것임을 나타낸다. 또 그 공경 예배가 부처님을 중심으로 한 것이 아니라 번뇌와 업 속에 파묻힌 중생을 위주로 한 것이다. 그래서 중생계가 다하고 중생의 업이 다하고 중생의 번뇌가 다하지 않는 한 보살의 공경 예배는 끝이 없다고 한다.

　모든 삼세의 부처님께 예경하는 자세에 있어서 중생계와 중생의 업이나 번뇌가 끝이 없다는 입장은 《화엄경》의 기본적인 여래성기의 입장과 맥을 같이한다. 중생세간이라고 하는 것이 다 여래의 성품이 일어난 데 불과하다는 〈보왕여래성기품〉의 관점은 일체만물이 다 비로자나 법신불의 몸이라고 하는 말과 통한다.

　그래서 중생의 업이나 번뇌가 끝이 없다고 보는 것은 그 업과 번뇌가 모두 비로자나부처님의 몸통이라고 하는 것과도 같다. 부처님의 몸속에서 부처와 중생을 가를 것이 없지만 부처님께 공경하고 중생을 측은히 여기는 것은 대지위에 꽃이 피고 새가 우는 것과 같다. 업과 번뇌가 장엄인 것과 같이 그 업과 번뇌를 불쌍히 여기는 보살의 마음도 또한 장엄이다. 보현보살이 선재동자에게 알려주려고 하는 것은 어느 지점까지는 중생계이고 어느 지점까지는 부처님 세계이니 중생계를 벗어나서 부처님의 세계로 들어가도록 원을 세우는 것이 아니라 중생계가 끝나지 않는 한 자신의 보살도를 끝내지 않겠다고 원을 세우라는 것이다. 역설적이지만 중생계를 떠나서 부처님의 세계로 들어가겠다고 하면 오히려 부처님의 세계와 멀어지는 것이다. 중생의 업과 번뇌 속에 끝까지 자리를 같이한다고 할 때, 중생계 속에서 부처님의 세계에 들게 된다.

그렇다면, 가정을 가지고 있는 지금의 우리가 시방삼세의 모든 부처님께 예배하고 공경하는 방법이 무엇일까 하는 질문이 생긴다. 우리가 과거나 본래의 부처님과 직접적으로 접촉할 수 없으므로 우선 동상으로 모셔진 부처님을 의지해야겠다. 부처님에 대한 예경이지만 이것은 삼보에 대한 예경도 되고, 진리나 계율에 대한 예경도 되겠다. 현재의 부처님도 온 세계에 꽉 차 있겠지만 우리 중생의 눈으로는 볼 수가 없으므로 과거의 부처님 또는 본래의 부처님에게 예경하는 방법과 같아야겠다.

미래의 부처님 또는 본래의 부처님은 우리와 인연 있는 모든 사람들이다. 아내와 남편, 부모와 자녀가 다 같이 본래의 부처님이고 미래의 부처님이다. 나와 인연 있는 사람들에게 온갖 예배와 공경을 다하는 것이 미래의 부처님 또는 본래의 부처님을 모시는 일이다. 보현보살은 그 부처님들에게 몸과 입과 뜻을 다 바쳐서 공경하라고 가르친다. 공경하는 구체적인 방법을 찾는 것은 우리의 몫이다. 우리는 보현보살의 열 가지 행원 중에서 첫 번째를 생각해 보았다.

둘째는 부처님을 찬탄하는 것이다. 우리가 가진 모든 변재(辯才)를 다 동원해 부처님의 공덕과 지혜와 자비를 찬탄하는 것이다.

셋째는 널리 공양하는 것이다. 보현보살은 먼저 음식공양 · 음악공양 · 꽃공양 등을 열거하고 그것보다 법공양이 더 중요하다고 말한다. 법공양 가운데는 중생의 아픔을 대신 받는 공양, 보살의 할 일을 저버리지 않는 공양, 보리심을 여의지 않는 공양이 포함되어 있다.

넷째는 업장을 참회하는 것이다. 업장이란 주로 터무니없는 과욕을 부리는 것, 마음 바닥이 움직이도록 성을 내는 것, 모래를 쪄서 밥을 만들 듯이 어리석은 일을 행하는 것 등을 말한다.

다섯째는 남의 공덕을 함께 기뻐하는 것이다. 다른 이가 온갖 보살도를 다 행할 때 그것을 같이 기뻐하는 일이다. 큰 공덕뿐만 아니라 아무리 사소한 일이라도 찬탄하고 좋아하는 것이다.

여섯째는 설법해 주기를 청하는 것이다. 보현보살은 온 법계 · 허공계 · 시방삼세의 아주 작은 것에도 각각 수많은 부처님의 세계가 있으니 그 부처님들에게 설법을 청하라는 것이다. 아주 의미심장한 말이다. 한 티끌 또는 사사건건 가운데서 많은 부처님의 세계를 찾아내고 그것으로부터 부처님의 설법을 들으라는 말이다. 삼라만상 사사물물에서 비로자나부처님을 보고 깨달음을 얻으라는 의미이다.

일곱째는 부처님이 이 세상에 오래 계시기를 청하는 것이다. 과거의 부처님뿐만 아니라 중생의 몸을 갖고 있는 미래의 부처님, 그리고 모든 스승이 되는 이들에게 오래 이 세상에 머물면서 중생을 이롭게 해 달라고 부탁하는 것이다.

여덟째는 언제나 부처님을 본받아 배우는 것이다. 불보살들이 발심해서 도를 구할 때 살갗을 벗겨 종이를 삼고, 뼈를 쪼개어 붓을 삼고 피를 뽑아 먹물을 삼아 경전을 베끼었듯이 불도를 구하는 데 있어서 목숨이나, 재산 등을 아끼지 말라는 것이다. 과거 불보살들의 구도행을 본받으라는 뜻이다.

아홉째는 항상 중생을 따르는 것이다. 아무리 어리석은 일을 행하는 중생들이라 할지라도 그들을 위해서 약초가 되기도 하고 등불이 되기도 하고 재물이 되기도 해서 중생의 뜻을 거스르지 않게 하라는 것이다. 자비란 부처님을 위해서 필요한 것이 아니라 미혹의 중생을 위해서 필요하다는 것이다.

열째는 내가 지은 공덕을 모두 회향하는 것이다. 내가 지은 공덕이 있다면 그것이 다른 이의 업장을 녹이거나 보리심을 일으키는 데 돌려서 쓰라는 것이다.

아홉째 마당

우리 곁에 오신 메시아

선남자 선여인이 아미타불에 대한 이야기를 듣고,
한결같은 마음으로 아미타불의 명호를 외우되,
조금도 마음이 흐트러지지 않으면….
《아미타경》

미륵보살은 인간의 햇수로 56억만 년 동안을
도솔천에서 설법하여, 밤낮으로 수없는 하늘 사람들을
교화한 뒤, 다시 인간세계에 태어날 것이다.
《미륵상생경》

제가 미래세가 다하도록 무량겁 동안
고통을 받는 지옥중생을 갖가지 방편으로
다 해탈시킨 후에야 불도를 이루리라.
《지장경》

극락세계와 아미타불

(아미타경 1)

본래 있는 힘의 차이에 의해서
자력과 타력의 명칭이 달라지기보다는 중생의 근거에 따라서
이름을 달리 붙였다고 할 수 있다.

한국불교는 통불교이다. 즉 종파불교가 아니라 모든 종파적인 요소를 다 통합하고 불교의 다양한 면에 다 통하는 불교라는 뜻이다. 그러나 스님들이 수행으로 삼는 불교와 일반신도들이 생각하고 있는 불교에는 약간의 차이가 있기도 하다. 그 주된 이유는, 스님들은 참선수행으로 깨달음을 구하는 것으로 기본을 삼고 신도들은 염불에 의지해서 현세의 이익이나 왕생정토를 비는 데 주력하기 때문이다.

참선은 자기 힘에 의지하는 자력적인 면이 강하고 왕생극락을 비는 염불은 불보살의 가호에 의존하는 타력적인 면이 강하다. 필자가 이것은 이 면이 강하고 저것은 저 면이 강하다고 말하는 이유는 불교는 모든 면에서 다 통하므로 자력과 타력을 완전히 가를 수가 없기 때문이다. 참선에도 염불을 겸해서 하는 선염불이 있고, 염불을 하는 데도 참선의 화두를 겸해서 드는 염불선이 있다.

　자기 힘이라는 자력(自力)과 외적인 힘이라는 타력(他力)을 이름 붙일 경우에도 꼭 힘이 자신의 내부에서만 나온다거나 외부에서만 나온다고 생각해서 자력이나 타력이라고 하기보다는, 똑같은 힘을 우리의 근기대로 이해하기 쉽도록 자력이라고 부르기도 하고 타력이라고 부르기도 하는 것이다.

　가령 두 사람이 수행을 하는데 한 사람은 참선을 했고, 다른 사람은 염불을 했다. 두 사람 다 어떤 얻은 바가 있다고 할 경우, 참선을 한 사람은 자기 힘에만 의지했고 염불을 한 사람은 불보살님의 힘에만 의지했다고 할 수 없다. 똑같은 힘을 참선의 경우에는 자력이라고 부르고 염불의 경우에는 타력이라고 부른 것이다. 본래 있는 힘의 차이에 의해서 자력과 타력의 명칭이 달라지기보다는 중생의 근기에 따라서 이름을 달리 붙였다고 할 수 있다.

　여기서 우리는 불교에 있어서 타력적인 불교가 어떤 것인지, 아미타불과 극락세계는 무엇인지가 궁금하다. 정토종의 기본 소의경전 가운데《아미타경》을 읽고 그 속에 나오는 아미타불과 극락세계에 대해서 생각해 보겠다.

　불토에는 예토(穢土)와 정토(淨土)라는 용어가 있다. 예토란 더러운 곳이요, 정토란 깨끗한 세계라는 뜻이다. 업과 번뇌와 고통이 있는 세계는 예토이고, 좋고 즐거운 것만 있는 세계는 정토이다. 불교에서의 정토에는 여러 가지가 있다. 극락정토(極樂淨土)·미륵정토(彌勒淨土)·약사정토(藥師淨土)·화엄정토(華嚴淨土) 등이 있을 수 있고 해탈열반의 세계가 다 정토이다. 그러나 정토라 하고 그것에 종이라는 말까지 붙여서 정토종이라고 하면 일반적으로 극락정토(極樂淨土)를 의미한다.

정토종은 아미타불을 신앙의 주불로 삼고 아미타불의 본원력에 의지해서 극락정토에 가서 태어나는 길을 주로 가르치는 불교의 한 종파이다. 각 종파마다 소의경전, 즉 주로 의지하는 경전이 있는데 정토종의 소의경전으로 세 가지가 가장 중요하다고 해서 '정토삼부경'이라고 한다. 정토삼부경이란 극락정토를 가르치는 세 가지 경전이라는 뜻이다. 세 가지란 《아미타경》1권, 《무량수경》2권, 《관무량수경》1권이다. 범어에서 한문으로 여러 번 번역되었으므로 번역자까지도 말해야 정확하지만 경의 이름이나 알아두고 필요하면 사전이나 관계서적을 보면 되겠다. 정토삼부경 가운데서도 우리에게 가장 친숙한 것은 《아미타경》이다.

《아미타경》의 범어 이름은 《수카바티뷰하(Sukhāvati-vyūha)》이다. 그런데 이 범어 이름이 《무량수경(無量壽經)》의 이름과 똑같아서 이 둘을 구별하기 위해서 《무량수경》은 《대무량수경》또는 《대경(大經)》이라고 하고, 《아미타경》은 《소무량수경》 또는 《소경(小經)》이라고 한다.

《아미타경》은《무량수경》의 취지를 압축해 놓은 것이라고 할 수 있다. 대부분의 불경들이 제자들의 청에 의해서 부처님이 설법하시는 것으로 되어 있는데《아미타경》에서는 부처님께서 스스로 설하신다. '묻지 않고 설하는 경'이라는 뜻에서 '무문자설경(無問自說經)'이라고 한다.

《아미타경》은 세 번 번역되었다. 구마라집이《아미타경》1권을 최초로 번역했는데 이 번역본의 문장이 간결하면서도 매끄럽기 때문에 널리 유포되어 독송되고 있다. 보통《아미타경》이라고 하면 구마라집(鳩摩羅什)이 번역한 것을 뜻한다. 구나발타라가《소무량수경》1권을 번역했는데 현재 전체가 다 남아있지 않고 읽어서 이익 되는 다라니와 경만 전해지고 있다. 세 번째로 현장법사가《칭찬정토불섭수경(稱讚淨土佛攝受經)》1권을 번역했다. 우리나라 조선시대에 간경도감에서《아미타경》한글 본을 간행했는데 이 한글 본은 세조대왕이 직접 번역한 것이다.

《아미타경》에 대한 주석서는 270여 종에 이르고 있다. 승조대사·천태대사·규기대사·원효대사의 주석 등이 유명하다. 자장율사·원측대사 등 여러 스님들도 주석서를 지었다고 하나 현재 전해지지 않고 있다.

그러면《아미타경》가운데 먼저 극락세계와 아미타불에 관한 설명을 보기로 하자.

여기에서 서쪽으로 심만 억 불국토를 지나간 곳에 극락이라는 세계가

있으니 거기에서 아미타불이 지금도 설법하시느니라. 거기에 있는 중생들은 아무런 괴로움이 없으므로 극락이라고 하느니라.

사리불아, 극락세계의 부처님을 어째서 아미타불이라고 하는 줄 아느냐? 그 부처님의 광명이 한이 없어서 시방세계를 두루 비추어도 조금도 걸림이 없기 때문이니라. 그 부처님의 수명과 그곳에 사는 이들의 수명이 한량없으므로 무량수·무량광을 깨달으시고 성취한 아미타불이라고 하느니라.

여기서 이상세계를 극락세계라고 하는 이유는 그곳에는 아무런 괴로움이 없기 때문이라고 한다. 극락세계의 위치는 서쪽으로 십만억 국토를 지나간 곳에 있다고 하지만 먼 곳에 있다는 것을 나타낸 것이다. 많은 큰스님들은 십만 억 국토를 십악의 극복으로 해석하고 있다.

즉 살생·도둑질·사음행·거짓말·아첨말·이간질·욕설·탐냄·성냄·어리석음의 열 가지 악을 극복하면 내세에서뿐만 아니라 당장에 이를 수 있는 곳이 서방의 극락세계라는 것이다. 10만억 국토를 여러 가지로 해석할 수 있지만 《아미타경》이 가르치는 염불수행을 해야만 뛰어넘을 수 있는 곳이기도 하다.

극락세계에는 지금도 아미타불이 설법하고 계시는데 아미타불이라고 하는 이유는 아미타불의 광명이 한량없고 아미타불과 그곳에 사는 이들의 수명이 한량이 없기 때문이라고 한다. 아미타바(Amitābha)

는 무량한 광명, 아미타유스(Amtāyus)는 무량한 수명의 뜻이다. 그래서 보통 아미타를 무량수 · 무량광이라고 이중으로 번역하기도 한다. 무량한 수명은 시간적인 것이고 무량한 광명은 공간적인 것이다. 광명은 한없이 넓은 공간에 이르는 것, 또는 한없는 공간을 뜻하기도 하지만 무량한 공간을 밖에서 구하기만 한다면 헤매다가 지치고 말 것이다. 무량공간은 내적으로 얻어지는 무한여행, 무한자유 또는 해탈에서 얻어야 할 것이다. 시간도 마찬가지이다. 불교의 기본입장이 모든 시간을 다 밟아서 긴 시간을 살려고 하는 것은 아니다. 찰나의 깨달음에서 영원을 보려고 한다. 그래서 필자는 아미타를 '일념의 영원과 서 있는 자리에서의 무한여행'이라고 풀이하곤 한다. 지금의 찰나 일념에서 깨달음을 얻었을 때 그곳에서 영원한 시간과 진정한 자유가 얻어진다는 말이다.

아미타불은 법신 · 보신 · 화신 가운데 보신불에 속한다. 법신불은 우주 진리의 본체자리를 의인화해서 표현한 것이다. 비로자나부처님이 법신불이 된다. 화신불은 법신불로부터 중생을 구하기 위해서 내려오는 부처님이다. 석가모니부처님이 그 대표적인 예이다. 그리고 보신불은 중생의 몸으로부터 닦아 가지고 부처를 이루어서 법신불의 자리로 올라가는 부처님이다. 아미타불은 중생의 몸으로 불도를 닦아서 부처를 이루었다.

아미타불이 불도를 닦아 성불한 인연에 대해서 네 군데의 불경에서 설명하고 있다.《법화경》의 〈화성유품〉,《비화경》2권《무량수경》

상권 그리고《관불삼매해경》9권이다. 그 외《화엄경》《열반경》등 200
부가 넘는 대승경전에서 아미타불에 대해서 설하고 있다. 그러나 일
반적으로 아미타불의 성불 인연으로는《무량수경》의 것이 자주 인용
되고 있다. 아미타불의 전생은《무량수경》에 나오는 이야기로 정형화
되다시피 한 것이다.

《무량수경》에 의하면 아미타불은 본래 국왕이었는데 구도의 서
원이 돈독해서 출가해서 법장비구가 되었다. 그때 세자재왕 불이 있
어서, 그 부처님께 나아가 가르침을 받고 중생을 구제하기 위한 48
대원을 세운다. 그리고 그 48대원이 성취되기까지는 어떠한 어려움
을 당해서도 물러나지 않겠다고 다짐한다. 그 같은 오랜 겁의 수행
결과로 법장비구는 아미타불이 되어 서방정토 극락세계의 교주로서
중생을 구제하게 된다. 법장비구가 아미타불이 된 지는 십겁이 된다
고 한다.

아미타불의 48대원과 극락 가는 길
(아미타경 2)

극락은 설계가 있어야 한다.
미래가 없는 현재는 환각과 같으며 미래의 극락에 대한
확신이 있을 때, 현재의 극락이 가능하다.

아미타불이 인행 시에 법장비구로서 세운 48대원과 극락세계에
가는 방법에 대해서 보기로 하자.

아미타불은 부처를 이루기 전에 법장이라는 비구로서 중생구제
의 원을 세우고 무량겁을 닦아서 아미타불이 되었다고 한다. 그 서원
의 내용이 궁금하다. 그리고 사람은 누구나 극락세계에 나기를 좋아
한다. 그렇다면 극락세계에 왕생하는 방법은 무엇이며 극락세계가 꼭
내세에만 있는지에 대해서 생각해 볼 필요가 있다.

《무량수경》에서 법장비구는 세자재왕 부처님께 48가지 원을 사

뢴다. 48가지 서원은 보통 네 가지로 분류된다.

첫째는 극락정토에 태어난 사람에 대한 내용이다. 예를 들면 법장비구는 부처님께 "만약에 제가 부처가 되어도 그 나라에 삼악도가 있다면 저는 부처가 되지 않겠습니다. 만약 제가 부처가 되어도 그 나라의 중생들이 수명이 다한 뒤에 다시 삼악도에 떨어진다면 저는 부처가 되지 않겠습니다."라는 서원 등을 사뢴다.

둘째, 극락정토에 계신 부처님에 관한 내용이다. 예를 들면, "만약 제가 부처가 된다면 시방세계의 헤아릴 수 없는 불세계의 보살들이 저의 이름을 듣고 목숨을 마친 후에 청정한 수행을 해서 부처가 되도록 하겠습니다. 만약 그렇게 하지 못한다면 저는 부처가 되지 않겠습니다." 이렇게 법장비구는 부처님께 사뢴다.

아미타불의 이름을 듣고 모든 중생들이 다 부처를 이루는 것은 여러 각도에서 볼 수가 있다. 중생들이 부처를 이루는 방법의 입장에서 볼 수도 있고, 부처의 능력이 엄청나다는 입장에서 볼 수도 있다. 여하튼 48대원 가운데는 극락정토에 계신 부처님의 위신력에 관한 내용이 다른 내용과 뒤섞여서 담겨 있다.

셋째는 화려하게 장엄된 불국토를 묘사하는 내용이다. 예를 들면 "만약 제가 부처가 되어도 그 나라 중생들과 모든 물건이 맑고 찬란하게 빛나며 지극히 빼어나고 미묘해서 천안통(天眼通)을 얻은 이가 헤아릴 수 없을 정도로 엄청나지 않으면 저는 부처가 되지 않겠습니다."라고 법장비구는 사뢴다. 그 외에도 광명이 널리 비치고 보배나무가 4

백만 리나 되게 자라는 등 극락세계의 장엄이 묘사되고 있다.

넷째는 불국토에 이르기 위해서 수행하는 방법을 밝히고 있다. 극락에 왕생하는 사람은 항상 시방세계 부처님께 공양을 올리고 부처님을 지극히 받들고 법문 듣기를 좋아하는 것 등이다.

아미타불의 48대원은 아주 유명해서 장엄염불 속에 '미타인행사십팔원(彌陀因行四十八願)'이라는 제목으로 들어 있다. 절에서 새벽에 종성을 할 때에는 이것을 외운다. 또 향가 가운데도 48대원이 언급된다. 서방정토를 그리는 한 불자가 달을 향해 합장하고 달에게 부탁하는 내용이다. 달이 서쪽으로 가면 서방에 계신 아미타불을 만날 터이니 아미타불을 만나면 여기에 아미타불을 그리워하는 사람이 있다고 사뢴 후, 아울러 아미타불의 48대원을 상기시키라는 것이다.

그러면 《아미타경》에서 극락세계로 가는 길에 대해서 살펴보자.

사리불아, 조그마한 선근이나 복덕의 인연으로는 저 세계에 가서 날 수 없느니라. 선남자 선여인이 아미타불에 대한 이야기를 듣고 한결같은 마음으로 아미타불의 명호를 외우되 조금도 마음이 흐트러지지 않으면 그가 임종할 때에 아미타불이 많은 성인들을 거느리고 그 사람 앞에 나타날 것이니라. 그가 목숨을 마칠 때에도 생각이 뒤바뀌지 않고 아미타불의 극락세계에 왕생하게 될 것이니라. 어떤 중생이든지 이 경을 들으면 마땅히 극락국토에 왕생하기를 발원할지니라.

사리불아, 어떤 사람이 아미타불의 세계에 나기를 이미 발원하였거나 지금 발원하거나 혹은 장차 발원한다면 그는 바른 깨달음에서 물러나지 아니하고 그 세계에 벌써 났거나 지금 나거나 혹은 장차 날 것이니라. 그러므로 신심 있는 선남자 선여인은 마땅히 극락세계에 나기를 발원해야 할 것이니라.

여기 《아미타경》에 의하면 보통의 선근공덕으로는 극락세계에 갈 수가 없고 아미타불의 명호를 외우면서 극락세계에 왕생하기를 발원하면 염불하는 사람이 임종 시에 아미타불이 나타나서 그를 극락으로 인도한다는 것이다. 또 아미타불을 염하는 순간 왕생극락하게 되므로 염불하는 이는 이미 왕생극락했거나 하고 있거나 할 것이라고 한다.

누구든지 아미타불을 부르고 왕생극락을 발원하면 그대로 된다는 말을 듣고 어떤 이는 이런 의문을 가질 수 있다. 극락세계에 태어나려면 좋은 일을 많이 해야 할 터인데 일생 동안 죄를 많이 지은 사람이 아미타불을 몇 번 부른다고 해서 왕생극락한다면 세상에서 좋은 일하려고 애쓸 것이 아니라 못된 일만 몽땅 행하다가 마지막에 아미타불을 부르면 될 것이 아니냐는 것이다. 다른 이는 이런 질문을 생각할 수도 있다. 만약 좋은 일을 한 사람이거나 나쁜 일을 한 사람이 똑같이 염불을 할 경우에 똑같이 왕생극락하는 대우를 받는다면 불교의 인과법은 어떻게 되느냐는 물음이다.

우리는 회향의 원리를 이미 알고 있다. 내가 지은 선근공덕을 다른 사람이 좋게 되는데 돌리는 것이다. 삼악도에 떨어질 경우, 그곳으로부터 구해내고 깨달음을 얻지 못할 경우에는 깨달음을 얻게 한다. 48대원을 세운 아미타불은 무량억겁 동안 보살도를 행하면서 공덕을 지어오셨다. 그래서 지금 이 순간 아미타불에게 의지하고 아미타불의 세계에 발원하는 이가 있기만 하면 그는 아미타불이 닦아 놓은 공덕을 이용할 수도 있고 부처님의 불가사의한 가피력과 섭수력을 입을 수가 있다. 지금 불가사의하다고 하는 것은 공사상과 참 사상, 일체유심조사상과 비로자나 법신불, 성기사상과 연결시어서 설명해야 하기 때문에 말을 줄이기 위해서이다. 아미타불에게 돌아가고자 하는 이는 깨달음의 세계를 향하는 이이고 깨달음으로 방향을 잡기만 하면 근기가 낮거나 높거나 업장이 가볍거나 무겁거나 상관없이 지금까지의 꿈 같은 착각에서 벗어나게 된다.

만약에 아미타불을 염하면서 남의 죄와 자신의 죄를 비교해서 무게를 달아보는 이가 있다면 그는 아직 아미타불에게 진실로 의지한 사람이 아니다. 그는 아미타불을 믿어야 하나 말아야 하나 탐색하고 있는 중인 것이다. 또 지금은 죄를 짓고 먼 훗날 아미타불을 염하겠다고 하는 사람은 부처님과는 더욱 멀리 간격을 두고 있는 사람이다.

인과가 철없는 어린이의 소꿉장난 세계라면, 아미타불의 중생구제 원력은 그보다 훨씬 더 높은 차원의 세계이며 인과와 상충되지 않고도 인과를 뛰어넘을 수 있는 세계이다. 그 원력의 세계를 이해하려면 악업을 지으면서 관망하겠다는 입장을 과감히 버리고 부처님의 원력을 믿고 따르면서 불도를 행해 보겠다는 자세를 취해야 한다.

《아미타경》에서의 서방극락세계는 분명히 내세에 얻는 것이지만, 이 내세가 순간순간의 현세적인 극락도 상징하고 있고 내세의 극락을 얻으면 현재의 극락도 보장된다는 것을 암시하고 있다. 세상 사람들은 현재의 생활 속에서 극락을 구하고자 한다.

여러 가지로 풍부하기를 바라며, 잘 입고, 잘 먹고, 잘 쓰고, 잘 살기를 바란다. 부처님은 현세의 극락을 불가능한 것으로 제쳐 놓지 않는다. 그러나 그 극락은 설계가 있어야 한고 미래의 극락과 연결되어야 한다. 미래가 없는 현재는 환각과 같으며 미래의 극락에 대한 확신이 있을 때, 현재의 극락이 가능하다. 어떤 청년이 열심히 공부해서 국가에서 실시하는 고등고시에 합격했고 약 2년 동안만 연수를 받고 나면 좋은 직장이 보장되어 있었다. 미래에 대한 설계가 완전히 서 있는 그에게는 지금의 고된 연수기간이 좋은 일로 연결되는 고리이다.

《아미타경》에 의하면 보통의 선근공덕으로는 극락에 갈 수 없다고 한다. 고등고시에 합격하는 것은 매우 어려운 일이다. 아미타불의 극락국토에 나기를 발원하는 것 또한 대단히 어려운 일이다. 대단히 어려운 믿음을 가지고 미래를 보장받을 때, 그의 현재는 좋은 것일 수밖에 없다. 마음이 확 트이게 됨으로 하는 일마다 잘될 것이며 따라서 마음과 현실과 내세가 한꺼번에 극락국토를 이룰 것이다.

아미타불을 염할 때는 마음속으로 하는 것도 좋지만 큰소리를 내는 것이 더 좋다고 한다. 그래서 조사스님들은 고성염불(高聲念佛)에

십종 공덕이 있다고 가르치신다. 고성염불의 십종 공덕도 장엄염불 속에 포함되어서 새벽종성 때마다 스님들이 외운다. 고성으로 아미타불을 염하면 잠이 달아나고 마구니들이 놀라 달아나며 염불소리가 온 세계에 퍼지며 삼악도의 중생들이 고통을 쉰다. 또 다른 잡소리가 귀에 들어오지 않아서 염불에 집중할 수 있고 용맹 정진하는 힘이 생긴다. 모든 부처님들이 기뻐하고 염불삼매에 깊이 들 수가 있으며 마침내 서방정토 극락세계에 왕생할 수 있는 것이다.

미륵부처님

(미륵경)

미륵신앙은 도솔천에 올라가라고
기원하기도 하는가 하면 미륵부처님이 지상에 하강해서
구원해 주기를 기원하기도 하는 양면성이 있다.

우리는 곳곳에서 미륵부처님을 많이 본다. 금산사의 미륵전 내에
계신 미륵부처님, 법주사의 청동 미륵부처님, 관촉사의 미륵부처님,
수안보 세계사의 미륵부처님 등은 널리 알려져 있다. 전문가의 조사
에 의하면, 이외에도 우리나라의 남한 전국에는 현재 111개소의 미륵
도량이 있다고 한다. 이 같은 미륵도량을 보면서 도대체 미륵신앙(彌
勒信仰)이란 무엇인가 궁금해 하지 않을 수 없다.

신라시대의 화랑도들은 미륵의 화현이라고 믿어졌고 태봉의 궁
예나 후백제의 견훤도 자신을 미륵부처님의 화현이라고 주장하였다.

또 근대에 이르러서는 미륵신앙과 관련된 많은 신흥종교들이 일어났다. 미륵사상이 무엇이길래 이처럼 미륵의 화현을 자처하는 사람들이 많이 생겨나고 또 그 신봉자들이 생겨나는지 궁금하다.

미륵사상을 나타내는 여섯 가지 경전이 있는데 그것들을 부류별로 줄이면 세 가지가 되며 보통 이 세 가지를 '미륵삼부경'이라고 부른다. 저거경성(沮渠京聲)이 범어 본으로부터 한문으로 번역한 《미륵상생경》, 축법호(竺法護)가 한문으로 번역한 《미륵하생경》 그리고 구마라집이 번역한 《미륵성불경》이 그것이다. 각 경마다 여러 가지 다른 번역이 있지만 그것들을 낱낱이 거론하자면 복잡해지므로 여기서는 생략하기로 하겠다. 이 미륵삼부경 가운데서오 《미륵하생경》은 《미륵성불경》의 발췌와 같기 때문에 더 압축하면 《미륵상생경》과 《미륵하생경》으로 집약할 수 있다.

먼저 《미륵상생경》의 중요한 부분을 살펴보자. 석가모니부처님께서 예언적으로 말씀하신다.

자세히 듣고 잘 생각하라. 여래가 너희들에게 최고의 깨달음을 이룰 미륵보살의 수기에 대해서 말하리라. 미륵이 지금부터 12년 뒤에 목숨을 마치면 도솔천에 왕생할 것이니라.

미륵보살은 인간의 햇수로 56억만 년 동안을 도솔천에서 설법하여 밤낮으로 수없는 하늘 사람들을 교화한 뒤에는 다시 인간세계에 태어날 것이다. 인간세계에 태어나는 일에 대해서는 《미륵하생경》에 말하였느니라.

미륵보살은 미래세의 중생들에게 큰 귀의처가 되니 미륵보살에게 귀의하는 이가 있다면 이 사람은 무상도에서 물러나지 않게 되며 미륵부처님의 광명을 보고 마침내 불도를 이룰 것이니라.

내가 열반에 든 뒤에 도솔천에 태어나고자 하는 이는 오로지 도솔천을 관하고 모든 계율을 지키라. 그리고 하루나 칠일 동안이라도 열 가지 선, 즉 십선을 생각하고 십선도를 행하라.

한 생각 동안이라도 미륵보살을 부른다면 그는 마침내 1천 2백겁 동안의 죄업을 다 소멸하게 되며 미륵보살의 이름을 듣고 다만 합장하고 공경만 하더라도 그는 마침내 50겁 동안 지은 모든 죄업을 다 소멸할 것이니라.

《미륵상생경》의 여기저기에서 중요한 부분만을 뽑아서 살펴보았다. 여기서의 요지는 미륵보살이 도솔천에 태어나서 56억만 년 동안 머무르면서 중생을 교화하다가 중생을 구하기 위해서 지상으로 내려오는데 지상하강에 관해서는 《미륵하생경》에 기록되었다는 것이다. 그리고 도솔천에 태어나고자 하면 십악의 반대인 십선도를 잘 지키고 미륵보살을 부르거나 듣기만 해도 오랜 겁의 업장이 녹는다고 한다.

그러면 이제 《미륵하생경》의 중요한 부분을 살펴보자. 부처님이 말씀하신다.

미륵보살이 도솔천에 있으면서 수범마 내외가 늙지도 낳고 젊지도 않는 것을 보고 그들을 부모로 삼아 범마월부인의 몸에서 태어날 것이니라. 수범마는 아들의 이름을 미륵이라고 할 것이니라. 그때 사람들의 수명은 8만 4천세를 살면서 앓는 일이 없고 미륵보살은 용화수 아래에 앉아서 최고의 정각을 이룰 것이니라. 그 후, 첫 번째 법회에서 96억 인의 아라한이 되고, 두 번째 법회에서 94억 인이 아라한이 되며, 세 번째 법회에서 92억 인이 아라한이 될 것이니라. 미륵부처님의 세상에서는 모든 비구들의 성을 자씨라고 하리라. 미륵부처님의 수명은 8만 4천세이고 열반에 든 뒤에 불법이 머무는 기간은 다시 8만 4천 년이 되느니라.

여기 《미륵하생경》에서도 요점처들만 뽑아내고 그것들을 연결해서 보았다. 미륵부처님이 태어나는 세상의 사람 수명은 8만 4천세가 되는데 미륵부처님은 용화수 아래서 부처를 이루고 3회에 걸쳐서 중생을 교화하여 각 회에 96억·94억·92억씩 아라한도를 이룬다고 한다. 그리고 용화세계에서의 모든 비구들의 성은 자씨(慈氏)가 된다고 하였다. 자자는 자비로울 자자인데 미륵보살의 범어 이름이 마이트레야(Maitreya)이다. 마이트리(Maitrī)라는 범어의 뜻이 바로 자비롭다는 의미이다. 자비롭다는 뜻을 따서 그 성을 자씨라고 번역한 것이다.

미륵부처님이 8만 4천년 동안 중생을 교화하다가 열반에 든 뒤에 다시 8만 4천 년까지는 불법이 계속 지탱된다고 하였다. 이 말은 미륵부처님의 열반 후에 8만 4천 년이 지나면 불법이 쇠퇴할 것임을 암시하기도 하는 것이다.

불교에서 미륵부처님은 서양종교에 있어서의 메시아와 같다. 사람들을 구원하기 위해 나타나는 구세주인 셈이다. 《미륵상생경》은 십선을 행하고 미륵보살을 부르면 사람들이 도솔천이라는 하늘나라에 태어난다고 하였다. 그러나 《미륵하생경》에서는 도솔천의 미륵보살이 지상에 내려와서 부처를 이루고 3회의 법회에서 각기 90억 인 이상의 아라한을 배출한다고 하였다. 미륵신앙은 도솔천에 올라가려고 기원하기도 하는가 하면 미륵부처님이 지상에 하강해서 구원해 주기를 기원하기도 하는 양면성이 있다.

《미륵상생경》의 신앙과 《미륵하생경》의 신앙은 사람들이 누리는 현세의 생활형편에 따라 달라질 것이다. 현재의 생활형편이 좋은 이들은 지금의 생활을 누리다가 사후에 도솔천에 태어나기를 바랄 것이고 현재의 생활형편이 좋지 않은 이들은 빨리 미륵부처님이 하강해서 이 세상에서 혁명적으로 구원해 주기를 바랄 것이다. 사람에게는 만족이 있을 수가 없다. 특히 우리나라 옛날 일반서민들의 생활은 너무도 어려웠다. 그래서 미륵부처님의 하강을 간절하게 기대했고 미륵신앙이 두터워졌으며 사람들의 기대에 따라 미륵불을 자처하는 사람들이 많이 생기게 되었다.

신라에서는 화랑들을 미륵의 화현으로 믿게 했다는 학자들의 주장이 있다. 그에 의하면 화랑이라는 미륵화현들에게는 신라를 지키고 신라를 중심으로 삼국을 통일시켜야 한다는 사명감이 세뇌되어 있었다. 미륵사상을 가진 화랑의 용도는 오직 삼국을 통일해서 사람들을 구하는 것이었다.

《삼국사기》에 의하면 궁예는 10여 세 때에 출가해서 선종이라는 승려가 되었다. 승려이면서도 계율에 구애받지 않고 담력이 강했다. 어느 날 까마귀가 궁예의 바루 안에 임금 왕(王)자를 떨어뜨리고 가는 것을 본 궁예는 그대부터 왕이 될 결심을 하였다. 궁예는 도적군대를 옮겨 다니면서 사람을 모으고 세력이 강해지자 태봉을 세웠다. 그리고 자칭 미륵불이라고 했다. 머리에는 금두건을 몸에는 방포를 입고 아들들을 청광보살·신광보살이라고 불렀다. 외출할 때에는 백마를 타고 비단으로 말을 장식했으며 동남동녀(童男童女)에게는 번과 꽃을 들게 하고, 비구 200여 명에게는 범패염불을 하면서 행렬의 뒤를 따르게 했다고 한다. 또 후백제의 견훤도 미륵불을 사칭하고 삼국을 통일해서 백성을 도탄에서 구한다는 주장을 내세웠다고 한다.

근세에 이르러서는 강증산이 미륵불이라고 자칭했다. 증산의 주장은 증산교가 되었고 그 일파는 지금의 대순진리회로까지 발전되었다. 강증산은 자신을 옥황상제임과 동시에 미륵불이라고 자처했다. 증산교의 기본경전인 《대순전경(大巡典經)》에 의하면 강증산은 원래 옥황상제였는데 지상의 신들이 하늘에 올라와 인류와 신명들의 어려움을 구해 달라고 하소연하므로 삼계를 돌아보고 천하를 대순(大巡)하다가 금산사의 미륵불상 속에 30년 동안 들어 있다가 인간으로 화현했다는 것이다. 강증산은 제자들에게 "나는 미륵불이니, 나를 보고 싶거든 금산사의 미륵불을 보라."고 말하곤 했다고 한다. 증산 이후에도 그의 딸과 제자들이 미륵사상을 이용해 신흥종교를 일으켰고 서백일의 용화교를 비롯해서 잡다한 신흥종교들이 생기고 사라지곤 했다.

필자는 수안보 월악산 세계사 터에 계신 미륵부처님을 좋아해서 사진을 찍어서 불자들에게 선사한 적이 있다. 그런데 미륵부처님 사진을 가져간 한 불자로부터 연락이 왔다. 대학생인 자제분이 불교에 대해서 별로 관심이 없었는데 미륵부처님 사진을 보고는 절에 나가 보고 싶다고 말했다는 것이다.

나중에 그 대학생을 만나보니 그는 운동권에 속해 있었다. 그를 통해서 운동권 학생들이 《미륵하생경》의 구세주사상을 중요시한다는 것을 알 수 있었다. 《미륵하생경》의 사상은 사회구조의 부조리를 보고 절망하는 사람들, 또는 그 부조리를 고치기 위해서는 근본적으로 사회변혁이 있어야 한다고 생각하는 사람들에게 큰 영향을 주어왔고, 또 앞으로도 줄 것이다.

지장보살의 서원
(지장경 1)

**살아있는 사람과 죽은 사람의 내적 관련을
설명한 불경으로 지장경은 인간심리 또는 심리현상에 대해
대단한 관찰과 이해를 보여주고 있다.**

우리는 돌아가신 분을 위해서 천도재를 올릴 때 지장보살을 염하고 부르면서 정근 한다. 그리고 음력 4월 보름부터 음력 7월 보름까지의 사이에는 전국의 각 사찰에서 지장기도를 봉행한다. 우리나라에서 지장보살에 대한 신앙은 아미타불신앙(阿彌陀佛信仰)·관음신앙(觀音信仰)·미륵신앙(彌勒信仰)·각종 신중신앙과 함께 아주 강하다.

그렇다면 우리가 지장보살에 대해서 알아볼 필요가 있고 그러기 위해서는《지장경(地藏經)》을 읽어 보아야 한다. 또 지장보살은 '지옥중생(地獄衆生)을 구할 때까지는 성불(成佛)하지 않겠다.'고 서원(誓願)을

세운 보살로 유명하다. 어떤 인연 속에 그와 같은 서원이 나왔으며 지
옥중생을 구한다는 말이 도대체 무엇을 뜻하는지도 궁금하다.

《지장경》은 《지장보살본원경(地藏菩薩本願經)》을 줄인 이름이다.
또 《지장본원경(地藏本願經)》이라고 부르기도 한다. 《지장보살본원경》
은 실차난타에 의해서 범어로부터 한문으로 번역되었다고 되어 있지
만, 옛날의 대장경 목록에는 들어가 있지 않고 명나라 이후에만 대장
경 목록에 들어가 있다.

그래서 이 《지장경》은 실차난타의 번역이 아니라 현장법사가 번
역한 《지장십륜경(地藏十輪經)》을 토대로 해서 중국에서 만들어진 위
경(僞經)으로 의심을 받고 있다. 《지장십륜경》에서는 지장보살을 갖가
지 방법으로 받들면 얻게 되는 이익들이 주로 설해져 있지만, 《지장
경》에서는 지장신앙으로 얻게 되는 이익 외에도 지장보살의 전생이야
기 또는 본생담(本生譚)이 추가되어 있다.

현재 지장신앙을 이끌어 가는 데 있어서 이 《지장경》이 《지장십
륜경》보다도 더 영향력을 많이 발휘하고 있다. 《지장경》에 대해서 들
어 보았거나 《지장경》을 독송하는 불자들은 많지만 《지장십륜경》에
대해서는 이름만이라도 아는 불자도 흔하지 않을 것이다. 이 《지장
경》은 일찍부터 한글로 번역되었는데 조선 세조 때에 학조대사가 《지
장경》을 한글로 번역한 《지장경언해(地藏經諺解)》가 발행되었다. 현재
《지장경》의 한글 번역본은 여러 가지가 있고 또 글씨를 크게 인쇄해서
독송용으로 편집한 것도 많이 있다.

그러면 먼저 지장보살의 대원, 즉 지옥중생을 다 구하지 않으면 성불하지 않겠다는 문맥이 어떻게 나오는지 《지장경》을 보도록 하자.

석가모니부처님이 지장보살의 전생인연에 대해서 말씀하신다.

> 문수사리여, 이 지장보살은 헤아릴 수 없이 머나먼 과거 무량억겁 전에 큰 장자의 아들이었느니라. 그때 사자분신구족만행여래라는 부처님이 계셨는데 장자의 아들이 그 부처님의 상호에 온갖 복락이 갖추어져 있음을 보고 그 부처님에게 어떤 수행을 하셨기에 그와 같은 훌륭한 상호를 얻었느냐고 여쭈었느니라. 그러자 사자분신구족만행여래께서는 장자의 아들에게 이르시되 "이 몸을 얻고자 하거든 오랜 기간 동안 갖가지 고통 받는 중생들을 제도해서 해탈시켜야 한다."고 하셨느니라.
>
> 문수사리여, 그때 장자의 아들이 서원하기를 '미래세가 다하도록 무량겁 동안 고통을 받는 육도중생을 갖가지 방편으로 다 해탈시킨 후에야 나 자신이 불도를 이루리라.'고 하였느니라. 지장보살은 그로부터 지금까지 백 천만 억 나유타의 무량겁 동안 아직도 보살로 있느니라.

여기서 지장보살의 본생담이 소개된 것이다. 무량겁 전에 사자분신구족만행여래라는 부처님이 있을 때에 한 장자의 아들이 있었는데 그가 부처님을 보고 환희심이 나서 어떻게 해야 부처님처럼 훌륭한 몸을 받을 수 있느냐고 묻자 그 부처님은 고통 받는 중생을 해탈시켜야 한다고 일러주었다.

그러자 지장보살은 고통 받는 중생이 남아있는 한, 성불하지 않겠다고 서원을 세운 것이다. 이 같은 서원을 세우는 지장보살의 전생 이야기가 여러 가지 소개되는데 대부분 조상을 지극정성으로 천도하는 이야기에 이어져서 나온다.

석가모니부처님은 지장보살에게 미륵부처님이 출현할 때까지 부처님 자신이 아직 교화하지 못한 중생들을 교화하라고 부촉하였다. 그러자 지장보살은 다음과 같이 사뢰면서 중생교화를 다짐하였다.

"부처님 법 가운데서 어떤 일이든지 착한 일을 한다면 그 선행이 터럭 하나 · 물 한 방울 · 모래 한 알 · 먼지만한 것이라고 하더라도 제가 점차 교화하고 제도하오리다. 후세의 악업 중생 때문에 염려하지 마옵소서."

설법장에 있던 한 천왕이 부처님께 문제를 제기하였다.

"세존이시여, 지장보살이 무량 억 겁 전에 그렇게 큰 원을 세웠는데 아직까지도 중생제도가 끝나지 않고 또다시 큰 서원을 세워야 하는 이유가 무엇입니까?"

이 물음에 대해서 부처님은 답하신다.

"미래의 무량겁 중에 업의 인연이 계속 이어져서 아직도 끊이지 않음을 보기 때문이니라."

중생들의 업연이 끊어지지 않으므로 지장보살의 중생구제가 끝이 없을 수밖에 없고 그렇기 때문에 계속 새롭게 서원을 세우고 다짐해야 한다는 말씀이다.

지장보살의 담당은 저승에 있는 지옥중생들을 교화하는 일이다. 천도되지 못한 망인을 천도하는 방법을 지장보살이 설한다.

> 만약 미래의 세상에 어떤 이가 꿈에 귀신이나 여러 가지 형태를 보되 혹은 슬퍼하고 혹은 울며 혹은 조심하고 혹은 탄식하며 혹은 무서운 것이 나타나면 여기에는 반드시 전생인연과 관련된 이유가 있느니라. 한 생이나 십 생이나 또는 백 천생 과거세의 부모나 형제자매·남편이나 아내 등의 권속들이 악도에서 벗어나지 못하고 또 누가 자신을 구원해 줄 희망도 없으므로 부득이 숙세골육(叔世骨肉)에게 호소하여 방편을 지어 악도에서 벗어나기를 원하는 것이니라. 이때에 조상의 꿈을 꾸는 사람으로 하여금 이《지장경》을 읽게 하여라. 그러면 그러한 악도의 권속들이 해탈을 얻고 꿈 가운데 나타나지 않을 것이니라.

꿈이 뒤숭숭하고 무서운 것이 나타나고 또는 이상한 형태를 보게 되면 숙세골육, 즉 다겁생래의 조상들이 천도해 달라고 부탁하는 신호이니《지장경》을 읽으면 천도가 된다는 것이다. 살아있는 사람과 죽은 사람의 내적 관련에 대해서 자세히 설명한 불경 가운데《지장경》은 인간심리 또는 심리현상에 대한 대단한 관찰과 이해를 보여 주고 있다.

생시인지 꿈인지 알 수 없을 때, 나타나는 것에 대해서 한 가지 더 알아보자. 지장보살은 병의 증상에 대해서 설명하고 그 치유책을 제시한다.

만약 어떤 이가 오래 병상에 누워 살려고 해도 마음대로 안 되고 죽으려고 해도 마음대로 안 될 경우가 있느니라. 꿈속에서는 악귀나 집안 친족과 험악한 길을 헤매며, 어떤 때는 도깨비에 홀리고 귀신과 같이 노니는 경우도 있느니라. 이렇게 날이 가고 달이 감에 따라 몸이 점점 여위어서 잠을 자다가도 괴로워 소리치며 깨어나기도 하는 경우가 있느니라. 이런 증상을 겪는 사람은 모두 다 겁의 업장으로 인해 죄업의 경중을 정하지 못해서 수명을 버리기도 어렵고 병이 쾌차하기도 어려우니 이 연고는 보통 사람으로는 알 수가 없느니라. 이 증상을 치료하려면 마땅히 이《지장경》을 불보살의 형상 앞에서 읽도록 하여라. 그리고 불상을 모신 앞에 공양이나 등불을 올리거나 갖가지 부처님과 인연 맺는 일에 동참하도록 하여라.

이 글을 읽는 불자들은 불법공부가 높기 때문에 지금《지장경》에서 묘사하는 것과 같은 병증은 없을 것이다. 그러나 신도들과 상담을 많이 하는 스님들의 말씀을 들어보면 우리가 생각하는 것보다 엄청나게 많은 사람들이 이 같은 병증을 겪는다고 한다. 필자에게 상담하러 오는 불자들 중에도 꿈인지 생시인지 확실하지 않은 상태에서 악귀나 조상과 함께 험한 곳을 헤맨다고 하소연하곤 한다.

신심이 장한 노보살님이 계셨는데 남편을 저승으로 먼저 보내고 네 명의 자녀들과 함께 살았다. 어머니 생각에는 자식들을 굶기지 않고 옷을 입힐 수 있는 것만으로도 불보살님께 감사했지만 자녀들은 어머니가 베풀어 주는 것이 불만스럽기만 했다. 어머니는 절에도 열심히 다니고 시주도 많이 하고 착한 생각만을 하는데, 하는 일마다 뜻대로 되지 않았다.

그래서 자녀들은 어머니가 믿는 종교에 대해서 항상 좋지 않게 생각했다. 어머니가 갑자기 돌아가시자 절에 가서 49재는 올렸지만 그 이후로 자녀들은 절에 발길을 끊었다. 그런데 한 딸이 시름시름 앓기 시작했다. 병원에 가보면 몸이 약해서 그런 것이니 좀 쉬면 나을 것이라는 말만 듣곤 했다.

그런데 그 딸은 꿈을 꾸기만 하면 돌아가신 어머니를 만나게 되는데 어머니는 온갖 험한 욕설을 다하는 것이었다. 딸은 꿈을 잘 잊어버리고 또 기억하더라도 꿈에 대해서 신경을 쓰지 않았다. 그러나 꿈의 횟수는 점점 많아지고 꿈마다 어머니가 나타나서 욕설을 하므로 그 딸은 이상스럽게 생각했다. 꿈을 없애려면 《지장경》을 읽으면 좋다는 주위의 권유를 듣고 《지장경》을 건성으로 한번 읽었다. 그런데 그날 밤은 꿈을 꾸지 않았다. 그래서 그 딸은 불자가 되었고 거의 매일 《지장경》을 독송했다. 그 이후로는 한 번도 어머님을 만날 수 없었다. 이 이야기는 실화이다.

영가천도의 현대적 의미

(지장경 2)

영가들의 한(限)과 후손의 죄책감이 각각의 무의식 속에
억압된 감정으로 숨어있을 때,
그것을 의식의 세계로 끌어내서 녹이는 방법이다.

《지장경》을 읽는 중에 영가천도(靈駕薦度)의 현대적 의미에 대해
서 생각해 보기로 하자.

지장보살의 전생이야기의 대부분이 조상천도에 관한 이야기이
다. 지장보살의 원력(願力)은 모든 중생을 다 제도하는 것이지만 보다
구체적인 활동영역은 저승세계에 있는 영가들의 구제이다. 또 현재
절에서 행하는 의식 가운데에는 영가천도의 의식이 아주 많다.

영가천도에 대해서 지금까지 믿어온 방식으로 믿고 계신 분이나
또, 그렇게 믿고 싶은 분은 계속해서 그와 같은 믿음을 가지면 될 것

이다. 선망영가(先亡靈駕)나 인연 있는 영가가 천도되지 못해서 고통을 당할 때에 그 영가들이 자손들에게 호소하게 되고 자손들이 영가들의 호소를 알아듣지 못하거나, 또 영가의 천도문제에 대해서 전혀 신경을 쓰지 않는다면 자손들의 생활 속에 불길한 일들이 생길 수 있어 영가를 천도하면 막혔던 일들이 풀린다는 식의 믿음이다.

그러나 현대인 가운데는 영가세계 자체를 인정하지 않는 사람들도 많이 있다. 그들은 극락이나 지옥을 실재하지 않는 것으로 생각한다. 사후의 세계를 전혀 인정하려 들지 않는 사람들에게는 지장보살에 의한 지옥중생의 구제라든지 사람들의 영가천도를 받아들일 수 있는 이해의 풀이가 필요할 줄로 생각한다.

불교는 기본적으로 신을 인정하지 않으면서도 모든 신비한 것에 신의 의미를 두는 무신론(無神論)적 범신론(汎神論)이다. 깨달은 이의 입장에서 볼 때는 인연법의 이치가 확연하기 때문에 신비로울 것이 없고 따라서 무신론이다. 그러나 중생의 입장에서는 세상사의 흐름이 있는 그대로 보이지 않기 때문에 신비한 것이 있다. 신비한 것이 한두 군데가 아니라 모든 곳이 다 있으며 그런 의미에서 신은 모든 곳에 다 있다.

불교에서는 또한 무아(無我)를 가르친다. 살아있을 때만 '나'가 없는 것이 아니라 죽은 다음에도 동일한 실체를 계속적으로 유지하는 '나'는 없다. 실체를 가진 영혼은 없다. 불이 실체가 없으면서 계속 옮겨 붙듯이 업을 지속시키는 영가의 기능만 있을 뿐이고 실체는 없다.

그런데 실체를 가진 '나'가 없다는 것을 존재의 실상을 여실히 보는 사람이나 깨달음을 얻은 사람은 알 수 있지만, 형상에 의해서만 사물을 볼 수 있고 그것도 항상 자기중심적으로만 사물을 보는 중생들은 알 수가 없다.

중생들은 살아있을 때는 있고 죽은 다음에는 아무것도 없다는 단멸론적(斷滅論的) 허무론(虛無論)에 빠지거나 살아있을 때에도 실체적인 '나'가 있는 것처럼 죽은 다음에도 똑같은 '나'가 항상하게 있다고 생각하는 실체적(實體的) 상주론(常住論)에 빠진다. 허무론이나 상주론은 똑같이 생명의 실상(實相)을 있는 그대로 보지 못한 것이다.

무엇이 존재한다고 하거나 없다고 할 경우, 항상한 실체(實體)가 있다고 집착하기 때문에 그 실체가 보이지 않으면 허무를 생각하게 되고, 보이지 않더라도 계속 있다고 생각하면 상주론에 빠지게 되는 것이다. 그래서 허무론자나 실체론자에게는 진정한 무아가 보이지 않고 따라서 그들에게는 영혼이 분명히 있다.

꿈속에 나타난 것들이 모두 거짓임은 분명하다. 그러나 꿈속에서 꿈을 꾸고 있는 사람에게는 하늘도 없고 땅도 없다고 하면 믿으려 하지 않을 것이다. 꿈을 꾸고 있는 사람에게는 분명히 꿈속의 모든 것이 있다. 무명미혹이라는 것도 실제 있는 것이 아니다. 중생들이 꿈을 꾸고 있는 상태에 있을 뿐이다. 사후의 영가는 인간이 실제로 만나는 현상이다. 무명을 인정하는 데서부터 출발해야 하듯이 인간이 경험적으로 느끼는 영가와 사후의 세계를 인정하는 데서부터 출발해야 한다.

그래서 지장보살은 지옥중생을 구한다고 하고, 선망영가 때문에 답답함을 느끼는 사람들은 끊어지지 않고, 절에서는 오늘도 영가를 천도하는 것이다.

같은 대학을 졸업한 두 청년이 똑같이 직업군인이 되었다. 중령 계급장을 달 때가지 두 사람은 친하게 지내왔다. 그러나 대령진급을 앞에 두고 두 친구 중에 한 사람은 친구 몰래 인맥을 동원해서 혼자 진급을 하고 다른 한 사람은 중령으로 남아 있다가 계급년도의 제한 때문에 제대하게 되었다. 제대하는 친구는 배신감을 느꼈다. 어떤 이가 큰 도시의 시장직과 장관직을 맡고 있을 때 그의 집은 방문하는 사람들로 문전성시를 이루었다.

그러나 문제가 생겨서 모든 직책을 내놓게 되자 그의 집을 방문하는 사람은 아무도 없었다. 그 사람은 배신감을 느꼈다. 한 임금이 자신을 잘 보호해 주리라고 생각한 사람을 선택해서 자기 후임으로 임금을 만들어주었다. 그러나 후임으로 임금이 된 사람은 나름대로의 사정 때문에 자기의 전임자를 어렵게 만들어야만 했다. 임금 자리를 물려준 사람은 큰 배신감을 느낄 것이다. 한 연예인이 인기가 좋을 때는 많은 사람들이 그에게 몰렸다. 그러나 인기가 없어지고 나서부터는 사람들이 하나 둘 떨어져 나갔다. 그는 배신감을 느꼈다.

지금 일반적으로 흔히 볼 수 있는 배신감의 예를 들어 보았다. 자식을 키운 부모가 자식에 대해서도 희미하게나마 배신감이나 한(限) 같은 것을 느낄 수가 있다. 자녀를 키운 부모는 아들이나 딸을 며느리나 사위에게 주어야 한다. 뿐만 아니다. 부모자식 간의 사랑은 항상 내리사랑이라서 부모가 자식에게 베푼 만큼 되돌려 받을 수는 없다. 의식적으로 한을 품는 부모는 없겠지만 인간의 심층의식은 섭섭함을 가질 수가 있다.

반면에 자식으로서는 부모에게 무엇인가 죄송하게 생각하는 죄책감이 있다. 아무리 철없고 속 썩이는 자식도 마음에 오는 느낌은 있기 마련이다. 벙어리가 말은 못해도 속은 있듯이 말이다. 게다가 먼저 죽는 사람이 있게 되면 그 죽은 사람에 대한 죄송함이 있다. 부모의 죽음에 대해서는 그 죄책감이 더 크겠지만 가까운 사람의 죽음, 또는 모든 죽음에 대해서 죄책감을 느끼게 된다.

그 죄책감은 무의식 속에 축적되고 인간의 무의식 속에 축적된 부모의 한에 대한 죄책감, 부모를 비롯해서 일가친척의 죽음에 대한 죄책감은 우리에게 있어서 일종의 억압된 감정으로서 무의식 속에 쌓이게 된다.

프로이드라는 오스트리아의 정신의학자이며 정신분석학자는 인간의 꿈을 해석하는 데 있어서 모든 꿈의 내용을 인간의 성적 충동과 관련시켰다. 육체적인 것이 아니라 정신적인 성적 충동이기는 하지만 어린 시절의 천성적인 성욕의 문제를 제기했다. 꿈의 모든 것은 성적 충동의 상징이라는 것이다. 프로이드의 성적 충동에는 몇 가지의 억압된 감정 또는 콤플렉스가 전제된다.

즉 아들은 아버지보다는 어머니와 친하고 반대로 딸은 아버지와 친하며 형제자매 간에는 끊임없이 시기 · 질투하는 감정을 가진다는 것이다. 인간은 이러한 성적 충동을 느끼면서도 다른 한편으로는 죄책감을 느끼게 되고 그 죄책감이 누적됨으로써 억압된 무의식을 만든다는 것이다. 그 억압된 무의식을 풀기 위해서는 먼저 억압된 망각을 의식의 영역으로 이끌어내고 아울러 마음속에서 일어난 본래의 갈등 원인을 찾아가야 한다.

깊이 숨어있는 근본적 갈등의 무의식의 영역으로 들어가려고 하면 인간의 한쪽 마음은 그 침투에 반대하는 작용을 하기 때문에 강력하게 그 저항을 물리치지 않으면 안 된다는 것이다. 프로이드에게 있어서 인간의 문제를 푸는 열쇠는 인간이 가진 성적 충동과 관련된 원초적으로 억압된 감정을 이해하고 무의식을 의식으로 풀면서 카타르시스라는 억제감정을 배설시키는 과정을 밟는 것이다.

그런데 프로이드와는 달리 《지장경》에서는 인간이 가진 원초적인 콤플렉스의 뿌리를 성적 충동에서 찾지 않고 죽은 사람에 대한 죄책감에서 찾는다. 이 죄책감이 의식 속에 나타나면 씻어내는 데 어려움이 없겠는데 무의식 속에 축적되면 찾아내기가 어렵다. 그럼에도 불구하고 보이지 않는 억압적으로 축적된 죄의식은 인간이 상상할 수 없는 힘을 가지고 엄청난 문제를 일으키게 된다.

죽은 친지에 대한 죄의식은 어떤 사람에게는 있고 어떤 사람에게는 없는 것이 아니라 누구에게나 똑같이 있다. 그래서 오늘이나 어제나 백 년 전이나 천 년 전이나, 죽은 사람에 대한 문제가 이 문화권에 살고 있는 모든 사람에게 다 나타나는 것이다. 영적으로 보는 사람에게 가면 뻔히 죽은 친척의 문제가 나타날 것을 알면서도 사람들은 그런 말을 해줄 사람들을 찾아간다.

　그렇다면 영가천도의 의식은 프로이드가 말하는 일종의 카타르시스 방법과 같다. 죽은 이와 산 사람의 무의식 속에 숨어있는 억압된 감정을 배설시키는 방법인 것이다. 천도재를 올리면서 부처님과 지장보살에게 돌아가신 영가의 왕생극락을 기원하고 또 인연영가와 연관되는 모든 영가를 초청해서 공양을 드림으로써, 천도를 받는 영가들은 깊은 의식 속에 숨어있던 한(恨)의 감정을 풀게 되고 천도재를 드리는 자도 무의식 속에 억압되어 있던 죄의식이 녹게 된다.

　그런데 다시한번 주의할 점은 영가천도의 효력을 죽음에 대한 억압된 죄의식의 풀이로 해석하는 것은 여러 가지 방편적 이해 가운데 한 가지에 불과하다는 것이다. 사후존재의 실상에 대해서는 오직 부처님만 아실뿐이다.

효
(부모은중경·목련경·우란분경)

**똑같은 물을 부처님이 마시면 우유가 되고
탐욕에 찬 이가 마시면 모진 불로 변해서 창자를 태워 없애리라.**

효도의 경으로 알려진 《부모은중경(父母恩重經)》《목련경(目蓮經)》
《우란분경(盂蘭盆經)》 중에서 《부모은중경》은 부모님의 은혜가 심중(深
重)함과 부모님의 은혜 갚는 방법을 가르치고, 《목련경》과 《우란분경》
은 돌아가신 부모님을 천도하는 방법을 담고 있다. 부모님의 은혜가
크다는 것에 대해서는 누구나 다 알고 있다.

선망영가를 천도하는 것은 당연한 일이고 정신분석적인 치료의
방면에서 해석하더라도 천도재를 올리는 사람이 그 효과를 올린다는
것에 대해서는 앞에서 살핀 바가 있다. 지금 우리가 알아보고자 하는

것은 부모님의 은혜를 어떻게 갚고 어떻게 천도해서 좋은 곳에 태어
나게 하느냐 하는 것이다.

《부모은중경》《목련경》《우란분경》은 다 같이 범어 원본이 없다.
또 그 자체 내용으로 보아도 인도에서 이루어진 원본 그대로가 아니
라는 생각을 갖게 한다. 아마도 인도에서 이루어진 경전이 중국에 들
어와서 가필된 것이 아닌가 여겨진다.

《부모은중경》은 우리나라에서 널리 유포되었다. 조선조 때부터
한글언해본만 해도 여러 가지가 되며 특히 정조대왕은 부모의 은혜를
기리기 위해서 한문과 순 한글을 같이 넣고 김홍도의 그림까지 곁들
인《부모은중경》을 간행하기도 했다.

이 경판은 용주사에 보관되어 있고 시중에는 이 판본의 현대어
번역이 나와 있기도 하다.《우란분경》은 두 번 한문으로 번역되었지만
현재는 〈축법호〉의 번역으로 되어 있는《불설우란분경(佛說盂蘭盆經)》
만이 남아 있다.《목련경》은《우란분경》의 내용을 좀 더 각색해서 만
들어진 것으로 짐작된다.

《부모은중경》은 부처님이 아난과 함께 길을 가다가 마른 뼈 무더
기에 절하는 장면으로부터 시작된다. 부처님이 마른 뼈 무더기를 향
해 오체투지로 엎드려 절하는 것을 보고 아난이 부처님께 여쭌다.

부처님께서는 하늘과 인간세계의 스승이시고 자비로운 아버지신데 어
째서 마른 뼈에 예배하십니까?

부처님이 대답하신다.

네가 비록 나의 뛰어난 제자이고 출가한 지도 오래 되었지만 아직 널리 알지 못하는구나. 이 한 무더기의 뼈가 혹시 나의 전생, 오랜 조상이나 부모님의 뼈일 수도 있기에 내가 지금 예배를 하는 것이니라.

다겁생래로 윤회를 하면서 누구나 부모자식·형제자매의 인연 경험이 있을 수가 있다. 여기서 부처님은 마른 뼈에 절을 함으로써 조상에 대한 숭배의 마음을 나타내 보인 것이다.

이어서 부처님은 다생부모의 열 가지 은혜를 열거하신다. 우리는 어머님의 은혜라는 노래를 알고 있다. 그 노래의 가사 내용과 중복되는 것은 생략하고 특별히 간절한 것만 몇 가지 보도록 하자.

부모님 은혜 가운데 하나는 자식을 위해서 나쁜 업도 짓는다는 것이다. 요즘 부패를 척결하는 과정에서 곤란을 겪는 사람들 가운데에는 많은 이들이 자식들의 대학 부정입학이나 군대기피 등의 이유 때문에 신문방송에 의해서 망신을 당하고 있다. 부정부패야 당연히 근절해야 하겠지만 자식을 위해서는 죄까지도 짓는 것이 부모의 마음이라는 것이다.

용주사판 삽화를 보면 80세 된 어머니가 60세 된 아들을 보살피는 것이 나온다. 부모님은 이처럼 목숨을 마칠 때까지 자식을 걱정한다는 것이다.

부처님은 이어서 부모님의 은혜를 갚기가 어려운 것을 예를 들어 말씀하신다. 가령, 어떤 이가 왼쪽 어깨에는 아버지를 모시고 오른쪽 어깨에는 어머니를 모신 다음 살갗이 닳아져 뼈가 드러나고 뼈가 닳아져서 골수에 미치도록 온 세계를 다니더라도 부모님의 은혜를 갚을 수 없다고 하셨다.

또, 어떤 이가 부모님을 위해서 칼로 심장과 간을 베어서 피가 흘러 땅을 적실지라도 아프다는 말을 하지 않고 고통을 참으면서 백 천 겁을 지날지라도 부모님의 은혜는 갚을 수 없다고 하셨다. 이 같은 예를 부처님은 여러 가지 예를 들어 주신다.

이어서 부처님은 은혜를 갚는 길을 일러주신다.

부모님의 은혜를 갚고자 하거든 부모님을 위하여 이 경전을 펴내라. 이것이 참으로 부모님의 은혜를 갚는 것이 되느니라. 경전 한 권을 펴내면 한 부처님을 뵈옵는 것이요, 백 권을 펴내면 백 부처님을 뵈옵는 것이니라. 이렇게 경을 펴낸 공덕으로 부처님들이 옹호해 주시는 까닭에 부모님이 천상에 태어나서 모든 괴로움을 여읠 수가 있느니라.

각 경마다 그 경을 유포하기 위해서 경을 수지·독송·해설하는 것을 찬탄하지만 여기서의 경전 발행공덕은 단순히 그렇게만 해석할 수는 없다. 곰곰이 생각해 볼 때 은혜를 갚는 첫걸음은 부모님의 은혜가 얼마나 크고 얼마나 갚기 어려운가를 아는 것이다. 그것을 알려면

《부모은중경》을 읽어야 하는데 그런 의미에서 경의 간행공덕이 크다고 말하는 것이다.

　《목련경》은 신심이 없는 어머니가 지옥에 떨어졌는데 아들인 목련존자가 자기 어머니를 구하는 이야기로 꾸며져 있다. 목련존자의 속가 이름은 나복이며 목련존자의 부모는 지역의 대부호인데 갑자기 아버지가 돌아가셨다. 장사를 치룬 아들은 어머니 청제부인에게 자주 스님들을 모셔다 공양대접을 하라고 부탁하고 타국으로 가서 오랫동안 머물며 돈을 벌어 돌아왔다. 그러나 어머니는 보시하고 공양하는 공덕을 짓지 아니하고 나쁜 일만 했다. 그러나 아들에게는 거짓말로 맹세를 했다.

　"나는 스님들에게 많은 공양을 올렸다. 만약에 내가 거짓말을 한다면 7일 이내에 문둥병에 걸려서 죽을 것이다."

　그 말대로 나복의 어머니는 7일이 못가서 병에 걸려 죽었고 지옥에 떨어졌다. 나복은 출가해서 부처님의 제자가 되었고 목련이라는 불명을 받았다. 어머니를 만나기 위해서 천상의 구석구석을 뒤졌지만 찾을 길이 없었다. 나중에서야 지옥에 있는 것을 알고 밥을 가져다가 어머니에게 드렸다. 그러나 지옥의 청제부인은 아직도 밥을 보고 탐하는 마음을 고치지 못해서 왼손으로는 밥을 쥐고 오른손으로는 다른 지옥 동료들을 막으면서 밥을 입 속에 넣으니 그 밥은 뜨거운 불로 변해 버렸다.

　부처님이 목련존자에게 말씀하신다.

모든 부처님들이 물을 마시면 그것은 마치 우유와 같고, 스님들이 물을 마시면 단 이슬과 같으니라. 선을 행한 사람이 물을 마시면 능히 목마름을 면할 것이니라. 그러나 너의 어머니가 물을 마시면 그 물이 뱃속으로 흘러 들어가면서 모진 불로 변해서 창자를 태워 없애고 말 것이니라.

부처님의 이 말씀에는 아주 깊은 뜻이 들어있다. 똑같이 목마른 상황에서 간신히 얻은 물을 마실 경우에 부처님이 마신 결과와 탐욕에 헐떡이는 사람이 마신 결과가 달라진다는 것은 마음가짐이 물의 가치와 효과를 변하게 할 수 있다는 것을 나타낸다. 탐심이 많은 사람이 물을 마실 때에는 물로 목을 축이려고 하기 보다는 많은 물을 확보해 두려고 한다.

입으로 마시는 물로는 양이 차지 않으며 마시는 물은 그 탐욕자의 갈증을 식히지 못한다. 오히려 갈증만 더 나게 만들 것이다. 물이 불로 변하는 것같이 되는 것이다. 그러나 똑같은 상황에서 똑같은 양의 물을 부처님이 마실 경우, 부처님은 그때 필요한 것으로 만족해하신다. 많은 물을 확보할 욕심이 없으며 그 물은 우유 맛이 되어서 모든 갈증을 멈추게 하고 한걸음 더 나아가서 우유처럼 영양분을 만들어 주는 효과를 내기도 한다.

《목련경》은 지옥에 빠진 사람이 밥을 먹고 물을 마시는 것을 묘사하는 가운데 불교의 일체유심조 도리를 교묘하게 드러내 보이고 있는 것이다. 밥과 물이 그것들을 대하는 사람에 따라서 다른 기능을 발휘한다면 지옥이나 극락도 그것을 대하는 사람의 마음공부에 따라서 달라질 것이다. 마음공부가 된 사람에게는 지옥도 극락이 될 것이고 탐착(貪着)에 빠진 이에게는 극락도 지옥으로 변해 버릴 것이다.

《우란분경》은 목련존자의 어머니를 지옥으로부터 극락으로 끌어올리는 방법을 상징적으로 보이고 있다. 부처님이 말씀하신다.

> 네 어머니는 죄업이 깊어서 한두 사람의 힘으로는 어찌할 도리가 없느니라. 네가 효성이 지극해서 천지를 감동시킬 만하여도 어떤 하늘의 힘으로도 너의 어머니를 구할 수가 없느니라. 스님들의 공부한 힘을 얻어야 하느니라. 목련아, 칠월 보름날은 시방에 있는 스님들이 여름안거를 마치고 제각기의 허물이나 남의 잘못을 마음대로 말하는 날이니라. 이날에는 죽은 7대 부모나 현재 살아있는 부모를 위하여 그 스님들의 공부 힘으로 액난을 벗어나게 할 수 있느니라. 그러니 칠월 보름날 재를 베풀고 스님들께 공양을 올리도록 하거라.

부처님은 지옥으로부터 목련의 어머니를 구할 수 있는 힘은 3개월 동안 스님들의 공부가 끝나는 여름안거 해제일인 칠월 보름에 공부한 스님들에게 공양하는 공덕에서 얻어진다고 하셨다. 마음 깨치는 공부가 바로 지옥으로부터 벗어나는 길이라는 것이다. 똑같은 물을 미혹한 지옥중생이 마시면 불이 되고 부처님이 마시면 우유가 된다는 말과 일맥상통하는 말씀이다.

위경이 인기를 누리는 이유
(천지팔양경)

만약 어떤 중생이 음탕한 욕심·성냄·
어리석음·인색함·시기·질투·미워함 등이
많더라도 이 경을 읽으면….

《천지팔양경》의 본래 이름은 《불설천지팔양신주경(佛說天地八陽神呪經)》이지만 보통 《팔양경》 또는 《천지팔양경》으로 불리고 있다. 일반 서민 불자들 가운데는 《금강경》 《지장경》 《법화경》 《관음경》 《화엄경》 〈보현행원품〉 등을 읽는 이들도 많지만 이 《천지팔양경》을 읽는 불자들 또한 많다.

한 가지 경전만을 읽기도 하고 또는 여러 경을 겸해서 읽기도 한다. 《천지팔양경》을 읽는 불자들이 다른 경을 읽는 불자들에 비해서 기복적인 면이 강하기는 하지만 교리공부도 하고 참선을 하는 불자들

중에도 이 경을 매일 아침 독송하는 경우도 많다. 또 절에 정기적으로 다니면서 불법을 배우거나 기도에 참여하지 않고 무당을 중심으로 한 토속신앙을 가진 이들도 이 경을 애용한다.

《천지팔양경》은 인도에서 만들어진 것이 아니라 중국에서 만들어진 위경(僞經)으로 의심받고 있다. 한문 번역자는 의정삼장으로 되어 있고 경 자신도 인도에서 만들어진 다른 경들과 동일한 것으로 자처하고 있지만 경의 내용으로 보아서 중국에서 만들어진 것으로 짐작된다. 이 경은 범어 원본이나 티벳 번역본도 없거니와 인도에서 만들어진 어떤 경론 가운데도 이 경에 대한 언급이 없다.

그러나 이 경은 조선시대부터 한글언해본이 간행될 정도로 일반 민중들 사이에서 애독되었다. 그렇다면 우리는 이 경의 내용이 궁금하고 이 경의 어떤 부분이 서민들로 하여금 이 경을 좋아하게 만들었는가 하는 점 또한 궁금하다.

먼저 《천지팔양경》이라는 제목이 붙은 이유를 들어 보자. 경에서 무변신보살이 일어나서 묻는다.

세존이시여, 어찌하여 이 경의 이름이 《천지팔양경》이옵니까? 부처님께서는 모든 청중들이 불도의 깨달음을 얻고 마음의 근본을 밝힐 수 있도록 그 뜻을 풀어 밝혀 주옵소서.

이 질문에 대해서 부처님이 대답하신다.

좋다. 선남자여, 너희들은 자세히 들으라. 지금 내가 그대들을 위해서 《천지팔양경》의 본뜻을 밝혀 주리라. 하늘은 양이요, 땅은 음이라. 팔은 사물의 이치를 가려서 아는 것이요, 양은 분명하게 풀이함이니라. 대승의 깊은 이치를 알고 팔식의 인연이 공해서 아무런 얻을 바가 없음을 잘 분별하는 것이니라. 또 팔은 곧 팔식이니 여섯 감각기관의 육식과 함장식(含藏識) 그리고 아뢰야식을 팔식이라고 하느니라. 팔식의 근원을 잘 분별해서 보면 아무것도 얻을 바가 없는 공한 것이니라.

《천지팔양경》이라고 할 때, 천지는 음양을 가리키고 팔양(八陽)은 분별해서 밝히는 것이라고 한다. 천지를 음양으로 보고 양(陽)자를 분명하게 밝히는 것으로 보는 것은 바로 알 수 있지만 여덟 팔(八)자 자체가 분별한다는 뜻을 담고 있다는 것은 뒤에 설명이 있어야만 이해가 가능하다. 부처님은 이 팔자를 여덟 가지 종류의 아는 것으로 풀이하신다.

즉 눈·귀·코·혀·몸·뜻의 여섯 가지 감각기관이 내는 인식과 함장식 그리고 아뢰야식이다. 보통 함장식 즉 업종자를 포함하고 있는 인식은 아뢰야식과 같은 뜻으로 쓰여 지고 있지만, 여기에서는 '나'라는 개인 아(我)의 관념을 만드는 여섯 감각기관의 인식 다음에 나오는 일곱 번째의 인식쯤으로 짐작된다. 《천지팔양경》은 팔식을 음양 조화의 방편에 의해서 풀이하는 경이라는 말이다.

또 이 《천지팔양경》에서는 여덟이라는 숫자가 자주 사용되고 있다. 부처님은 음양을 설명하면서 네 쌍의 음양, 즉 여덟 가지가 우주를 이루는 기본임을 설명하셨다.

> 선남자여, 그대들은 자세히 들으라. 하늘은 양이요 땅은 음이며, 달은 음이요 해는 양이니라. 또 물은 음이요 불은 양이며, 여자는 음이요 남자는 양이니라. 하늘과 땅의 기운이 합하여 온갖 풀과 나무가 나고, 해와 달이 서로 걸림 없이 오고 가면서 절기가 뚜렷하고, 물과 불이 서로 도와 온갖 만물이 무르익고, 남자와 여자가 서로 어울려 자손이 번성하나니, 이는 모두 하늘과 땅의 변함없는 떳떳한 도리요, 자연의 이치이며 세상진리의 법이니라.

여기서 세상의 삼라만물을 일으키고 생성하게 하는 것이 하늘과 땅, 해와 달, 불과 물, 남자와 여자라고 하였다. 이 여덟 가지와 음양의 법칙이 조화를 이룰 때 만물이 벌어진다는 것이다.

또 《천지팔양경》은 세상 속에 숨어 있으면서 특별히 성현의 모습으로 드러내 보이지 않는 여덟 보살을 소개한다. 이 여덟 보살은 모든 재앙과 두려움을 물리치는 주문을 부처님께 사뢰는데 이것이 바로 《천지팔양신주경》의 신주(神呪) 즉 신비로운 주문에 속한다. 《천지팔양경》은 그 주문에 천지(天地)·일월(日月)·화수(火水)·남녀(男女)의 음양(陰陽) 등 여덟 가지와 팔식의 의미를 다 담고 있다.

《천지팔양경》은 먼저 문제점을 드러내고 그것을 해결하는 방도를 묻는 것으로 시작된다. 문제점이란 이 세상에 유식한 사람은 적고 무지한 사람은 많으며 염불하는 사람은 적고 잡신을 찾는 사람은 많으며 정진하는 사람은 적고 게으른 사람은 많다. 또한 슬기로운 사람은 적고 어리석은 사람은 많으며 넉넉한 사람은 적고 가난한 사람은 많으며 참선하는 사람은 적고 산란한 사람은 많다.

정직한 사람은 적고 아첨하는 사람은 많으며 청렴한 사람은 적고 추할 정도로 과욕을 부리는 사람은 많으며 세상은 각박하고 법률은 혹독하며 부역이 심하여 백성들이 더할 나위 없이 괴로움을 겪게 된다는 것 등이다.

《천지팔양경》은 먼저 이상적인 생활과 잘못된 생활을 대립적으로 열거함으로써 잘못된 생활이 어떤 것인가를 보여준다. 또 청렴한 사람이 적은 것, 아첨이 많은 것, 법률이 혹독하고 나라의 부역이 많은 것 등을 사회 전반적인 문제점으로 이야기한다.

이 질문에 대해서 부처님이 설명하신다.

무릇 하늘과 땅 사이에는 사람이 가장 높고 가장 뛰어나며 가장 귀중하니라. 그러므로 사람은 바르고 참되어야 하며 마음에는 허황됨이 없어야 하느니라. 사람 인(人)자에 있어서 왼쪽으로 삐친 획은 바름을 나타내고 오른쪽으로 삐친 것은 참됨을 나타내니 언제나 바르고 언제나 참되기 때문에 사람 인자로 불리느니라. 그러므로 사람은 도를 넓히고 도는 몸을 윤택하게 하느니라. 도에 의지하고 바를 정(正)자와 참 진(眞)자를 의미하는

사람 인자에 의지하면 모든 성인의 도를 이루느니라.

　　여기서 부처님은 사람이 일체의 신이나 동물 가운데서 가장 훌륭하다고 하신다. 그리고 사람 인자에 정자와 진자의 의미를 붙여서 사람은 바르고 참되고 진실해야 한다고 강조하신다. 닦아야 할 도라는 것도 참되고 바르다는 것이 기본이 된다.

　　그렇다면 불교에 대해서 잘 알지도 못하고 지식수준도 높지 않은 일반대중들이 《천지팔양경》을 애송하는 이유는 어디에 있는가 하는 의문이 떠오른다. 제일 먼저 떠오르는 것은 《천지팔양경》이 사람들이 가지는 원초적인 종교적 경외심을 어루만진다는 점이다.

　　세상의 많은 재앙을 경험한 사람들은 어떤 일을 할 때, '우리 마음대로 이렇게 해도 되나.'하는 두려움이 있다. 《천지팔양경》은 그 점을 풀어 준다.

　　부처님 말씀을 들어 보자.

　　선남자 선여인이 세상일을 할 때, 먼저 이 경을 세 번 읽고 담을 쌓거나 터를 세우고 편안한 집을 세우라. 그러면 안채·바깥채·동서의 행랑채·부엌·객실·문·아궁이·방아와 맷돌의 곳집·가축의 우리·뒷간 등을 짓더라도 일유신·월살귀·장군태세·황번표미 등 온갖 땅신과 청룡백호·현무주작 등 모든 신과 도깨비들이 다 숨거나 달아나서 주인을 해치지 못하며 주인은 한량없는 복을 누리리라.

갖가지 용도를 위한 건물 등을 지을 때, 이《천지팔양경》을 세 번만 읽으면 모든 잡귀들이 다 도망가고 해치지 못한다고 한다. 일반서민들 가운데는 집을 짓거나 이사를 하거나 건물을 고칠 때마다 스님을 초청해서 고사재를 베풀기가 어려운 형편의 사람들이 많이 있다. 일본에 유학하거나 포교하고 계신 스님들의 말씀에 의하면 일본에 살고 있는 우리 교포불자들은 자주 스님들을 초청해서 고사를 지낸다고 한다. 우리나라의 경우에는 스님을 초청해서 고사를 지내는 사람들보다는《천수경》《금강경》등과 함께 이《천지팔양경》을 읽는 것으로 고사를 대신하는 사람이 더 많다고 한다. 이처럼《천지팔양경》은 서민들이 필요한 경우에 간단히 읽을 수 있는 경의 구실을 잘 해내기 때문에 서민들이 애용하고 있다.

《천지팔양경》은 또 경을 읽는 공덕에 있어서 현세이익적인 것을 많이 들이면서도 교묘한 방편으로 참답게 살아야 할 길을 제시한다. 예를 들어 보자.

> 만약 어떤 중생이 음탕한 욕심·성냄·어리석음·인색함·시기·질투·미워함 등이 많더라도 이 경을 보고 받들어 공양하고 이 경을 세 번 읽으면 어리석음 따위의 악이 없어지며 자비를 베풀게 되므로 부처님의 가르침을 얻게 되리라.

《천지팔양경》은 독경하는 사람이 잊기 쉬운 잘못된 것들을 말하

고 경을 읽으면 그런 잘못이 소멸된다고 한다. 결과적으로 이 경을 읽
는 사람은 참되거나 바르지 않은 일을 꺼리게 되고 그러면 업이 줄어
들고 마침내 불도에 접근하게 되는 것이다.